中华人民共和国史研究文库

学术视野与问题意识：中国当代社会史研究

姚力 著

当代中国出版社

2020年·北京

图书在版编目(CIP)数据

学术视野与问题意识：中国当代社会史研究 / 姚力著 . -- 北京：当代中国出版社，2020.8
ISBN 978-7-5154-1037-1

Ⅰ.①学… Ⅱ.①姚… Ⅲ.①社会史—研究—中国—现代 Ⅳ.① K270.7

中国版本图书馆 CIP 数据核字（2020）第 127602 号

出 版 人	曹宏举
责任编辑	聂文聪　吴　婕
责任校对	康　莹
印刷监制	刘艳平
封面设计	胡椒书衣
出版发行	当代中国出版社
地　　址	北京市地安门西大街旌勇里 8 号
网　　址	http://www.ddzg.net　邮箱：ddzgcbs@sina.com
邮政编码	100009
编 辑 部	（010）66572264　66572154　66572132　66572180
市 场 部	（010）66572281　66572161　66572157　83221785
印　　刷	北京润田金辉印刷有限公司
开　　本	720 毫米 ×1020 毫米　1/16
印　　张	21.5 印张　2 插页　320 千字
版　　次	2020 年 8 月第 1 版
印　　次	2020 年 8 月第 1 次印刷
定　　价	65.00 元

版权所有，翻版必究；如有印装质量问题，请拨打（010）66572159 转出版部。

《中华人民共和国史研究文库》编辑委员会

编 委 会

主　　任：姜　辉

副主任：武　力　李正华　管明军　曹宏举

编　　委：张星星　张金才　郑有贵　钟　瑛　欧阳雪梅　刘　仓
　　　　　　李　文　姚　力　吴　超　王巧荣　宋月红　王爱云
　　　　　　刘志男　于俊霄　杨文利　徐国林

办 公 室

办公室主任：于俊霄

成　　员：狄　飞　王　宇　王　敏

《中华人民共和国史研究文库》
总　序

历史研究是一切社会科学的基础，重视历史、研究历史、借鉴历史是中华民族5000多年文明史的优秀文化传统。中国共产党继承了这一优秀文化传统，积极倡导学习历史、研究历史，尤其是学习中共党史、中华人民共和国史（或简称"新中国史"）、改革开放史和社会主义发展史。习近平总书记指出："重视历史、研究历史、借鉴历史，可以给人类带来很多了解昨天、把握今天、开创明天的智慧。"

党的历史、新中国的历史，是中国共产党为中国人民谋幸福、为中华民族谋复兴的奋斗史，是我们党、国家和民族的宝贵精神财富。中华人民共和国的成立，开启了中华民族发展进步的历史新纪元。从那时起，即有学者开始对中华人民共和国史进行研究。1956年6月，黄炎培在一届全国人大三次会议上提出，应"及时收集和保存建国史料"，并"加以整理"。

党的十一届三中全会后，伴随党的思想路线的重新确立和对中华人民共和国正反两方面历史经验的深刻总结，新中国史研究逐渐引起党和国家以及学术界的高度关注。经过多年的艰辛探索与开拓创新，新中国史研究取得了众多学术成果，成为中国历史研究中一个最年轻的学科。

党的十八大以来，以习近平同志为核心的党中央高度重视历史，特别是党史和新中国史。习近平总书记强调："历史是最好的教科书。学习党史、国史，是坚持和发展中国特色社会主义、把党和国家各项事业继续推向前进的必修课。这门功课不仅必修，而且必须修好。"在开展"不忘初心、牢记使命"的主题教育中，党中央专门印发通知，要求各地区各部门各单位把学习党史、新中国史作为主题教育重要内容，不断增强守初心、担使命的思想自觉和行动自觉。

当代中国研究所于1990年6月28日经中共中央批准成立，研究和编纂中华人民共和国史，收集和编辑国史资料，出版国史研究著作，是当代所的主要职责，也是当代所人的崇高使命。当代中国研究所成立30年来，撰写并经中央审定出版了《中华人民共和国史稿》序卷和一至四卷，目前正在撰写五至七卷；编纂出版了每卷100万字的《中华人民共和国史编年》，该书为集资料性、研究性和学术性为一体的大型编年史书。在此期间，当代中国研究所和其主管的当代中国出版社，还参与组织编辑出版了152卷、210册、总计1亿字的大型史料性丛书——《当代中国》丛书；与中国大百科全书出版社合作编写了《中华人民共和国国史百科全书》。为迎接新中国成立70周年，受中央委托，当代中国研究所组织编写出版了《新中国70年》《中华人民共和国简史（1949—2019）》《新中国社会主义发展道路70年》等新中国史基本著作和六卷本《中华人民共和国史研究丛书》。此外，为了普及国史知识和消除历史虚无主义的影响，还编写出版了大众读物《中华人民共和国史小丛书》，并计划到2022年出版80种，向党的二十大献礼。上述图书均在国内外产生了重要影响，树立了新中国史研究的学术标杆，成为全国干部群众学习新中国史的基础性教材。

今天，我们已经进入中国特色社会主义新时代，正在向着社会主义现代化强国迈进，并日益走近世界舞台的中心，为整个人类社会做出越来越大的贡献。新中国的发展不是一帆风顺的，在探索建设社会主义的过程中，中国共产党遇到许多困难，也遭遇不少挫折。一些别有用心的人抓住新中国史上的曲折失误不放并夸大渲染，使一些领域成为历史虚无主义的重灾区。当代中国正经历着我国历史上最为广泛、深刻而急剧的社会变革，也正进行着人类历史上最为宏大而独特的实践创新。习近平总书记指出："当代中国是历史中国的延续和发展。新时代坚持和发展中国特色社会主义，更加需要系统研究中国历史和文化，更加需要深刻把握人类发展历史规律，在对历史的深入思考中汲取智慧、走向未来。"

历经30年不懈努力，当代中国研究所已经成为以马克思主义为指导、具有一流学术水平、汇聚一流科研人才的国史研究基地。30年来，当代所人始终以为国家写史、为人民立传为己任，牢记党和人民重托，真实记录中国共产党带领全国人民进行社会主义革命、建设和改革的光辉历程，全面反映中华民族从站起来、富起来到强起来的历史性进步，科学总结新中国每个历史阶段各方面建设的经验教训。

今年是当代中国研究所的"而立之年"，为进一步落实中央赋予当代中国研究所"存史、资政、育人、护国"的神圣职责，当代中国研究所决定设立《中华人民共和国史研究文库》(以下简称《文库》)，为当代中国研究所以及国内外从事新中国史研究的专家学者提供一个发表学术成果的平台。入选本《文库》的标准为：以毛泽东思想、邓小平理论、"三个代表"重要思想、科学发展观和习近平新时代中国特色社会主义思想为指导，坚持辩证唯物主义和历史唯物主义的立场、观点、方法，坚持实事求是、论从史出的原则，书写和记录中国共产党领导中国人民进行社会主义和新中国建设与发展的理论创新和伟大实践，总结历史经验。《文库》的目标是打造一个能够充分展示中华人民共和国史研究成果，发挥经世致用、资政育人功能的高端权威学术平台。

"装点此关山，今朝更好看。"伴随着新中国前进的步伐，中华人民共和国史研究空间广阔，任重道远。我们希望中华人民共和国史研究工作者继承优良传统，以高度的历史自觉和历史意识、宽广的历史视野和唯物史观、强烈的文化自信和历史担当，总结历史经验，揭示历史规律，把握历史趋势，服务当代，垂鉴后世，承先启后，继往开来。当代中国研究所作为党中央赋予职能、中国社会科学院直接领导的专门研究中华人民共和国史的科研机构，有责任努力构建中华人民共和国史的学科体系、学术体系、话语体系，打造史学研究的中国学派。这一目标的实现，不仅有赖于所内全体人员的不懈奋斗，也需要所外各个方面的支持和参与。本《文库》就是这样一个服务于上述目标的开放的、持久的学术成果基地，我们期待所内外的学者写出无愧于时代和人民的历史著作并列入本《文库》，在存史、资政、育人、护国工作中做出更大贡献。

姜 辉

2020 年 5 月 22 日

目 录

前　言 …………………………………………………………………（ 1 ）

国史视域下的社会史

中国当代社会史研究的学术视野与问题意识 ……………………（ 3 ）
中国当代社会史研究的基本问题 …………………………………（ 16 ）
国史研究与地方志的编纂 …………………………………………（ 19 ）
陈云与当代中国：十届研讨会引发的思考 ………………………（ 26 ）
试论口述历史对中国当代社会史研究的几点启示 ………………（ 36 ）

口述史的理论与方法

当代中国视域下的口述史学 ………………………………………（ 49 ）
我国口述史学发展的困境与前景 …………………………………（ 52 ）
再论国史研究与口述历史 …………………………………………（ 60 ）
乡民的生命叙事与口述历史的多重价值 …………………………（ 66 ）

医疗保障与卫生健康

中国共产党医疗保障制度建设的实践与经验 ……………………（ 81 ）
新时期农村合作医疗改革述论 ……………………………………（ 98 ）
新中国城镇职工医疗保障制度的历史考察 ………………………（108）
"把医疗卫生工作的重点放到农村去"
　　——毛泽东"六二六"指示的历史考察 ………………………（119）

卫生工作方针的演进与健康中国……………………………………（129）
从卫生与健康事业发展看新中国70年的成就与经验 ………………（142）

劳模表彰与时代印记

新中国成立初期的劳模表彰及其社会效应……………………………（157）
劳模表彰：毛泽东群众路线思想的应用实践…………………………（169）
1977—1979年的全国劳模表彰 ………………………………………（179）
从童养媳到劳动模范：生命史个案……………………………………（191）

社会生活与集体记忆

裕固族帐房戴头婚再研究………………………………………………（209）
中华民族多元一体格局在当代的新发展………………………………（224）
我国改革开放以来基督教发展的原因探析……………………………（233）
陈云倡导的"只生一个"是"大仁政"………………………………（244）
"蒙山茶要发展，要和群众见面"：一则史料中的人和事……………（254）
重温中国人60年的文化记忆 …………………………………………（258）
盘点共和国历史记忆 重温六十年社会生活…………………………（270）

社会建设与扶贫开发

陈云与建国初期的社会建设……………………………………………（277）
陈云与建国初期的反失业治理…………………………………………（286）
城乡基本公共服务均等化：发展理念与地方实践……………………（297）
10·17论坛：中国经验与待解议题……………………………………（309）
贫困与反贫困的学术视野与研究进路
　　——《鉴往知来——十八世纪以来国际贫困与反贫困理论述评》……（319）

后　记：与当代所同行20年 …………………………………………（327）

前　言

　　中国当代社会史研究方兴未艾，开拓学术视野、培育问题意识是发展的当务之急。为什么这样讲呢？这是由它自身的学科特点和我国哲学社会科学发展的现状所决定的。

　　中国当代社会史研究的独特性，首先在于它的研究内容，是关于新中国成立后社会发展变迁的历史，主要可以划分为社会结构、社会政策、社会组织、社会生活和社会事件等多个类别，也可以说，它包括所有从社会层面切入的当代中国史研究。尽管我不赞成有的学者将它等同于全史，但的确社会史的所有问题都要联系政治、经济、文化等方面，普遍联系、全景式、整体观，是社会史一以贯之的研究旨趣。尽管这段历史的起点在新中国的成立，但社会变迁是一个持续的历史过程，因而在研究中跨越起点、向前追本溯源是必不可少的，不了解"来龙"很难勾勒"去脉"。当然，除了要关照历史的连续性，还要清醒地看到新旧社会的本质区别，领导阶级、意识形态、社会性质的根本性变革，决定了当代中国社会史的发展进程和方向，而且很多问题还处于行进之中，远远没到下定论的时候。因此，研究立场的确立、学术性和政治性的统一是当代社会史研究需要明晰的原则性问题。以这样的历史内容为研究对象,在史域、史料、史识方面都提出了更高的要求。

其次在于它的学科属性,是中国当代史与社会学交叉的新兴史学分支学科。这里所说的"交叉",有点类似于"中西医结合",它们的原初机理就不同,其实是不能真正结合的。主要是在理论和方法上相互借鉴、渗透,研究问题上相互启发、碰撞。史学与社会学的合流是近年来社会科学发展的趋势。面对一个社会命题,研究者越来越发现历时性与共时性的探讨都不可少,唯其如此,才能更深刻地揭示问题本质。有学者形象地比喻:历史学是血肉,社会学是钢骨,彼此优势互补,就使得历史学得以支撑和站立,社会学得以丰满和深邃。20世纪80年代社会史研究复兴后,被誉为史学中最富有生机和活力的学科,正是源于此。过去很多被忽略的问题、被漠视的史料走入了研究者的视野,在新视角的观察下,给出了不同凡响的新认识。因此,"范式说"是对社会史学科的一种定位。目前从事社会史研究的人,因学科出身的不同,形成了两种差异很大的学术风格。21世纪以来,我国社会学在引进西方理论的同时,从中国转型社会的现实问题出发,提出了很多新命题、新认识,为当代社会史研究学术创新提供了难得的机遇。

最后在于它的学术抱负,是探讨当代中国社会变迁的历史动因、曲折过程和经验教训,为当下社会建设和改革中的诸多问题寻找解决之道。当代社会史就是昨天发生的事件和生活,没有哪个学科比它肩负更多的资政育人的使命和功能。然而,历史并不是距离越近看得越清楚。对于当代社会史研究者来说,要给出比亲历者更高明的认识、更权威的说法,远比其他历史时段的研究更难。如何才能做到呢？这要求研究者既要有对历史整体的宏观把握，又要有对历史细部的深度考察；既要有对历史事实的充分了解，又要有对历史规律的深入分析；既要下爬梳历史资料的死功夫，又要有亲临历史现场的访谈技能。宏观与微观、整体与个案、田野与文献、叙事与阐释的结合与共进，是当代社会史研究的诉求和指向。只有处理好了这些关系，当代社会史才能出产精品，才能在现实社会问题研究中占有一席之地。因而，在研究素养和学术气度上，当代社会史对研究者提出了更高的期待。

上述三点认识，是我对从事中国当代社会史研究的基本判断，也算是我对本书书名的一点阐发。当代社会史的这些特点是它的难点，也是魅力所在，多少研究者为此苦恼又痴迷！我从事当代社会史研究20年，对此体会尤深，始终感觉有一道光照亮远方，可脚下的路又是那样踟蹰难行。

本书是我这些年研究成果的荟萃，共6个部分、31篇文章，主要涉及中国当代社会史研究的理论和方法、口述历史、医疗卫生、劳模表彰以及社会变迁中的人和事等研究专题，它们是怎样生成的？相互之间有什么内在逻辑呢？

这些看似分散的专题，隐含着我在当代社会史研究上的进路和取向，即以理论为基石，关注当代社会问题，在多学科交流对话中，确立自己的研究重点，贡献当代社会史研究的价值。当代社会史研究内容庞杂、琐碎，如果没有扎实的理论基础，很容易陷于纷繁的史料堆，不能作富有解释力、创造力的研究。人类学家黄淑娉教授曾形象地比喻，"研究资料如同一堆柴薪，理论如同一条绳索，没有绳索，柴薪只能散落在田野"。缺失理论的社会史研究只能是低水平的。这里所说的理论，既包括马克思主义史学理论，也包括中国传统史学理论和西方社会史理论。理论功夫决定研究水平的高下，它绝非表现在写作中引经据典，而是要转化为一种能力和修养，渗透在研究命题的选择、梳理和阐释的全过程。理论积累是一个长期的过程，于我而言，要将理论学习转化成理论自觉，还需要付出很多的努力。

口述历史、医疗保障、劳模表彰是我研究比较集中的三个方向。选择它们作研究，都是源于学科动态的追踪和现实社会问题的激发。对口述历史的研究启动最早，第一篇文章写于2002年，是为第二届国史学术年会而作的。此时，口述史刚刚在大陆学术界升温，而我之所以能够青睐于它，是硕士学习时在《性别人类学》课程上埋下的种子，没想到竟成为我踏入国史学科后开辟的第一块领地。在西方史学界，口述史本来就归于社会史门下，两者在基本理念上是一致的。与当年学习人类学时对口述史的定位不同，史学范畴下的口述史首先并不是研究方法，而是活史料。因此，在研究中我既作了理论上的探索，也尝试了方法上的实践，主要是应用在新中国劳动模范的研究中。实际操演加深了我对口述史的认识，对如何进行口述采访、文本呈现，以及口述史的真实性、客观性、多元价值等问题也有了具体实在的领悟，为继续开掘国史研究中的口述史课题奠定了基础。

医疗保障的研究萌生于博士学位论文选题。20世纪初"看病难、看病贵""因病致贫、因病返贫"成为最严峻的社会问题之一，对"医疗改革失败"的批评和关于"医改何处去"的探讨十分热烈，社会学、经济学、管理学、公共卫生学等学科都从自身角度出发，为其寻找发展方向。那么史学呢？难道在如此热络的社会问题讨论中，当代社会史没有用武之地吗？在这样的思想驱动下，我大胆地选择了这个是非争议很多的问题，从新中国医疗保障制度的发展历程入手，基于扎实可靠的史料，辨伪存真、正本清源，不仅捋清了历史脉络，为现实医疗卫生问题的讨论提供了可靠的历史依据，还全面分析了历史原因、总结了经验教训、预测了未来发展前景。其中关于"六二六"指示、"卫生工作方针"、"农村合作医疗"问题的研究有一定新意，这不仅增添了我对当代社会史研究参与社会热点问题讨论的信心，也看到了在一个广阔的社会科学研究平台上当代社会史研究的重要意义。而体会最深的是，在一个交叉性研究命题中，一定要有明晰的学科意识，守住自己的学科定位，或者说是尽责守土，以独到的学术发现服务于社会科学进步和经济社会发展实践。

相比较而言，我对劳模表彰的研究稍晚。此项研究的初衷是想由此切入社会风气的研究，这是2002年参与朱佳木老师主持的《中华人民共和国简史》写作时引发的兴趣。但很长时间没有找到突破口，总觉得"社会风气"比较虚，不好把握。直到2007年，我做了第一篇劳动模范口述采访，才发现这是一个方便法门。劳动模范作为先锋人物，他们身上最能体现时代特色和气息。把"劳动模范"和"口述史"相结合，可以开掘的学术命题远远超过我的预期。不过仔细思量，对劳模的研究也并非偶然，与我自己的成长环境、对劳模崇拜的思想底色有着很大的关联。我希望为这些普通而伟大的劳动者留下一点记录，让后来人看到新中国辉煌成就背后，我们的父辈、祖辈付出了怎样的汗水和心血。历史不应该忘记他们！劳模研究是有温度、有情感的，它让我体验到了史学浓厚的人文色彩，领悟了史学研究的真正价值。

书中还有一些文章，或是当代史编纂、研究中某个机缘巧合的促发，或是来自某个现实问题的点滴灵感。虽说不上有多少创见，但也都是用心之作。需要特别提及的是《裕固族帐房戴头婚再研究》，此文因对"帐房戴头婚"这种特殊婚姻类型的田野调查和新锐观点，被刊发在《民族研究》2001年第3期"创见与争鸣"栏目中。这是我的中国当代社会史研究开篇之作，也是我迈向田野、深入体察中国社会的第一步。因此，它是我学术生命的坐标点。而这一切的获得都离不开我的硕士导师何星亮教授的指导，每念于此，我的内心都会生起无限感激。

借当代中国研究所成立30周年的良机，把昔日旧作编辑出版，忝列"国史研究文库"之中，没有什么比"荣幸"更能表达此时的心境。整理文集过程中，想到自己平凡的生命能够与国史研究事业联系在一起，神圣感不时涌上心头！

国史视域下的
社会史

中国当代社会史研究的
学术视野与问题意识

中国当代社会史是国史（即中国当代史）的分支史，是与国史中政治、经济、文化、外交等部分相并列的社会方面的历史，是国史研究不可或缺的组成部分。作为一门专史，它不是所谓"剩余的历史"的简单组合，而是以社会发展和变迁为主脉的社会历史研究，是借用社会学、人类学等多学科的理论来解释国史中社会层面的问题。同时，它也是一种研究方法，强调"自下而上"的研究视角和整体史观，通过对一定区域的田野调查，在完整记录的"民族志"写作基础上再现历史图景、透视历史命题。

一、当代社会史研究的现实处境与学科定位

（一）国史研究的缝隙与边缘

在 30 年的国史学科发展历程中，冠以中华人民共和国史的书籍先后出版了几十部，而国史专题性研究著作更是层出不穷。然而，绝大多数的国史著作仍然沿袭编纂或研究社会主义时期党史的套路，有关社会方面的内容往往一笔带过，缺乏较为细致的历史描述，深入的历史分析更无从谈起。专题研究也主要集中在政治史、经济史、外交史领域，社会史的研究成果寥寥无几。这种发展状况与国史研究由党史研究中分离出来的学科发展境况直接有关，同时也影响着国史学科的发展走势和学科

价值的发挥。

有关国史中社会史的重要性问题已经引起了学者的关注,有学者指出"国史可以说是断代性质的全史,其中一个重要的内容就是写社会和普通人的活动。……目前国史研究中,对党和国家层面上的活动研究颇多,而对社会活动和状况的研究则明显薄弱。……只有从国家与社会的互动中,才能写出共和国的历史全貌"[①]。有学者积极倡导"把当代社会史提上研究日程",认为"与当代政治史、当代经济史和当代文化史的研究相比,当代社会史研究不但滞后,而且薄弱,是个亟须填补的空白"[②]。当代社会史不但以其对社会层面历史研究的独特范畴拓宽了国史研究的领域,而且丰富鲜活的史料和对普通民众日常生活的关注也为国史研究填充了血肉。尤其是它主张采用社会学、人类学、心理学等学科的理论方法,倡导跨学科交叉研究,为国史学科理论和方法创新注入了积极因素。

(二)国史之分支:当代社会史的定位

多年来学者们对社会史的学科定位问题一直存在分歧和争议,一定程度上给刚刚开启的当代社会史研究造成了干扰,因此,明确学科定位成了其发展的前提。以往关于社会史的定位大致可以归纳为"专史说""通史说""范式说""视角说"这四种观点。持专史说的人为数最多,持续时间最长,但在具体的研究范畴上意见并不统一。有的以社会构成、社会生活和社会功能三大块来搭建社会史学科框架;[③]有的提出社会史是"研究历史上社会结构与日常生活及其所反映的社会意识的运动体系"[④];有的将其归结为"社会基本构成和社会运行两大部分"[⑤]。在持总体史观点的学者中陈旭麓强调"通史总是社会史",并以这一主张为基点写作

---

① 杨凤城:《关于国史研究的几个问题》,《当代中国史研究》2001年第3期。
② 田居俭:《当代社会史是国史研究亟待拓展的领域》,《中国社会科学院院报》2008年3月25日。
③ 乔志强主编:《中国近代社会史》,人民出版社1992年版。
④ 冯尔康:《中国社会史概论》,高等教育出版社2004年版,第10页。
⑤ 朱汉国:《关于社会史研究的若干问题——以民国时期的社会史研究为例》,载中国现代史学会编:《二十世纪中国社会史研究》,当代世界出版社1998年版,第4页。

了《中国近代社会的新陈代谢》①。张静如等主编的《中国现代社会史》②包括经济、政治、教育与文化、阶级与阶层、社会组织、家庭、社会习俗、社会意识等章节内容，充分展示了他所坚持的社会史为综合史的特点。③范式说和视角说比较接近，王家范以传统史学的叛逆者、"新史学"来定位社会史。赵世瑜在否定社会史为史学分支的基础上，认为社会史是"从民众的角度和立场来重新审视国家与权力，审视政治、经济和社会体制，审视帝王将相，审视重大的历史事件与现象"④，是取代传统历史研究模式最重要的史学新范式之一。

在这些说法中，采纳专史说比较适合中国当代社会史目前处于草创阶段的发展实际。它的理论前提是当代社会史是国史的一部分，而国史是通史，不仅要反映影响全局的重大历史事件，还要描述人民群众的日常生活；不仅要重视上层决策和制度，还要关注基层社会的运行和社会问题的起落；不仅要记录领袖和精英人物的活动，还要呈现无名小卒的喜怒哀乐。

中国当代社会史的研究对象正是国史中的另一个面相，它研究社会结构、普通民众的日常生活及其社会意识的变动过程。社会结构又分为阶级与阶层、社会组织与群体、婚姻与家庭、社区与人口、社会关系等社会成分的构成以及运行机制；社会生活包括以衣、食、住、行为主要内容的生活方式的变迁和以教育、医疗、就业为主要内容的社会保障制度的形成与运作；社会意识包括社会风气、习俗、信仰等精神观念的变化发展及其社会功能。当代社会史与政治史、经济史、文化史等国史分支史一起，共同来促进对国史系统、全面的认识，从而使国史真正成为通史，成为人民群众的历史，使国史研究真正成为独立的史学分支学科，在历史的钩沉中获得对国史发展经验和规律的把握。

---

① 陈旭麓：《中国近代社会的新陈代谢》，上海人民出版社1992年版。
② 张静如等主编：《中国现代社会史》，湖南人民出版社2003年版。
③ 王家范：《中国社会史学科建设刍议》，《历史研究》1989年第4期。
④ 赵世瑜：《小历史与大历史》，生活·读书·新知三联书店2006年版，第26页。

二、当代社会史研究的理路与取向

（一）近代社会史研究主题与范式的延伸拓展

在时段上，中国当代社会史是中国古代社会史、近代社会史的接续，是中国社会史的当代部分。因此，当代社会史研究要纳入社会史的学术传统和源流，遵循社会史研究的学术规范，吸收和借鉴社会史研究中已经取得的成果和经验，从而使它一出生就标明身份符号，拥有学术交流和对话的空间。

"眼光向下"、长时段和整体观是社会史研究秉持的学术理念，也是它最值得称道的学科优势。有学者将社会史视为"新史学"、史学革命，依据的同样也是这些特点。"眼光向下"不单单是研究问题和视角的转换，更是对研究者史观的考验。如何看待普通民众的日常生活？如何看待历史的主体？只有解决了这些问题，才能真正做到"眼光向下"，社会史也才能真正拥有它研究的意义。长时段实质强调的是历史的延续性、继承性问题。与社会政治制度和主流意识形态的更迭相比，生活方式和社会心理的变迁是缓慢而滞后的，不可能出现一夜之间泾渭分明的历史现象，因此，在研究这些问题时，必须瞻前顾后，既要看清新中国成立带来的根本性变革的事实，又要向前追溯其历史源头，起码要顾及根据地时期、民国时期的情况，有的甚至要更远。唯其如此，才能探明历史根源，在比较中凸显问题的本质。整体观是指尽管研究对象可能只是一个社会现象或问题，但却要关照相关的政治、经济、文化等方方面面的情况，要有全局意识，而不是就问题谈问题。区域社会史研究借鉴人类学民族志的写作方式，更加强调对区域的全方位考察，在揭示自然和人文社会整体状况的基础上，探讨社会历史命题。

以1986年首届中国社会史研讨会的召开为标志，中国社会史研究进入"复兴"阶段。20多年来，实实在在的问题研究和不断拓展的领域是社会史研究取得突出成绩、保持强劲发展势头的关键所在。隔年召开的社会史年会已经举办了12届，分别探讨了"社会史的研究对象、范畴、与其他学科的关系以及社会史研究的意义""中国宗族、家庭等问题""社会史研究与中国农村""地域社会与传统中国""区域社会比较研究、中国社会传统生活方式""家庭·社区·大众心态变迁""经济发展与社会变迁""国家、地方、民众的互动与社会变迁""礼仪、习俗与社会秩序""地域中国：民间文献的社会史解读"等系列主题。我们可以从中管窥社会史研究重点的变化，以及如何步步深入地探索前进方向。

近10年来，近代社会史研究获得了长足发展，除了对于社会史理论、社会生活及社会组织的持续讨论外，还表现出了研究视野愈发宽泛、研究时段愈发向下延伸、学科交叉借鉴愈发紧密的特点。研究视野广涉乡村社区历史、地方自治与权力结构、乡村经济与农民生活问题、民风民情、社会性别、宗教信仰等诸多领域，对保甲制度、乡村雇工、士绅、乡村民众的社会分层、宗族制度、土地制度、水资源的利用、乡村工业化、农村市场、香会组织，以及婚姻、生育、饮食、赌博、两性关系、妇女参政、反缠足运动、秘密社会、民间信仰、习俗文化等问题均有相当丰厚的研究成果。然而，不可否认的是社会史研究的"碎片化"弊端也成了学者们抨击的主要问题。

应该说，上述这些研究，绝大部分在中国当代社会史中具有继续研究的价值。目前在乡村社会变迁、城市社会问题、医疗社会史、人口与计划生育等领域已经有所开拓。但是当代史与近代史之间除了继承性之外，因社会形态和社会性质的根本改变还存在截然不同的社会现实和社会问题，所以，在当代社会史的研究中还要关照当代史的时代特征，紧扣国史学科的主脉和研究重点来展开。同时从有关社会建设的重大问题入手，这样才可能避免近代社会史研究的不足与缺陷。

（二）科际整合：国史视域下民众社会生活的书写

科际整合是当今社会科学发展的主要趋势。社会史的特点之一就在于它的交叉性。有学者认为历史学与社会学等其他社会科学的关系好比是消费者和生产者。"在科学面前，历史的地位本质上是寄生式的。历史学家借用了人类学、社会学、心理学的一般通则，以便顺利完成他们的任务：协助我们理解过去。""从社会科学中汲取理论的史学作品不断拓宽、加深了历史探索的范围，于是史家以往不曾考虑的问题浮现了，而过去一直忽视的主题也纷纷跃出。"①换言之，社会科学研究给予了史学研究以灵感和滋养。这种判断对当代社会史研究来说更是恰切适宜。考察此类研究著作，无论是对新中国成立初期革故鼎新、移风易俗的探讨，还是由此带来的社会结构、人民生活方式和社会心理变化的研究②；无论是对1959—1961三年自然灾害起因、蔓延过程、政府对策的的阐释，还是对灾害给人们婚姻、生育、人口造成影响的描述与分析③；无论是对人民公社制度的历史纪实，还是对其历史功过是非的评说④，社会科学的研究理念和方法均清晰可见。近年来，社会学知识建构和人类学的村庄民族志所表现出的对民众日常生活的研究旨趣，为当代社会史研究探索路径和研究前景提供了最直接的参考例证。

孙立平和郭于华共同主持的"20世纪下半期中国农村社会生活口述资料收集与研究计划"已经进行了10余年，他们先后在华北的西村、陕北的骥村、东北的石湾和西南的柳坪进行了长期调查研究工作，在搜集到的大量民间历史资料的基础上，记录了革命与宏观历史变迁背景下农民的日常生活形态，揭示了土改、合作化、人民公社、社会主义教育运动、"文化大革命"乃至改革开放等不同历史时期乡民社会生活的变化，以及他们对于这些经历的感受、记忆、讲述和理解。⑤尽管研究计划专注于社会学命题的解读，但是生动、细腻的口述史资料使土改中诉苦所发挥的政治动员作用，集体化中女性身体的痛苦和心灵的愉悦，国家权力在基层社会的实践等这些曾经在历史中缺失的记忆一一得以呈现。

"人类学转向"作为新叙述史的形式之一，已经越来越成为社会史研

---

① [英]辛西亚·海伊:《何谓历史社会学》, S.肯德里克等编，王辛慧等译，载《解释过去，了解现在——历史社会学》，上海人民出版社1999年版，第27、33页。

② 李立志:《变迁与重建：1949—1956年的中国社会》，江西人民出版社2002年版；师吉金：《构建与嬗变：中国共产党与当代中国社会之变迁（1949—1957）》，济南出版社2003年版。

③ [美]彭尼·凯恩:《中国的大饥荒（1959—1961）》，中国社会科学出版社1993年版。

④ 凌志军:《历史不再徘徊——人民公社在中国的兴起与失败》，人民出版社1997年版；张乐天:《告别理想——人民公社制度研究》，东方出版中心1998年版；罗平汉:《农村人民公社史》，福建人民出版社2003年版。

⑤ 郭于华、孙立平:《诉苦：一种农民国家观念形成的中介机制》；景天魁主编:《中国社会学年鉴1999—2002》，社会科学文献出版社2004年版，第19—51页；郭于华《心灵的集体化：陕北骥村农业合作化的女性记忆》，《中国社会科学》2003年第4期。

究者尝试运用的一种研究方法和写作方式。陈佩华（Anita Chan）、安戈（Jonathan Unger）、赵文词（Richard Madsen）于1975—1978年间通过对移居香港的陈村村民的访谈，深入考察了人民公社时期陈村的政治与经济状况，之后又于1992年实地考察了陈村在邓小平时代的生活变化。在《当代中国农村历沧桑：毛邓体制下的陈村》①中，作者以直接倾听和记录历史参与者声音的方法，讲述了在国家与社会互动背景下华南农村近40年来的沧桑史。黄树民的《林村的故事：1949年后的农村变革》讲述的是1949年以来位于厦门附近一个闽南农村的社会变革史。②它以村党支部书记叶文德一生的个人生命史演绎出了一幅中国乡村社会文化变迁的图景。这部地方干部和农民视野下的村庄史，呈现了大大小小的政治运动对村民个体的影响，国家权力左右下中国农村生活的根本性转变，也凸显了政府控制弱化、经济繁荣后村民内部出现的社会分化倾向，以及与外来移民直接相关的诸多社会问题。如果说林村的故事是农民自己讲述的历史，那么,《高家村》③则是高默波站在贫困农民的立场书写的"草根"历史。他叙述了这个位于江西省波阳县的村庄从1949年到20世纪90年代中期的变迁历程。然而，这本著作更为深层的价值在于作者以对比20世纪80年代前后农民的生活水平为出发点，就生活水平差别的原因、人民公社制度体制、农民生产积极性、农产品产量等问题提出了不同于主流经济学的解释。同时，还以"文化大革命"时期高家村第一次办起了小学、农民获益尤多的赤脚医生制度，以及史无前例的丰富的文化生活等事实，阐释了在生活水平提高的情况下，老百姓依旧怀念毛泽东这一看似矛盾的现象。对过去的怀念，并不是他们比精英们愚昧，他们的思想感情是源于对历史的记忆，并根基于深刻的现实基础。④这些带有历史人类学特点的著作涵盖了从集体化生产到私营经济的发展，从表层的政

---

① ［澳］陈佩华、［澳］安戈、［美］赵文词:《当代中国农村历沧桑：毛邓体制下的陈村》，孙万国等译，香港牛津大学出版社1996年版。
② ［美］黄树民:《林村的故事：1949年后的农村变革》，素兰等译，生活·读书·新知三联书店2002年版。
③ Mobo C.F.Gao, *Gao Village: A Portrait of Rural of life in Modern China,* London:Hurst & Company,1999.
④ 参见孙庆忠:《海外人类学的乡土中国研究》,《社会科学》2005年第9期。

治运动到深层的社会心态,为我们记录了一部动态的社会生活史。人类学对草根社会的关注,并非游离主流社会的孤岛,重大历史事件贯穿始终。这种"小地方"的个案研究是以"大社会"为时空场景的,因此,从民间观点看待国家力量与国家形象,也就成了探讨国家与社会关系所不可替代的角度。

　　社会学、人类学的这些研究不但为当代社会史解释问题提供了理论和方法的借鉴,而且翔实、可靠的资料也是社会史难得的史料。自从20世纪80年代以来,国家与社会、地方性知识、中层理论、亲属制度等社会学、人类学的独特分析模式和研究视角已经在社会史的研究中绽放异彩。历史社会学、历史人类学的形成更为社会史的交叉研究提供了帮助。其中最值得学习和借鉴的是由重大社会问题来切入的研究角度,譬如乡村发展问题、人口问题、社会保障问题、弱势群体问题、社会流动问题、城市化问题等,这些问题是认清当代社会历史发展的关键所在,是打开当代社会史研究之门的一把钥匙。不过在提倡学科间相互借鉴和学习的同时,要避免简单的移植和嫁接。曾有学者批评由于一味地迎合社会学,"导致社会史变成了'社会学'的'历史投影'"[①]。因此,在大力开展专题研究的同时一定要加强中国当代社会史的理论建设,要始终明确当代社会史的史学属性和学科定位,否则很容易使它偏离史学轨道。

三、当代社会史研究的要务与路径

　　当代社会史的研究空间广阔,是创新性和挑战性兼具的国史研究领域。尽管社会史和国史研究为它的发展提供了很多有利条件,但面临的困难的确不少。对编纂国史的专门机构当代中国研究所而言,这种困难还不只是开拓一片新领地的问题,最紧迫的问题是研究队伍的培养,要做好社会史研究,不但要求研究者有史学修养,还要有一定的社会学、人类学的理论基础,知识体系的完善是研究者不能回避的难题。如何打造这支研究队伍,在我看来应在如下三方面的研究实践中落实。

[①] 王先明:《新时期中国近代社会史研究评析》,《史学月刊》2008年第12期。

（一）拓展史料搜集范围，建设当代社会史研究资料数据库

治史依托史料，史料的详略多寡，直接影响史学工作者对史实的判断和对历史的书写。因此，持续性的史料征集与整理，建立以区域档案为基础的数据库，是我们开拓当代社会史研究的筑基性工作。当下的要务至少包括两项工作：第一，"再现生活真实""返回历史现场"的诉求，决定了"迈向田野"是必然选择。这既是当代史研究的特质，也是社会史研究的重要属性。第二，以地方史志资料为核心，建立跨越区域社会的文献数据库目录索引。此时，大部分省、市级的档案馆和方志办的资料目录都已经电子化，这为建设全国性的地方区域档案创造了良好的条件。这项工作对研究地方性事件，进而开展区域比较，乃至通史写作都会大有裨益。

走出书斋，深入社会生活，利用田野调查方法，收集包括口述史在内的民间史料，是当代社会史研究的重要途径。因为当下的生活中昨日的影子依然清晰，记忆中的人与事还不曾忘记。当代社会史是最适宜运用口述史进行研究的历史，从1949年新中国的成立，到社会主义制度的艰辛探索，一次次政治运动和经济改革的大潮冲击和影响了整个社会，其变化的程度之深、速度之快、覆盖之广，为世界史所独有。在迅猛的社会变迁中，国家权力和政治力量镶嵌在民众日常生活之中，进而在他们观念中打上了极深的烙印。基于"自下而上"历史理论的口述史学，可以在对民间社会的问询中，探讨民众生活世界与国家力量的互动过程，并以这种民间社会的自主性和生命历程来重建这段存活于记忆中的历史。① 这种研究取向必将为中国当代社会史的书写提供广阔的空间。

口述史关注民间，内容涉及社会生活史、家族史、妇女史、个人生命史等，这些层面恰恰是当代社会史需要传递而又极为欠缺的内容。那些原本被档案资料忽视的事件和人群以口述史的形式被记录下来，这不仅为国史研究拓宽领域提供了宝贵的研究资料，同时也为它走出政治史的史学范式，成为跨越学科壁垒的综合性学科准备了条件。这里分别以社会学者和历史学者的研究为例，意在说明口述资料的搜集对社会史研究的特殊价

---

① 姚力：《我国口述史学发展的困境与前景》，《当代中国史研究》2005年第1期。

值。应星的《村庄审判史中的道德与政治——1951~1976 年中国西南一个山村的故事》[①]，综合运用了口述史资料、法院刑事审判案卷与干部惩戒档案，展示了从 1949 年到整个集体化时期，国家政治生活的逻辑与村庄日常生活的逻辑交汇的历史，展示了社会主义新人的塑造史与生活史。正如作者所说，他并不试图将村庄事件简单地插入到跨地方的事件序列中去，更多的是关心国家塑造新人的要求在村民日常生活中激起的种种波澜。这种对地方资料的开掘与运用，为我们展现了国家政治话语在民间社会生活中的另一种形貌。与这种乡村社会史相应的是，口述和记忆呈现的城市社会史。定宜庄的《老北京人的口述历史》[②]是此类研究中的代表。这部著作采用口述史的方法，以鲜活灵动的百万言对话呈现了北京城百年的历史。通过普通百姓日常喜怒哀乐的讲述，让人们对北京城的昨日与今朝可触可感。作者以史家的眼光和对故乡的情感对城市史写作和研究进行了有益的尝试。这两部基于口述资料完成的著作，虽研究区域和主题相去甚远，但他们都自觉地践行了使那些不掌握话语霸权的人们发出自己声音的新史观。这种研究取向对于当代社会史研究无疑具有重要的启示作用。

（二）参与多学科讨论对话，为现实问题的解决提供历史依据

我们对过去的理解根植于与我们休戚相关的现在，这是史学和社会学者的普遍共识。社会文化的发展是有历史连续性的，我们也只有将当前社会事件和社会问题放置在它们的历史脉络中，才能对事件本身或社会问题的走势作出正确的判断，从这个意义上说，理解过去又是了解现在的源头活水，当代社会史研究也便因此成了社会学、政治学、管理学等多学科汇聚的一个基点。当代中国正在面对的社会问题，诸如农村土地占有与流转问题、农民离土离乡问题、社会风险与社会保障问题、乡村教育滞后问题、灾荒与社会救济问题、社会分层与社会流动问题、城市犯罪与乡村治理问题等等，都可以在历史的源流中寻找问题的缘由和应对的策略。

---

① 应星：《村庄审判史中的道德与政治——1951~1976 年中国西南一个山村的故事》，知识产权出版社 2009 年版。

② 定宜庄：《老北京人的口述历史》，中国社会科学出版社 2009 年版。

以医疗社会史为例，我们可以清晰地发现现实问题与历史研究的内在关联。农村合作医疗制度在农业合作化高潮中兴起，经历了"文化大革命"中迅速普及和实行家庭联产承包责任制后急剧衰败的历史命运，曾经在解决我国农民缺医少药、获得基本医疗保障方面发挥了重要作用。近些年来，农民因病致贫、因病返贫的现象日益严重，合作医疗再次受到党和国家的重视，被认为是解决这一严峻社会问题的重要途径之一。因此，回顾合作医疗的历史过程，总结合作医疗的经验教训，无疑对正在进行的新型农村合作医疗工作具有直接的借鉴意义，对确立符合我国国情的医疗保障制度有着不可低估的实践价值。在这种背景下，关于农村合作医疗的研究成为多学科关注的焦点。从事多年医疗卫生管理工作的张自宽，以亲历者的身份和强烈的使命感，撰写了《中国农村合作医疗50年之变迁》《争取"公平"与"效率"同步发展——中国大陆医疗改革的态势及走向》等一系列关于农村合作医疗和医疗改革问题的文章，探讨了农村合作医疗的历史与医疗改革的方向。① 夏杏珍、曹普的研究梳理了中国农村合作医疗制度的历史线索，为农村合作医疗的研究提供了资料翔实的历史依据。② 姚力以1965年毛泽东的"六二六"指示为研究重点，论述了这一指示的来龙去脉、前因后果，评述了它对我国的医疗卫生事业，尤其是对农村医疗卫生工作产生的重要影响。③ 关于防疫、爱国卫生运动等公共卫生事业发展的研究，在2003年"非典"之后受到关注，仅《当代中国史研究》就发表了《新中国社会主义卫生事业和防疫体系的创立与发展》《20世纪60—90年代爱国卫生运动初探》等近10篇相关文章。④ 这些专论对于认识当前农村医疗卫生状况、探索医改方向、推

---

① 张自宽：《论合作医疗》，山西人民出版社1993年版；《论医改导向：不能走全面推向市场之路》，中国协和医科大学出版社2006年版。
② 夏杏珍：《中国农村合作医疗保障制度的历史考察》，《当代中国史研究》2003年第5期；曹普：《改革开放前中国农村合作医疗制度》，《中共党史资料》2006年第3期。
③ 姚力：《"把医疗卫生工作的重点放到农村去"——毛泽东"六二六"指示的历史考察》，《当代中国史研究》2007年第3期。
④ 胡克夫：《新中国社会主义卫生事业和防疫体系的创立与发展》，《当代中国史研究》2003年第5期；肖爱树：《20世纪60—90年代爱国卫生运动初探》，《当代中国史研究》2005年第3期；李洪河：《新中国成立初期的城市公共卫生治理述论》，《当代中国史研究》2009年第1期。

动相关领域的研究都起到了重要作用。

此外，户籍制度、社会分层、社会救济、人口与就业等现实问题研究也愈来愈重视历时性分析，运用翔实可靠的史料求得深入严谨的诠释，从而提升了对策性研究的水平。正如有学者指出的："真正有价值的学术研究，还是应该尽可能地做到问题意识与历史意识、当代眼光与历史眼光、主体性与客观性、批评的激情与学术性规范之间的真正对话。"[①]也就是说，在重大社会现实问题的研究中，当代社会史可以发挥独到的价值。

（三）把握社会变迁的脉动，着力提升国史研究和写作的品质

国史作为综合性的断代史，分领域、分时段的专题研究是其研究和写作的有效方式，同时作为一门独立学科，最终的整合，形成独特而完整的体系又是学科建设的必然诉求。目前，深入的当代社会史专题研究的缺失，给国史著作中社会方面内容的呈现带来了相当多的困难。因此，以服务于国史写作为目标，全面开展60年社会变迁的研究任务十分紧迫。

在国史的大框架下，将纷繁的社会现象和庞杂的社会史内容加以概括和提炼，从而揭示不同时期社会史的本质特征和内在规律是开启社会史研究的关键，也是最高指向。从经济社会发展道路或目标模式的角度，有学者将国史划分为五个时期。[②]依据这五个时期来观察社会史的发展变化，我们可以发现不同阶段的突出特点。无论是新中国成立初期的社会改造，还是社会主义建设时期社会的稳定有序、整齐划一，抑或是改革开放后由追求经济效益占上风逐步转化为注重经济与社会协调发展，强调公平正义。社会变迁的潮流一直受党和国家意志的主导，与政治、经济发展同步，始终朝着文明、进步的方向前进。只有把握了社会变迁的主脉，对社会史的研究才能纲举目张。

由于国史的时间积淀还不够充分，又与现实紧密相关，使得对其中

---

① 樊星、王宏图、武新军、陈峻俊：《问题意识：让学术惊醒》，《社会科学报》2003年7月24日。

② 朱佳木：《论中华人民共和国史研究》，《中国社会科学》2009年第1期。

很多事件和人物的评价都存在不同认识，特别是对新中国成立后前30年的历史，质疑之声不绝于耳。这既对国史研究提出了挑战，也为国史研究增添了探寻历史真相的研究魅力。2007年9月，当代中国研究所主办了以"国史研究中的重点难点问题研究述评"为主题的第七届国史年会，与会者围绕60多个国史研究中的焦点问题展开研讨。新中国成立初期土地改革的偏差及评价，镇压反革命运动的起因及是否"扩大化"，"三反"、"五反"运动的目的及策略，苏联对华援助的实际情况及影响；社会主义建设时期反右派斗争的缘由及历史功过，三年困难时期自然灾害的情况及死亡人数；"文化大革命"十年中知识青年上山下乡运动的得失，战备和"三线"建设的决策及后果；新时期以来思想文化领域的论争，对反对精神污染必要性的认识等问题均存在着不同的认识和相左的评判。面对国史研究中如此复杂的争论，"历史地看当代中国、全面地看当代中国、发展地看当代中国"①是我们应该谨守的研究立场和治史原则。而要突破研究资料受限、观点认识陈旧、难以给错误思想以有力回击的困境，为国史正本清源，则更需要社会史研究来转换视角，以扎实的实证研究注入活力。同时，这些问题也为社会史研究提供了基本命题。为了避免研究主题的分散，当代社会史研究要紧扣国史的三条主线来展开，②即从普通民众的日常生活、生存状态和心理情绪角度来表现新中国人民群众如何在党的领导下探索社会主义道路，在工业化和维护国家主权、领土完整中付出怎样的心血和力量，从而推动历史前进。

当代中国社会的巨变令世界瞩目，当代中国研究业已成为吸引海内外学者、汇聚各学科力量的一门显学。党的十六大以来，发展社会事业、构建和谐社会被提升为中国特色社会主义事业的重要任务之一。此时开启当代中国社会史研究正逢其时，它对于学术的贡献和社会建设的意义也将随着研究的不断深入而不彰自显。

［原载《中共党史研究》2011年第1期］

---

① 朱佳木：《怎样观察当代中国》，《中国社会科学院研究生院学报》2010年第2期。
② 朱佳木：《论中华人民共和国史研究》，《中国社会科学》2009年第1期。

中国当代社会史研究的基本问题

目前史学界对"什么是社会史"还存在分歧,这在一定程度上制约了国史(当代史)学科对中国当代社会史研究体系的构建。从学科发展的客观需求出发,将其定位为专史而非全史更加有益,其定义及其研究对象和重点也就比较容易把握。同时,这也符合国史学科建设的现实要求。

中国当代社会史是国史的分支史,是与国史中政治、经济、文化、外交等部分相并列的社会方面的历史,是国史研究不可或缺的组成部分。作为一门专史,它不是各种社会现象或问题的拼凑,而是以社会发展和变迁为主脉的社会历史研究。中国当代社会史的独特贡献在于给以往重视国家制度和精英人物研究的国史填充血肉,将"自上而下"与"自下而上"的研究视角相结合,与当代政治史、经济史、文化史等国史分支史一起,共同促进对国史全面、系统、充分的认识,揭示国史发展的原因和动力,总结国史的经验和教训,使国史更好地发挥资政、育人、护国的功能。

中国当代社会史研究的路径选择至少要关照以下三个问题:

首先,当代社会史研究要以国史的主流作为宏观背景,阐释的基本问题和研究的着力点要紧扣国史研究的重点来展开,为凸显国史的通史性特点、为呈现国史的全貌服务。那么,什么是国史的主流呢?就是中华民族伟大复兴的历史进程,从民族独立到摆脱贫困再到走近世界舞台的中央。当代社会史要把全面展现中国人民站起来、富起来、强起来的历史进步，作为出发点和落脚点。换言之，社会史研究要立足于国史的三条主线，①从普通民众的日常生活、生存状态和心理情绪的角度来表现新中国人民群众如何在党的领导下探索社会主义道路，在实现工业化和维护国家主权、领土完整中付出了怎样的心血和力量，从而推动历史进程。当代社会史如果偏离了这个方向，势必同样会出现近代社会史研究中"碎片化"的问题，它的价值和贡献就会大打折扣。譬如，研究新中国成立初期的社会史就要从巩固新生政权、土改、抗美援朝、社会主义改造等这些重大的国史事件出发，分析在这些事件中社会生活的变化，探讨民众的生境与心境；研究改革开放初期的社会史，就要从粉碎"四人帮"后拨乱反正、思想解放、工作重点转移、经济体制改革的社会大环境出发，分析社会思潮的形成与作用，厘清社会政策调整和改革的脉络，从而展现政治史或经济史分析的背后国史的另一个面向。这在一定程度上也可以将历史真正还原为人民群众的历史。

其次，中国当代社会史既是国史的分支史，又是中国社会史的当代部分，是中国古代社会史、近代社会史的接续，它们为中国当代社会史研究在研究选题、关注视角和研究方法等方面提供了可以直接借鉴的基本框架，也为它提供了更为广阔的学术交流和对话的空间。近20多年来，社会史一直是史学界的宠儿，备受学者的青睐，各种论著迭出。特别是中国近代社会史，因为社会变革激烈，值得开掘的问题极多，因而成为学者们研究的热点。其中关注的主要领域和问题有区域社会史、乡村社会史、医疗社会史、秘密社会史、婚姻家庭史、社会性别史等，这些研究绝大部分在中国当代社会史中具有继续研究的价值。譬如关于乡村家族势力的研究、人口与迁徙的研究、灾害与救助的研究、女性社会地位的研究等，既可以在历史的进程中比照它们的变与不变，也可以呈现在当代社会中它们的鲜明时代特征。但同时我们必须明确，当代中国史不是近代中国史的简单延续。新中国的成立开启了中华民族的历史新纪元。这种翻天覆地的变化不仅表现在社会形态和社会性质的根本改变，而且在社会建设和人民生活上的变化更突出、更显著。因此，当代社会

---

① 朱佳木：《论中华人民共和国史研究》，《中国社会科学》2009年第1期。

史的研究必须紧扣当代中国社会的新问题，总结经验、探索规律，为中国社会建设和发展助力。

最后，社会史是一门交叉性的学科，其突出特点是用社会学的视角来考察历史，因此社会学和人类学的研究理论、方法和问题对社会史的研究具有重要的启示意义。尤其近年来在社会学中出现了历史社会学，在人类学中出现了历史人类学的分支研究，它们与当代社会史更有着极其密切的关联。其中最值得学习和借鉴的是由重大社会问题来切入的研究角度，譬如乡村发展问题、人口问题、社会保障问题、弱势群体问题、社会流动问题、城市化问题，等等，这些问题是开展当代社会史研究的抓手，是认清当代社会历史发展的主要问题。不过在提倡相互借鉴和学习的同时，要始终明确当代社会史的史学属性，否则很容易使它偏离史学规范，难以发挥其真正价值。

目前，在国史的分支史中，社会史的发展相对薄弱，这与社会史作为国史中最有特色、最能体现国史与党史相区分的领域的身份极不相符。因此，开展社会史研究是建设国史学面临的十分重要和紧迫的任务。尽管中国社会史和国史研究为当代社会史的发展提供了很多有利条件，但面临的困难的确不少。一是研究队伍的培养。由于社会史研究内容的庞杂和学科特点的交叉性，故而要求研究者不但要有良好的史学修养，还要有一定的社会学、人类学的理论基础，知识体系的完善是研究者不能回避的问题。二是史料欠缺。对于当代社会史来说，不仅是等待档案解密的问题，而且要深入社会生活，利用口述史的方法，收集普通民众的口述史料。可以说，迈向田野的历史学为中国当代社会史的书写提供了广阔的研究空间，这既是当代史研究的特质，也是社会史研究的重要属性。三是本土社会史理论的构建。正如与社会史紧密相关的社会学学科一样，其理论大量来自西方。尽管这种状况一定程度上为研究的推进起到了"他山之石"的作用，但也存在"水土不服"的发展瓶颈。因此，伴随当代社会史实践的深入开展，加强理论研究和探索，是学科建设的关键所在。

［原载《当代中国史研究》2010年第1期，收入本辑时有修订］

国史研究与地方志的编纂

地方志是一种全面记录特定区域内自然和社会变迁的文献,地域性、全面性、资料性、传承性是它的主要特征。应该说,一本志书是否凸显了这些特征,是衡量其质量优劣的主要标准之一。目前出版的新编地方志,在这方面作了很多努力,加大了地方文化和社会发展方面的内容,从而使志书的地方色彩和资料信息的丰富与全面更进了一步。但同时也存在着项目分类和内容记述的简单化、程式化等问题。国史与新编地方志在研究对象和关注主题上相互交叉或重合的很多,面临的学科建设等相似性问题也很多。因此,了解国史研究的发展态势和研究取向,特别是作为国史分支史的当代社会史的研究范式和治史理念,无疑对于地方志编纂理论的提高,乃至地方志编纂品质的提升具有启发和借鉴意义。

一、"眼光向下":从民间视野把握中国社会的脉动

"眼光向下"、自下而上地关注中国民间社会的发展变迁,是近年来史学界很多学者倡导并实践的命题,有学者称之为"视角转换"或"范式转移"。它针对的是以往历史研究过多重视上层决策和精英人物,而忽视对普通老百姓日常生活的认知,喜好宏大的历史叙事而缺乏细腻的微观描述的研究倾向。这一学术理念的提出与推广,为史学研究注入了新活力,带来了新气象,在国史研究领域最为突出的意义就是对当代社会史研究的推动。

由于国史研究脱胎于中共党史研究,因此,长期以来政治史、经济史一直是国史研究的重点,社会史的内容没有受到重视,以致在众多的国史书籍中社会史几乎是一片空白。随着古代社会史和近代社会史研究的逐步深入,以及国史研究领域的不断扩展,学者们开始将眼光下移,开始关注"草根社会"的历史人物和事件,在对他们看似平凡的历史命运的叙述中发掘国史的主流问题。中国当代社会史研究当代社会结构、普通民众的日常生活及其社会意识的变动过程。社会结构又分为阶级与阶层、社会组织与群体、婚姻与家庭、社会关系、社区与人口等社会成分的构成以及运行机制;社会生活包括以衣、食、住、行为主要内容的生活方式的变迁和以教育、医疗、就业为主要内容的社会保障制度的形成与运作;社会意识包括社会风气、习俗、信仰等精神观念的变化发展以及社会功能。社会史与政治史、经济史、文化史等国史分支史一起,共同构成对国史系统、全面的认识,从而使国史真正成为通史,成为人民群众的历史,使国史研究真正成为独立的史学分支学科,在历史的钩沉中获得对国史发展经验和规律的真实把握。

"眼光向下"不单单是研究问题和视角的转换,更是对研究者史观的考验。如何看待普通民众的日常生活?如何看待历史的主体?只有做到了"眼光向下",社会史才能真正发挥它的价值,才能真正把握中国社会的历史脉动。由于新中国社会性质的根本改变,60多年来社会变化之剧、进程之快、程度之深、波及之广是以往中国史不能相提并论的。一次次政治运动和经济改革的大潮冲击和影响了整个社会和每一位普通民众,国家权力和政治力量也因此镶嵌在民众日常生活之中,进而在他们观念中打上了极深的烙印。因此,国史研究要记录这一从经济形态到社会心理复杂的变化过程,仅仅仰仗文献的征引和钩沉是远远不够的。研究者必须要迈向田野,深入中国社会的最底层,在对民间社会的问询中,探讨民众生活世界与国家力量的互动过程,并以这种民间社会的自主性和生命历程来重建这段存活于记忆中的历史。

方志书理应是地方社会文化形貌的生动记录,但遗憾的是,动辄上百万言的大部头地方志却在展现社会变迁和人民生活方面着墨不足,更多停留在对社会政策的介绍,富有地方特色和具体细致的民众生活场景的再现十分匮乏。究其原因，"眼光向下"、把人民群众作为历史主体的理念还没有真正得到落实。因此，在视角转换问题上地方志还需要大大改进，惟其如此，地方志才能成为服务于一方人民的传世之作。

二、科际整合：区域社会史的研究定位与总体书写

科际整合是当今社会科学发展的主要趋势。多学科的交叉研究也是面向复杂研究对象和学术创新的必然要求。历史学作为社会科学研究的基础，受到诸多学科的重视，社会学、人类学等学科的历史转向十分明显。与此同时，"从社会科学中汲取理论的史学作品不断拓宽、加深了历史探索的范围，于是史家以往不曾考虑的问题浮现了，而过去一直忽视的主题也纷纷跃出"[①]。换言之，社会科学研究给予了史学研究以灵感和滋养。

国史是断代史，是1949年后中华人民共和国的整体发展史。由于国史学科的综合性特点，分门别类的分支学科不断孕育发展，跨学科的交叉研究已经成为潮流，其中以社会史表现得最为突出，也最见成效。国家与社会、地方性知识、中层理论、亲属制度等社会学、人类学的独特分析模式和研究视角已经在社会史的研究中绽放异彩。历史社会学、历史人类学的形成更为社会史的交叉研究提供了帮助。同时，在科际整合的进程中，社会史也找到了发挥学术价值的广阔舞台。因为，社会文化的发展是有历史连续性的，我们也只有将当前社会事件和社会问题放置在它们的历史脉络中，才能对事件本身或社会问题的走势作出正确的判断，从这个意义上说，理解过去又是了解现在的源头活水，社会史研究也便因此成了社会学、政治学、管理学等多学科汇聚的一个基点。当代中国正在面对的社会问题，诸如农村土地占有与流转问题、农民离村问题、社会风险与社会保障问题、乡村教育滞后问题、灾荒与社会救济问题、社会分层与社会流动问题、城市犯罪与乡村治理问题等，都可以在历史的源流中寻找问题的缘由和应对的策略。正如有学者指出的："真正

---

① [英]辛西亚·海伊：《何谓历史社会学》，S.肯德里克等编，王辛慧等译，载《解释过去，了解现在——历史社会学》，上海人民出版社1999年版，第27、33页。

有价值的学术研究，还是应该尽可能地做到问题意识与历史意识、当代眼光与历史眼光、主体性与客观性、批评的激情与学术性规范之间的真正对话。"①也就是说，在现实重大社会问题的研究中，社会史可以发挥独到的价值和作用。

近年来，区域社会史成为社会史研究中的热门话题，它成功引入社会学的视角、田野调查的研究方法，以及完整记录的"民族志"写作方式。它专注于对某一特定区域社会变迁的全方位历史考察，整体观是它追求的学术理念，也就是说，要有全局意识，要对区域内政治、经济、文化、社会等方方面面的情况做全面记录和研究。就此而言，地方志与之有类似的诉求，而区域社会史著作中详尽的叙述、深度的描写、精细的分析正是地方志编纂和研究亟待提升之处。当然，我们在倡导历史与其他社会科学之间交叉和借鉴的同时，切忌学科间的简单移植和嫁接，一定要明确史学的定位和学科属性，不能偏离史学的轨道。对于史学研究来说，社会学和人类学最值得学习和借鉴的是由重大社会问题来切入的研究角度，譬如乡村发展问题、人口问题、社会保障问题、弱势群体问题、社会流动问题、城市化问题等，这些问题是认清当代社会历史发展脉络的关键所在，是打开地方志社会部类写作的一把钥匙。对于地方志学者而言，一方面要拓展学术视野，扩展知识储备；另一方面，要警惕社会学的理论陷阱，尤其是那些尚在本土化进程中的西方社会学理论，不要被它牵着鼻子走，要做到为我所用。所有的社会调查，所有的统计资料，最终都要经过甄别和筛选，目的是增加地方志的信息量和可信度，而不是生搬硬套、贻误后人。

三、口述历史：地方史料的抢救性搜集与整理

在我国现代意义上的口述史学，是在改革开放后与国外学术交流的过程中逐步发展起来的。作为一种研究方法，近年来口述历史被多个学

---

① 樊星、王宏图、武新军、陈峻俊：《问题意识：让学术惊醒》，《社会科学报》2003年7月24日。

科所运用,成为备受关注的新领域,诚如《北京青年报》的报道《忽然火了"口述史"》[①]。与古代史和近代史相比,国史是最适宜运用口述资料进行研究的历史,因为当下的生活中昨日的影子依然清晰,记忆中的人与事还不曾忘记。近期陆续出版的新编地方志中也偶见口述史的应用,这种尝试对于地方志的编纂无疑是十分重要的,其价值至少体现在以下三方面:

首先,口述史为地方志提供了丰富而鲜活的资料。以往地方志的资料绝大部分来自地方各部门的档案文献,其局限是显而易见的,同时还会涉及保密、敏感问题等条件的制约,因此,有些情况只能点到为止,有些情况只能因资料的缺失而忽略不计。口述历史是打破这一僵局的突破口。新编地方志的下限大部分已延伸到20世纪末,这是搜集口述史料的最佳时段。通过采访当事人、亲历者获取口述史料,不但弥补了地方志编纂资料的不足,还可以纠正档案文献记载可能存在的偏差,明辨诸多不够客观和全面的时代痕迹。尤其是有关地方文化和社会生活的描述,很难在档案文献中寻找到相关记录,利用口述史是最为直接和便利的。此外,口述史使那些以往不曾掌握话语权的人们发出了自己的声音,这无论对于反映历史全貌还是对于追求历史真实来说都是极其重要的。

其次,口述史为地方志增添了血肉,使它可读、耐读,更好地发挥资政、育人的功能。今天,中华民族正面临着伟大复兴的艰巨任务,地方志是一笔难得的文化资源,是我国文化软实力的有力支撑。然而,要延续地方志编纂的传统,不仅在形式上不能中断,而且在内容上也要有所继承。可惜的是,传统地方志浓重的人文气息,活泼、灵动的语言风格,在新编地方志中保留得很少。而地方志要真正发挥它的社会价值,必须要博得读者的喜爱。口述史的特点是生动、具体、细腻,它将人与事紧密结合。与抽象的文件或法规条文相比,它是可触可感的历史故事。同时,口述史具有唯一性,"独家报道"提升了地方志一手资料的价值。因此,在信息爆炸的互联网时代,口述史使地方志更富独特魅力。近年来,编纂村志成为潮流,出版了不少传统古村落、典型村落的志书。它

---

① 《忽然火了"口述史"》,《北京青年报》2003年10月9日。

们的文化价值和社会价值是不言而喻的。但遗憾的是，这些志书的编写体例大多套用省、市、县志，没有体现村落作为血缘地缘共同体的特点。缺少了人、家庭、家族、日常生活的记述，村志是干瘪冷漠的。搜集村落口述史，并将其融入村志中，是提升村志品质的关键环节。

最后，口述史为方志学者提供了历史判断的依据。口述史不仅能让人们了解很多文字资料背后鲜为人知的历史事实，同时，还可以在受访者的回忆和讲述中了解到他对历史的认识和评判。作为当事人，口述者的分析和态度对我们写作和研究历史问题无疑又多了一个视角。口述史承载了集体对历史的认知、理解和分析，对于探求人们深层情感和观念的转换，理解人的历史意识形成的原因和过程，有着其他历史资料所不具备的优势。也就是说，在口述史的搜集和研究中，我们不仅关注人们讲了什么，还可以观察他们是怎么讲的，从而探询他们为什么这么讲。

因为口述史源于人们亲历、亲见、亲闻的记忆，所以搜集口述史料带有抢救的特点。在无情的时间面前，老人的去世会带走宝贵的资料，而这种资料信息是不能再生和复制的。因此，方志学者对于搜集口述史料必须要有一种责任意识和使命意识，要在自己工作的时间里，把那些宝贵的地方文化资料留住。做好口述史要付出艰辛的努力，不仅要千方百计寻找好的口述访谈对象，还要花大力气做好抄本的整理与修正，在此谈三点经验：第一，访谈前做好案头准备工作，其中最主要的是熟悉访谈问题。一次高质量的访谈需要访谈双方的互动，访谈者的不断追问和必要提示，是挖掘出好资料的前提。因此，尽可能地做一名"对等"的谈话者是十分必要的。第二，访谈者最好使用录音设备，它可以保证记录的全面与准确，使流动的谈话被物理地固定下来，克服了事后"口说无凭"的尴尬。当然，由于访谈可能涉及一些敏感话题，受访者难免会有所顾忌。为此，在访谈前要做好解释，确保在口述资料最终发表时征得受访者的同意，并要对文稿过目和授权。第三，在运用口述资料时最好能与文献相补充、相印证，如果难以找寻相关的文献资料，还可以采取采访多人，利用口述资料相互印证的方法。总之，口述资料会受到记忆偏差或后来事件的影响，辨伪是不可缺少的环节。口述资料用得好可以为地方志增色、添彩，用得不好也会以讹传讹。

"从中外史学研究的运行轨迹考察,大体总是政治史先行,经济史和文化史接踵而至,社会史最后登场。"① 这种发展态势和现实需求向当代社会史研究提出了挑战,也为新编地方志中史料征集视域的拓展提供了重要的契机。近年来,微观研究和宏大叙述似乎成了史学研究争论的焦点之一。在这两种研究模式中,前者以后者遮蔽社会事实的形貌而加以否定,后者则批评前者仅以局部资料得出的"颠覆性"结论更是远离了历史的真实。在这种背景下,地方志编纂的特殊价值日益凸显:一方面为国史研究提供丰富翔实的地方性史料,再现地方社会的变迁历程;另一方面为从村到省,乃至跨区域的比较研究,提供相互认同的史料参照。惟其如此,以地方志为史料基础的国史研究,才不会为一些地方的一些"特殊现象"所迷惑,才能在"偶然有之"和"群像"之间,② 缕析特殊事件发生发展的脉络,才能辨识历史问题的真伪。就此而言,国史研究与地方志的编纂相互借鉴、合作的空间广阔,如实呈现中华人民共和国历史进程的诉求也是异曲同工。

[原载《中国地方志》2011年第1期,收入本辑时有修订]

---

① 田居俭:《把当代社会史提上研究日程》,《当代中国史研究》2007年第3期。
② 朱佳木:《从改革开放前后两个时期的历史性质及其相互关系上认识中国特色社会主义道路的内涵》,《当代中国史研究》2008年第1期。

陈云与当代中国：十届研讨会引发的思考

2006年6月13日，在陈云同志诞辰101周年之际，当代中国研究所"陈云与当代中国"课题组成立，并于第二年在北京怀柔举办了首届"陈云与当代中国"研讨会。按照当初的设计，研讨会每年举办一次，每次在北京举行开幕式后，在另一个地方进行大会和分组研讨。时至今日，研讨会已举办了十届，坚持"为分散在各部门各地区有志于陈云研究的学者提供一个学术交流的平台，促进理论界学术界深入、持久地开展陈云研究"[①]。正所谓"十年磨一剑"。今天，"陈云与当代中国"不仅成为陈云研究的品牌，而且极大地提升了陈云研究的学术水平和社会影响力，使其向纵深和更高的境界发展。

思考之一：深入持久开展陈云研究的学术基础在哪里？

陈云研究开启于20世纪80年代初，由1980年11月《陈云同志文稿选编》（1956—1962）在党内发行后，逐步拓展开。[②]在1995年陈云诞辰90周年、2005年陈云诞辰100周年之时，伴随国家高规格的纪念活动，研究气氛被推向高潮。但此后热度逐渐冷却，一些研究就此搁置，

[①] 朱佳木：《紧密结合实际，把陈云研究深入持久地开展下去》，《当代中国史研究》2007年第5期。

[②] 迟爱萍：《新时期陈云的思想研究综述》，《当代中国史研究》1995年第3期。

成果发表得很少，明显呈现出波浪起伏的发展态势。①这种特点与党史研究中的很多主题相接近，即紧扣纪念日开展研究活动，在特殊的年份诸多学者集中于此，一时成果纷呈。这种潮起潮落式的发展，对于承担着纪念和宣传任务的党史研究来说带有一定必然性，但对于学科建设和打造精品力作来说，显然存在弊端。

2006 年"陈云与当代中国"课题组的成立和连年举办研讨会，正是要克服这些不足，以便将正在成长发育中的陈云研究推向成熟，从而形成高水平的研究成果和稳定的研究队伍。这 10 年中，除了首届研讨会因消息传播不广造成应征论文较少外，其余各届收到的论文均在百篇以上。经过仔细筛选，从数百篇入选论文中将质量较高的结集成册，先后于 2010 年、2014 年出版了《陈云与当代中国》第 1 辑和第 2 辑。其间，还进行了两次优秀论文评选。丰硕的研究成果和积极的组织工作，也带来了"陈云与当代中国"课题组自身的壮大和发展。2010 年，在课题组的基础之上，成立了当代中国研究所"陈云与当代中国"研究中心。2015 年研究中心由当代中国研究所属转为中国社会科学院属，标志着陈云研究有了更大、更高的平台，同时也从一个侧面说明陈云研究的学术地位和影响力进一步得到了肯定和认可。

10 年来，研讨会围绕陈云的主要经历和贡献设置研讨主题，并紧密联系国家的形势和任务，在挖掘和提炼陈云的生平与思想、成就与经验，以及现实启示与价值方面，取得了很多成绩。

表 1 历届"陈云与当代中国"研讨会的主题

届次	时间	地点	研讨会的主题
第一届	2007 年	北京	纪念陈云诞辰 102 周年
第二届	2008 年	北京、上海	科学发展观与陈云的思想
第三届	2009 年	北京、白山	陈云与新中国的建立和建设

---

① 以 2005 年前后 5 年间《中共党史研究》《党的文献》《当代中国史研究》发表陈云研究论文的数量为例，2005 年《中共党史研究》发表 12 篇，但此前 2003、2004 年，此后 2006、2007 均未发表相关文章；2005 年《党的文献》发表 28 篇，此前 2003 年 3 篇、2004 年 5 篇，此后 2006 年 2 篇，2007 年 5 篇；2005 年《当代中国史研究》发表 27 篇，此前 2003 年未发表、2004 年 2 篇，此后 2006 年 2 篇、2007 年 9 篇。

续表

届次	时间	地点	研讨会的主题
第四届	2010 年	北京、遵义	陈云与党的建设
第五届	2011 年	北京、赣州	陈云与党的历史经验研究
第六届	2012 年	北京、乌鲁木齐	陈云与中国特色社会主义道路的探索
第七届	2013 年	北京、延安	陈云的党建思想与全面提高党的建设科学化水平
第八届	2014 年	北京、杭州	陈云与党史、国史研究
第九届	2015 年	北京、上海	陈云在历史关键时期
第十届	2016 年	北京、沈阳	陈云的思想与"四个全面"战略布局

这些主题由陈云研究切入，探讨的都是党和国家建设与发展中的重大命题，也是一段时期里学术界讨论热烈的前沿问题。同时，这些主题涵盖的内容比较宽泛，因此，历届会议论文围绕主题衍生出不少具体问题，除了党史、国史方面的阐述之外，也有从经济学、政治学、社会学等角度的研究，提出了一些具有较高理论深度和现实指导性的观点。[①]

在 2015 年的研讨会上，有学者大胆提出建设"陈云学"的设想。尽管这一观点尚未得到充分论证，但我们看到陈云研究已经在学科构建方面取得了相当大的进展：一是基础性研究资料比较齐备。陈云的文选、文集、年谱、传记、画册，他在各时期、各领域的专题论述，专门回忆他和相关的文献资料，以及实物、口述资料，都得到了很好的挖掘和搜集。仅就去年新修订的年谱来说，在查阅、比对 2000 年后出版的党史、国史类重要文献、中央档案资料和口述史料的基础上，增加了 26 万多字，使陈云研究资料得到了进一步补充和完善，为深入开展研究提供了充足的资粮。二是对研究的指导思想、对象、内容、学科属性、方法等基本问题已经逐步取得共识。陈云研究是以马克思主义理论为指导，以陈云的生平和思想为对象的党史、国史的专题史研究，主要包括陈云的经济、哲学、党

---

① 参见首届、第二届陈云与当代中国研讨会综述，《当代中国史研究》2007 第 5 期、2008 年第 4 期；国实：《第三届"陈云与当代中国"研讨会在白山市召开》，《中国社会科学报》2009 年 7 月 23 日；张星星所作的第四、五届陈云与当代中国学术研讨会总结，分别刊于《上海陈云研究》2011 年、2012 年，第六届至第九届陈云与当代中国学术研讨会总结，分别刊于《当代中国史研究》2012—2015 年第 4 期。

建、民生、文化、生态等思想和他在各个领域的实践活动,以及陈云的精神品格、道德风范等等,这些专题构成了陈云研究的基本范畴。史学是它的学科根本属性,历史人物研究是它的基本定位,同时,多学科交叉汇聚是它在研究上呈现的新特点。陈云思想是毛泽东思想、邓小平理论的重要组成部分,因此,陈云研究不同于一般的历史研究,带有极强的政治性和理论性。它以总结陈云治党、治国的历史经验和现实借鉴为目标,具有重要的现实意义和资政育人功能。所以,在研究中既要坚持求真的学术理念,又要积极发挥其巨大的社会价值。三是较为稳定的老中青相结合的研究队伍基本形成。历届"陈云与当代中国"研讨会在北京举行的开幕式上,都会邀请一些曾经在陈云身边工作过的老同志和老专家参会,袁宝华、杨波、于明涛、张全景、宋清渭、许永跃、余建亭、高修、李成瑞、有林、罗扬、卫兴华、吴易风等曾先后在会上发过言,他们与陈云之间交往的旧事和研究心得,为陈云研究奠定了正确而扎实的理论和研究基础。同时,研讨会本着促进交流、发现和培养新人的宗旨,每届都会着意吸收青年学者、研究生与会。10年下来,在研讨会这个平台上,一批热心于陈云研究的青年后辈成长起来,为陈云研究的未来发展积蓄了人才力量。

综上所述,拥有厚实的研究资料和源源不断的科研人才,在几十年研究积累的基础上,陈云研究发展成独立的学科,是值得期待的。

思考之二:深入持久开展陈云研究的内在动力是什么?

陈云生平与思想的丰富内涵,是深入持久开展研究的根本动力。陈云90年的人生历程与党史、国史融为一体。他在1925年"五卅"运动中投身革命,同年加入中国共产党,有70年为党工作、近50年处于党中央领导岗位的特殊经历。"像他这样在决策岗位时间之长、在关键时刻关键问题上发挥作用之独特的领导人,在我们党和国家的历史上是不多见的。可以说,新中国从孕育到诞生,从诞生到成长,从成长到成熟,其间所走过的每一步都凝聚着他的一份心血。"[①]陈云本身就是一部党史、国史书,读懂了他就读懂了党史、国史中绝大部分的篇章。陈云的生平

---

① 朱佳木:《论陈云》,中央文献出版社2010年版,第552页。

和思想是党史、国史研究的优质资源,是解答某些历史问题的要害和关键。很多研究题目,只有了解他才能弄清来龙去脉。且不说对陈云主管过的经济、组织、纪检等领域的研究,就是在刚刚兴起的当代社会史的研究中,要探讨社会建设、社会政策、社会生活等方面的问题,也离不开对陈云思想和实践的了解与把握。在此仅举两例:

例1:关于新中国成立初期的社会建设

自党的十七大明确提出经济建设、政治建设、文化建设、社会建设"四位一体"的中国特色社会主义总体布局以来,社会建设不仅在国家和各级政府的战略规划中受到重视,而且成为学者们关注的热点问题。从国史研究的角度视之,社会建设虽然是在科学发展观的倡导下才得以上升到如此高的地位,但是新中国成立以来社会建设的工作一直在持续,尤其以新中国成立初期和21世纪以来这两段时间,成绩比较突出。新中国成立初期,陈云作为执掌国家经济工作的主要领导者,他不但关心国家经济发展战略的大问题,而且时刻惦记着人民群众的日常生活,他的经济思想中包含了很多社会建设的主张。通过陈云,我们可以了解刚刚执政的中国共产党是如何缓解社会危机和矛盾,积极进行社会建设的。

一是控制局势、安抚民心。1948年冬沈阳解放,陈云受命担任沈阳军事管制委员会主任,肩负起接管沈阳的重任。他与东北干部和群众一起,创造了"沈阳经验",成为后来党接管大城市的模板。稳定社会、安抚民心是他接管沈阳的坚定主张,是沈阳经验中宝贵的一条。在他的亲自指挥下,沈阳在平稳、有序中得以顺利、高效接收,人民生活与社会秩序几乎没有受到干扰和破坏。二是平抑物价、保障生活。新中国成立前夕,通货膨胀严重,物价飞涨,人民生活愈加困苦。因此,陈云坐镇中财委,与金融投机资本展开了"银元之战""米棉之战",对通货膨胀问题穷追不舍,在几次较量之后,恶性通货膨胀造成的物价飞涨问题终于被制服。毛泽东高度评价它的意义"不下于淮海战役"[①]。正是因为平抑物价,才保证了人民生活的安稳,带来整个社会的稳定。三是调运粮食、救济灾民。1949年中国社会发生巨变之时,各种自然灾荒频频发生,尤

---

① 朱佳木、迟爱萍、赵士刚编著:《陈云》,中央文献出版社1999年版,第86页。

以水灾为重，波及地区十分广泛。"全国合计，受灾不同的农田1亿两千七百九十五万亩，灾民共约四千万人。"① 全国无吃缺吃的有七八百万人。1950年初，粮食供应不足和春荒现象十分严峻。为了解决灾民的吃饭问题，陈云积极想办法，统筹全国的粮食储备，适时向灾区发放救济粮。在中财委的统一协调下，中央人民政府以救济粮、水利工赈粮、农贷粮、合作投资粮等8种形式，从东北等地向灾区调运粮食，到1950年9月，共拨出救济粮22亿4200万斤，② 帮助灾民渡过了难关。四是解决就业、保障生活。陈云在主持接管沈阳的工作中，他采取包下来的政策，一律留用旧人员，避免新增失业的发生。为了尽快恢复经济，他坚决执行中央制定的"公私兼顾、劳资两利、内外交流、城乡互助"，即"四面八方"的方针，利用私营工商业的发展，保障工人的就业问题。同时，针对上海失业问题严重的情况，他提出以工代赈、生产自救、专业训练、遣返回乡等办法，尽可能地安排失业人员，创造新的就业机会。到1952年底，随着工农业生产的恢复，在党和各级政府的帮助下，全国有220多万失业工人和知识分子重新就业，③ 失业压力得到了及时有效的缓解。

例2：关于计划生育政策的评价

在2013年党的十八届三中全会上，"启动实施一方是独生子女的夫妇可生育两个孩子的"政策，2015年党的十八届五中全会又作出"全面实施一对夫妇可生育两个孩子"的决策。一时间计划生育政策成为人们热议的焦点。到底应该如何正确评价1980年后国家实行的严格的计划生育政策？陈云研究再度为我们解答这些棘手问题提供了正确立场和有力证据。

早在20世纪50年代，陈云就积极支持节制生育，他对马寅初发表的《控制人口与科学研究》一文给予高度评价，赞扬马寅初"你的人口理论为国家和民族立了功，我衷心祝贺它成功"④。但由于受极"左"思潮的干扰，我国人口政策几经曲折变化，长期没有得到严格有效的贯彻执

---

① 《陈云文选》第2卷，人民出版社1995年版，第79页。
② 张晋藩等主编：《中华人民共和国史大辞典》，黑龙江人民出版社1992年版，第33页。
③ 《全国各地三年来劳动就业和失业救济工作获显著成绩》，《人民日报》1952年11月13日。
④ 朱佳木主编：《陈云年谱（修订本）》（中卷），中央文献出版社2015年版，第384页。

行。在传统生育观念的驱动下，人口增长速度急剧加快，以至于人口问题愈发成为经济社会发展和人民生活水平提升的沉重负担。党的十一届三中全会开启了改革开放的历史新时期，也成为我国计划生育工作的重要转折点。经过反复研究讨论，"只生一个"的决策最终被确定下来。在党和国家领导人中陈云是倡导"只生一个"的坚定支持者。① 回顾这段历史，透过陈云决策的心路历程，对当年的计划生育政策可以得出 3 点基本认识：

一是严格的计划生育政策是在人口急速增长、过度膨胀，与发展经济生产和改善人民生活的紧迫任务发生尖锐冲突中提出的。在共和国的前 30 年中，1953—1958 年、1962—1973 年出现了两次持续较长时间的生育高潮。第一次生育高潮，6 年间共增加 8512 万人，平均每年增加 1419 万人，年增长率为 2.3%；② 第二次生育高潮，12 年累计出生 3 亿 1791 万人，人口增加 2 亿 3352 万人，等于一个苏联或一个美国的人口数量。③ 经过这两次持续数年的生育高峰，到 20 世纪 70 年代末我国人口已经超过 9 亿，与缓慢的经济和社会发展极不适应，人口过多在一定程度上成了制约我国经济社会发展的主要因素之一。为此，1980 年 6 月，陈云两次在给时任国务院计划生育领导小组组长陈慕华的信中，都对独生子女政策表达了坚定的赞成和支持。二是严格的计划生育政策对短时间内有效控制人口增长，促进经济社会发展起到了不可低估的作用。有研究表明，计划生育政策实施 30 多年来，全国少生 3.4 亿多人，使中国"13 亿人口日"和世界"60 亿人口日"的到来时间都推迟了 4 年。④ 从 20 世纪 90 年代中期开始，我国人口发展呈现低出生、低死亡、低增长的特点，减轻了人口增长过快的压力。这 30 多年间，我国经济持续快速发展，成为世界第二大经济体，人民生活水平显著提高。2013 年农村居民人均纯收入从 1978 年的 133.6 元增加到 8896 元；城镇居民人均可支配

---

① 姚力：《陈云倡导的"只生一个"是"大仁政"》，《当代中国史研究》2014 年第 4 期。
② 许涤新主编：《当代中国的人口》，中国社会科学出版社 1988 年版，第 8 页。
③ 同上书，第 12 页。
④ 本刊编辑部：《中国内地人口达到 13 亿》，《中国生育健康杂志》2005 年第 1 期。

收入从 1978 年的 343.4 元增加到 26955 元。① 计划生育对人口数量的控制在其中起到了重要作用。三是人口政策要适应经济社会发展的整体要求，力争全面、协调、可持续地科学发展。计划生育涉及国计民生，关乎百姓福祉，只有以科学研究为依据，以理性决断为前提，才能保证政策的制定和调整不会偏离正确的轨道。当前我国经济社会发展已经进入新阶段，人口问题最突出的是老龄化、性别比失调，以及由此衍生的一些极为复杂的社会问题。人口结构、人们的生育观念已经发生了巨大变化，并还将随着现代化进程的推进发生改变。因此，要实现"人口长期均衡发展"，必须适时地调整和完善人口生育政策，陈云倡导的综合平衡、统筹兼顾、按比例发展的思想仍然是一条基本的尺度。

上面两个例证足以证明，陈云研究的意义并不局限于陈云个人，而是对整个党史、国史发展历程的把握和规律的探寻，是厘清现实问题的前因后果，看清其本来面目的一把钥匙。因此"要跳出陈云研究陈云"②，将陈云的重要观点放置在广阔的时代背景中，这不仅会给予我们深刻的历史洞察力，而且会提升我们分析问题的高度，使我们的研究更能揭示问题的本质。

思考之三，深入持久开展陈云研究应在哪里着力？

在中国共产党的领导人中，陈云是少有的懂理论、有思想、见解独到、睿智明察的革命家和政治家。对于治党、治国，他有着长期的实践，而且十分善于总结经验，很多真知灼见具有长远指导意义。正如朱佳木所指出："陈云在改革开放后又工作了将近 20 年，今天现实中的很多问题，他都遇到过，而且都作出了回答。"③ 研究陈云就是要以此为重点，关注当前国内国际面临的实际问题，在他的智慧和精神中获取不断前行的信心和突破困境的办法。

就"资政"来说，陈云的很多治党、治国思想和经验已经融入我们党的思想精髓和精神理念之中，不仅今天没有过时，而且对解决现实治国理

---

① 《城乡居民生活从贫困向全面小康迈进——改革开放 30 年我国经济社会发展成就系列报告之五》，详见国家统计局网；《2013 年国民经济和社会发展统计公报》，详见国家统计局网。

② 《当代中国史研究》编辑部：《第五届陈云与当代中国学术研讨会综述》，《当代中国史研究》2011 年第 4 期。

③ 同上。

政问题很适用，需要永远坚守，代代相承。例如陈云的党建思想，对于党的十八大以来党中央全面加强党的建设，具有很强的启示和借鉴意义。抗日战争时期，陈云担任了7年组织部部长，改革开放后又担任了9年中共中央纪律检查委员会第一书记。实践出真知，对如何加强党性修养，始终保持共产主义的理想信念；如何坚持党的民主集中制，科学决策；如何用好、管好党的干部；如何在加强党的建设中把纪律挺在前面，从严治党；如何进行党风整顿，用党风促民风带政风；等等一系列重要问题，他都提出了富有远见卓识的观点，为党留下了一笔宝贵财富。关于加强党性教育，他常说"个人名利淡如水，党的事业重如山"[①]；关于发扬党内民主，他指出"不怕人家讲错话，就怕人家不说话。讲错话不要紧，要是开起会来，大家都不说话，那就天下不妙"[②]；关于干部政策，他提出"了解人、气量大、用得好、爱护人"的用人之道，[③]坚持五湖四海的原则；关于严肃党风和党纪，他强调"党性原则和党的纪律不存在'松绑'的问题"[④]，"执政党的党风问题是有关党的生死存亡的问题"[⑤]，党的领导干部特别是高级领导干部要做表率；等等，这些思想是我们在党的建设中要一直坚持的原则。陈云的思想之所以具有如此强大生命力和持久影响力，关键在于他对马克思主义理论有很高的修养，对中国社会发展规律有深刻的理解和把握，做任何事情始终从中国的实际出发，从有益于人民群众的立场出发。

就"育人"而言，陈云故事是中国故事的精彩内容。他是优秀的中国共产党人的代表，在党领导的90多年革命历程中，有多少革命先烈如陈云一样，为国家和民族付出了自己的一切。陈云背后是共产党人的群像，他的优秀品德和高尚情操不是高空浮云，而是深深植根于中国革命的土壤。陈云是伟大的，也是可以学习和效仿的，研究陈云就是要学习陈云，传承党的革命精神。

---

① 中共中央文献研究室第三编研部：《陈云同志关于经济工作、党的建设、思想方法的论述摘编》，《党的文献》2005年第4期。
② 《陈云文选》第3卷，人民出版社1995年版，第275页。
③ 《陈云文选》第1卷，人民出版社1995年版，第109页。
④ 《陈云文选》第3卷，人民出版社1995年版，第275页。
⑤ 同上书，第273页。

陈云身上带有浓厚的革命英雄主义精神和传奇色彩,无论是在白色恐怖笼罩下负责中央特科的工作,还是长征途中受命独自重返上海;无论是解放战争中四保临江的战略部署,还是新中国初期与买办资本家的大胆较量,都酣畅淋漓地表现出共产党人的坚定信念与过人胆识。由于陈云的伟人身份,所以在讲好陈云故事时要特别注意以下几点:首先要凸显它的真实性,只有真实才能感人。因此,除了要充分利用陈云纪念馆,以及他曾经战斗过的一些革命旧址之外,还要进一步挖掘活史料,通过采访亲历者、踏访历史现场等手段,拍摄专题文献资料片、口述历史节目,真实再现革命家的人生故事。其次要展现它的亲和力,这样才能感染人。不要把伟人的故事讲得生硬而曲高和寡,要贴近大众、贴近生活。陈云本身是一位密切联系群众、关心人民疾苦的人。他的工作作风、生活习惯都非常平民化,他和蔼可亲、幽默诙谐。只有把陈云身上的这些特点讲出来,把陈云故事讲得血肉丰满,才能更易于被青年人所接受。最后要聚焦于他的精神品质,让广大的党员干部和人民群众都能从他的言行中受益。将他坚定理想信仰、一心为民、坚持原则、求真务实、勤奋学习等优秀品德,通过工作和生活的点滴小事、细节再现出来,成为人们普遍学习的楷模。今天,在中华民族伟大复兴的美好愿景即将实现之时,特别需要陈云故事里那股英雄气概、牺牲精神和高贵品质来激励人民、凝聚民心、鼓舞斗志。

2015年6月12日,在纪念陈云同志诞辰110周年座谈会上,习近平总书记高度评价陈云的一生"是伟大、光荣的一生","永远值得我们学习"。因此,深入、持久开展陈云研究不只是个人的研究志趣或爱好,而是于国于民都十分重要的一项使命和责任。面对国内经济社会发展新常态下不断出现的新问题和国际形势风云变幻的严峻挑战,陈云研究呈现出更宝贵的时代价值和更广阔的发展前景。

[原载《陈云纪念馆馆刊》2016年第3期,原题为《继续深入持久地开展陈云研究——十届"陈云与当代中国"研讨会引发的思考》,收入本辑时有修订]

试论口述历史对中国当代
社会史研究的几点启示

近年来,中国口述历史在理论和实践上日臻成熟。一方面,作为史学的分支学科,它的学术地位和价值已经被学界所公认,口述史杂志、专栏、学术团体以及各种成果不断涌现;另一方面,作为一种研究方法,逐步被多个学科所使用,并出现了诸如口述历史民族志等,富有交叉学科特点的新方法、新成果。在口述史学科发展成熟的西方史学界,口述史属于社会史门下,两者在研究理念、方法、路径等方面,有很多相通和共性之处。中国当代社会史是史学研究的一个新领域,正处于学科建设的关键时期,口述历史除了能够为其提供新史料之外,在理论和方法的构建上又会有哪些启示呢?

一、人人都有历史:当代社会史研究视野的定位

"每个人的历史都不应该被遗忘",这是写在《老北京人的口述历史》扉页上的一句话,它不仅代表了这本书的历史价值判断,而且表明了口述历史所秉持的一种史观。

广义上讲,凡是利用口述史料写作的历史都可以称为口述历史。从这一概念出发,人类首次有历史记载时,就有了口述历史的记录。它是人类历史证据中最为古老的形式之一。然而,自20世纪三四十年代现代口述史学创立以来,口述历史专指"以录音访谈的方式搜集口传记忆以

及具有历史意义的个人观点"①。口述历史产生之初,史学界更多地把它视为一种活史料,因其弥补了文献史料的不足,凸显了它的价值和地位。作为口述史学的创立者,美国哥伦比亚大学口述历史档案馆的创办人艾伦·内文斯(Allan Nevins)是一位政治史学者,他关注的访谈对象多是政界、商界的精英和社会名流,倡导通过搜集他们的口述资料,丰富和扩充文献档案内容,并以声音的形式更多地保留历史记录。1961年,杜鲁门图书馆首开美国总统口述历史计划,通过采访政府政要、白宫管理人员、家庭成员等相关人物,为历届总统和政府搜集口述访谈资料,以挖掘和补充文献记录之外的原始资料信息。

直到20世纪60年代中期,口述历史研究者才开始重视并着手撰写来自下层社会的历史。"美国开始出现第二代口述史学家。他们不仅将口述历史视为非传统资料的一种来源,而且利用口述历史方法来描述与赋权于那些没有文字记录的和在历史上被剥夺权利的人群,进而超越第一代口述史学家所主导的精英访谈模式而扩展口述历史的搜集范围与视野。"②那些曾经被档案资料忽视的平凡大众、劳动阶级、弱势群体开始成为口述访谈的对象,他们不再是历史中的默默无语者或抽象的数字,而纷纷成为了历史的主角,将自己的经历和记忆以口述史的形式记录下来传于后世。口述历史的这种转变或者可以被称为颠覆性的革命,是在西方整个新社会史发展大背景下发生的,它并不简单地表现为研究对象的转换,而是隐含着历史观的变化。历史是由谁创造的?谁才是历史的主角?这是史学研究需要反复思考和不断追问的话题。基于这种认识,口述历史内容不断拓展,广涉社会生活史、家族史、妇女史、黑人史、劳工史、个人生命史等多个层面。今天西方的口述历史,几乎囊括了社会各个层次的人群,可以发挥的主题极其广泛。"自下而上"、关注底层、让大众发声,使口述历史拥有了"人民性"这一值得称道的主要特色。

尽管我国史学界对"社会史是什么"尚没有统一的认识,还存在着通史说与专史说的分歧、范式说与视角说的争论,但是,从我国30多

---

① [美]唐纳德·里奇:《大家来做口述历史》,王芝芝、姚力译,当代中国出版社2006年版,第2页。
② 转引自杨祥银:《当代美国口述史学的主流趋势》,《社会科学战线》2011年第2期。

年社会史研究的实践来看，一系列专题研究基本揭示了社会史研究的主要内容和重点话题。中国当代社会史是中国社会史的当代部分，其研究对象的确定，很大一部分是近代社会史研究的延续。但同时，还有一定的范畴是中国当代社会所独有的或变化极大的，后者的开掘需要与整个当代史研究紧密联系、综合分析。中共十一届三中全会后，中国当代史（国史）研究才真正开启，最初它是从中共党史社会主义部分中分离出来的，多年来研究主要集中在政治史、外交史、经济史等方面，尤其是对国家领袖人物和上层决策的研究比较突出，这与其断代史的学科性质相去甚远。因此，有学者积极倡导"把当代社会史提上研究日程"，认为"与当代政治史、当代经济史和当代文化史的研究相比，当代社会史研究不但滞后，而且薄弱，是个亟须填补的空白"。也有学者更加直接地指出社会史是国史区别于党史最重要的领域。① 目前中国当代史之于社会史最需要的，一方面是研究领域的拓展，使其真正囊括当代中国历史的方方面面；另一方面是多维的观察视角，使其实现从多个角度全面、多层次地呈现国史的进程。有学者指出"国史可以说是断代性质的全史，其中一个重要的内容就是写社会和普通人的活动……目前国史研究中，对党和国家层面上的活动研究颇多，而对社会活动和状况的研究则明显薄弱……只有从国家与社会的互动中，才能写出共和国的历史全貌"②。面对当代史的研究现状和社会史研究一起步便肩负的重要使命，厘清当代社会史的学科定位就显得十分迫切。而一个学科的独立性，除了表现在研究内容上之外，它的研究视角、取向、方法也是十分重要的因素。

口述历史在这方面为当代社会史研究提供了有益的借鉴，同时口述历史的成果也使得社会史实现这样的作为具有了可能性。从近年我国口述史著述来看，有关于"大跃进"时期、"文化大革命"10 年、改革开放 30 年等新中国不同历史时期的回忆；有关于土地改革、"民主改革"、"上山下乡"等重大事件的记忆追索；也有关于梁漱溟、老舍、浩然、舒芜等文化名人以及知青部落、农民工等普通人群体生活经历的记录。这

---

① 朱佳木：《努力建构中国当代社会史学科》，《当代中国史研究》2011 年第 6 期。
② 杨凤城：《关于国史研究的几个问题》，《当代中国史研究》2001 年第 3 期。

些选题和历史细节是以往当代史中欠缺的，映衬了社会层面的历史变迁，为社会史研究注入了活力。作为中国当代史的分支史，我们可以这样认识和理解中国当代社会史：从研究内容上来说，它以普通民众的社会生活为研究对象，其研究重点一方面是展示各个历史时期社会发展的真实形貌，另一方面要揭示社会组织、结构、制度变化的动因和规律，而其难点在于分析民众心态、社会意识形态的形成和流变；从学科属性上来说，它既具有继承性，是中国古代、近代社会史的延续，又具有开放性，是以新中国成立为起点，正在进行和不断发展着的历史，由是观之，它也是现实性最为突出的史学研究；从研究视角和立场上来说，它引用和借鉴社会学、人类学等学科的理论和方法，将"自上而下"与"自下而上"的研究视角相结合，立足民间史料开展区域研究，以个案研究为基础，最终实现对整体史的全面认识和把握。带着这些新鲜的治史理念和研究取向，当代社会史定将成为中国当代史中最活跃、最具发展潜力和前景的学科。它的学术意义和贡献，以及它的现实功用，决定了它是中国当代史学科建设的有力支撑，更是学科发展的新动力和生长点。

二、生命叙事：当代社会史研究的路径选择

我们反对把社会史看成是边角余料，或是"剩余的历史"的简单组合，这既是对社会史不公正的贬低，也与社会史长时段、整体研究、"解剖麻雀"的主张完全背离。当代社会史研究是以当代中国社会发展和变迁为主脉的社会历史研究，一方面要突出有别于政治史、经济史、文化史的主题，另一方面也要时时观照与这些分支史相互交叉、渗透的诸多领域。然而，当社会史把观察视角放低、缩微时，极易陷入琐碎和零散。我们如何能够把普通人的日常生活串联起来，在平凡、芜杂的琐事中梳理出社会变迁的脉络线索，进而揭示整个大历史的主流呢？

借助生命叙事应该是一种合理、有效的方法，因为人是历史的主体，无论伟人还是普通人，都是历史的创造者和承载者，社会变迁在他们的人生岁月中留下层次不一的痕迹。恩格斯曾指出："历史是这样创造的：最终的结果总是从许多单个的意志的相互冲突中产生出来的，而其中每

一个意志,又是由于许多特殊的生活条件,才成为它所成为的那样。这样就有无数互相交错的力量,有无数个力的平行四边形,而由此就产生出一个总的结果,即历史事变。"① 利用个体生命历程来反映时代变化和探究社会问题,已经被很多人文社会科学学科所采用,口述史在这里既被作为必不可少的研究手段,同时也是达到这种较高诉求的主要资料来源。尽管口述历史的客观性和真实性长期以来遭到传统史学家的质疑,但它的鲜活灵动、形象感人也始终令抽象枯燥的文献史料无法与之匹敌。更重要的是,这些故事讲述的是他们自己的亲身经历,血肉丰满、感人至深,在个体生命的讲述中映衬出了宏大的社会主题。也就是说,它一方面重建了人民曾经活过的日子,另一方面又将个体与社会紧紧联系起来。这是口述历史的魅力所在,也是从年鉴学派到社会史代表人物查尔斯·蒂利(Charles Tilly)以来一直倡导的观点,即社会史的核心内容是重建宏观结构变迁中普通人的历史,将宏观结构的变迁同人们的日常生活联系起来考察,这也应该是中国当代社会史的研究旨趣所在。

　　那些源于记忆的生命叙事对当代社会史研究有着不可低估的研究意义和价值。其一,个体记忆中承载着时代的集体记忆。任何个人都不是孤立的存在,看似个人生命历程的讲述,表达的却不只是个人生活的苦乐辛酸,而是一个家庭、一个群体、一个时代的共同经历和命运。在生命叙事中,我们可以看到整个社会的变化,有时甚至可以反观到自己的影子。其二,集体记忆一旦形成,会影响人们的共同历史意识,甚至影响民族的认同感。口述历史通过讲述来唤醒人们的记忆,从而发现和揭示其中隐含着的社会关系、社会结构,以及群体的社会心理。其深层的价值在于重塑人们的记忆,从而加强或改变人们对历史的判断。《中国知青口述史》采制者刘小萌这样评价13位知青的口述:"希望紧紧围绕这些典型人物的回忆,对那场运动和掩身其后的社会大背景,加以多角度的深度再现。"② 正是在这些看似个别人物的微观研究中,我们看到了历史的洪流。这里没有直接的说教,更不是板起面孔的论理,而是把人们曾

---

① 《马克思恩格斯选集》第4卷,人民出版社1972年版,第478页。
② 刘小萌:《中国知青口述史》,中国社会科学出版社2004年版,第8页。

经活过的日子活脱脱地展示给人看,这才是历史本应存在的形态,由此也才能打动人、吸引人、教育人。

2008年,我采写的口述史文本《从童养媳到劳动模范》,记述了一名普通妇女从旧中国的童养媳,到新中国成立后在党的培养下成长为省劳动模范的人生历程。几十年间她个人命运十分曲折,而这些变化又无不与时代的变迁紧密相连,新中国很多重大历史事件都在她的故事中有所呈现:

土改与合作化运动:沈阳解放那天晚上,那雪下得大呀,白菜都冻到地里头了。一过了年,家家户户男的去开会,开会就写牌子、木头桩子,下头就放粮,完了钉桩子,写着姓氏名谁,分地。俺们家分了一垧(十亩)地,还分了三亩不好的,在壕沟外的坟圈那里,只能种荞麦,这日子就好了。1949年开春就自己种地了,求人换工差具(互助组的前身),你家有犁我家有马,合着干。1952年成立初级社,1955年冬天就走合作化道路了。开始入社,我二哥入了,我妈也入了,那都是自愿的。那时候,有钱的不愿意入,愿意自个儿干。我愿意入,到工作队登记,人家告诉我:"你不行,才15岁,不够16周岁,不到入社年龄。"我就说:"我今年不够,那这冬天能干活吗?你不得到明年才干活吗?到了明年春天我不就16岁了?"就这么给我写上了,不两天,就正式批准了,我就入社参加革命了。

入党记忆:1958年我就上大队当队长去了。"大跃进"起早贪黑地干,都得干到半夜,政策一下来,工作队一来一宣传,咱就带头呀,一干就干到半夜。那时心里头充满了乐、兴奋,怎么干力气也干不完,干什么都高兴。在地里歇气儿的时候,看见有块粪,赶紧按到苗根底下埋上,也不嫌脏。……我是1956年4月份入团的,1959年2月24日入党。要入党了,睡不着觉,高兴得都掉泪,那种滋味比上老何家去的心情还复杂,不知道是乐还是难受哇。总觉得一天书没念过,苦出身,做童养媳出身,一点儿文化没有,一下子就要成为一个中国共产党党员了,我也整不好那滋味,那激动劲儿。宣誓那天,来我们公社开的宣誓会,一看到那党旗挂出来,眼泪就止不住似的,瞅瞅主席像,瞅瞅党旗,就是一个高兴、激动,没有话说。就寻思一个给人家当童养媳的,今天站着讲话跟个人似的了，扬眉吐气了。我心里总是暗想要严格要求自己，党员就得像个党员样子，作出个表率出来。

"文化大革命"时期的乡村干部："文化大革命"一开始我就挨批斗了。罪状还挺多呢，主要罪状就是抱着刘少奇大腿不放，破坏民兵连，教育青年扎根农村干革命，自己却找个军官跑了。再一个，就是这儿开会那儿开会，在家劳动少。其实呢，那时规定，大队干部每年必须劳动120天，我每年都超，可谁给你证实呀？当时王登云是大队书记，我是副书记，开除他党籍，让我签字我没签。我说："不行，开除他就得开除我，一切事都是经我们三个支委决定的。"他们没办法就走了。他们找不出事儿，能查出错嘛？分房场，王登云书记那房场，院里头有坟，还有棵小榆树。我那房场，偏脸子，坡儿，完了咱自个儿垫，好房产都给社员了。王登云家里五个孩子，生活可困难了，但公家的便宜一点儿不占。秋天生产队分白菜，地头马踩、碾子轧、扒拉棵的不好的白菜分给大队干部，然后分小队干部，最后那好的才分社员。社员为啥佩服你，就在这。

老劳模的晚年境遇：2003年，我听说《沈阳日报》登了一则消息，说给劳模补助，我这心里挺盼望又挺不好意思。这事儿不管真也好、假也好，党还想着咱们，还给钱，我觉得这是挺讨愧的事。2004年，农电局来通知，让我到市工会去领2000块钱补助。我身体不好，老伴和妹夫替我去领的。结果到那一查，我是50年代的劳模，给了5000块钱。你瞅这5000块钱拿回来，我就哭上了。我就寻思啊，党还想着我呢，还一个劲儿地给钱。我现在的钱就够花了，因为我工资低，都给补助两回了，退休时110块零3毛，那年补了200多，后来又补助了100多。一个劲儿地给钱，我的心里可真不好受。这些年也不为党工作了，一点儿余热也不发挥了，你看张成哲和厨凤英这些老劳模，人家还在工作，还在做对社会有益的事情。你说我现在啥工作也不做了，党给的钱还拿，真不好意思啊！

中国当代社会史的首要任务是深入细致地呈现1949年以来中国社会的发展历程，再现人们平凡而真切的生活时日；其次是在相邻学科的碰撞中寻找阐释问题的理论和角度，针对当下社会问题，给予历史的分析和判断，惟其如此才能在学术交流与整合中显示其应有的学科地位，并避免曾有学者批评的,由于一味地迎合社会学,"导致社会史变成了'社会学'的'历史投影'"①。碎片化是近年来社会史研究中出现的突出问题,它反映出的实质是,如何处理微观个案研究与宏观整体洞察,展示历史细节与运用理论分析的关系问题。口述历史的研究实践证明,这两者不仅不是相互矛盾、不共戴天的,而且只有既兼顾又结合,才能够结出好的成果。细节是历史的血肉,没有细节,历史势必显得空泛,但拘泥于细节的堆积或利用细节肢解历史,又难以给人整体感,甚至误导人们对历史本质的认识。从细微处着手和切入,时时牵引和昭示着重大的历史事件和背景,最终落脚于对历史原因、经验和规律的把握,这才是中国当代社会史研究应该做和必须做的工作,也是马克思主义唯物史观给予我们的重要启示。

三、多学科交叉印证:当代社会史研究的深度拓展

作为一种研究方法,口述历史被史学、社会学、人类学、教育学、医学等多个学科所应用,虽目标指向各有不同,采写手段同中有异,但"抢救活史料"的客观效果却为多角度的当代社会史研究提供了重要的思考线索和分析文本。科技整合的研究取向,使历史学与社会学等其他社会科学的关系愈发紧密,实现了相互借鉴和优势互补。有学者认为,社会学给历史学以钢骨,历史学给社会学以血肉。这种判断对当代社会史研究来说可谓恰切适宜,也就是说,多学科共同参与的口述史制作,丰富了史学研究的内涵,滋养了当代史研究的问题意识。

社会学视域下的口述史最为典型的是,孙立平和郭于华共同主持的"20世纪下半期中国农村社会生活口述资料收集与研究计划"。此项研究已经进行了10余年,他们先后在华北的西村、陕北的骥村、东北的石湾和西南的柳坪进行了长期调查研究工作,在搜集到的大量民间历史资料的基础上,记录了革命与宏观历史变迁背景下农民的日常生活形态,揭示了土地改革、合作化、人民公社、社会主义教育运动、"文化大

---

① 王先明:《新时期中国近代社会史研究评析》,《史学月刊》2008年第12期。

革命"乃至改革开放等不同历史时期乡民社会生活的变化以及他们对于这些经历的感受、记忆、讲述和理解。这项基于社会学和人类学的口述史研究,突出了社会史研究的两个转向:由精英的历史转向普通民众的历史;由政治的历史转向日常社会生活的历史。正如研究者所言:"既然无论从理论还是实践层面,妇女都是中国社会革命性变革的参与者和重要动力,她们当然也应该是这一历史过程的言说者和解释者。然而,在正式的历史和革命史记述中,她们的经历和感受,她们的所思所想,她们的记忆和讲述却往往无声无息,她们的故事成为一种历史中视而不见的缺失。她们没有历史,或者至多只有由他人代言的女性历史。"① 如果我们进一步探究其深入村落收集口述史料的目的就会发现,他们意在通过"诉苦"这种记忆的追溯,重现土地改革的"真相",并以此来丰富对"革命""斗争"和"社会动员"等理论问题和观念问题的认知与理解。②

与上述研究相似的是由民族学和人类学者李绍明、王铭铭和杨正文等主持的"西南地区'民主改革'口述史调查计划"。此项研究于2006年10月启动,调查地点集中在"藏彝走廊"地区,主要针对甘孜藏族自治州、阿坝羌族藏族自治州和凉山彝族自治州的民主改革,通过口述史的形式访谈了10位曾经参与或亲历"民主改革"的老人。他们当中有西南地区第一批民族研究者,有亲历"民主改革"第一线的民族工作者,有参与"民主改革"决策的政府官员,有当地头人的管家,还有曾经在当地土司与人民政府之间担任翻译工作的人员,以及经历过"民主改革"的喇嘛和一般百姓。口述史之所以成为必要,就在于"关于'民改'的起因、过程、结果,正式的文字记载至为大而化之,未能充分展现这个深刻影响了少数民族政治、经济、社会生活方方面面的'活生生的历史动态'。而侧重于口述史,也使我们能够将一个历史大事件放在不同人

---

① 郭于华:《心灵的集体化:陕北骥村农业合作化的女性记忆》,《中国社会科学》2003年第4期。
② 郭于华、孙立平:《诉苦:一种农民国家观念形成的中介机制》,景天魁主编:《中国社会学年鉴1999—2002》,社会科学文献出版社2004年版,第19—51页;方慧容:《"无事件境"与生活世界中的"真实"——西村农民土地改革时期社会生活的记忆》;中国社会科学院社会学研究所编:《中国社会学》(第2卷),上海人民出版社2003年版,第283—371页。

物——如土司、民族学家、工作队员、士兵、干部、商人、百姓——的人生史中考察,从其在人物人生史中的地位,来反观'民改'的历史相貌"。其更为深层的诉求在于,要想真正理解"中国这个包含不同社会的社会"的空前变局,"口述史、口承传统、人生史这些活生生的历史是根本"①。

如果说社会学和民族学的研究意在破解历史真实之"相",那么由首都医科大学师生完成的赤脚医生时期口述史②,则直指赤脚医生现象对当前首都农村卫生工作的启示。从1965年冬天开始,北京共为各郊区县农村人民公社生产大队培训了5000多名半农半医的赤脚医生,20世纪70年代京郊赤脚医生已达到1.3万余人,为农民提供防病、治病、妇幼保健、计划生育等服务,直至1985年,卫生部开始对赤脚医生进行业务考核,改称"乡村医生"。这项研究通过现场调查、人物访谈等方法,从卫生部门管理者、赤脚医生和受益群众三个层面,反映了当时农村医疗卫生状况、卫生管理、合作医疗、赤脚医生行医和教育培训、医患关系,以及相关的社会政治背景、经济制度和村落文化。其价值不仅在于回顾与梳理了赤脚医生在我国医疗卫生史上书写的奇迹,更在于可以透过这被誉为"以最少投入获得了最大健康收益"的"中国模式",为当前探索农村医疗卫生体制改革、完善农村医疗卫生服务体系提供借鉴和启示。

上述几个案例虽专注于各自学科命题的解读,但其生动、细腻的口述史资料无疑是当代中国史的研究的宝贵资粮,它们不是散落于民间的可有可无的片段故事,而是承载了共和国生命历程的集体记忆。这些基于对某一区域或多个个案细致、完整、全面的记录,蕴含着带有普遍意义的当代社会变迁问题,也是社会史可以参与多学科讨论对话并为现实问题的解决提供历史依据的前提和基础。口述史的实践证明,迈向田野、问询民间是当代社会史研究获取史料、开掘研究问题、理解中国社会的有效途径。当代社会史虽时间跨度不长,但新中国成立后中国社会发生了翻天覆地的变化,改革开放前后两个30年人民生活的巨大反差,只有把这些从日常起居到社会心理,从民风民俗到社会结构的巨变都如实

---

① 王铭铭:《口述史·口承传统·人生史》,《西南民族大学学报(人文社科版)》2008年第2期。
② 吕兆丰、线福华、王晓燕主编:《碧流琼沙——赤脚医生时期口述史》,北京燕山出版社2010年版。

记载和深度诠释,中国当代社会史才真正是人民的历史,才能更好地发挥史学资政、育人、护国的功能。正如英国社会史学家塞缪尔(Raphael Samuel)所说:"社会史的活力在于它关心的是真实的生活,而不是抽象的概念,着眼于普通老百姓,而不是权贵名流,侧重于日常事物,而不是耸人听闻的重大事件。"① 在艰巨的任务面前,口述历史是中国当代社会史的重要基础和源泉,因此,充分开发和利用口述历史是中国当代社会史研究的必然选择。

[原载《当代中国史研究》2012 年第 4 期]

---

① 转引自徐浩、侯建新:《当代西方史学流派》,中国人民大学出版社 2009 年版,第 132 页。

口述史的
理论与方法

当代中国视域下的口述史学

自从20世纪三四十年代现代口述史学创立以来,口述史专指通过录音访谈来收集口头回忆和重大历史事件的个人评论。它是现代声像技术手段的发明进步与"自下而上"历史研究视角的转换共同作用的结果。近些年来,口述史学受到中国大陆学界的普遍关注。中国当代史是最适于进行口述史写作和研究的历史时段,同时,口述史丰富鲜活的史料,让普通人说话的学术取向,以及田野调查和"深描"的研究方法,对于正在建设中的中国当代史具有不可替代的意义和价值。

一、史料:弥补档案文献的空隙

中国传统史学不赞成当代人写当代史,理由之一是由于时间近,很多档案资料尚未解密,致使对一些重大历史问题的研究难以深入。然而,这一劣势也同样是当代人写当代史的独特优势。那些历史事件的亲历者、当事人还都健在,研究者可以通过采访获取口述史料,这不但弥补了国史研究资料的不足,还可以纠正档案文献记载可能存在的偏差,了解文字背后鲜为人知的历史细节和精彩瞬间。

《中韩劫机外交》是当代中国出版社出版的一部口述史著作。它以1983年5月发生的卓长仁劫机案为研究对象,从中韩两国由此打破多年的敌对状态,戏剧性地开启外交通道的角度,采访了当时被劫飞机的机长和参加谈判的几位中方代表。他们的讲述将这一突发历史事件的整个过程、后续谈判中的种种矛盾和双方的权衡与让步，以及事件带来的意想不到的结果全部揭示出来。如果没有这些亲历者的讲述，仅凭当时报纸有限的报道，我们是不可能了解如此详尽的历史史实和当事人的心理历程的。

中国当代史尽管只有60年，但这"千年仅见的变局"和与现实紧密相关的特殊地位，却使得对其中很多历史事件和人物的评价都存在分歧和争议，特别是对新中国成立后前30年的历史，质疑之声不绝于耳。如何正本清源，还历史以真实？口述史可以发挥重要作用。在《共和国要事口述史》一书中，邓力群口述了"毛泽东与刘少奇在八大前后"的情况，以自己的所见所闻与文献资料相印证，有力地回击了某些人借助西方反华势力对中国当代史的肆意歪曲，彻底否定了所谓"我党的八大是背着毛主席开的，是违背毛主席的意见的，是同毛主席的思想相对立的"[①]的荒谬说法。

二、视角：让历史传达民众的声音

中国当代史是指中国历史的当代部分，包括1949年中华人民共和国成立以来中国社会的全部历史，其研究对象十分复杂，领域极其宽泛。然而，目前的中国当代史写作和研究仍然偏重政治史、外交史、上层决策史，以宏大叙事和领袖人物为重点，很多领域少人问津，研究资料缺乏积累。口述史关注民间，内容涉及社会生活史、家族史、妇女史、个人生命史，这些层面恰恰是当代史需要传递而又极为薄弱的题目。那些原本被档案资料忽视的事件和人群以口述史的形式被记录下来，这不仅为当代史研究拓宽领域提供了宝贵的研究资料，同时也为它走出政治史的史学范式，成为跨越学科壁垒的综合性学科准备了条件。

近期，口述史家定宜庄出版了耗时10年完成的《老北京人的口述历史》一书，以鲜活灵动的百万言对话呈现了北京城百年的历史。采用口述史的方法来书写城市史，无疑是定宜庄的创造，而通过普通百姓日常喜怒哀乐的讲述，让人们对北京城的昨日与今朝可触可感，无疑证明了她的尝试是成功的。定宜庄以史家的眼光和对故乡的情感开创了城市史

[①] 朱元石主编：《共和国要事口述史》，湖南人民出版社1999年版，第42页。

写作和研究的新境界，践行了使那些不掌握话语权的人们发出自己声音的新史观，并验证了保尔·汤普逊所说的"口述史学凭着人们记忆里丰富得惊人的经验，为我们提供了一个描述时代根本变革的工具"。可见，以记录中国当代社会变迁为使命，以探寻历史经验和规律为责任的中国当代史研究是不能缺失对口述史的利用和借鉴的。

三、方法：迈向田野的史学研究

中国当代史是正在进行并不断向前发展着的历史，现实性、开放性、人民性是它的主要特点。新中国成立60年来一次次政治运动和经济改革的大潮冲击和影响了整个社会，国家权力和政治力量也因此镶嵌在民众日常生活之中，进而在他们的观念中打上了极深的烙印。因此，当代史研究要记录这一复杂的变化过程，仅仅仰仗文献的征引和钩沉是远远不够的。口述史采纳的社会学的抽样调查和人类学的深入访谈两种方法，同样是当代史研究迈向田野，深入认识中国社会，并逐步创建本学科理论方法的重要途径。

此外，口述史承载了集体对历史的认知、理解和分析，对于探求人们深层情感和观念的转换，理解人的历史意识形成的原因和过程，有着其他历史研究不具备的研究优势。也就是说，在口述史的收集和研究中，我们不仅关注人们讲了什么，还可以观察他是怎么讲的，从而探询他为什么这么讲。通常一项口述史研究的收获和意义会远远超出了口述史文本自身。傅光明所著《口述历史下的老舍之死》一书，作者虽为中国现代文学研究者，却采用口述史的方法搜集了大量有关老舍之死的访谈资料，并依据扎实深入的田野调查挑战了史学理论的一些大命题。尽管如他自己所说，最终他并没有对这一谜案"给出结论"，然而，作为一项跨学科研究，他对问题的驾驭和对相关学科理论方法的自由运用，是值得肯定和学习的。同时，他的研究也进一步表明了口述史研究的方法论意义，彰显了田野的魅力和价值。

[原载《人民日报》2010年5月4日]

我国口述史学发展的困境与前景

利用口述史料写作和研究历史，在中国和海外都是古已有之。但口述史成为一门现代意义上的学科，却只能追溯到20世纪三四十年代的美国。我国改革开放以后，在与西方人文社会科学交流与接轨的过程中口述史学闯入人们的视野。同时，由于运用口述史料的悠久传统和口述史学灵活多样的研究领域和方法，使它很快被多个学科接纳。最近几年大量冠以口述史的出版物纷纷问世，以《张学良口述传奇》、《读书》2003年第10期发表有关口述史的系列文章[①]，以及以书代刊的《口述历史》的出版发行为标志，口述史成了备受人们青睐，似乎人人都可以谈上一谈的热门话题，正如《北京青年报》的报道《忽然火了"口述史"》。这种境况带来了口述史的普及和推广，但同时对口述史的泛化和滥用也混淆了人们的认识。口述史学作为西学东渐的新兴学科，它的建设和发展面临机遇也遭遇挑战。

作为一门学术研究，口述史学的发展必须要有坚实的理论做基奠，这既是学科独立存在的基本前提，也是它未来发展的动力之源。应该说，经过20几年的实践，建设中国自己的口述史学理论已经具备了一定条件，但就目前国内口述史学的状况来看，理论性的研究还相当薄弱，这是我国口述史学发展的第一困境。集中表现在：

---

① "口头传统专辑"包括刘宗迪《文字原是一张皮》、巴莫曲布嫫《口头传统与书写传统》、朝戈金《口头·无形·非物资遗产漫议》、尹虎彬《荷马与我们时代的故事歌手》。另外，此期还登有郭于华的文章：《口述历史——有关记忆与忘却》。

第一，介绍西方研究的多，具有独到研究的少。创立于西方的口述史学在半个多世纪的发展历程中，积累了很多宝贵的经验，形成了较为成熟的研究理论和方法，是值得我们学习和借鉴的。为此，国内一些学者如杨雁斌、沈固朝、庞玉杰、杨祥银等在引进和介绍西方口述史学方面做了很多有益的工作[①]。在几部关于西方史学的著作中也有关于口述史学的介绍[②]。另外，西方口述史学的理论性著作也陆续被翻译出版[③]。然而，如同任何由西方传入的现代社会科学学科都要经过本土化一样，口述史学要在中国生根，仅仅照搬是不行的。因为，西方口述史学的理论、方法及规范等都深受西方文化的影响，其中的很多内容对中国并不适用。比如，美国口述史协会规定口述访谈工作必不可少的一条是访谈者与受访者之间要签署契约、法律授权书等，这明显带有西方法制社会的传统。但是，中国人一向喜欢用温情的人际关系来办事，而不愿使用冷冰冰的法律条文。就以往国内的口述史实践来说，不仅要靠关系来联络访谈对象，而且访谈中也要注意培养起良好的关系，以相互间的信任和友谊来保证工作的顺利完成。凭借一纸文书，很难叩开受访者的家门。在中国建设以中国人和中国社会为研究对象的口述史学，就必须符合中国人的心理特点和文化传统，唯其如此，其理论和方法才能为整个社会所普遍认可。而要实现这样的目标，中国口述史学还有相当长的路要走。当然，

---

① 20世纪90年代杨雁斌在《国外社会科学》上先后发表多篇介绍口述史学的文章，如《浅论口述史学的发展与特点》，1993年第4期；《口述史学百年透视》（上）、（下），1998年第2、3期；沈固朝：《与人民共写历史——西方口述史的发展对我们的启示》，《史学理论》1995年第2期；庞玉杰：《从往事的简单再现到大众历史意识的重建——西方口述史学方法述评》，《世界历史》1998年第6期；杨祥银：《当代美国的口述史学》，王俊义、丁冬主编《口述历史》第1辑，中国社会科学出版社2003年版。

② 涉及口述史理论方法的著作主要有彭卫、孟庆顺：《历史学的视野：当代史学方法概述》，陕西人民出版社1987年版；庞卓恒主编：《西方新史学述评》，高等教育出版社1992年版；杨豫、胡成：《历史学的思想与方法》，南京大学出版社1996年版；于沛主编：《现代史学分支学科概论》，中国社会科学出版社1998年版；张广智、陈恒：《口述史学》，台湾扬智文化事业股份有限公司2003年版。

③ ［美］唐诺·里奇：《大家来做口述历史》，王芝芝译，台湾远流出版事业股份有限公司1997年版；［英］保尔·汤普逊：《过去的声音——口述史》，覃方明等译，辽宁教育出版社、牛津大学出版社2000年版；［英］肯·霍尔斯：《口述历史》，陈瑛译，台湾播种者文化有限公司2003年版。

最终它的意义和价值也不仅仅是单向的中国化，而且是推动整个世界口述史学研究品质的提升。

第二，零星研究的多，系统研究的少。20世纪80年代以来史学的几个重要期刊上陆续刊发了一些探讨中国口述史学建设和研究的论文，较早的如杨立文《中国口述史学》、钟少华《中国口述史学刍议》，近年的有杨祥银《当代中国口述史学透视》、程歗《口述史三题：怎样采集和解读》、周新国《构建中国特色、中国风格和中国气派的中国口述史学》、钟少华《呼唤中国口述史学腾飞》等。这些文章或主要评说中国口述史学的发展状况，或对某些问题提出一孔之见，对急需理论指导的口述史实践来说，尽管难能可贵，但显然是杯水车薪。此外，除史学领域关注口述史学的发展外，社会学、人类学、民俗学等学科也都在进行口述史的研究。他们站在各自学科的立场，相互交流、对话。如2002年7月18日，《光明日报》刊登了定宜庄、徐新建、彭兆荣、刘小萌四位来自不同学科的学者就"口述与文字谁能反映历史真相"展开的探讨；2003年《广西民族学院学报》第3期，发表了一组由史学、人类学、民俗学、少数民族民间文学学者撰写的讨论口述史学的文章。[①] 这种跨越学科壁垒的交叉性研究凸显了相互借鉴和利用的学术倾向，但目前的探讨多半是各说各的，在深度和广度上还没有突破性的进展。

发展我国口述史学的第二个困境是口述史学科定位不明，由此造成了目前学术界对口述史基本概念界定不清、学术规范无所适从，进而阻碍了口述史学科的建设进程。就近年国内出版的口述史著作和进行的口述史研究来说，大致可以分为以下几类：

第一，带有社会学、人类学倾向的口述史。孙立平、郭于华等主持开展了"20世纪下半期中国农村社会生活口述资料收集与研究计划"，该计划已经进行了8年之久，选取了河北、陕北、四川和东北4个村子进行口述资料的收集和研究工作，并连续发表了多篇论文，如郭于华、

---

① 这组以《口述史：历史人类学研究》为主打栏目的文章有：定宜庄《口述传统与口述历史》，纳日碧力戈《作为操演的民间口述和作为行动的社会记忆》，朝戈金《民俗学视角下的口头传统》，孙庆忠《口述历史的制作与口述传统的发掘》，胡鸿保、王红英《口述史的田野作业和文献》，刘小萌《关于知青口述史》。

孙立平《诉苦：一种农民国家观念形成的中介机制》，郭于华《心灵的集体化：陕北骥村农业合作化的女性记忆》等；张晓《西江苗族妇女口述史研究》、和钟华主编《大山的女儿：经验、心声和需要——山区的妇女口述》、余未人《走近鼓楼——侗族南部社区文化口述史》等书籍都以少数民族社会文化、风俗习惯为研究对象，记录了形态各异的文化形貌。这些口述史研究和著作从社会学或人类学的角度出发，较少有历史的线索或脉络，常常以事件或人物的片段构成，目的是以口述史为研究方法走入田野，阐释口述背后深层的文化内涵。

第二，立足文学的口述史。张建伟《男人之隐——四十岁男人生存现状访谈实录》、孟晓云《非隐私访谈录——成功女性的独白》、老威《中国底层访谈录》等作品属于这一类，其特点是文学性较强，著者多为文学作家，目的是以口述实录的形式呈现出不同的人生形态。此外，在现当代文学研究中也引入了口述史的方法，李辉《摇荡的秋千——是是非非说周扬》，贺黎、杨健《无罪释放——66位知识分子"五·七"干校告白》，郑实、傅光明《太平湖的记忆——老舍之死》等，作品兼具文学和史学双重的研究价值。

第三，自传体口述史。近几年，中国社会科学出版社陆续出版了《黄药眠口述自传》《舒芜口述自传》《文强口述自传》《李锐口述自传》等"口述自传"丛书。北京大学出版社也先后推出了《风雨人生——萧乾口述自传》《小书生大时代——朱正口述自传》等"口述传记"丛书。这些著作尽管成书过程中有他人的采录，但以口述者个人回忆和讲述为主。传主娓娓道来，讲述他们亲历的一段鲜为人知的历史故事。

第四，政要人物口述史。当代中国研究所采制的《共和国要事口述史》《吴德口述：十年风雨纪事》《从"童怀周"到审江青》《汪东兴回忆：毛泽东与林彪反革命集团的斗争》，以及近年来在《当代中国史研究》上先后发表的宋任穷、李德生、廖汉生、赛福鼎、陈锡联、邓力群、袁宝华、阎明复、李尔重及汪东兴、吴德等人的回忆性文章，鲁林等主编的《红色记忆：中国共产党口述实录》等著作。口述者多为党和国家政治生活中重大事件的决策者或参与者，他们的口述史弥补了国史或党史研究史料不足的问题。

第五，普通民众口述史。钟少华《早年留日者谈日本》、定宜庄《最后的记忆——十六位旗人妇女的口述历史》、张健飞和杨念群《雪域求法记：一个汉人喇嘛的口述史》、刘小萌《中国知青口述史》、李小江"20世纪中国妇女口述史"丛书等著作，著者多是历史学者，他们不仅受过历史学的专业训练，而且也都或多或少受过西方口述史学的影响，在我国大陆较早地开展了口述史的实践和研究。出于这样的学科背景，这几部著作更多地体现了口述史学的规范，书中既写明了访谈时间、地点、访谈者与受访者的姓名，又以文献为向导，"文野互补"，并辅以人物和实物照片、往来书信、"大事年表"等，因而它们获得了学界的较多赞誉。

比较上述五种类型的口述史我们不难看出，前两者虽用口述史之名，但并不把口述史著作作为最终产品。制作口述史的目标也不只是存留历史或澄清历史事实，而更多的是把口述史看成一种方法或手段。研究者一般不深究口述资料的真伪，也不严守历史学的规范，甚至并不在乎口述者说了什么，而是关注他以什么身份在什么场合与谁讲的、为什么这样讲、讲的背后有什么文化意义。而后三者则是以记录历史或研究历史为出发点，口述史著作的撰写除依据口述者的讲述外，还要查证大量文献档案或访谈相关人士进行补充和互证，最终呈现的是文字记载的口述史文本，同时还要将录音磁带或录像带保存好，让历史以文字和音像两种载体传递给后人，尽显"历史科学的生命力就在于真实性"[①]的史学特点。

目前，在我国口述史属于史学，包括史料、研究方法和分支学科三层含义。当然，强调口述史的史学定位并不排斥其他学科对口述史的使用和研究，所谓"没有规矩不成方圆"，只有有了明确的名分，才可能顾及其他。正如美国口述史学今天已经突破了史学范畴，不但几乎每所大学都根据自己的特色开设了口述史课程，而且口述史学研究的范围几乎涉及了社会生活的各个领域，美国口述史协会前会长唐纳德·里奇（Donald A. Ritchie）的著作《大家来做口述历史》的标题正体现了这种

---

① 戴逸：《漫谈"口述历史"》，载王俊义、丁冬主编《口述历史》第2辑，中国社会科学出版社2004年版，第4页。

状况。但就今天我国口述史学的实际情况来说,明确口述史的学科属性是它获得"合法"地位、名正言顺地争得发展条件的大问题。

尽管口述史学日趋被大多数学者所重视,但传统史学对口述史料的轻视倾向,加之口述史源于记忆、主观性较强、不够稳定等特点,使人们对口述史仍存有疑惑、误解和偏见,这是我国口述史学发展的又一困境。人们对口述史的责难主要集中在以下三个问题:

第一,来源于人们记忆的口述史是否可靠?这些记忆常常是在事过几年,甚至几十年后被重新唤起。在回忆和讲述中,势必会存在一些问题,如出于某种原因回忆者有意歪曲事实;由于记忆的遗忘,使口述不够准确、全面;或者受后来经历的影响,回忆中渗入了很多感情因素等。而讲述的流动和不稳定性等问题更增添了人们对口述史的怀疑。例如:《当代中国史研究》2004年第6期刊登了谢静宜的来信,对吴德在回忆录中说"主席说'江青是个大女流氓'"一事给予纠正。我们在承认口述史存在不足的同时,也应该看到文字史料同样掺杂了主观因素,不能顾此失彼、因噎废食,一笔勾销口述史的价值和意义。口述史的这些特点也对口述史学者提出了更高的要求,不但要对研究对象有深入的了解,还要有扎实的史学功底和良好的史学修养,这样才能去伪存真,写出信史。

第二,口述史是否需要文献?是否"有言必录"就算完成了口述史?这一问题的提出正反映了目前口述史书籍良莠不齐的状况。对此著名口述史家唐德刚给出了很好的回答,他说:"我替胡适之先生写口述历史,胡先生的口述只占50%,另50%要我自己找材料加以印证补充。写'李宗仁口述历史',更麻烦,因为李先生是军人,他连写封信都要秘书,口述时也随便讲讲,我必须细心地找资料去编、去写、去考证,不明白的还要回头和他再商讨。"① 可见,相关文献的补充与互证对口述史来说是必不可少的,这也是史学范畴的口述史共通的方法,是它与其他学科的口述史的重要区别之处。

第三,口述史是否以揭秘为主题?目前出版的很多口述史以大揭秘为噱头,大肆炒作领袖人物的私生活、反右派斗争的恩怨情仇、"文化大

---

① 唐德刚:《史学与文学》,华东师范大学出版社1999年版,第2页。

革命"的凄惨往事,似乎只有共和国历史上的曲折和失误才是口述史的重点,以至于人们将口述史与野史秘闻相等同。这种对口述史的误解和误导,不但违背了历史给人以知识和智慧,服务于民族和国家大义的基本原则,也使口述史变成了商业赢利的工具和别有用心之人的枪口。

以上对我国口述史学发展困境的三点分析,仅仅是从大处着眼提出的几个关键性问题。此外,如经费、组织、人员等困难也是口述史学发展尚待解决的难题。然而,这并不意味着它没有前途,恰恰相反,我国口述史学是大有作为的。

第一,我国有着悠久的史学传统和坚实的马克思主义史学基础,这是口述史学成长的独特优势。口述史学的发展首先应该从中国史学的理论和传统中汲取养分,如对口述史料收集与使用的技巧;对文献资料的征引与钩沉,都是口述史研究中不可或缺的方法。此外,口述史学要健康发展就必须有科学的理论和方法为指导,唯物史观是唯一科学的历史观。只有以唯物史观为指导,口述史学工作者才能获得正确的认识和方法,才能进行科学的历史研究。也只有坚持唯物史观,才能解决口述史的客观性不足和由此带来的可信度问题。口述史学工作者要始终明确历史是客观存在的,我们只能实事求是,按照历史的真实去诠释和再现我们所掌握的历史资料,而不能将历史看成是"任人打扮的小姑娘"。在社会科学中史学的政治性、意识形态性最强,而口述史学研究的内容距离现实较近,一般又偏好于官方史书中未记录或记录较少,或档案资料中未被解密或争议较多的历史,这些内容常常与现实政治的关系极其密切,甚至会影响到民族的利益和国家政权的稳定。同时,因为口述史的可读性和关注的秘密话题,使读者对口述史情有独钟,不仅爱读,而且愿意接受。一些人便利用这一点,在没有文献补正的条件下,大搞所谓的口述史,比如近年海外出版的某些书籍,极尽造谣、污蔑为能事,破坏党和国家领导人的形象,以达到反华反共的目的。这些客观事实都提醒我们在研究中必须坚定地把握正确的政治方向。史学工作者必须明确为什么人写史、站在什么样的立场上写史、怎么写史的大问题。要让口述史为学术研究服务,为凝聚中华民族服务,为维护党、国家和人民的利益服务。

第二，中华人民共和国55年的历史尽管还不算长，但这"千年仅见的变局"为口述史的写作和研究提供了广阔的空间。国史是最适宜运用口述史进行研究的历史，从1949年新中国的成立，到社会主义制度的艰辛探索，一次次政治运动和经济改革的大潮冲击和影响了整个社会，其变化的程度之深、速度之快、覆盖之广，为世界史所独有。在迅猛的社会变迁中，国家权力和政治力量镶嵌在民众日常生活之中，进而在他们观念中打上了极深的烙印。基于"自下而上"历史理论的口述史学，可以在对民间社会的问询中，探讨民众生活世界与国家力量的互动过程，并以这种民间社会的自主性和生命历程来重建这段存活于记忆中的历史。正如保尔·汤普逊指出的："口述史学凭着人们记忆里丰富得惊人的经验，为我们提供了一个描述时代根本变革的工具。"

第三，当前繁荣发展哲学社会科学的大好局面推动了各个学科的蓬勃发展，也为它们之间的广泛交流提供了自由的空间。这种良好的学术氛围，正是口述史学发展的机遇。近年来，哲学社会科学的潜在价值和作用日益受到了全社会的重视，历史也被提升到了"软武器"的重要地位。党和国家不但下达了专门文件，还加大了对该领域研究项目的投入力度，积极支持一些新兴交叉学科的建设工作。在这种背景下，亟待建设的中国口述史学要求我们在与国际同行交流与合作中，一方面要有步骤地加快口述史学在理论方法、学术规范等方面的建设；另一方面，要全方位地开展口述史的收集工作，力求从多侧面、多角度地理解和把握我们这个时代的社会生活，给历史研究注入鲜活的史料，给资政育人的学术传统提供取之不竭的素材。而这恰恰是建设一个既富理论创新，又可普遍应用的口述史学的基本前提。相信肩负这一使命的同仁们付诸实践之日，就是中国口述史学黄金时代的来临之时。

[原载《当代中国史研究》2005年第1期]

再论国史研究与口述历史

笔者在 2002 年第二届国史年会上曾撰文《国史研究与口述史》，提出国史研究应加强口述史建设的设想，认为这是促进两者共赢，并推动人文社会科学发展的有效途径。① 6 年多来，国史研究与口述史均有了较大发展，越来越多的国史研究者开始接触和运用口述史料和口述史的方法，一批口述史系列图书相继出版。然而，"忽然火了"的口述史与要形成"中国特色、中国风格、中国气派"的口述史学仍然相差甚远，有限的口述史成果还难以真正起到推动国史研究的作用。其中有人们对口述史认识上存在误区的影响，有口述史采录、制作的特殊困难等诸多原因，但无论怎样，口述史的真实、鲜活、耐读等优势特点是其他史料无可替代的，对于撰写和研究国史有着不可或缺的意义和价值，这些都决定了国史研究一定要不断地加强口述史的搜集和研究工作。

一、口述史对撰写和研究国史的价值

中华人民共和国史简称国史，也被称为当代史或现代史②，至今已近 60 年。作为史学分支学科的国史研究开始于党的十一届三中全会之后。近些年来，随着反思共和国走过的道路和总结以往的经验教训的现实需

---

① 姚力：《国史研究与口述史》，载张启华主编：《中国共产党与新中国建设》（下），当代中国出版社 2003 年版，第 820 页。

② 朱佳木：《共和国史、当代史与现代史三者关系的思考》，《光明日报》2007 年 3 月 30 日。

求越来越强烈，国史研究大有成为显学之势。[①]与古代和近代史相比，国史是最适宜运用口述史进行研究的历史，也是口述史大有作为的最佳历史时段。现代意义上的中国口述史学是在改革开放后，在与国外学术交流的过程中逐步发展起来的，目前多学科的交叉研究和利用使它渐成规模。这两个史学的新兴学科，在研究对象、关注的问题上往往相互重合，这自然也加深了两个正在建设中的学科之间的联系。可以说，国史研究离不开口述史，口述史也离不开国史研究。

首先，口述史对国史研究最重要的意义是提供了丰富而鲜活的史料。当代人写当代史的弊端之一就是由于时间近，很多档案资料尚未解密，致使对一些重大历史问题的研究难以深入，但同时也由于时间近，研究者可以通过采访当事人、亲历者获取口述史料，这不但弥补了国史研究史料的不足，还可以纠正档案文献记载可能存在的偏差，而且生动、具体、细腻的口述史料也使得国史写作和研究充满活力。国史是通史，研究领域极其宽泛，既包括当代政治史、经济史、文化史、外交史，也包括教育史、科技史以及社会生活史等。要做好国史研究，哪个领域都不可偏废。由于国史研究是从党史研究中分离出来的，偏重政治史、外交史、上层决策史的特点使很多研究领域尚无人或少于问津，研究资料缺乏积累。口述史的内容几乎涉及国史的各个层面，特别是那些原本被档案资料忽视的事件和人物以口述史的形式被记录下来，这不仅为国史研究拓宽领域提供了宝贵的研究资料，从而使国史研究成为跨越学科壁垒的综合性学科，同时也为写作出共和国的整体史准备了条件。

其次，口述史不仅能让人们了解很多文字资料背后鲜为人知的历史事实，同时，还可以在受访者的回忆和讲述中了解到他对历史的认识和评判。作为当事人，口述者的分析和态度对我们写作和研究历史无疑又多了一个视角。口述史承载了集体对历史的认知、理解和分析，对于探求人们深层情感和观念的转换，理解人的历史意识形成的原因和过程，有着其他历史研究所不具备的研究优势。也就是说在口述史的搜集和研

[①] 齐鹏飞、张海星：《近30年中华人民共和国史教材编写若干问题的探讨》，《当代中国史研究》2008年第5期。

究中，我们不仅关注人们讲了什么，还可以观察他是怎么讲的，从而探询他为什么这么讲。因此，对于国史研究者来说，口述访谈的过程和口述史研究的意义与收获远远超出了口述史文本。不但与历史当事人的贴近有亲临现场之感，使历史可触可感，增添研究者的历史想象力和理解力，更能实现从当时的历史条件下来认识历史，而且往往不同的视角也为国史研究开启了一个新的窗口，为实现国史研究发现国史发展规律的最高研究目标、更好地发挥国史资政育人的功能提供了佳径。

最后，口述史对国史研究方法的创新具有借鉴意义。国史研究是历史学的分支学科，因此，它一方面要符合史学研究的规范，沿用传统史学研究的方法；另一方面我们也要看到国史距离现实近、变化快、内容杂、层次多等特点，这些都决定了国史研究仅仅仰仗文献的征引和钩沉是远远不够的。口述史采纳的社会学的抽样调查和人类学的深入访谈两种方法，同样是国史研究迈向田野，深入认识中国社会，获取研究素材和知识的重要方法之一。

二、口述史料的搜集与整理

口述史料的搜集和整理是口述史工作最为关键的环节，它决定了口述史的品质和价值。要做好口述史料的搜集和整理，不但要熟练掌握口述访谈技巧，还要有吃苦耐劳、孜孜以求的奉献精神和从事史学研究的学术责任和使命意识。这些技能和品质都需要长期在实践中培养、领悟和磨炼。口述史料的搜集和整理有一些基本的程序和规范，这里讲三个可能受到忽视却十分重要的问题。

第一，做有准备的访谈者。访谈前充分的案头工作是开启搜集口述史料的前提。其中包括对访谈问题和访谈人的了解和熟悉、访谈提纲、问题的设计和论证等。而其中最关键的是对访谈问题的了解。因为，口述史不同于新闻采访的重要一点就在于它是严谨的历史研究，可能涉及复杂的背景知识和很多方面的问题，也可能前人对此已经做过不少的研究，只有对这些材料有了了解，才可能有针对性地提出问题、不断追问，以及为受访者做出必要的提示，引发他讲述的兴致，从而发现有价值的新史料，获得超过前人研究的新认识。否则，对访谈的问题知之甚少，是难以展开深入的访谈的，即使听到了重要的内容也可能忽视。

第二，处理好与受访者的关系。口述史是由访谈者与受访者共同完成的，因此，建立融洽的合作关系是做好口述史的基本要求，特别是在我们这样一个重视人情和关系的社会中。一般来讲，在以"抢救活史料"为目标的口述史工作中，受访者多为阅历丰富的长者，因此，要给予他们以足够的尊重和关怀，赢得了受访者的信任，工作就比较容易开展。访谈中访谈者要注意把自己放在次要位置，把主角交给受访者，多提一些开放性的问题，让他尽可能讲出更多的历史故事和细节。当然，为了避免跑题，访谈者也要控制受访者讲述的方向。访谈结束后，访谈者要把整理好的抄本送给受访者校对，并取得认可。好的受访者常常是可遇而不可求的，他需要兼具好的记忆力和表达能力，而访谈者要起到唤醒和激活他们的作用。

第三，保证口述抄本的真实。制作抄本就是整理口述史料的过程，它既费时又费力，且无捷径可走。整理抄本第一要义是及时，以免放久了访谈的有些事情被遗忘；第二要义是尽可能保持原貌，甚至可以注明某些有意义的语气和动作，以便于研究和分析。我们知道口述史来源于人们的记忆，"口说无凭"是它的真实性受到质疑的要害之处。而现代口述史之所以强调口述访谈要应用录音设备，主要是克服口述的流动性，使它成为如文字一样的"稳定"记录。要维护口述史料的真实性，首先要保证记录下来的是受访者的原话或原意，而非杜撰。当然，这并不是否定口述史发表时，抄本要进行多次加工和修正，避免啰唆、重复、不合逻辑的语言，否则影响阅读效果。其次，还要强调要尽可能多地搜集口述史料，努力做到口述史料相互印证，口述史料与文献档案相互印证，从而去伪存真，写作出口述史的珍品。这是搜集和整理口述史料的终极目标和最高追求。在整理口述史料的过程中常会遇到一些涉及个人隐私或政治敏感性的问题，对待这些问题同样不可小视。做口述史必须要坚持正确的政治方向，要让口述史为学术研究服务，为凝聚中华民族服务，为维护党、国家和人民的利益服务。

三、当代中国研究所的口述史工作

当代中国研究所是 1990 年由中共中央批准设立,专门从事中华人民共和国史的编纂、研究和宣传工作的机构。当代中国研究所自建立以来一直非常重视口述史料的搜集与整理,并积极参与到研究和出版口述史的队伍中来。早在《当代中国史研究》创刊时,评论员便呼吁"研究当代中国史,要特别重视口述资料的收集和整理。因为当年参加创建共和国的一些老同志还健在,他们亲身经历过共和国这段历史,对 45 年来的许多是非得失记忆犹新,可为国史研究提供许多珍贵的见解和资料"①。所领导对口述史工作给予了大力支持,积极联络访谈对象,并亲自带队参与访谈。2001 年末我所成立了史料征集处,专门从事口述史的工作。十几年来,当代中国研究所的口述史工作初步形成了自己的特点:

第一,以"要人大事"为重点。由于时间和任务的紧迫,由于受人力、物力的限制,由于当代中国研究所替国家写史的定位,所以在开展口述史工作之初,便把搞清国史中起决定作用的重大政治事件和重要人物作为工作重点,有计划地对国史上重大决策的参与者或当事人进行了采访,如:宋任穷、李德生、廖汉生、赛福鼎、陈锡联、邓力群、袁宝华、阎明复、汪东兴、吴德等。有些采访的录音、录像资料经过整理,陆续在《当代中国史研究》上发表。②1999 年出版了《共和国要事口述史》。③2004 年后又陆续推出当代中国口述史系列丛书。④此外,主要由我所程中原、夏杏珍采访整理的《刘英自述》一书,因史料准确,文笔流

---

① 本刊评论员:《国史研究要大力加强》,《当代中国史研究》1994 年第 1 期。
② 汪东兴:《毛泽东在粉碎林彪反革命政变阴谋的日子里》,1994 年第 1 期;杨贵:《红旗渠建设回忆》,1995 年第 3 期;袁宝华:《赴苏联谈判的日日夜夜》,1996 年第 1 期;丁明整理:《回顾和思考——与中苏关系亲历者的对话》,1998 年第 2 期;吴德:《"文化大革命"后期在解放干部问题上的一场斗争》,2003 年第 2 期;等等。
③ 朱元石主编:《共和国要事口述史》,湖南人民出版社 1999 年版。
④ 已经出版的口述史丛书包括:《吴德口述:十年风雨纪事——我在北京工作的一些经历》《汪东兴回忆:毛泽东与林彪反革命集团的斗争》《从"童怀周"到审江青》《师哲口述:中苏关系见证录》《我所知道的十一届三中全会》等。

畅，被称为脍炙人口的口述史代表作。①

第二，紧扣国史研究工作展开。搞清历史事实、分清历史是非是历史工作者的首要责任。国史虽然还不长，但国史中的很多问题分歧却不少，几乎对每一个重大的历史事件都有不同的认识。2006年起，我所开启了季度研讨会制度，围绕国史研究中的热点和有争议的问题展开讨论。围绕研讨会的主题，我们一方面邀请研究这一问题的专家，一方面邀请事件的亲历者。研讨中既有研究者依据文献史料论证问题，也有亲历者依据记忆阐述观点，在两者的相互补充对证中，有力地澄清了历史的本来面目。例如我们对新中国成立初期《红楼梦》研究批评运动的研讨、关于1978年底邓小平在中央工作会议闭幕会上讲话的起草过程的研讨都达到了这样的效果。

第三，积极推进口述史学科建设。现代口述史学是舶来之物，我们在强调向西方学习的同时，更需要建设符合中国文化传统和文化心理的中国口述史学的规范和理论方法。我国是历史研究的古国和大国，有着优秀的治史、修史传统和马克思主义史学的基础，在口述史学的建设过程中，要充分吸收和利用这笔财富，从而形成我们自己的口述史学，更大地开发口述史的潜能。目前，越来越多的学者注意到了这一问题，并致力于中国口述史的学科建设。当代中国研究所也利用国史研究的阵地做了一些有益的工作，如在《当代中国史研究》上陆续发表口述史研究的文章；② 积极参与口述史学术交流，2005年参与筹建"中华口述历史研究会"；2006年引进并组织翻译出版了具有实践指导意义的《大家来做口述历史实务指南（第二版）》③ 一书；等等。这些工作对于刚刚起步的口述史学来说，无疑都是富有战略意义的。

[原载《中国科技史杂志》2009 年第 3 期]

---

① 李卫民：《30年党史国史研究的回顾——程中原研究员访谈录》，《晋阳学刊》2008年第5期。
② ［美］布鲁斯·M. 斯蒂文：《中国口述史学的调查》，1998年第1期；杨祥银：《当代中国口述史透视》，2000年第3期；周新国：《构建中国特色、中国风格和中国气派的中国口述史学——关于口述史料与口述史学的若干问题》，2004年第4期；朱佳木：《努力建设中国特色的马克思主义口述史学》，2005年第1期；姚力：《我国口述史学发展的困境与前景》，2005年第1期；王胜：《乡村口述史的理论与实践》，2008年第5期；等等。
③ ［美］唐纳德·里奇：《大家来做口述历史实务指南（第二版）》，王芝芝、姚力译，当代中国出版社2006年版。

乡民的生命叙事与口述历史的多重价值

口述历史不仅具有传统史书记录过往、资政教化的功能,而且凭借访谈的参与互动、现代传媒手段的利用,以及对普通民众日常生活的关注和多学科介入的研究理路,熔铸了更多的学术研究和社会服务价值。《村史留痕:陕西佳县泥河沟村口述史》[①](以下简称《村史留痕》)一书的撰写和出版,足以说明这一点。这部由学者和村民协作完成的村史,既为学术界贡献了高品质的研究成果,也因研究行动所促发的改变而发挥了文化干预的积极作用。

一、采摘"鲜果":"山野妙龄女郎"

范文澜先生曾将刘尧汉先生的《由奴隶制向封建制过渡的一个典型实例》一文,比喻为"山野妙龄女郎",认为此文妙就妙在"几全是取自实地调查,无史籍可稽"[②]。《村史留痕》也是"山野妙龄女郎"中的一位。她凭借3年间65天的驻村调研写作而成,为一个没有历史记载的陕北村落留下了定格的历史。其口述史料收集之翔实、研究视角之独特、体察地方文化之深入、历史撰述之生动,都是难得一见的。

什么是历史?谁是推动历史前进的主要力量?早在20世纪初中国学

---

① 孙庆忠主编:《村史留痕:陕西佳县泥河沟村口述史》,同济大学出版社2018年版。
② 范文澜:《介绍一篇待字闺中的稿件》,《光明日报》1956年5月24日。

者就曾对此展开热烈讨论,由此梁启超先生痛批旧史学之弊端,倡议建立"新史学";80年代中期伴随社会史复兴,"把历史的内容还给历史"再度成为史学研究热议的话题;进入21世纪,大众史学成为史学研究新潮流,"大众写史,书写大众历史"的主张被越来越多的学者所认同。近20年来,正是在这样的历史观念推动下,口述历史蓬勃发展。它走出传统史学的"故纸堆",深入民间社会,探访一个个鲜活的生命故事,倡导"让每个人在历史中发声",于是个人生命史、家族史、民间社会史纷纷登场。在"重建人们曾经活过的日子"的同时,也为社会科学研究创新提供了资粮和路径。如今口述历史日益突破"弥补史料缝隙"的史料意义和史学范畴,被多个学科广泛应用。或作为田野工作的工具,或成为发现新问题、获取新资料的手段,或力图借此转换视角、创新研究范式。其书写重点逐步从"要人大事"转向日常,甚至更加偏爱弱势群体。在"每个人的经历都是历史,每个人的历史都弥足珍贵"[①]的信条下,普通民众口述史在历史研究中占有了一席之地。一定程度上,这也是我国经济社会发展到一定阶段,人们对历史文化新需求的体现,是公平正义共享理念的另一种表达。

《村史留痕》一书由40位受访者的口述集结而成,他们从个人几十年的人生履历入手,讲述了亲身经历的真实故事。书中主人公没有身份显赫的大人物,也没有惊天动地的大事件,有的是个人的婚丧嫁娶、家庭的柴米油盐、村落的生产劳作,宛如亿万中国人都曾经活过的日子。年龄最长的玉书老人,回忆起孩童时为了吃枣卷卷而不辞辛苦在戏台上顶神牌位;困难时期担任大队主任的武子勤,讲述了1960年毅然将多拉回村的3000斤粮食退回的往事;武光勤描述了借头毛驴一步一颠将新媳妇娶回家和几十年戴着地主帽子的无奈与委屈;武岳林不仅讲述了村庄的掌故和传说,还介绍了退休后主持村中修庙的前前后后;当年村里走出的女大学生武琳,把自己女孩子不服输的劲头——道出;县人大常委会主任强国生讲述了因与红枣结缘,从一名"雇佣"工成长为老百姓信

---

① 王志清:《历史如何记忆,如何记忆历史——关于苏联红军暴行的民间记忆》,载《历史学家茶座》总第32辑,山东人民出版社2014年版,第161页。

得过的好干部;"看到枣就想家"的武艳霞,述说了14岁离家当保姆的辛劳与坎坷。这一件件一桩桩刻骨铭心的人生阅历,拼接出了泥河沟村几十年的生活画卷。这些有血有肉、朴实无华的人物,连同浸透着情感的山川、草木,构成了中国乡村的生活实景。要了解当代中国乡村生活变迁,有什么比阅读它感知得更直接更真切呢?

个体生命口述史的价值不仅在于独特的经历和经验,更在于每一个社会化的生命个体都是历史与社会、时间与空间的结点。任何个人都不是孤立的存在,看似个人生命历程的讲述,表达的却不只是一个人生命的苦乐辛酸,而是一个家庭、一个群体、一个时代的共同经历和命运。

《村史留痕》如同中国历史长河中的一粒细沙,但细细品读每一篇口述史,会发现每个人的经历都紧扣着时代的主旋律,记忆最深的都是重大历史事件或时代转折中个人命运的变化,很多共和国重大的历史事件都隐藏在他们个人的生命故事中,隐藏在他们真真切切的生活状态和生命体验里。当人们被细腻丰满、生动感人的生命叙事所打动时,国史发展变化的主脉,也便清晰再现。

书中讲述者的年龄从"20后"到"90后",这70年的跨度正好涵盖了新中国历史全过程。在60岁以上老年人的故事里,记忆最深的是生产队里的集体劳作与贫困生活,"大跃进"时的"劳累",困难时期的"挨饿","文化大革命"中的修梯田、建水坝、被迫移民,"穷"与"苦"是贯彻始终的主题。直至20世纪80年代初期土地承包、种枣树卖红枣,生活才有所好转,但救济粮一直吃到90年代中期。曾有学者在"三农"问题研究中慨叹"农村真穷、农民真苦",书中农民的故事是对这段历史大背景的生动展演。

王春英是《村史留痕》中唯一的老年女性讲述者,她18岁嫁到泥河沟,共养育了6个子女。老人家头脑中记忆最深的,除了"文化大革命"中修田筑坝当"红色娘子军",就是孩子们成长中的点点滴滴,在这些寻常故事中不仅饱含着陕北妇女善良坚韧的性格,也折射出国家历史对老百姓命运的深刻影响。

1967到1969年、1972到1975年,我参与修坝,还成了红色娘子军的一员。修顺水坝是生活最贫困、劳动最紧张的时候。提起那段经历,我真是伤心……当年我基本上天天都要拉石头,不能休息,30天要去拉28天石头,只有快过年的时候才让休息……当时吃饭都是自己做,中午的时候我抽时间赶紧弄一点儿饭吃,一上工就马上去干活。到晚上,我还要给娃娃缝衣裳、做鞋子。我们家里六个娃娃,生活困难。每天娃娃睡下了,我就在灯光下缝,一针一针自己做……我冬天就穿件棉袄,干活的时候身上出了汗,棉袄都被汗水打湿了,回家以后都是馊的。第二天起床,我还得穿上这件棉袄,因为冬天我就这一件衣服,再也没别的穿的了……娃娃们小的时候,家里太穷。他们都不知道啥叫不好吃,做啥都抢着吃。有一次我在烧火煮稀饭,卫琴和二卫两个回来一抢,互相推着就把锅盖撞开了。女娃子抢不着,不小心就把手肘杵进锅里,把她给烫了。占格他赶紧浮河去离村十多里的山西第八堡买烫伤膏,涂上三天就好了,也没留下疤。①

这是老人家讲述的片段,这些细节让个人生命中真切的情感如此丰满地呈现在我们面前。每读及此都会让人的内心涌动一股心酸和暖流,为乡村妇女劳作的辛苦,为清贫生活里母子、父女的一片深情。这就是小人物承载的国家史,虽没有直接关联国家的决策,也没有经济发展的大数据,但却清晰地呈现了国运与时代的面貌。

改革开放给泥河沟带来了转机,村里人的命运也在时代变革中改观。书中所载的"70后"中年人和"80后""90后"青年,他们讲述的主题变成了读书求学、进城打工、回乡创业。与他们的父辈相比,虽然生活有了极大改善,但背井离乡、寄居城市、打工创业的漂泊与愁苦,也是记忆中挥之不去的痛楚,而这正是40年来中国2亿多农民工心路的真实写照。武小斌生于1982年,16岁随堂哥外出打工,从修理汽车到开大货跑长途,从贩枣到养羊、挖沙,从身无分文到积累回乡创业资本,30多

---

① 孙庆忠主编:《村史留痕:陕西佳县泥河沟村口述史》,同济大学出版社2018年版,第51—53页。

岁就体会了太多的人生滋味。

> 从正月十六到腊月,我在那儿修了一年的车。那个时候很苦的,每天早上5点多就要起来给修理部打扫卫生,活多的时候半夜都不能睡,天天满身都是油。有一次在去通镇的路上下了大雪,车的闸箱坏了,我和我师父在车旁边点上炭炉子,整整修了一天一夜的车。……那时候我才16岁,从来没受过这苦,累得不行……2011年和2012年在榆林待了两年,天天打麻将、喝酒,因为投进去200来万的房子要看着卖,天天跟着跑这跑那,但是还是没结果。没卖还又搭进去了,一帮人天天在那儿讨论,讨论完就吃,吃完就喝……我不是代表我一个人,而是代表泥河沟所有年轻人的意愿。泥河沟有这么大好的机会,外面奔波的还是想回来为泥河沟做事,前提是他也想回泥河沟来挣钱。要是泥河沟能打造出来,就能挣钱……①

他们的人生故事揭示的是70年中国农民的共相命运。在这部村史中我们既看到了新中国成立后乡村长期的贫困,也看到了国家对人民不断的救济;既看到了一场场灾害带来的苦难,也看到了人们组织起来不懈的抗争;既看到了土地承包后乡村面貌的变化,也看到了农民工务工的艰辛、打拼的曲折;既看到了乡村日暮黄昏的晚景,也看到了乡村振兴的内生动力与希望……小小的泥河沟装着大中国。

正是凭借这种以小见大、见微知著的取向和能力,口述历史使大众日常生活史的书写走出了琐碎与庞杂,从而使平淡变得活泼、细碎变得完整。正如保尔·汤普逊所说,"它给了我们一个机会,把历史恢复成普通人的历史,并使历史密切与现实相联系。口述史学凭着人们记忆里丰富得惊人的经验,为我们提供了一个描述时代根本变革的工具"。《村史留痕》实现了这样的效果,这既源于口述史独有的特点,更仰赖作者扎

---

① 孙庆忠主编:《村史留痕:陕西佳县泥河沟村口述史》,同济大学出版社2018年版,第226—231页。

根乡土的深入调研，专注民间社会的研究旨趣和甘于为普通人写史的人文情怀。

二、参与式行动："留住文化的根脉"

口述历史不是简单的我来听、你来讲，它是以访谈者和受访者对口述主题历史价值的共同判断为前提，以彼此信任、真诚合作为基础，在步步深入的回忆、追问中完成的。就口述文本内容来说，受访者是口述的主体，但就整个口述工作过程来看，访谈者始终要处于主导位置。他不仅要做好充分的访前准备，更为重要的是，他要具备打开受访者心扉的能力，能够进入受访者的精神世界。只有直抵心灵的交流，才可能呈现完整深刻、打动人心的口述史。一部高质量的口述史，不仅是个人生命史、生活史，更是情感史、心灵史。

从这个意义上说，口述史既是严谨的史学，更是参与式行动研究。正因如此，我们看到口述史被应用于教育、医疗、社会建设等领域，发挥着其他史学学科无法比拟的社会功能。《村史留痕》便是很好的例证，它不止于一部信史，它的整个研究过程都在发挥着"文化干预"的作用。主编孙庆忠指出，所谓"文化干预"意指外来者以文化为手段，通过深入调研，挖掘地方性知识和乡土文化，并运用这种文化的柔性力量，达到改变人的观念、提升人的素质的目标，从而重构乡村和谐美好的人文生态环境。口述历史在这种文化干预中充当了什么角色？发挥了多大作用呢？

首先，他们通过搜集口述史走近村民、了解村庄，敲开传统村落保护之门。陕北佳县泥河沟村是黄河岸边的一个古村落，2014年4月因其藏有36亩千年古枣园，获批"全球重要农业文化遗产"，同年11月被纳入第二批中国传统村落保护名录。这里有1100多株古枣树依然枝繁叶茂，有历经百年的窑洞、戏楼等古建筑依然被人民所使用。但可惜的是，祖先们并未留下只言片语的历史文字记载。村庄的历史可以追溯到何时？存留的有形资产、农耕技艺、传统礼俗有哪些？不搞清这些问题，传统村落保护便无从下手。

2015年暑假，中国农业大学农业文化遗产研究团队，带着破解农业文化遗产保护和探寻活化乡村出路的命题走入泥河沟村。他们利用3年的寒暑假、国庆假期，走家串户，从搜集村落的老故事、老物件入手，进行细致的村落文化普查，把散落在屋里街边、日常生活中的文化元素逐一捡拾、搜集起来，黏合成一幅陕北古村落的文化图景。其间，他们访问了村中100多位老人，不仅摸清了文化家底，还把最容易消逝的村落记忆记录下来。这部口述史是研究的媒介，也是水到渠成的果实，是田野工作中一点一滴的挖掘。作为姊妹篇，《枣缘社会：陕西佳县泥河沟村文化志》和《乡村记忆：陕西佳县泥河沟村影像集》，共同为我们呈现了此项研究的精耕、深入和细腻。与一般的古村落保护行动不同，他们把保护的核心——人放在了第一位。作为文化的载体，人的记忆、技艺、思想、情感是文化遗产得以保留和传递的关键，"保护遗产是一种情感的学问和实践"①，而在这方面没有什么比口述历史更好用。我们看到40个口述史不是散乱的，而是紧紧围绕人与枣树、人与土地、人与大河这条主线，120个要目的提炼，使村庄的历史文化清晰呈现。正是因为口述史，我们才对千年枣园，对陕北地域文化有了更深的了解，反过来，也是因为口述史才唤醒了村民的文化自觉，才使得这片千年枣园连同近旁的村落萌发了新的生机。

其次，他们利用口述历史帮助村民认知村落文化，参与农业文化遗产保护，让这里留住一份乡愁。泥河沟村同中国大部分乡村一样，在快速现代化、城镇化的趋势下，劳动力大量外流，枣业收成甚微，无法赖以求生，大有日薄西山之态。难得的是，这里交通闭塞，2013年才因沿黄公路通车拉近了与外界的联系。客观条件在制约它发展的同时，也为保留陕北传统地域文化提供了可能。以节日祭祀礼俗为例，现在每年的正月初三到初五，村中还要举行"打醮"仪式。②按照老规矩，仪式活动每年由各家各户轮流主持。全村男女老幼，都来参与转九曲黄河阵，感

---

① 乌丙安、孙庆忠：《农业文化研究与农业文化遗产保护》，《中国农业大学学报（社会科学版）》2012年第1期。

② 孙庆忠主编：《枣缘社会：陕西佳县泥河沟村文化志》，同济大学出版社2018年版，第240页。

谢神灵、祈求平安、驱瘟解厄。这样的民俗活动已很难在其他地方寻到，如果不加以及时保护，它也将被强劲的现代化潮流冲洗殆尽。

在中国农业大学农业文化遗产研究团队到来之前，村民们正在为追赶现代化新农村积极谋划，甚至想把老戏楼推倒重建。尽管此时古枣园获得中国重要农业文化遗产地的殊荣已一年有余，但人们不知农业文化遗产保护为何物。研究团队在抢救口述资料的过程中，一方面把这些活态的文化生活如实记录下来，另一方面不断地传播着文化保护的理念，帮助村民重新认识家乡文化的价值，增强文化保护意识，自觉成为家乡文化的守护者、传承人。"正是通过这种参与式的行动，我们的老百姓不再是遗产保护的旁观者，他们成了自身文化的讲述者，那些曾经被遗忘的往事转换成了把人、情、根留下来的集体记忆。这种社区感的回归正是村落凝聚和乡村发展的内在动力。"[1]这恰逢其时的文化干预，不仅使泥河沟的古村落保护和农业文化遗产保护避免了弯路，而且促使了村民自我意识的觉醒和思想观念的提升，为村庄发展积蓄了软实力。

最后，他们利用口述历史激发乡村发展的内生动力，寻找千年古村新生之源。泥河沟村地处晋陕峡谷西岸，属于黄河沿岸土石山区，土地贫瘠、灾害频发，今天这里仍是国家14个特困连片区——吕梁片区的一个村落，尽管温饱已经解决，但与贫困抗争还是他们生活的主旋律。因此，为乡村寻找适宜的发展道路，使村民尽快享受到小康社会的美好生活，是在强调保护村落传统文化的同时必须考虑的。

为此，研究团队从进入村庄起，就把研究工作与反贫困、谋发展的议题紧密联系起来。他们在研究中发现，对于这样一个几十年依赖国家救济的贫困村来说，要彻底告别贫困，不仅要求得物质上的富足，而且要摆脱精神上的贫困，要从自身的文化中激发脱贫的内生力量。"抗拒贫困、精准扶贫最根本的是精神上的扶贫，改变人的生境，改变人的心境，才是乡村工作永不变更的主题。"[2]在参与式行动研究中，研究团队和农民一起组织"爱枣协会"，以合作社的形式把红枣推向市场，提高农民收

---

[1] 孙庆忠：《田野工作与促进生命变革的乡村研究》，《中国农业大学学报（社会科学版）》2018年第3期。

[2] 同上。

入；引进北京的"原本营造"设计团队，规划村庄整体格局，以便更好地适应古村落旅游开发；为乡村志愿者组织牵线搭桥，鼓励村庄年轻人开展关心家乡发展行动；他们还利用调研的空隙，与村民一起举办晚会，自编自演各种老百姓喜闻乐见的文艺节目，目的只有一个，就是激活村民自我发展意识，提振农民的精气神。尤其值得一提的是，他们开办了"泥河沟大讲堂"，邀请北京大学、北京服装学院的学者，以及山西永济社区等地的乡村建设者，义务为村民做讲座、举办座谈会，共话泥河沟的未来。近两年，大讲堂吸引了越来越多的年轻人回村参与，泥河沟村的改变已经悄然发生了。由此可见，在一定的场域下口述历史的确可以作为一种社会运动与赋权的手段。

泥河沟的实践让我们看到了乡村复育的可能性，看到了参与式行动研究的作为和口述历史在社区营造中发挥的独特价值。这是一个研究和行动互动递进的过程，通过口述访谈，讲述者回望自己的人生旅程，审视生于斯、长于斯的这片土地；访问者感同身受，在研究性社会行动中，萌生文化反思和批判的灵感，两者彼此激发出改观生命、复育社会的新行动。

三、溢出效应：慰藉孤苦与教化于情

口述历史是个人记忆的追索，是人生历程的真情道白。当尘封的记忆被唤醒，那些无法忘怀的人和事，宛在眼前，曾经的辉煌和过往的创伤，不招自来，人们在倾吐中获得极大的心理满足。因此，口述史具有很强的心理抚慰作用，特别是对那些人生即将谢幕的老人，回忆是他们最大的精神享受，如果有人愿意听、理解他们的经历，那还有什么比讲述自己的故事更愉悦呢？与历史文献资料相比，这些往事血肉丰满、鲜活灵动，大多是文字记录中少见的内容，更多地呈现了文字史背后的历史细节、现场状态、个人体验，可读性和真实感十分强烈，更易于打动人、感染人，其中所蕴含的朴素道理和人生智慧，也容易引起共鸣，给人以教益和启迪。因此，口述历史利他也利己，在使讲述者获得心理抚慰的同时，也具有极强的育人功能。

《村史留痕》是一部贫困地区普通农民口述史，与扑朔迷离的历史悬疑相比，可能并不会吸引太多的读者眼光，但对于今天社会分层愈发激烈的中国社会来说，这些默默无闻的底层大众，更需要社会的尊重与关爱。了解他们的心理诉求，改善他们的生存状态，是和谐社会建设的关键所在。从这个意义上说，这本书表现的责任担当和学术勇气十分可贵。也正因这样的初衷，使它在慰藉村中老人的孤苦、传递村落亲情方面，收获了意想不到的效果。

2014年，中国农业文化遗产团队进驻泥河沟时，全村共有213户、806人，常年在村的158人中，有111人年逾花甲，村庄成了"老人部落"。[①] 这些经历过人生风雨的老人不愿拖累儿女，尽管力气已经不足，但依然坚守家园，而且还是管理耕地和枣林的主力军。在口述采访中，师生们与老人家对坐畅谈，聊他们童年的趣事、劳作的苦累、哺育儿女的艰辛，听他们讲村庄的天灾人祸，还有对"铁杆庄稼"红枣的一片深情。面对这些活泼可爱、知书达理的青年学子，老人家以有问必答回馈了他们的礼貌与好学。"信任是讲述的基础，真情是倾听的前提"[②]，就在这一次次的倾诉和倾听中，老人内心的烦闷得以释放，焦虑得以舒缓。难怪"泥河沟大讲堂"里有那么多老人家的身影和开心的笑容。2015年，在农业文化遗产团队的帮助下，村里组织了"老年协会"，老人们积极为村庄发展出谋划策，还扭起了久违的陕北秧歌，找回了昔日红火的乡村生活。可能口述史的心理疗治作用只是短暂的，但是他们的生命毕竟曾被温柔地对待过。

泥河沟的老人是幸运的，因为这样的机会与数以亿计的中国老人来说，实在稀缺。2018年末，全国"60岁及以上人口为2亿4949万人，占17.9%，其中，65岁及以上人口为1亿6658万人，占11.9%。与2017年末相比……老年人口比重持续上升，其中，60岁及以上人口增加859万人，比重上升0.6个百分点；65岁及以上人口增加827万人，比重上

---

① 孙庆忠：《田野工作与促进生命变革的乡村研究》，《中国农业大学学报（社会科学版）》2018年第3期。

② 孙庆忠主编：《村史留痕：陕西佳县泥河沟村口述史》，同济大学出版社2018年版，第319页。

升 0.5 个百分点，人口老龄化程度继续加深"①。当前中国乡村养老问题异常严峻，一方面由于我国已经进入老龄化社会，与城市相比，农村老龄化程度更高；另一方面由于我国是未富先老，经济水平和保障制度都没有跟上，还没有做好迎接老龄化社会的充分准备。农村老人大部分处于空巢或独居状态，不仅生活上无依无靠，而且心理上孤独、失落、悲观，精神健康问题十分严重。"2004 年卫生部通过抽样调查得出，2003 年我国农村 75~80 岁的老人自杀为 101 人/10 万人，80 岁以上的为 132 人/10 万人，远远高于农村的平均自杀率和同龄城镇老人自杀率。"②这种现象的严重性，我们在一些新闻报道的极端案例中可窥一斑。如何把人口老龄化由沉重的负担转化成新的社会资源和财富，是我国现代化进程中面临的新命题。而消弭代际鸿沟，让年轻人了解前辈的付出与贡献，尊重他们的经验和智慧，珍视他们的仁厚之心，显然是规避这些社会问题首先要做的。

2017 年 12 月 6 日，孙庆忠在北京史家胡同博物馆讲座时讲到了王春英，接续了《村史留痕》背后的故事。他说："2016 年 8 月 27 日，我把这位老妈妈的口述文本发给了她的三儿子三卫，请他帮忙校对其中的方言。他在微信中说：'看到老妈的口述，真心激动！'后来我们又通了电话，他说：'老妈的口述让我们全家人都很高兴、很感动。二哥电话中哭了，我听出来了！我们真的不了解我们的妈妈，她为我们做出了那么多。二哥说希望我们抽时间就回家，多陪陪我们的老爸、老妈。'"③口述史的采录与整理对家庭发挥了这样的作用，那么对村落呢？村民回忆最多的步行 40 里山路到通镇背粮的困苦生活；1976 年船难村庄 21 人丧生黄河的悲痛记忆；四孔窑、六孔窑、十一孔窑、开章小学里的琅琅读书声……"在村民共同的追忆中，久违的乡情纷至沓来，浓浓的亲情如期

---

① 李希如：《人口总量平稳增长，城镇化水平稳步提高》，详见国家统计局网站。
② 杜娇：《城市化背景下农村老人利他型自杀的形成机制分析——基于鄂中地区 S 村的个案研究》，《南方人口》2017 年第 2 期。
③ 孙庆忠：《乡村行动：农民口述的搜集与整理》，详见乡村文化人网站。

而至，曾经的仇怨冰释前嫌，童年的情谊再袭心头。"[1] 共同的记忆延续了邻里亲情，是村落团结发展的精神纽带。基于泥河沟的实践，孙庆忠说："村落生活中祖祖辈辈携带的集体记忆类似宗教的力量，足可以拯救乡村。"由村落推衍到民族和国家，一个国家要强大、民族要发展，不能缺失民族认同和爱国主义，而这些均来自共同的历史记忆。口述历史是构筑血脉相连的集体记忆的源泉。凭借口述历史，我们知道了我是谁、我从哪里来，由此加深了对先人的崇敬，对民族和国家的热爱。

作为口述史中的一类，村落口述史最能展示口述史的跨学科特点。正因于此，这里具有学术研究创新的更大可能，也具有更为广阔的实践应用空间。《村史留痕》的研究尝试初步证明了这一点。这部社会人类学者搜集整理的口述史，为进一步解释社会发展命题奠定了基础。阅读《村史留痕》，倾听他们的生命道白，感知似水流年和岁月沧桑，你会时时感受到一种力量的存在，正如沟壑纵横的黄土高坡和滔滔不绝的黄河水，厚重而坚毅，让你的内心受到震撼、情绪为之感染。而这些情感的调动和积蓄，为我们从一村一寨的历史中厘清国家整体史，从感性认识中提炼出准确而深刻的历史经验和教训，在行动研究中培育学以致用的本领，提供了必不可少的条件。因此说，口述历史的价值是多元的，潜力是巨大的。

[原载《当代中国史研究》2019 年第 4 期]

---

[1] 孙庆忠主编：《枣缘社会：陕西佳县泥河沟村文化志》，同济大学出版社 2018 年版，第 18 页。

医疗保障与卫生健康

中国共产党医疗保障制度建设的实践与经验

医疗保障制度是涉及人群最广、运行机制最复杂的一项社会保障制度。在我国，它的萌芽、确立、改革和完善，都是在中国共产党的领导下完成的。因此，当我们还在努力求解医疗改革这一"世界级难题"时，总结党 90 年来医疗保障制度建设的实践经验，是极富理论和现实意义的。在廓清历史脉络的同时，我们可以明晰很多现实问题：中国传统的医疗保障制度是照搬苏联，还是源自本土的实践？它的公平性与"城乡有别"是否存在天然的矛盾？城乡一体化到底还有多远？新型农村合作医疗是不是化解农民"因病致贫、因病返贫"的有效途径？用"失败"来评价 30 年的医改是否有失公允？对这些问题的正确回答，不仅影响着医疗保障制度的建设进程，而且关系到对中国共产党历史的公正评价。

一、制度缘起：苏联模式的翻版抑或本土经验的探索？

新中国成立不久，劳保医疗和公费医疗制度就先后确立，初步解决了企业职工和国家公职人员的医疗看病问题。有关城镇职工医疗保障制度的来源，曾有学者认为是学习苏联的结果。然而，俄罗斯中国问题研究专家季塔连科院士却认为，中国当初在医疗保障制度方面没有学习苏联,这给后来的经济改革带来了羁绊,是很遗憾的。①那么,中国的医疗保障制度到底因何而起,最初的表现形态又是怎样的?

近代中国工人阶级处于社会的最底层,工作和生活境况十分悲惨,超量的工作强度和工作时间,没有劳动保护的恶劣工作环境,给他们的身体健康带来了极大威胁,而工人一旦伤残或生病不能劳动,便被资本家赶出工厂,生活陷入困顿,没有任何保障。

在领导工人运动中,中国共产党举起了维护工人权益、建立劳动保护制度的旗帜。早在中共二大宣言中就提出了提高工人待遇、设立工厂医院及卫生设备等主张。1921年8月,中国劳动组合书记部成立。1925年5月,在它的基础上成立了中华全国总工会。在它们的领导下,从1922年到1929年共召开了五次全国劳动大会,几乎每次会议都提出了实行劳动保险制度的要求。1927年6月,在第四次全国劳动大会上通过的《产业工人经济斗争决议案》中,专门有一节"医疗及劳动保险",分8条规定了医疗和劳动保护内容,提出了"女工产前产后给八个星期的休假,照发工资""企业主为工人设立诊疗医院""工人在三个月内不能工作时,仍照发工资""因公受伤时,除发给医药费外,照发工资"②等条款。1929年11月,在第五届全国劳动大会上,又明确提出"工人和工人家属发生疾病伤害,应由资本家给以医药费,听其自由医愈为度;病假期间不得扣工资""因工作致死伤之工人,应给以优厚抚恤金",并强烈要求政府"立即举办工人社会保险(失业、养老、疾病等保险);所有费用应由资方与政府分担"③。这些有关给予工人阶级以医疗保障的要求和思想,一方面表明了中国共产党的无产阶级政党性质;另一方面也为工人阶级在争取合法权益的斗争中提供了有力武器。

在革命根据地,党开始将这些医疗保障思想落于实践。1931年11月,在江西瑞金召开第一次中华苏维埃共和国工农兵代表大会,通过了

---

① 2005年7月5日,作者参加当代中国研究所学术交流访问团,在拜访俄罗斯科学院远东研究所所长季塔连科院士时,他对中苏两国医疗保障制度的关系作出如此判断。
② 刘燕生主编:《社会保障事典》,当代中国出版社1998年版,第835页。
③ 中华全国总工会中国职工运动史研究室:《中国历次全国劳动大会文献》,工人出版社1957年版,第211—220页。

《中华苏维埃共和国劳动法》，明确规定根据地实行社会保险制度，雇主支付全部工资总额的10%—15%作为社会保险基金，为职工提供生老病死残的补助和医疗专款，对保险人实行免费医药帮助。1933年10月，在对一些过高条款进行修订后，《劳动法》重新颁布实施。红军长征到达陕北后，边区工会组织很快得以恢复和发展，并设立了劳动保护机构。1935年10月，成立了以刘少奇为首的全国总工会西北执行局。在总工会和边区民政部门的领导和主持下，1936年边区做出了有关雇农工伤医疗保险的规定，雇工生病、劳动致残或伤亡，雇主应承担一定的责任。1940年10月1日，陕甘宁边区政府公布了《边区战时工厂集体合同暂行准则》，其中对保护女工及女工生育期间的待遇、对工人或学徒的医疗保险费用等问题做出了较为详细的规定，强调了厂方的责任和义务。① 此后边区政府对有些条款做过多次修改和调整，使其更符合实际情况的需要。1941年晋冀鲁豫边区政府颁发了《边区劳动保护暂行条例》、苏皖边区制定和实行了《劳动保护条例》，此后鄂豫边区发布了《边区劳动保护暂行条例》。这些条例中都有与陕甘宁边区的规定较为一致的医疗保障内容。

应战争需要，在根据地实行战时供给制度，其中一项重要内容就是免费医疗。它的服务对象不仅包括了全体官兵，而且中央和地方政府中的干部、普通工作人员、学生等公职人员也都享受免费医疗的待遇。边区建有中央干部休养所、延安学生疗养院、南泥湾休养所、枣园休养所等多机构，为身体健康状况不好、需要住院休养的干部和学生提供免费的疗养。对于普通群众，军队和地方医疗机构尽可能地采取减、免医疗费用的办法，积极为群众治病，为提高人民的健康服务。边区卫生处决定，"边区医院及其他所属院所，除治疗边区政府机关、学校、部队、公务员、学生、工人、战士外，第一个任务便是诊治群众的疾病"②。1939年1月，在陕甘宁边区第一届参议会上通过了《建立边区卫生工作保障人民健康案》，提出提高人民卫生知识、注意公共卫生、培养卫生干部、

---

① 参见杨志文：《陕甘宁边区社会保障政策初探》，《中共党史研究》1997年第6期。
② 卢希谦、李忠全主编：《陕甘宁边区医药卫生史稿》，陕西人民出版社1994年版，第17页。

破除迷信和取缔巫神等5项措施,以保证人民健康。据初步统计,在边区医院治疗的病员中,群众1941年占25%,1942年占27%,1943年达30%。1942年边区政府就群众看病治疗的收费、免费问题,还专门下达了文件,所规定的收费标准都很低廉,对经济确有困难的群众,只要所在的地方政府开具证明信,即可免除医疗费用。① 免费医疗适应了战争的需要,也体现了党对人民群众疾苦的关怀,对于医药卫生条件十分缺乏、简陋,疫病时有流行的根据地人民,给予了切实有效的帮助。

抗战胜利后,在调往东北的干部中也包括来自各根据地的卫生和民政干部。他们的到来充实了东北医疗卫生力量,不仅在东北解放战争中发挥了重要作用,而且在东北的医疗卫生建设中也进行了很多有益的尝试。就医疗保障制度来说,东北解放区使党有了范围更大的试验场。1948年8月1日,第六次全国劳动大会在哈尔滨召开,大会通过了《关于中国职工运动当前任务的决定》(以下简称《决定》),其中第三章中指出:"在工厂集中的城市或条件具备的地方,可以创办劳动的社会保险。"② 根据此《决定》精神,东北行政委员会的劳动总局和职工总会拟订了《东北公营企业战时暂行劳动保险条例》(以下简称《东北条例》)和试行细则,从1949年4月1日起在铁路、邮电、矿山、军需、电气和纺织7大行业中试行,3个月后在东北地区所有公营企业中推广。《东北条例》中有关医疗保障的内容规定:职工患病或非因工负伤,免费在本企业医疗所和指定医院治疗;病休3个月以内的,按工龄长短发给本人工资50%—100%的补助金;病休3个月以上的,发给本人工资10%—30%的救济金。供养直系亲属患病,免费在本企业设立的医疗所治疗,酌减药费。凡500人以下的企业或工厂,须设立卫生所,500人以上的,须单独设立或联合设立职工医疗所。此外,还规定举办疗养院、修养院、养老院、残废院等集体福利事业。《东北条例》的颁布实施,使东北420

---

① 卢希谦、李忠全主编:《陕甘宁边区医药卫生史稿》,陕西人民出版社1994年,第17—18页。
② 中华全国总工会中国职工运动史研究室:《中国历次全国劳动大会文献》,工人出版社1957年,第412页。

多个厂矿、79.6万名职工享受到了保险待遇。①这让备受战争摧残和日本帝国主义奴役的人们深深感受到了新社会的优越和党对劳动人民的关心，激发了广大职工巨大的劳动热情，他们与土改后分得土地的农民一起投入了支援全国解放战争的洪流中。东北劳保医疗的积极实验，为新中国成立后在全国范围实行劳保医疗制度积累了宝贵经验。

可见，我国城镇职工医疗保障制度的建立，有着充分的思想准备和坚实的实践基础。尽管并不排除二战后整个世界医疗保障制度建设形势和苏联医疗制度优越性的影响，但究其根本，它们更多的是本土经验的总结。正因为此，新中国成立后医疗保障制度的确立才如此快速高效，在巩固新生政权、实施优先发展重工业战略和提升国民健康水平中，发挥了不可替代的作用。

二、城乡有别：基于国情的发展策略还是有失公平的制度败笔？

选择何种形式的医疗保障制度，必须从我国的实际情况出发，既要考虑到生产力发展水平，又要符合社会主义国家的性质；既要量力而行，又要实现为广大人民群众服务的宗旨。广覆盖、保基本、多层次、可持续，是"十二五"规划中提出的医疗保障制度建设方针，也是当代中国医疗保障制度史的经验总结。

新中国成立初期，在军事上、经济上和政治上存在着复杂的矛盾和大量的困难，能不能巩固新生的政权、领导人民开创美好的生活，是刚刚取得全国执政地位的中国共产党面临的严峻考验。为了尽快解除旧社会给人民群众造成的贫病交加的痛苦，改变缺医少药的落后面貌，尽早恢复经济生产，国家采取了先局部后整体，随着经济好转逐步推开的办法，建立起了劳保医疗和公费医疗制度。1951年2月26日，《劳动保险条例》正式颁布实施，其中规定：职工疾病或非因工负伤，在企业医疗所、医院、特约医院或特约中西医师处医治时，其所需诊疗费、手术费、

---

① 锡仁：《东北解放区创建的社会保障制度》，《劳动保障通讯》2001年第7期。

住院费及普通药费均由企业行政方面或资方负担等。1952年6月27日，周恩来签发了《关于全国各级人民政府、党派、团体及所属事业单位的国家工作人员实行公费医疗预防的指示》，规定从同年7月起分期在全国公职人员中推行公费医疗制度。从筹资方式和服务范畴上看，城镇职工医疗保障制度属于国家卫生服务保障制度。此时，在国家尚未走出战争的阴霾、人民群众生活极度贫困的条件下选取这种医疗保障制度，有利于以最快的速度和动用最强的力量保障人民群众的健康，也有利于树立国家形象、巩固新生的政权。为了确保它们能够正常运转，国家严格控制药品和医疗服务的价格和额度，将营养滋补品和贵重药品等费用排除在报销范围之外。在劳保医疗和公费医疗的庇护下，城镇职工获得了基本医疗保障。国家的经济建设和社会改造也由此获得了人力资源和政治资本的支持。受经济发展水平的限制，国家尚没有能力将这种医疗保障制度推广到广大农村。但是，随着基层卫生网络的建设和卫生防疫工作的进展，农村医疗卫生条件迅速改善。1952年底，全国90%以上的地区建立了县级卫生机构，县级卫生院达2123所。[①] 合作化运动后农民自发创建了合作医疗制度，在国家的大力倡导和支持下，采取"三土"（土医、土药、土药房）、"四自"（自采、自种、自制、自用）的办法，由半农半医的赤脚医生提供"一根针、一把草"的低廉服务，初步解决了农民群众的看病吃药问题，被世界卫生组织誉为"是发展中国家群体解决卫生经费的唯一范例"。到20世纪70年代末三大医疗保障制度基本覆盖了全体国民。中国用世界1%的卫生资源解决了占世界22%人口的医疗卫生问题。按照世界卫生组织确定的标准，衡量一个国家的卫生健康状况，主要有三个指标，即人均预期寿命、孕产妇死亡率和婴幼儿死亡率。1949年新中国成立前我国人均预期寿命只有35岁，婴儿死亡率约200‰，孕产妇死亡率为1500/10万。到1981年，我国人均预期寿命达到67.9岁，婴儿死亡率约34.7‰，孕产妇死亡率降为50/10万。[②] 这些数据从一个侧面证明了劳保医疗、公费医疗和农村合作医疗的伟大成绩。

[①] 黄树则、林士笑主编：《当代中国的卫生事业》（上），当代中国出版社1986年版，第43页。

[②] 国家统计局编：《新中国五十年》，中国统计出版社1999年版，第86页。

尽管这些医疗保障制度存在不足，特别是在"文化大革命"中，受政治运动的干扰和破坏很大，没有得到及时有效的修整，给国家财政和企业造成了沉重负担，难以适应改革开放后经济发展和社会变革的新形势。但是，它们立足当时的国情和社会主要矛盾，在提供基本医疗需求的前提下，因地制宜，采取灵活多样的形式，以较低的投入获得了极高的效益。因此，在评价新中国成立后前30年的医疗保障制度的"三足鼎立"特点时，我们应该看到其中蕴藏着中国人应对各种不同情况和困难的务实精神和应变智慧。

然而，近年来在探索医改出路，强调医疗保障制度的公平性时，有学者过早地提出建立城乡一致的医疗保障制度，进而对新中国成立初期实施城乡有别的医疗保障制度提出批评和责难，将劳保医疗和公费医疗制度看成是计划经济的产物，认为计划经济、工业化道路的选择造成了城乡二元体制，从而带来了城乡医疗保障制度的差别。这些认识是有悖于历史事实的。首先，且不说劳保医疗和公费医疗制度早在新中国成立前就已经有了雏形，与计划经济毫不相干，就是新中国成立后按照时间的先后，劳保医疗和公费医疗制度的确立也均在计划经济体制形成之前。其次，城乡医疗保障制度存在差别有历史渊源上的原因，而更为主要的是由经济发展水平和医疗保障制度自身的发展规律所决定。新中国成立初期我国经济发展水平极其落后，几十年的内战和日本帝国主义的侵略，加上国民党的黑暗统治，造成了社会畸形发展，工业停滞不前，农业仍保持着手工劳作的小农经济状态，城市劳动力大量失业，全国总人口已经达到5亿左右，其中80%以上在农村。这样的经济水平、人口总量及分布特点，决定了要建立全民免费医疗制度是根本做不到的。① 最后，从世界各国医疗保障制度发展的普遍规律来看，它是工业革命的产物，通常是在有雇佣关系的人群中首先实行，此后不断扩大覆盖面，逐步形成囊括大多数人的社会保障制度。

目前，我国还处于社会主义初级阶段，生产力水平不高，经济实力不强，地区经济、居民收入和生活水平还很不平衡。因此，在医疗保障

---

① 姚力：《新中国城镇职工医疗保障制度的历史考察》，《党的文献》2010年第3期。

制度的选择上不能攀比西方发达国家，我们的基本医疗保障制度还只能是筹资水平较低，医疗服务有限的最基本的医疗保障制度。正如朱镕基所指出的，"医疗保险筹资不能根据需要，只能根据可能"①。在一段时期内，我们的基本医疗保障制度还只能由城镇职工基本医疗保险、新型农村合作医疗和城镇居民基本医疗保险共同承担。只有在我国经济发展达到相当水平时，才可能逐步实现全国一致、城乡一体的医疗保障制度。在社会主义市场经济的背景下，努力实现基本医疗保障制度的全面覆盖，照顾城乡、地区和人群之间的差距，采取医疗救助、补充医疗和商业医疗保险等多层次的医疗保障制度，是符合实际、符合历史经验的理性选择。

三、合作医疗：农村初级卫生保健的成功范例

中国是一个农业大国，农村居民占人口绝大多数的特点长期没有改变。因此，农民的医疗保障问题始终是我国医疗保障制度建设和解决农村发展问题的重点。长期以来，在家庭保障的基础上，中国共产党引导和扶持农民建立合作医疗制度，从陕甘宁边区的保健药社和卫生合作社，到新中国成立后农村合作医疗，在曲折的探索中，逐步总结出了由政府主导，个人、集体、社会责任共担的新型农村合作医疗保障模式。实践证明，这是化解广大农民医疗后顾之忧、全面建设小康社会的有效制度安排。

保健药社和卫生合作社，是抗战后在陕甘宁边区先后出现的医疗卫生组织机构。它们在边区政府的支持下，采取合股合办经营或民办公助的形式，在医药极其匮乏时期，为边区群众提供送医上门、看病免费、药价低廉的医疗服务。这些深受群众欢迎的做法和形式新中国成立后被延续，成为农村合作医疗的雏形。1950年前后，东北各省积极倡导采用合作制和群众集资的办法举办基层卫生组织，以缓解农村缺医少药的紧

---

① 朱镕基:《关于职工医疗保障制度改革问题》，载劳动社会保障部、中共中央文献研究室编：《新时期劳动和社会保障重要文献选编》，中国劳动社会保障出版社、中央文献出版社2002年版，第267页。

迫状况。1952年底,全国大部分乡村组织个体开业医组建了联合诊所,为合作医疗制度的建立准备了必要的物质条件。1955年,广大农村形成农业合作化高潮,以合作社的集体经济为基础,山西、河南、山东、河北、贵州、上海等地农村出现了一批由合作社自发组织的保健站和医疗站。它们基本是在乡政府领导下,以自愿为原则,每个农民缴纳几角钱保健费,免费享受预防保健服务及免收挂号费、出诊费、注射费。保健站坚持预防为主、挂签治病、巡回医疗、送医送药上门,医生分片负责所属村民的预防和医疗工作。对这一制度的出现,中央给予了高度重视,认为它是符合社会主义发展方向,对发展生产力和人民群众医疗保健都十分有益的制度。1959年11月,卫生部在山西省稷山县召开全国卫生工作会议。会后,卫生部党组向中共中央做了汇报并提交了《关于人民公社卫生工作几个问题的意见》,肯定了人民公社社员集体保健医疗制度,提出"实行这种制度,对于开展卫生预防,保证社员有病能及时治疗,和巩固公社的医疗卫生组织,都较为有利"[1]。1960年2月2日,中共中央对报告进行转发,"合作医疗"一词首次出现在中央文件中。中央要求各地参照卫生部的意见执行,有力地推动了农村合作医疗在全国的推广。1959至1962年的4年间,全国合作医疗覆盖率达到50%。"小病不出大队,大病不出公社"的服务优势,初步满足了农民对医药的需求,因此,被群众称赞为"农业合作化挖了穷根,合作医疗挖了病根"。

1965年6月26日,毛泽东针对农村卫生医疗工作存在的问题,作出"把医疗卫生工作的重点放到农村去"的指示,批评卫生部是"城市老爷部",只给占全国15%的城市人口服务,而且主要是为干部服务,广大农民得不到医药。同年8月11日,卫生部党委呈送给毛泽东《关于把卫生工作重点放到农村的报告》,对农村医疗卫生工作进行深刻反省和检查,强调加强农村基层保健工作。同期,卫生部积极进行合作医疗的具体研究和试点。湖北省麻城从20世纪50年代中期开始一直坚持合作医疗。1965年8月,卫生部工作队到麻城蹲点,帮助县委、县政府制定了

---

[1] 卫生部基层卫生与妇幼保健司编:《农村卫生文件汇编(1951—2000)》,2001年编印,第17—18页。

《关于加强合作医疗管理若干问题的规定》和《麻城县合作医疗暂行管理办法（试行草案）》，为全国各地建立合作医疗制度提供了学习范本。1968年，毛泽东亲自批发了湖北省长阳县乐园人民公社举办合作医疗的经验，称赞"合作医疗好"。一时间，《人民日报》《健康报》《红旗》等多家报刊连续发表宣传合作医疗的报道，把合作医疗称为"'文化大革命'中出现的新生事物"。1969年，继"大跃进"时期之后，全国再次出现了大办合作医疗的热潮。尽管"文化大革命"期间在有些地区，合作医疗也曾出现时断时续、起伏不定的局面，但是在政治运动的助力下，合作医疗很快在全国普及，覆盖面不断扩展。1976年，全国普及率达到90%以上。然而，合作医疗之所以在农村医疗中能够发挥巨大作用，还在于它与赤脚医生和巡回医疗制度的紧密结合。①

赤脚医生是指农村不脱离生产、半农半医的医务人员。尽管这一名词是在"文化大革命"中出现的，但其内涵所指的特殊人群却早就存在了。新中国成立前在革命根据地和乡村建设运动的卫生实验区都曾有他们的身影。新中国成立后，为了改变农村卫生脏、乱、差的局面，国家在一些农村建立了卫生试验区，试验中一个比较成功的尝试就是培养不脱离生产的卫生员，由他们负责农村的卫生宣传、组织、消毒、防疫等基础性的卫生工作。到1957年，全国生产小队基本上都有了不脱产的卫生员。他们每天背着药箱同社员一块下地，社员有了小病小伤就由卫生员给予治疗，又省时间又不耽误生产。在1965年全国卫生工作会议上，毛泽东称这种为农村迅速培养卫生人员的方式为"瓜菜代"②，意为在医务人员不足的情况下，他们的作用是直接而便利的。1968年，《红旗》杂志第3期发表了题为《从赤脚医生的成长看医学教育革命的方向》的调查报告，介绍了上海川沙县江镇人民公社赤脚医生的事迹。作为合作医疗的主要实施者，赤脚医生担负着农村卫生防疫和宣传、初级治疗、接生、计划生育、爱国卫生运动和采制药品等工作，成了为农民提供初级医疗服务的主要力量，为改变农村医疗卫生状况作出了独特贡献。巡回

---

① 姚力：《把医疗卫生工作的重点放到农村去——毛泽东"六二六"指示的历史考察》，《当代中国史研究》2007年第3期。

② 庞新华：《山东省赤脚医生社会群体的历史考察》，《国史研究参阅资料》2004年第21期。

医疗是党帮助广大农村解决医疗卫生问题的又一个经典的方法。新中国成立后，从防疫大队奔赴疫区，到医务人员去少数民族地区慰问，再到城市医疗力量支援农业生产，巡回医疗逐步形成传统。1965年1月，毛泽东指示城市高级医务人员下农村，为农村培养医生。卫生部党组决定将城市卫生人员到农村开展巡回医疗作为一种制度，要求凡主治医师以上的医药卫生技术人员，除年老体弱多病者外，都要分期分批轮流参加。"六二六"指示后，巡回医疗在全国轰轰烈烈地开展起来。大批医务工作者下乡与农民同吃、同住、同劳动，深入农民家中或田间地头看病治疗。很多知名的专家也纷纷下乡，在为群众看病的同时，手把手地辅导农村卫生人员，提高他们的技术水平。到1975年底，全国有赤脚医生达到150多万，生产队的卫生员、接生员有390多万。全国城市和解放军医务人员先后有110多万人次下农村巡回医疗，有十几万城市医务人员在农村安家落户。高等医药院校毕业生70%以上分配到农村。全国5万多个农村人民公社，基本上都建立起了卫生院。① 因此，合作医疗的成功离不开政府的倡导与支助，更离不开广大医务人员和赤脚医生的无私奉献。

　　这些由人民群众创造的中国本土经验受到了世界卫生组织的关注。1976年被誉为"合作医疗之父"的覃祥官以中国代表团副团长的身份出席世界卫生组织太平洋委员会第27届会议、世界卫生组织太平洋基层卫生保健工作会议，用半天时间作了题为《中国农村基层卫生工作》的报告，并回答了各国卫生部长和记者们的提问。他所介绍的中国农村合作医疗的情况，令各国代表为之赞叹，他们认为"中国农村人口这么多，居然能够做到看病吃药不花钱，真是人间奇迹"②。1978年合作医疗和赤脚医生的经验被写进《阿拉木图宣言》，世界卫生组织把它们作为解决初级卫生保健的成功范例在发展中国家推广。

　　然而，20世纪80年代后，随着人民公社解散，集体经济被削弱，加上一段时期把合作医疗看成"左"的东西，以至于政府不提倡，领导不重视。在多种因素的凑合下，合作医疗制度迅速瓦解。1985年，全国合

---

① 《卫生部关于全国赤脚医生工作会议的报告（摘录）》，载卫生部基层卫生与妇幼保健司编：《农村卫生文件汇编》（1951—2000），第420页。

② 胡振东：《"中国合作医疗之父"覃祥官的风雨人生》，《湖北档案》2000年第7期。

作医疗覆盖率急剧下降到5%，90年代初期，全国"仅存的合作医疗主要分布在上海和苏南地区"[①]。合作医疗的实施者赤脚医生也多半转变成自负盈亏的"个体户"，1986年经考试首批获得"乡村医生"资格的有64万人。合作医疗的解体使农民退回到自费医疗的境地，由此引发了严重的社会问题。农村公共卫生出现逆转，一些原来已被消灭或控制的地方病、传染病竟死灰复燃，再度发生甚至流行。农民看不起病，因病致贫、因病返贫的现象日益严重。据1988年全国农村医疗保障制度研究协作组的调查，农村贫困户中有30%~50%是因病致贫。[②]医疗费用的大幅增长远远超过了农民收入的增加，看病贵给农民带来了沉重的经济负担，以致出现了"小病拖、大病扛、重病等着见阎王"的辛酸局面，由此加剧了城乡关系和社会公正的失衡。从20世纪90年代初开始，党和政府再度寄希望于合作医疗，为重建合作医疗，中央下达了一系列文件，并制定了相应的政策。1991年的七届全国人大四次会议上将"把医疗卫生工作的重点放在农村"纳入了我国新时期卫生工作的方针之中，1997年在《中共中央、国务院关于卫生改革与发展的决定》中"以农村为重点"被提到新时期卫生工作方针的第一条。合作医疗也在认识的反复中得到了公正的评价，并被寄予厚望。进入21世纪，我国农村的医疗卫生工作任务愈发艰巨。2003年，一场"非典"更让人们为脆弱的农村医疗状况感到危机。此时，合作医疗改革试点工作正紧锣密鼓地进行。2002年10月，中共中央、国务院发布了《关于进一步加强农村卫生工作的决定》，把"逐步建立新型农村合作医疗制度和医疗救助制度"作为工作的核心。2003年1月16日，国务院办公厅转发了卫生部、财政部、农业部联合制定的《关于建立新型农村合作医疗制度的意见》，对新型农村合作医疗建立过程中的方式方法等问题作了具体规定，不但加强了政府的责任，而且国家补贴与个人缴费相衔接、扩大资金统筹范围等内容也凸显了它的公共服务性质。到2008年底，新型农村合作医疗基本实现了全覆盖。

---

① 《中国农村卫生服务筹资和农村医生报酬机制研究》课题组：《〈中国农村卫生服务筹资和农村医生报酬机制研究〉系列报告之一——问题的提出和研究背景》，《中国初级卫生保健》2000年第7期。

② 王亚东等：《实现卫生系统经济利益与社会期望的统一》，《中国卫生政策》1991年第2期。

应该说，新型合作医疗源出于合作医疗的实践，其产生的背景、推广普及的路径、政策的保障，以及农村居民接受的心理都与合作医疗直接相关，是基于合作医疗经验的制度创新。

四、过程与结果：医改有没有"失败"？

改革开放后，在农村合作医疗的曲折进程中，城镇职工医疗保障制度也迫于自身的缺陷和外在形势的压力，从企业自发改革到政府参与引导，在"摸着石头过河"的艰辛探索中，走过了革故鼎新之路。

促发职工医疗保障制度改革的原因是复杂的，其中职工医疗保障制度积弊过多，无法适应经济改革的新形势、新变化，应排在首位。改革初期围绕职工医疗保障制度的一对突出矛盾是，一方面国家财政和企业包揽职工医疗费用，在对供需双方均缺乏费用共付机制的条件下，医疗费用快速攀升，国家和企业负担沉重；另一方面，改革要求企业自主经营、自负盈亏，要砸碎"铁饭碗"，企业包揽的福利制度成为改革的掣肘，严重的矛盾纠葛使职工医疗保障制度难以为继。改革直指问题最为严重、群众反映最为强烈的铺张浪费、"以病谋私"现象，从规范看病、控制药费抓起，采取了医疗费用与个人挂钩、社会统筹、加强管理等办法。到1993年11月，党的十四届三中全会通过了《中共中央关于建立社会主义市场经济体制若干问题的决定》（以下简称《决定》），将社会保障确立为社会主义市场经济体制的重要支柱之一，并由此把医疗、养老和失业保险一起列为主要改革项目。《决定》指出："城镇职工养老和医疗保险由单位和个人共同负担，实行社会统筹和个人账户相结合。"[①]以此为起点，在党中央和国务院的直接组织领导下，开始了"统账结合"模式的社会医疗保险探索试验，并最终将其确定为全国普遍实施的新型医疗保障模式。其间，在江苏省镇江市和江西省九江市开展"两江"试点，形成了"两江"模式，并于1996年开始在全国渐次推广。同时，一

---

① 中共中央文献研究室编：《十四大以来重要文献选编》（上册），人民出版社1999年版，第535页。

些地区结合各自的特点，逐步探索自己的改革出路。1998年12月14日，国务院发布了《关于建立城镇职工基本医疗保险制度的决定》，要求从1999年1月开始启动建立城镇职工医疗保险制度的工作，用一年时间，到年底基本完成这一任务。城镇职工医疗保险制度是以基本医疗保险为基础，以大额医疗救助（也称为大病统筹）、公务员医疗补助、企业补充医疗保险、特困人员医疗救助和商业医疗保险为补充组成。它的颁布标志着城镇职工医疗保障制度改革进入了建立新型医疗保险制度的阶段，各地的改革试验和探索告一段落，传统的公费医疗和劳保医疗制度将退出历史舞台，取而代之的是城镇职工基本医疗保险制度。为了深化医疗改革，2000年7月25日，国务院在上海召开了全国城镇职工基本医疗保险制度改革和医药卫生体制改革工作会议，首次提出同步推进城镇职工基本医疗保险制度、医疗卫生体制和药品生产流通体制"三项改革"并举的思路。在政府的大力推动下，城镇职工基本医疗保险改革工作进展较快，逐年扩大参保人数，实现了梯次推进的设计方案。而且，各地医疗保险基金运转平稳，基本达到了"以收定支、收支平衡"的要求。在"三项改革"并举策略的实施中，一些地区在医药卫生体制改革中也尝试了一些实效性很强的做法，如"平民医院"的设立、社区医疗机构的完善、药品集中招标采购等，对于城镇职工基本医疗保险制度绩效的发挥起到了较好的促进作用。2009年4月，中共中央和国务院出台了《关于深化医药卫生体制改革的意见》和《医药卫生体制改革近期重点实施方案（2009—2011年）》。新医改方案将完善基本医疗保障制度作为医改的重点之一，要求城镇职工医疗基本保险继续扩大覆盖面，尽快实现覆盖全体城镇就业人员的目标。

在医疗保障制度改革的进程中，"看病难、看病贵"、医疗服务的社会公平性差、医疗资源配置效率低等严峻社会问题，让人们对医疗体制改革的道路选择提出质疑。2005年5月24日，卫生部下属的《医院报》在头版头条刊载了卫生部政策法规司司长刘新明的讲话，并冠以"市场化非医改方向"的醒目标题。以此为发端，一场关于医改成败的大讨论在全社会掀起波澜。7月29日，《中国青年报》报道了国务院发展研究中心与世界卫生组织合作的研究报告《中国医疗卫生体制改革》，将"医改基本不成功"的论断公之于世。此言一出，振聋发聩，立即引起了全社会的广泛关注，各大网络媒体发表了数以万计的文章，从而将讨论引向白热化。对于如何认识医改是成功还是失败，时任卫生部部长高强指出："客观评价前一阶段的医疗卫生改革还是应该坚持三句话：第一，医疗卫生事业发展取得很大成绩；第二，在保障人人享有卫生保健方面还存在突出问题；第三，要进一步深化医疗卫生体制改革，加快卫生事业发展，解决群众最关心、最直接、最现实的基本健康权问题。"① 在医改成败的讨论经过了一段时间的沉淀后，高强的观点逐渐被大多数人所认可。

从历史研究的角度来分析，评价医改成功还是不成功，不仅要看结果，更要看过程。我国 30 年的医改，既要克服传统医疗保障制度和医疗卫生体系的缺陷，又要适应不断变化和前进的经济改革形势，在没有任何现成的理论和经验可供借鉴的情况下，改革必然是困难重重，要在失误和曲折中前行。因此，出现偏差和问题本来就是改革的题中应有之义。而重要的是要看在医疗改革的过程中，有没有偏离初衷，有没有违背党的宗旨。也许医改中确有失误，也许今天评价还为时尚早。但无论怎样，党和国家始终知难而进，愈挫愈坚，费尽心血，谨慎试验，为建立公平、有效的医疗保障制度做了大量工作，时刻没有忘记维护人民群众的根本利益。医改的过程同样是中国共产党带领人民克服困难，不断探索的历史。它与新中国成立以来中华民族摆脱积贫积弱逐步走向强盛，人民群众病有所医、健康长寿、拥有美好生活的历史是一脉相承的。2005 年，我国人均预期寿命达到 72 岁，孕产妇死亡率为 4.8/ 万，5 岁以下婴幼儿死亡率为 2.5%。② 我国居民的重要健康指标达到了发展中国家的先进水平。截至 2009 年底，城镇基本医疗保险参保人数达到 4.3 亿，新农合参合人数 8.3 亿，总覆盖人数超过 12.6 亿，90% 以上的城乡人口有了基本医疗保障。③ 这之中医疗改革功不可没，它推动了医疗保障制度逐步完

---

① 寿蓓蓓：《高强：医改绝对不能市场化》，《南方周末》2007 年 3 月 15 日。
② 陈国裕、李玉梅：《加快推进卫生事业的改革和发展——卫生部长高强答本报记者问》，《学习时报》2007 年 3 月 19 日。
③ 《基本医疗保障覆盖九成以上人口》，《京华时报》2011 年 4 月 10 日。

善，医疗服务质量和技术水平的提高。当然，医改中仍然存在很多问题，医疗保障制度设计还有很多缺陷，但不断扩大的医保人群和就医选择权，让我们对"人人享有健康"的美好图景越来越充满信心。

五、结语

今天，当中国快步向世界强国迈进时，党所肩负的中华民族健康与发展的使命愈发凸显。正如胡锦涛指出，"在经济发展的基础上不断提高人民群众健康水平，是实现人民共享改革发展成果的重要体现，是促进社会和谐的重要举措，是党和政府义不容辞的责任"[①]。在大力推进医改的现实任务面前，回首医疗保障制度建立、改革和完善的历程，我们看到，党始终把保护人民群众的生命和健康放在第一位，"病有所医"是党为人民谋福利的一贯诉求。医疗保障制度一直被视为党和人民群众之间的"黏合剂"，是促进人民福祉、关系国家长治久安的重大制度安排。随着经济社会的快速发展，医疗保障制度被放置在民生问题的核心，其价值和作用将会得到更好的发挥。

历史告诉我们：中国的医疗保障制度是在中国共产党带领人民的革命斗争中提出，并经历根据地和东北解放区的实验而创立的。不照搬外国，基于中国自己的国情，是确立医疗保障制度的经验。它未来的发展方向，也一定是走有中国特色的医疗保障道路，并努力彰显社会主义制度的优越性。90 年来，医疗保障制度建设经历了不同的发展阶段，要使它能够跟上时代的节奏，良好地运转，需要遵循它自身的发展规律，与经济社会发展相协调，适时进行调整和改革，采取先局部后整体的谨慎实验，逐步加大发展步伐。在经历"城乡有别""城乡统筹"之后，医疗保障制度一定会实现"城乡一致""全国一体"的目标。合作医疗是人民群众自己创造的初级医疗保健的中国模式，它符合我国国情和群众心理。以它为根基的新型农村合作医疗是适应新形势的制度创新，它承担的现

[①] 《胡锦涛在中共中央政治局第三十五次集体学习时强调，高度关注和不断提高人民群众健康水平，建设覆盖城乡居民的基本卫生保健制度》，《人民日报》2006 年 10 月 25 日。

实任务十分艰巨，需要在实践中不断完善运营机制。医疗保障制度建设是系统工程，要统筹兼顾、综合配套，更要用发展的眼光解决改革中出现的新矛盾、新问题。实践已经证明，中国共产党完全有能力建设一套健全完善、积极有效的医疗保障制度，人民群众也必将是这一制度的最大受益者。

[原载《当代中国史研究》2011年第4期]

新时期农村合作医疗改革述论

农村合作医疗是20世纪50年代中期由我国农民自发创立的一种集体医疗保健制度。它的产生打破了我国农民自我医疗保障的历史。尽管农村合作医疗的筹资水平和保险能力都十分有限，但它投入低廉，符合当时我国经济水平十分落后的实际，互助共济的性质也与我国乡民社会的传统道德相吻合。因此，农村合作医疗很快得到了中央的认可和推广，为改变我国农村医疗卫生状况发挥了巨大作用。20世纪六七十年代它与赤脚医生、农村保健站一起被称为我国农村医疗卫生工作的"三大法宝"。在我国人均预期寿命从1949年的35岁提高到1980年的68岁的巨大成果中，它功不可没。党的十一届三中全会后，我国开始了从传统社会向现代社会的转型，经济改革的大潮催生了各项社会制度的变革，农村合作医疗也在"摸着石头过河"的探索中经历了一段曲折的发展历程，最终开拓出新型农村合作医疗这条制度创新之路。

一、农村合作医疗在改革的激流中沉浮

农村家庭联产承包责任制是我国改革开放的突破口，随之带来的集体经济的削弱也直接影响了农村合作医疗制度的生存与稳固。此时，以集体经济为依托、以政治动员为推动的农村合作医疗已经无法适应新的形势，而拨乱反正中将它视为"左"的产物的定性，更加速了它崩溃和瓦解的进程。其覆盖率由20世纪70年代末的90%迅速降低到1985年的5%。20世

纪90年代初期，全国"仅存的合作医疗主要分布在上海和苏南地区"。合作医疗的实施者赤脚医生也多半转变成自负盈亏的"个体户"，1986年经考试首批获得"乡村医生"资格的有64万人，与20世纪70年代末150万的赤脚医生大军相比削减了一半多。合作医疗的解体使农民退回到自费医疗的境地，由此引发了严重的社会问题。农村公共卫生出现逆转，一些已经被消灭或控制的地方病、传染病竟死灰复燃，再度发生甚至流行。以血吸虫病的防治为例，新中国成立后根据我国血吸虫病流行广、病人多、危害重的情况，党和政府对防治工作给予了高度重视，从中央到疫区逐级建立了防治机构，投入了大量资金和人力，广泛开展群众性的消灭血吸虫病运动，血吸虫病被基本控制和消灭。然而，1985年中央血吸虫病防治领导小组和地方病防治领导小组及其办事机构相继被撤销，无形中助长了血吸虫病的危机。20世纪末血吸虫病的蔓延地区不断扩大，再度成为危害农民健康的一大祸患。20世纪80年代以后，从人均预期寿命和婴儿死亡率这两个国际通用的衡量一个国家或地区人口健康状况的指标来看，我国的进展速度与世界上其他国家相比是非常缓慢的。其主要原因是由于占人口绝大多数的农民健康状况的下滑，尤其中西部贫困农村农民的健康状况更加不容乐观。相对于医药费用的增长幅度，农民收入的增加捉襟见肘。1990—1999年，农民平均纯收入由686.31元增加到2210.34元，增长了2.2倍。同期，卫生部门统计，每人次平均门诊费用和住院费用，分别由10.9元和473.3元增加到79元和2891元，增长了6.2倍和5.1倍。[①] 农民"因病致贫、因病返贫"现象愈发严重，以致出现了"小病拖、大病扛、重病等着见阎王"的辛酸局面，由此加剧了城乡关系和社会公正的失衡。据20世纪90年代初我国对30个省、市、区孕产妇死亡率监测表明，城市是49.9/10万，接近发达国家水平，而农村是114.9/10万，一半的孕产妇死亡是因交通不便和没及时输血造成的。[②] 世界卫生组织发表的《2000年世界卫生报告》认为，在全球191个国家中，中国卫生部门的总体绩效处于较低水平，特别

[①] 丁晓波主编：《农村卫生改革与新型农村合作医疗工作手册》，中国财政经济出版社2005年版，第26页。

[②] 艾笑：《全国卫生厅局长会议形成共识 发展农村卫生事业是当务之急》，《人民日报》1991年1月22日。

是公平性非常差。在卫生负担公平性方面，中国排在第 188 位，即倒数第 4 位。①农村合作医疗几乎灭种的境地和农民自费医疗带来的诸多社会问题，使农村医疗保障制度建设形势愈发严峻，任务迫在眉睫。

自 20 世纪 90 年代初开始，党和政府再度寄希望于合作医疗，努力探索建立适合我国特点的农村医疗保障制度。为重建农村合作医疗，中央下达了一系列文件，并制定了相应的政策。1991 年，国务院批转了卫生部等部委提出的《关于改革和加强农村医疗卫生工作的请示》的通知，要求各地要稳步推行合作医疗保健制度，为兑现《阿拉木图宣言》，实现人人享有卫生保健提供社会保障。1992 年，全国很多地方出现了短暂的重建合作医疗的热潮。为此，积极倡导合作医疗的原卫生部部长钱信忠在《人民日报》上撰文《重振合作医疗的雄风》。然而，在合作医疗复办刚刚有所起色时，农业部为减轻农民负担，对包括合作医疗在内的收钱收物政策强令叫停，合作医疗制度的复办工作遭遇挫折。为了维护合作医疗的珍稀成果，中央赶紧下令为合作医疗正名。1993 年，中共中央在《关于建立社会主义市场经济体制若干问题的决定》中提出，要"发展和完善农村合作医疗制度"。第二年，国务院研究室、卫生部、农业部与世界卫生组织合作，在全国 7 个省 14 个县开展了"中国农村合作医疗制度改革"试点及跟踪研究工作。在 1996 年全国卫生工作会议上，江泽民指出，"现在许多农村发展合作医疗，深得民心，人民把它称为'民心工程'和'德政'。看来，加强农村卫生工作，关键是发展和完善农村合作医疗制度。这是长期实践经验的总结，符合中国国情，符合农民愿望。要进一步统一认识，加强领导，积极、稳妥地把这件事办好"②。1997 年 1 月，中共中央和国务院在《关于卫生改革与发展的决定》中，更加明确地提出要"积极稳妥发展和完善合作医疗制度"。为了贯彻这一决定，同年 3 月卫生部等部门向国务院提交了《关于发展和完善农村合作医疗若干意见》，国务院很快批转了这一文件。11 月 7 日，卫生部又发出了《关于进一步推动合作医疗的通知》。这一系列努力促成了 1997 年复办合作医疗

---

① 王俊秀：《打破城乡、所有制等界限 打破两极分化 打破"医药合谋"——三大"药方"治医改病症》，《中国青年报》2005 年 7 月 29 日。

② 《中国卫生年鉴》编辑委员会：《中国卫生年鉴1997》，人民卫生出版社 1998 年版，第 10 页。

的又一次小高潮。全国有 24 个省、自治区、直辖市先后出台了加强农村合作医疗的政策性文件，有 18 个省、自治区政府专门召开了农村合作医疗工作会议，制定合作医疗发展规划，12 个省举办了医疗培训班，各省在不同类型地区抓了 917 个县进行合作医疗试点。① 然而可惜的是，合作医疗的重建工作并没有得到平稳持续的发展，成效也并不理想。据 1998 年第二次国家卫生服务调查结果显示，农村享有医疗保障的人口比例总计为 12.68%，其中参加合作医疗的仅为 6.5%。② 究其原因，政府对合作医疗投入不足，农民对合作医疗缺乏信任，以及制度自身设计不完善等因素制约了它的重建。1998 年，党的十五届三中全会通过的《中共中央关于农业和农村工作若干重大问题的决定》强调，完善农村医疗卫生设施，稳步发展合作医疗，提高农民健康水平。国家对复办合作医疗的态度并没有因为遇到困难而改变，而是愈挫愈坚。进入 21 世纪后，卫生部加大了农村合作医疗的调研工作，党组成员分别带队深入经济发展水平不同的农村，发现和分析农村医疗保障中的实际问题，在汲取合作医疗的成功经验和失败教训的基础上，开启了新型农村合作医疗的试点和建设历程。

二、新型农村合作医疗的制度创新

进入 21 世纪，党和国家在总结新中国 50 年来农村卫生工作的成绩和问题的基础上，对农村卫生工作的重要性有了更加明晰的认识。江泽民指出："农村卫生工作直接关系到农村的发展、农业的繁荣和农民的健康，关系到我国经济和社会发展目标的实现。"③ 中央的高度重视为农村医疗保障制度建设提供了根本保证。同时，理论研究和实际操作部门积极试验、大胆探索，为新制度的出台和科学决策提供了理论依据和实践经验。

2001 年 5 月，国务院转发了由国务院体改办等五部委起草的《关于农村卫生改革与发展的指导意见》，初步确定了农村卫生事业的发展方向和政策原则。同时,《中国农村初级卫生保健发展纲要（2001—2010 年）》

---

① 《中国卫生年鉴》编辑委员会:《中国卫生年鉴1998》，人民卫生出版社 1998 年版，第 31 页。
② 第二次国家卫生服务调查（1998），详见中国政府网。
③ 《中国卫生年鉴》编辑委员会:《中国卫生年鉴2003》，人民卫生出版社 2004 年版，第 9 页。

由卫生部等七部委联合下发。农村卫生工作被放置在了全国卫生工作的首位，成为发展国民经济所要解决的重要问题之一。2002年1月，国务院便决定年内以中共中央和国务院名义召开全国农村卫生工作会议，制定关于农村卫生工作的决定。10月29日，经过10个月的起草和研讨、30多次易稿，中共中央、国务院发布了《关于进一步加强农村卫生工作的决定》（以下简称《决定》）。《决定》要求逐步建立新型农村合作医疗制度，"到2010年，新型农村合作医疗制度要基本覆盖农村居民"[①]。这是中央首次正式提出"新型农村合作医疗"的概念和目标。同一天，新中国成立以来第一次由国务院主持召开的全国农村卫生工作会议开幕。会议认真贯彻《决定》精神，对建立新型农村合作医疗制度、深化农村卫生机构改革、落实农村卫生补助政策、加强农村卫生人才培养和队伍建设、开展城市卫生支援农村卫生工作和加强乡村医生管理等问题进行深入研究，目的是精心谋划、下定决心、统一思想，为顺利实施新型农村合作医疗制度奠定基础。同年12月28日，九届全国人大常委会第三十一次会议审议通过了《中华人民共和国农业法（修订草稿）》，其中强调要建立农民医疗保障制度，国家鼓励支持农民巩固和发展农村合作医疗和其他形式医疗保险，提高农民健康水平。这样，以国家法律的形式将建设农民合作医疗和医疗保险的目标确定下来，为新型农村合作医疗制度的确立提供了法律依据。

2003年1月16日，国务院办公厅转发了卫生部、财政部、农业部联合制定的《关于建立新型农村合作医疗制度的意见》，对新型农村合作医疗建立过程中的方式方法问题，如目标原则、组织管理、筹资标准、资金管理、医疗服务管理和组织实施等做了具体、明确的规定和指导。应该说，新型农村合作医疗源出于合作医疗的实践与经验，其产生的初衷、推广普及的路径、政策保障的目标，以及农村居民接受的心理等都与合作医疗直接相关。但此时，新型农村合作医疗制度面对的中国社会已经发生了翻天覆地的变化，国家经济水平、医疗技术能力、农民思想意识以及农民主要病症模式都今非昔比，因此，新型农村合作医疗增加了政府投入的责任，在筹

---

① 《中国卫生年鉴》编辑委员会：《中国卫生年鉴2003》，人民卫生出版社2004年版，第8页。

资、报销和管理以及保险水平等方面都与传统合作医疗有着根本的不同。

第一，新型农村合作医疗制度的定义更加科学、准确、具体，"是由政府组织、引导、支持，农民自愿参加，个人、集体和政府多方筹资，以大病统筹为主的农民医疗互助共济制度"。而传统合作医疗制度的内涵，无论是1960年第一次出现在中央文件中的表述，还是在1979年的《农村合作医疗章程（试行草稿）》、1991年的《关于改革和加强农村医疗卫生工作的请示》中的概括，都比较简约，仅强调了"依靠集体力量"，是"社员群众的集体福利事业""筹集医疗预防保健费用的各种形式的医疗保健制度"。第二，新型农村合作医疗制度的目标十分明确，到2010年基本覆盖农村居民。这个目标对时间、程度、对象都做了规定。而最终，通过各方努力，目标提前两年完成。第三，新型农村合作医疗制度放宽了参加对象的条件，所有农村居民均可参加。这种规定符合现实人们从业方式多样、身份复杂，城乡中间存在大批流动人口的新形势，也符合"人人参加医疗保健"的理想目标。第四，新型农村合作医疗制度扩大了筹资范围。它采取以县为单位进行筹资，条件不具备的地方，在起步阶段也可采用以乡（镇）为单位，逐步向县（市）统筹过渡。其好处是，扩大了保险基金额，加大了保险力度，降低了基金管理成本。而传统合作医疗一般以村为筹资单位，基金额度很小，只能维持低水平的医药开销，不适合当下农民流行疾病模式的经费需求。第五，新型农村合作医疗制度强化了政府的责任。政府是新型农村合作医疗制度实施的主角，负有组织、引导、支持的责任。这改变了传统合作医疗"民办、公助"的性质，保证了新型农村合作医疗制度的有效落实。最初，中央财政每年拨款给中西部参加新型农村合作医疗的农民每人10元，地方政府每年给参加新型农村合作医疗的农民每人不少于10元的补助。在"三三制"的筹资方式中，政府占2/3的比例。此后中央和地方财政补贴标准连年提升，2007年达到80元。第六，新型农村合作医疗突出了大病统筹的重点。近年来，花费较高的慢性病、恶性疾病成为威胁农民健康和生活的主要疾病，为解决因病致贫、返贫的主要矛盾，必须把有限的新型农村合作医疗基金用在保"大病"上，所以制度规定以大病统筹为主。这既符合我国农村的实际，也符合保险学的原理。第七，新型农村合作医疗制度完善了监督机制。传统合作医疗只是要求"专款专用""账目日清月结,定期公布"。但新型农村合作医疗制度在监管机制上相当规范和严密。不仅有新型农村合作医疗管理委员、由县级政府的相关部门和参加新型农村合作医疗农民共同组成的监督委员会,它们与同级人民代表大会及审计部门共同参与和完成对新型农村合作医疗的检查和监督工作,而且合作医疗基金收支、使用情况还要定期向社会张榜公布,接受广大人民群众和社会舆论的监督。第八,新型农村合作医疗制度与医疗救助和医疗商业保险制度相互衔接,共同发挥作用。医疗救助制度给予贫困户、五保户医疗费用补贴,资助他们参加当地的新型农村合作医疗。对于经济发达地区生活富裕的农民家庭,新型农村合作医疗制度也鼓励他们同时参加商业医疗保险,可以使农民获得更好的医疗保障。

新型农村合作医疗是又一项富有中国特色的社会主义制度创新。从2003年6月起,全国30个省、自治区、直辖市首批确定了304个试点县,覆盖农村人口9300余万人。为了扎实、稳妥地做好试点工作,国务院和卫生部等有关部门连续下达了一系列有关于新型农村合作医疗的组织管理、机构改革、资金筹集管理以及国家部分特困地区政策的文件,为新型农村合作医疗的试点工作提供理论指导和政策护航。2003年12月,国务院召开了全国新型农村合作医疗试点工作会议。会前,胡锦涛、温家宝分别就新型农村合作医疗工作作出指示,强调新型农村合作医疗的重要意义,并对如何做好试点工作提出要求。2004年全国试点县、市增加到333个,2005年做到每个地(市)至少有一个试点县,全国试点县达到641个,覆盖人数达2.25亿人,实际参加农民1.63亿人,参合率达到72.4%,全国共补偿参加合作医疗的农民1.19亿人次,补偿资金支出50.38亿元。① 到试行第3个年头时,全国已有1433个县(市、区)开展了新型农村合作医疗,占全国县(市、区)总数的50.1%,实现了年初确定的工作目标。2006年1—9月,全国有1.4亿农民从新型农村合作医疗中受益,共得到医疗费用补偿95.8亿元。② 中央建设新型农村合作医

---

① 卫生部:《全国新型农村合作医疗试点工作取得明显成效》,详见中国政府网。
② 高强:《在2007年全国卫生工作会议上的讲话》,详见中国政府网。

疗的决心和力度，广大农民对医疗保障制度的急切渴望，以及各地方政府和工作人员积极稳妥的落实工作，凝聚成一股强大的推动力，确保了新型农村合作医疗试点工作的顺利开展。到 2007 年，新型农村合作医疗进入了全面推广阶段。当年底，全国 2451 个县（市、区）已基本建立了新型农村合作医疗制度，覆盖 7.3 亿农民，参合率达 86%，全国农民累计已有 9.24 亿人次受益，累计补偿资金 591 亿元。[①] 这也为中央决定提前 2 年，即 2008 年底实现新型农村合作医疗的全覆盖创造了条件和可能。新型农村合作医疗制度的实施初战告捷。

三、历史的启迪与思考

要建设适宜、有效的农村医疗保障制度，必须要全面总结新中国近 60 年医疗卫生事业发展的历史，特别要总结新时期 30 年农村医疗保障制度建设的成功经验和失败教训。因为，对于我们这样一个处于快速发展的社会主义大国来说，选择何种形式的农村医疗保障制度，没有现成的模式和经验可供学习和借鉴，诚如中国特色社会主义道路一样，需要我们自己去探索和开拓。

（一）农村医疗保障制度须臾不可或缺

我国是一个农业大国，大部分人口在农村的基本国情，在一个相当长的时期里不会改变。早在改革开放不久，邓小平就曾指出："中国有 80% 的人口在农村。中国社会是不是安定，中国经济能不能发展，首先要看农村能不能发展，农民生活是不是好起来。"[②] 农村居民的医疗保障问题是解决"三农"问题，进行社会主义新农村建设的决定性因素，是医疗卫生改革和医疗保障制度建设的重点。卫生部部长高强曾经说，能不能建设小康关键看农民能不能健康。的确，农民医疗保障问题解决与否直接关系到农民的小康和整个社会的和谐。1991 年的七届全国人大四次会议将"把医疗

---

① 《决定解读：怎样巩固和发展新型农村合作医疗制度》，详见中国政府网。
② 邓小平：《我们的宏伟目标和根本政策》，载《邓小平文选》第 3 卷，人民出版社 1993 年版，第 77—78 页。

卫生工作的重点放在农村"纳入了我国新时期卫生工作的方针之中,1997年在《中共中央、国务院关于卫生改革与发展的决定》中"以农村为重点"被提到新时期卫生工作方针的第一条。党的十七大报告继续坚持将"以农村为重点"作为建立基本医疗卫生制度中重要的一条,这既符合我国人口分布和医疗卫生发展状况的实际,也符合党的维护最广大人民根本利益和发展的成果为人民共享的宗旨。农民医疗保障问题不仅仅是农民能不能看得起病吃得起药的问题,它关系到中华民族的生存和强大,影响着整个中国社会的稳定和发展。因此,建立适合广大农村居民的医疗保障制度不仅具有经济价值,而且具有重大的社会意义和政治意义。

(二)农村医疗保障制度建设需要各方力量的整合

农村医疗保障制度建设不是一个孤立的问题,它既需要政府的重视和财政的支持,也需要医疗卫生体系的配套改革,更离不开公共卫生服务总体水平的提升。改革开放前农村合作医疗之所以能够发挥较好的功效,首先在于行政干预使它保持了比较高的覆盖率;其次在于国家在经费上大力扶持,药品价格上严加控制;最后在于群众卫生运动和公共卫生服务创造了有力的辅助条件。而20世纪八九十年代合作医疗的萎缩和复办工作的困难,与这些因素的丧失有着直接的关联。1979年时国家对合作医疗的补助费是1亿元,1992年下降到3500万元,仅占卫生事业费的0.36%,农民人均4分钱。这直接造成了1980—1990年的10年间乡镇卫生院减少了8000多所,病床数减少了24万多张,专业技术人员减少了12.9万人。[①] 新型农村合作医疗制度中加强了政府的责任,这是符合合作医疗属于公共产品与公共服务性质要求的。即便在市场经济的条件下,基本医疗保障制度也要把社会效益放在首位。令人可喜的是,在刚刚公布的新医改方案征求意见稿中,突出了政府主导和社会公平正义,并强调统筹兼顾、综合配套。这些理念和措施都会为新型农村合作医疗制度起到有力的辅助作用。

---

① 蔡仁华主编:《中国医疗保障制度改革实用全书》,中国人事出版社1997年版,第356页。

（三）完善和巩固新型农村合作医疗制度任重而道远

2005年7月29日，《中国青年报》报道了国务院发展研究中心与世界卫生组织合作的研究报告《中国医疗卫生体制改革》，将"医改基本不成功"的论断公之于世。此言一出立即引起了全社会的广泛关注，一场关于医改成败的大讨论在全社会掀起波澜。研究报告对于新型农村合作医疗制度进行了分析和评估，指出了制度设计存在的5个问题，并对农民医疗保障制度建设提出了6点政策建议。应该说，研究报告以发现问题、力求改进为目标，它的质疑和批评是相当犀利和准确的，代表了目前很大一部分人对新型农村合作医疗的态度。在新型农村合作医疗的试点和推广过程中也确实发现了诸如筹资难、参保率低、基金和信息化管理存在漏洞等问题。几年来，中央和各地政府在不断地总结经验，每年定期召开的专门会议，对发现的问题不断调整和纠正，增补了一些新办法。我们必须看到，实施新型农村合作医疗是一项涉及9亿多农村居民利益的长期、复杂而艰巨的任务，建立完善的医疗保障制度不但是当今世界各国面临的难题，也始终是我国改革和发展面对的重要任务和挑战。

2006年6月，在国家发改委下发的《医药行业"十一五"发展指导意见》中，把实现"人人享有卫生保健"的承诺提上了日程。紧接着，党的十六届六中全会明确提出了建设覆盖城乡居民的基本卫生保健制度的历史任务。在目前设计的由城镇职工基本医疗保险、农村新型合作医疗和城镇居民基本医疗保险构成的基本医疗保障体系中，新型农村合作医疗制度无疑是最重要的支撑。能否实现"人人享有卫生保健"的目标关键在新型合农村作医疗制度的普及与巩固，重点在它的效用的发挥。过去中国用世界1%的卫生资源解决了占世界22%人口的医疗卫生问题，未来中国也一定能够实现"人人享有卫生保健"的目标，这是历史研究给予我们的正确认识和坚定信念。30年前，中国的农村合作医疗被世界卫生组织誉为"是发展中国家群体解决卫生经费的唯一范例"；30年后，中国人的智慧、中国医疗保障制度的理论和实践必将再度影响整个世界。

［原载《当代中国史研究》2009年第2期］

新中国城镇职工医疗保障制度的历史考察

医疗保障制度是覆盖人群最广、运行机制最复杂的一项社会保障制度，在提升社会成员的健康水平、促进经济发展和稳定社会秩序中发挥着不可替代的功能。传统中国社会由家庭承担抵御疾病风险、提供医疗保障的责任，社会和国家不负有医疗保障的义务。20世纪三四十年代，医疗保障制度在我国萌芽，而它真正得以确立和实施是在新中国成立后。回顾我国医疗保障制度60年的发展历程，无论是它的创立还是改革，始终高扬的是健康与发展的主题，突出展现了中国共产党为人民谋福利的根本宗旨。

一 城镇职工医疗保障制度的确立及其历史意义

新中国成立后，由于受历史渊源和现实医疗卫生条件等因素的影响，形成了城乡有别的医疗保障制度。城镇职工依据职业的不同，又形成了面向企业职工及其家属的劳保医疗和面向国家公职人员的公费医疗两种医疗保障制度。尽管两者服务的对象不同，但"二者的筹资来源归根结底来自国家财政收入，事实上隐含着全国范围的统筹关系，并最终由国家负责，从而均具有国家—单位保障的本质性质"①，属于国家医疗保障的

---

① 郑功成：《中国社会保障30年》，人民出版社2008年版，第100页。

不同表现形式。

　　劳保医疗制度是劳动保险制度的一个分支,是随着劳动保险制度的确立而确立的。1951年2月26日,《劳动保险条例》正式颁布实施,其中规定:职工疾病或非因工负伤,在企业医疗所、医院、特约医院或特约中西医师处医治时,其所需诊疗费、手术费、住院费及普通药费均由企业行政方面或资方负担。此后,劳动部门多次对《劳动保险条例》进行修订,扩大实施范围,提高劳动保险待遇。1956年,全国实行《劳动保险条例》的职工达到了1600万人,签订集体保险合同的职工有700万人。[①] 同时,在卫生和劳动部门的督促和检查下,企业卫生大有改进,彻底铲除了旧中国"重视机器不重视人"的错误观念。一些大中企业陆续创办职工医院、职工医疗所和门诊所。供广大职工使用的疗养院和休养所相继在美丽的海滨城市建成,职工分期分批带薪疗养、休假,极大地改善了职工对疾病的预防和抵抗能力,降低了疾病率,同时也提高了职工的政治觉悟和生产积极性。1952年6月27日,周恩来总理签发了《关于全国各级人民政府、党派、团体及所属事业单位的国家工作人员实行公费医疗预防的指示》(以下简称《指示》),规定从7月份起分期在全国公职人员中推行公费医疗制度。《指示》规定,享受公费医疗制度的人员包括全国各级人民政府、党派、工青妇等团体、各种工作队以及文化、教育、卫生、经济建设等事业单位的国家工作人员和革命残废军人。8月24日,政务院批准了《国家工作人员公费医疗预防实施办法》,进一步明确了享受公费医疗待遇人员的范围以及公费医疗预防经费等问题。1953年1月,卫生部在《关于公费医疗的几项规定》中,将这一制度延伸到大学和专科在校的学生和乡干部中。1956年《关于办理各国在华专家公费医疗预防几项规定》《国家机关工作人员退休后仍应享受公费医疗待遇的通知》《关于高等学校工作人员退休后仍应享受公费医疗待遇的通知》等一系列法规、文件先后公布实施,从而使公费医疗制度得到了进一步完善。

---

　　① 严忠勤主编:《当代中国的职工工资福利和社会保险》,中国社会科学出版社1987年版,第305—307页。

新中国成立初期确立城镇职工医疗保障制度，对于在旧中国深受剥削和压迫，生活水平十分低下的人民群众来说，无疑似雪中送炭，解决了他们看病就医的燃眉之急，有力地保障了广大职工的身体健康。1957年时我国人均预期寿命从新中国成立前的35岁迅速提高到了57岁。1953—1958年出现了新中国第一次生育高峰，6年间共增加8512万人，平均每年增加1419万人，年增长率为2.3%。① 党的关怀和新中国主人翁的地位，激发了广大职工对党和国家的感恩之情，促进了各行各业生产的恢复和发展。《保险条例》草案曾在全国职工中征求意见，"派往上海市的工作组，在组织女工讨论时，《条例》念过一遍后，很长时间竟无人发言，不是她们没听懂，而是被这件好事'震'住了。当主持讨论的同志说'有什么不同意见可以说'时，话音未落却发出了一片啜泣声。终于有一位女工边哭边说：'不是我有不同意见，是实在没有想到有这样的好事，共产党真是人民的大救星！'"② 就在《保险条例》草案在各家报纸公布的当天，报纸被竞购一空，人们争先传阅这一激动人心的好消息。获得劳动保障的广大职工把《保险条例》比作农民在土改后分得的土地，从此生活有了保障。有的职工把准备养老的储蓄，全部捐献给国家购买飞机大炮，支援抗美援朝战争。广大职工掀起了一浪高过一浪的劳动竞赛活动，"孟泰仓库""马恒昌小组""王崇伦万能工具胎""郝建秀工作法"，等等，一大批劳动模范引领着新社会的时代风潮。医疗保障制度的实施帮助党争取了群众，在城市站稳了脚跟，巩固了新生的政权。在紧接着进行的社会主义改造中，医疗保障制度也起到了推波助澜的作用。因为《保险条例》是逐步推开的，国营企业首先实施了劳保医疗制度，职工看病能报销，还能带薪休假、免费疗养，这些优越的待遇从一个侧面刺激了职工公私合营的热情和积极性，推进了社会主义改造的进程。随着公费医疗制度的落实和延伸，以及各项维护人民群众健康的卫生政策的落实，广大知识分子、民主党派和高校学生从中获益。这些从旧中国走来，对旧社会的黑暗、腐朽深恶痛绝的知识分子，比照新旧社

---

① 许涤新主编：《当代中国的人口》，中国社会科学出版社1988年版，第8页。
② 郝雨：《劳动保险条例制度修改二三事》，《中国社会保障》1999年第10期。

会的变化,从心底迸发了对中国共产党的钦佩和爱戴。他们自觉地进行思想改造,主动学习马克思主义和党的方针、政策,为最终确立马克思主义在意识形态的主导地位奠定了基础。可以说,尽管新中国成立初期我国的经济状况还很落后,生产力水平还相当低下,医疗卫生资源和所能提供的医疗卫生服务还十分有限,还不具备建立国家医疗保险性质的劳保医疗和公费医疗的充足条件,但无论是从巩固国家政权、激发人民的爱国热情的首要任务来说,还是从保护人民群众身体健康的实际效果来看,劳保医疗和公费医疗制度的建立都是正逢其时。

二 城镇职工医疗保障制度的改革历程及其主要内容

在职工医疗保障制度建立后的 30 年里,制度安排没有大的变化,只是针对暴露出的一些不足做过局部调整和修补。"文化大革命"期间,由于劳保医疗社会统筹基金的提取名存实亡,职工医疗保障越来越趋向"单位自保"。改革开放后,迫于自身的缺陷和外在形势的压力,从企业自发改革到政府参与引导,在"摸着石头过河"的艰辛探索中,职工医疗保障制度走过了革故鼎新之路。30 年来,城镇职工医疗保障制度的改革经历了三个主要发展阶段。

第一阶段,从 20 世纪 80 年代初至 1993 年。促发职工医疗保障制度改革的原因是复杂的,其中职工医疗保障制度积弊过多,无法适应经济改革的新形势、新变化,应排在首位。改革初期围绕职工医疗保障制度的一对突出矛盾是,一方面国家财政和企业包揽职工医疗费用,在对供需双方均缺乏费用共付机制的条件下,医疗费用快速攀升,国家和企业负担沉重;另一方面,改革要求企业自主经营、自负盈亏,要砸碎"铁饭碗",企业包揽的福利制度成为改革的羁绊,严重的矛盾纠葛使职工医疗保障制度难以为继。改革直指问题最为严重、群众反映最为强烈的铺张浪费、"以病谋私"现象,从规范看病、控制药费抓起,采取了医疗费用与个人挂钩、社会统筹、加强管理等办法。1982 年 12 月,在国务院常务会议上提出了对公费医疗和劳保医疗分别研究提出改进办法的要求。1983 年 9 月,劳动人事部召开部分省市医疗制度改革座谈会,积极推动各地进行医疗制度改革。1985年3月,在国家体改委、国家计委和劳动人事部制订的《关于改革社会保障制度的研究提纲(初稿)》中,明确医改的重点是研究解决职工个人负担一部分医疗费和医疗费的社会统筹两个问题。1989年以后,全国各地逐步实行医疗费用与个人利益挂钩,同时离退休人员的医疗社会统筹也全面推开。1990年11月28日,劳动部召开首次全国部分省、市劳保医疗制度改革工作座谈会,会议确定劳保医疗改革的方向是:体现社会主义制度优越性和对劳动者加以保护的前提下,实现国家、集体和个人合理负担,逐步建立多种形式的医疗保险制度。这次会议标志着劳保医疗制度改革从思想准备阶段和自发改革阶段,逐步进入有组织的大面积试点阶段。1992年5月21日,国务院成立医疗制度改革小组,为即将拉开的医疗保障制度全面总体的改革试验做好了组织准备。其后,由卫生部、劳动部分别提出了公费医疗和劳保医疗的改革方案,在此基础上,国家体改委起草了《国务院关于职工医疗制度改革的决定》(讨论稿),明确了职工医疗改革的目标是建立医疗保险基金,实行医疗社会保险制度。

第二阶段,从1993年底至1998年。1993年11月,党的十四届三中全会通过了《中共中央关于建立社会主义市场经济体制若干问题的决定》(以下简称《决定》),将社会保障确立为社会主义市场经济体制的重要支柱之一,并由此把医疗、养老和失业保险一起列为主要改革项目。《决定》指出:"城镇职工养老和医疗保险由单位和个人共同负担,实行社会统筹和个人账户相结合。"以此为起点,在党中央和国务院的直接组织领导下,开始了"统账结合"模式的社会医疗保险探索试验,并最终将其确定为全国普遍实施的新型医疗保障模式。其间,在江苏省镇江市和江西省九江市开展"两江"试点,形成了"两江"模式,并于1996年开始在全国推广。同时,一些地区结合各自的特点,逐步探索自己的改革出路。1997年1月15日,《中共中央、国务院关于卫生改革与发展的决定》正式发布,对于社会主义市场经济体制下的卫生工作的地位、性质、方针、原则、政策以及各方面的相互关系和运作模式都提出了规范性意见。1997下半年,国务院医疗保障制度改革办公室开始着手进行医疗保障制度改革方案的重新设计工作。经过数次研究讨论,初步形成了对基本医疗的界定和对医疗保险制度改革模式等问题的认识。党的十五大召开后,新一届政府将医疗保障制度改革列为五项改革之一,明确提出必须尽快建立统一、规范和完善的社会保障体系,这项工作关系到改革、发展、稳定的大局,刻不容缓。在全国范围内全面实施医疗保险制度改革的时机已经酝酿成熟。

　　第三阶段,从1998年至今。1998年3月,国家劳动和社会保障部成立,标志着传统的部门分割管理医疗保障的体制的终结和中央统一管理体制的形成。同年11月,在新成立的劳动和社会保障部的积极协调下,国务院在北京召开了全国城镇职工医疗保险制度改革工作会议。与会代表学习和讨论了《国务院关于建立城镇职工基本医疗保险制度的决定(征求意见稿)》,明确了这项改革的指导思想、主要任务和政策措施,增强了做好改革的责任和信心。1998年12月14日,国务院发布了《关于建立城镇职工基本医疗保险制度的决定》(以下简称《决定》),要求从1999年1月开始启动建立城镇职工医疗保险制度的工作,用一年时间,到年底基本完成这一任务。《决定》指出,医疗保险制度改革的主要任务是建立城镇职工基本医疗保险制度,即适应社会主义市场经济体制,根据财政、企业和个人的承受能力,建立保障职工基本医疗需求的社会医疗保险制度。城镇职工医疗保险制度是以基本医疗保险为基础,以大额医疗救助(也称为大病统筹)、公务员医疗补助、企业补充医疗保险、特困人员医疗救助和商业医疗保险为补充组成。《决定》的颁布标志着城镇职工医疗保障制度改革进入了建立新型医疗保险制度的阶段,各地的改革试验和探索告一段落,传统的公费医疗和劳保医疗制度将退出历史舞台,取而代之的是城镇职工基本医疗保险制度。为了深化医疗改革,2000年7月25日,国务院在上海召开了全国城镇职工基本医疗保险制度改革和医药卫生体制改革工作会议,首次提出同步推进城镇职工基本医疗保险制度、医疗卫生体制和药品生产流通体制"三项改革"并举的思路。在政府的大力推行下,城镇职工基本医疗保险改革工作进展较快,逐年扩大参保人数,实现了梯次推进的设计方案。而且,各地医疗保险基金运转平稳,基本达到了"以收定支、收支平衡"的要求。在"三项改革"并举策略的实施中,一些地区在医药卫生体制改革中也尝试了一些实效性很强的做法，如"平民医院"的设立、社区医疗机构的完善、药品集中招标采购等，对于城镇职工基本医疗保险制度绩效的发挥起到了较好的促进作用。2009年4月中共中央和国务院出台了《关于深化医药卫生体制改革的意见》和《医药卫生体制改革近期重点实施方案（2009—2011年）》。新医改方案将完善基本医疗保障制度作为医改的重点之一，要求城镇职工医疗基本保险继续扩大覆盖面，在2008年1亿9996万参保人数的基础上，尽快实现覆盖全体城镇就业人员的目标。

三 在历史的脉络中认识历史问题

近年来随着医疗保障制度改革的不断深入，社会科学领域出现了多学科多角度研究医疗保障制度的热潮，一些问题被深入开掘和探讨，为医疗保障制度改革实践提供了较好的理论和对策支持。然而，研究中对医疗保障制度发展史的梳理和分析相对薄弱，出现了一些模糊和错误的认识。新中国医疗保障制度史纵深60年，很多问题既是历史问题又是现实问题，厘清医疗保障制度史的脉络和关键环节，不但有益于公正地评价医疗保障制度的历史贡献，而且对于化解医疗保障制度改革中的矛盾也具有现实意义。

（一）传统医疗保障制度不是计划经济的产物

在关于城镇职工医疗保障制度的研究中，相当普遍的观点认为，劳保医疗和公费医疗制度是计划经济的产物，认为计划经济、工业化道路的选择造成了城乡二元体制，从而带来了城乡医疗保障制度的差别。[①] 这些认识是不符合历史事实的。

劳保医疗和公费医疗早在新中国成立前就已经有了雏形，与计划经济毫不相干。劳保医疗在20世纪20年代党领导的工人运动中提出，在革命根据地进行了实践。新中国成立后，1948年8月1日，在哈尔滨召

---

① 参见本刊编辑部：《医改备忘录之一——职工医疗保障制度变迁的轨迹（上）》，《中国社会保险》1998年第6期；周立波：《我国医疗保险制度的昨天、今天和明天》，《卫生经济研究》2001年第2期等文章。

开了第六次全国劳动大会,大会通过了《关于中国职工运动当前任务的决定》(以下简称《决定》)。根据《决定》精神,东北行政委员会的劳动总局和职工总会拟定了《东北公营企业战时暂行劳动保险条例》,其中对劳保医疗做出了明确规定。1949年2月28日东北行政委员会又颁发了试行细则,以确保《东北公营企业战时暂行劳动保险条例》的顺利贯彻。东北劳动保障制度是中国共产党历史上第一个在较大范围内制定并实施的、比较完整和成熟的社会保险制度,为新中国成立后在全国范围制定和实行劳动保障制度进行了积极有效的实验。公费医疗制度则是由新中国成立前战时供给制转变而来,后来逐步扩大覆盖面,其产生的根源与计划经济并不相干。新中国成立后,劳保医疗和公费医疗制度的确立也均在计划经济体制形成之前。

城乡医疗保障制度存在差别有历史渊源上的原因,而更为主要的是由经济发展水平和医疗保障制度自身的发展规律所决定。新中国成立前尚未建立面向农民的医疗保障制度。革命根据地只是采取减免贫困农民或军属的医疗费用,举办民办公助的医药合作社等办法,来帮助解决农民的看病吃药问题。那么新中国成立后我们是不是可以将城镇医疗保障制度推行到农村,建立城乡一体化的医疗保障制度呢?从世界各国医疗保障制度发展的普遍规律来看,它是工业革命的产物,受制于经济发展水平和社会制度,通常是在有雇佣关系的人群中首先实行,此后不断扩大覆盖面,逐步形成囊括大多数人的社会保障制度。新中国成立初期我国经济发展水平极其落后,帝国主义的侵略和多年的内战造成了社会畸形发展,工业停滞不前,农业仍保持着手工劳作的小农经济状态,城市劳动力大量失业,全国总人口已经达到5亿左右,其中80%以上在农村。这样的经济水平、人口总量及分布特点,决定了要建立全民免费医疗制度是根本做不到的。因此,尽管当时我们以苏联为师,但在医疗保障制度上却没有完全照搬苏联的国家医疗保障制度,不是我们不想,而是不具备那样的条件。中国共产党从来没有放弃对农民医疗和健康的关心,否则就不会在1950年专门召开全国农村卫生工作会议,也不会那么快地建成农村三级卫生网络。当然,在过渡时期总路线提出后,在全国各行各业为尽快实现工业化的伟大目标而奋斗时,卫生部门围绕国家经济建设重点，加大了对城市和工业卫生的投入和工作力度，这无可厚非，而且也是在劳保医疗和公费医疗制度已经建成之后的事情，不存在为了工业化而牺牲农民医疗保障的问题。1965年6月26日，毛泽东发出"把医疗卫生工作的重点放到农村去"的指示，严厉批评卫生部门对农村医疗卫生工作的忽视。对此，我们既要看到1965年农村与城市在医疗卫生资源上存在差距，也要明确这种差距很大程度上并不是由于新中国成立后轻视农村卫生建设所造成，更要看到指示后农村医疗卫生的迅速发展。今天，我们国家的经济实力、医疗卫生资源和其他方面的软实力已经比新中国成立初期提高了很多倍，但仍然在短期内难以建成城乡一体化的医疗保障制度，难道这也是我们没有重视农民的医疗保障问题吗？是太多的复杂现实条件限制和影响着它。如果简单地把新中国成立初期城乡医疗保障制度上的差别归因于计划经济和工业化道路，进而责备当时党和国家领导人没有替农民着想，便是对历史事实的歪曲。

（二）"单位自保"是家庭保障向社会保障转换的过渡环节

职工医疗保障制度改革开始后，"单位自保"作为传统医疗保障制度的一大弊端遭到严厉批评。它被指责为是造成企业负担过重、医疗费用社会统筹程度低的主要根源。打破"单位自保"，给企业松绑，实行医疗费用的社会统筹成为医疗保障制度改革初期的主要目标。经过30年的改革，事实已经证明改革的方向没有错，我们要继续为建立完善的社会保障制度而努力。然而，综观60年医疗保障制度史的全景，"单位自保"除了失误和不足，实际上它还发挥了过渡环节的重要作用。它的出现有特殊历史时期的偶然性，也隐含着医疗保障制度自身发展的必然规律，不能因为它的缺陷而否定它产生的合理性和曾经发挥的社会价值。

我国的医疗保障制度是在家庭保障的基础上建立起来的。家庭在中国社会中一直承担着人的生老病死的所有职责，这种传统的形成来自小农经济基础和浓厚的家族观念。新中国成立后，整个社会发生了翻天覆地的变化，一切封建的资本主义的东西被摧毁，扫进历史的垃圾堆。然而，再激烈的社会变迁都需要一个历史过程才能完成，在新旧体制和思想中间必然存有一个过渡地带，它负责承接和转换，其意义十分重要。

从家庭医疗保障转换到社会医疗保障,无论思想观念,还是组织形式,显然都是一次跨越。在打碎家族观念后,城市的企事业单位和乡村的生产队便自然而然地成了人们生活和心理上的依托。"文化大革命"中无政府主义泛滥,单位承担起了社会保障的所有责任,为解决群众的生活困难、医疗保健作出了巨大贡献。试想,如果当时没有单位的保障,缺少了单位这一"衣食父母",社会将会何等混乱。有关医疗保障制度的研究发现,世界各国医疗保障制度几乎都经历了家庭保障、集体互助保障和社会保障的发展过程。我国特有的"单位自保"其实质正是集体互助保障。看来,它的出现并非个别现象,而是具有共性和某种普遍性的事物。今天,社会医疗保障已经被全社会所接受,"单位自保"失去了存在的意义和功能。在它完成了历史使命时,我们应该给它以公正的评判。

(三)评价医改不仅要看结果,更要看过程

2005年5月24日,卫生部下属的《医院报》在头版头条刊载了卫生部政策法规司司长刘新明的讲话,并冠以"市场化非医改方向"的醒目标题。他的观点是,"看病难、看病贵"等现象,根源在于我国医疗服务的社会公平性差、医疗资源配置效率低,要解决这两个难题,主要靠政府,而不是让医疗体制改革走市场化的道路。以此为发端,一场关于医改成败的大讨论在全社会掀起波澜。7月29日,《中国青年报》报道了国务院发展研究中心与世界卫生组织合作的研究报告《中国医疗卫生体制改革》,将"医改基本不成功"的论断公之于世。此言一出,振聋发聩,立即引起了全社会的广泛关注,各大网络媒体发表了数以万计的文章,从而将讨论引向白热化。对于如何认识医改是成功还是失败,时任卫生部部长高强指出:"客观评价前一阶段的医疗卫生改革还是应该坚持三句话:第一,医疗卫生事业发展取得很大成绩;第二,在保障人人享有卫生保健方面还存在突出问题;第三,要进一步深化医疗卫生体制改革,加快卫生事业发展,解决群众最关心、最直接、最现实的基本健康权问题。"[①] 在医改成败的讨论经过了一段时间的沉淀后,高强的观点逐渐

---

① 寿蓓蓓:《高强:医改绝对不能市场化》,《南方周末》2007年3月15日。

被大多数人所认可。

　　从历史研究的角度来分析，评价医改"成功"还是"不成功"，不仅要看结果，更要看过程。医疗改革历来被称为"世界级难题"。我国30年的医改，既要克服传统医疗保障制度和医疗卫生体系的缺陷，又要适应不断变化和前进的经济改革形势，在没有任何现成的理论和经验可供借鉴的情况下，"摸着石头过河"的改革必然是困难重重，要在失误和曲折中前行。因此，出现偏差和问题本来就是改革的题中应有之义。而重要的是要看在医疗改革的过程中，有没有偏离初衷，有没有违背党的宗旨。也许医改中确有失误，也许今天还没有到评价的时候，但无论怎样，党和国家始终知难而进、愈挫愈坚，费尽心血，谨慎试验，为建立公平、有效的医疗保障制度做了大量工作，时刻不忘维护人民群众的根本利益。医改的过程同样是中国共产党带领人民克服困难、不断探索的历史。它与新中国成立以来中华民族摆脱积贫积弱逐步走向强盛，人民群众病有所医、健康长寿、拥有美好生活的历史是一脉相承的。按照世界卫生组织确定的标准，衡量一个国家的卫生健康状况，主要有三个指标，即人均预期寿命、孕产妇死亡率和婴幼儿死亡率。2005年，我国人均预期寿命达到72岁，孕产妇死亡率为4.8/万，5岁以下婴幼儿死亡率为2.5%。①我国居民的重要健康指标达到了发展中国家的先进水平。这其中医疗改革功不可没，它推动了医疗保障制度逐步完善，以及医疗服务质量和技术水平的提高。承认医疗改革中存在的问题，在深化改革中积极应对和解决问题，才是历史唯物主义者的正确态度。

[原载《党的文献》2010 年第 3 期]

---

　　① 陈国裕、李玉梅：《加快推进卫生事业的改革和发展——卫生部部长高强答本报记者问》，《学习时报》2007 年 3 月 19 日。

"把医疗卫生工作的重点放到农村去"
——毛泽东"六二六"指示的历史考察

1965年6月26日,毛泽东在同他的保健医生谈话时,针对农村医疗卫生的落后面貌,指示卫生部"把医疗卫生工作的重点放到农村去",为广大农民服务,以解决长期以来农村一无医二无药的困境,保证人民群众的健康。因为这一指示是6月26日发出的,因此又被称为"六二六"指示。该指示对我国的医疗卫生事业,尤其是对农村医疗卫生工作产生了重要影响。近年来,随着医疗卫生改革的不断深入和农村医疗卫生问题的日益突出,这一指示被频频提及,人们或以此为例证追忆新中国在农村医疗卫生工作上曾经取得的成就,或以此为靶子批评一直以来国家对农村医疗卫生的忽视。面对种种褒贬不一的评价,面对当前农村医疗卫生的严峻形势,我们有必要回归历史,重新认识"六二六"指示的来龙去脉和前因后果,也可在历史的经验和教训中汲取智慧。

一、"六二六"指示的历史缘由

新中国的医疗卫生事业是在千疮百孔、百废待兴中开始的。经过全国人民16年的艰苦奋斗,医疗卫生事业取得了长足发展,人民群众的健康状况也有了显著改善。新中国成立后,霍乱很快在我国绝迹。1955年,人间鼠疫就基本得到了控制。1959年,性病在全国范围内基本被消灭。20世纪60年代初天花在我国已告灭绝,比天花在世界范围灭绝早了十余年；结核病的死亡率从新中国成立初期 250/10 万下降到 40/10 万；脊髓灰质炎、麻疹、乙脑、白喉、破伤风、百日咳等传染病的发病率明显下降。1965 年，接生员的队伍已经增长到 68 万 5740 人，产妇的产褥热和新生儿破伤风显著减少，母亲和婴儿的健康得到了一定保障。① 以人民公社为中心形成的三级农村基层卫生组织网，在改善农村卫生环境、保障农村群众健康中发挥了积极作用。然而，在这种情况下毛泽东却批评卫生部，只给占全国 15% 的城市人口服务，而且主要是为干部服务，广大农民得不到医药。这似乎与新中国成立初期即确立的"面向工农兵"的卫生工作方针不符，也与此时农村卫生面貌的巨大变化相悖。指示下达后，卫生部门的同志深感震动和困惑。② 那么，"六二六"指示是否符合历史的实际？是什么原因引发了毛泽东对卫生部如此严厉的批评呢？这要在城市和农村医疗卫生状况的比较中，在新中国成立后 16 年医疗卫生工作重点的转移中领悟其中的缘由，理解毛泽东的良苦用心。

（一）从医疗保健制度的覆盖范围上看，农村与城市极不平衡

保护人民群众的健康是中国共产党的一贯主张，因此，新中国一成立就将医疗保健制度建设问题列上了议事日程，面向国有企业职工的劳保医疗制度和面向国家公职人员的公费医疗制度相继建立。城镇职工、干部、教师和高等院校学生等，只需个人缴纳挂号费、出诊费，其他医疗费用基本由企业或国家负担。同时，企业还为职工的直系亲属负担医疗费用的 1/2，享受公费医疗职工的子女也有相应的医疗保障措施。与此相比，由于国家经济条件和农村实际情况的限制，在短期内国家还不可能将上述医疗保健制度扩展到农村。尽管政府也对农村采取了很多医疗卫生优惠政策，实行了对一些流行性疾病的免费治疗和对贫困户的医疗救助等，但农村基本还在持续着农民自费医疗的制度。1955 年合作化运动后，一些地区农民自发兴办互助共济性质的合作医疗。1965 年，全国

---

① 黄树则、林士笑主编：《当代中国的卫生事业》（上），中国社会科学出版社 1986 年版，第 10—13 页。

② 张自宽：《"六二六指示"相关历史情况的回顾与评价》，《中国农村卫生事业管理》2006 年第 9 期。

有陕西、湖北、江苏、广东、新疆等10余个省、自治区及直辖市的一部分县实行了这一制度。但是农村合作医疗与城镇医疗保健制度所提供的服务是无法相提并论的。不仅如此，一些享受劳保医疗和公费医疗的人还滥用福利，浪费现象滋生蔓延。为此，国家多次提出对公费医疗和劳保医疗制度进行调整和改革。1957年，周恩来在党的八届三中全会上所做的《关于劳动工资和劳保福利问题的报告》中指出，"由于制度不合理，管理不善，公费医疗中的浪费是极其严重的。不仅经费浪费很大，而且在医疗力量、设备和药品上浪费更大"[1]。要求劳保医疗和公费医疗取消一切陋规，实行少量收费。这是中央第一次在正式文件中反映城镇职工医疗保障制度存在的问题，并提出了加以改革的明确意见。就在"六二六"指示后，中央抓住时机再次指出"公费医疗制度应做适当改革，劳保医疗制度的执行也应适当调整"[2]。根据中央的批示，卫生部和财政部下发了《关于改进公费医疗管理问题的通知》，对国家机关工作人员的医疗制度做了适当改进，要求各享受单位加强管理，统一调剂，不得超支。1966年4月15日，劳动部和全国总工会联合发出了《关于改进企业职工劳保医疗制度几个问题的通知》，对劳保医疗制度进行了进一步规范。这些规定都在一个侧面反映出了中央为调整城乡医疗保健制度不平等所进行的努力。

（二）从医疗卫生资源的分布和投入上比较，农村与城市相去甚远

新中国成立前，我国大部分的医疗卫生机构和人员集中在城市和沿海地区，乡村医疗卫生组织几乎是一片空白，仅有一些零散的个体中医为农村群众提供有限的医疗服务。改变农村医疗卫生的窘境历史地落在了新中国建设者的肩上。1950年，周恩来提出"人民政府决定在最近几年内在每个县和区建立起卫生工作机关，以便改进中国人民长期的健康

---

[1] 周恩来：《关于劳动工资和劳保福利政策的意见》，载《周恩来经济文选》，中央文献出版社1993年版，第389页。

[2] 《中央批转卫生部党委关于把卫生工作重点放到农村的报告》，载卫生部基层卫生与妇幼保健司编：《农村卫生文件汇编》（1951—2000），第26页。

不良状况"①。1952年底，全国90%的地区建立了县级卫生机构。到1965年时，农村医疗卫生保健网基本建成，卫生技术人员达88万人，其自身发展速度大大超过了城市。②尽管如此，在医疗卫生资源的配置上，农村与城市相比还有相当大的距离。

"六二六"指示后，卫生部在呈给毛泽东和中央的报告中，深刻检讨了在这方面工作上的失误。"由于卫生部领导上长期把人力、物力、财力主要用在城市，以致农村缺医少药的问题，迄今未能很好地解决。据1964年的统计：在卫生技术人员分布上，高级卫生技术人员69%在城市，31%在农村，其中县以下仅占10%。……农村中西医不仅按人口平均的比例大大低于城市，而且多数人的技术水平很低。在经费使用上，全国卫生事业费9亿3000余万元中，用于公费医疗的2亿8000余万元，占30%，用于农村的2亿5000余万元，占27%，其中用于县以下的仅占16%。这就是说，用于830万享受公费医疗的人员的经费，比用于5亿农民的还多。"③通过这些数字的比较可以看出，城乡医疗卫生条件仍然差距悬殊。当然造成差距的原因是十分复杂的，而其中医疗卫生工作重心深受国家工业化建设目标的影响是不能忽视的一条。

初期，基于农村医疗卫生的恶劣状况，为了巩固土改成果，促进农业生产，农村、农民自然地成了医疗卫生服务的主要对象。1950年6月，旨在解决农村医疗卫生问题的全国农村卫生座谈会召开，时任卫生部副部长苏井观指出，"今后卫生建设的重点在农村，城市是对旧有卫生机构加以改造的问题"④。为此，他要求卫生人员要明确认识农村卫生的重要性，扫除对农村卫生工作的忽视态度与偏差认识，不怕困难，为农民解除痛苦。然而，1953年过渡时期总路线明确提出以工业化为主体，第一个五年计划又提出集中力量发展重工业。卫生工作重点随之发生了转

---

① 周恩来：《为巩固和发展人民的胜利而斗争》，载《周恩来选集》（下），人民出版社1984年版，第48页。

② 中华人民共和国国家统计局编：《中国统计年鉴2003》，中国统计出版社2003年版，第806页。

③ 《关于把卫生工作重点放到农村的报告》，载《农村卫生文件汇编》（1951—2000），第27页。

④ 张芹：《关于农村卫生建设问题——记中央卫生部农村卫生座谈会》，《人民日报》1950年7月25日。

移。1953年1月，政务院文化教育委员会在制订本年度文教卫生工作计划时，明确提出卫生工作为工业建设服务，"应着重加强和建立城市、工矿和交通线的医疗卫生机构"①。10月，中共卫生部党组向中央报告，认为今后卫生工作必须更好地为实现总路线服务，根据国家建设的需要和目前的实际情况，确定卫生工作的重点首先是要加强工矿卫生和城市医疗工作，使农村卫生工作和互助合作运动密切结合，并继续开展爱国卫生运动，防治对人民危害性最大的疾病。②自此，围绕着国家经济建设重点，医疗卫生工作"重工轻农"的倾向逐步形成。尽管此后有过一些调整，提出了"城乡兼顾"的目标。但是，工业化建设的艰巨任务和当时国家经济的严重困难，都决定了医疗卫生建设只能以城市、厂矿为主，农村医疗卫生的供给还只能处于低水平的发展状态。

二、毛泽东发出"六二六"指示的初衷

毛泽东的一生就是为了人民的解放，为了劳苦大众能过上幸福安康的生活。所以，关乎人民群众健康的医疗卫生事业在他心中始终占据着十分重要的位置。毛泽东对农村医疗卫生的落后状况非常了解，也曾经饱受因疾病失去双亲的痛苦。"六二六"指示正是源自毛泽东对广大人民群众健康的关心，对官僚主义作风的深恶痛绝，以及对当时战备形势的担忧。

早在1933年，他在长冈乡调查时就指出，"疾病是苏区一大仇敌，因为它减弱我们的革命力量。如长冈乡一样，发动广大群众的卫生运动，减少疾病以至消灭疾病，是每个乡苏维埃的责任"③。在20多年的革命战争岁月中，他关注红军医院的建设，提倡中西医相互团结，对根据地医药卫生工作做过多次指示。当革命一步步走向胜利，毛泽东再一次把农民放在了文化、教育和卫生工作的首要位置。他说："所谓扫除文盲，所

---

① 《政务院文化教育委员会召开会议，制订今年文教工作计划》，《人民日报》1953年2月3日。
② 《第三届全国卫生行政会议在北京举行，确定今后卫生工作的方针和任务》，《人民日报》1953年12月31日。
③ 毛泽东：《长冈乡调查》，载《毛泽东农村调查文集》，人民出版社1982年版，第321页。

谓普及教育,所谓大众文艺,所谓国民卫生,离开了3亿6千万农民,岂非大半成了空话?"①在勾勒新中国的蓝图时,他强调"应当积极地预防和医治人民的疾病,推广人民的医药卫生事业"②。

新中国成立后,毛泽东参与了卫生工作方针的制订,为新中国医疗卫生工作指明了方向。对于当时有些干部轻视卫生工作的情况,他以中共中央的名义提出批评,并要求:"今后必须把卫生、防疫和一般医疗工作看作一项重大的政治任务,极力发展这项工作。"③在他的关怀下,新中国以最快的速度完成了第一次卫生革命。以防治血吸虫病为例,最能体现毛泽东对人民群众健康的关怀。血吸虫病在我国由来已久,新中国成立前在长江以南12个省、市、自治区200多万平方公里的区域流行蔓延,患病人数达1100万人以上。④血吸虫病的泛滥致使家破人亡,甚至整村、整乡人丧命的情况令毛泽东十分焦虑。1953年,他在回复沈钧儒的来信中,对血吸虫的防治给予了高度重视。在他的指示下,1955年11月,中央防治血吸虫病领导小组成立,并在疫区逐级建立了省、市、县、村各级防治机构,制订了"四年奋战,两年扫尾,七年消灭血吸虫"的规划。国家投入了大量资金和人力,发动开展群众性的消灭血吸虫病运动。1958年6月30日,当毛泽东得知江西省余姚县消灭了血吸虫时,竟夜不能寐,在微风旭日中挥笔写下了脍炙人口的《七律·送瘟神》。诗词发表后,不仅将血吸虫病的防治工作推向了高潮,同时也激发了人民群众建设社会主义的巨大热情。1966年,毛泽东又指示对血吸虫病实行免费治疗。

正是由于对人民群众有着无限真挚的情感,所以毛泽东最痛恨当官、做老爷的官僚主义作风。医疗卫生部门服务性强,又是知识分子集中的地方,因此,毛泽东对卫生部门的官僚主义作风和医务人员的革命化问

---

① 毛泽东:《论联合政府》,《毛泽东选集》第3卷,人民出版社1991年版,第1078页。
② 同上书,第1083页。
③ 毛泽东:《必须重视卫生、防疫和医疗工作》,《毛泽东文集》第6卷,人民出版社1999年版,第176页。
④ 黄树则、林士笑主编:《当代中国的卫生事业》(上),中国社会科学出版社1986年版,第2页。

题尤为关切。1953年3月27日,时任军委卫生部政治部主任白学光就军委卫生部领导在工作中存在的一些问题,给军委卫生部部长贺诚、副总参谋长黄克诚、总政治部副主任肖华写了报告。毛泽东看到报告后批示:"根据白学光的报告来看,军委卫生部对全军卫生工作可以说是根本没有什么领导,这是完全不能容忍的,必须立刻着手解决。"由此引发了毛泽东对政府卫生部领导的怀疑,并责成习仲勋、胡乔木严肃地检查一次政府卫生部的工作。他指出,"无领导、无政治,也不认真管理业务的部门——专门吃饭、做官、当老爷的官僚衙门,除军委卫生部外,可能还有别的部门,请你们在此次反官僚主义斗争中,撕破面皮,将这些彻底整垮,改换面目,建立真正能工作的机关"①。此后,在第三次全国卫生工作会议上,卫生部总结了新中国成立4年来的工作经验,对存在的官僚主义、主观主义和分散主义错误作了检讨。

1964年,随着"四清"运动的深入,毛泽东将反对官僚主义,反修防修的问题看得越来越重。在他连续批评了文化、学术、教育等部门后,对北京医院仅为高级干部看病的情况甚为不满。6月,毛泽东在接见越南外宾时,批评了北京医院高级干部保健脱离实际、脱离群众、助长生活特殊化的现象。8月10日,他又在卫生部党组关于改进高级干部保健工作报告的批语中写道:"北京医院医生多,病人少,是个老爷医院,应当开放。"②在他的督促下,中央决定在全国范围内撤销专为高级干部设立的保健机构,取消专职保健医生、保健护士的制度,并向群众开放专为高级干部看病的医院。"六二六"指示中,毛泽东再次批评卫生部是"城市卫生老爷部",忽视了对农村群众医疗卫生的关心,留在城市里,坐在医院中,戴起大口罩,隔断了与基层群众的联系,冷落了人民群众的感情。

由此可见,"六二六"指示反映的是毛泽东一贯的群众观点,并非突发奇想。然而,如果能联系"六二六"指示之前,毛泽东对国际形势的分析和判断,我们就会发现指示与他此时的备战思想有着密切关联。20世纪60年代中期,中国的周边国际形势一度十分紧张,美、苏加紧对我

---

① 《建国以来毛泽东文稿》第4册,中央文献出版社1990年版,第176—177页。
② 《建国以来毛泽东文稿》第11册,中央文献出报社1996年版,第124页。

国进行军事威胁。在北面，苏联在中苏边境不断增兵，并且向蒙古派驻苏军。在南面，1964年8月，美国开始连续轰炸越南北方。1965年3月，美国海军还调集大批舰艇，随时准备北犯。美国飞机不断侵入我国云南、广西和海南岛上空。在这种形势下，毛泽东作出了"要打仗了"的形势判断，并提出了"备战、备荒、为人民"的口号，全国开始了大规模的三线建设布局。对于医疗卫生工作，他担心一旦打起仗来，医疗卫生机构都集中在城市，医务人员都不了解农村的情况，医院和医学教学都分科那么细致，是无法应付战争的需要的。卫生医务人员到农村去锻炼，接触中国农村社会的实际，帮助建设农村医疗卫生机构，理应是备战的一条重要内容。

三、"六二六"指示的历史功绩

"六二六"指示发出后，刘少奇、周恩来等中央领导积极组织卫生部门的同志座谈，了解情况，提出落实指示的具体要求，敦促卫生部将人力、物力和财力的重点放到农村。一年后指示公开，极大鼓舞了广大医务工作者投身农村建设的热情，激发了农村群众彻底改变疾病丛生的落后面貌的决心。在中央和地方，城市和农村医务工作者及人民群众的共同努力下，农村医疗卫生工作实现了飞跃发展。以全国医疗卫生机构病床的分布为例，1965年农村只占40%，短短10年后，到1975年，这个比重已提高到60%。[①] 全国卫生经费65%以上用于农村。[②] "六二六"指示是对农村巡回医疗和合作医疗的有力推动，更为改变农村医疗卫生面貌奠定了基础。

（一）农村巡回医疗工作持续深入开展

新中国成立后，从防疫大队奔赴疫区，到医务人员去少数民族地区

---

① 中华人民共和国国家统计局编：《中国统计年鉴2003》，中国统计出版社2003年版，第806页。

② 《卫生部关于全国赤脚医生工作会议的报告（摘录）》，载卫生部基层卫生与妇幼保健司编：《农村卫生文件汇编》（1951—2000），第420页。

慰问，再到城市医疗力量支援农业生产，巡回医疗逐步形成传统。1965年1月，毛泽东指示城市高级医务人员下农村，为农村培养医生。卫生部党组决定将城市卫生人员到农村开展巡回医疗作为一种制度，凡主治医师以上的医药卫生技术人员，除年老体弱多病者外，都要分期分批轮流参加。5个月后，毛泽东再次发出"六二六"指示，促使巡回医疗轰轰烈烈地在全国开展起来。在巡回医疗中，大批医务工作者下乡与农民同吃、同住、同劳动，深入农民家中或田间地头看病治疗。很多知名的专家也纷纷下乡，在为群众看病的同时，手把手地辅导农村卫生人员，提高他们的技术水平，培训出的赤脚医生成了为农民提供初级医疗服务的主要力量。到1975年底，全国有赤脚医生150多万人，生产队的卫生员、接生员390多万人。全国城市和解放军医务人员先后有110多万人次下农村巡回医疗，有十几万城市医务人员在农村安家落户。高等医药院校毕业生70%以上分配到农村。全国5万多个农村人民公社，基本上都建立起了卫生院。[①] 巡回医疗制度一直延续至今。其间还出现了对口支援、文化科技卫生三下乡等形式，而2005年实施的"万名医师支援农村卫生工程"，则可以称为是巡回医疗的一大成果。

（二）农村合作医疗全面铺开

农村合作医疗始于20世纪50年代中期。1959年11月，卫生部在山西省稷山县召开全国卫生工作会议，介绍合作医疗的做法和经验，并要求各地参照执行。"六二六"指示后，卫生部选取了湖北省麻城、江西省句容县、北京通县和湖南省湘阴县四个地方进行试点，总结了很多切实可行的经验。1968年底，毛泽东批发了湖北省长阳县乐园人民公社举办合作医疗的经验，称赞"合作医疗好"。一时间，《人民日报》《健康报》《红旗》等多家报刊连续发表宣传合作医疗的报道，大办合作医疗的政治动员促成了1969年合作医疗的高潮，到1976年全国普及率达到90%以上。合作医疗以最低的成本获得了满足农民基本医疗需求的最高效益，

---

① 《卫生部关于全国赤脚医生工作会议的报告（摘录）》，载卫生部基层卫生与妇幼保健司编：《农村卫生文件汇编》（1951—2000），第420页。

被世界卫生组织誉为"是发展中国家群体解决卫生经费的唯一范例",并被作为"中国模式"在发展中国家推广。尽管在家庭联产承包责任制后,各地合作医疗纷纷解体,但国家寄希望于合作医疗来解决农村医疗卫生问题的想法一直没有改变。2003年,新型农村合作医疗开始试点,截至 2006 年 9 月底,全国已有 1433 个县(市、区)开展了新型农村合作医疗,占全国县(市、区)总数的 50.1%,有 4.06 亿农民参加了新型农村合作医疗,占全国农业人口的 45.8%,参合率达 80.5%。2006 年 1—9 月,全国有 1.4 亿农民从新型农村合作医疗中受益,共得到医疗费用补偿 95.8 亿元。① 应该说,新型合作医疗源于合作医疗的实践与经验,其产生的背景、推广普及的路径、政策保障的目标,以及农村居民接受的心理都与合作医疗直接相关。

"六二六"指示的重大贡献和深远影响已经被历史所证实。当然,我们也看到,由于指示发出后不久就爆发了"文化大革命",在具体执行的过程中,出现了形式主义、盲目上纲上线等错误。尽管如此,"六二六"指示的历史功绩和毛泽东全心全意为人民服务的初衷永远都不会被抹杀。

[原载《当代中国史研究》2007 年第 3 期]

---

① 高强:《在 2007 年全国卫生工作会议上的讲话》,详见中国卫生部网站。

卫生工作方针的演进与健康中国

在党的十九大上，习近平总书记提出"实施健康中国战略""要完善国民健康政策，为人民群众提供全方位全周期健康服务"[①]。这一部署包含了中国共产党始终不渝的奋斗目标，也是新时代全面实现小康社会的重要策略。回首新中国的历史，我们发现这一战略既是时代的，也是历史的。近70年医疗卫生工作方针的演进与人民健康状况的改善，都充分展示了这一战略的阶段性成果与恒久性诉求。

一、"四大方针"：新中国第一次卫生革命

改变旧中国积贫积弱的社会面貌，为人民群众创造健康幸福的生活，是中国共产党带领人民革命的初心与使命。为此，尽快确立医疗卫生工作的指导方针，确保将紧缺的卫生资源最大限度地服务于百姓，改善人民群众岌岌可危的健康状况，在筹建新中国时，便作为一项重要任务，被历史性地提上议事日程。

1949年9、10月间，军委卫生部主持召开第一届全国卫生行政会议，首次就新中国成立后卫生工作的方针任务进行研讨，"初步地确定全国卫生建设的总方针应是以预防为主，卫生工作的重点应放在保证生产建

---

① 习近平：《决胜全面建成小康社会 夺取新时代中国特色社会主义伟大胜利》，载《党的十九大报告辅导读本》，人民出版社2017年版，第47页。

设和国防建设方面,要面向农村、工矿,依靠群众"①。这次会议虽然没有形成完整的卫生工作方针表述,但为一年后制定明确的卫生工作方针勾画了雏形。1950年8月7日至19日,第一届全国卫生工作会议召开,421位来自各地区、各军卫生部的负责人和中西医药界名流专家出席,161人列席。②会议着重检讨了一年来"预防为主"方针的实施情况,在深入讨论和征求意见的前提下,确立今后全国卫生工作的三大原则,即总方针是:"面向工农兵""预防为主""团结中西医"。③1952年12月,第二届全国卫生工作会议召开,与会代表进一步分析了卫生工作的薄弱形势和解决办法,从一年多来爱国卫生运动的成功做法和经验出发,认识到要做好卫生工作必须动员人民群众广泛参与。为此,会议接受周恩来的建议,在卫生工作方针中增加了"卫生工作与群众运动相结合"的内容,使卫生工作方针由三句话变成四句话。至此,卫生工作"四大方针"形成,其精神内涵始终是新中国医疗卫生工作的根本出发点和指导原则。

"四大方针"之所以被如此顺利地提出并能持久发挥作用,不仅因为它符合新中国医疗卫生工作的实际,而且,追本溯源它们都来自革命战争年代医疗卫生工作的实践,是人民军队和根据地、解放区卫生工作的经验总结,其中还包含着对中国传统医疗保健思想的继承与发展。

"面向工农兵"明确回答了"新中国医疗卫生工作为什么人"的问题。为工农兵服务的立场,表明新中国医疗卫生事业不是少数人享用的奢侈品,而是为广大人民群众服务的。它凸显了新中国人民当家作主的政权性质,指明了新中国卫生工作的方向,一直是培育良好医德医风的根本准则。"预防为主""团结中西医""卫生运动与群众运动相结合",解答了医疗卫生工作如何为人民服务的问题,是落实"面向工农兵"的业务方针和工作方法。中国传统医学反复证明,"预防"是最经济有效的健康策略,《黄帝内经》中就提出了"上医治未病"的思想。苏区时期,由于医疗条件差、药品稀缺,战士缺乏卫生观念和习惯,一些传染性疾病蔓

---

① 《中央卫生部李德全部长关于全国卫生会议的报告》,《人民日报》1950年10月23日。
② 同上。
③ 《全国卫生会议在京开幕,将制定卫生工作的总方针和任务》,《人民日报》1950年8月8日。

延严重。时任军委总卫生部部长贺诚，首先提出"预防为主"的医疗卫生工作方法。① 通过组建卫生预防组织、颁布卫生工作条例、开展卫生运动，取得了良好效果。抗战时期，他又进一步提出了"预防第一"的口号，将预防工作提升到卫生工作的首要位置。中医药是我们祖先在实践中创造和总结出的抗病保健的智慧与方法，它与西医药的结合构成了我们防病治病的独特优势。然而，自西医传入我国以来，中医遭遇排挤甚至一度被废止。毛泽东在苏区时针对歧视中医、中西医之间存在矛盾与隔阂的状况，多次强调中西医要加强团结。② 1950年，他为第一届全国卫生工作会议题词："团结新老中西各部分医药卫生人员，组成巩固的统一战线，为开展伟大的人民卫生工作而奋斗。""团结中西医"这一方针充分体现了中国共产党从实际出发、保护中华优秀传统文化的立场，对我国医学科学的发展产生了深远影响。在中国共产党带领人民战胜疾病的斗争中，群众路线是一条成功经验。它与"预防为主""团结中西医"这两大方针相互配合，在缺医少药的艰苦环境中，以人民群众广泛参与的集体力量，有力地抵御了各种疾病的侵害。

"四大方针"确立后，得到了上至党中央下至普通百姓的广泛拥护。毛泽东因势利导，将卫生工作作为全民事业和新中国建设的重要支柱，用大卫生的理念，把十分拮据的卫生投入发挥出了最大限度地提升人民健康的价值。1951年，他指示各级党委"必须把卫生、防疫和一般医疗工作看作一项重大的政治任务"③，不仅要进行经常性的督促检查，而且要在经费上给予保证。1952年，面对美帝国主义发动的细菌战，毛泽东发出了"动员起来，讲究卫生，减少疾病，提高健康水平"的号召。卫生工作再度被升格为"爱国"运动，全社会的力量被充分动员起来。在党中央和毛泽东的倡导下，卫生工作的重要性深入人心，"清洁卫生，人人

---

① 李伶：《中国"预防为主"卫生工作方针诞生记——访博士将军涂通今》，《党史博览》2003年第10期。

② 田刚：《新中国成立初期"团结中西医"卫生工作方针的确立》，《当代中国史研究》2011年第1期。

③ 毛泽东：《必须重视卫生、防疫和医疗工作》，《毛泽东文集》第6卷，人民出版社1999年版，第176页。

振奋，移风易俗，改造国家"①唤起了每个人的责任感和使命意识，营造了"讲究卫生，人人有责"的浓厚社会氛围。人民群众把"以卫生为光荣，以不卫生为耻辱"②作为信条，一场没有旁观者的第一次卫生革命以最快的速度获得胜利。1956年毛泽东骄傲地说："过去说中国是'老大帝国''东亚病夫'，经济落后，文化也落后，又不讲卫生，……但是，经过这6年的改革，我们把中国的面貌改变了。我们的成绩是谁也否认不了的。"③1957年，依据部分地区的调查统计，我国人均预期寿命由1949年的35岁提高到57岁，④一些严重威胁人民健康的流行性疾病得到控制，有的甚至被灭绝。1964年，我国总人口突破7亿。⑤一大批政治坚定、技术优良的医务工作者被培养出来，他们将卫生工作方针内化于心、外化于行，成为维护人民群众健康的"白衣战士"。人民身体素质的显著提高，不仅为计划经济时期经济社会建设提供了雄厚的人力资本，而且为改革开放后经济腾飞积累了巨大的人口红利。

二、以农村为重点：发展中国家卫生工作的典范

中国是一个农业大国，新中国成立时，农村人口占全国总人口的80%以上，而医疗卫生机构和医务人员却主要集中在城市和沿海地区，乡村医疗卫生组织几乎是一片空白，仅有一些零散的个体中医为农村群众提供极其有限的医疗服务。

1950年6月，旨在解决农村医疗卫生问题的全国农村卫生座谈会召开。基于农村医疗卫生的恶劣状况，为了巩固土改成果、促进农业生产，时任卫生部副部长苏井观指出，"今后卫生建设的重点在农村，城市是对

---

① 毛泽东：《对全国农业发展纲要草案修改稿的批语和修改》，载《新中国成立以来毛泽东文稿》第6册，中央文献出版社1992年版，第606页。

② 毛泽东：《把爱国卫生运动重新发动起来》，载《毛泽东文集》第8卷，人民出版社1999年版，第150页。

③ 毛泽东：《增强党的团结，继承党的传统》，载《毛泽东文集》第7卷，人民出版社1999年版，第87页。

④ 许涤新主编：《当代中国的人口》，当代中国出版社、香港祖国出版社2009年版，第126页。

⑤ 同上书，第9页。

旧有卫生机构加以改造的问题"①。为此，要求卫生工作人员要明确认识农村卫生的重要性，扫除对农村卫生工作的忽视态度与偏差认识，不怕困难，为农民解除疾苦。紧接着，第一届全国卫生会议又提出，近几年卫生建设的重点不在大城市，而在中小城市、农村、工矿与部队。在各级人民政府和医务人员的共同努力下，农村医疗条件改善很快。到1953年底，全国县医院和县卫生院已由新中国成立前的1437所发展到2102所，②县以下的区、乡也大力组织和培训医疗卫生队伍，组建基层医疗卫生服务机构。

然而，在国民经济迅速恢复后，党中央适时地提出了以工业化为主体的过渡时期总路线，全国各方面工作都紧紧围绕落实总路线来展开。紧接着，第一个五年计划提出集中力量发展重工业，相应地发展交通运输业、轻工业、农业和商业，进一步突出了重工业的重要地位。在这样的大环境下，卫生工作重点发生了转移。1953年1月，政务院文化教育委员会在制订本年度文教卫生工作计划会议上，明确卫生工作为工业建设服务，"应着重加强和建立城市、工矿和交通线的医疗卫生机构"③。10月，卫生部党组向中央报告，认为今后卫生工作必须更好地为实现总路线服务，根据国家建设的需要和目前的实际情况，确定卫生工作的重点首先是要加强工矿卫生和城市医疗工作，使农村卫生工作和互助合作运动密切结合，并继续开展爱国卫生运动，防治对人民危害性最大的疾病。④自此，围绕基础工业和国防建设的国家经济建设重点，医疗卫生工作"重城市轻农村"倾向逐步形成，突出表现在公费医疗与劳保医疗水平的提升和城市医疗卫生投入的大幅增加。而广大农村在合作化运动开始后才自发建立合作医疗，以解决农民看病吃药问题。在总结"大跃进"的失误，特别是在反思三年困难时期粮食欠缺的严重教训后，"农业是

---

① 张芹：《关于农村卫生建设问题——记中央卫生部农村卫生座谈会》，《人民日报》1950年7月25日。
② 黄树则、林士笑主编：《当代中国的卫生事业》（上），当代中国出版社、香港祖国出版社2009年版，第6页。
③ 《政务院文化教育委员会召开会议，制订今年文教工作计划》，《人民日报》1953年2月3日。
④ 《第三届全国卫生行政会议在北京举行，确定今后卫生工作的方针和任务》，《人民日报》1953年12月31日。

国民经济的基础"被进一步强调,这也促使城市和农村医疗卫生的主次关系有了一些变化,提出了"城乡统筹兼顾"的思想。但是,工业化建设的艰巨任务和当时国家经济的严重困难,都决定了医疗卫生工作只能以城市、厂矿为重,农村医疗卫生的供给还只能处于低水平的缓慢发展状态。

  1965年6月26日,毛泽东在同他的保健医生谈话时,批评卫生部只给占全国15%的城市人口服务,而且主要是为干部服务,广大农民得不到医药。"中国85%的人口在农村,不为农村服务,还叫什么为人民服务。"①毛泽东一贯提倡的全心全意为人民服务的思想和此时对"四清"后国内阶级斗争形势的判断,使他无法容忍对农村卫生工作的轻视,②严正地指示卫生部"把医疗卫生工作的重点放到农村去",把好的医生放到农村去,为农民群众服务,解决长期以来农村一无医二无药的困境,保证人民群众的健康。因为这一指示是6月26日发出的,因此又被称为"六二六"指示。

  "六二六"指示发出后,刘少奇、周恩来、陆定一、钱信忠等中央和卫生部的领导同志先后组织卫生部门的同志座谈,进一步了解情况,要求落实好"六二六"指示,加强农村医疗卫生工作。一年后指示公开,自此"把医疗卫生工作的重点放到农村去"成为医疗卫生工作方针中的一条重要内容。以此为指导,卫生部逐步将人力、物力和财力放到农村。以全国医疗卫生机构病床的分布为例,1965年农村只占40%,短短10年后,这个比重提高到60%。③1975年,全国卫生经费65%以上被用于农村。④农村合作医疗全面开花,巡回医疗广泛开展,赤脚医生队伍迅速壮大。到1976年7月,全国有110多万人次城市和人民解放军的医务工

---

  ① 中共中央文献研究室编:《毛泽东年谱(1949—1976)》第5卷,中央文献出版社2013年版,第505页。

  ② 姚力:《"把医疗卫生工作的重点放到农村去"——毛泽东"六二六"指示的历史考察》,《当代中国史研究》2007年第3期。

  ③ 中华人民共和国国家统计局编:《中国统计年鉴2003》,中国统计出版社2003年版,第806页。

  ④《卫生部关于全国赤脚医生工作会议的报告(摘录)》,载李长明主编:《农村卫生文件汇编(1951—2000)》,卫生部基层卫生与妇幼保健司2001年版,第420页。

作者到农村巡回医疗，有十几万城市医务人员在农村安家落户。医学院校的毕业生 70% 以上被分配到农村。全国 5 万多个农村人民公社，基本上建立起了卫生院。赤脚医生达到 150 万人。① 在城乡医务工作者和人民群众的共同努力下，农村医疗卫生状况大为改善。

这些独到的工作方法和显著成就受到了世界卫生组织的关注。1976 年被誉为"合作医疗之父"的覃祥官以中国代表团副团长的身份出席世界卫生组织太平洋委员会第 27 届会议、世界卫生组织太平洋基层卫生保健工作会议，并做了题为《中国农村基层卫生工作》的报告，回答了与会各国卫生部长和记者们的提问。他所介绍的中国农村合作医疗情况，令各国代表赞叹不已，他们认为"中国农村人口这么多，居然能够做到看病吃药不花钱，真是人间奇迹"②。联合国教科文组织、世界卫生组织和一些国家的代表团到中国实地考察学习，拍摄赤脚医生工作的专题纪录片，还将《赤脚医生手册》翻译成多种文字出版。1978 年合作医疗和赤脚医生的经验被写进《阿拉木图宣言》，世界卫生组织把它们作为解决初级卫生保健的成功范例在发展中国家推广，并据此提出了"2000 年人人享有卫生保健"的战略目标。走向世界的中国卫生经验，对发展中国家改进医疗卫生工作方法、提升人民健康水平产生了积极而深远的影响。

三、"二为"方向：医药卫生体制改革的行动指南

党的十一届三中全会后，我国开启了改革开放的历史新时期，各项社会事业围绕发展生产力、繁荣经济这一核心任务，先后进行工作方针和政策的调整。医疗卫生事业是社会事业的重要组成部分，紧随社会发展的大潮而动。

1985 年初，为了贯彻中共十二届三中全会通过的《中共中央关于经济体制改革的决定》精神，卫生部召开了全国卫生局厅长会议，随后国

---

① 《卫生部关于全国赤脚医生工作会议的报告（摘录）》，载李长明主编：《农村卫生文件汇编（1951—2000）》，卫生部基层卫生与妇幼保健司 2001 年版，第 420 页。

② 胡振东："中国合作医疗之父"覃祥官的风雨人生，《湖北档案》2000 年第 7 期。

务院批转了卫生部起草的《关于卫生工作改革若干政策问题的报告》，医疗改革正式启动。在接下来的几年中，为贯彻执行改革、开放、搞活的总方针，国家在医疗卫生领域积极推行"多渠道办医""简政放权"等改革措施。医疗卫生部门在"摸着石头过河"的改革试验中，为指导医疗卫生工作健康发展，开始酝酿卫生工作新方针。1991年，经过近一年的讨论和修改，卫生部和国家中医药管理局公布了《中国卫生发展与改革纲要（1991—2000）》，确定新时期卫生工作方针为：预防为主，依靠科技进步，动员全社会参与，中西医并重，为人民健康服务。1991年4月，七届全国人大四次会议批准这一方针为我国"八五"期间的卫生工作方针。

与前期卫生工作方针相比，这一方针继续坚持"预防为主"，强调中西医并重和群众参与的重要性，将医疗卫生工作的服务面，由"面向工农兵"扩大为"为人民健康服务"。同时，针对提升医疗卫生业务水平的要求，方针中增加了"依靠科技进步"的内容，将对待中西医的态度由"团结"改为"并重"，将动员群众的方法由"运动"改为"参与"。这些变化适应了改革开放后以现代化建设为中心的新形势。然而，此时医疗卫生改革正在强力推进，医疗机构在"建设靠国家，吃饭靠自己""以工助医、以副补主"的政策导向下，以承包责任制、有偿业余服务、调整医疗卫生服务收费标准等方式，投入激烈的市场竞争中，尽可能地获取更多的经济效益。日益加重的市场化改革趋势所带来的社会问题，引发了政府和社会各界对医疗改革的热议：医疗卫生工作的目标是以社会效益为主，还是以经济效益为主？农村合作医疗还要不要坚持？基层保健网络是否还要作为医疗卫生工作的重点？医德医风该如何维护？医疗卫生事业为人民服务的宗旨将如何体现？在探索和反思中，医疗改革不断调整方向和策略，新时期卫生工作方针也得到了进一步修订和完善。

1996年12月9日至12日，全国卫生工作会议在北京召开。这是新中国成立以来首次由中共中央和国务院联合召开的卫生工作会议，足以见得，在紧迫的医疗卫生形势下党和国家对人民群众健康的关心。会议总结了新中国成立以来特别是改革开放以来卫生工作的成绩和经验，明确了新时期卫生工作的奋斗目标,并对工作方针作了新概括,即"新时期卫生工作的指导方针,是以农村为重点,预防为主,中西医并重,依靠科技教育,动员全社会参与,为人民健康服务,为社会主义现代化建设服务"①。第二年初,这一方针被写入了中共中央、国务院发出的《关于卫生改革与发展的决定》。与5年前"八五"期间的卫生工作方针相比,这一方针最大的不同是,恢复了"以农村为重点",并放在第一条的突出位置;将"依靠科技进步"调整为"依靠科技教育";将医疗卫生工作的宗旨和目标明确表述为"二为"方向,即"为人民健康服务,为社会主义现代化建设服务"。这些调整使方针更加完备,更加符合新时期经济社会发展的实际要求。同时,这7句话的排列顺序也有所变化,更像是"四大方针"的"扩展版",体现了党在卫生工作方面思想上的继承性和政策上的连贯性。不仅如此,方针还直指医疗卫生改革10年来出现的严重问题,如重治疗、轻预防,以至于一些曾经得到控制的传染病再度流行;农村医疗卫生状况严重下滑,农民医疗负担加重,以至于"因病致贫、因病返贫"现象愈发突出,等等。②这种鲜明的问题意识,使卫生工作方针在医疗改革的探索中发挥了掌舵和领航的作用。

从20世纪90年代末开始,我国医疗改革进入全面深化阶段。"医改之难,超乎想象。"③同期进行医改的很多国家均面临突围的困境,有的不得不半途而废。医改成了"政治经济和社会的焦点问题,考验的是国家治理体系和能力"④。我国医疗改革迎难而上,在政府主导下谨慎试验、逐步推开。1998年12月14日,国务院发布了《关于建立城镇职工基本医疗保险制度的决定》,标志着城镇职工医疗保障制度改革进入了建立新型医疗保险制度的阶段,传统的公费医疗和劳保医疗制度退出历史舞台,

---

① 胡晓梦、白连锁:《全国卫生工作会议在京举行》,《人民日报》1996年12月10日。
② 姚力:《当代中国医疗保障制度史论》,中国社会科学出版社2012年版,第151—157页。
③ 《迈向健康中国新征程——以习近平同志为总书记的党中央关心卫生与健康工作纪实》,《人民日报》2016年8月20日。
④ 李玲:《中国的医疗改革》,载《人民公开课——中国共产党与国家治理体系和能力现代化》,浙江人民出版社2017年版,第311页。

取而代之的是城镇职工基本医疗保险制度。紧随其后，新型农村合作医疗、城镇居民基本医疗保险相继建立。此外，大病医疗保险、医疗救助等补充性医疗保障制度得以发展，它们共同发挥着维护人民群众健康权的作用。2005年，我国人均预期寿命达到72岁，孕产妇死亡率为4.8/万，5岁以下婴幼儿死亡率为2.5%。[①] 我国居民的重要健康指标达到了发展中国家的先进水平。这之中，医改功不可没。截至2009年底，城镇基本医疗保险参保人数达到4.3亿，新农合参合人数8.3亿，总覆盖人数超过12.6亿，90%以上的城乡人口有了基本医疗保障。[②] 作为医疗改革先锋的医疗保障制度改革取得阶段性胜利。与此同时，医疗服务体制、医药生产流通体制改革也在不断深化。

一段时期以来，对医改的评价一直处于热度不减、众说纷纭的状态。从历史研究的角度来分析，评价医改成功还是不成功，不仅要看结果，更要看过程；既要看到医改遭遇的挫折和挑战，更要看到医改始终没有背离"二为"方向，党和国家始终知难而进，愈挫愈奋，为建立公平有效的医疗保障制度费尽心血，做了大量工作。医改的历程与新中国成立以来中华民族摆脱积贫积弱逐步走向强盛，人民群众病有所医、健康长寿、拥有美好生活的历史是一脉相承的。

四、全民健康：全方位全周期健康服务的承诺

党的十八大以来，中国特色社会主义进入新时代，卫生与健康工作也表现出新特点。一方面随着物质生活水平的提高，人民群众对健康越来越重视，越来越希望获得高水平的医疗卫生服务；另一方面国家对卫生与健康工作给予高度重视，积极统筹规划，深化医药卫生体制改革。国家意志与人民需求的高度统一，顶层设计与基层力量的互动推进，标志着卫生与健康的中国道路进入了一个新境界。

2013年8月，习近平在会见世界卫生组织总干事陈冯富珍时指出：

---

① 陈国裕、李玉梅：《加快推进卫生事业的改革和发展——卫生部部长高强答本报记者问》，《学习时报》2007年3月19日。

② 《基本医疗保障覆盖九成以上人口》，《京华时报》2011年4月10日。

"中国政府坚持以人为本、执政为民,把维护人民健康权益放在重要位置。"①一句话道出了新一届党中央对待人民健康的立场与态度。国家把健康权作为人的基本权益加以保护,不仅指解决人民看病吃药问题,而且包括提供保障人民身体和精神健康的社会福利,促进从食品安全到生态环境一切有益于健康的事业发展。健康是一个人全面发展的基础,也是民族昌盛、国家富强的标志。因此,在全面建设小康社会和实现"两个一百年"的奋斗目标中,人民健康是重中之重。习近平多次强调"没有全民健康,就没有全面小康","使全体中国人民享有更高水平的医疗卫生服务也是我们两个百年目标的重要组成部分"。②健康与小康相辅相成、齐头并进,在全面建成小康社会和全民健康的路上,全国人民一个都不能落下。习近平这种大健康理念具有鲜明的人民性,既是对毛泽东大卫生观的继承与发展,也是新时代治国理政思想的重要内容。

全民健康是一个大的系统工程,它需要全体人民和各项社会事业的参与协作。为此,2015年10月,党的十八届五中全会提出"推进健康中国建设",从"五位一体"总体布局和"四个全面"战略布局出发,将健康作为一切工作的出发点和落脚点,将卫生与健康工作提升到了国家发展战略的新高度。与此同时,《中共中央、国务院关于打赢脱贫攻坚战的决定》出台,明确提出实施精准健康脱贫工程,完善全民医保,进一步增强防病、兜底能力,坚决防止和阻断因病致贫、因病返贫的发生。在精准扶贫的行动中,要求对建档立卡的贫困户,不仅要详细记录家庭的健康信息,而且要实时跟进,给予政策照顾,保证贫困户看得起病、看得好病。2016年,卫计委、国务院扶贫办等15个部委联合颁布了《关于实施健康扶贫工程的指导意见》,构建起健康扶贫脱贫攻坚战的顶层设计,精准健康脱贫成为国家精准脱贫战略的重要组成部分。

2016年8月,在时隔20年后中央重启卫生与健康工作会议,中共中央政治局常委悉数出席。习近平在讲话中把人民健康放在优先发展的战略位置,深刻阐述了推进健康中国建设的重大意义、指导思想和决策

---

① 《习近平会见世界卫生组织总干事陈冯富珍》,《人民日报》2013年8月21日。
② 《习近平会见世界卫生组织总干事陈冯富珍》,《人民日报》2016年7月26日。

部署。回首新中国卫生与健康工作的成功经验,他提出,在推进健康中国建设的过程中,要坚持走中国特色的卫生与健康发展道路。为此,他对新形势下卫生与健康工作方针做了新概括:"以基层为重点,以改革创新为动力,预防为主,中西医并重,将健康融入所有政策,人民共建共享。"这一方针把"卫生与健康"相提并论,凸显了新阶段卫生工作的目标与本质要求,同时,也扩展了方针的适用范围,是一切与"健康"相关联的事业的指导方针。从内涵上看,这六句话继承了以往卫生工作方针的思想精髓,不仅保留了"预防为主,中西医并重"的原话,而且浸透着"为人民健康服务"的精神。方针中把"以农村为重点"调整为"以基层为重点",既涵盖农村,又包含城镇基层社区,适应了城镇化的快速进程和城乡统筹发展的新要求,坚持了我国在卫生与健康工作中一贯倡导的大众化与公平正义原则;增加了"改革创新、共建共享"的新元素,与新形势下国家总体发展战略和发展理念相协调,为卫生与健康工作增添了新活力;"将健康融入所有政策"则突出了大健康的新观念,展现了党和国家在维护人民群众健康上的决心和力度。会后,中共中央政治局审议通过了《"健康中国2030"规划纲要》,详细而清晰地规划了今后15年健康中国建设的总体部署,以及健康中国"三步走"的目标蓝图。围绕着全民健康,一个人人参与、人人健身、人人快乐、人人幸福的新时代风尚正在形成。在党的十九大上,习近平代表党中央宣布"实施健康中国战略",承诺为人民提供"全方位全周期健康服务"。报告中还列举了爱国卫生运动、健康文明的生活方式、加强基层医疗卫生服务体系和全科医生队伍建设、中西医并重、传承发展中医药事业等战略着力点,它们是卫生与健康工作方针的具体抓手,是实现承诺的可行路径。从以治病为中心转变为以人民健康为中心,从一个侧面我们看到了中国特色社会主义的发展与进步。

最新的人口健康数据显示,我国婴儿死亡率下降到8.1‰,孕产妇死亡率下降到20.1/10万,人均预期寿命达到76.3岁,[①]总体上优于中高收入国家平均水平。实践证明,中国的卫生与健康道路是成功的,其中起

---

① 《李克强在第九届全球健康促进大会开幕式上的致辞》,《人民日报》2016年11月24日。

指导作用的卫生工作方针是符合中国国情、积极有效的。把卫生与健康工作作为民族发展的根本大计，坚持为人民服务的方向，发挥预防为主、中西医并重、人民群众共建共享的方法优势，是中国卫生经验的核心要义，也是贡献给世界人民的中国智慧。

［原载《当代中国史研究》2018年第3期］

从卫生与健康事业发展看新中国 70 年的成就与经验

新中国 70 年，经济社会发展取得了辉煌成就，在人民卫生与健康方面表现尤为突出。遵循正确的卫生工作方针，凭借政府、医务工作者和人民群众的共同努力，中国不仅以最快的速度完成了第一次卫生革命，甩掉了"东亚病夫"的帽子，而且不断完善医疗卫生服务体系，改革医疗保障制度，人民健康水平持续快速攀升，古老的中华民族焕发出勃勃生机。

一、历程：人民卫生的跨越式发展

70 年来，在卫生革命、医疗改革、健康中国的旗帜引领下，新中国卫生与健康事业一步步实现了历史性跨越。依据时代特点、中心任务、工作策略和人民健康水平的提升状况，其演进历程大致可以分为三个主要阶段：

第一阶段：完成卫生革命的历史任务（1949—1978 年）

新中国成立伊始，缺医少药、疫病流行，人民卫生与健康状况十分严峻。为了尽快改变这种状况，在党中央和各级政府的领导下，把预防严重危害人民健康的流行病和严重威胁母婴生命的疾病，建立基层卫生组织作为两大工作重点，广泛发动群众、整治环境卫生、整顿卫生工作队伍、建立医疗保障制度，快速改变了卫生与健康的窘迫局面。1956

年,毛泽东骄傲地说:"过去说中国是'老大帝国''东亚病夫',经济落后,文化也落后,又不讲卫生,……但是,经过这6年的改革,我们把中国的面貌改变了。我们的成绩是谁也否认不了的。"

1955年,人间鼠疫基本得到控制。"六十年代初期,天花在我国已告灭绝,比天花在世界范围年内灭绝早了十余年。"[①]霍乱也很快在我国绝迹。在各级防治血吸虫病领导小组和血吸虫防治办公室的领导下,曾经长期在福建、浙江、江苏、湖南、江西等省泛滥肆虐的血吸虫病得到控制和有效治疗,送走"瘟神",呈现出"春风杨柳万千条,六亿神州尽舜尧"的安康景象。在"文化大革命"中,卫生工作受到一定干扰破坏,但以"两管五改"[②]为主要内容的爱国卫生运动,扎实推进、成效明显,取得了成功研发"青蒿素"等令世界瞩目的医学科学成就,为防治疾病作出巨大贡献。特别是合作医疗红遍全国、赤脚医生队伍不断壮大、巡回医疗深入乡村边陲,广大农村的医疗卫生工作成绩突出,极大地推进了人民群众健康水平的提升。

第二阶段:以医疗改革促进卫生与健康事业快速发展(1978—2012年)

党的十一届三中全会后,我国开启了改革开放的历史新时期,医疗卫生事业紧随社会发展的大潮而动。1985年1月,为了贯彻中共十二届三中全会通过的《中共中央关于经济体制改革的决定》,卫生部召开全国卫生厅局长会议,随后国务院批转了卫生部起草的《关于卫生工作改革若干政策问题的报告》,医疗改革正式启动。在接下来的几年中,为贯彻执行改革、开放、搞活的总方针,国家在医疗卫生领域积极推行"多渠道办医""简政放权"等改革措施,激发了医疗机构和医务人员的工作热情。

从20世纪90年代末开始,医疗改革进入全面深化阶段。"医改之

[①] 黄树则、林士笑主编:《当代中国的卫生事业》(上),中国社会科学出版社1986年版,第10页。

[②] "两管",是指管理粪便垃圾、管理饮用水源。"五改"是指改良厕所、畜圈(包括禽窝)、水井(包括水池)、环境和炉灶。

难,超乎想象。"①同期进行医改的很多国家均面临突围的困境,有的不得不半途而废。医改成了"政治经济和社会的焦点问题,考验的是国家治理体系和能力"。我国医疗改革迎难而上,在政府主导下谨慎试验、逐步推开,相继建立了城镇职工基本医疗保障制度、新型农村合作医疗制度和城镇居民基本医疗保险制度。与此同时,医疗服务体制、医药生产流通体制改革积极跟进,接连出台改革新政。2009年4月,中共中央、国务院发布《关于深化医药卫生体制改革的意见》,标志着新一轮医改正式启航。日益深化的医疗改革有力推进了卫生与健康事业的进步,到2012年,我国医疗技术和服务水平与1978年相比有了本质性提高。

第三阶段:开启健康中国新行动(2012年至今)

党的十八大以来,中国特色社会主义进入新时代,卫生与健康工作也表现出新特点。一方面随着物质生活水平的提高,人民群众对健康越来越重视,越来越希望获得高水平的医疗卫生服务;另一方面国家对卫生与健康工作给予高度重视,积极统筹规划,不断提出有益于人民健康的新举措。国家意志与人民需求的高度统一,顶层设计与基层力量的互动推进,标志着卫生与健康的中国道路进入了一个新境界。

习近平总书记多次强调"没有全民健康,就没有全面小康"②。健康与小康相辅相成、齐头并进,在全面建成小康社会和全民健康的路上,全国人民一个都不能落下。2015年10月,党的十八届五中全会提出"推进健康中国建设",从"五位一体"总体布局和"四个全面"战略布局出发,将健康作为一切工作的出发点和落脚点,将卫生与健康工作提升到了国家发展战略的新高度。2016年8月,在时隔20年后中央重启卫生与健康工作会议,中共中央政治局常委悉数出席。习近平在讲话中深刻阐述了推进健康中国建设的重大意义、指导思想和决策部署。会后,中共中央政治局审议通过了《"健康中国2030"规划纲要》,详细而清晰地规划了今后15年健康中国建设的总体部署,以及健康中国"三步走"的目标蓝图。前不久国务院印发了《国务院关于实施健康中国行动的意

---

① 《迈向健康中国新征程——以习近平同志为总书记的党中央关心卫生与健康工作纪实》,《人民日报》2016年8月20日。

② 《习近平会见世界卫生组织总干事陈冯富珍》,《人民日报》2016年7月26日。

见》，由国家层面出台《健康中国行动（2019—2030年）》，有针对性地制定了15个重大专项行动，扎实推进健康中国战略有序开展。

二、成就：从"东亚病夫"到"全民健康"

依据1978—2017年的统计数据，国家卫生健康委员会宣布"我国居民健康水平持续改善，居民主要健康指标总体上优于中高收入国家平均水平"[①]。如果与新中国成立时相比，卫生与健康事业的成就更加显著，实现了从"东亚病夫"到"全民健康"的质的飞跃。

一是人民健康水平大幅度提高。在国际上，通常以人均预期寿命、婴儿死亡率和孕产妇死亡率，作为衡量一个国家或地区居民健康水平的主要指标。1949年，我国人均预期寿命只有35岁，婴儿死亡率是200‰，[②]孕产妇死亡率是1500/10万，[③]是世界上人口健康状况最差的国家。[④]1957年我国人均预期寿命达到57岁，1981年提升到67.8岁，远远高于1980—1985年世界平均59.5岁的水平。[⑤]婴儿死亡率1980年时降低到34‰，1998年降低到16‰，大大低于同期世界中等收入国家53‰和30‰的水平。[⑥]我国孕产妇死亡率1991年降低到80/10万。[⑦]2000年，为响应联合国提出的千年发展目标，我国承诺最迟在2015年实现孕产妇死

[①]《病有所医，从"看上病"到"保健康"——1978年至2017年，全国医疗卫生机构总数由17.0万个增至98.7万个》，《人民日报》2018年9月4日。

[②] 黄树则、林士笑主编：《当代中国的卫生事业》（上），中国社会科学出版社1986年版，第2页。

[③] 国家统计局：《新中国50年》，中国统计出版社1999年版，第86页。

[④] 联合国对人口预期寿命统计和预测表明，1950—1955年世界人口预期寿命平均为46.5岁，发达地区为66.2岁，不发达地区为41.0岁，最不发达地区为35.5岁。参见牟新渝、郭山文：《动态人口红利理论与实践》，华龄出版社2015年版，第326页。

[⑤] 刘隆健：《世界人口预期寿命和死亡率发展趋势》，《国外医学（社会医学分册）》1989年第2期。

[⑥] 王绍光：《中国公共卫生的危机与转机》，载胡鞍钢主编：《透视SARS：健康与发展》，清华大学出版社2003年版，第235页。

[⑦] 国家统计局人口司：《统筹人口发展战略 实现人口均衡发展——改革开放40年经济社会发展成就系列报告之二十一》，详见国家统计局网站。

亡率在 1990 年的基数上降低 3/4，并于 2014 年提前实现，是全球为数不多实现这一目标的国家之一。① 最新的人口健康数据显示，我国人均预期寿命达到 77 岁，孕产妇死亡率下降到 18.3/10 万，婴儿死亡率下降到 6.1‰。② 这些数据变化不是简单的增减起伏，而是中国人民从站起来到强起来的标志，是中华民族实现伟大复兴的根本前提。

二是医疗卫生服务条件不断改善，并愈发向公平均等发展。据 1949 年统计，我国中西医卫生技术人员共有 50.5 万人，其中高级技术人员（即高等医学院校毕业的医药人员），仅有 38875 人，而且绝大部分集中在大城市。全国有医院 2600 所，病床 8 万张。③ 县级及其以下的基层医疗卫生机构和资源十分匮乏。新中国成立后，大力加强卫生工作队伍建设，建立农村、工矿和城市的基层卫生组织。到 1953 年底，全国县医院和县卫生院由新中国成立前的 1437 所发展到 2102 所，并且开始发展县以下的区、乡基层卫生组织；工矿企业医院由 150 所发展到 367 所；全国医院病床数增加了 4 倍多。全国新培养出 6 万多名高、中级卫生人员，60 多万名初级卫生人员。在少数民族聚居地区，建立了 350 个卫生院和 30 多个医院，培养了 2000 多名民族卫生干部。④ 到 1965 年，全国省（市、自治区）级、地区级和县级卫生防疫站、妇幼保健站都建立起来；全国综合医院和专科医院增加 42711 所，其中少数民族地区的医院增加到 6275 所；⑤ 大部分公社都建起卫生院；有的生产大队设有半农半医人员，全国城乡卫生医疗网基本形成。

改革开放后，随着国家经济实力的增强，不断增加对医疗卫生的投入，医疗卫生资源、医疗服务能力明显提升。卫生总费用从 1978 年的 110 亿元增长到 2017 年的 51599 亿元，年均增长 17.1%。医疗卫生支出比重逐步上升。1978 年医疗卫生支出占 GDP 的比例为 3%，1988 年

---

① 《2018 年全国孕产妇死亡率下降到 18.3/10 万》，《北京晚报》2019 年 5 月 27 日。
② 《我国居民人均预期寿命达七十七岁》，《人民日报》2019 年 5 月 23 日。
③ 黄树则、林士笑主编：《当代中国的卫生事业》（上），中国社会科学出版社 1986 年，第 2—3 页。
④ 同上书，第 8 页。
⑤ 同上书，第 13 页。

为3.2%，1998年为4.3%，2008年为4.5%，2017年上升为6.2%。自2001年以来，个人卫生支出占卫生总费用的比重持续下降，从2001年的60.0%下降至2017年的28.8%。①2017年，我国医疗卫生机构发展到98.7万个，其中医院3.1万个，比1978年分别增加81.7万个和2.2万个；医疗卫生机构床位达到794万张，增加了590万张；基本医疗保险覆盖13.5亿人。②此外，传染病防治成果显著。2011年甲类和乙类传染病发病率控制在241.4/10万的较低水平，有力保障了广大居民的身体健康和生命安全。目前多数疫苗可预防，传染病的发病已降至历史最低水平。2004年，我国建成并使用全国传染病疫情和突发公共卫生事件网络直报系统，信息平均报告时间从原来的5天缩短到4小时，卫生应急能力全面提升。目前，传染病信息报告系统覆盖近7.1万家医疗机构，系统用户超过16万，建成国家、省、市、县四级疾控机构实验室检测网络，中国疾控中心流感、脊髓灰质炎、麻疹、乙脑等实验室成为世界卫生组织参比实验室。中国目前已经具备了72小时内检测300余种病原体的能力。③21世纪以来，我国步入老龄化社会，国家积极推进医养结合，构建养老、孝老、敬老的政策体系和社会环境，老龄事业和产业得以快速发展。2017年，我国养老服务床位714万张，较2012年增长了87%。④

三是建立了比较完善的医疗保障制度。医疗保障制度是涉及人群最广、运行机制最复杂的一项社会保障制度，新中国成立后才真正逐步建立实施，主要历经了创建、改革和建立新型制度三个阶段。

1951年颁行的《中华人民共和国劳动保险条例》，规定了企业职工医疗保障的内容。1952年6月27日，国务院发布了《关于全国各级人民政府、党派、团体及所属事业单位的国家工作人员实行公费医疗预防的

---

① 《病有所医，从"看上病"到"保健康"——1978年至2017年，全国医疗卫生机构总数由17.0万个增至98.7万个》，《人民日报》2018年9月4日。
② 国家统计局服务业司：《服务业在改革开放中快速发展 擎起国民经济半壁江山——改革开放40年经济社会发展成就系列报告之十》，详见国家统计局网站。
③ 《病有所医，从"看上病"到"保健康"——1978年至2017年，全国医疗卫生机构总数由17.0万个增至98.7万个》，《人民日报》2018年9月4日。
④ 国家统计局服务业司：《服务业在改革开放中快速发展 擎起国民经济半壁江山——改革开放40年经济社会发展成就系列报告之十》，详见国家统计局网站。

指示》，规定分期在全国公职人员中推行公费医疗制度。这两种医疗保障制度属于国家卫生服务保障制度，惠及全体城镇职工。农业合作化运动后农民自发创建合作医疗制度。1959年11月，卫生部在山西省稷山县召开全国卫生工作会议，"合作医疗"一词首次出现在中央文件中。1965年6月26日，毛泽东作出"把医疗卫生工作的重点放到农村去"的指示，进一步推进了农村合作医疗的推广。在"文化大革命"中，合作医疗的最高普及率达到90%，合作医疗的实施者——赤脚医生达到180多万人，卫生员、接生员共有420多万人。① 到20世纪70年代末，三大医疗保障制度基本覆盖了全体国民，中国用世界1%的卫生资源解决了占世界22%人口的医疗卫生问题。

改革开放后，城镇职工医疗保障制度改革从规范看病、控制药费抓起，采取了医疗费用与个人挂钩、社会统筹、加强管理等改革措施。自1993年11月中共十四届三中全会后，开启了统账结合模式的社会医疗保险改革探索试验，并最终将其确定为全国普遍实施的新型医疗保障模式。1998年12月14日，国务院发布了《关于建立城镇职工基本医疗保险制度的决定》，标志着城镇职工医疗保障制度改革进入了建立新型医疗保险制度的阶段，传统的公费医疗和劳保医疗制度退出历史舞台，取而代之的是城镇职工基本医疗保险制度。农村合作医疗在经历20世纪八九十年代的低迷后，实现制度创新。2002年10月29日，中共中央、国务院发布了《关于进一步加强农村卫生工作的决定》，首次正式提出"新型农村合作医疗"的概念和目标。2003年1月16日，国务院办公厅转发了卫生部、财政部、农业部联合制定的《关于建立新型农村合作医疗制度的意见》，对新型农村合作医疗建立过程中的方式方法、推广进度等问题作出具体规定。

2007年4月4日，国务院常务会议研究部署启动城镇居民基本医疗保险试点，7月10日，《国务院关于开展城镇居民基本医疗保险试点的指导意见》正式下发，明确规定了城镇居民基本医疗保险的具体问题。截至2011年9月底，三项基本医疗保险制度覆盖了95%以上的城乡居民，

---

① 卫生部写作组：《全面贯彻执行毛主席的革命卫生路线》，《人民日报》1977年6月26日。

参保人数增加到 12.95 亿,[①]2015 年,职工基本医疗保险、城镇居民基本医疗保险、新型农村合作医疗政策范围内住院医疗费用报销比例分别达 80% 以上、70% 以上和 75% 左右,基金最高支付限额分别提高到当地职工年平均工资和当地居民年人均可支配收入的 6 倍。[②]2016 年,我国将城镇居民基本医疗保险和新型农村合作医疗进行整合,并将城乡居民基本医保人均财政补助标准提升为 420 元,2017 年提高到 450 元。2017 年,三项基本医保制度参保人数超过 13 亿,参保率稳固在 95% 以上,[③]我国织起了世界上最大的全民基本医疗保障网。

三、经验:卫生与健康的中国模式

新中国 70 年,卫生与健康事业走出了一条中国特色的发展道路,其中的宝贵经验不仅给中国人民带来了福祉,也为世界各国人民贡献了中国智慧。早在 20 世纪 70 年代中后期,中国基层卫生工作的独特做法和实践经验就受到联合国教科文组织和世界卫生组织的关注,合作医疗和赤脚医生被写进《阿拉木图宣言》,作为解决初级卫生保健的成功范例在发展中国家推广。

一是始终把人民健康放在优先发展的重要位置,纳入了各个时期国家发展的大格局和中心任务中,经济社会发展前进一步,人民健康事业就推进一步。

新中国成立初期,百废待兴。卫生与健康工作被作为社会改造、建设新国家的任务之一。毛泽东将卫生工作看作全民事业和新中国建设的重要支柱,用大卫生的理念统领各项工作,教育人民提高对卫生与健康的认识,将十分拮据的卫生投入发挥出了最大限度地提升人民健康的价值。1951 年 9 月,他指示各级党委"必须把卫生、防疫和一般医疗工作

---

① 《国务院医改办主任:不断创新基本医疗保障制度》,详见新华网。
② 中国国务院新闻办公室:《发展权:中国的理念、实践与贡献》白皮书,详见新华网。
③ 《病有所医,从"看上病"到"保健康"——1978 年至 2017 年,全国医疗卫生机构总数由 17.0 万个增至 98.7 万个》,《人民日报》2018 年 9 月 4 日。

看作一项重大的政治任务",①不仅要进行经常性的督促检查,而且要在经费上给予保证。1960年,毛泽东批评"大跃进"中对卫生工作的忽视,指出"把卫生工作看作孤立的一项工作是不对的",强调"卫生工作之所以重要,是因为有利于生产,有利于工作,有利于学习,有利于改造我国人民低弱的体质,使身体康强,环境清洁,与生产大跃进、文化和技术大革命,相互结合起来。现在,还有很多人不懂这个移风易俗、改造世界的意义"。②正是由于把卫生工作提升到了政治的高度,把它定位为一切工作的基础,才促成了卫生与健康事业的快速发展。

毛泽东的大卫生观在新时代由习近平发展为"大健康观"。2013年8月,习近平在会见世界卫生组织总干事陈冯富珍时指出:"中国政府坚持以人为本、执政为民,把维护人民健康权益放在重要位置。"③一句话道出了新一届党中央对待人民健康的立场与态度。国家把健康权作为人的基本权益加以保护,不仅要解决人民看病吃药问题,而且包括提供保障人民身体和精神健康的社会福利,促进从食品安全到生态环境一切有益于健康的事业发展。在全面建成小康社会和实现"两个一百年"的奋斗目标中,人民健康是重中之重。习近平多次强调:"使全体中国人民享有更高水平的医疗卫生服务也是我们两个百年目标的重要组成部分。"2015年10月,中共十八届五中全会提出"推进健康中国建设"新目标。党的十九大报告指出,人民健康是民族昌盛和国家富强的重要标志,将人民健康融入所有政策,为人民群众提供全方位全周期健康服务。习近平这种大健康理念具有鲜明的人民性、科学性和时代性,既是对毛泽东大卫生观的继承与发展,也为新时代卫生与健康事业发展奠定了政治和思想基础。

二是始终以正确的卫生工作方针为指导,既坚持"为人民健康服务"的初心和使命,又依据不同的时代特点,调整阶段性工作重点和策略,使卫生与健康工作不断迈上新台阶。

---

① 毛泽东:《必须重视卫生、防疫和医疗工作》,《毛泽东文集》第6卷,人民出版社1999年版,第176页。
② 《毛泽东年谱(一九四九——一九七六)》第4卷,中央文献出版社2013年版,第345页。
③ 《习近平会见世界卫生组织总干事陈冯富珍》,《人民日报》2013年8月21日。

新中国 70 年卫生与健康事业的发展与正确、科学的卫生工作方针息息相关。早在 1950 年第一届全国卫生工作会议上,"面向工农兵,预防为主,团结中西医"的卫生工作方针就被确立下来。1952 年 12 月,第二届全国卫生工作会议接受周恩来总理的建议,在卫生工作方针中增加了"卫生工作与群众运动相结合"的内容,使卫生工作方针由三句话变成了四句话。"四大方针"的提出对新中国卫生与健康事业具有奠基意义。1965 年 6 月 26 日,毛泽东从中国 80% 的人口在农村的国情出发,针对当时医疗卫生工作"重城市、轻农村"的倾向,提出"把医疗卫生工作的重点放到农村去"。这一指示是对卫生工作四大方针的补充,对医疗卫生工作起到了战略指导作用。

改革开放后,经济社会的快速发展为医疗卫生事业进步创造了有利条件,也对卫生工作提出了改革、创新的要求。1991 年召开的七届全国人大四次会议提出了新时期卫生工作方针的基本框架,将"面向工农兵"改成"为人民健康服务",并增加了"依靠科技进步的内容"。1996 年以中共中央、国务院名义召开全国卫生工作会议,进一步明确新时期卫生工作的奋斗目标和工作方针。在 1997 年中共中央、国务院发出的《关于卫生改革与发展的决定》中,将新时期卫生工作方针规定为:"以农村为重点,预防为主,中西医并重,依靠科技与教育,动员全社会参与,为人民健康服务,为社会主义现代化建设服务"。这一方针在继承"四大方针"合理内核的基础上,强调了卫生与健康事业的"二为"方向,为步履维艰的医疗改革指明了航向。

2016 年 8 月 19 日至 20 日,全国卫生与健康大会在北京举行。习近平在讲话中提出:"新形势下,我国卫生与健康工作方针是:以基层为重点,以改革创新为动力,预防为主,中西医并重,将健康融入所有政策,人民共建共享。"[①] 这是对新时期卫生工作方针的新发展,突出了"大卫生"与"大健康"并重的新观念,符合我国经济社会发展的实际状况和卫生与健康事业发展的大趋势。其中把"以农村为重点"扩展到"以基层为重点",既涵盖农村又包含城镇基层社区。新增加的"以改革创新为

---

① 《坚守与突破 卫生方针导向健康中国》,《健康报》2016 年 8 月 24 日。

动力""将健康融入所有政策,人民共建共享"内容,与我国经济社会的新发展理念相吻合,展现了健康中国战略的力度和决心。

由"四大方针"到充实"以农村为重点",由"新时期卫生方针"到新形势下的"卫生与健康工作方针"。尽管其表述的繁简、强调的主次,乃至词汇的色彩有所变化,但为人民健康服务、防患于未然、发挥中西医各自优势、动员人民群众广泛参与、共建共享,作为其核心要义和根本原则却始终没有改变。究其根本,它们是符合中国实际,与中国共产党的宗旨和目标相一致的方针,是经过实践反复证明的治国安邦的宝贵经验,也是未来中国发展必须坚持的重要策略。

三是始终坚持发挥中国共产党领导的政治优势和社会主义国家的制度优势,遵循公平普惠的原则,将政府主导和全社会广泛参与相结合,推动人人参与、人人尽力、人人享有、人人健康。

新中国卫生与健康工作始终是中国共产党全心全意为人民服务的重点内容,集中展现了社会主义国家对人的生命和健康的重视,这是卫生与健康事业不断进步的关键所在。离开了中国共产党的指导思想和社会主义原则,卫生与健康工作是不可能取得如此辉煌的成就的。

从新中国一成立,中国共产党和人民政府就义不容辞地承担起了对卫生与健康工作的主体领导责任,发扬群众路线的优良传统,将卫生与健康的主张灌输给每一个人,形成了上下一心、团结一致的强大合力。爱国卫生运动始于1952年,最初的目标是粉碎抗美援朝战争中美国的细菌战,消灭传播鼠疫、霍乱、伤寒等传染病的媒介物,这是其名字中"爱国"两字的由来,也是运动得以深入持久开展的情感动力。在党中央和毛泽东的倡导下,全社会的力量被充分动员起来,人们以极大的热情投入到了爱国卫生运动中,把"以卫生为光荣,以不卫生为耻辱"[①]作为信条,除四害、讲卫生、消灭疾病成为每一个人的责任和义务。一时间,打球、跑步、游泳等体育运动广泛开展起来,"清洁卫生,人人振奋,移

---

① 毛泽东:《把爱国卫生运动重新发动起来》,《毛泽东文集》第8卷,人民出版社1999年版,第150页。

风易俗，改造国家"①"锻炼身体、保卫祖国"的观念不断深入人心。这样的社会氛围，不仅促进了第一次卫生革命以最快的速度获得胜利，而且极大地宣扬和培育了爱国主义、集体主义的社会主义道德情操。

改革开放后，医疗改革在曲折中前进。为了维护最广大人民的利益，尽快解决"看病难、看病贵"的严峻社会问题，国家采取多种措施，一方面大力推进医疗改革，并始终坚持将"广覆盖""保基本"作为出发点和立足点；另一方面逐年增加对医疗卫生事业的投入，将医疗卫生工作重点下沉，加强基层卫生组织建设，将全民健康与扶贫战略紧密结合，使改革开放的红利惠及全体人民。自从 2005 年基本公共服务均等化提出后，逐步实施城乡统筹、一体化的卫生与健康政策，进一步凸显了社会主义公平公正的原则。随着国家经济实力的增强，医疗救助政策不断完善并得到推广普及，业已实现应保尽保，践行了"以人民为中心"的诺言。党的十八大以来，党中央提出共建共享的发展理念，积极倡导健康行动，加快落实健康中国战略，这一系列新思想、新举措，是对党的初心和使命的坚守。

新中国 70 年卫生与健康事业的发展有力证明，凭借中国共产党的坚强领导和中国人民的共同努力，凭借中国日益强盛的国力和健康中国的发展战略，凭借 70 年卫生与健康事业的成就与经验，中国人民一定会迎来一个更加健康幸福的美好未来。

［原载《毛泽东邓小平理论研究》2019 年第 11 期］

---

① 毛泽东：《对全国农业发展纲要草案修改稿的批语和修改》，载《建国以来毛泽东文稿》第 6 册，中央文献出版社 1992 年版，第 606 页。

劳模表彰与时代印记

新中国成立初期的劳模表彰及其社会效应

劳动模范是共和国历史上的一个特殊群体,他们既是普通劳动者,又是开风气之先、引时代潮流的社会精英,他们身上汇聚着国家上层意志与民间社会的互动力量。正如毛泽东所说:"你们是全中华民族的模范人物,是推动各方面人民事业胜利前进的骨干,是人民政府的可靠支柱和人民政府联系广大群众的桥梁。"[①] 评选和表彰劳动模范,继而宣传和弘扬劳模精神,是中国共产党创立和运用的一种有效的社会动员方法。新中国成立初期是劳模表彰活动开展的一个高峰,无数劳动模范在他们平凡的工作岗位上为新中国的建设事业作出了卓越贡献。在他们的引领下,爱党爱国、敬业奉献、互助友爱、敢想敢为的时代风尚,被永远镌刻在中华人民共和国历史的卷首。

一、新中国成立初期两次全国劳模表彰

在我国,表彰英模有着久远的历史文化源头,可以追溯到宋代确立的由国家上层对民间基层社会给予旌表的制度,其旌表的类型主要有旌表义门、孝行、妇德、隐逸等。[②] 中国共产党创立后,根据党的宗旨和革命任务的要求,提出了表彰英模的主张,"褒扬的是参加'革命竞赛'、

---

① 《毛主席代表中共中央致祝词》,《人民日报》1950 年 9 月 26 日。
② 杨建宏:《论宋代的民间旌表与国家权力的基层运作》,《中州学刊》2006 年第 3 期。

积极'优红拥军'的模范"①。1933年,中央苏区开展了以比数量、质量、成本等为内容的劳动竞赛,规定按时评比、表彰先进、评选模范。抗战时期,国民党方面不断强化对陕甘宁边区的军事包围和经济封锁,边区经济政策不得不从抗战初期力争外援、休养民力转变为自力更生。劳动英模运动逐步演变成一种普遍的群众运动。②边区政府先后开展了学习吴满有运动、学习赵占魁运动、学习黄立德运动,并在1943、1944年召开了两届劳动英模表彰大会,树立了一批先进生产典型,标志着中国共产党领导的表彰英模运动走向成熟。

新中国成立后,面对艰巨的建设任务,具有调动人民群众劳动热情和生产积极性的劳模表彰活动,愈发受到了全党和全社会的重视。1950年、1956年,中共中央和国务院(政务院)先后主持召开两次全国劳动模范表彰大会,各省、市、自治区,以及各行业系统,各企事业单位也都开展了不同层次的劳模评选,从而使劳模表彰进一步制度化、规范化,其感召力和影响力得到了极大发挥。

1950年7月21日,中央人民政府政务院第四十二次政务会议通过了《关于召开全国战斗英雄代表会议和全国工农兵劳动模范代表会议的决定》(以下简称《决定》),提出以表彰大会的形式,对部队中的战斗英雄,工人、农民及士兵中的劳动模范进行表扬,以鼓励全国人民共同效力于解放全部国土、发展生产、繁荣经济、建设新中国的伟大事业。③《决定》一经发出便受到了全国人民的热烈响应,生产竞赛活动在各地广泛开展起来。9月25日至10月2日,全国工农兵劳动模范代表会议在北京举行。按照会前筹委会颁发的代表条件,各地共推选代表464人,其中工业模范代表208人、农业模范代表198人,部队劳动模范代表58人。④他们均被中央人民政府授予全国劳动模范的荣誉称号,其中很多人

---

① 《英模表彰制度的由来》,《党建》2012年第11期。
② 岳谦厚、刘威:《战时陕甘宁边区的劳动模范运动》,《安徽史学》2011年第1期。
③ 《中央人民政府政务院〈关于召开全国战斗英雄代表会议和全国工农兵劳动模范代表会议的决定〉》,《人民日报》1950年7月26日。
④ 《周恩来总理命令公布〈关于全国工农兵劳动模范代表会议的总结报告〉》,《人民日报》1950年12月19日。

在根据地、解放区就已经是成绩卓著、名声远播的先进典型,如李顺达、马六孩、李凤莲等。大会与全国战斗英雄代表会议一并开幕,由朱德主持,陈云致开幕词,毛泽东代表中共中央致贺词,很多党和国家领导人出席了会议。会上共有54位代表发言,介绍了劳模事迹和工作经验,并由东北和天津市总工会代表报告了组织生产竞赛与新纪录运动的经验。会议印发了119份劳动模范典型材料、395份事迹摘要,编写了35种典型人物小册子,包括工农业模范代表104人。会议期间,代表们受到了极高的礼遇,他们参加了国庆大典观礼;出席了毛泽东、苏联大使罗申及其他机关主办的招待宴会、座谈会;分头参观了工厂、农场,游览了故宫、颐和园;参加了7场晚会。闭幕会上代表们通过了《向毛主席致敬信》,又与战斗英雄代表会议联名发表了《告全国军队与劳动人民书》《声援朝鲜反美侵略》及《慰问死难烈士家属与荣誉军人》的电报。劳模们获得了十分珍贵的奖品:个人奖有毛泽东和朱德亲笔签名的领袖像两张、纪念册一本、纪念章一枚、制服一身、毯子一条、绒衬衣一套及其他日用品多件。会议结束后,在故宫午门楼及太和殿,举行了解放军从建军以来各阶段的战绩、革命文物和兵器展览,以及劳动模范的劳动成绩展览,参观群众多达26.2万余人。①

六年后,表彰全国劳动模范的"全国先进生产者代表会议"再度在北京举行。这次大会是对经济恢复和过渡时期劳动模范的褒奖,因此,评选代表的具体要求发生了较大改变。1956年2月20日,全国总工会发出《关于召开全国先进生产者代表会议的通知》,其中明确规定了代表的条件:1. 提前完成第一个五年计划规定指标的先进生产者;2. 达到优等质量指标的先进生产者;3. 在学习与推广先进经验或在掌握先进技术试制新产品方面有成就的先进生产者;4. 在节约方面有优良成绩的先进生产者;5. 优秀的合理化建议者和合理化建议工作的组织者;6. 能够经常帮助达不到定额的工人提高到先进生产水平的先进生产者;7. 先进的工程技术人员和职员;8. 在工作中有优秀成绩的先进工作者(如优秀的

---

① 《全国工农兵劳模成绩展览会闭幕,三十天中参观者共达二十六万人》,《人民日报》1950年11月2日。

教育工作者、科学工作者、商业工作者等）；9.先进小组、车间、企业的代表。4月30日，大会在北京体育馆开幕，时任全国总工会主席赖若愚主持大会，李富春致开幕词，刘少奇代表中共中央致祝词，毛泽东等多位党和国家领导人出席了大会。这次会议中共中央、国务院授予全国先进集体853个，授予全国先进生产者4703人，比1950年翻了10番。在历时10天的会议中，先后有76名劳动模范代表发言，介绍他们的先进生产经验，表达向社会主义前进的决心。闭幕会上，全体代表发出了给全国职工的一封信，号召广大职工人人争做先进生产者，把祖国建设成为富强的社会主义工业大国。会后，先进生产者运动在全国各地、各行各业更加热烈地开展起来，全国广大职工被全面动员、投入到生产竞赛中，大批的生产先进分子被授予光荣称号。

二、劳模辈出的社会环境

新中国成立后的前七年，中国社会"不是通常意义上的一个政权代替另一个政权，或以往的'改朝换代'"①，而是社会性质的根本变革，实现了从半殖民地半封建社会向新民主主义社会、从新民主主义社会向社会主义社会的两次巨变。这之中，推动历史飞速前进的，是社会各个阶层凝聚起来的建设新中国的合力，是各行各业每一位劳动者贡献的不知疲倦的汗水。这是一个发扬集体主义精神、团结奋斗、众志成城的时代。仅以1956年为例，在全国先进生产者运动中，各地区、各行业逐级进行劳模评选表彰活动，辽宁、黑龙江、吉林、江苏、上海、北京、天津和西安八个省和直辖市，共涌现出20多万名先进生产者。②重工业、机械制造、建筑、铁路、纺织等行业劳模所占比例较高。被誉为"中国的保尔·柯察金"的解放军兵工事业的开拓者吴运铎、全国最先完成第一个五年计划的鞍钢工人王崇伦、第一个女火车司机田桂英、西北国棉一厂细纱挡车女工赵梦桃、山西省平顺县西沟村农林畜牧生产合作社副社长申

---

① 金冲及：《新中国的第一年：写在国庆55周年之际》，载朱佳木主编：《当代中国与它的外部世界》，当代中国出版社2006年版，第9页。

② 《迎接全国先进生产者代表会议》，《人民日报》1956年4月28日。

纪兰……他们是那个时期劳模群体中最为杰出的代表，也是教育和影响了几代中国人的精神楷模。通过两次全国劳模表彰大会的名称、评选条件和活动目标的变化，我们可以感受到那个时代的潮流，体察到当时社会变迁的某些特点，进而理解是何种力量让这个时代劳模辈出。

（一）国内外的严峻形势激发了全国人民建设国家的热情

1950年的劳模表彰，实际上是对解放战争以来四年劳模运动的一个总结，也是迎接新中国成立新任务的一次总动员。当时，国家还没有完全走出战争的阴霾，西藏、台湾尚未解放，国民党残余隐匿各处，成为新的政治土匪，扰乱社会秩序、危害人民生命财产安全。美国挑起的战火烧到鸭绿江边，对新生的政权构成极大威胁。因此，在庆祝共和国成立一周年之际，把劳模代表和战斗英雄代表集合在一起，共同举办表彰、庆功大会，目的是鼓舞全国人民的斗志，同仇敌忾，保护好革命的胜利果实，建设好新生的国家。抗美援朝开战后，前线战士英勇杀敌，后方人民在各条战线上，开展订立爱国公约、生产竞赛、厉行节约运动，对战争给予了大力支援。从朝鲜归来的战斗英雄，以"最可爱的人"的身份出席各种报告会，宣讲他们的英雄事迹；创造生产纪录的劳动模范，以慰问团员的身份深入朝鲜战场，汇报祖国建设的大好形势。英雄和劳模成为人们学习的榜样，甚至是年轻人崇拜的偶像，他们的示范效应，转化成了建设的热情和杀敌的勇气。

当抗美援朝战争取得节节胜利时，国内通过剿匪、反霸，镇压反革命，以及"三反"、"五反"运动，社会秩序得以重建。中国人民终于迎来了难得的和平，建设无可置疑地成为最为紧迫的任务。经过三年的经济恢复，到1952年，我国工农业总产值达到810亿元，比1949年增长77.5%，比新中国成立前最高水平的1936年增长20%。[①] 这不仅为向社会主义过渡提供了前提，更为中国人民建设好国家增添了巨大的信心。抓紧这难得的机遇期，党领导全国人民制定了第一个五年计划，大踏步地开展社会主义改造，并提前完成了向社会主义过渡的艰巨任务。1956年

---

① 胡绳主编：《中国共产党的七十年》，中共党史出版社1991年版，第338页。

来临时，国家各方面建设取得了显著成果，呈现出太平盛世的曙光。按照规定，中共第八次全国代表大会将在这一年召开。为了更好地调动全国职工的生产积极性，发挥典型引路的作用，新年伊始，全国总工会就作出了召开全国先进生产者代表大会的决定。大会的主题是，向社会主义建设进军，广泛开展社会主义竞赛，不断提高劳动生产率，为提前完成我国第一个五年计划而奋斗。

（二）早日实现社会主义工业化成为全社会的共同目标

1950年、1956年两次全国劳模表彰最为明显的差别，是表彰大会名称和表彰对象范围的改变，而究其实质，其中隐含着对国家发展战略认识的微妙变化。首次劳模代表大会的名称为"工农兵劳动模范"，表彰的对象包括工业、农业和部队三方面，且农业和工业战线的名额基本相当。而1956年表彰大会的名称则改为"先进生产者代表大会"，代表集中在工业战线，农业和军队的劳模被排除在表彰对象之外。

"中国的工业化进程是19世纪六七十年代才开始的，但在此后的近100年时间里，中国没有任何一个政党像中国共产党那样认真思考过中国工业化本身的问题。这些问题只有1949年中国共产党接管了全国政权后，才逐步得以解决。"[①]把工业化作为整个经济建设的主要任务，并集中主要力量优先发展重工业的战略，是在编制第一个五年计划期间确立的。此后，出现了全国人民参加和支援国家工业化建设的热潮。为了积累资金，在相当长的时间里国家对粮食、棉花、油料等主要农产品，采取统购统销政策，以适当维持工农业产品剪刀差，广大农民对工业化建设做出了很多牺牲和奉献，从全国劳模表彰中也可管窥到这样的事实。在1950年劳模表彰时，农业战线是"三分天下有其一"，并专门规定了农业劳模代表的条件。此时，国家在大力推进新解放区的土地改革，尽快使翻身的农民发家致富，改善生活条件；而老解放区已在探索如何提高农业技术，尝试着重新把农民组织起来，走互助合作的道路，使农民实现共同富裕。因此，在劳模评选条件中"带领组织群众实行生产互助

---

① 朱佳木：《中国工业化与中国共产党》，《当代中国史研究》2002年第6期。

或精耕细作勤劳增产,发家致富获有显著成绩者"排在了第一位,"模范的农民协会或合作社等群众组织中组织生产的优秀工作者"①也是七条标准中的重要一条。到1956年上半年,全国大部分农村实行了合作化,过渡时期农业社会主义改造的任务即将完成,工业化的建设任务愈发凸显,农民成为实现社会主义工业化的幕后英雄。广大职工处于国家工业建设的第一线,为基础工业的创建和生产水平的推进付出了艰苦的劳动。一时间,全党和全国人民把自己的注意力,都转移到了社会主义工业化的任务上来。劳动光荣,爱厂如家,埋头苦干,大搞技术革新和发明创造,成为全社会普遍追求的价值观。劳动模范也在这样的道德风向标下,不断涌现。

(三)社会结构的重整唤起了人民群众的主人翁意识

伴随新中国的成立,中国社会结构发生了巨大改变。地主阶级、官僚资产阶级作为旧中国的统治阶级被彻底推翻,人民群众作了国家的主人。在具有临时宪法性质的《共同纲领》中规定,"中华人民共和国为新民主主义即人民民主专政的国家,实行工人阶级领导的、以工农联盟为基础的、团结各民主阶级和国内各民族的人民民主专政"②。土改完成后,国内的主要矛盾转变为工人阶级与资产阶级、社会主义道路与资本主义道路之间的矛盾。

随着社会主义改造的加速进行,到1956年,资本主义工商业通过和平赎买,实现了全行业公私合营。民族资本家不再是原有私营企业的老板,他们中很多人,有的成为国家机关、经济业务部门的工作人员,有的重新选择生活道路,成为自食其力的劳动者。农民和手工业者,在生产资料私有制的社会主义改造完成后,成为劳动群众集体所有的公有制中的一员。经济所有制变革造成的单一公有制,使中国社会结构更加趋向简明,出现了工人阶级、农民阶级和知识分子阶层三分天下的局面。工人阶级作为国家的领导阶级,其政治和社会地位最高,因而获得了

---

① 《全国工农兵劳动模范代表会议筹委会关于召开全国工农兵劳模代表会议的计划》,《人民日报》1950年7月31日。

② 《建国以来重要文献选编》第1册,中央文献出版社1992年版,第2页。

"工人老大哥"的称号。农民,尤其是贫下中农,是工人阶级的同盟军,也是新中国的基础。唯独对知识分子阶层的定性,摇摆不定。但1956年是党的知识分子政策落实最好的一年。1956年初,在知识分子大会上,周恩来不但肯定了知识分子在社会主义建设中的重要性,而且指出,旧社会过来的知识分子经过新中国成立后的教育和改造,"他们中间的绝大部分已经成为国家工作人员,已经为社会主义服务,已经是工人阶级的一部分"[①]。对知识分子阶级属性的这种判断,令刚刚经过肃反运动的广大知识分子欢欣鼓舞。紧接着,在全国先进生产者代表会议上,100多位知名教授、科学家受到表彰,华罗庚、钱学森、夏鼐、张光斗,以及青年讲师谷超豪、苏星等位列其中;110名优秀中小学和师范学校的教育工作者被授予荣誉称号。

新中国成立初期,保护新生的政权需要人民的力量;百废待兴、实现工业化的强国之梦,更需要群众的热情。而此时翻身的喜悦和报答党恩的朴素情感,为回应时代的召唤做好了社会心理的铺垫。劳模群像是这个时代培养和孕育的,这个时代也因劳模精神而名垂国史。

三、劳模表彰的社会效应

在1950年劳模评选中,农业强调的是精耕细作、勤劳增产、发家致富,工业倡导的是生产节约、技术发明、护厂和支援前线。基于这样的标准产生的劳模也极大地鼓舞了全国各条战线的劳动者。1956年,在如火如荼的社会主义改造运动中,超额和"提前完成第一个五年计划规定指标"是最流行、最鲜明的口号,其间劳动模范涌现之多也从一个侧面反映出人民的工作热情和积极的社会心态。"根据今年三月以前的统计,上海涌现了5万多名先进生产者;北京涌现了20525名先进生产者;江苏省涌现了21128名先进生产者;新疆维吾尔自治区涌现了12000多名先进生产者;陕西省的西安市涌现了3877名先进生产者;河北省的唐山

---

① 周恩来:《关于知识分子问题的报告》,载《周恩来选集》(下卷),人民出版社1984年版,第162页。

市涌现了9463名先进生产者；辽宁省沈阳等十个市涌现了36448名先进生产者和2448个先进单位，有6万多工人突破了各种定额；全国铁路系统有90%以上的火车司机都突破了运输定额。"[1] 在那个群情跃动的年代里，尽快摆脱贫穷落后的面貌、实现中华民族的富强，是全国人民的共同愿望。此时，国家的政治动员与民众饱满的社会情绪上下呼应，其积极的社会效应在接下来的全国群英会上得到了进一步的彰显。1959年10月，由中共中央、国务院授予全国先进集体称号2565个，授予全国先进生产者称号3268人。1960年6月，授予全国先进集体称号3092个，授予全国先进生产者称号2695人。[2] 在这两次表彰大会上，刘少奇、周恩来、朱德、邓小平等出席了开幕式，时任国务院副总理李富春和全国人大副委员长林枫分别做了工作报告。劳模人数的不断增加，国家舆论的积极倡导，反映出了社会主义建设初期经济工作的形势和政策导向。

作为一种社会动员和政治动员的有效手段，劳模表彰激发了劳动者的工作热情，鼓舞了群众参与社会主义建设的士气，也在客观上强化了民众对国家的忠诚和对党的热爱。回首20世纪50年代，萦绕心头、挥之不去的，总是火热的建设场面、淳朴的同志情感，以及"到祖国最需要的地方去"的那股子豪迈激情。新中国成立之初的劳动模范大多是旧社会的苦出身，他们曾经处于社会的最下层，生活贫苦、被人瞧不起。新中国建立后，他们翻身作了国家的主人，内心深处迸发出对共产党、毛主席、新中国朴素而炽热的情感。他们把这种感恩、报恩之情，转化成了无限的劳动干劲，以此抒发着对新中国深深的热爱。当我们把目光聚焦在那些普通劳动者的身上，无论是掏粪工人时传祥，还是老工人孟泰，他们以苦为乐、任劳任怨的高尚品质，对国家建设的高度责任感和主人翁意识，早已成为那个时代的象征。新中国成立伊始，毛泽东曾经说："现在我们能造什么？能造桌子椅子，能造茶碗茶壶，能种粮食，还能磨成面粉，还能造纸，但是，一辆汽车、一架飞机、一辆坦克、一辆

---

[1] 赖若愚：《在全国先进生产者代表会议上的报告》，《人民日报》1956年5月3日。
[2] 齐燕庆：《中国劳模现象的历史及其沿革》，《理论前沿》1996年第9期。

拖拉机都不能造。"①因此，在两次劳动模范评选中，大搞技术革新和发明创造是一条始终不变的标准。1954年4月，发明"万能工具胎"的鞍钢技术能手王崇伦与七名全国工业劳动模范一起，向全国总工会提出了开展技术革新的建议书。无论是郝建秀工作法，还是马恒昌小组，所彰显的都是中国工人阶级自力更生、不畏困难的气度，传递的是勤俭节约、不计报酬、无私奉献的精神，承载的是他们全心全意为人民服务的情怀。这种源于民众的精神力量，为20世纪50年代的社会风气打上了健康的底色。在这个需要劳模并涌现劳模的时代，劳动者个人价值的实现同国家的需要紧密地结合起来，从而形成了一种价值观念的共振，进而转化成为一种全社会普遍认同的价值取向和社会行为。基于此，大公无私、公而忘私的集体主义世界观，毫不利己、专门利人的道德观，以及勤俭节约、艰苦奋斗的生活态度，才能成为一个时代社会风尚的主潮。

　　从历史的视角考察劳模及其社会效应，我们会发现社会风气形成之机制：一方面，社会中的优秀分子以其个人内在的精神品质，作为道德示范感召群体行为；另一方面，国家以"树典型"的方式有目的、有组织地宣传和倡导，把主流意识形态向社会传播和渗透，并在潜移默化中成为民众所认同的价值观念。从这个意义上说，"树典型"是中国共产党延伸政治权力和政治文化的一种重要的方式，不仅能够有效地将政治权威的意识形态灌输到民众的日常生活中去，还能协助政治权力的延伸。②在新中国60多年的历史上，成立初期是革故鼎新、奠定基础的特殊时期。在短短七年的时间里，从精神风貌到人际关系，从主流意识形态到民间社会风习都发生了急剧转变，一个欣欣向荣的崭新社会面貌日益形成，有力践行了毛泽东提出的"我们不但善于破坏一个旧世界，我们还将善于建设一个新世界"③的豪迈诺言。就此而言，国家的社会动员与劳模群体的精神引领，无疑是新中国成立初期开创社会风气、重建社会生活的重要原因之一。

---

① 《建国以来毛泽东文稿》第4册，中央文献出版社1990年版，第506页。
② 冯仕政：《典型：一个政治社会学的研究》，《学海》2003年第3期。
③ 毛泽东：《在中国共产党第七届中央委员会第二次全体会议上的报告》，载《毛泽东选集》第4卷，人民出版社1990年版，第1377页。

四、集体记忆与社会风气的传习

新中国成立初期的劳模表彰已成历史，但劳模精神所张扬的时代风尚，却成为当代中国不灭的印记。而今，重新翻阅当年的劳模事迹，那个火热年代里的政治形态、经济形态、文化形态、道德形态和生活形态就会鲜活呈现。一个又一个平凡的故事投射出的是劳动者的高贵灵魂，是民族性创生的人格力量。它所辐射出的人生形态和社会意义，也因此可以成为我们回观历史、审视现实的重要依据。

劳模的社会价值何在？劳模表彰何以成为社会风气的引向标？通过考察新中国成立初期劳模以及他们的舆论效应，我们不仅可以充分感受和体会到那一代人心理秩序的脉相，更能看到国家和社会环境对民众的深层诉求。在全国性劳模评选活动停滞17年后，1977年至1979年，中共中央、国务院连续五次召开大会表彰劳模，这是"文化大革命"之后中国社会渐趋进入正轨的征兆。这期间，对工业交通、基本建设战线的先进企业和先进生产者的奖掖，对农业、财贸、教育、卫生、科研战线的先进单位和劳模的表彰，是新中国劳模运动的第二次高潮，也是顺应时代所需的动员策略。与20世纪50年代的劳模表彰相比，虽然时代主题不同，但劳模身上所具有的特质，却是跨越了时代的共通性道德。

如何让劳模精神成为构建社会风气的主流话语？改革开放30余年来，中国社会已经发生了深刻的变革，企求个人发展、国家昌盛的国民心态，加速了现代化的进程。然而，嬗变中的国民心态也使这个经济高速发展的时代，遭遇了前所未有的精神危机和道德危机。崇拜金钱的物欲化倾向、缺乏理性的群体躁动倾向、人性衰退的冷漠化倾向、权利和义务失衡的无责任化倾向，在社会上滋生蔓延。[①] 在这种背景下，追念过往也便成为一种群体的心理惯性。那么，如何让50年前的集体记忆成为我们和历史紧密联系的精神纽带？延续这份记忆的意义又在哪里？有关群体记忆如何传播和保持问题的研究已经表明，过往的形象直接参

---

① 邵道生：《现代化的精神陷阱》，知识产权出版社2001年版，第90—135页。

与着现实社会秩序的构建，共同的集体记忆是社会意识和价值观念的基石。而要把社会记忆和过去的形象与当下现实活动中的重建联系在一起，必须依赖代际交流，必须在交流中不断地唤起历史记忆，以化解不同辈分的人在精神情感上的隔阂感，增强不同时代的人在价值理念上的认同感。回首中华人民共和国的风雨历程，从 20 世纪 50 年代的群英会，到当下振奋民心的"感动中国"和"中国骄傲"，各时代劳模身上所汇聚的人格品质，正是中华民族精神的完美体现，也是对公民文明素养最为真切的诠释。从这个意义上说，我们立足于对新中国成立初期两次全国劳模表彰的考察，不是因为它代表了人们当前所尊崇或留恋的价值，其深意更在于察觉那个时代人们思想文化的萌动，从而为这个时代指出社会进程的方向。

[原载《党的文献》2013 年第 4 期]

劳模表彰：毛泽东群众路线思想的应用实践

保持党同人民群众的血肉联系，是关系到党的执政地位，实现中华民族伟大复兴中国梦的关键所在。因此，继"八项规定"之后，以习近平为核心的新一届中央领导集体积极部署开展"党的群众路线教育实践活动"。这是新形势下，党珍视传统，善于从自身的实践中汲取智慧、应对挑战的又一次正确决断。在党的历史上，毛泽东等老一辈革命家不仅将马克思主义与中国实际相结合，创建了群众路线；而且总结出劳模表彰等实践群众路线的组织形式和工作方法，通过典型示范的作用，发动群众、联系群众，教育党员、端正党风，落实了党全心全意为人民服务的宗旨。

一、发动群众：劳模表彰的制度起点

评选和表彰劳动模范，继而宣传和弘扬劳模精神，是中国共产党创立和运用的一种有效的社会动员方法。在经历20世纪30年代的萌芽，延安时期的规范化后，劳模表彰制度在新中国成立初期得以确立。[①] 劳模表彰制度的形成不是偶然的，是由中国共产党的性质所决定，应中国革命形势之所需而产生。同时，它也深受中国传统文化中旌表制度的滋养，以及苏联英模表彰制度的影响。毛泽东很早便发现了开展革命竞赛的积

[①] 孙云：《中共英模表彰制度的肇始与演变》，《党的文献》2012年第3期，第71页。

极意义，对褒奖劳动英雄的活动十分重视，并认真总结这些活动的经验，明确劳模的定位和作用，为劳模表彰活动的推广、制度的形成和劳模效应更大地发挥推波助澜的作用。

土地革命时期，中国共产党为了调动干部和群众的革命积极性，解决苏区面临的种种困难，提出了表彰英模的主张，"褒扬的是参加'革命竞赛'、积极'优红拥军'的模范"。①1933年，中央苏区开展了以比数量、质量、成本等为内容的劳动竞赛，规定按时评比、表彰先进、评选模范。5月，中央政府在武阳区召开赠旗大会，毛泽东参加大会并将题有"春耕模范"的奖旗授予武阳区和石水乡。在长冈乡调查时，毛泽东对这些竞赛活动进行充分考察，肯定了活动的意义并对竞赛活动的步骤和方式进行了总结。1934年，他在《乡苏怎样工作？》中再次强调，"为了争取苏维埃工作的质量与速度，使工作做得好又做得快，革命竞赛的方法与突击队的组织，应该在各乡各村实行起来"。②而对于竞赛活动能否取得成效，他明确提出，关键在于发动群众，要废除一切强迫命令的方法，要让群众了解和认可活动，并由此激发革命的热情。毛泽东基于社会调查的意见，不仅对苏区开展革命竞赛给予了正确的指导，而且为党如何发动群众、调动群众的革命积极性，提供了具体的工作方法。

抗战时期，为打破国民党的军事包围和经济封锁，党中央决定开展表彰劳动英雄运动，以调动群众自力更生、发展生产的劳动热情。早在1938年，陕甘宁边区政府就举办了延安工人制造品竞赛展览会，奖励、宣传了一批先进工厂、合作社和生产英雄，边区的劳模运动由此开端。1939年，面对解放区经济和财政的巨大困难，毛泽东发出大生产的号召，边区政府相继颁布《陕甘宁边区人民生产奖励条例》《机关学校生产运动奖励条例》等，规定对超额完成生产任务的个人和单位给予奖励。同年，边区还举办了第一次工业展览会和农业竞赛展览会。第二年，边区政府召开生产总结大会，毛泽东、李富春等中央领导被评为特等劳动英雄。1941年边区开展"五一"劳动大竞赛，推选出274名劳动

---

① 《英模表彰制度的由来》，《党建》2012年第11期，第38页。
② 毛泽东：《乡苏怎样工作？》，载《毛泽东文集》第1卷，人民出版社1993年版，第357页。

英雄。①1942年，吴满有和赵占魁脱颖而出，成为劳动英雄中最耀眼的明星。边区轰轰烈烈地开展了学习吴满有运动、学习赵占魁运动，并在1943年、1944年召开了两届劳动英雄和模范生产者表彰大会，树立了一批先进生产典型，劳模表彰运动达到高潮。

在学习劳动英雄运动中，毛泽东始终是积极的倡导者和宣传者，他不仅多次接见劳动模范，为他们题词，还参加劳模表彰大会，发表讲话，号召向劳模看齐。在1942年底至1943年初西北局召开的高干会议上，毛泽东专门论述了学习吴满有、赵占魁运动的重要意义。在两次劳动英雄表彰大会上，毛泽东分别做了《组织起来》和《经济问题与财政问题》的报告，他肯定了学习吴满有运动，可以改进农业生产，使农民富裕，支援抗战；学习赵占魁运动有利于提高工人的劳动积极性，改善工厂的组织与管理，克服工厂机关化与纪律松懈状态。正如他向时任中央职工运动委员会书记邓发指出的，"奖励赵占魁这件事做得很好，这不是奖励一个人的问题，而是全边区和其他根据地提高生产、改进工作的新生事物"②。毛泽东之所以重视劳模表彰，是因为劳动模范身上不仅具有生产技能和革命干劲，而且具有热爱政府、忠诚于党的道德情操，在危机四伏、困难重重的战争年代，这些思想十分可贵，是党争取群众、取得革命胜利的必要条件。

新中国成立后，面对巩固政权和恢复经济的艰巨任务，具有凝聚人心、调动人民群众劳动热情和生产积极性的劳模表彰活动，愈发受到全党和全社会的重视。各省、市、县、乡、村，以及各行业系统，各企事业单位不断地开展不同层次的劳模评选，活动形式和内容更加丰富多样，其感召力和影响力也更加强烈。

1950年、1956年，中共中央和国务院（政务院）先后主持召开两次全国劳动模范表彰大会。在1950年国庆大典期间，全国工农兵劳动模范代表会议在北京举行。按照会前筹委会颁发的代表条件，各地共推选代表464人，其中工业模范代表208人、农业模范代表198人、部队劳

---

① 朱汉国主编：《中国社会通史·民国卷》，山西教育出版社1996年版，第475页。
② 陕西省总工会工运史研究室编：《陕甘宁边区工人运动史料选编》（下），工人出版社1988年版，第591页。

动模范代表 58 人。① 他们均获得了中央人民政府授予的全国劳动模范的荣誉称号，其中很多人在根据地、解放区就已经是成绩卓著、名声远播的先进典型，如吴运铎、李顺达、马六孩、孟泰等。这次大会明确规定，劳模表彰作为一种固定制度要长期坚持下去。六年后，表彰全国劳动模范的"全国先进生产者代表会议"再度在北京召开。这次大会是对经济恢复和过渡时期劳动模范的褒奖。中共中央、国务院授予全国先进集体 853 个，授予全国先进生产者 4703 人，② 比 1950 年翻了 10 番。掏粪工人时传祥、全国最先完成第一个五年计划的王崇伦、纺织能手郝建秀，以及华罗庚、钱学森等 100 多位知名教授、科学家，110 名优秀中小学和师范学校的教育工作者，同时受到表彰。

毛泽东出席了这两次劳模表彰大会，接见、宴请了劳模代表，并与他们合影留念。在 1950 年首次全国性的劳模表彰大会上，毛泽东代表中共中央致贺词。他号召全党、全国人民向劳动模范学习，勉励劳动模范不要骄傲自满，要保持住荣誉。讲话中，毛泽东对劳模给予了明确定位："你们是全中华民族的模范人物，是推动各方面人民事业胜利前进的骨干，是人民政府的可靠支柱和人民政府联系广大群众的桥梁。"③ 这是继 1945 年毛泽东对劳模的"三种长处""三个作用"，即带头作用、骨干作用、桥梁作用的继承与发展。这种定位不仅为评选劳模、培养劳模、发挥劳模作用指明了前进方向，而且也给劳模和以劳模为榜样的人们以极大的鼓舞和鞭策，是造就那个劳模辈出时代的主要原因之一。仅以 1956 年为例，在全国先进生产者运动中，各地区、各行业逐级进行劳模评选表彰活动，辽宁、黑龙江、吉林、江苏、上海、北京、天津和西安 8 个省和直辖市，共涌现出 20 多万名先进生产者。④ 孟泰、马恒昌、赵梦桃、王进喜、张秉贵……他们既是那个时期劳模群体的杰出代表，也是中国人永远的精神楷模。

---

① 《周恩来总理命令公布〈关于全国工农兵劳动模范代表会议的总结报告〉》，《人民日报》1950 年 12 月 19 日。
② 《历届全国劳模大会简介》，详见人民网。
③ 毛泽东：《在全国战斗英雄和劳动模范代表会议上的祝词》，《人民日报》1950 年 9 月 26 日。
④ 《迎接全国先进生产者代表会议》，《人民日报》1956 年 4 月 28 日。

二、联系群众：劳模表彰的工作策略

毛泽东把劳动模范看作是党和群众之间的桥梁，因为他们本身既是群众中的一分子，了解基层实际情况，能够把人民群众的呼声带上来；同时他们在群众中又有很高的威信，思想觉悟高于普通群众，最能够听党的话，能够把党的路线和政策传达下去。因此，劳模表彰是实践群众路线的一条工作策略，它凸显了人民群众至高的社会地位和权力，促进了领导干部与普通群众的直接联系，加快了全党、全民意志的统一，有益于营造出干群同心、众志成城的良好社会氛围。

毛泽东最重视也最善于做群众工作，他强调相信群众、依靠群众，从群众中来、到群众中去。他指出："人民，只有人民，才是创造世界历史的动力。""在我党的一切实际工作中，凡属正确的领导，必须是从群众中来，到群众中去。"[1] 这些思想源自马克思主义的群众观和认识论，并被他在实践中反复应用和证明，贯穿于他的理论著作和革命实践的始终。考察劳模表彰中他的主张与作为，我们能够更直观地体会他的群众观点，理解他是怎样保持同人民群众的密切联系的。

1943年，毛泽东在陕甘宁边区劳动英雄大会上讲话说："'三个臭皮匠，合成一个诸葛亮'，这就是说，群众有伟大的创造力。中国人民中间，实在有成千成万的'诸葛亮'，每个乡村，每个市镇，都有那里的'诸葛亮'。我们应该走到群众中间去，向群众学习，把他们的经验综合起来，成为更好的有条理的道理和办法，然后再告诉群众（宣传），并号召群众实行起来，解决群众的问题，使群众得到解放和幸福。"[2] 毛泽东把劳动模范看成是群众中的"诸葛亮"，给予他们极高的信赖和尊重，遇到相关问题便虚心向他们请教，甘当群众的小学生。为了解农民开荒、粮食收成和耕作技术等情况，他主动给延安劳动模范郝光华写信，把他请

---

[1] 毛泽东：《关于领导方法的若干问题》，载《毛泽东选集》第3卷，人民出版社1991年版，第899页。

[2] 毛泽东：《组织起来》，载《毛泽东选集》第3卷，人民出版社1991年版，第933页。

到杨家岭的家中,仔细询问,晚饭后送他走了一程又一程。①在他的儿子毛岸英从苏联回来后,毛泽东对他说:"你住过苏联的大学,还没有住过边区劳动大学,劳动大学的校长就是吴满有,劳动大学就在吴家枣园,那里的学生,都是爱劳动的人民,你去学习,对你有很大的帮助。"他还给毛岸英一斗米作为学费带去。②毛泽东说:"任何有群众的地方,大致都有比较积极的、中间状态的和比较落后的三部分人。故领导者必须善于团结少数积极分子作为领导的骨干,并凭借这批骨干去提高中间分子,争取落后分子。"③劳模表彰的作用就是党依靠骨干,用榜样的力量来教育和带动广大群众。

毛泽东认为,通过劳模表彰可以防止党脱离群众,防治官僚主义滋生蔓延,可以实现从群众中来、到群众中去。他赞扬劳模表彰是一个可以提高干部、联系群众、推进工作的好的工作方法,真正做到了群众化、具体化。"劳动英雄与模范工作者是群众中的模范,开这样的大会,就使首长、劳动英雄、模范工作者同群众联系起来了。"④1943年7月24日,他给林伯渠写信说:"兹有延安县川口区六乡石家畔劳动英雄杨步浩及其戚李志明二位,由延安县曹扶县长介绍来谈,获知乡村情形,很有兴趣。兹转介至尊处,倘有时间,乞为接谈,他们极愿晋谒领教。并望招待他们住一晚,第二天回家,因他们离此70里之远。"⑤正是基于这些认识和毛泽东对待劳模的情义,他结交了很多劳模朋友,其中有农民,有工人,也有知识分子。在与他们十几次、几十次的交谈中,毛泽东了解生产、询问民情、解决困难、调整政策。毛泽东把劳模当作信息员,也当作宣传员,这为他作出正确的判断和决定奠定了扎实的群众基础。

在毛泽东那里,劳动模范总是受到礼遇。在国庆大典的庄严时刻,他邀请劳动模范一同登上观礼台;他多次宴请劳模,把他们奉为座上宾。

---

① 郝光华:《幸福的回忆》,《陕西日报》1961年6月29日。
② 张名哲:《毛主席送子住劳动大学》,《人民日报》1946年11月15日。
③ 毛泽东:《关于领导方法的若干问题》,载《毛泽东选集》第3卷,人民出版社1991年版,第898页。
④ 毛泽东:《关于路线学习、工作作风和时局问题》,载《毛泽东文集》第3卷,人民出版社1993年版,第97页。
⑤ 中共中央文献研究室编:《毛泽东书信选集》,人民出版社1983年版,第215页。

1964年12月26日,在他的生日宴会上,他请来陈永贵、王进喜、董加耕和邢燕子,还把这四位模范安排坐在自己的左右。他没有请他的孩子参加,他说他们不够资格。① 从毛泽东对待劳动模范的态度中,我们真切感受到了人民群众在他心中的位置,也理解了人民群众为什么把毛泽东看成自己的亲人。

三、为了群众:劳模表彰的终极诉求

群众路线是毛泽东思想的一个活的灵魂,是我们党的根本路线。它的最终落脚点是一切为了群众,全心全意为人民服务。这是毛泽东不断阐释、反复强调的群众路线的核心,也是劳模表彰活动诞生至今始终不变的终极诉求。

延安时期毛泽东积极倡导树立劳动英雄、开展劳模运动的一个重要缘由,正是看到1941年在征收"救国公粮"中,群众生活太苦,甚至有的农民怨声载道。当听说有农民骂他"老天爷不睁眼,咋不打死毛泽东"时,毛泽东没有迁怒群众,而是赶紧检查工作中的失误,发现是公粮征得太多,引起群众的反感,"于是中共中央和毛泽东决定减征公粮,1942年的公粮由原定的19万担降为16万担"②。与补给军队的公粮相比,他更看重群众的"救民私粮"。他提醒地方工作的同志,要"用90%的精力去帮助群众解决他们'救民私粮'的问题,然后仅仅用10%的精力就可以解决救国公粮的问题"③。为减轻群众负担,解决边区的经济困难,毛泽东积极想办法、找出路。在他的号召下,边区的大生产运动大见成效,部队、机关、学校所有的人都被动员起来,"自己动手、丰衣足食";他还倡导组织各种类型的合作社,把农民组织起来,扩大生产,增加收入;大力宣传劳动模范,发挥劳动模范的带头作用;1944年初,在他的提议下,中央将陈云由中组部部长调任西北财经办事处副主任兼该办事处政

---

① 董加耕:《永恒的怀念》,载《盐城县文史资料第5辑》1996年版,第193—199页。
② 中共中央文献研究室编:《毛泽东年谱(1893—1949)》(中),中央文献出版社2005年版,第303页。
③ 毛泽东:《组织起来》,载《毛泽东选集》第3卷,人民出版社1991年版,第933页。

治部主任，主抓经济工作。这一系列措施都是为了发展边区经济，保障群众的切身利益不受伤害。正如毛泽东所说："一切空话都是无用的，必须给人民以看得见的物质福利。"①他把对人民负责，为人民谋利益看得高于一切。毛泽东一再告诫全党："我们共产党人区别于其他任何政党的又一个显著的标志，就是和最广大的人民群众取得最密切的联系。全心全意地为人民服务，一刻也不脱离群众；一切从人民的利益出发，而不是从个人或小集团的利益出发；向人民负责和向党的领导机关负责的一致性；这些就是我们的出发点。"②

20世纪五六十年代，是劳模表彰活动开展得最热烈、成效最突出的时期，也是党群关系最好、社会风气最纯的时期。这之中，毛泽东作为党的最高领袖起到了关键性作用。他不仅率先垂范，带出了一支优秀的亲民的干部队伍；而且他积极倡导，培养了一群立得住的劳动模范，为推动社会发展积蓄了充足的动力。回首历史，毛泽东对群众路线的应用实践处处是为了人民的利益，为了党永不变色，为了国家走向富强，这与今天开展"党的群众路线教育实践活动"的目标如出一辙。在历史的爬梳中我们可以进一步获得启示：

一是领导带头、刹住"四风"是开展教育实践活动的关键。群众路线的内涵十分丰富，但它首先是党的一种正确的领导理念和工作方法。它针对全体党员，但首先针对的是党的领导干部，特别是那些权力较大的决策部门的领导干部。他们有没有群众观点，是不是贯彻群众路线，直接关系到党的决策是否正确，影响到党在人民群众中的威信有多高。所以，站在巩固和夯实党的执政地位的角度，教育实践活动一定要突出重点，找准党风中存在的最严重问题，下大力气坚决加以解决，这样整风才不会走过场。6月18日，习近平在党的群众路线教育实践活动工作会议上强调，这次教育实践活动要自上而下分批开展，中央政治局要带头，"要以县处级以上领导机关、领导班子、领导干部为重点""集中解

---

① 毛泽东：《经济问题与财政问题（节选）》，载《毛泽东文集》第2卷，人民出版社1993年版，第467页。

② 毛泽东：《论联合政府》，载《毛泽东选集》第3卷，人民出版社1991年版，第1094—1095页。

决形式主义、官僚主义、享乐主义和奢靡之风这'四风'问题"[①]。中央的部署和决断是明晰而准确的，与毛泽东当年亲身示范，践行群众路线，反对官僚主义，一脉相承。毛泽东曾把脱离群众的干部，形容为脸上堆满了官僚主义的灰尘，要用一盆热水好好洗干净，才能和群众亲密地结合起来。同样，习近平强调活动中党员干部要"照镜子、正衣冠、洗洗澡、治治病"，要用群众路线来净化干部队伍。历史证明，只有党的风气正了，人民群众才能相信党、跟党走。

二是关心群众生活、解决群众疾苦是开展教育实践活动的落脚点。全心全意为人民谋利益是中国共产党的立党之本、执政之本。教育实践活动的目标是让人民得到实惠，活动的成效最终要由群众来检验。近些年来，我国经济社会发展较快，人民生活水平显著提高，但同时各地群体性事件频频爆发，"端起碗来吃肉，放下碗来骂娘"的现象相当普遍。人民群众这种不满的情绪因何而生？其中的原因固然复杂，存在一些个别、特殊的情况，但普遍的问题有两条：一个是城乡间、行业间、群体间收入差距拉大，社会分配不公，造成人心不平；二是关乎人民群众切身利益的民生问题，如教育、医疗、就业、住房等政策不完善，让人民群众感到焦虑和不安。究其根本是党疏远了群众，没有贯彻好群众路线。对照60年前，条件那么艰苦，却有无数劳动模范愿意吃大苦、耐大劳，紧跟共产党，是因为在他们心中有着朴素而强烈的"报恩"思想，他们真切感受到了党的恩情。教育实践活动就是要让党员干部对人民群众投入真感情，要在工作中经常追问：有没有真心关心群众生活，切实解决了群众的生产和生活问题？政策的出台是不是经过了反复的调查研究？有没有在广泛收集群众意见的基础上，又回到群众中经受了检验？人民群众的合法权益是否得到了保障？只要每个党员干部从本职工作做起，处理好了这些关乎党和群众的关系问题，人民群众就一定会信服、满意。

三是重温记忆、树立典范是开展教育实践活动的有效手段。群众路线是我们党的优良传统，是党的事业成功的法宝，在党的历史上有很多

---

① 《深入扎实开展党的群众路线教育实践活动　为实现党的十八大目标任务提供坚强保证》，《人民日报》2013年6月19日。

执行群众路线的经典范例，这是今天开展教育实践活动的宝贵资源。同时，实践已经证明，树立典型、表彰劳模是实践群众路线的有效组织形式和工作方法。在教育实践活动中，我们要充分利用这些资源和手段，要以史为镜、以人为镜。习近平指出，教育实践活动要着眼于自我净化、自我完善、自我革新、自我提高。这就要求党员干部要有较强的自我反省能力，要自觉地向老一辈革命家学习，用正确的党史、国史，用身边鲜活的模范人物，提升自己的道德修养，强化共产主义理想信念。当然，在新的历史条件下，革命传统教育和典型引路的方法也要与时俱进，要适应今天党员干部的思想实际，利用各种新型的传播途径，真正达到触及心灵的教育作用。

劳模表彰在发动群众、联系群众、为群众服务中，彰显了党的群众路线的丰富内涵，同时它也是社会主义道德观念和价值取向的重要载体。因此，无论是对于整顿党风，还是对于改善社会风气，它都发挥着不可替代的功能。自从 1950 年首次开展全国劳模表彰至今，获得全国劳动模范和先进生产者荣誉称号的已有 2.8 万多人[①]，他们每一位都是优秀共产党员和普通劳动者的结合体，是共和国奋斗史的鲜活教材。深度开掘劳模事迹，弘扬劳模精神，是开展教育实践活动的有力手段，也是加强党风和社会风气建设，塑造民族精神的长效机制。

[原载《当代中国史研究》2013 年第 6 期]

---

① 《历届全国劳模大会简介》，详见人民网；《国务院关于表彰全国劳动模范和先进工作者的决定》，《人民日报》2005 年 5 月 1 日；《全国劳动模范和先进工作者表彰大会在京隆重举行》，《人民日报》2010 年 4 月 28 日。

1977—1979年的全国劳模表彰

从新中国成立到1960年，全国劳模表彰共进行了4次，先后有6510个先进集体、11120位先进个人获得至高的荣誉称号，[①]形成了新中国成立劳模表彰的高潮。"在无数劳动模范的引领下，爱党爱国、敬业奉献、互助友爱、敢想敢为的时代风尚，永远镌刻在共和国历史的卷首。"[②]1977年5月9日，在停顿17年之后，人民大会堂迎来了久违的全国先进生产者表彰大会。此后，1978年、1979年每年进行两次全国劳模表彰。3年中，以中共中央、国务院的名义先后为4157个先进集体、2520位先进个人颁奖。[③]是什么原因造成了如此高调、密集的全国劳模表彰？在历史转折的拐点上它发挥了怎样的作用？在大力倡导弘扬劳模精神的今天，回首这段历史我们又能获得哪些启示呢？

一、五次表彰的概况与特点

到目前为止，新中国共进行了15次全国劳模表彰。从表彰大会的名称、规模、频率，表彰的对象，评选的条件等基本情况来分析，可以由1989年划分为前后两个历史时期。此前40年间进行了9次表彰，名称

---

① 《历史的脉搏——历届全国劳模大会简介》，《人民日报》2005年4月29日。
② 姚力：《新中国成立初期的劳模表彰及其社会效应》，《党的文献》2013年第4期。
③ 《历史的脉搏——历届全国劳模大会简介》，《人民日报》2005年4月29日。其中1978年"全国科学大会"表彰的人数以《人民日报》1978年4月1日《全国科学大会胜利闭幕》的报道为准。

参差繁杂，对象各不相同，既有集体、也有个人，频次忽紧忽缓，带有一定的随机性，因此这一时期可以称为劳模表彰制度的"形成期"。1989年之后的26年间，进行了6次表彰，名称统一，规模相近，对象一致，间隔均匀，愈发规范，可以称为劳模表彰制度的"成熟期"。

表2 新中国成立以来全国劳模表彰大会概况一览

序号	会议名称	时间	地点	颁奖机构，以及受表彰的集体和个人数量
1	全国工农兵劳动模范代表会议	1950年9月25日至10月2日	北京	中央人民政府授予全国劳动模范称号464人
2	全国先进生产者代表会议	1956年4月30日至5月10日	北京	中共中央、国务院授予全国先进集体称号853个，全国先进生产者称号4703人
3	全国工业、交通运输、基本建设、财贸方面社会主义建设先进集体和先进生产者代表大会（全国群英会）	1959年10月25日至11月8日	北京	中共中央、国务院授予全国先进集体称号2565个，全国先进生产者称号3267人
4	全国教育和文化、卫生、体育、新闻方面社会主义建设先进单位和先进工作者代表大会（全国文教群英会）	1960年6月1日至11日	北京	中共中央、国务院授予全国先进单位称号3092个，全国先进工作者称号2686人
5	全国工业学大庆会议	1977年4月20日至5月14日	大庆、北京	中共中央、国务院授予全国大庆式企业、全国先进企业称号2126个，全国先进生产者称号385人
6	全国科学大会	1978年3月18日至31日	北京	中共中央、国务院授予先进集体称号826个，先进科技工作者称号1192人
7	全国财贸学大庆学大寨会议	1978年6月20日至7月9日	北京	中共中央、国务院授予全国财贸战线大庆式企业称号736个，全国劳动模范和先进生产者称号381人
8	国务院表彰工业、交通、基本建设战线全国先进企业和全国劳动模范大会	1979年9月28日	北京	国务院授予全国先进企业称号118个，全国劳动模范称号222人
9	国务院表彰农业、财贸、教育、卫生、科研战线全国先进单位和全国劳动模范大会	1979年12月28日	北京	国务院授予全国先进单位称号351个，全国劳动模范称号340人

续表

序号	会议名称	时间	地点	颁奖机构，以及受表彰的集体和个人数量
10	全国劳动模范和先进工作者表彰大会	1989年9月28日至10月2日	北京	国务院授予全国劳动模范称号1987人、全国先进工作者称号803人
11	全国劳动模范和先进工作者表彰大会	1995年4月29日	北京	国务院授予全国劳动模范称号2157人、全国先进工作者称号716人
12	全国劳动模范和先进工作者表彰大会	2000年4月29日	北京	国务院授予全国劳动模范称号1931人、全国先进工作者称号1015人
13	全国劳动模范和先进工作者表彰大会	2005年4月30日	北京	国务院授予全国劳动模范称号2124人、全国先进工作者荣誉称号845人
14	全国劳动模范和先进工作者表彰大会	2010年4月27日	北京	国务院授予全国劳动模范称号2115人、全国先进工作者称号870人
15	全国劳动模范和先进工作者表彰大会	2015年4月28日	北京	中共中央、国务院授予全国劳动模范称号2064人，全国先进工作者称号904人

资料来源：1. 2000年之前的数据，参见《历史的脉搏——历届全国劳模大会简介》，《人民日报》2005年4月29日；其中1978年"全国科学大会"表彰的人数以《人民日报》1978年4月1日《全国科学大会胜利闭幕》的报道为准。

2. 2000年之后的数据，参见《国务院关于表彰全国劳动模范和先进工作者的决定》，《人民日报》2000年4月30日、2005年5月1日、2010年4月28日；《中共中央、国务院关于表彰全国劳动模范和先进工作者的决定》，《人民日报》2015年4月29日。

从新中国劳模表彰的历史来看，1977—1979年的5次表彰，再次掀起了表彰和学习劳动模范的高潮，比较起来，这5次表彰有如下一些特点：

第一，频率密集。按照新中国成立66年共进行15次表彰计算，平均应该是每4—5年表彰一次。因此，仅就发生的密度来看，称这段时期为全国劳模表彰的"高潮"，并不为过。此前有16年的中断期，此后10年，即1989年才再度召开全国劳模表彰大会，并逐渐将表彰频率保持在每5年一次。

第二，名称繁多。这5次表彰大会的名称各不相同，分别面向不同的行业群体，表现出积压时间过长，一时难以全面统筹安排的时代特点。而1989年之后，表彰大会统称为"全国劳动模范和全国先进工作者表彰大会"，表彰对象覆盖全国各行各业的体力、脑力劳动者，以及管理干部。

第三，名额稀少。5次表彰大会共有4157家单位获得先进集体称号，比前4次的总和少2353个；有2520人获得先进个人称号，不到前4次人数总和的1/4。按单次计算，获奖数量也都少于后面历次表彰大会。这一特点与第四个特点有密切关联，也与当时提出的严格标准、控制名额的评选要求相吻合。

第四，标准单一。这5次表彰的主要对象，就是在生产第一线埋头苦干、勤勤恳恳的"老黄牛"式人物。1979年9月在评选劳模前，首次明确了劳模的标准："判断一个职工是不是模范、一个集体是不是先进，归根到底要看其在推动生产力发展方面是不是起了显著的作用，对社会主义建设事业是不是作出了较大的贡献。这是我们选举劳动模范和先进集体的根本标准。"[①] 在规定的10个具体评选条件中，排在第一位的是"对超额完成全国先进定额和计划指标有重大贡献者"[②]。与后来的情况相比，这些标准和条件带有鲜明的时代特点，但同时也更单纯、更简洁。

此外，5次表彰中前3次与后2次存在一些变化，深受变革时代大趋势的影响。前3次表彰以中共中央、国务院的名义作出，大会由时任中共中央主席、国务院总理华国锋主持，后两次以国务院的名义嘉奖，大会由时任国务院副总理余秋里主持；前3次表彰的对象是1960—1978年间的劳动模范，带有明显的落实政策、拨乱反正性质，后2次表彰的是1978—1979年的先进典型，主题已经转到"四化"建设上来。这一过渡性特点恰恰体现了党的十一届三中全会召开前后，党的路线方针政策的调整和改变，带有明显的时代印记。

---

① 《老劳模要做出新贡献 新劳模要迎头赶上》，《人民日报》1979年9月14日。
② 同上。

二、五次表彰的历史机缘与积极效应

20世纪70年代中后期，中国处于历史转折的重要关口。粉碎"四人帮"宣布一个时代的结束，然而真正要清除10年积累下的严重政治问题和社会问题，开创新局面，谈何容易？大变革的时代特别需要社会的支持，需要基层民众的响应，需要在思想认识上构筑新的共识，激发新的内生力量。劳模表彰是中国共产党创造并有效运用的社会动员方法，在革命战争年代、在新中国成立初期、在全面建设社会主义的关键时刻，都曾经发挥过十分有效的助推作用。此时，它再次担当起开风气之先、引时代潮流的历史使命。

（一）告别动乱，为转入正轨加油打气

面对"文化大革命"造成的巨大破坏，首先要解决经济领域的问题。此时经济部门问题丛生，交通运输无序，企业管理混乱，商业流通堵塞，生产处于瘫痪、半瘫痪状态。经济生产的严重下降造成了物资供应短缺，人民生活长期得不到应有的改善。因此，党中央一方面抓紧开展揭批"四人帮"运动，另一方面强调恢复和发展生产，整顿企业、建章立制，尽快把经济工作搞上去。"工业学大庆"是1964年党中央向全国工业战线发出的号召，尽管在"文化大革命"中遭到污蔑和打击，但大庆这面旗帜在人民心中没有倒，"铁人精神"仍被广大群众所推崇。因此，1977年1月，中共中央下发《通知》："五一"节前召开全国工业学大庆会议，动员全党、全国工人阶级，把工业学大庆的革命群众运动推向一个新的阶段，为普及大庆式企业而奋斗。《通知》说："这是实现华主席提出的走向大治的战略决策的重要部署，是全国工人阶级和人民群众盼望已久的大事。"[①] 在这次大会上表彰了王崇伦、黄荣昌、王运岐等一批老典型，重新肯定了大庆的成绩和经验，肯定了大庆的作用和地位。尽管会议带有一些浮夸和冒进倾向，提出了一些不切实际的目标，但就其树立先进

---

① 《中共中央发出召开全国工业学大庆会议通知》，《人民日报》1977年1月27日。

典型,掀起工业生产高潮的初衷来说,是具有积极意义的,就其调动工人阶级的生产热情,开展生产竞赛活动的后续效果来看,也是值得肯定的。1978年6月召开的"全国财贸学大庆学大寨会议",与本次会议一脉相承,大会以揭批"四人帮"为手段,目的是促进生产、繁荣经济。

科技教育文化领域是"文化大革命"的引爆点,也是重灾区。"文化大革命"中科教战线和文化工作被完全否定,广大知识分子被贬为"臭老九",社会价值被一笔抹杀,长期遭受不公正待遇。不解决这些问题,不把颠倒的黑白再颠倒过来,粉碎"四人帮"后的历史就难以迈进,社会进步就难以落实。"全国科学大会"正是在这样的背景下,紧随"全国工业学大庆"会议召开。1977年7月,邓小平正式复出,主抓科学教育工作。他在中央召开的科学教育工作座谈会上,重新评价了新中国成立后17年教育、科学战线的成绩,推翻了所谓的"文艺黑线专政论""教育黑线专政论",充分肯定绝大部分知识分子是自觉自愿为社会主义服务的。1978年3月,在全国科学大会上,他阐述了"科学技术是生产力""为社会主义服务的脑力劳动者是劳动人民的一部分"的观点,并强调要建设宏大的又红又专的科技队伍。[①]这次以"向科学技术现代化进军"为主题的大会,标志着党的知识分子政策的重新确立,知识分子因此扬眉吐气,以崭新的姿态投入到了火热的现代化建设中。

1977、1978年表彰的全国劳动模范,都是20世纪五六十年代就已崭露头角的老劳模,他们不计名利、埋头苦干。他们的先进事迹极其丰厚却被积压多年,因此,对他们的表彰带有明显的拨乱反正性质。应该说,是告别过去、拨乱反正的时代潮流催生了劳模表彰大会的再度召开。反过来,劳模表彰大会的召开又唤醒了蓄积在劳动者内心的爱国、爱党情怀,为新时代的到来酝酿了情绪、积蓄了能量。

(二)奋力拼搏,为改革开放提神聚力

党的十一届三中全会重新确立了实事求是的思想路线,把全党的工作重点调整到社会主义现代化建设上来,开启了改革开放的伟大历史新

[①] 《全国科学大会在北京隆重开幕》,《人民日报》1978年3月19日。

时期。随着全面拨乱反正的深化，经济建设的新形势呼唤人民群众投入更大的热情和百倍的干劲。

1979年正值新中国成立30周年大庆，利用这样难得的机会，国务院于8月15日发出通知，决定表彰全国先进企业和全国劳动模范。通知规定了评选条件，即"全国先进企业必须是大庆式企业中最先进的，是本地区、本行业学习的榜样。全国劳动模范必须是一贯表现好，并具有下列条件之一者：在完成生产建设任务，实现增产节约方面有重大贡献者；在生产技术上有重大改革或有重大合理化建议者；在创造发明、科学研究方面有重大贡献者；在其他方面有重大贡献者"①。可见，评选中生产建设一线的职工被推在了最前面，以生产成绩、以革新创造论英雄。1979年国庆节前夕，嘉奖工业、交通、基本建设战线的先进企业和劳动模范的表彰大会在人民大会堂举行。340位优中选优、精中选精的先进代表佩戴红花登上主席台，接受国家给予的崇高奖励。第二天《人民日报》发表社论指出："全国工作着重点已经转移，以四个现代化为目标的新长征已经开始。努力实现四个现代化，这是举国上下的头等大事。办好这件大事，工人阶级是带头人；工人阶级的优秀分子——劳动模范是开路先锋；先进企业是提高企业管理水平、多快好省地发展生产的榜样。"②3个月后，国务院在人民大会堂隆重举行第二次授奖仪式，嘉奖农业、财贸、教育、卫生、科研战线的全国先进单位和全国劳动模范。在表彰决定中国务院号召"各条战线的工人、农民、知识分子，向全国先进单位和全国劳动模范学习，掀起一个人人为四化做贡献，立功劳，争当劳动模范的热潮，为建设四个现代化的社会主义强国而努力奋斗"③。这次表彰大会原计划在1980年召开，但赶在1979年底举行，而且将表彰面扩大到上次嘉奖后的所有行业，足以见得党的十一届三中全会后国家经济建设形势突飞猛进，争分夺秒投身现代化建设已经

---

① 《国务院决定为动员广大职工集中精力搞四化 国庆三十周年表彰一批先进企业和劳模 通知要求大力宣传推广先进经验，开展比学赶帮超活动》，《人民日报》1979年8月18日。

② 《为四化立功——向受到嘉奖的全国先进企业和全国劳动模范热烈祝贺》，《人民日报》1979年9月29日。

③ 《嘉奖农业、财贸、教育、卫生、科研战线全国先进单位和劳模 国务院隆重举行第二次授奖仪式 华国锋、邓小平等同志到会祝贺 李先念同志代表党中央国务院致词》，《人民日报》1979年12月29日。

成为全社会的主流。劳模应时代需要而生，又成为时代潮流的领跑者。与前三次劳模表彰不同的是，1979年的两次劳模评选上报的都是新材料、凭借的都是新成绩。在"四化"建设的洪流中，老劳模不骄不躁，再立新功，在他们的带动下，涌现出一大批新劳模，成为现代化建设的生力军。

这一年在人民大会堂还举行了全国"三八"红旗手、"三八"红旗集体表彰大会，8960名"三八"红旗手，1042个"三八"红旗集体，代表了在"四化"建设中作出显著成绩的妇女。与此同时，各行各业、各级政府、企事业单位，开展了一浪高过一浪的生产竞赛和劳模评选表彰活动。在这样昂扬向上的氛围中，迎来了蒸蒸日上的20世纪80年代，比学劳动模范、赶超先进典型，奋发有为、勇于拼搏、争当新长征突击手，在社会上蔚然成风。

三、继往开来：五次表彰的现实启示

作为历史事件的5次劳模表彰已经成为过去，但历史的余音始终在回响。2015年4月28日，在时隔36年之后，重现中共中央、国务院共同发起表彰全国劳模和先进工作者的高规格大会。大会由李克强主持，中共中央总书记、国家主席、中央军委主席习近平发表讲话，刘云山宣读表彰决定，中共中央政治局常委全部出席大会。在回望历史、审视现实中，我们能够获得怎样的启示呢？

（一）劳模表彰是整合社会力量的重要手段，是当前经济发展新常态下增添信心，积聚动力的有效方法

自从劳模表彰制度诞生以来，它所彰显的调动社会情绪、统一社会思想、整合社会力量的作用，始终没有改变。因此，在历史发展的关键时期，它总是会活跃起来，顺应时代的需要，发挥为基层民众增添信心、鼓舞斗志的重要作用。1977—1979年连续5次表彰全国劳模的事实，有力证明了这一点。在历史的钩沉中已经揭示出，这绝不是历史的偶然或巧合，而是特殊历史时期的特殊产物，蕴含着很强的历史必然性。尽管历史事件的动因是复杂的，但究其根本它源于转折时代的历史召唤。

当前我国经济社会发展来到了一个新的拐点，新的经济调整和转型，孕育着新机遇，但也必然带来许多新的挑战。2014年5月，习近平总书记在考察河南时，首次用"新常态"表述了我国经济发展的阶段性特征。所谓"新常态"是指在速度上"从高速增长转为中高速增长"，在结构上"经济结构不断优化升级"，在动力上"从要素驱动、投资驱动转向创新驱动"。这一变化与改革开放40多年的快速发展密切相关，更是实现"四个全面"战略布局的必然诉求。然而，复杂、多变的国际环境和国内不断出现新的社会矛盾都在干扰、牵掣着发展的进程。所以，让人民群众有信心、有干劲、有凝聚力，显得至关重要。正如习近平总书记在讲话中指出的："我们正在从事的中国特色社会主义事业是全体人民的共同事业。全面建成小康社会，进而建成富强民主文明和谐的社会主义现代化国家，根本上靠劳动、靠劳动者创造。"[①]这也表明了2015年党中央、国务院共同高规格表彰劳模的一个考量，再次证明了劳模表彰所具有的巨大潜能。

然而，社会氛围的营造，人民群众的动员，仅仅依靠一次劳模表彰大会显然是不够的。回首人民群众干劲最足的新中国成立初期和20世纪80年代，我们发现一条成功的经验是，要把对劳模的宣传常态化，对劳模精神的崇尚自觉化。在这两个历史时期里，劳模被推上了至高的地位。上至国家领袖、下至普通百姓，全社会都尊重、喜爱、效仿他们。"在毛泽东那里，劳动模范总是受到礼遇。在国庆大典的庄严时刻，他邀请劳动模范一同登上观礼台；他多次宴请劳模，把他们奉为座上宾。"[②]劳动模范成了人民群众崇拜的偶像。如此才能形成社会风气，才能将向劳模学习转化成民众自觉的行动。

（二）劳模精神是民族精神的主要组成，是当前弘扬社会主义核心价值观的重要源泉

"劳动模范是民族的精英、国家的脊梁、社会的中坚和人民的楷

---

① 习近平：《在庆祝"五一"国际劳动节暨表彰全国劳动模范和先进工作者大会上的讲话》，《人民日报》2015年4月29日。
② 姚力：《劳模表彰：毛泽东群众路线思想的应用实践》，《当代中国史研究》2013年第6期。

模。"① 他们是在平凡岗位上做出突出成绩的普通劳动者。然而，正是"看似寻常最奇崛"，他们不仅具有高超的生产技术水平，而且占据着思想道德的高地。新中国成立60多年来，评选劳模的标准虽然因具体时代的任务、目标不同而略有差异，但劳模精神却是共通的，而且历久弥新，具有跨越时代的恒久性价值。

党的十八大以来，习近平总书记每年在劳动节前夕都与全国劳动模范举行座谈，大力倡导发扬劳模精神。在2015年劳模表彰大会上，他指出："'爱岗敬业、争创一流，艰苦奋斗、勇于创新，淡泊名利、甘于奉献'的劳模精神，生动诠释了社会主义核心价值观，是我们的宝贵精神财富和强大精神力量。"② 劳模精神的这些概括，来自一代又一代劳动模范的实际行动。他们用汗水、辛劳和百倍的付出，为社会主义核心价值观提供了例证、注入了内涵。劳模精神是社会主义核心价值观的源泉，没有劳模精神，社会主义核心价值观就不完整，就丧失说服力。就社会主义核心价值观中公民个人层面的价值准则来说，劳动模范是"爱国、敬业、诚信、友善"的积极行动者，他们的事迹充分展示着这样的品格；就社会主义核心价值观中国家层面的价值目标和社会层面的价值取向来说，劳动模范是国家"富强、民主、文明、和谐"、社会"自由、平等、公正、法治"的不懈追求者。实践证明，劳模精神所具有的榜样力量是巨大的。因此，要积极培育和践行社会主义核心价值观，就要大力表彰劳模、学习宣传劳模精神，将社会主义核心价值观融入生产建设的实践中，落实在实实在在的工作岗位上，紧密联系在人民群众的日常生活里。我们永远离不开劳模精神，它是民族生存、前进之魂，是中华民族走向伟大复兴不可或缺的有力支撑。

（三）劳模故事是中华民族的集体记忆，是当前回击历史虚无主义的有力武器、资政育人的好教材

历史是由人民群众创造的，新中国的历史就是一部人民群众的奋斗

---

① 《中华全国总工会关于深入学习劳模精神、大力弘扬中国工人阶级伟大品格的决议》，《工人日报》2010年7月28日。
② 习近平：《在庆祝"五一"国际劳动节暨表彰全国劳动模范和先进工作者大会上的讲话》，《人民日报》2015年4月29日。

史。劳动模范是我国亿万劳动人民的杰出代表,他们的贡献理应国史留名。这绝不是对个人的标榜,而是要留住中华民族的集体记忆。任何一个民族都不能缺失共同的集体记忆,它是建立民族认同的基本条件,是建立民族自豪感的重要依据。

一段时期以来,历史虚无主义思潮再度沉渣泛起,他们把党史、国史作为主要攻击目标,歪曲、否认社会主义革命和建设史,丑化、抹黑国家领袖和英雄模范人物,目的是要混淆人们的思想,重构人们的集体记忆,进而从根底摧毁人民对党和国家的热爱。"所谓历史虚无主义,并不是历史学领域里的学术思潮,更不是什么学术派别,而是一股由国内外敌对势力制造和鼓动,以推翻共产党领导和改变社会主义制度为目的,以否定和'告别'革命为核心,以伪造、篡改、歪曲、恶搞历史或将历史碎片化、片面化为手段,在社会舆论界特别是网络、报刊、书籍、讲堂上流传、漫延的政治思潮。"[①] "如果任由这一思潮继续存在和不断蔓延,势必会消解主流意识形态、动摇党的执政地位、危及社会主义国家政权,从根本上动摇社会主义中国的立国之本和强国之路,阻碍中华民族伟大复兴中国梦的实现。"[②] 对此,我们必须揭露其险恶本质,用正确的、完整的、生动的国史来教育人民。劳模故事在这方面储备着丰厚的优质资源,在群众中有着极强的感召力、示范作用和引领能力。它真实,没有任何艺术加工或文学创作;质朴,生成于生产劳动的实际;亲和,植根于人民群众中间;鲜活,蕴藏在每一位劳动模范的生命中;崇高,那"一个又一个平凡的故事投射出的是劳动者的高贵灵魂,是民族性创生的人格力量"[③]。这些看得见、听得到、摸得着的劳模故事是回击历史虚无主义的一把利器,它可以让那些污蔑国史和劳模人物的错误论调,在劳动模范真实的讲述中显露出丑恶、猥琐的嘴脸。

劳模故事的搜集、整理和传播工作意义重大,同时十分紧迫。因为从 1950 年新中国首批表彰的全国劳动模范算起,至今已经有 65 年,很多老劳模已告别人世或进入耄耋之年,因而记录他们的故事带有与时间

---

① 朱佳木:《历史虚无主义思潮呈现出前所未有的泛滥态势》,详见中国青年网。
② 吕薇洲:《尊重历史、坚定自信,消除历史虚无主义的影响》,《红旗文稿》2014 年第 21 期。
③ 姚力:《新中国成立初期的劳模表彰及其社会效应》,《党的文献》2013 年第 4 期。

赛跑的抢救性质。在纪念抗战胜利70周年的大会上，抗战老兵、支前模范的身影最令人感动，可惜的是很多战斗英雄生命已逝，我们无法再目睹他们的风采、聆听他们的故事。同样，那些人们崇敬的劳动模范："高炉卫士"孟泰、"铁人"王进喜、"两弹元勋"邓稼先、"知识分子的杰出代表"蒋筑英、"宁肯一人脏、换来万人净"的时传祥，留下的影像和亲身讲述的故事太少。为了少一些惋惜，为了给人民以力量，当前一方面要利用现代传媒手段，采用口述历史的方式，尽可能地挖掘、存留劳动模范的生命叙事，这无疑是资政育人的好教材；另一方面要积极搜集、整理散落于各处的劳模故事，制作各种文献资料纪录片，通过电视、网络等大众传媒手段，真实再现他们的音容笑貌和可亲可敬的事迹。唯其如此，才能在文化观念和价值取向多元竞争的背景下占据主流，才能"让劳动最光荣、劳动最崇高、劳动最伟大、劳动最美丽蔚然成风"[①]。

我们回首1977—1979年全国劳模表彰的历史，意在重温那个全社会都积极投身"四化"建设，对美好的明天充满热情期待的特殊时期，意在用劳模精神激励潜藏在人民群众中的巨大正能量，服务于当下的"中国梦"。因为中华民族走向复兴的伟大目标就要实现，全面建成小康社会的宏伟计划就要完成。我们的古人早就有"行百里者半九十"的训诫，越是接近成功越是艰难、越是关键。从这个意义上说，我们所处的正是一个渴望劳模辈出、光大劳模精神的时代。

[原载《当代中国史研究》2015年第5期]

---

① 习近平：《在庆祝"五一"国际劳动节暨表彰全国劳动模范和先进工作者大会上的讲话》，《人民日报》2015年4月29日。

从童养媳到劳动模范：生命史个案

  题记：本文的讲述者杨玉环，是一位普普通通的退休工人，但她起伏曲折的人生经历，连同她超强的记忆力和语言表现力，使我在第一次听她讲述时就被深深吸引。更令我没有想到的是，她的生命故事竟然轻松解答了我在当代史研究中一个久未释怀的问题。于我而言，这篇口述访谈不仅深化了对"口述历史与国史研究"的探讨，而且真切认知了劳动模范口述史的可贵价值与独特魅力。

  其一，劳模口述史承载着新中国的建设史和奋斗史。新中国经济社会建设所取得的每一点进步，都源自人民群众的辛勤汗水，正所谓"幸福都是奋斗出来的"。曾经有台湾学者由衷感慨大陆人民的艰苦奋斗精神，"试问：不是一辈子吃了两辈子的苦，一辈子怎得两辈子甚至三辈子的成就？"[①] 劳动模范对新中国建设作出了超乎常人的牺牲和奉献，以忘我的工作精神和骄人的工作业绩成为时代的先锋。他们兼具普通百姓和社会精英两种特质。"普通"是指他们是普通劳动者中的一员。面向基层、面向一线、面向普通劳动者，一直是劳模评选的基本原则。"精英"是指他们是开风气之先的时代精神楷模，政治觉悟和道德水平都在一般人之上，是国家意志的坚定追随者和最好执行者。品德高尚，对党、对国家、对事业无限忠诚，

---

① 有林：《略论毛泽东对中国社会主义经济建设的理论思考》，载当代中国研究所编：《纪念中国社会科学院建院三十周年学术论文集当代中国研究所卷》，当代中国出版社 2007 年版，第 376 页。

任劳任怨、勇于创新,一直是推荐劳模的首选条件。劳动模范的这些特点,决定了他们的生命口述史,不仅书写着个人的人生经历和命运,而且承载着时代主题。记录他们的成长历程、宣传他们的光辉事迹,对于人民群众正确认识和理解新中国史、培育和践行社会主义核心价值观、增强中国特色社会主义事业凝聚力和感召力,具有重大而深远的意义。

其二,劳模口述史是劳模精神的载体,是弘扬正气、教育后人、凝聚民心的力量源泉。劳模口述史之所以具有感染人和教育人的能力,主要是由于:真实,没有任何艺术加工或虚构成分;质朴,生成于生产劳动的实际;亲和,植根于人民群众中间;鲜活,蕴藏在每一位劳动模范的生命中;圣洁,展现了脱离低级趣味的高尚境界。尽管不同时期的劳模带有各自的时代特点,但他们身上有着共同的特质:他们不仅是各行各业的能工巧匠,具有高超的生产技术水平,而且爱党、爱国、爱事业,始终占据着思想道德的高地。劳模精神所张扬的时代风尚是当代中国不灭的印记。

如何把个体记忆打造成集体记忆?口述历史是一条主渠道,而且它因真实感人的特点,更易于被人民群众所接受,在产生心理共鸣的同时形成共通的价值理念。党的十八大以来,习近平总书记每年在劳动节前夕都与全国劳动模范举行座谈,大力倡导发扬劳模精神。在2015年劳模表彰大会上,他指出:"'爱岗敬业、争创一流、艰苦奋斗、勇于创新、淡泊名利、甘于奉献'的劳模精神,生动诠释了社会主义核心价值观,是我们的宝贵精神财富和强大精神力量。"[①]实践证明,劳模精神是中华民族精神的有机组成部分,是民族生存、前进之魂,是中华民族走向复兴不可或缺的有力支撑。

但遗憾的是,即便是在获得全国劳动模范荣誉称号的人中,能够被后人记得的也是寥寥无几;即便是最著名的劳动模范,能够被人们所了解的也只是宣传材料中极为有限的字句,大大削弱了其引

---

① 习近平:《在庆祝"五一"国际劳动节暨表彰全国劳动模范和先进工作者大会上的讲话》,《人民日报》2015年4月29日。

领社会风气作用的发挥。如何让人们认识一个真实、完整、没有脱离生活的模范人物,既看到骄人的成就又看到日常的喜怒哀乐,既看到思想道德的光辉又看到平凡人的苦乐辛酸?口述历史具备这样的能力和效果,真实生动、血肉丰满的生命叙事最易于展现"看似寻常实奇崛"的壮丽人生。70年是口述历史采访最长的有效时间跨度。那些在新中国成立初期建功立业的模范人物均已步入耄耋之年,一旦谢世,那些宝贵的记忆和影像便无法再现,成为永久的遗憾。因此,采录劳动模范口述史的任务十分急切,带有抢救性质,是与时间和死神的赛跑。

习近平总书记在中华人民共和国国家勋章和国家荣誉称号颁授仪式上指出:"崇尚英雄才会产生英雄,争做英雄才能英雄辈出。"① 在思想文化多元发展的今天,营造崇尚英雄模范的社会氛围,激发学习英雄模范的自觉意识,需要新的媒介和手段,劳动模范口述史能够承此重任,值得大力开发。

一

我是1939年生的,我们家从我记事开始一直住在沈阳市北陵乡上岗子村。听我母亲说,我们家是满族,祖上是守皇陵的,正黄旗。那时候人们生活不富裕,咱家就更穷了,房无一间,地无一垅,家里啥都没有。我爸是气管炎,咳嗽,那时候叫痨病,累伤的。他是木匠出身,手艺人。他一有病不能做工,这个家整个儿就没有办法了,别说治病了,生活也是吃了这顿没那顿,身子都不能热乎。我们姊妹多,大哥大姐就都出去做工了。大哥在北陵飞机厂当学徒,学的是飞机仪表技术,后来生活太困难了,就到山东庙(地名)当警察,为的是一个月挣90斤高粱米养家糊口。我大姐出嫁后,家里就剩七口人了,二哥、二姐、我、小妹和小弟,这五个孩子。生活怎么办呢?就是吃糠咽菜,这就甭说了。夏天挖野菜、做小工。人家种地了吧,拔草薅苗,咱就去,我爹也去,我妈也

---

① 习近平:《在国家勋章和国家荣誉称号颁授仪式上的讲话》,《人民日报》2019年9月30日。

去。今天挖这个苣荬菜，回来用水生上，明天我哥挎着上市里头卖，卖点儿是点儿。再一个呢，上北陵砍点松树明子，市里头生炉子还不得用这个？卖那玩意儿。我妈针线活好，给人做穿活，要看这个人，中等身材，要做个棉袍，用拃一量，做好穿上正合身，还做布袜子，做这些个手工。我们就这么围拢着，那也是这顿接不上那顿，晚上饿得睡不着觉，我妈就给讲故事。确实难呐！但是我妈她还告诉我，人活着不行赖事，一定要做好事、善事。我父亲性格就不行，一到吃饭的时候就说："宁愿都饿死你们，宁愿都饿死你们啊！看着没，啥吃的都没有了！"

  1948年初实在没有办法，我爸我妈就把孩子处理了。处理谁呢？小子（男孩）谁要哇？就处理丫头吧。研究来研究去，让我们姐仨逃命去吧，谁能走出去，能混口饭吃就能活过来。这就把我二姐给了老徐家做童养媳，他们家能吃上饭，有一亩多地，三四间房，还有一辆马车。玉兰小妹，才两岁半，给了"土蝉刘"，他是菜园子的把头，给人家大地主看菜园子，现在叫技术员了吧，那时叫把头，外号叫"老土蝉"。他两房女人都没生育，玉兰给人家做养女了，粮食也没给。送她的时候，她恶苦地嚎哇，脑袋也磕破了，现在还有个疤。像我和我二姐呢，换了粮食吃了。老徐家给的高粱，给多少不知道，我是给的一百斤黄豆，就这么卖出去了。我给的是西街老何家，给他家老三做媳妇。老何家在城里有买卖，老二两口子在城里开煤局，卖煤球。老大是北陵飞机厂厂兵，走的官线。老大、老二都独立了，却没分家。家里头老太太和二大姑姐何秀兰掌管家业，老太爷早死了。雇了几个做活的，有大车，都是二套马车，双套胶皮轱辘车，那还了得了！怎么把我给人家的，怎么讲的，这个不当我面说，人家第二天就来娶人了，这才和我说。1948年，过完年，我才九岁。妈说："不是妈心狠呐，这是没有办法，是让你们逃命去。人家家里都过得挺好，好赖给你碗饭吃。你到那里要有个眼力见儿，多干活少说话，人家喜欢你不就多给你碗饭吃，让你吃饱点。"这妈呢，就是嘱咐这点事。那时候本来就封建，八九岁的小女孩，一说起做媳妇，多砢碜呀！又要离开家，谁情愿去呢？心里头就像怀揣小兔子似的，扑通扑通总那么跳，也不知是怕什么呢还是害臊什么，说不好那滋味，心总是那么怕。第二天来接人的是老何家太太，就是婆婆。她那时候50多岁,四个儿子,三个闺女,我嫁的是老三——何国山,他底下还有个妹妹,跟我一边大,一个弟弟叫国胜。妈说:"跟你婆婆去吧。"那就去呗,就开门跟人家走了。这个时候,记忆最深的就是我二哥。这个二哥吧,我跟他感情非常深,二哥的话这几十年我还记得。走到大门口了,我妈和我二哥送的我,我爹身体不好送不出去。我妈不得跟人家老何太太告别嘛。我二哥拽着我的手说:"三妹,你去吧,咱家穷不能总穷,总有出头露日的那天。等咱家过好了,哥一定把你接回来。"我不爱走,就是煞后,但你不能哭呀。兄弟很少当家,你说听到这句话,难受不难受?难受!不哭。你哭了,妈的心怎么整?哥的心怎么整?我说:"哥,你可别忘了,等咱家好了,你可一定接我去。"他说:"肯定接,你放心吧,三妹,咱家好了哥一定接你去。"我二哥属狗的,才比我大6岁,这话说得多有远见呐!后来他也是个好党员,死的时候全厂给他开追悼会。

到了人家里,别的就不用说了,咱就得按妈讲的,要有眼力见儿,多干活少说话,哪句话说不周了,惹到人家就麻烦了,要学着懂事。按着我的年龄,能干啥就干啥,扫个地、打桶水、烧个水、泡个茶,就干这些零碎活。整个活,像做饭,都是大嫂的。大嫂要做饭的时候我就掏小灰、抱柴火,她干锅上的,咱就干底下的。快到秋天的时候,又加活了,看地、轰鸟,回来还得割捆草喂牲口。那跑来跑去的,小孩能不饿呀?有一天我就回来了。老太太在忙啥呢?玩纸牌。几个老太太,还有何七奶奶。她们一看我回来了,瞅瞅我,啥意思?怎么这时候就回来了?我就赶紧洗洗手,到屋里倒个茶,装袋烟。我想拿扫帚再扫扫地,她们嗑了一地毛嗑皮。底下老太太就发话了:"小环,你回来干什么呢?"我说:"没啥事,就是回来看看有啥活没有,没啥事我就回去。"她说:"锅里有大饼子,你掰半个拿去吃吧。"我就是为这个大饼子回来的,一听挺乐呵,抱着大饼子跑出去了。

还有一回,也不知道大嫂犯了什么错误,饭菜都打理好了,大哥回来,吃完了,雇的伙计都吃完走了,就来到她那屋,噼里啪啦地打大嫂,打得嗷嗷叫唤,把我吓得就在那板门后头站着,干哆嗦,心里想打完大的打小的呗,下面该打我了。大嫂好人呐,炕上地下都能干,老太太起来,得给端尿盆,这些规矩都按着走了,没有犯错误哇?也不知道二小姐给告了什么状,这个何秀兰可霸道了。结果完事没打我,心里头就总是怀揣小兔子似的,就是怕犯错误啊。一天紧着干活,抹抹擦擦,扫扫地啦,端茶倒水啦,完了赶紧靠边站,人家一喊就"唉,来了",马上答应。天天就是这种生活状态。再看人家,我那对象上学,跟我一边大的小妹也背着书包上外头上学,咱就得在家喂猪、打扫,啥都得干。我那对象比我大三岁,知道我是他媳妇,对我还行,他不熊我。他放学早了也打草去,他不说话,我也不跟他说,但是我小呀,一捆草扛不起来,他就帮我拽,帮我一把。有时候我也可以回家,晚上都收拾完了可以回去,第二天早上早早就回来,得早起给做活的做饭呐。那时懂事,真懂事,但是眼泪掉多少就是自个的事了。怕挨打、饿得心里头发慌、想家。哭,自个儿哭呗,这眼泪自个儿往肚里咽。我回家不说,为什么呢?妈说了为了活命,哥哥答应了等咱家好了就一定接我,那就盼着出头露日那一天呗,那时就寻思这个。到秋天看完地回来,人家吃完咱们吃。人家家里人在炕上、屋里头方桌上吃,伙计们都在外头,我跟大嫂也在外头,咱们是看锅的,吃完就赶紧往后收拾。大嫂得伺候婆婆,老太太吃完一碗就盛一碗,我都不够级呀,站在旁边,给大小姐盛个饭,给二小姐盛个汤,干这个。伙计这边呢,就是高粱米饭、谷子面的大饼子、大葱蘸大酱、盐豆子。我们哪能坐着吃饭,只能边收拾边往嘴里扒了,胡噜得快就能胡噜个饱肚子,胡噜得慢你就吃不饱,吃不饱你也得到点就去干活去。

  解放前几天,国民党逃跑了,这堡子的人就上飞机厂去抢东西。我们老太太看着多眼热呀,出高招了,告诉我:"小环子,你也去拣值钱的东西去。"我不敢吱声,心里害怕呀。那国民党多厉害,我们以前挖野菜,拿着枪把子恶对着我们。去的都是胆大的,一般都是小伙子,飞机轱辘都往回骨碌,后来做马车轱辘了,还有扛布的。我就在后面跟着走,到了厂子门,那时也没有人管了。往里头一走我就害怕了,赶紧就进了小楼,也没有啥值钱的玩意儿,我就看见绣花鞋了——国民党太太穿的那高跟鞋、凉鞋、绣花鞋。我就划拉这双,划拉那双,划拉一堆鞋。拎个白铁盆,装了满满一盆。人家书架那格上,有个花瓶可漂亮了,那时我哪见过呀,还有个小杯子也可好看了,就整点这玩意儿。那花瓶是玻璃的，多沉哪，也舍不得扔，搁到盆底下，别的不能拿了。我就趔趔趔趔，把肚子往前挺着，抄小道就回来了。老何太太寻思我能给她拿什么值钱东西，一直在那个房后头站着，等我端个大盆越走越近了，我看她脸色不对劲，不乐呵。一看这一盆鞋，没什么东西，她就来劲了。"你拿这些玩意儿干什么？你能穿呀？叫你拿值钱的东西，你拿这些玩意儿有什么用啊？"这鼻子不是鼻子，脸不是脸的，臊的我。我抱着个盆，不知道是要还是不要，也不敢扔啊。这时候何七奶奶走过来说："一个小孩子知道啥呀？一个小丫头，她就是看着好看就拣呗，不要就不要呗。"她就不拽我了，说："倒到北壕沟里去吧。"那是小日本挖的壕沟，预防人往飞机场里进的，离家还挺远呢。她把花瓶要去了，盆也要，鞋不要了。我还留了个心眼，把花酒杯装我兜里了，我还留着玩呢。那时候人家拿你算啥呀，人家咋不让自己女儿去呢，不叫何国山去呢，不叫国胜去呢？咱那时候就得去，人家就舍得！咱自个儿妈舍得吗？那还放着枪呢，多乱呀，敢让自己孩子出去吗？枪子儿有眼睛吗？这就说明一个问题。老太太想发这财就没发上，我没给她拿回来，一下午都不高兴，不吱声。我总记着在老何家这段。

讲到解放，这里边有个事。有天晚上，三个人突然上我妈家里去了，我妈寻思是胡子，那时胡子多。开了门，说："你们有什么事？""没什么事，走得饿了，有什么吃的吗？给点儿。"我妈说："家里啥吃的都没有，老头有病，起不来，晚上我们也没饭吃。我给你们烧点水喝，行不？"有一个人就出去了，水烧开后我妈给倒上，这人就回来了，拿来半袋米。我妈一看拿回袋粮食就说："我这就做，很快。"这人说："老太太你不用做了，我们还要赶路，喝点水就走，这点儿粮食留下来给你们吃。老太太，以后就好了，用不多久就好了。"后来我妈跟我爸说，这是八路军的密探。又蹭了那么几天，有一天晚上，我正在刷碗呢，我爸去了，穿着补丁摞补丁的长棉袍，这我现在还记得。挺冷的冬天，下大雪。我说："爸，你咋来了？""我找你们老太太，跟你们老太太说说，你妈要上北关你姥姥家去躲两天，要光复了，要我来接你，你想去不？"我说："爸，我可想去呢，你好好说说。"老太太听到外屋说话，就从里头出来了。我爸说："亲家奶奶，挺好啊？我来有点事儿，她妈想上市里她姥姥家躲两天，想把小环带上，您看行不？"这老太太打个招呼就不吱声了。我在底下拽我爸的衣襟，我不敢起来，还得在灶炕那烧洗碗水呢。我心里说："你好好说，多说两句。"我爸又说："亲家奶奶，她妈上北关住两天，回来我再把小环给你送回来，早晚也是你们的人，我说哪儿办哪儿。另外呢，她妈也挺想她的。"这老太太还不吱声，不少工夫后才说了句，"走就走吧，那你说话算数啊！"就这么两句话。我爸说："是，亲家奶奶，过两天太平了，我就给你送回来。"我那心里高兴透了，一下子就站起来就要跟爸走，老太太扭过脸就进屋了。这亲家来一趟，屋里没让进，一口水没给。你穷啊，对不对？人家谁瞧得起你呀？就这么两句话把我爸打发走了。我扯着我爸的衣襟，出溜出溜就回来了。那天回来，我妈就带上我上我姥姥家了。我姥爷没有了，姥姥跟大舅过，大舅跟我们不好，二舅对我们好。可二舅穷，跟我们一样。过年了，一个猪头砍一半，他留一半，到上岗子给我们家送一半。大舅那时候叫资本家，开个冰果店，人家有股份。那时候有钱人看没钱人，就是另眼看待，不管亲情不亲情的，他划得可清楚了。我妈带我们一进院，他就说："你怎么把小环带来了？你让她跟他们老何家得了呗！"这几十年了我一直还记着这个话。后来二舅家收留了我们。我二姐没去。老徐家那家人，当初说的时候都挺好，不是买卖、交易，这也是作一门亲戚，人家也承认是亲家了。可是逃难了，他们一家都跑了，老太爷让我二姐在家看家，说："小玲，你在家看家，俺们上城里你大姑家那儿，你就靠着这柜子坐着。"就没让她出来。没想到那天晚上，八路军进来了，沈阳就解放了。那天晚上，那雪下得大呀，白菜都冻到地里头了。我们在城里猫了几天就回来了，回到堡子里，那以后就不去老何家了。

二

一过了年，家家户户男的去开会，写牌子、木头桩子，下头就放粮，完了钉桩子，写着姓氏名谁，分地。我还记得大家分粮。张玉芳他家有钱有粮，但粮食、好东西都拉到城里去了，人都走了，家里剩下老太太和我二姐。这个二姐是我大姑的女儿，原来也是童养媳，后来上了头，但她当家的娶了二房，让她住磨房，挺受气的。来了个八路军小丫头，那时候穿个灰衣服，拿个小夹子，还有笔。到了老张家，她告诉我们说："粮食往外拿，往外搬，有啥拿啥。"我二姐却说："就这些了。"我听了挺生气的，心想："你怎么还向着他们说话呢？"小八路说："这是什么粮食？好粮食呢？往外拿。"就从柴房里往外扛，外头铺着席子，粮食都拿出来了。那年土改俺们家分了一垧（十亩）地，还分了三亩不好的，在壕沟外的坟圈那里，只能种荞麦，这日子就好了。1949年开春就自己种地了，就不上人家受那个气去了，也不看人家脸色了，心里头高兴劲就别说了。谷地自己种了，求人换工差具（互助组的前身），你家有犁我家有马，合着干。我们自个薅草，薅得细呀，这大谷穗长得，猫尾巴似的，那庄稼长得太好了！妇女也开会，动员下地生产、劳动，你看过《小女婿》吧，刘巧儿都得下地劳动、生产，平等权利啦。

1952年成立初级社，1955年冬天就走合作化道路了。开始入社，我二哥入了，我妈也入进去了，那都是自愿的。那时候，有钱的不愿意入，愿意自个儿干。我愿意入，到工作队登记，人家告诉我："你不行，才15岁，不够16周岁，不到入社年龄。"我就说："我今年不够，那这冬天能干活吗？你不得到明年才干活吗？到了明年春天我不就16岁了？再说，菜园子这活儿我都能干，拔草薅苗的，都能干。"我的个儿挺高，就这么地给我写上了。不两天，就正式批准下来了。批下的单子上写着有谁谁入社，我就入社参加革命了，这就又进了一步。我就想，可得好好干，在队里服从领导，队长让干啥就干啥。就干呗！先是小组长，领着妇女干活。1957年又选我当妇女队长，管妇女工作，妇女有啥事就去找找、问问。这一年就有高级社了，当时叫前进集体农庄。那时开会特别多，有时候是总支，有时候是共青团。晚上开会回来，得走八里地，还穿坟地。那时候不知道害怕！我啥思想你们知道吗？就是报恩思想。别的不明白，当家作主了，党说啥咱就干啥，好好干，没有共产党就没有我今天，我今天自由自在了，我就满足了，就这思想，不懂害怕，不怕一个人走黑道，就是走！

1958年我就上大队当队长去了。"大跃进"起早贪黑地干，都得干到半夜。政策一下来，工作队来一宣传，咱就带头呀，一干就干到半夜。

翻地，那是冬天，把生土都翻上来了，那是缺点，是错误，但党号召的咱就干。那时心里头就是兴奋，怎么干力气也干不完，干什么都高兴。在地里歇气儿的时候，看见有块粪，赶紧按到苗根底下埋上，也不嫌脏，哪像这时候，走到大粪坑边还得捂嘴呀。你说开会开到多晚，没有说是我累了、困了，不知道那时哪来的精神、哪来的劲头儿？党就给你这个精神、劲头儿，就是这么干，没有累的感觉。

1959年"落改"，改造落后地区。阶级斗争激烈呀，他不敢出来跟你当面干，晚上拿砖头砸你。有一回，我从小队开会回来挺晚了，走到快到家的时候，道前头拐角处有个露天厕所，就从里面扔出了半块砖头。你说我这小丫头胆大不？我说："有能耐你就出来，暗中伤人算啥能耐？你这个砖头不一定打死我，你出来。"一点动静没有，我站了一会儿，喊了一会儿，没有动静，就回家了。还有一回，散了会我就先出来了，走到上岗子印刷厂，前边是一片小松树林，那天晚上没月亮，又有大半块红砖头扔出来。这个砖头扔出来的劲儿不大，在我脚下骨碌骨碌滚过来，我就站住了。我说："是谁？报个姓名！出来，要干明着干！"我觉得村子里头，没啥坏人，但是你要知道，1959年"落改"是又一次农村阶级斗争。

就是"落改"那年何国山来找我，他在辽大化学系上学。我问他："你吃饭没？"他说："没有。"我就说："一块儿吃吧。"也没啥招待他，只有苞米面粥。吃完了我得上大队开会去，我们俩就出来了。他挺和气地说："你送送我呗，咱俩唠扯唠扯。"我说："也行，开会也赶趟儿。"我们顺着道往南走。他话里话外想问的是堡子里运动的事，因为何忠义是他家族的大爷，是个富农，我们这里没有地主，成分已经很高了，被圈进"虎穴"了。何国彦是他大哥，有历史问题，是国民党的厂兵。另外，还牵涉到一个问题，就是大嫂死了。她娘家传出话来，说她死得冤，说老头在女儿坟前没有哭，要是哭怕是以后没有翻案的那天。所以我们把何国彦作为一个怀疑对象，后来又联系到他姐何秀兰，怀疑她出主意，药死大嫂。这些事他都想打听打听。他问我："运动搞得怎么样？"我说："挺好的，挺深入的。"他又问："我二大爷和我大哥怎么回事？"我说："现在怎么回事不好说，还在调查，还没有结论下来呢。"他没吱声。过了一会儿又问:"咱俩的事怎么办?"我说:"咱俩啥事?"他说:"你说没结婚就离婚,这好吗?"我说:"谁跟你离婚?你还是读书人呢,《婚姻法》你学没学呀?我还跟你离婚?你要想算这账,我给你家扛活怎么算?你剥削我的,你算哪条上的?"他说:"我就是说说问问,你还跟我急?""不是我跟你急,你还是读书人,你太不懂政策了,回去好好学习《婚姻法》,看童养媳那几条是怎么规定的,完了你再回来找我!"他说:"我以为没有结婚就离婚……"我说:"谁跟你离婚,我跟你结婚了?今天咱就谈到这儿吧,挺晚的,我要开会去了。"这时他就捂着肚子说:"我有点肚子疼。"我说:"你咋肚子疼呢?""谁知道呀,我也没吃什么,就去你家吃饭了。"我一听,他这是吓唬我、威胁我呀。我说:"我告诉你何国山,你是辽大化学系学习的,你要想回学校用什么化学东西,我们全家都有证实,你在我们家和我们吃了同一锅饭,苞米面粥,我们都吃了,你别来这招。"我急了声儿也大了,后面民兵连长张志远的脚步声也近了。他说:"那就算了吧。"

我跟他再一次见面是1961年,我去辽大毛泽东思想研究班脱产学习,一年半。他在化学系,我在哲学系。一天我从楼上下去干什么,他上外语系来,我下楼梯时他看到我了,我也看到他了。他说:"呵,你怎么上这儿来了?"我说:"这大学就行你来,别人不行来吗?"他问:"啥时来的?"我说:"来老长时间了。"他又问我在哪个系,我说:"哲学系,毛泽东思想研究班。"我说:"从此以后,咱们就什么都没有了,整个儿结束了,你活你的,我学我的。"他没吱声就上楼了,我就下楼了。这是最后一面,以后我们谁也没再见谁。

我是1959年辽宁省农业劳动模范,可登记表是1960年,因为1960年1月5日开的会。当时市里农业局主任来电话问我,主要成绩是什么?我说也没啥成绩,就想起上孟家店防汛这么个事儿。那时候孟家店要开口子啦,公社来通知,咱就派人去。我扛着红旗,是突击队队长。去堵河口子时,正赶上我来例假,跳河里过肚脐的水呀,人家不知道你是男孩子、女孩子。那时候连塑料布也没有,换了七回衣裳。再就是我们北三小队打电井,挺冷的天,我们一共16个人,分两班,我是大队干部,七天七宿没回家,就在工棚里拽、砸,打上水来了,就买水泵、装机器。

那时候就想当家作主了，要一步一个脚窝，好好干，做个人样。要做人就得站得直、走得正，这是做人的本分。那时候能干，人家叫我"假小子"，挺泼辣的，自己赶毛驴车去捡粪。可为啥干呢？自个儿心里清楚，就是报恩。报谁的恩呢？共产党呗、毛主席呗。毛泽东思想教育的，别说脏、累，就说对人的态度，也是该叫大嫂的叫大嫂，该叫大姐的叫大姐，对人要尊敬。人家一看这小丫头，干啥挺积极的，对人也挺尊敬，就培养你。当时黄树仁、陈淑兰这些下放干部，一点不摆干部资格，人家政治思想水平都很高，像我们这样的青年，总是培养。人家那言语一说，说得你更是高兴，更得好好干。这些干部特别关心我，我上公社去开会，晚了，没有车，挺远的去接我，人家对咱们确实培养。

我是1956年4月份入团的，1959年2月24日入党。要入党了，睡不着觉，高兴得都掉泪，那种滋味比上老何家去的心情还复杂，也不知道是乐还是难受哇。总觉得一天书没念过，苦出身，一点儿文化没有，一下子就要成为一个中国共产党党员了，我也说不好那滋味，那激动劲儿。宣誓那天，来我们公社开的宣誓会，一看到那党旗挂出来，眼泪就止不住似的，瞅瞅主席像，瞅瞅党旗，就是一个高兴、激动，没有话说。就寻思一个给人家当童养媳的，今天站着讲话跟个人似的了，扬眉吐气了。我心里总是暗想要严格要求自己，不是说党章规定党员的权利和义务，我自个儿翻身当家作主了，还是共产党员了，党员就得像个党员样子，做个表率出来。

三

我1964年结婚，找了一个军官，这在"文化大革命"也是一条罪状。那时候一个知青提意见说："你教育我们要扎根农村干革命，你找一个军官跑了。"我说："我跑哪去了？我不还在大队干吗？你干啥我就干啥，我跑哪儿去了？我找的是共产党军官，我没有找国民党军官，怎么就叫跑了？"我就不服嘛。我说："他是旧社会的流浪儿，我是童养媳，他没读过书，我没上过学，我们同命相怜，就是我们生活中有摩擦的时候，想想他苦出身，满街讨米，南方一个流浪儿，我东北做童养媳出身的一个女孩子，我们在一起，我觉得一定会幸福的。他是党员，我是党员，就是夫妻吵嘴了，我们还有革命感情呢。"再说，农村有没有27岁大姑娘？哪个小伙儿30多岁还没找对象？"文化大革命"来了，这一斗不就是找条件吗？说我是大队书记，正宗"当权派"，走资本主义道路的当权派。我砍掉一个生产队，就说我抱着刘少奇大腿不放。因为刘少奇砍掉全国20多万个合作社，那我就是他的小爪牙呗。

"文化大革命"一开始我就挨批斗了。罪状还挺多呢，主要罪状就是抱着刘少奇大腿不放，破坏民兵连，教育青年扎根农村干革命，自己却找个军官跑了。再一个，就是这开会那开会，在家劳动少。其实呢，那时规定，大队干部每年必须劳动120天，120个工分，我每年都超，可谁给你证实呀？那时候随便批判，但有一回我确实翻瓢子了。那个批判会，四类分子跟我都在屋子里坐着，叫我检查，我瞅了瞅，说："不检查。"一个姓李的知识青年说："你有什么资格说你不检查？你说说。"我说："我是贫下中农，我是共产党员，我是这个大队的支部书记，我为什么不在这个场合检查？这个场合不是我检查的地方，不是我检查的时候。"他说："就你嘴能讲。"我说："不是我嘴能讲，贫下中农都在这里呢，玉环哪儿做错了，你们恨铁不成钢，批评我一回，教育我一回，是吧。我长这么大，是贫下中农培养起来的，你们气的时候打我、骂我，我都没有怨言。可是，地主、富农、五类分子都在这儿，有他们我绝对不检查，不能向他们检查、向他们低头。"后来把他们轰出去了，我才做了检查。

"文化大革命"时，王登云是大队书记，我是副书记，开除他党籍，让我签字我没签。我说："不行，开除他就得开除我。"一切事都是经我们三个支委决定的，大队行政跟党不分家。我说："你为啥开除王登云的党籍呀？他破坏生产了还是不执行中央政策了？你把哪条哪条都拉出来，有理有据对不对？"当时说了他好几条罪状，我就说了："你说这些是他的罪恶，也是我的罪恶，我们党支部三个人，跑不了他，蹦不了我，跑不了徐光明（支部委员），要开除也把我开除了。我们三个人一个会议，我们也举手同意了，我不能签字。"人家说："你现在不签字没关系，我们照样开除他。"我说："那随你们便吧，你们说怎么开就怎么开吧，签字我是不能签的。"他们没办法就走了。他们找不出事儿，能查出错嘛？

分房场，王登云书记那房场，院里头有坟，还有棵小榆树。我那房场，偏脸子，坡儿，完了咱自个儿垫，好房场都给社员了。王登云家里五个孩子，生活可困难了，但公家的便宜一点儿不占。秋天生产队分白菜，地头马踩、碾子轧、扒拉棵的不好的白菜分给大队干部，然后分小队干部，最后那好的才分社员。社员为啥佩服你，就在这。

  1966年冬天，公社大礼堂开大会斗我。头一天晚上，有个我叫四舅妈的来给我送信，进屋就让快闭灯，怕让人家看见。她说："玉环呐，前晚开会，我可听见那姓徐的扁嘴子（徐鹏，也是公社提上来的青年干部）他们在研究开会。他们说这个不像王登云，可不好斗呀，这个嘴茬硬。明天就斗你，你可要小心点呀。"第二天晚上，真把我弄到公社。我进屋一看，今天得老实点，不老实可就麻烦了，名字都倒着挂了，人也不对了，不是咱们公社各个大队社员，来的都是知青了，还有体育学院的体育棒子，大高个子，都剪的小平头，这会挺吓人的。小李子坐在我后面，我不知是哪个事儿说不对了，他这么"啪嚓"一拍，这一下子我没有精神准备，没面对他，又是空书桌，声音特别响，我脑袋就"嗡"的一下子，当时他再说什么我好像都不知道了。停了多长时间，我才反过劲来。谁宣布的散会我也不知道，一瞅没什么人了，自己坐在地下了，这个时候"哇"地我就哭了。我咋的呢？这会不开了？没什么人了？最后呢，有个李明奇，三小队的生产队长，跟我是邻居。他说："玉环，行了，没事儿，我在这儿呢，陪你，我不怕当保皇派，一会儿我陪你回家。"他一说这话，我又哭一通。"你还当保皇派，陪着我，还把你牵连进来了。"怎么的了呢？不知道呀，心里头都懵了。我心里头觉得很对不住人家，我就哭了。"别哭，玉环，我陪着你，回家，咱回家。"当时要给我戴的尖帽都糊好了，太高，你不靠房檐站戴不住。完了我不是神经不好了嘛，尖帽没带上。这一巴掌就给我"拍瘸"了。

  从此我的神经就恍惚了……

  当时我对"文化大革命"就有不好的想法了，心里想为什么对我们这样？我们陪11岁参加革命的老英雄吃饭，我们请当地驻我们村里的干部，这有什么错？我陪客，年终总结退赔了5毛钱，还写了检讨。分柴火，先给社员，后分我们这些大队干部，剩啥就给我们点啥。秋天分大白菜，地头地脑不好的都是我们大队干部的。去查我账的时候，一分钱也没有贪污过，咱们这几个大队干部没有任何过格的地方，你说又是开除党籍又是批斗，那心里能好受吗？那会儿，我总觉得"屈"！所以，后来军宣队进来了，要搞大联合，让我起来继续工作，我也不愿意，没干几天。

1969年，老伴退伍到于洪区农电局工作。1972年我到农电局当了临时工，那时思想就变化了，感到自己的思想不对，就又开始拼命地干了。当时跟车当装卸工，那水泥100斤一袋的就地窝，不管干什么咱就认真地干。

[原载《老照片》第57辑（2008年2月），原题为
《从童养媳到劳模》，收入本辑时有修订]

社会生活与集体记忆

裕固族帐房戴头婚再研究

裕固族是我国西北地区一个人口较少的民族,据1990年全国人口普查,共有12297人。主要聚居在甘肃省肃南裕固族自治县和酒泉县黄泥堡乡。肃南县地处河西走廊祁连山北麓中段的狭长地带,居住着裕固、藏、蒙古等9个民族。因语言、地域和习俗的不同,人们习惯上将这里的裕固族分为西部裕固族和东部裕固族。肃南县由6个区和城关镇组成,裕固族主要分布在明花、大河、康乐和皇城四区以及城关镇。20世纪50年代以前,这里曾较为普遍地存在着一种特殊的婚姻习俗——帐房戴头婚。自我国第一部婚姻法颁布以后,这一婚姻形式已逐步消失。

以往,学术界对这种婚俗的探讨,均采用古典进化论的方法,认为帐房戴头婚是裕固族社会进化过程中母权制的遗俗。然而,在有关其先民及突厥语其他民族的历史记载中,并未发现此俗的踪迹。

为了全面地了解这种已逝的文化现象,重新考察其形成和延续的原因,笔者曾于2000年5月至6月间,在肃南县城关镇、大河区韭菜沟乡、康乐区红石窝乡和杨哥乡以及马蹄区大都麻乡,进行了田野调查。其间,共访谈52人次,其中37人次为老年人,包括退休干部、牧民和喇嘛等,平均年龄为66.93岁。他们中有6人亲身经历帐房戴头婚,31人参与和目睹过亲戚、乡亲的帐房戴头婚。在这次田野调查的基础上,笔者又参阅了有关的历史文献资料,得出了与以往研究相悖的结论。

一、帐房戴头婚的基本情况

（一）婚礼仪式

帐房戴头婚在当地又叫作"立帐房杆子"。所谓"帐房"，是指裕固族牧民居住的帐篷，这里特指专为姑娘"戴头"时搭建的小帐篷。所谓"戴头"，是指佩戴象征姑娘成年或已婚的"头面"。"头面"由珊瑚、玛瑙、珍珠、银子等饰物连缀而成，宽约三寸，长约五尺。

帐房戴头婚仪式多在姑娘 15 岁或 17 岁时举行，因为女性到了这个年龄被认为已经发育成熟了。婚礼前，父母要为女儿在大帐篷旁边另立一个小帐篷，再请喇嘛卜卦，选择婚礼吉日。届时，父母要请来亲朋好友，并将头面挂在大帐篷的房杆子上。婚礼中，姑娘的母亲或其他女性长辈为她"戴头"，即将少女时梳的多个小辫解开，再梳成三条大辫子，左右各一条垂于胸前，中间一条垂于脑后，然后在发辫上系上"头面"。姑娘"戴头"后，要给每位客人倒一碗酥油奶茶，然后用帽子遮住脸，不许讲话，被人带到小帐篷内坐下，待客人走后再回到大帐篷中。年轻女性在举行了这样的仪式之后，就标志着她已由少女变成了已婚妇人，并因此获得结交异性伙伴的权利。以后，若有了中意的小伙子，便可与其在家中同居，所生育的子女归女家所有，姓母姓。

东部裕固族在举行这种婚礼时，还要在"戴头"之后再勒"系腰"，因此，这种婚姻形式又被称为"勒系腰婚"。所谓"系腰"，是指系在袍子外的腰带。姑娘的腰带多选择勒给姑姑或舅舅的儿子，但有时也勒给并无亲属关系的人，同时，姑娘也得到对方的腰带。勒"系腰"时，有一人高喊："某某家丫头的系腰勒给某某家了。"有时，则是由姑娘的父亲高喊"我的丫头给了某某人了"等类似的话。这样做的目的，都是要告诉众人，姑娘已经举行了"勒系腰"婚礼，并有了名义上的丈夫。姑娘以后生育了孩子，要随"勒系腰"小伙子的姓。但通常两人并无夫妻之实，也没有严格的义务和责任。选择"勒系腰"的小伙子时，并不考虑他是否已婚，或是否已勒过"系腰"。所以，有的男子在一生中曾勒过若干条"系腰"。康乐区红石窝乡赛鼎村的安文良①年轻时就曾勒过三条系腰,而且他当时也已经结婚了。

此外,"无儿娶媳"的风俗也被视为帐房戴头婚的又一种形式。媳妇是由婆家"指帐杆"娶来的,即以帐房杆子的名义娶进来,"帐杆"就是她的"丈夫"。"帐杆媳妇"一生与公婆生活在一起,她所生育的孩子姓祖姓。这种婚姻多发生在无儿无女的家庭。其中有的是娶成年的姑娘,也有的则是在姑娘幼年时便将其抱养在家中,不改姓,也不作为养女,待成年后举行帐房戴头婚。如明花区莲花乡贺家墩村的郭春梅,小时即被无儿无女的贺家所抱养。1948年,贺家老两口为郭春梅举行帐房戴头婚。后来,她与蒙古族青年乌尔丹相爱。《婚姻法》颁布以后,乌尔丹被招赘到贺家,改名贺明臣。

(二)分布地区

20世纪50年代初,裕固族虽普遍实行帐房戴头婚,但其分布是不均衡的。酒泉黄泥堡乡和明花区前滩乡因长期与汉族杂居,婚姻形式已基本汉化,因此帐房戴头婚极为少见。明花区明海乡和莲花乡也因距离汉族地区较近,大部分已采取明媒正娶的婚姻形式,只有无子家庭或独生女家庭才会选择帐房戴头婚。而在大河区和康乐区,这种婚姻却十分盛行。"康乐区有一个部落在新中国成立前共38户,结婚的只有7户,约占婚龄男子总数的18%。"②又,"据大河区亚拉格部落统计:1948年共(有)28户,在232个成年男子中结婚的只有16户20对,其中牧主5户8对(牧主占部落总人口的16.6%),富牧1户2对(富牧人口占部落总人口的18.6%),贫苦户及牧工3户3对(他们的人口占部落总人口的52.7%)。不结婚的男子住在帐房戴头婚女子的帐篷里,过着不稳定的两性生活"。③

从帐房戴头婚的分布情况来看:牧区高于半农半牧及农业区;与汉

---

① 出于对个人隐私的尊重,本文隐去了报道人的真实姓名。
② 《裕固族简史》编写组:《裕固族简史》,甘肃人民出版社1983年版,第86页。
③ 甘肃少数民族社会历史调查组编:《裕固族东乡族保安族社会历史调查》,甘肃民族出版社1987年版,第23页。

族接触较少并相对封闭的地区，高于与汉族邻近并相对开放的地区；贫困户多于富裕户。由此可以看出，这种婚俗的产生和持续，受制于生产方式、经济状况以及其居住地的开放程度。

（三）表现形式

1. 走婚。走婚即是指男子以朝行夜宿的方式到女子家过两性生活。走婚双方各属于自己的家庭，他们只有临时的两性关系，没有共同的经济生活。一般来说，一个姑娘初立帐房杆子时，多没有稳定的伙伴，而小伙子在没有固定的相好时，也多是住在自己家中，偶尔到戴头姑娘家中走访（用当地人的话来说，就是"走着嘞"）。孩子们对与母亲临时同居的男子称"巴帮"，意即"叔叔"；也有的称"达嘎"，意即"舅舅"。

早年间采录于明花区莲花乡的一首裕固族民歌唱道："夕阳下走来的是好哥哥，朝霞中归去的是好哥哥；……夕阳下迎我的是好妹妹，朝霞中送我的是好妹妹。"① 这些歌词突出反映了裕固族人的这种走婚生活。到了 20 世纪 50 年代初，帐房戴头婚在明花区已经很少了，实行临时走婚的则更少。

2. 长期同居。实行帐房戴头婚的女子一旦生育了子女，她们在哺养孩子以及生产劳动等各方面的负担便会越来越重。与此同时，男女双方的感情也会逐渐加深。这些因素都促使他们形成相对稳定的长期同居关系。这时，男子便开始到女方家中居住，与女方家人一起生产、生活。也有的女子在戴头前就已经与某个男子相爱，在举行完仪式后，男子即到女方家居住。孩子称与母亲长期同居的男子为"谷依"，意即"姨夫"。做子女的即使知道"谷依"即是自己的亲生父亲，也不以父亲相称。

帐房戴头婚的这两种形式，往往并存于同一地区。二者均取决于男女双方的关系和某些实际的情况，并没有进化上的先后之分。而长期同居关系也并不意味着向一夫一妻制的过渡，因为在裕固族社会中，一夫一妻制很早就是一种与帐房戴头婚共存的婚姻形式。

---

① 田自成、多红斌：《裕固族风情》，甘肃文化出版社 1994 年版，第 279 页。

（四）家庭结构

帐房戴头婚家庭属于单亲无偶家庭，通常依附父母的家庭而存在。依据世系传袭特征来看，可称之为"世系交错家庭"，即世系继承不固定，母系与父系往往交错轮换。世系交错又可分为两种类型：第一种类型是代际世系交错，如前一代为母系，后一代则为父系，或相反，前一代为父系，后一代则为母系（在这里，帐房戴头婚是世系交替转换的关键环节）；第二种类型是平辈世系交错家庭，即在兄妹或姐弟之间实行父系、母系的交错继承，通常是姐姐立帐房杆子，弟弟成年后又娶妻，从而形成世系交错家庭。在笔者调查到的 26 例家庭中，有 11 例属于第一种类型，15 例属于第二种类型。

笔者在调查中，没有发现纯粹的母系家庭，虽然也曾遇到过两代以上均是母系世系的案例。其中一个案例是康乐区红石窝乡的白氏，只有母亲，不知其父。她本人也是勒系腰婚，并育有两个儿子，但后来两个儿子都娶妻生子。另一个案例是杨哥乡杨哥村的安氏，祖孙三代没有男性，都是立帐房杆子的。但这种情况极为少见，因为很难遇到几辈人一直没有男孩的情况。一般来说，帐房戴头婚家庭会在生育儿子之后，或在条件允许的时候，转换为父系。因此，如果以动态的眼光来看，母系的存在仅仅是父系得以延续的手段。这一点在"无儿娶媳"和"勒系腰婚"中，表现得更为突出。

裕固族的这种世系交错家庭与土族的"戴天头"家庭很类似。卫惠林先生曾经指出："土人亦有招赘制和戴天头之俗，但……仅为一种过渡制度。赘夫在家庭中，或地方社会中仍可以取得家长地位。唯财产权则通常操于母系亲属之手，对其子女亦有监护的地位。其下一代生了男子，则立即恢复父系传统制。戴天头的女子虽然在一段时期中，取得家庭与子女的真正主人的地位，但亦属一种权宜之计，而不是家族的真正主人，当她的男孩子长大时，她一样乐于恢复父权制，从无树立恒久性母系制者。"[①] 这种家庭结构的特点，揭示了帐房戴头婚得以保留的原因。

---

① 卫惠林：《青海土人的婚姻与亲属制度》，载青海省民族问题五种丛书编辑委员会编辑组编：《青海土族社会历史调查》，青海人民出版社 1985 年版，第 144 页。

（五）基本特征

综上所述，帐房戴头婚可归纳为如下五个特征：

1. 帐杆是女子的丈夫。帐房戴头婚最突出的特点就是女子没有真正的丈夫，无论是自家的女儿还是娶来的媳妇，都是指帐杆为夫。帐杆作为丈夫的替代物，具有隐喻性质和象征意义。帐杆是帐篷的主干，没有帐杆就无法搭起帐篷，没有帐篷也就没有家，因此帐杆是家的象征符号。而且早已进入父权社会的裕固族，丈夫在家庭中处于核心地位，支配着整个家庭，其作用与帐杆相仿。

2. 有规有矩，并非乱交。与明媒正娶的婚姻一样，帐房戴头婚必须符合裕固族的伦理道德规范。选择配偶时要遵守"同姓同户①不通婚，辈分不同不通婚"的原则。

3. 从"妻"居。临时走婚或长期同居的男女，都依附于女方的父母，即便是单独居住在小帐篷中，也没有独立的经济生活，主要的活动仍在大帐篷里，一般不另起炉灶。男子要为女方家干活，否则不受欢迎。女方的父母在世时，负责管理家庭事务，女方父母去世后，则由女方主持家务，自然她的地位也要高于男子。

4. 短期、间隔的母系继承。实行帐房戴头婚的女子如果是独生女，家庭财产完全由她继承。如果另有兄弟姐妹，那么在财产分配时，她则会继承较多份额。戴头女子生育的孩子姓母姓，继承她的家业，这便构成了母系继承。但她的孩子选择哪种婚姻，还要由具体情况来定。因此，典型、完善的母系制是不存在的。

5. 家庭不稳定，离异简便。男女双方由于感情破裂，或是出于其他一些原因，在无法得以调解时，便会最终离异。这种情况在帐房戴头婚中比较普遍，其手续也比较简便。只要男子离开，不再来与女方同居即可。男子离开时，不能带走任何财产，更不能带走孩子。

林耀华先生曾对古代对偶婚的婚姻家庭特点做过归纳。② 与之相比，

---

① 这里的"户"似指"户族"，大致相当于氏族。
② 详见林耀华：《民族学通论》，中央民族大学出版社1997年版，第334—335页。

帐房戴头婚具有其中的某些特征，但是不能因此就说它是母权制的遗俗，是对偶婚向一夫一妻制过渡的残存形态。

二、帐房戴头婚并非母权制的残余形态

有关帐房戴头婚的记录和研究，始于20世纪50年代的少数民族大调查。[①] 20世纪80年代，范玉梅和高启安作了进一步的研究，均认为帐房戴头婚是母权制的残余形态。[②] 近年来，裕固族学者贺卫光对此也做了较多的研究。他在秉承上述基本认识的同时，认为帐房戴头婚属于一种过渡性的社会文化现象，是原始社会母系氏族公社鼎盛时期的对偶婚向一夫一妻制从夫居婚姻的过渡形式，相对于"阿注"婚而言，帐房戴头婚属后期对偶婚。[③] 但是，无论是通过对裕固族历史资料的梳理，还是通过对突厥语各民族婚俗的比较，我们都无法导出这样的结论。

（一）裕固族先民并无此俗

裕固族在族源上可以追溯到古代北方的回纥（亦作"回鹘"）人。回纥部由九个氏族组成，药罗葛是回纥的核心，各代可汗大多出于这一氏族。[④] 今天，裕固族仍保留有"亚拉格家"这一名称，即药罗葛，由此可见裕固族与回纥的直接渊源关系。

北魏时，由于私有财产的产生，回纥人出现了以牛马为聘的买卖婚萌芽，[⑤] 其特点为以马易妻，男娶女嫁，从夫居住。据《隋书·铁勒传》记载，回纥的风俗"大抵与突厥同，唯婚毕，便就妻家，待产乳男女，然后归舍"。当时，突厥在婚姻上已实行父权下的一夫一妻制，回纥也基

---

① 20世纪50年代的调查记录见于1963年《裕固族简史》（初稿）和《裕固族专题调查报告汇集》的内部铅印本。在此之后正式出版了《裕固族简史》（甘肃人民出版社1983年版）和《裕固族东乡族保安族社会历史调查》（甘肃民族出版社1987年版）。

② 参见范玉梅：《裕固族》，民族出版社1986年版，第55页；高启安：《裕固族解放前的婚俗》，《西北民族学院学报》1986年第2期。

③ 参见贺卫光：《裕固族民俗文化研究》，民族出版社2000年版，第138—139页。

④ 参见《旧唐书·回纥传》《新唐书·回鹘传（上）》以及《唐会要》卷98。

⑤ 参见《魏书·高车传》。

本与之相同。公元744年,骨力裴罗建立回纥汗国以后,经济获得发展,中原文化的影响也进一步加深,使得回纥比较单纯、朴素的草原游牧文化发生了很大的变化,婚后先居妻家的风俗便没有了记载。①

恩格斯就游牧人中父权制家庭出现的历史条件做过这样的论断:"畜群是新的谋取生活资料的工具,最初对它们的驯养和以后对它们照管都是男子的事情,因此,牲畜是属于他们的;用牲畜换来的商品与奴隶,也是属于他们的。这时谋生所得的全部剩余都归了男子;妇女参加它的消费,但在财产中没有她们的份儿。"② 回纥牧业的繁荣与发展,促成了父权制的建立。伴之而来的是父母包办的买卖婚,因为子女是父母的所有财产,无代价的婚娶已经不可能。据记载,与回纥人关系密切的黠戛斯人,"昏嫁纳羊马以聘,富者或百千计"③。回纥人的情况也应大致相同。正因为妇女被看成是家族的财产,所以寡妇不能再嫁,收继婚相当盛行,"父兄死,子弟妻其群母及嫂"④。即便是唐朝嫁去的公主也要随此俗,据《新唐书·回鹘传(上)》载,唐朝公主曾"历配英武、英义二可汗"。英义可汗是英武可汗的小儿子,这是典型的娶后母的收继婚。史载咸安公主在回鹘生活21年,共嫁了4次。⑤ 此种婚俗是父权制发展到一定阶段的结果,由此必然导致一夫多妻制家庭的出现,此外,军事掠夺也是促成一夫多妻制的重要原因。回纥汗国时军事力量强大,骑兵骁勇善战,百年之中战事不断,多以掠夺人口和财富为目的,如他们曾经帮助唐朝平定"安史之乱"。当时肃宗为了收复长安和洛阳,与回纥相约"克城之日,土地、士庶归唐,金帛、子女皆归回纥"⑥。后来收复两京后,回鹘兵大掠人口三日。类似这样的事件还很多。这些被掠夺的女子有的成为女奴隶,有的被卖为妻妾。

由此我们可以得出这样的结论:在回纥人中并不存在帐房戴头婚。

---

① 参见杨圣敏:《回纥史》,吉林教育出版社1991年版,第181页。
② 恩格斯:《家庭、私有制和国家的起源》,载《马克思恩格斯全集》第21卷,人民出版社1965年版,第185页。
③ 《新唐书·回鹘传(下)》。
④ 《隋书·北狄传》。
⑤ 参见《新唐书·回鹘传(上)》。
⑥ 《资治通鉴》卷220《唐纪三十六》。

这不仅是因为史料中没有这方面记载，更因为此婚俗无法适应当时的父权制。而且，由于收继婚和掠夺婚的存在，男子可以多种途径获得妻子，这样就没有剩余的男子提供给戴头姑娘。回纥汗国时期，牧业、贸易及军事掠夺为其带来了经济上的繁荣，男子不必担忧娶不起妻子，这也与帐杆房客情况相抵触。总之，从回纥汗国时的经济、文化和社会结构来分析，回纥人不具备实行帐房戴头婚的条件。

（二）近代突厥语其他民族无此婚姻形态

我国除裕固族外，还有维吾尔、哈萨克、柯尔克孜、乌孜别克、塔塔尔和撒拉等6个民族属突厥语族。他们的祖先都曾是突厥汗国的部落。在文化上有一定的亲缘关系，拥有许多相近的风俗习惯。

但是，考察这些民族在20世纪50年代的婚姻状况，却未发现他们有类似于帐房戴头婚的婚姻形式。他们均为男娶女嫁，从夫居住。丈夫在家庭中享有绝对的权威，妻子的地位则较低。[①] 虽然这6个民族都信仰伊斯兰教，婚姻家庭中有着极强的宗教色彩，但如果剥开宗教的面纱，我们就会发现其中仍保留了一些古老的突厥传统。如以一夫一妻制为主；婚姻多由父母包办，聘礼较多；丈夫的地位远远高于妻子；幼子继承；平辈收继婚普遍存在，而且只能娶寡嫂，不能娶弟媳等。这些特点与裕固族的一夫一妻制婚姻非常接近，但唯独不见帐房戴头婚的踪迹。可见，这种婚俗既不是回鹘人的习俗，也不具有突厥语民族的特点。所以它只能是裕固族先民迁入河西走廊后，适应生存环境和社会生活的变化，与周边民族长期持续接触，进而发生文化涵化的结果。

三、帐房戴头婚形成的原因

（一）帐房戴头婚与文化涵化

涵化是文化变迁的一个主要内容，是指两种或两种以上的文化相互

---

① 参见何星亮：《中华文化通志·民族文化典》维吾尔、柯尔克孜、哈萨克、乌孜别克、塔吉克、塔塔尔、俄罗斯、裕固、撒拉族文化志，上海人民出版社1998年版。

接触、影响而发生的文化变迁过程。我国是一个多民族国家，各民族悠久的历史和大杂居小聚居的分布特点，使涵化现象比比皆是。因此，涵化研究一直是我国民族学研究的一个重要课题。它对探讨各民族间的历史关系，乃至解释文化现象的形成都具有重要意义。裕固族的先民自公元 840 年西迁以来，一直繁衍生息在河西地区，与多个民族共处杂居，文化间的传播和整合使它形成了一种复合型文化。① 在这种变迁中，它受藏族、蒙古族和汉族影响最深，但在帐房戴头婚方面，笔者认为主要是受到藏族和蒙古族的影响。

1. 帐房戴头婚与蒙古族的"指名为婚""指物为婚"

从族源上说，民族研究学界大部分人都认为裕固族是由古代回鹘人和蒙古人融合而成的。"从 13 世纪的六七十年代，忽必烈'命宗王将兵镇边徼襟喉之地'，一部分蒙古部落进驻撒里畏吾地区游牧戍边起，到 16 世纪初明朝廷将设在撒里畏吾地区的关西诸卫东迁入关，这一时期是裕固族形成的最重要时期。"② 在这段长达二三百年的岁月里，他们在血缘上彼此融合，在文化上相互移入，最终形成了新的族群认同和有别于两者的第三种文化。这也是帐房戴头婚与 20 世纪 50 年代前流行于内蒙古西部阿拉善旗的"指名为婚"和"指物为婚"有密切关系的内在原因。

"指名为婚"，是指为女儿找一个名义丈夫，两人只有夫妻之名，并不是真正的夫妻。其中主要有两种情况：一种是岳父母让大女婿做小女儿的名义丈夫；另一种是姑娘与喇嘛同居，但因喇嘛不能结婚，所以要找一个名义丈夫，为他"担名"。此外，夫妻感情不和，如果丈夫不愿意离婚，也可以准许妻子与喇嘛或其他人同居，丈夫实际上便成了名义丈夫。③

"指物为婚"，顾名思义，就是将女儿嫁给某个物件。其中主要有两种情况：一种是在婚礼上用名义丈夫的某一个物件代替他，他不必参加

---

① 参见贺卫光：《论边缘文化与复合型文化：以裕固族及其文化的形成为例》，《西北民族研究》1999 年 2 期。
② 《裕固族简史》编写组：《裕固族简史》，甘肃人民出版社 1983 年版，第 44 页。
③ 参见内蒙古自治区编写组：《蒙古族社会历史调查》，内蒙古人民出版社 1985 年版，第 185 页。

婚礼；另一种是没有找到合适的名义丈夫，直接指某一物件称为丈夫，如烧火棍、蒙古刀、鼻烟壶等。通过拜火（灶）的仪式，将姑娘的头发梳成媳妇的发式，便可以生儿育女。所生育的子女不被认为是私生子。① 此种婚礼仪式以改变姑娘的服饰和发式为重点，来标明她身份的变化。其实际目的则是不让女儿出嫁，但又能完成生育后代、延续家业的任务。

2. 帐房戴头婚与藏族、土族的"戴天头"

据史料记载，回鹘汗国灭亡后，西迁来到河西的回鹘人便与吐蕃人共居一地，之后虽也曾几经迁徙，但民族间的交往与互动从未间断。根据1954年的统计，肃南县有裕固族3499人、藏族1674人。20世纪50年代前，裕固族虽与其他民族通婚的较少，但在这较少的通婚之中，最多见的是与藏族通婚。这不仅有地缘上的原因，而且更是由于在文化上两者的相近与相亲。特别值得注意的是，裕固族先民早在东迁以前就开始信仰藏传佛教，② 从东迁的15世纪算起，至今已经有四五百年的历史，宗教信仰一直成为联系两族的纽带。同时，伴随着宗教的传播，藏族文化也不断传入裕固族中，"戴天头"婚俗便是其中的一例。

20世纪50年代前，青海藏族、土族地区的姑娘长到15岁或17岁时，父母便做主，让她与"天"结为夫妇，这就是所谓"指天为配"。为此，要举行与正式结婚相似的婚礼，将姑娘的衣服和发式变换成已婚妇女的样式，请喇嘛诵经、祝福，只是婚礼上没有新郎。经过"戴天头"仪式后，③ 姑娘就有了自由结交异性的权利，可以在娘家生儿育女，孩子姓母姓，继承祖辈的家业。姑娘与小伙子的关系只是情人关系，很不稳定，极易离散。

1932年，许让神父在《甘肃土人的婚姻》中，记载了两种他所谓的"变态的婚姻"：一种是和祈祷竿结婚，另一种是和腰带结婚。时隔60年后，潘乃谷到青海跟踪调查了今天土族的婚姻家庭情况，其中也提到了"戴天头"婚俗。对其成因，作者认为与地理环境、生产方式和传统文化

---

① 参见吕光天：《解放前牧区蒙古族的家庭与婚姻》，《社会科学战线》1985年第3期。
② 参见《裕固族简史》编写组：《裕固族简史》，甘肃人民出版社1983年版，第50页。
③ 参见严汝娴主编：《中国少数民族婚姻家庭》，中国妇女出版社1986年版，第109页。

习俗等有密切关系，而喇嘛教使男女比例失调，则是直接的原因。①李存福在对土族的婚姻家庭制度研究中发现，佑宁寺周围土、藏两族地区，保留了较多的"戴天头"习俗，这与喇嘛教的影响有关，因为僧者较多，造成小范围内女性相对过剩。②

由上可见，这些婚俗虽然在一些细节上略有不同之处，但其本质是一致的。它们具有一定的地域性，这绝不是历史的偶然，而只能是文化涵化的结果。对裕固族来说，这些婚姻习俗，乃是其祖先迁居到河西走廊后，才逐步从藏、土和蒙古族文化中吸收进来的，而绝不是其原本的母权制残余。当然，文化的涵化过程和结果，要受到多种因素的制约。对这些客观条件进行分析，我们会发现这种婚姻被裕固族接受和延续的内在依据。

（二）帐房戴头婚与文化适应

1. 帐房戴头婚与宗教适应

帐房戴头婚与满足藏传佛教的社会需要和裕固族人口繁衍的需要直接相关。早在唐、五代时，裕固族先民就已经信仰佛教，东迁之后，正值藏传佛教格鲁派兴盛之时，裕固族先民的聚居区与格鲁派创始人宗喀巴的故乡相邻，加上统治者的大力扶持，他们很快就与周围的藏、土和蒙古等民族一道，接受了格鲁派的信仰。③至20世纪50年代，裕固族的10个部落都有自己的寺院，男子中出家者甚多，这样，帐房戴头婚便在客观上化解了由此带来的社会问题。

此外，裕固族对藏传佛教的信仰，有一个与婚姻家庭直接相关的特点，即僧人可以结婚。这与格鲁派的教规相悖。对此有几种不同的解释，但一般认为，清朝时由于战乱和瘟疫流行，裕固族人口锐减，许多青壮年又出家为僧，经向甘州提督申请，允许康隆寺、青隆寺的僧人结婚。20世纪50年代，康隆寺的7名喇嘛都明媒正娶有妻室。其他几个寺院的僧人虽然名义上不结婚，但多半在立帐房杆子的家中生活。如景耀寺

---

① 参见潘乃谷:《土族婚姻家庭的变迁》，载许让神父:《甘肃土人的婚姻》，费孝通、王同惠合译，辽宁教育出版社1998年版，第200页。
② 参见李存福:《关于土族婚姻习俗中的几个问题》，《民族研究动态》1987年第3期。
③ 参见钟进文:《裕固族文化研究》，中国民航出版社1995年版，第157—158页。

的加木喇嘛就与大河区韭菜沟乡的李氏生活在一起。李氏有 2 个姐姐，1 个弟弟。两个姐姐都已出嫁，弟弟年纪太小，为此，她留在家中，立了帐房杆子，与加木喇嘛共育有五儿二女。

笔者在调查时，遇到了现在长沟寺的住持杨定慧，他于 1933 年出生，20 世纪 50 年代前就在长沟寺当班弟，1958 年还俗，与现在的老伴结婚。党的十一届三中全会之后，长沟寺恢复了宗教活动，他承担起了庙里的一些事情。但他现在仍然住在家中，只是在重大的宗教节日和活动时，才穿上僧袍去庙里。据他说，过去长沟寺有 30 多位僧人，他们虽然不能娶妻生子，但年轻的僧人几乎都有相好的女人，以立帐房杆子的居多，平常在她们的家里生活，与俗人一样生产劳动，但要穿僧袍，庙里有宗教事宜时要回到庙里。今天他身为寺院住持，但仍然没有脱离家庭，也与此俗的影响有一定关系。

2. 帐房戴头婚与社会生活适应

帐房戴头婚适应了近现代以来裕固族的贫困生活，满足了无子之家生存和延续家业的需求。裕固族先民在回鹘汗国时，牧业的发展、军事的掠夺以及马绢贸易和茶马互市等都给他们带来了经济的繁荣。当时的贵族之家如夜落葛（后来的亚拉格家）更是相当富有。然而在汗国崩溃几百年后，他们几经迁徙和战乱，已从殷富之邦衰落成近乎衰亡的部落。清朝雍正年间，裕固族反清失败，清军在甘青地区杀死了几万裕固族人，当地一些匪徒又依仗清朝势力，猖狂劫掠，"日复一日，年复一年，西拉尧熬尔（裕固族）人在清朝中期以后变得赤贫如洗，人口锐减"[①]。据有关记载，清初裕固族 7 个部落共有人口 6000 余人，但到了 1943 年，人口还不到 3000 人。[②] 俄国人曼内海姆 1907 年在就裕固族所做的考察报告中说："这个部落刚到现在这个地方时人数是很多的，由于恶劣的自然环境和卫生条件，人数减少很多，……正在一步步趋于消亡。"[③]

---

① 铁穆尔：《裕固族民族尧熬尔千年史》，民族出版社 1999 年版，第 85 页。
② 参见《肃南裕固族自治县概况》编写组：《肃南裕固族自治县概况》，甘肃民族出版社 1984 年版，第 32 页。
③ ［俄］曼内海姆：《Sara 尧熬尔人访问记》，载钟进文：《裕固族文化研究》，中国民航出版社 1995 年版，第 105—112 页。

20世纪50年代的历史调查也认为,帐房戴头婚是因小伙子娶不起妻子所作的无奈选择。今天,老人们都说新中国成立前生活特别困难,在那样严寒的地区,竟然穿不上鞋子,吃不饱饭,没有一件像样的衣服,只能饥寒交迫勉强度日,还谈得上什么娶媳妇。然而,既然他们能流传下来要一百多种彩礼的风俗,能点数出从珍珠玛瑙到炒面毛绳无所不包的财礼,就说明他们曾经能够支付得起这笔开销,操办得起男娶女嫁的隆重婚礼。是裕固族人的悲惨命运,是贫穷与没落,使男子无力娶妻,女子无力出嫁。至于历史上形成的丰厚的聘礼和体面的陪嫁风俗,在此时只能成为遥远的回忆。

调查发现,"立帐房杆子"最常见的是那些无子之家。如明花区明海乡南沟村人安氏,是家中的独生女。立帐房杆子后,白长斌到其家中走婚,但当时白长斌已经结婚,与妻子感情不和,所以,两人只能秘密来往。20世纪50年代后,白离婚,娶安氏为妻,生育三男三女。大河区韭菜沟乡红湾村的安氏,家中有4个姐妹,她是老大。由于生活很苦,她只好到汉族人家当长工,后来与主人相好。但该男子已有妻室,不能再娶她,于是就为她盖了一处土房,与她生育了1个孩子。她的系腰系在了房梁上,意思是她与房梁结婚了。

由此可见,帐房戴头婚是裕固族在极端贫困中,为适应现实生活的特殊情况而采取的权宜之策。

3. 帐房戴头婚与生态适应

文化生态学的创始人斯图尔德(Julian H. Steward,台湾地区译为史徒华)认为,文化是适应生态环境的工具,他特别强调生态环境对文化变迁的影响。[①] 帐房戴头婚的存在与延续,与裕固族的生存环境也有着非常密切的关系。类似的婚俗之所以在藏、土和蒙古族这几个游牧民族中普遍存在,也显示出了生态环境是其形成的重要原因。第一,这一地区寒冷而干旱的气候环境和人们流动不定的生活方式,使得婴儿成活率极低,人口增长缓慢,劳动力缺乏,而帐房戴头婚则可为生育子女提供更

---

① 参见[美]史徒华:《文化变迁的理论》,张恭启译,台湾远流出版事业股份有限公司1989年版,第37—52页。

多的机会。第二，妇女承担着繁重的生产和生活任务，这也为女子在帐房戴头婚中独自顶立门户提供了可能。第三，游牧民族四季驰骋在茫茫的草原，养成了追求自由、热爱自然、粗犷豪放的性格。他们易于接受新事物，观念相对开放，这也是其接受蒙古族和藏族的婚姻习俗，促使帐房戴头婚得以形成的深层原因。

帐房戴头婚作为人类历史上一种特殊的婚姻形式，使我们看到了一种社会现象在特定的历史脉络和地方境况下，在各种复杂因素的交错影响下，得以形成的过程。本文在对帐房戴头婚的历史梳理中，否定了它是母权制遗存的说法，继而又通过与藏、蒙古等民族婚俗的比较和对其自身生存环境的分析，提出笔者自己的一种看法，即帐房戴头婚是文化涵化与文化适应共同作用的结果。

［原载《民族研究》2001年第3期］

中华民族多元一体格局在当代的新发展

1988年，费孝通在著名的Tanner讲演中，从人类学、考古学、语言学、历史学、社会学等多个角度分析了中华民族的形成历史，第一次用"多元一体"概括了其演进和结构特点。中华民族是56个民族的整体，但并非56个民族简单的相加，"它的主流是由许许多多分散独立的民族单位，经过接触、混杂、联结和融合，同时也有分裂和消亡，形成一个你来我往，我来你往，我中有你，你中有我，而又各具个性的多元统一体"[①]。中华民族多元一体格局承载着几千年的悠久历史，在当代时空背景下，呈现出了新的时代特点。

比较中华民族多元一体格局的历史与现状，应该说今天的"一体"与"多元"都在向前发展。历史上的"一体"是松散的，甚至有时是被迫的结合；当代的"一体"则更紧密、更稳固，是建立在平等、自愿基础上的融合。历史上的"多元"是以少数民族的落后和愚昧为代价；当代的"多元"则是以各民族共同发展为前提，表现得更丰富、更健康。纵观中国历史上历朝历代对待少数民族的政策，无论是秦汉时以军事打击为主，间有"胡汉和亲""开放关市""约为兄弟"的妥协之策；还是唐宋时的羁縻统治、和亲会盟；直到明清时由推行土司制度，到改土归流，强迫剃发和易服，民族歧视与压迫是尽包其中的。只有新中国成立后，中国共产党实行正确的民族政策，才使我国各民族获得了真正的平

---

① 费孝通等：《中华民族多元一体格局》，中央民族大学出版社1989年版，第1页。

等，才形成了友好、和睦的民族关系，使得中华民族多元一体格局有了新发展。

一、进行民族识别：重建多元一体格局的必要前提

自古以来我国就是一个多民族国家，但由于历史上历代王朝的民族歧视与压迫，对少数民族除了以蛮、夷、狄、戎相称外，并没有明确我国到底有多少个民族，他们都是什么？很多民族为了躲避民族压迫，甚至不敢承认自己是一个独立的民族。新中国成立后，为了贯彻和执行党的各项民族政策，使各民族真正获得当家作主的权利，民族识别成了十分紧迫的任务。1953 年，在自报民族族称时，全国共报了 400 多个，有他称、自称、民族内部的分支称呼以及不同的汉译名称等。可见，民族族属问题相当混乱。为此，中央和相关地方的民族事务委员会，组织各方面的专家、学者及工作人员，进行了规模宏大的民族识别工作。

如何识别一个民族，是一项相当复杂的系统工程。20 世纪 50 年代，我国的民族研究主要借鉴苏联的民族理论，但是，对于识别民族并没有也不可能有完全适合我国的理论。斯大林认为，"民族是人们在历史上形成的一个有共同语言、共同地域、共同经济生活以及表现在共同文化上的共同心理素质的稳定的共同体"[①]，而且四个特征要同时具备，缺一不可。此处的"民族"是指资本主义上升时期的人们共同体，即现代民族。而当时我国很多民族还处在前资本主义时期，甚至是农奴、原始社会阶段，显然套用和照搬斯大林的民族定义是行不通的。在实际工作中，广大学者灵活地运用了马克思主义民族理论，针对各个民族自身的实际情况，充分利用了民族历史、文化及认同意识。对此费孝通教授在《关于我国民族的识别问题》中有过专门论述，在《我的民族研究经历和思考》中，他进一步指出，"共同的心理素质"是民族识别中最有力的依据，因为它最不容易改变，而所谓的"共同的心理素质"就是"民族认同意识"。黄淑娉教授对识别中的"共同文化"依据，作了详细论述，她指出："我

[①]《斯大林选集》（上），人民出版社 1981 年版，第 64 页。

国的民族情况表明，民族共同体在历史发展中不断发生变化，可能失去了形成期具有的共同地域和经济联系，甚至丢失了固有的语言，但如果共同的文化特点始终保留或部分地保留下来，就决定了一个民族有别于另一个民族。"① 民族识别使广大学者有机会与居于深山老林甚至是与外界很少联系的人们直接接触。异彩纷呈的民族文化不仅为研究者提供了宝贵素材，更重要的是很多濒临灭绝的民族文化遗产得到了国家的重视和保护。应该说，民族识别本身就是维护祖国统一、收集和宣传民族文化的过程，是将历史上有着独特文化和认同意识的群体，结合成国家法律承认的民族实体的过程。

整个民族识别工作前后历时30多年，可分为三个阶段：第一阶段，从1950至1954年，除已经公认的蒙古、回、藏、维吾尔、苗、瑶、彝、朝鲜、满、黎、高山等民族外，识别和归属了壮、布依、侗、白、东乡、裕固、鄂伦春族等，共确认了38个少数民族；第二阶段，从1954至1978年底十一届三中全会以前，到1965年共确认了土家、畲、达斡尔、仫佬、普米、赫哲、珞巴族等16个少数民族，此后，"文化大革命"期间民族识别工作停止了10年；第三阶段，从1978至1987年，除了1979年识别了最后一个少数民族基诺族之外，这一阶段的主要任务是恢复、更改和归并了一些人的民族成分。至此，民族识别工作基本结束，一共确认了55个少数民族。

民族识别使原本混杂、模糊的民族族属，走向了清晰化、科学化、政策化。各民族获得了参与国家管理的平等权利，获得了充分发展自我的机遇、张扬民族文化的自由。同时，民族识别也有力地维护了国家的统一，使民族政策得以落实，国家意志得以贯彻，是中华民族多元一体格局重建和发展的必要前提。

二、实行民族区域自治：巩固多元一体格局的根本保证

我国的民族区域自治，经历了长期的探索过程，是在实践中从联邦

---

① 黄淑娉、龚佩华：《文化人类学理论方法研究》，广东高等教育出版社1998年版，第430页。

制转化而来。就我国的历史而言，大一统的政治格局早已深入人心；就当时的状况来说，人们经历了战争的磨难，刚刚看到胜利的曙光，国家的统一是人心所向。所以，在国家的统一领导下的民族区域自治，既符合党一贯坚持的马克思主义所有民族一律平等的方针，又适合我国的国情，顺应人民的意愿。1947年在首先解放了的内蒙古地区，建立了第一个民族自治区——内蒙古自治区。1949年，中国人民政治协商会议通过了《共同纲领》，其中明确规定了民族区域自治为新中国的一项基本政治制度。1952年，中央人民政府颁布了《民族区域自治实施纲要》，这是关于民族区域自治的一项重要立法，对民族区域自治的各方面情况作了具体详细的规定，有力地推动了民族区域自治工作。1954年，在我国第一部《中华人民共和国宪法》中，进一步完善了民族区域自治法规和政策，民族区域自治工作蓬勃发展起来。令人遗憾的是，十年"文化大革命"严重地破坏了党的民族政策，以至于在1975年修改的宪法中，删改了有关民族区域自治的重要内容，特别是删去了自治权的具体规定，使民族区域自治失去了实际内容，使民族区域自治法制建设严重倒退。党的十一届三中全会后，伴随着改革开放新形势的到来，民族区域自治恢复了新的活力。1982年宪法修改时，在恢复1954年宪法中的民族区域自治内容的基础上，又补充了新经验、增添了新内容。1984年，《中华人民共和国民族区域自治法》制定施行，这是关于民族区域自治的基本法，是长期以来实行民族区域自治的经验总结，是民族区域自治制度趋于成熟、走向法制化的标志，更是推动民族区域自治不断发展的有力保证。目前，除11个人口基数较少或不大具备条件的少数民族以外，全国44个人口较多且相对集中的聚居区的少数民族均已实现了民族区域自治，先后建立各级民族自治地方159个，包括5个自治区、30个自治州、124个自治县（旗）。全国已有47个少数民族建立了1200多个民族乡（镇），几乎所有的少数民族都已程度不同地生活在民族区域自治的体制之下。[1]

作为一项国家的基本政治制度，民族区域自治也是巩固和加强中华民族多元一体格局的根本保证。民族区域自治是在国家的统一领导下的

---

[1] 马戎、周星主编：《中华民族凝聚力形成与发展》，北京大学出版社1999年版，第431页。

区域自治，统一是自治的前提，这便首先强调了中华民族的"一体"。同时，民族区域自治又是从各民族、各区域的特殊情况出发，依据特殊情况处理特殊问题，极大地照顾了民族地区在经济、文化上与其他地区的差异。从而使他们既能较好地保留民族特色，又能尽快地赶上全国发展形势。这又为中华民族的多元创造了条件。50多年来，民族区域自治为中华民族的发展作出了巨大贡献。与苏联的联邦制相比，我们的民族区域自治贯彻得好，落到了实处，极好地维护了民族平等与团结，处理好了各民族之间的关系。在既提倡一般又照顾特殊的指导思想下，为解决民族问题铺好了路，架好了桥，稳固了中华民族多元一体格局的架构，使我们在面临苏联解体、东欧剧变的冲击时，没有出现任何民族问题，中华民族多元一体格局稳步向前迈进。

三、发展民族经济：确保多元一体格局发展的内在动力

由于历史的原因，我国少数民族大多地处边陲，生存环境相当恶劣。加之历代统治者推行民族歧视与压迫，致使少数民族经济长期落后于全国水平。据新中国成立初期的少数民族大调查，少数民族地区尚存在四种经济文化类型，落后和不平衡是其主要特点。处于原始经济状态的鄂伦春、鄂温克、布朗族、拉祜、独龙、黎、佤、门巴等民族，仍然主要以狩猎、采集为生，生产力水平极其低下，人民生活非常贫困。以独龙族为例，每年春天砍树烧荒播种，竹尖器、尖木棍和小木锄还是主要的劳动工具。收获的粮食只够吃几个月，因此采集与狩猎仍然在经济中占重要地位。男女身披一块麻布，有的甚至赤身露体，寒冬腊月，一家老小只得围火塘睡觉。1954年，在国家的帮助下，独龙族人民有史以来第一次学会犁耕，种水田，吃上了自己种的大米。从粗放的刀耕火种发展到精细的水田农业，是独龙族农业生产上的革命。①

经济生产的落后是制约少数民族自身发展的根本原因，而且也危及

---

① 参见林耀华、黄淑娉、庄孔韶：《中国解放前保留原始公社制残余的少数民族及其向社会主义的过渡》，载《民族学研究》第6辑，民族出版社1985年版，第6—16页。

中华民族多元一体格局的稳固。党和国家一直非常重视改变少数民族的经济落后面貌，为此投入了大量人力、物力和财力，制定了一系列的特殊优惠政策。以西藏自治区为例，在人民解放军进军西藏前，毛泽东主席就提出了"进军西藏，不吃地方"的方针，1952—1958年，中央给西藏地方财政补助累计达3.57亿元，1959—1965年剧增为5.9亿元。[①]同时，无息贷款、无偿投资，以及来自全国各地源源不断的援助，使西藏的农业、牧业迅速恢复发展，工业从无到有，工厂纷纷上马，目前已有企业500多家。1994年，国务院召开第三次西藏工作座谈会，为使西藏尽早跨入与全国同步发展的轨道，中央各部委和全国各地加大了援助西藏的力度，实际落实投资达48亿元的62项援藏工程现已全面投入使用，发挥可观效益。自1995年以来，中央国家机关有关部委和15个对口援藏省市先后派出1260名优秀中青年干部到西藏工作，并投资32亿元，实施援藏项目716个。自20世纪50年代以来，中央给西藏的财政补贴和各类投资累计达500多亿元。经历50年的风风雨雨，今天的雪域高原发生了沧海桑田般的变化。到2000年，全区农牧民人均收入和城镇居民人均可支配收入提高到1331元和6448元。[②]饮水思源，藏族同胞们无限感谢党和国家。昔日做牛做马的农奴、饥寒交迫的奴隶，如今成了国家的主人，正在奔向小康。所以，尽管有少数破坏分子一再叫嚣"西藏独立"，但藏族是中华民族不可分割的一元的事实，已经牢牢印在千百万藏族人民的心中。

1999年，国家制定了西部大开发战略。我国西部是少数民族的聚居区，实行西部开发，实质上也是对少数民族经济的开发。从近期看，国家将投入千亿元巨资作为直接投资主体和西部开发主导，重点进行基础设施建设、生态环境建设和优先发展教育科技。中央政府对西部开发实行各种优惠政策，国家发展计划委员会主任曾培炎表示，要像当年搞经济特区那样，加快西部开发。[③]西部开发将给居住在那里的少数民族带来极好的发展机遇，同时，全国统一市场的建立，也必然加大全国各民族

[①] 丹增、张向明主编：《当代中国的西藏》（上），当代中国出版社1991年版，第309页。
[②] 《世界屋脊的沧桑巨变》，《人民日报》2001年5月22日。
[③] 《开发西部将迈出实质步伐》，《人民日报》1999年11月22日。

之间的联系。经济上的合作与互惠、文化上的交流与吸收，将带来民族团结与融合的新局面，将为中华民族多元一体格局带来新的气息。

民族经济是推动民族发展的根本动力，是解决民族事实上不平等的关键所在，是逐步消除民族差别的必由之路。新中国成立以来，少数民族经济取得了辉煌成就，这不仅使人们的生活发生了翻天覆地的变化，民族壮大富强，而且极大地增强了少数民族人民对伟大祖国的热爱，在本民族认同之上，形成了强烈的中华民族认同意识。就此而言，民族经济的腾飞，是中华民族多元一体格局稳定发展的源泉。

四、繁荣民族文化：强化中华民族多元一体格局的重要依托

我国55个少数民族，尽管在人口数量上相差很多，多的上千万人，少的才几千人。但不论民族人数多少，都有自己丰富、独特的民族文化，这是中华民族多元一体格局中"多元"的主要表现。然而各民族在一体的中华民族中，又跨越了低层的民族文化认同界限，普遍认同于由各民族文化共同构成的中华民族文化。而反过来，对中华文化的认同又强化了对国家的情感，增强了中华民族的凝聚力和向心力。因此，可以说弘扬民族文化是强化中华民族认同意识的标志。

自中华人民共和国成立以来，抢救、挖掘、整理和弘扬民族文化始终是民族工作和民族研究中重要的组成部分。在中央和地方的各文化部门中，都有专门负责民族文化工作的机构；一批专门从事民族文化研究的学者云集高校及各科研院所；各种公办和民办的民族文化团体以灵活多样的形式展示着多彩的民族艺术。伴随着社会的发展、科技的进步，民族文化也增添了许多新内容，发生了剧烈的变迁。首先，从物质文化来说，各民族的变迁最为明显。他们吸纳了很多先进的科学知识和技术，物质生产和生活有了极大改善。以居于甘肃省肃南裕固族自治县的裕固族为例，过去他们住的是漏风漏雨的土坯房和毛帐篷，而今是宽敞明亮的楼房和砖瓦房，毛帐篷只有在转场时因拆搭方便才使用；过去吃的主要靠牲畜供给，吃野菜、挨饿是常事，现在除了他们喜欢吃的奶、肉之

外，大米、白面、各种蔬菜都摆上了寻常百姓的餐桌；过去穿的是破长袍，穷牧民连鞋都穿不上，今天不仅有衣有鞋，而且讲究入时；过去哪见过汽车、摩托，出外有钱的骑马，穷人靠双腿，经商靠的是驼队，现在牧民几乎家家有了摩托，既方便又自在。其次，从精神文化来看，新中国成立初期，国家就组织了少数民族语言大调查，并帮助少数民族创制和改革文字。目前，我国已有民族出版社36家，每年出版各类民族文字图书3000多种，少数民族文字报刊89种、杂志183种。为保护民族艺术，防止流失和后继无人，截止到1998年，少数民族自治地方建有专业艺术团体526个，图书馆596个，群众艺术馆、文化馆738个，博物馆134个，文化站7129个。全国至少有24所高等和中等艺术院校专门培养少数民族艺术人才。一些国家重点艺术院校还不定期地开办少数民族班。大批的少数民族艺术人才在全国乃至国际舞台上崭露头角，至1997年第五届少数民族文学评奖时，55个少数民族都有了自己的作家。[①] 由此可见，在现代文明的冲击下，传统的民族文化依然保持着独特的魅力。

值得深思的是，少数民族文化的滞后是制约其社会进步、经济发展的重要因素之一。长期以来形成的某些陈腐观念依然在左右着人们的行为，成为前进的羁绊。凉山彝家半个世纪以来的巨变，实现了伟大的社会变革，然而，等级观念的残存、家支制度的负面影响却是不争的事实。[②] 新疆一些民族对商品经济观念的抵制，[③] 某些民族嗜酒成风，甚至将国家的救济粮都换了酒喝，以"梁上猪肉常挂，坛中米酒不干"为最大满足，安于现状、不思进取的思想，同样是民族现代化的巨大障碍。当然，民族的发展不能以缺乏创新的因循而墨守成规，更不能以传统文化的丧失为代价。像社会变迁中的傣族文化一样，实现民族文化中合理因子的现代提升，[④] 才是文化多元的真正内涵。因此，如何在现代化的进程

---

① 参见王希恩：《论中国少数民族传统文化现状及其走向》，《民族研究》2000年第6期。
② 详见林耀华：《凉山彝家的巨变》，商务印书馆1995年版。
③ 王建民：《民族传统观念与现代化》，载《宗教·民族·历史·文化》，中央民族学院出版社1992年版，第356—368页。
④ 郑晓云：《社会变迁中的傣族文化》，载《中国社会科学》1997年第5期。

中保持丰繁的民族文化特色，是各民族谋求生存与发展的关键所在，也是在平等自由的背景下统一的多民族国家必须作出的抉择。

中华民族的"一体"与56个民族的"多元"；国家政体的"一体"与民族文化的"多元"，两者是相互依存、互赢共生的。从"体"出发，国家政局的稳定，为各民族提供了良好的发展环境，党的民族政策为各民族的繁荣奠定了基础，50多年来各民族社会文化的变迁已经证明了这一点。同时"体"的一致性又决定了中华民族要发展、国家要富强，必须以56个民族的共同发展为前提。任何一个民族经济文化的落后，都将阻碍中华民族整体的前进。而只有56个民族都实现了现代化，才能说中国实现了现代化。正是由于这一点，国家从20世纪50年代的扶持和照顾，到世纪之交的西部大开发，一直在积极地以"体"带动"元"，最终实现中华民族的勃兴。从"元"出发，各民族必须树立一种危机意识，看到近年来全国乃至世界的飞速发展形势，清醒地认识到跟不上整体的发展，就意味着愈发落后，甚至会丧失自我。因此，在中华民族走向世界的伟大洪流中，56个民族都必须充分发挥自身的主动性，积极进取，为本民族的发展、中华民族的腾飞，作出自己的贡献。

[原载《中国民族报》2002年3月5日，收入本辑时有修订]

我国改革开放以来基督教发展的原因探析

基督教（新教）是16世纪西欧宗教改革后产生的革新派，1807年传入我国。在我国的五大宗教信仰中，基督教的历史最短，而且因为它的传播是在不平等条约的掩护下开始的，一神一教的信仰又与中国传统文化有很多抵触之处，所以，在相当长的一段时间里，它并不被我国民众所接纳。第二次鸦片战争后，传教士在深入内地的传教过程中，与政府和民众冲突的大小教案不断发生。20世纪初期爆发的义和团运动和20年代的非基督化运动，一度将反抗和批判基督教的运动推向高潮。新中国成立初期，全国信仰基督教的人数仅为70万。然而，20世纪80年代以来基督教却呈现了强劲的发展势头，成为我国信徒人数增长最快的宗教。

一

根据宗教部门的报道，基督教目前全国教徒人数已经超过1500万，比新中国成立初期增加了20多倍。现有教牧传道人员18000余人、教堂16000多座，简易活动场所（聚会点）32000多处，其中新建礼拜堂和聚会点约占总数的70%，平均每天新增6所堂点。各级神学院校共18所，已毕业神学生4000余人，受过培训的义工达51万人次，并有在海内外公开发行的基督教主要期刊《天风》和自己的印刷厂，20世纪80年代以来印发圣经累计 2800 万册。① 基督教以如此惊人的速度发展，其动力何在？追本溯源，共和国前 30 年的基督教发展史，是造成这一事实的历史原因。

（一）基督教的革新（1949—1956 年）

新中国成立初期，全国共有 130 个外国差会，它们分属世界各国的多个教派，把持着基督教的领导权，并妄想继续以传教的名义服务于帝国主义侵华势力。割断它们同帝国主义的联系，实现"自治、自养、自传"的主张，不仅是教内爱国人士多年的愿望，更是新中国成立后，基督教的首要任务。在基督教先进分子积极倡导、党和政府的大力支持下，"三自"爱国运动广泛开展起来。

早在 1949 年，吴耀宗等 5 位基督教代表在全国政治协商会议上，曾多次表示中国基督教要根除与帝国主义的联系，必须实现它早年提出的"自治、自养、自传"的原则。1950 年 5 月，周恩来总理连续三次邀请部分中国基督教领袖座谈，一再强调"基督教最大的问题，是它同帝国主义的关系问题。中国基督教会要成为中国自己的基督教会，必须肃清其内部的帝国主义的影响与力量，依照三自（自治、自养、自传）的精神，提高民族自觉，恢复宗教团体的本来面目，使自己健全起来"②。他还充分肯定了中国基督教内进步民主人士对中国革命的贡献，鼓励中国基督教徒要独立自主、自力更生、自办教会。吴耀宗等人在周恩来总理的启发下经过反复修改，于 9 月 22 日发表了《中国基督教在新中国建设中努力的途径》的宣言（以下简称《宣言》），明确提出了中国基督教的总任务是"中国基督教教会及团体彻底拥护共同纲领，在政府的领导下，反对帝国主义、封建主义及官僚资本主义，为建设一个独立、民主、和平、统一和富强的新中国而奋斗"。9 月 23 日，《人民日报》在第一版全文刊登了《宣言》和第一批拥护《宣言》的签名名单，并以"基督教人士的爱国运动"为题发表社论，高度评价了《宣言》和"三自"革新运动的历史意义。这

---

① 《中国的宗教现状》，详见中央统战部网；赵志恩：《中国基督教的过去、现在以及展望二十一世纪》，《金陵神学志》2001 年第 3 期。

② 周恩来：《周恩来统一战线文选》，人民出版社 1984 年版，第 182 页。

一天标志着基督教"三自"革新运动的开端,也因此成为"三自"爱国运动纪念日。

1951年4月,为支持抗美援朝运动,中国基督教抗美援朝"三自"革新运动委员会成立。在它的组织下,广大基督徒一方面抗议美国冻结中国在美公私财产的行径,自动断绝一切外国津贴;一方面积极为志愿军捐款,表达爱国之心,到1952年6月,共捐款人民币27亿余元(旧币)。① 这些爱国行动极大地推动了"三自"爱国运动的开展。在此期间,外国传教士纷纷回国,外国差会的驻华机构也先后撤离。1954年7月,中国基督教全国会议在北京分理会教堂召开。会议决定成立"中国基督教三自爱国运动委员会",统一领导全国各教会,并推选全国基督教领袖139人为委员,选举吴耀宗为主席。1956年,《天风》半月刊主持了神学思想大讨论。通过广泛发表意见,教徒们对"基督教的信仰是否要求我们脱离现实?这个现实的世界可爱不可爱?……爱国和爱教(爱神)究竟有没有矛盾?有没有不可调和的冲突?……"② 等问题取得了较为一致的认识,推动了基督教神学思想的发展,促进了"三自"爱国运动的深化。

(二)基督教的联合(1957—1966年)

在全面建设社会主义的十年中,基督教深受"左"的思想影响。1957年,与全国反右派斗争运动相配合,基督教开展了社会主义教育运动。反右斗争的扩大化导致这一运动走向了揭发、批判教内右派分子的错误道路,使一批爱国基督教人士被错划为右派,精神和生活都受到了极大打击。从1963年到1964年底,基督教内开展了爱国主义、国际主义、社会主义教育运动,把"揭开宗教掩盖下的阶级斗争盖子"作为运动的指导方针,夸大了教内的阶级斗争情况,混淆了两类不同性质的矛盾,再一次伤害了基督教人士的感情,正常的宗教活动也因此受到了干扰和破坏。

但是,在此期间,党也不断努力纠正"左"的错误,使基督教在曲

---

① 赤耐主编:《当代中国的宗教工作》(下),当代中国出版社1998年版,第220页。
② 参见陈泽民:《中国教会神学建设的任务》,《金陵神学志》1956年第5—6期。

折中取得了突破性进展。新中国成立前，我国有中华信义会、中华基督教会、中华基督教卫理公会、中国耶稣教自立会及内地会等基督教大小教派几十个，形成了教派林立、各自为政、相互排挤的局面。"三自"爱国运动后，在"三自"爱国运动委员会的统一领导下，教派之间的关系逐步好转。新社会平等友爱、坦诚融洽的人际关系，蒸蒸日上的社会主义建设，以及党的教育和引导，使基督教人士的思想觉悟有了极大提高，最终打破了教派间的隔阂，实现了教会合一。1958年，在"大跃进"和社会主义建设总路线的推动下，在基督教徒中提出了如何节约人力物力、加强教派间的合作、共同投入到生产建设的洪流中去的问题。联合办教成了适应形势、人心所归的潮流。浙江省宁波、温州、杭州等地首先试行各教会联合办公，统筹安排人员、经费和生产。之后，全国各地的基督教会纷纷走上了联合礼拜的道路。各教派求大同存小异、相互团结、密切协作，博得了教内外人士的好评。从此，中国基督教进入了西方基督教努力多年但尚未实现的"后宗派"时代，为国际基督教开创了好的先例。

（三）基督教的沉寂（1966—1976年）

"文化大革命"使原本已经"左"倾的路线走向了极端，基督教被推向了毁灭的边缘。作为破"四旧"运动的对象，基督教在"文化大革命"一开始就受到了冲击。教堂及其他活动场所被拆毁、抢占，经籍被烧毁，塑像被砸烂，大部分教牧人员被强行遣散转业，宗教活动几乎全部停止，只保留了北京米市大街基督堂，供在华外国信徒使用。党的宗教政策和人民的宗教信仰自由权利受到了无情践踏。

回顾这段历史我们看到，"三自"爱国运动使基督教摆脱了帝国主义的束缚，洗刷了"洋教"的恶名。基督教的中国化，使基督教文化融入了中华文化之中，成为我国宗教信仰体系中的一部分。与此同时，它积极调整，与社会主义社会相适应，广大信徒努力为国家建设作贡献，在各条战线上作出了很多成绩，赢得了人民群众的普遍欢迎。正是新中国成立初期党的宗教政策的宣传和贯彻，加上基督教自身的革新和自立，使它走上了联合办教、各派团结一家的道路，从而壮大了基督教的整体力量和对外吸引力,为它的传播和发展起到了推波助澜的作用。"文化大革命"期间,极"左"势力想用行政命令的手段消灭基督教,违背了宗教发展的规律,结果适得其反。尽管基督徒不公开承认自己的信仰,但宗教情结久抑于心,如同火山爆发前的积聚。历经十年浩劫后,基督教人士平反昭雪,恢复名誉,激动的心情焕发了对宗教的极大热情。他们积极致力于办教、传教事业,各种宗教活动迅速展开,基督教发展出现了巨大反弹。

二

宗教的发展与活跃往往是社会大变动或转型期的伴生现象。据宗教研究中心统计,苏联解体前,俄罗斯联邦信教人口比例为22%,1994年上升为50%。韩国1947年信仰天主教、基督教人口比例为7%,到1985年达到了21%。[①] 我国在党的十一届三中全会以后,国家工作重点的转移和实事求是思想路线的恢复,标志着一个全新时代的到来。中国社会开始了从农业社会向工业社会、从乡村社会向城镇社会、从封闭社会向开放社会、从伦理社会向法理社会的转型。这种由传统社会结构向现代社会结构的急剧变化,深刻地影响着人们的价值观念与行为取向,也使基督教获得了增长的空间和发展的条件。相对于基督教自身的改革而言,矛盾交织、利弊伴生的社会变革是促使其变化的根本所在。

(一)宗教信仰自由、价值观念变迁,基督教成为切近西方文明、追求自我实现的生活方式

党的十一届三中全会后,宗教界开始拨乱反正,宗教信仰自由政策逐步得到落实。在这样的背景下,基督教重新开放教堂,恢复了宗教活动。1980年10月,中国基督教第三届全国会议召开,会议通过了"三自"爱国运动委员会章程的修改,选举丁光训为"三自"爱国运动委员

---

① 叶小文:《当前我国的宗教问题——关于宗教五性的再探讨》,《世界宗教文化》1997年第1—2期。

会主席,并成立了全国性教务机构——中国基督教协会,丁光训当选为会长,教会的组织机构得到了完善。1982年3月,中共中央下发《关于我国社会主义时期宗教问题的基本观点和基本政策》,全面科学地阐明了党对宗教问题的基本观点和基本政策,为宗教走上正常的发展轨道奠定了基础。12月,新宪法审议通过,不仅恢复了1954年宪法对宗教信仰自由政策的条款,而且根据新形势,增添了新内容,将这一政策规定得更加明确具体。进入20世纪90年代后,《宗教社会团体登记管理实施办法》《中华人民共和国境内外国人宗教活动管理规定》《宗教活动场所管理条例》等法规相继出台,各地方还制定了地方性宗教事务法规和政府规章,①有力地保证了宗教政策的贯彻和宗教活动的有序。与此同时,基督教两会也陆续颁布了教会规章制度为基督教的健康发展创造了条件。有关研究者的调查表明,大部分信教群众和宗教工作者对改革开放以来的宗教政策是满意的。②

民主宽松的政治环境使民众的思想异常活跃,国门大开,西方发达的物质文明和良莠并存的各种思潮吸引着人们的目光,一大批翻译或介绍基督教的书籍出版,人们对基督教的态度也从盲目批判,逐步转变为亲和、接纳,甚至向往。在东方与西方、传统与现代的比较中,基督教成了西方文明的代表与象征。尤其是市场经济的催生,加速了人们价值观念的变迁,其标志就是共产主义信念被淡化,实现自我的价值取向呈现出明显的上升趋势。在针对2000多名山东青年价值观的调查中,在回答"你努力工作的目的是什么"时,1996年依次选择"实现自我价值,得到社会承认"的占51.9%,"为国家和社会进步作出应有贡献"的占25.6%,"使个人生活水平有明显改观"的占14.4%;2000年,他们仍然

---

① 参见中共中央文献研究室综合研究组、国务院宗教事务局法规司编:《新时期宗教工作文献选编》,宗教文化出版社1995年版。

② 在被调查的基督徒中,认为近年来中国宗教信仰自由程度有很大提高或一定提高的,天津有82%,河南有84.3%,福建有69.9%,另有63.9%的福建基督徒回答他们的家庭聚会可以自由进行,无人干扰。对基督教职业人员及其领导成员的调查,认为1982年后教徒心情比较舒畅的,河南有85.9%,福建有79.6%。对宗教工作者的调查,认为宗教政策执行很好和较好的,河南占69.5%,福建占85.7%。戴康生、彭耀主编:《宗教社会学》,社会科学文献出版社2000年版,第347、377页。

首选"实现自我价值，得到社会承认"，但比例上升为62%，排在第二位的是"使个人生活水平有明显改观"，比例为14.7%，第三才是"为国家和社会进步作出应有贡献"，比例为14.6%。关于人生最大的幸福，1996年，选择"为共产主义奋斗"的占14.1%，排在第三位；2000年，选择的比例只有6.6%，排在第六位。① 可见，当前青年人普遍的人生目标更倾向于自身事业的成功和家庭生活的美满。这种务实的心态，使许诺现实利益、实现灵魂得救的基督教赢得了人心，而遥远的共产主义理想失去了信仰的动力。基督教拥有了适宜发展的社会环境和思想基础。

（二）贫富差距拉大、社会保障无着，基督教信仰成为弱势群体抵御心理压力的屏障

20世纪80年代中期以后，经济转型引起了社会分层机制的转换。原来的两个阶级一个阶层（工人阶级、农民阶级和知识分子阶层）的社会结构发生了显著变化。以贫富差距、收入分层为基础所形成的新的社会分层机制，逐步取代了过去的以政治身份、户口身份和行政身份为依据的政治分层机制。这种直接由于经济的差异带来的社会地位的差异，使"不平等"成为20世纪90年代以来中国社会的客观事实。分配格局的多元化，导致个人之间、城乡之间、地区之间、行业之间乃至不同职业类型之间出现了"富"与"贫"的巨大反差。与高收入群体形成的富裕阶层相比，相对剥夺感、安全无助感、迷茫失落感，严重威胁着弱势群体的心理健康。这是以市场为取向的经济体制改革带来的新的社会问题。据1999年的中国社会蓝皮书的分析显示，1998年农村的"区域性"贫苦人口有5000万，在经济发达的和中等的农村地区，"阶层性"贫困人口至少在400万人以上。城镇居民的贫困群体由失业、下岗无业和困难企业的离退休人员，以及他们赡养的人口为主体构成。截止到1998年9月底，国有企业下岗职工人数约为1000万。城镇贫困人口的数字在1200万—1500万。② 面对贫富差距和生活压力，弱势群体的心态严重失衡。近

---

① 张华：《世纪之交：山东青年价值观变迁的历史轨迹》，详见大众网。
② 唐钧：《中国的贫困与反贫困形势分析》，载汝信等主编：《1999年：中国社会形势分析与预测》，社会科学文献出版社1999年版，第401—404页。

年来的调查结果显示,全国平均自杀率为23/10万,每年自杀死亡人数为28.7万,其中女性自杀率比男性自杀率高25%,农村自杀率是城市的3倍。① 严酷的现实,无力的抗争,这一切都为信仰基督教提供了太多的理由。据调查,基督教信徒80%在农村,其中女性、中老年、文化程度较低者占大多数。②

继砸碎"铁饭碗"后,劳保、住房、医疗、教育等制度的改革,使人们普遍感受到了前所未有的压力。在1988年的调查中,"物价上涨,生活无保障"是当时人们最忧虑的问题,占被调查者的73.7%。③ 下岗失业、生病住院和养老问题一直是20世纪90年代以来居民最担心的个人、家庭问题。2003年全国就业形势依然严峻,需要安排就业的劳动力总量为2400万人,而按照经济增长的需求,只能新增就业1000万个。④ 人们失去了往昔的稳定感和安全感,不得不寻求廉价的途径,以防生活的不测。在基督教信徒中,有近半数的人最初参加礼拜的原因,是为了解除生活中遇到的困难,排遣内心的烦闷,甚至是为了治病和健康。在信仰中,他们获得了内心的平静和愉悦,相信慈悲仁爱的上帝能帮助他们摆脱现世的痛苦,指引他们走向通往天堂的道路。

(三)社会道德滑坡、官僚腐败泛滥,基督教信仰启动了民众心中的道德资源

基督教不仅是一种信仰,也是一种生活态度、一种认识人生和世界的方式。近年来,基督教信徒中青年和知识分子有所增加,很重要的一

---

① 《每年28万人死于自杀,我国首次开展相关调查》,《北京晚报》2002年11月28日。
② 1999年,在对上海农村佛教、道教、天主教、基督教四大宗教的问卷调查中显示,基督徒中女性占76.1%,是妇女比例最高的宗教。中年占50.4%,老年占25.4%,青年占24.2%。文化程度初中的有38.3%,小学35.7%,文盲11.6%,高中13%,大专1.4%。参见罗伟虹:《从宗教比较看基督教在中国的发展特点》,卓新平、许志伟主编,《基督宗教研究》(第3辑),宗教文化出版社2001年版,第195页。
③ 张大钧、张庆林:《改革的社会心理研究》,四川大学出版社1991年版,第107页。
④ 陆学艺:《走向全面、协调、可持续发展的中国社会——2003~2004年中国社会形势分析与预测总报告》,载汝信等主编:《2004年:中国社会形势分析与预测》,社会科学文献出版社2004年版,第7页。

点原因，是他们摒弃现实丑恶、追求纯净、体验幸福的理想所致。

经济改革和文化变迁带来了道德的失范。20世纪80年代以来，拜金主义、享乐主义、唯利是图的思想在社会上流行。黄、赌、毒等社会丑恶现象沉渣泛起，假冒伪劣充斥市场，坑害百姓。人情冷漠，人际关系表面化，人与人的心理距离越来越远。经济利益的竞争使传统道德信条在新的游戏规则中显得脆弱无力，"国民心态危机"已经成为不争的事实。与此同步的是以权谋私、贪污腐败现象的蔓延。上至政府高官，下至乡村领导，腐败已经成为中国官僚制度体系的疾患。在政治参与意识日趋提升的中国社会，彻底惩治官僚腐败、净化社会风气已经成为民众的最大希望。1998年的中国社会形势与改革的社会心理调查报告显示，社会风气败坏是仅次于物价上涨的城镇居民最担心发生的社会问题。[1]2003年百名专家问卷调查显示，在对社会发展中存在的问题的判断中，"腐败现象依然突出"仅居第一位的"三农问题"之后。[2]而早在20世纪80年代末90年代初，在针对基督徒最关心的问题调查中，"社会不正之风"就排在第二位，仅次于他们对"信仰自由"的关心。[3]在此背景下，基督教宣扬的博爱唤起了人们对业已失落的人与人之间信任与关怀的向往，并萌生了崇敬之情。马克思说："宗教里的苦难既是现实的苦难的表现，又是对这种现实的困难的抗议。宗教是被压迫生灵的叹息，是无情世界的心境，正像它是无精神活力的制度的精神一样。宗教是人民的鸦片。"[4]基督教宣扬诚实、友善、谦卑，信徒之间是姊妹兄弟，遇到困难要互相帮助，要爱人如己。这恰恰与今天缺失的中华传统道德信条相契合。孤独、无助的心灵，在同修姊妹的关爱中得到了抚慰和温暖；压抑、不满的情绪，在祈祷、赞美、忏悔中得到了宣泄和舒缓。

此外，相对而言，基督教比较肯定现世生活和人生的意义，鼓励信

---

[1] 孙力、郑维东：《1998年：中国社会形势与改革的社会心理调查报告》，载汝信等主编：《1999年：中国社会形势分析与预测》，社会科学文献出版社1999年版，第56页。

[2] 陆建华：《专家眼里的社会形势及其前景——百名专家问卷调查》，载汝信等主编：《2004年：中国社会形势分析与预测》，社会科学文献出版社2004年版，第16页。

[3] 戴康生、彭耀主编：《宗教社会学》，社会科学文献出版社2000年版，第353页。

[4] 马克思：《〈黑格尔法哲学批判〉导言》，载《马克思恩格斯选集》第1卷，人民出版社1995年版，第2页。

徒投身社会，勤奋工作，创造财富，简朴生活。它主张平等、自由、宽容。它的随意性、入世性、简朴性、灵活性，使它更容易被民众所接受，在迈向现代化的中国找到了适宜的土壤。基督徒把现世的成功作为获救的标志，把传教、结"果子"看成是在上帝面前的荣耀。因此，信徒们普遍具有强烈的传教愿望，他们往往不辞辛苦、锲而不舍地传播福音。

三

基督教在社会转型时期对社会的正常运转起到了辅助作用，在道德建设、社会整合以及心理调适等方面发挥了积极的社会功能，并呈现出了大发展的态势。但正如丁光训主教所说："在一个这么大、这么古老、人口这么多的国家建设社会主义，是人类的新课题。在这么一个社会里独立自主办好教会，那更是教会上的新事。因此，在工作中暴露出许多问题，那是必然的。"①其中最突出的问题是缺乏有学识、修养好、素质高的教职人员，出现了教徒人数发展过快，而教牧人员的培养相对滞后的发展困境。由于信徒文化水平普遍偏低，功利心又极强，很多人把消灾免祸、治疗疾病作为信教的目标，在没有好的教牧人员的引导下，对教义的理解很容易出现偏差。一些教徒的狂热、偏执，不仅使基督教世俗化、庸俗化，而且也给个人、家庭乃至社会带来了消极的影响。随着西方"呼喊派""东方闪电"等邪教组织的侵入，一些不法分子披着基督教的外衣，传播异端邪说，愚弄群众，聚敛钱财，扰乱社会。2003年，时任国家宗教事务局局长叶小文在总结近年来宗教发展存在的问题时说："社会主义并不需要'利用'宗教，但社会主义如果不能真正成为多数人的信仰和精神追求，成为'可亲的社会主义'，社会主义如果在对待宗教问题上简单粗糙，左右摇摆，反复折腾，宽严皆误，宗教却要利用社会主义。"②因此，基督教要健康发展，要适应社会主义社会，要抵制外来反华势力的渗透和攻击，就必须加强自身建设，努力拓展和完善中国特色

---

① 丁光训：《谈当前教会若干问题》，载《丁光训文集》，译林出版社1998年版，第360页。
② 叶小文：《与时俱进话宗教》，载中国宗教学会秘书处编：《中国宗教学》（第1辑），宗教出版社2003年版，第6—7页。

的基督教神学思想，这一点已经成为教内外人士的共识。

　　面对基督教发展的新形势、出现的新问题，党和政府一方面要尊重基督教自身的发展规律，运用马克思主义宗教观，深入研究，正确引导，使基督教真正实现"爱国爱教、荣神益人"的理念，探索出一条有中国特色的处理宗教问题的新路。另一方面也要将民众的宗教情绪作为审视自身工作得失的指标。在中华人民共和国55年的历史中，基督教的起伏变化从一个侧面反映出了党和政府执政为民的工作成效。新中国成立初期，党处处从人民的利益出发，继续保持艰苦奋斗、勤俭奉公、不骄不躁的优良作风，保持着与人民群众的血肉联系。比较新旧社会的变化，获得了平等与尊严的人民群众深有感触，是新社会、共产党给予了神没有给予的好生活。因此，在20世纪五六十年代，对共产党的信念，对共产主义理想的追求，占据了人们的精神世界。为共产主义奋斗是全社会共同的心声，无神论成为人们普遍推崇的信仰。可以说，即使不受"左"的思想影响，不把宗教等同于封建迷信进行批判，当时宗教观念的弱化，信教人数的减少也是不可逆转的。以此观之，改革开放以来，基督教信众遍布城市与乡村的事实，与党和政府对人民群众的关心程度同样直接相关。干群关系紧张，党的干部没有在群众需要帮助时伸出援助之手，没有将代表最广大人民的根本利益的思想落到实处，致使党的形象和政府的威信在群众的心中大打折扣。与此同时，我们也看到了在建设清明政治的过程中正在改变的社会事实：弱势群体得到了全社会的普遍关注，惩治腐败、重建社会道德的工作已全面展开。2003年因腐败问题被判刑或被查处的省部级高官有12名之多，"刑上省部级"的现实更是有力地说明了党加强自身建设、政府服务于民的决心和力度。这不仅会激发广大人民群众建设社会主义的巨大热情，更会巩固马克思主义信仰的主流地位，使社会主义真正成为大多数人的共同理想和奋斗目标。

[原载《当代中国史研究》2004年第3期]

陈云倡导的"只生一个"是"大仁政"

党的十八届三中全会通过的《中共中央关于全面深化改革若干重大问题的决定》（以下简称《决定》）中提出："坚持计划生育的基本国策，启动实施一方是独生子女的夫妇可生育两个孩子的政策，逐步调整完善生育政策，促进人口长期均衡发展。"[①] 这是近些年来国家对人口生育政策做出的较大调整，意味着曾经的独生子女命运将在下一代身上发生转变。《决定》一出，计划生育政策再度成为人们关注的焦点，一些有关人口老龄化、结构失衡、独生子女教育等尖锐问题的深度剖析，[②] 让人们觉得似乎原来的计划生育政策弊病重重，得不偿失。到底应该如何正确评价1980年后国家实行的严格的计划生育政策？显然我们不能用今天的认识水平和已有的事实来强求当年决策者的先知先觉，那既不公正也不客观。我们需要历史的眼光，要回归到当年的历史和决策者中去，在理解前人初衷的同时获得调整当下政策的启示。

---

① 《中共中央关于全面深化改革若干重大问题的决定》，《人民日报》2013年11月16日。
② 张会杰：《中国现阶段不能放松计划生育政策吗——与黄少安和孙涛先生商榷》，《学术月刊》2013年第12期；张哲：《"单独二孩"政策实施的影响及对策研究》，《学术前沿》2014年第2期；孙晓梅：《中国"失独家庭"现状与困境》，《中国妇女报》2014年3月18日；陈卫民：《家庭政策的发展路径与方向》，《中国人口报》2014年2月24日；等等。

一、陈云是"只生一个"的坚定支持者

早在 20 世纪 50 年代，面对人口生育高峰的出现，党中央提出了节制生育并着手制定计划生育政策。1957 年，邵力子、马寅初等知识分子纷纷撰文倡导节制生育，掀起计划生育问题讨论热潮，毛泽东等党和国家领导人也参与其中，毛泽东先后在《关于正确处理人民内部矛盾的问题》、中共扩大的八届三中全会上的讲话等多处谈及计划生育问题。但由于受极"左"思潮的干扰，人口政策几经曲折变化，长期没有得到严格有效的贯彻执行。在传统生育观念的驱动下，我国人口增长速度急剧加快，以至于人口问题愈发成为经济社会发展和人民生活水平提升的沉重负担。

党的十一届三中全会开启了改革开放的历史新时期，也成为我国计划生育工作的重要转折点。1979 年元月第一天，全国计划生育办公室主任会议在北京召开。会议明确提出，为了在 1980 年把人口增长率降到 1% 以下，推行最好生一个，最多两个，间隔三年以上的政策。1979 年 1 月 27 日的《人民日报》社论提出，对只生一胎不再生二胎的育龄妇女给予表扬，对生三胎及三胎以上的从经济上给以必要的限制。此前多年倡导的"一儿一女一枝花"的口号悄然发生着改变。3 月 30 日，邓小平在党的理论工作务虚会的闭幕会上指出："人多有好的一面，也有不利的一面。在生产还不够发展的条件下，吃饭、教育和就业就都成为严重的问题。我们要大力加强计划生育工作，但是即使若干年后人口不再增加，人口多的问题在一段时间内也仍然存在。"[①] 6 月 18 日，华国锋在五届全国人大二次会议的《政府工作报告》中指出，搞好计划生育，控制人口增长，"具有重大的战略意义"，并把这个问题列为贯彻调整、改革、整顿、提高方针必须抓好的十项工作之一。他们的讲话和报告表明了党中央对计划生育工作的高度重视和坚决态度。7 月 22 日《健康报》发表社

---

① 邓小平：《坚持四项基本原则》，载《邓小平文选》第 2 卷，人民出版社 1994 年版，第 164 页。

论，号召卫生部门的职工以身作则，"最好生一个"。7月中旬，中央为98岁高龄的马寅初平反，指出他关于控制人口生育的《新人口论》是正确的。接着，北京出版社出版了《新人口论》。这不仅标志着人口理论研究的新生，也预示着我国计划生育工作的新起点，为进一步收紧计划生育政策营造了积极的社会氛围。然而，要真正实施严格的只准生一胎政策还需要决策者的认可和决心。在党和国家领导人中陈云是"只生一个"政策的坚定支持者。

1979年3月14日，国务院重新设立财政经济委员会，陈云再度执掌国家经济工作。"人口多、底子薄"是他一直强调的国情特点，他担忧人口问题解决不好，将来会带来不可收拾的后果。3月21日，他在中共中央政治局会议上讲话指出："讲实事求是，先要把'实事'搞清楚。我国9亿多人口，80%是农民，革命胜利30年，人民生活有改善，但还有要饭的。……人口多，要提高生活水平不容易；搞现代化用人少，就业难，我们只能在这种矛盾中搞四化。"[①]5月18日，陈云在一次谈话中指出，想办法发挥中国人口多的优点，但一定要控制人口。[②]6月，他到上海考察宝钢建设，在与上海市部分负责人谈话讲到控制人口问题时，对计划生育提出了5条措施："一是大造舆论，要造三五年的舆论；二是制定法令，明确规定只准一个；三是加强避孕药物的研制、发放和相应的医疗工作；四是对独生子女实行优待政策；五是实行社会保险，解决'养儿防老'问题。"[③]可见，陈云对计划生育问题已经作了比较深入、全面的思考，"只准一个"的思想基本形成，而且他为此提出的一系列配套措施也是比较周详和符合实际的。

1980年3月，中共中央书记处委托中办召开5次专门会议，集中讨论"只生一个"是否可行，在持续3个月的座谈研讨后，"只生一个"的决策最终被确定下来。6月14日夜，陈云在复回陈慕华前一天的来信中，对独生子女政策表达了坚定的赞成和支持。次日晨，他经过进一步思考后，又致信陈慕华指出："限制人口、计划生育问题，要列入国家长

---

① 朱佳木主编：《陈云年谱》（下卷），中央文献出版社2000年版，第240—241页。
② 同上书，第244页。
③ 同上书，第246页。

期规划、五年计划、年度计划。这个问题与国民经济计划一样重要。"① 在陈云的推动下，9月25日，中共中央、国务院发布《关于控制我国人口增长问题致全体共产党员、共青团员的公开信》，提倡"一对夫妇只生一个孩子"。1982年2月9日，中共中央、国务院发出《关于进一步做好计划生育工作的指示》，普遍提倡一对夫妇只生育一个孩子。9月1日，胡耀邦在中共十二大上作《全面开创社会主义现代化建设新局面》的报告，明确指出实行计划生育是我国的一项基本国策，并设定了到20世纪末力争把人口控制在12亿以内的目标。②1982年底，计划生育被写进新修订的宪法，规定"夫妻双方有实行计划生育的义务"。在国家的大力宣传和严格管理下，"只生一个好"的思想逐步为全社会普遍接受，独生子女成为"80后""90后"的特殊身份符号。

二、陈云的决策是基于"大仁政"

自从严格的计划生育政策实施以来，从中央到地方各级政府都将其摆在了极其重要的位置，不仅设立专门机构、人员从事计划生育工作，而且配套了严密的行政措施和强制手段，甚至作为一票否决的硬指标。这一方面表现了国家对控制人口数量的决心和力度，另一方面也反映出实施生育一胎政策阻力之大。计划生育政策不但在群众中存在着与传统文化观念的冲突与磨合，而且在学术界和决策层也始终存在着分歧和争论。在党的高级领导中，陈云一向以谨慎、稳健而著称，作为熟知国情、精通经济的智慧老人，难道他没有考虑到独生子女政策可能带来的问题吗？

其实，当年在制定计划生育政策时，陈云对党内党外提出的不同意见是了解的，也是有考虑的，但他抓住了人口过多的主要矛盾，下定了严格限制生育的决心。1980年，他在给陈慕华的信中说："提倡只生一个孩子是眼前第一位的工作，至于由此而产生的一些问题则属于第二位

---

① 朱佳木主编：《陈云年谱》（下卷），中央文献出版社2000年版，第259页。
② 中共中央文献研究室编：《十二大以来重要文献选编》（上），中央文献出版社2011年版，第13页。

的问题。"①可以看出，陈云对计划生育政策连带产生的问题是有预见的，但他把这些问题放在了次要的位置。当时，陈云重新主持中央财经工作，一直在思考国民经济的调整和长期规划。他把人口政策放在国家整个经济社会发展的长远规划中，与植树造林、治理江河、水力资源、治理污染同等看待，认为这些计划同样影响深远，要有百年或几十年的打算。应该说，这些问题都是当时国家面临的十分严峻的问题，累积多年，大有积重难返之势，不采取激烈的措施或非常规的手段，很难奏效。同时，对这些问题的治理又不会马上见效和赢利，需要较大付出和长期坚持，是前人栽树后人乘凉的子孙工程。1980 年 4 月 4 日，他在给姚依林的电话中谈了他对制定长期计划的意见，提出："人口问题要有个规划。这个问题不解决，许多事情不好办。""长期规划中要考虑如何使占人口 80%以上农民的生活有所改善。"②正是基于这样的思想动机，陈云在权衡利弊中选择了一代人在生育上的牺牲，为此他自己宁可承受"断子绝孙"的骂名。

回顾新中国历史可以清楚地看到，一个生产力水平低下的人口大国要建成社会主义现代化强国，面临的问题和挑战何等之多？每一次战略抉择和政策制定都是对执政党的艰巨考验。既要改善人民生活又要保证国家建设，既要重视当前利益又要兼顾长远发展，既要维护整体诉求又要考虑少数群体的特殊情况……这之中没有损失和代价是不可能的，而只要是符合国家和广大人民群众的根本要求，符合民族的持续发展，暂时的牺牲都是必要的也是值得的，中国共产党人称之为"大仁政"。

新中国成立之初，为尽早实行工业化，摆脱国家贫穷落后的面貌，毛泽东等党和国家领导人从当时的国内国际情况出发，提出了优先发展重工业的工业化战略目标。为此，国家把财力、物力和人力集中于工业领域，而且从农业中积累资金支援工业建设。一些人不理解，对于城里国营工厂工人比农民工资、待遇都改善得快，就说现在"工人在九天之上，农民在九地之下""共产党丢了农民""忘掉了农村"，对农民"挖得

---

① 朱佳木主编：《陈云年谱》（下卷），中央文献出版社 2000 年版，第 259 页。
② 同上书，第 257 页。

太苦",要求对农民"施仁政",等等。对此,1953年毛泽东在中央人民政府委员会第二十四次会议上给予了明确而有力的回应。他说:"所谓仁政有两种:一种是为人民的当前利益,另一种是为人民的长远利益,例如抗美援朝,建设重工业。前一种是小仁政,后一种是大仁政。两者必须兼顾,不兼顾是错误的。那么重点放在什么地方呢?重点应当放在大仁政上。现在,我们施仁政的重点应当放在建设重工业上。要建设,就要资金。所以,人民的生活虽然要改善,但一时又不能改善很多。就是说,人民生活不可不改善,不可多改善;不可不照顾,不可多照顾。照顾小仁政,妨碍大仁政,这是施仁政的偏向。"[①] 正是这样的大仁政,才使新中国仅用30年时间就建立了独立的完整的国民工业体系,为改革开放后的飞跃发展奠定了坚实的基础。今天我们在享受小康社会的美好生活时,不应该忘记前辈们一辈子吃了两辈子的苦。同样,为了中华民族的伟大复兴,我们也要付出我们的努力。毛泽东的大仁政观,体现的是共产党人高度的历史责任感和为国为民的情怀,在陈云身上同样具有这样一份赤诚。对于与广大人民群众息息相关的人口政策,陈云从民族的未来和大义出发,秉持大仁政。他的决断为我国人口增长与经济社会协调发展起到了关键性作用。

我国在历史上就是一个人口大国,从西汉起人口一直处于世界领先位置。清乾隆年间人口突破1亿,1949年时达到5.4亿。新中国成立后,和平安稳的社会环境,以及人民生活水平与医疗卫生条件的改善,带来了人口的快速增长。1953年我国第一次人口普查显示,包括中国台湾、国外华侨和留学生在内的全国人口总数有6亿多,大陆人口达到5.8亿。在共和国的前30年中,1953年至1958年、1962年至1973年出现了两次持续较长时间的生育高潮。第一次生育高潮,6年间共增加8512万人,平均每年增加1419万人,年增长率为2.3%;[②] 第二次生育高潮,12年累计出生31791万人,人口增加23352万人,相当于一个苏联或一个

[①] 中共中央文献研究室编:《毛泽东著作专题摘编》(上),中央文献出版社2003年版,第988—989页。

[②] 许涤新主编:《当代中国的人口》,中国社会科学出版社1988年版,第8页。

美国的人口数。①经过这两次持续数年的生育高峰,到 20 世纪 70 年代末我国人口已经超过 9 亿,与缓慢的经济和社会发展极不适应,人口多在一定程度上成为制约我国经济社会发展的主要因素之一。据时任国家航天工业部副部长的宋健等人研究预测,按照 20 世纪 70 年代中期育龄妇女的生育比例计算,我国到 20 世纪末人口将突破 14 亿,到 2050 年达到 29.23 亿,即便按照一对夫妻两个孩子的速度递增,2050 年人口也要达到 15.32 亿。②而此时,打开国门让人们看到了我们与西方发达国家的差距,由此更加重了快速发展的急切与期待,人口的包袱显得格外沉重,四平八稳的计划生育政策已经无法适应形势的需要,采取更加坚决、果断的措施,尽快控制人口数量成为国家决策者的首要选择。

有研究表明,计划生育政策实施 30 多年来,全国少生 3.4 亿多人,使中国"13 亿人口日"和世界"60 亿人口日"的到来时间都推迟了 4 年。③从 20 世纪 90 年代中期开始,我国人口发展呈现出低出生、低死亡、低增长的特点,减轻了人口增长过快的压力。这 30 多年间,我国经济持续快速发展,成为世界第二大经济国,人民生活水平显著提高。2013 年农村居民人均纯收入从 1978 年的 133.6 元增加到 8896 元;城镇居民人均可支配收入从 1978 年的 343.4 元增加到 26955 元。④计划生育对人口数量的控制在其中起到了重要作用。作为决策者,陈云功不可没。

三、陈云计划生育思想的启示

近年来关于计划生育政策是否应该调整的讨论愈发热烈,人口学、经济学、社会学等学科的学者,纷纷从人口结构危机、人口红利即将殆尽以及独生子女成长和养老问题等角度,提出尽快调整计划生育政策的主张。这几年的全国"两会"上,一些专家和官员连续提出放开二胎的

---

① 许涤新主编:《当代中国的人口》,中国社会科学出版社 1988 年版,第 12 页。
② 宋健、于景元、李广元:《人口发展过程的预测》,《中国科学》1980 年第 9 期。
③ 《13 亿人口日再次敲响警钟》,《光明日报》2005 年 1 月 7 日。
④ 《城乡居民生活从贫困向全面小康迈进——改革开放 30 年我国经济社会发展成就系列报告之五》,详见国家统计局网;《2013 年国民经济和社会发展统计公报》,详见国家统计局网。

提案。党中央对此高度重视并积极采取应对措施，决定在"双独""单独"中先后放开二胎，逐步调整计划生育政策。回首新中国成立后，在计划生育政策的制定和决策中，陈云始终坚持从实际出发，站在马克思主义哲学的高度洞悉、判断和处理这一复杂问题，对于今天我们调整和完善政策具有指导意义。

（一）从我国人口的实际出发，必须坚持计划生育的长期性

20 世纪 50 年代，陈云积极支持节制生育，他对马寅初发表的《控制人口与科学研究》一文给予高度评价，赞扬马寅初"你的人口理论为国家和民族立了功，我衷心祝贺它的成功"[1]。1957 年，在有关控制人口问题的讨论中，陈云从我国社会主义改造刚刚完成的形势出发，提出了计划生育的主张。[2] 在相隔 20 多年后，我国生产力水平还十分落后，尚有几亿人口处于温饱线之下，而人口数量已发生质的变化，因此他倡导"只准一个"的生育政策。这些决断都源于我国人口过多的国情，源于富国强民的社会理想。早在 1957 年，陈云就提出对于我国人口控制需要长期坚持，节制生育要 10 年、20 年才能见效。[3] 改革开放后他一再强调，我国人口多，耕地少，在相当长的时间内不会好转。因此，他进一步提出控制人口，必须有百年或几十年的计划。尽管计划生育政策实行 30 多年来，我国人口数量得到了有效控制，但据国家统计局统计显示，2007 年中国人口占世界人口的比重仍然有 20.1%，这一年净增人口 681 万人。[4] 依据 2010 年第六次全国人口普查资料，我国总人口为 13 亿 7053 万 6875 人，10 年共增加 7389 万 9804 人，增长 5.84%，年平均增长率为 0.57%。[5] 我国人口多的国情没有变。因此，今天以"限制人口数量、提高人口素质"为核心目标的计划生育工作仍然任重而道远，计划生育这一

---

[1] 朱佳木主编：《陈云年谱》（中卷），中央文献出版社 2000 年版，第 257 页。
[2] 陈云：《必须提倡节制生育》，载《陈云文选》第 3 卷，人民出版社 1995 年版，第 68 页。
[3] 同上。
[4] 《人口素质全面提高就业人员成倍增加——改革开放 30 年我国经济社会发展成就系列报告之六》，详见国家统计局网。
[5] 国务院人口普查办公室、国家统计局人口和就业统计司编：《中国 2010 年人口普查资料》（下册），中国统计出版社 2012 年版，第 2337 页。

基本国策还必须长期坚持。当然，计划生育的目标是克服生育的盲目性，使人口增长与经济和社会发展相适应，并不能简单地理解为节制生育，更不能等同于"一孩"政策。事实上自从国家提出了"提倡一对夫妻只生一个"的号召以来，政策几经调整，有相当的灵活性。2007年实行一孩的人口大概占35.9%，实行一孩半政策的占52.9%，11%以上的人口可以生两个孩子或者两个孩子以上。①允许"双独""单独"生育二胎的政策，更体现了计划生育政策是从人民群众的生活和心理实际需要出发的。

（二）从科学发展的指导思想出发，必须强调人口发展与社会整体发展相协调

计划生育涉及国计民生，只有以科学研究为依据，以理性决断为前提，才能保证政策的制定和调整不会偏离正确的轨道，才能适应中国特色社会主义建设的实际需要。首先，我们必须清醒地认识我国还是一个人口众多的发展中国家，要提升我们的人均指标就不能放松限制人口数量。1957年在国家经济尚且十分困难的条件下，陈云下决心不惜每年投入几千万资金，免费发放避孕药具。②20世纪80年代初，陈云用"人口是个爆炸性的问题"来形容人口增长之快，影响之大，③进而坚决支持"只准一个"的生育政策。实践证明，计划生育政策为我国经济飞速发展起到了至关重要的作用。其次，我们还必须看到我国的经济社会发展已经进入新阶段，人口结构、人们的生育观念已经发生了巨大变化，并还将随着现代化进程的推进发生改变。今天面临的人口问题已经不只是数量过多、增长过快，而更突出的是人口老龄化、性别比失调等问题，以及由此衍生的一些极为复杂的情况。因此，要实现"人口长期均衡发展"，必须适时地调整和完善人口生育政策，陈云的综合平衡、统筹兼顾、按比例发展的思想仍然是一条基本的尺度。

---

① 于学军：《稳定生育政策，促进人的全面发展》，详见中国政府网。
② 陈云：《必须提倡节制生育》，载《陈云文选》第3卷，人民出版社1995年版，第68页。
③ 朱佳木主编：《陈云年谱》（下卷），中央文献出版社2000年版，第246页。

（三）从稳定和完善计划生育政策的角度出发，必须要有社会保障做后盾

中国人历来有"养儿防老"的观念。在没有建立完善的社会保障制度的时候，儿女是最可依赖的养老保险。有研究表明，经济发展的落后与人们的生育愿望成正比。① 新中国成立后，我国社会保障制度始终城乡有别。城镇职工享有的养老、医疗等社会保险一直是农村人可望而不可即的。同时，农业生产技术的落后也加重了人们对劳动力的依赖。因此，在农村生儿子不仅仅是基于"传宗接代"的考虑，也存在着养老和经济生产的需要，这也是农村计划生育工作推行困难的主要原因之一。然而，我国大部分人口在农村，要实现控制人口不从农村做起是不能真正解决问题的。而要让农民心甘情愿地接受计划生育政策，除了宣传和教育之外，重要的是经济生产的发展和社会保障制度的建立。陈云在1979年就提出，计划生育与社会保险相配套。② 1983年，他关注到了推行计划生育与无子女老人晚年生活保障问题，再次强调"计划生育这件事，必须办，照顾的钱应该用在哪里，要研究"③。这些思想无疑是具有科学性和前瞻性的。2003年我国开始实行新型农村合作医疗，经过几年的试点和推广，2008年比预计提前两年实现了全覆盖，为解决农民病有所医，抵御"因病致贫、因病返贫"的风险起到了很好的作用。2007年我国开始在农村实现最低生活保障，对困难群众给予生活补贴。从2009年起，国务院又开展了新型农村社会养老保险试点，截至2012年7月1日，仅用3年时间基本实现了全覆盖。当然，这些社会保障制度还处于初创阶段，水平还不够高，有些具体政策还有待完善，但它们对于改善农民生活、解决他们后顾之忧的作用是积极的，也一定会对计划生育工作起到潜移默化的有益推动。

[原载《当代中国史研究》2014年第4期]

---

① 陈岱云、武卫华：《人口生育观念嬗变与社会发展》，《求索》2008年第11期。
② 朱佳木主编：《陈云年谱》（下卷），中央文献出版社2000年版，第246页。
③ 同上书，第317页。

"蒙山茶要发展，要和群众见面"：
一则史料中的人和事

蒙山地处四川省雅安市名山县西部，自古便与青城、峨眉并称为蜀中三大名山，是古蜀文化的发祥地和我国最早人工种植茶叶的地方。蒙顶五峰环列，状若莲花，在最高峰上清峰上有七株古茶树，相传是公元前53年吴理真栽培的，"高不盈尺，不生不灭，迥异寻常"。蒙山茶品质优异，在陆羽的《茶经》中已有记载。蒙山茶自唐玄宗天宝元年（公元742年）被列为皇家的贡品，一直沿袭到清末，历经1169年而不间断。"仙茶""贡茶"的美名增添了蒙山茶神秘、稀缺、高贵的文化色彩，更使得"扬子江心水，蒙山顶上茶"的赞誉绵延久远。

1958年3月8日至26日，中共中央在成都召开中央有关部门负责人和各省、市、自治区党委第一书记参加的工作会议（简称"成都会议"）。会议期间，中央领导同志提出品尝蒙山茶的愿望。时任四川省委书记的李井泉找到名山县委书记姚清落实此事。当时正值早春，还未到采摘茶叶的季节，蒙山也还没有茶园，田边零星的老茶树才冒了一点新叶尖。姚清亲自上山，安排可靠的党团员和劳动模范连夜采制了一包新茶。为了让首长尽快吃到蒙山茶，雅安地委派专车将姚清送到成都会议的举办地——西郊省委金牛坝招待所。姚清到达时，正赶上休会，中央部门的同志接过茶后，马上送进去冲泡，远远地姚清听到一阵赞扬声。成都会议结束后，同年4月初，省委办公厅给名山县委打来电话说：通知名山县委，你们送来的茶叶中央首长和毛主席都品尝了，认为蒙山茶很好。毛主席说："蒙山茶要发展，要和群众见面。"①毛主席的指示很快传遍了整个名山，给名山县领导和群众巨大鼓舞，成为蒙山茶生产和发展十分关键的历史契机。尽管电话记录稿在"文化大革命"中遗失了，但50多年来它已经成为名山县人民代代相承的历史记忆。

成都会议是新中国探索社会主义建设道路的一次重要会议，会上就有关经济建设等相关问题通过了39个文件，其间毛泽东多次发言、插话，强调要破除迷信、解放思想，对反冒进和主张反冒进的周恩来、陈云等中央领导进行了错误批评，进一步明确表述了"鼓足干劲、力争上游、多快好省地建设社会主义"的总路线，肯定了社会主义建设的高速度，对脱离实际，浮夸、蛮干的"大跃进"之风起了推波助澜的作用。实践证明，成都会议是党进一步走向"左"倾错误的一次会议，一度给我国的社会主义建设带来了消极影响和极大损失。蒙山茶的生产和发展正是在这样的历史背景下大张旗鼓地开展起来。6月中旬，全国上下都在贯彻总路线。名山县召开"万人大会"，传达、贯彻毛主席的指示。很快，总岗山一带适合种茶地区的800多位农民自动报名，愿意上蒙顶山种茶。七八月间，由县组织部部长董路喜和区级干部任四保带队，上山开荒种茶。当时条件十分艰苦，他们住在破庙里，所有物资都要靠人沿着崎岖的山间小路背上去。但毛主席的指示和全国如火如荼的"大跃进"热潮鼓舞着人们。当年他们开荒1129亩、新种茶地338亩，建成"蒙山茶叶培植场"。②可惜的是，栽种的时间不对，方法也不够科学，还是地坎种植，东一丛西一窝，因此茶树成活率不高。显然，仅凭主观热情，不顾客观规律搞建设，结果只能是失败。之后三年困难时期的低标准生活和"文化大革命"的冲击，使蒙山茶的生产低迷不前，直到20世纪70年代初，蒙山茶的种植面积和产量才逐步恢复到了1957年的水平。值得一提的是，川康地区一解放，蒙山茶优良品种的繁育、播种等科研工作

---

① 名山县地方志编纂委员会编：《名山县志》，方志出版社2006年版，第516页。也有人回忆为：毛主席指示"蒙山茶要发展，要与广大群众见面，要与国际朋友见面"，参见欧阳崇正：《伟人的声音 唤醒蒙山茶》，载杨天炯主编：《蒙山茶事通览》，四川出版集团·四川美术出版社2004年版，第120页。

② 名山县地方志编纂委员会编：《名山县志》，方志出版社2006年版，第516页。

就得以开展。1951年在蒙山永兴寺设立了西康省茶叶试验站，1963年试验站与1958年冬成立的蒙山茶叶培植场合并为国营蒙山茶场，直属于省农业厅领导，又在智矩寺外，建成茶树良种母穗园。在茶叶科技人员和老茶农的共同努力下，蒙顶甘露、石花、万春银叶和玉叶长春等传统名茶得以恢复。1960年"蒙顶甘露"被评为国家十大名茶之一，之后他们又陆续研发出多种优质名茶。

毛主席的指示对蒙山茶发展的历史作用还突出表现在，它把一批又一批的知识青年吸引到了蒙山茶场。最早来蒙山的知青是在1962、1963年，当时国家为了摆脱国民经济困难的窘境，进行经济大调整，开始有组织、有计划地动员城市知识青年上山下乡。在这两年中，全国共动员了30万人回乡、下乡或插队，一定程度上缓解了城市中小学毕业生的就业压力。"文化大革命"爆发后，知识青年上山下乡运动进入高潮，蒙山茶场迎来了大批来自成都、雅安的知青，最多时有一二百人。在那个崇拜伟人的年代，知青们能来茶场下乡，感到无比光荣，因为有毛主席的指示，他们把蒙山看成了实现理想之地。他们改良土壤、修整茶园、采茶、杀青，把宝贵的青春都奉献给了蒙山。尽管"文化大革命"初期蒙山茶的生产也受到了政治运动的干扰，但因为有毛主席的指示，蒙山茶叶的生产没有停止和中断，相反，在广大知识青年的努力下，蒙山茶的种植面积大幅度扩展。"九一三"事件发生后，国家形势出现了新的转机，在此后的国民经济调整中，农业生产不断清除"左"的影响，克服片面强调"以粮为纲"的错误倾向，在"以粮为纲，多种经营，全面发展"的方针指导下，名山县一方面借大搞农田基本建设之机，改造老茶园；另一方面以优质高产示范园带动茶叶种植和管理新技术的推广，从而使茶叶生产呈现出崭新的面貌。到1972年，建成"集中联片、等高种植"的茶园8329亩。到1977年，全县产边、细条138.53万斤。1978年增至148万斤。① 回首蒙山茶的发展，如果没有毛主席的指示，就不可能有那么大规模的集体开荒、优质茶种的培育，以及国营茶厂设施和人力等各方面资源的积蓄，这些条件都为改革开放后蒙山茶迅速发展奠定了

---

① 四川省名山县茶叶协会、四川省名山县茶叶发展局编：《名山茶经》，第21页。

牢固的基础。

党的十一届三中全会后,四川省率先试行农村生产责任制改革,名山茶叶发展迎来大好时机。在"茶业富县"战略思想的指引和鼓舞下,县政府带领茶农不断扩大茶叶种植面积、培育和引进优良茶叶品种、打造茶叶知名品牌。"截至 2012 年底,全区茶园面积达 30.25 万亩,农民人均茶园面积 1.27 亩,茶叶产量 4.63 万吨,鲜叶产值 14.28 亿元,仅茶叶一项实现农民人均纯收入 3960 元。2012 年 12 月,名山区被四川经济林协会认定为'四川茶叶之乡'。"[①]蒙山茶不仅给名山人民带来了可观的经济效益,也为世界所有爱茶的人们提供了品茗的享受和茶文化的滋养。

昔日皇室茶,今入寻常百姓家,蒙山茶真正实现了毛泽东的夙愿,蒙顶山也拥有了世界茶文明发祥地和茶文化圣山的至尊地位。

[原载《中华魂》2013 年第 2 期,原题为《"蒙山茶要发展,
要和群众见面"》,收入本辑时有修订]

---

① 名山县林业局:《雅安市名山区申报"中国茶叶之乡"》,详见雅安市林业局网站。

重温中国人 60 年的文化记忆

在共和国的历史激流中,废除包办婚姻、确立"双百方针"、学习雷锋、"五讲四美"等这些留有时代印记的词汇,以及"两弹一星"、太空行走、北京奥运这些闪耀着科技之光的信息符号,熔铸了共和国社会文化建设中弥足珍贵的历史记忆。回首六十年文化事业的探索历程,那些如火如荼的岁月与那些带着沉痛教训的文化事件,就会从历史的长卷中纷至沓来,成为我们理解和反思社会生活变迁的一面镜子。在历史的映像中,文化建设事业的自我探寻与融入世界文化的开放心态交相呼应,马克思主义意识形态与各种错误思潮的斗争跌宕起伏。正是这种兼容并蓄的文化品性和对社会主义核心价值体系的坚守,让我们国家在中国特色社会主义道路上不断开拓新境界,让我们这个民族在多变的世界格局中拥有了文化的自信与从容。

一、旧思想的改造与新风尚的建设

新中国成立初期,社会各项事业百废待兴。肃清封建的、买办的、法西斯主义的思想,发展为人民服务的思想,是新中国建设民族的、科学的、大众的新民主主义文化教育的首要任务,也是提高人民文化水平、培养国家建设人才、建设一个新社会的基本前提。

新中国成立前夕召开的第一次文代会,是解放区和国统区两支文艺大军的会师,会议明确提出了"为人民服务首先是为工农兵服务"的文艺方针，为即将到来的新中国文化建设做好了思想、组织和人员上的准备。1953年，为明确文艺在社会主义改造时期的新任务，召开了第二次文代会。在两次文代会的积极推动下，先后有53种解放区优秀文艺作品选集编辑出版，一批优秀的小说、诗歌、戏剧等文艺作品陆续问世。经过几年的努力，广播出版业迅速发展起来，有线广播站纷纷建立，图书、报刊出版数量和质量明显提升，为宣传党和国家各项方针政策，丰富人民群众的文化生活作出了重要的贡献。

　　党和政府对教育采取了先接收后改造的方法，陆续将教会和私立学校收归国有，并开设革命政治教育课程，对旧教育思想和体制进行改革。为了实现教育向工农群众打开大门的目标，党和政府要求中小学广泛招收工农子女，开设了工农速成中学、工农干部补习班和技术培训班，同时开展扫盲运动。到1954年，全国有130万职工、850万农民、36万市民扫除文盲。1951年10月1日，政务院颁布的《关于改革学制的决定》规定，幼儿教育由幼儿园承担，招收3—7岁的儿童；初等教育包括五年一贯制的小学和工农速成初等学校、业余初等学校和识字学校；中等教育机构为中学、工农速成中学、业余中学和中等专业学校，学制为6年，分初、高两级，各3年；高等教育包括大学、专科学院和专科学校，修业年限为3—5年。新学制的实施保证了教育工作在统一、规范、合理的步骤中开展。1952年，全国高等院校进行了院系调整，调整的方针是以培养工业建设人才和师资为重点，发展专门学院和专科学校，整顿和加强综合大学，形成高等工科学校专业比较齐全的体系。调整后，全国新设高等工业学院11所、农业院校8所、师范院校3所、医药院校2所、财经院校3所、政法院校2所、语文院校1所、艺术院校1所，共计31所，为国家的工业化建设培养和输送了急需的专业人才。

　　据统计，1949年我国只有科研机构30余个，其中不少已名存实亡，各方面高级知识分子6万多人，其中自然科学专门人才不足500人。为改变这种科学研究薄弱的状况，1949年开国大典一个月后即组建了中国科学院，它是中国自然科学技术最高学术领导单位和综合研究中心。在对国民党时期一些科研机构接管、调整的基础上，中科院下设15个研究单位，之后又陆续新建了一些研究所，成立了东北和西北分院。1955年组建了4个学部，233位优秀科学家担任学部委员。在新中国的感召下，李四光、钱学森等一批著名科学家纷纷回国，投身于祖国的科学研究事业。经过思想改造运动的广大知识分子，积极主动地学习马克思主义基础知识和党的方针政策，进一步明确了为人民服务的立场和方向。新中国成立初期在文化界开展了三次批判运动，即1951年对电影《武训传》的批判，1954年对《红楼梦》研究和胡适资产阶级唯心主义的批判，以及1955年对胡风文艺思想的批判。三次批判运动对于扫除唯心主义、封建地主阶级和资产阶级的思想，确立马克思主义在意识形态领域的指导地位起到了重要作用，但同时也混淆了学术问题和政治问题的界限，一定程度上伤害了知识分子的感情，其教训也是沉痛的。

  为了清除旧社会的遗毒，党带领人民仅用两三年时间就完成了封闭妓院、查禁赌毒、打击反动会道门等旧社会残害人民的丑恶现象的斗争。先后查封妓院8400多所，32万余名妓女在生产教养院里医治性病、改造思想、学习技艺，获得了重新做人的信心。很多人后来成为劳动模范，有的加入了共青团、共产党，组建了幸福的家庭。与此同时，吸毒、赌博被严令禁绝，以"一贯道"为代表的反动会道门组织被捣毁，挽救和改造了一批深受毒害的人民群众，惩治了罪大恶极、民愤极大的毒犯、赌棍和道首。这一系列改革运动，改变了社会面貌，振奋了民族精神，是新中国的一个创举。1950年5月1日《中华人民共和国婚姻法》作为新中国第一部基本法颁布实施，从此，封建包办婚姻制度被彻底废除，广大妇女享有了与男子平等的权利，成了国家的建设者和管理者。从1952年开始，一场全民爱国卫生运动在全国范围内开展起来。人人动手，讲究卫生，改善环境。昔日肆虐泛滥的天花、霍乱、人间鼠疫等急、慢性传染病得到了控制，全国人均预期寿命从新中国成立前的35岁提高到1957年的57岁。经过移风易俗、破旧立新的变革，全社会逐步形成了诚实待人、勤奋工作的新风尚和人人平等、相互尊重的新型人际关系。那些在旧中国带有封建等级色彩的称呼，如"大人""老爷""老妈子""下人"，统统被废弃，"同志"成了人们相互之间既平常又亲切的称呼。比较新旧社会的变化，相声大师侯宝林等一批艺术家纷纷撰文，表达新中国成立后被人民尊称为"文艺工作者"的喜悦心情。1956年毛泽东骄傲地说:"过去说中国是'老大帝国''东亚病夫',经济落后,文化也落后,又不讲卫生,……但是,经过这六年的改革,我们把中国的面貌改变了。我们的成绩是谁也否认不了的。"

二、"双百方针"与社会主义文化建设道路的探索

在社会主义改造完成后的全面建设时期,国家的科学文化事业逐步提出了以苏为鉴,走中国自己的社会主义科学文化发展道路的思想。尽管这一时期文化事业深受"左"的思想干扰,出现曲折,甚至偏离正确的方向,但进行了很多有益的尝试,提出了一些正确的方针和策略,培养了经济文化建设的骨干,其探索之功不容忽视。

1956年4月,毛泽东在讨论《论十大关系》中提出了"艺术问题上百花齐放,学术问题上百家争鸣"的文化基本方针。"双百方针"一经提出便受到了文化科学界的广泛拥护和欢迎,解除了他们思想上的束缚,激发了创作和研究的积极性,出现了民主、自由、活跃的繁荣局面。随着昆曲《十五贯》的上演,很多禁演的剧目先后开放;学术界大兴自由讨论之风,遗传学、经济学、史学、哲学、美学等领域展开不同观点的争论;文艺批评界开展了针对社会主义现实问题、典型化、文艺与政治的关系、阶级性与人性、歌颂与暴露等问题的热烈讨论。一大批优秀文艺作品涌现出来。1963年3月,文化部举行了优秀话剧创作及演出授奖大会;6月,全国京剧现代戏观摩演出大会又在北京亮相,受到观众好评。1964年10月,大型舞蹈史诗《东方红》的演出引起轰动,成为歌舞艺术革命化、民族化、群众化的经典之作。为丰富群众精神文化生活,各文艺团体、电影放映队深入乡村、厂矿,人民群众还自发组织唱革命歌曲、讲革命故事、赛诗大会等文艺活动,既配合了政策宣传,也普及了生产和科学文化知识。1956年2月,国务院发出《关于推广普通话的指示》,1959年中国文字改革委员会先后正式推行4批简化汉字,1964年公布简化汉字总表,共计2238个简化汉字,14个简化偏旁,同时还推行汉字拼音方案,这些文字改革工作对提升群众文化水平起到了极大的推动作用。

1956年1月，中共中央关于知识分子问题的会议召开，周恩来在《关于知识分子问题》的报告中，肯定了知识分子在社会主义建设中的重要作用，宣布我国知识分子中绝大部分"已经是工人阶级的一部分"。会议提出了"向科学进军"的口号，极大地鼓舞了知识分子。为完成十二年科学技术发展远景规划，他们积极献身于教学和科研工作。根据毛泽东的指示，1958年制定了"教育必须为无产阶级政治服务，教育必须与生产劳动相结合""使受教育者在德育、智育、体育几方面都得到发展，成为有社会主义觉悟的有文化的劳动者"的教育方针。此后，刘少奇又提出实行全日制学校和半工半读、半农半读学校两种教育制度。这些思想对我国教育事业发展起到了深远而有益的影响。1957—1966年，我国培养高等学校毕业生近140万人，中专学校毕业生210万人，分别是新中国成立前7年的4.9倍和2.4倍。然而，党的知识分子政策在"反右派"斗争出现了一些摇摆。为了纠正错误，1962年文化事业进行了调整，科技、教育、文化领域分别出台了工作条例。3月，在广州召开全国科技工作会议和话剧、歌剧、儿童剧创作座谈会，周恩来、陈毅在讲话中重申了1956年党对知识分子的基本估计，为他们"脱帽加冕"。但党中央在思想政治上的"左"倾观点没有得到彻底清理，文化领域的过火批判使文化界再度蒙上阴影，接踵而来的"文化大革命"更是文化教育事业的空前浩劫。

尽管这一时期人们的物质生活并不富有，甚至为了国家建设人们不得不勒紧裤腰带。但在建设社会主义的激流中形成的勤俭节约、自力更生、艰苦奋斗的精神却将永载史册。河南省兰考县县委书记焦裕禄，在兰考工作一年多的时间里，跑遍了全县120个大队，风沙雨雪跋涉2500多公里，制定和实施了有效的治理规划，使兰考的自然状况大有改观。他身患肝癌却始终坚守在岗位上，是忠心耿耿为人民的党的好干部的化身。雷锋用短暂的人生诠释了崇高的共产主义道德情操。"雷锋出差一千里，好事做了一火车"是他"活着就是为了使别人过得更美好"的人生写照。公而忘私的雷锋精神今天仍然在鼓舞和教育着人们。以"铁人"王进喜为代表的大庆人，天不怕、地不怕，心甘情愿吃大苦、耐大劳，形成了"三老""四严"的高尚品格和敬业精神。大寨人以自力更生、藐视困难、百折不挠的精神，成为社会主义新农民的典范。在那个时代还有像"拒腐蚀、永不沾"的南京路上好八连，产生了以邢燕子、侯隽为代表立志改变农村面貌的回乡知识青年。而1963年全国高等学校20万应届毕业生，自愿到祖国最需要的地方去，到最艰苦的地方去的决心和行动，更集中展现了那个时代的精神风貌。

三、拨乱反正与知识界"科学的春天"

粉碎"四人帮"后，文化界获得了新生。邓小平复出首先抓科技和教育两个部门的工作，开始全面拨乱反正。1978年3月，全国科学大会召开，6000名优秀科技工作者、技术革新能手、科学种田模范和科技干部出席了大会。邓小平在开幕式上发表了热情洋溢的讲话，重申"科学技术是生产力"，知识分子是工人阶级的一部分的思想，并对发展科学事业提出了具体意见。邓小平的讲话不仅令与会者心潮澎湃，回报以阵阵热烈的掌声，而且使整个知识界欢欣鼓舞，从而满怀信心地去迎接"科学的春天"。4月，全国教育工作会议在北京举行，邓小平再次到会讲话，强调"尊重教师的劳动，提高教师的质量问题"。两次大会，为知识分子落实政策奠定了基础。1978年底，中共中央组织部发出《关于落实党的知识分子政策的几点意见》，提出了普查科技人员、调整用非所学；选拔大批德才兼备的知识分子进入各级领导班子；吸收优秀知识分子入党；评定和晋升业务技术职称；改善知识分子的工作条件和生活条件等具体措施。"文化大革命"中的"臭老九"获得了应有的社会地位和尊严。1979年10月30日，第四次全国文代会开幕，邓小平代表党中央致贺词，对"文化大革命"前17年的文艺给予公正评价，推翻了林彪、"四人帮"对文艺界的诬陷，收回了毛泽东在1963年和1964年对文艺工作的"两个批示"。文艺是时代的风向标，当思想解放的空气吹来的时候，文艺界迎来了繁花似锦的时代。文艺创作进入黄金期，大量的小说、诗歌、报告文学问世，广播影视业日益壮大，新闻出版事业蓬勃发展。20世纪80年代，出现了对中国传统文化、中西文化比较、中国传统文化与现代化的关系等问题展开广泛讨论和深入研究的"文化热"，在反思的同时加深了对文化问题的研究。这一时期，体育事业成果卓著。中国女排自1981年获得第三届世界杯女子排球冠军后，连续五次捧杯。"勇于拼搏"的女排精神是20世纪80年代中国人昂扬奋进的精神面貌的集中展现。1984年洛杉矶奥运会上，中国体育代表团荣获15枚金牌，实现奥运会金牌零的突破。这些饱含汗水和荣誉的奖牌，彰显的是中华民族必将屹立于世界民族之林的决心和希望。

1977年12月，中断了10年的高考制度重新恢复，570万考生参加考试，27.3万人被录取，他们在这个温暖的冬日改写了人生轨迹。1978年，全国恢复了"文化大革命"前的秋季始业制度和学制，制定了中小学教学计划和大纲，组织编写全国通用教材，教学秩序步入正轨。1983年国庆前夕，邓小平为北京景山学校题词："教育要面向现代化，面向世界，面向未来。"这个方针为中国教育事业的发展指明了方向，对中国教育改革与发展起到了历史性和战略性的指导作用。1986年《中华人民共和国义务教育法》颁布实施，使我国基础教育的发展获得了法律保障。1992年全国有90%的地区普及了初等教育。为了尽快培养国家缺失的高级人才，我国于1978年恢复招收研究生，1981年开始实行学位制度。1984年全国有696家单位获得研究生招生权，196个单位拥有了博士学位授予权。同年底，全国共有2.6万人获得硕士学位，87人获得博士学位。与此同时，国家加大了派出留学生的工作力度，不但打破了新中国成立初只向苏联等社会主义国家派留学生的制度，而且派出人数大大增加，仅1982—1984年教育部门就派出了8000余人。他们中间很多人学成回国，被称为"海归"派，成为国家经济建设和科技发展的中坚力量。

四、科技教育体制改革与精神文明建设的全面开展

改革是新时期的主旋律，文化事业也紧紧围绕大局、面向市场、革新体制、完善管理、快速发展，满足人民日益增长的文化和精神生活需求。

1985年，中共中央相继颁发了《中共中央关于科学技术体制改革的决定》《中共中央关于教育体制改革的决定》。两个《决定》共同的主题是解放思想、深化改革。科技工作要求要面向经济建设的主战场，要

"放活科研机构、放活科研人员"。教育工作则提出普及九年义务教育的任务,要求调整中等教育结构,把发展中等职业教育放在重要位置。1986年,国家制定了《1986—2000年科技发展规划》,出台了面向不同服务层次和目标的"星火计划"、"高技术研究发展计划"(即"863"计划)、"火炬计划"、"科技成果推广计划"和"新产品计划"等五个重点科技计划,为自然科学研究发展规划了蓝图。与此同时,哲学社会科学也有了较快发展。中国社会科学院自1977年5月成立以来,与国务院部委下设的研究机构和高校社科院系一起,坚持以马克思主义为指导,一边加强基础研究,一边关注现实,积极为国家建设发挥智囊作用,为新政策的制定和完善提供智力支持。1991年国家设立哲学社会科学基金,它与1985年设立的"国家自然科学基金"一道发挥了提高科研水平、培养科研队伍的作用。

党的十四大后,随着社会主义市场经济建设的推进,文化事业的改革又提出了更高的要求。1993年,《中国教育改革和发展纲要》出台,成为这一时期改革和发展教育事业的纲领性文件。在它的指导下,国家实施了一系列重要改革举措,高校就业模式由国家"统包统分"和"包当干部"转变为少数毕业生由国家安排就业、多数由学生"自主择业"的就业制度;高等教育实行缴费上学制度;高校管理体制启动"共建、调整、合作、合并"改革;民办高等教育有了更大发展。对于基础教育则突出了实现基本普及九年义务教育,基本扫除青壮年文盲,全面提高教育质量的重点。1995年,中共中央、国务院作出了《关于加速科学进步的决定》,开始实施"科教兴国"战略,坚持以教育为本,把科技和教育摆在经济、社会发展的重要位置,增强国家的经济实力及向现实生产力转化的能力,提高全民族的科学文化素质,把经济建设转移到依靠科技进步和提高劳动者素质的轨道上来。为确保战略顺利实施,国家先后出台了《科学技术进步法》《科技成果转化法》等科技法规,实施国家基础研究计划,设立科技型中小企业创新基金、农业科技成果转化基金和国际科技合作专项资金,实施"人才、专利、技术标准"三大战略,部署"十二个重大科技专项"等。同时,按照"稳住一头、放开一片"的改革思路,进一步推动科技体制改革向深层次推进,技术研发类科研机构向企业化转制，对社会公益类科研机构进行分类改革。1998年国务院颁发了《国务院关于调整撤并部门所属学校管理体制改革的决定》，2000年调整工作完成，标志着我国高等教育部门办学体制基本结束，由中央和省级政府两级办学、以地方管理为主的新体制的框架基本确立。随着"211工程"和"985工程"的先后启动，高等教育建设又上了一个新台阶，教育水平和科研力量的提高有力地推动了"科教兴国"战略的落实。1999年6月中共中央、国务院发出《关于深化教育改革全面推进素质教育的决定》，全面的素质教育成为国家教育工作的主题。

改革开放给文化事业发展带来了勃勃生机。人们经济收入的增加刺激了通俗性、娱乐性、消遣性的大众文化的生长，卡拉OK、舞厅、台球厅和电子游戏厅等各种娱乐场所如雨后春笋般涌现。自1979年叶剑英在庆祝新中国成立30周年的讲话中提出精神文明建设后，加强社会主义精神文明建设成为与物质文明建设同等重要的一项工作。邓小平强调"两手抓，两手都要硬"，坚决与拜金主义、享乐主义等各种资产阶级思想和资产阶级自由化思潮作斗争。1986年和1996年，中共中央先后颁布了两个关于精神文明建设的决议。精神文明，重在建设。始于1981年的"五讲四美"活动掀开了群众性精神文明创建活动的历史新篇。此后，青年志愿者行动、"巾帼建功"、希望工程、"办实事、送温暖"、"一帮一、手拉手"等各具特点的活动相继开展。文明城市、文明行业、文明村镇、五好家庭以及百城万店无假货、光彩事业等活动大大促进了全社会精神文明水平的提升。以弘扬主旋律为标志的"五个一工程奖"，自1991年创立以来，起到了引领时代潮流和教育人、鼓舞人的作用。1996年底开始，中央十部委联合组织了"文化、科技、卫生三下乡"活动，促进了农村文化建设。此时各种名目的艺术节、大奖赛等文化活动更使文化市场异彩纷呈。

五、落实科学发展观与文化事业的蓬勃发展

进入21世纪，我国的现代化建设进入了一个新阶段。面对新形势、新任务，党和国家提出了科学发展、和谐发展的目标。2006年11月10

日，胡锦涛在《在中国文学艺术界联合会第八次全国代表大会、中国作家协会第七次全国代表大会的讲话》中指出："繁荣社会主义先进文化，建设和谐文化，为构建社会主义和谐社会作出贡献，是现阶段我国文化工作的主题。"

在落实科学发展观、构建社会主义和谐社会中，教育被视为体现社会公平、实现社会和谐的焦点之一。中共十六届六中全会通过的《中共中央关于构建社会主义和谐社会若干重大问题的决定》中提出，"坚持公共教育资源向农村、中西部地区、贫困地区、边疆地区、民族地区倾斜，逐步缩小城乡、区域教育发展差距，推动公共教育协调发展"。党的十七大报告又首次把教育列为民生和社会建设的第一条，指出："教育是民族振兴的基石，教育公平是社会公平的重要基础。"国家采取有力措施，减免农村基础教育费用。2001年，针对农村义务教育阶段贫困家庭学生实行"两免一补"，之后又全部免除了农村义务教育阶段学生的学杂费、全部免费提供教科书。2007年5月，国务院颁发了《关于建立健全普通本科高校、高等职业学校和中等职业学校家庭经济困难学生资助政策体系的意见》，决定从2007年秋季学期开学起，建立健全我国高校家庭经济困难学生资助政策体系。新资助政策体系建立后，国家在高等教育阶段基本建立起国家助学金、国家励志奖学金、国家奖学金、国家助学贷款、师范生免费教育、勤工助学、特殊困难补助、学费减免和"绿色通道"等多种形式有机结合的家庭经济困难学生资助政策体系。2007年，我国初中教育毛入学率达到98%，高中教育毛入学率达到66%，高等教育毛入学率达到23%；全国各类高等教育在学人数达2700万，居世界第一；受过高等教育的人口超过7000万，有高等教育学历的从业人员总数居世界第二。我国已经成为高等教育大国，高等教育在从人口大国向人力资源大国转变的过程中作出了突出贡献。从2008年秋季学期开始，在全国范围内全部免除城市义务教育阶段学生学杂费，全部纳入国家财政保障范围，义务教育落到了实处。

在教育强调培养高素质创新型人才的同时，科技创新成为建设创新型国家的重要渠道。2006年1月9日，中共中央、国务院在北京召开全国科学技术大会，作出了《中共中央国务院关于实施科技规划纲要增强自主创新能力的决定》，颁发了《国家中长期科学和技术发展规划纲要（2006—2020年）》，确立了"自主创新，重点跨越，支撑发展，引领未来"的新阶段科技工作方针，提出到2020年使我国进入创新型国家行列这一目标。为确保这一目标的实现，国家加大了对科技的投入。2006年国家用于科技事业的财政拨款达1689亿元，我国已成为居世界第六位的研发投入大国。以航天科学为代表的科技创新成果，令世界瞩目。"神舟"五号、"神舟"六号、"神舟"七号载人航天飞行成功，实现了载人航天工程的重大突破，而"嫦娥"一号成功探月标志着中国航天成功跨入深空探测的新领域。目前我国基础研究基本形成了门类齐全的科学体系，一些重要领域位居世界前列。发表的研究论文数量和质量均有较大提高，论文引用律名列世界前茅。2007年我国发明专利申请量达到5456件，跃居世界第7位。科技的发展不仅预示着国家的强大，也标志着人们生活质量的提升。2008年春节假期我国手机短信发送量达到170亿条，普通百姓分享了科技文明带来的便捷和舒适。

近年来，历史虚无主义、民主社会主义等各种错误思潮干扰着人们的思想，影响着我国文化事业的发展方向。为了巩固和加强马克思主义在社会主义意识形态的指导地位，推动马克思主义的理论创新。2004年，国家启动实施了马克思主义理论研究和建设工程，几年来已推出了一批优秀成果，给错误思潮以有力地回击。2006年3月4日胡锦涛提出的"八荣八耻"社会主义荣辱观，是对马克思主义道德观的精辟概括，是对新时期社会主义道德建设的深刻阐述，指导和推动了新形势下社会主义精神文明的建设事业。党的十七大又提出了建设社会主义核心价值体系，这对于培育中国特色社会主义共同理想，凝聚中华民族精神具有重要意义。随着我国文化事业和文化产业的壮大，我国文化软实力明显增强，各项文化建设都取得了辉煌成就。各种艺术门类的精品佳作迭出，新闻出版、广播影视、文学艺术进一步繁荣，2007年全年生产故事片402部，出版各类报纸438亿份、各类期刊30亿册、图书63亿册。文化市场日益规范、蓬勃发展。全国文化产业已经形成影视制作业、出版业、广告业、演艺业、娱乐业、数字内容和动漫产业等重点文化产业门类。公共文化服务体系不断完善，基本实现了县县有图书馆、文化馆。

国家大剧院工程、国家博物馆改扩建工程是完善公共文化服务体系的代表作，2008年中宣部等部委联合下达了全国博物馆、文化馆免费开放的通知，进一步表明了国家推进公共文化服务的决心和力度。为配合新农村建设，国家加大了对乡村文化设施、资源和服务的倾斜力度，启动了广播电视村村通工程等项目。2007年末，广播综合人口覆盖率为95.4%，电视综合人口覆盖率为96.6%。近些年文化遗产保护成效显著，2004年8月，我国加入了联合国教科文组织《保护非物质文化遗产公约》，全国各地启动了对非物质文化遗产的发掘和抢救工作。国务院于2005年12月22日发布《国务院关于加强文化遗产保护的通知》，决定从2006年起，每年六月的第二个星期六为我国的"文化遗产日"。日益频繁的对外文化交流，极大提升了中国文化对外的影响力。截至2008年12月，全球已开办249所孔子学院和56所孔子课堂，分布于五大洲的78个国家和地区。以孔子学院为品牌的汉语国际推广工作，成为我国文化"走出去"的一种重要形式，全球"汉语热"正在悄然兴起。2008年北京奥运会成功举办，在这场"无与伦比"的奥运会上，中国人用悠久灿烂的中华文化和礼貌、热情的服务征服了世界，它集中展现了改革开放以来共和国文化建设的辉煌成就，也预示着中国社会安定、人民生活富庶时代的到来。

［原载《半月谈》经典特刊2009年第1期，收入本辑时有修订］

盘点共和国历史记忆
重温六十年社会生活

在共和国的历史激流中，荡涤旧社会的污泥浊水、社会主义精神文明建设、抗击非典等这些留有时代印记的词汇，以及废除包办婚姻、计划生育、最低生活保障等这些传递着历史信息的符号，熔铸了共和国社会建设中弥足珍贵的历史记忆。回首六十年社会生活的巨变，那些如火如荼的岁月与那些刻骨铭心的事件，就会从历史的长卷中纷至沓来，激起我们对前辈建设者深深的敬意和对共和国的无限深情。

一、移风易俗　揭开历史新篇

新中国成立后，为了清除旧社会的遗毒，党带领人民仅用两三年时间就完成了封闭妓院、查禁赌毒、打击反动会道门等旧社会残害人民的丑恶现象的斗争。1949年11月21日下午，经北京市第二届各界人民代表会议决定，北京率先开始了封闭妓院的行动。当晚，仅用12个小时就将尚存的237家妓院全部封闭，450名妓院老板被逮捕，1286名妓女被收容。继北京的行动后，上海、天津、沈阳等全国各大中小城市采取各自有效的措施，先后查封妓院8400多所，32万余名妓女在生产教养院里医治性病、改造思想、学习技艺。她们中很多人后来成了劳动模范，有的加入了共青团、共产党，组建了幸福的家庭。与此同时，吸毒、赌博被严令禁绝，以"一贯道"为代表的反动会道门组织被捣毁，挽救和改造了一批深受毒害的人民群众。罪大恶极、民愤极大的老鸨、毒犯、赌棍和道首受到审判和惩治。这一系列改革运动,改变了社会面貌,振奋了民族精神,令世界对中国刮目相看。1950年5月1日《中华人民共和国婚姻法》作为新中国第一部基本法颁布实施,从此,封建包办婚姻制度被彻底废除,广大妇女获得了与男子平等的权利,纷纷走出家门参加社会工作。从1952年开始,一场全民性的爱国卫生运动广泛开展起来。人人动手,讲究卫生,改善环境。昔日肆虐泛滥的天花、霍乱、人间鼠疫等急、慢性传染病得到了控制,全国人口寿命从新中国成立前的35岁提高到1957年的57岁。经过移风易俗、破旧立新的伟大变革,中国社会进一步完成了反封建的民主革命任务,与此同时,中国共产党和革命队伍中的先进文化与进步思想迅速在全社会推广,形成了诚实待人、勤奋工作的新风尚和人人平等、相互尊重的新型人际关系。比较新旧社会的变化,相声大师侯宝林等一批艺术家纷纷撰文,表达新中国成立后被人民尊称为"文艺工作者"的喜悦心情。

社会主义改造完成后,全国人民在党的带领下开启了全面建设社会主义的伟大征程。为了尽快赶超世界先进国家,实现工业化的目标,广大党员和人民群众勤俭节约、自力更生、艰苦奋斗,涌现出了焦裕禄、雷锋、王进喜等无数可歌可泣的英雄模范。在他们的感召下,助人为乐、无私奉献成为人们共同的价值追求。1963年全国高等学校20万名应届毕业生,自愿到祖国最需要的地方去,到最艰苦的地方去的决心和行动,集中展现了那个时代的精神风貌。

二、摆脱贫困 奔向小康生活

改革开放前我国城乡居民生活基本上处在温饱不足状态,农村尚有贫困人口2.5亿。为了尽快摆脱贫困,解决温饱,党的十一届三中全会果断抛弃了"以阶级斗争为纲"的错误方针,作出了以经济建设为中心,实行改革开放的战略决策。1979年邓小平在接见日本首相大平正芳时首次提出建立小康社会的构想。经过22年的不懈努力,2000年底,我国人均GDP超过800美元。根据《全国人民小康生活水平的基本标准》测算,全国小康生活实现程度达95.6%，城乡居民生活基本实现了总体小康。进入21世纪，党又带领人民开启了全面建成小康社会的历史新征途。

改革开放以来，我国逐步确立了以按劳分配为主体、多种分配方式并存的分配制度，城乡居民的收入渠道不断拓宽，经营性收入和财产性收入成倍增长。农村居民人均纯收入从1978年的133.6元增加到2008年的4761元；城镇居民人均可支配收入从1978年的343.4元增加到15781元；城乡居民人民币储蓄存款余额从1978年的210亿元增加到21万7885亿元，增长了1037倍。可以说，改革开放30年是人民群众得实惠最多、财产增加最快的历史时期。随着经济社会的发展和收入水平的提高，城乡居民人均消费支出大幅增长，消费结构不断优化，生活质量明显改善。食品消费逐步由温饱型向营养型转变，更加注重膳食结构和健康配餐。饮食服务业蓬勃发展，在外用餐占食品支出的比重增大，人们尽享美味珍馐。城乡居民的衣着需求从"穿暖"向"穿美"转变，更加注重服装的质地、款式和色彩的搭配，服装消费愈益成衣化和时尚化。家庭生活设备逐步现代化，家庭"三大件"耐用品从20世纪80年代的自行车、缝纫机、手表转变为90年代的彩电、冰箱、洗衣机，进入21世纪又更新为移动电话、电脑、私家车。居住条件和居住环境更加舒适宜人，2007城镇居民人均居住面积达到22.6平方米，农村人均住房使用面积为31.6平方米。近年来，安居工程、经济适用房和廉租房等政策保证了低收入居民住房条件的改善。2007年，全国居民消费水平达到7081元，比1978年增长了37.5倍。我国城乡居民家庭恩格尔系数显著下降，人民生活水平明显提高。近年来，在人们的消费支出中，教育、文化、娱乐、服务等发展型和享受型消费比重明显上升，精神文化生活日益充实，休闲、健身、旅游成为生活的重要组成部分。

三、以人为本　构建和谐社会

实现社会和谐，建设美好社会，始终是人类孜孜以求的社会理想，也是中国共产党和人民不懈追求的目标。新中国成立后，为实现社会和谐曾进行了艰辛的探索，虽然取得了显著成就，但也出现过失误和曲折。2002年党的十六大把社会更加和谐作为我们党为之奋斗的重要目标之一。党的十六届四中全会进一步提出了构建社会主义和谐社会的任务，六中全会又通过了《中共中央关于构建社会主义和谐社会若干重大问题的决定》，科学界定了我们所要建设的社会主义和谐社会，是民主法治、公平正义、诚信友爱、充满活力、安定有序、人与自然和谐相处的社会。

    围绕着社会主义和谐社会建设，党和政府坚持从实际出发，突出重点，着力解决好人民群众最关心、最直接、最现实的利益问题。就业是民生之本。为解决就业难问题国家实施积极的就业政策，广开就业门路，健全再就业援助制度，着力帮助零就业家庭和就业困难人员就业。面对金融危机给大学生就业带来的巨大压力，2008年下半年以来国家制定了促进就业的一系列政策措施。医疗是涉及全社会每一个人切身利益的大问题。为切实缓解"看病难、看病贵"的难题，医疗卫生体制改革一直在寻求出路。2009年中共中央和国务院出台了《关于深化医药卫生体制改革的意见》和《医药卫生体制改革近期重点实施方案（2009—2011年）》。新医改方案定位民生发展，回归健康本位，突出了完善公共卫生服务、医疗服务体系、医疗保障制度等内容，让老百姓看到了病有所医的美好前景。社会保障是促进社会公平正义的重要机制。在加强社会保障体系建设的过程中，针对我国农民占多数人口的特点，政府花大力气推进新农村建设，完善农村社会保障体系，促进城乡协调发展。2002年10月29日，中共中央、国务院发布了《关于进一步加强农村卫生工作的决定》，首次提出逐步建立新型合作医疗制度。从2003年6月开始试点起，到2008年参加新型农村合作医疗的人口达到8.15亿，参合率达到91.5%，比预期提前两年实现了基本覆盖所有农村的目标。2007年国务院下发了《关于在全国建立农村最低生活保障制度的通知》。随后各省、市、自治区相继出台了农村低保政策文件，2777个涉农县全部建立了农村低保制度。农村社会保障体系的逐步确立，是中华民族生存史上的又一个里程碑，它预示着社会主义和谐社会建设将带给人们更加幸福美好的生活。

［原载《中国社会科学报》2009年8月23日，收入本辑时有修订］

社会建设与扶贫开发

陈云与建国初期的社会建设

经过30年改革开放，我国的各项社会事业取得了长足的进步，社会发展突飞猛进。为了更好地推进中国特色社会主义的全面发展，党的十六届四中全会提出了社会建设的战略部署。尽管社会建设作为中央提出的新概念时间不长，但回首新中国60多年的历程，社会建设的实践一直在进行，融合在政治、经济和文化等各项建设事业中。不同历史时期社会建设的任务、措施和目标又有所差异。新中国成立初期，陈云作为国家经济工作的主要负责人，做了很多有关社会建设的工作，把他的这些思想和实践重新加以提炼和分析，对于深度认识和评价国史、顺利推进当前社会建设任务和拓展陈云研究都具有一定意义。

一、新中国成立初期社会建设的任务和目标

新中国是在半殖民地半封建社会的基础上建立起来的，多年的战乱、帝国主义的侵略和国民党政府的黑暗统治，使中国社会支离破碎、动荡不安，人民生活流离失所、极度贫困，各种社会毒瘤和丑恶现象滋生蔓延。因此，新中国成立后党带领人民群众，利用3年时间将新民主主义革命进行到底，一方面医治战争的创伤，彻底铲除不合理的社会制度，另一方面建章立制，传播新思想、树立新风尚，把一个满目疮痍的旧社会改造成了欣欣向荣的新社会。

（一）剿匪反霸，维护社会稳定。旧中国土匪猖獗、恶霸横行，严重

危害人民群众的生命财产安全。国民党溃退时,在大陆留下了几百万的残余武装、散兵游勇和特务分子,他们隐匿各处成为新的匪患。以福建省为例,解放军进入福建时,全省有国民党遗留的政治土匪、土豪恶霸的土匪武装、长期盘踞的惯匪,共计240多股、7万之众。①他们烧杀抢掠、欺压人民、企图颠覆新生的政权。人民解放军先后有41个军140多个师,大约150万人的兵力参加了剿灭土匪的斗争。②地方公安机关和人民群众积极配合主力部队,追逃散匪、开展联防。到1952年底,剿匪任务基本完成。流氓、地痞、恶霸是骑在人民头上的另一大祸害,他们欺男霸女、无恶不作,老百姓对之深恶痛绝。旧中国,北京有"东霸天""南霸天""西霸天""北霸天",上海有以黄金荣、杜月笙、张啸林为代表的帮会头子,有数十万帮会成员。1950年,党中央、政务院和最高人民法院连续下达镇压反革命的指示,1951年2月,中央人民政府颁布了《中华人民共和国惩治反革命条例》,重点打击土匪、恶霸、特务、反动党团骨干、反动会道门头子等五个方面的反革命分子,不冤枉一个好人,不放过一个反革命。历时3年的镇压反革命运动,给反动残余势力"以毁灭性的打击"③,恶霸分子被绳之以法,全国各地社会治安状况大大好转,社会秩序井然,出现了前所未有的安定局面,人民群众享受到了难得的太平日子。

(二)恢复生产、稳定物价,改善人民生活。新中国成立前夕,经济凋敝,通货膨胀严重,物价飞涨,工人大批失业,人民生活愈加困苦。1948年天津工厂70%倒闭;青岛民营工厂700家,全部歇业;四川参加生产联合会的1200家企业,歇业的达80%以上。④1949年,全国城镇失业人口达474.2万人,失业率高达23.6%。⑤此外,广大农村出现了4000万灾民,他们四处逃荒,很多人涌向城市,生活十分窘迫。城镇中大批知识分子也在社会动荡中难谋一职,很多学生毕业即失业。在国家经济风雨飘摇之时,投机资本借机兴风作浪、囤积居奇、哄抬物价,使人民

---

① 林辉:《新中国建立初期福建剿匪斗争研究》,《福建警察学院学报》2009年第2期。
② 何沁:《中华人民共和国史》(第二版),高等教育出版社1999年版,第27页。
③ 罗瑞卿:《三年来镇压反革命工作的伟大成就》,《人民日报》1952年9月29日。
④ 张仁善:《1949中国社会》,社会科学文献出版社2005年版,第364页。
⑤ 《中国统计年鉴(1991)》,中国统计出版社1992年版,第116页。

生活雪上加霜。从 1949 年 4 月至 1950 年 2 月，全国出现 4 次大规模物价上涨风潮。在中财委的领导下，通过严厉制裁破坏金融的首要分子，调集、掌握主要物资，集中进行抛售，以及加强市场管理等有力措施，将自 1937 年起就肆虐不止的通货膨胀问题彻底解决。到 1952 年底，全国工农业生产都超过了历史最高水平。随着工农业生产的恢复，在党和各级政府的帮助下，全国有 220 多万失业工人和知识分子重新就业。① 人民群众的物质和文化生活有了明显改善。

（三）荡涤污泥浊水，培育健康的社会环境。新中国成立伊始，党和人民政府就对烟、赌、毒等残害人民群众的丑恶现象进行了斗争，并取得了令世人瞩目的成就。1949 年底北京率先封闭妓院、取缔娼妓制度。北京市公安局在民政局、妇联、卫生局等有关单位的协助下，一夜之间将全市尚存的 224 家妓院全部封闭，将 424 名妓院老板、领家集中审查处理，1268 名妓女被安置在生产教养院。② 继北京的行动后，上海、天津、沈阳等全国各大中小城市均采取了行之有效的措施，在 3 年多时间里，先后查封妓院 8400 多所，彻底清除了在中国存在了 3000 多年，被西方社会视为无法医治的社会痼疾。据不完全统计，全国共有 32 万余名妓女③在生产教养院里获得新生。1950 年 2 月，中央人民政府政务院发布《严禁烟毒的通令》，宣布"从禁令颁布之日起，全国各地不许再有贩运制造及售卖烟土毒品情事，犯者不论何人，除没收其烟土毒品外，还须从严治罪"④。同时各级人民政府设立了禁毒委员会，在全国范围内开始了禁绝种植、制造、贩运、吸食的禁烟禁毒运动。到 1953 年底，全国吸食鸦片者已陆续戒绝，鸦片烟毒被彻底消灭，实现了林则徐无法实现的夙愿。在封闭妓院、禁绝毒品的同时，公安机关相继发布禁止赌博的通告，开展了全面、反复查禁聚众赌博的运动。一个个赌窟被捣毁，游手好闲、不务正业的赌徒重新做人。这一系列改革运动，改变了社会面貌，振奋了民族精神。

---

① 《全国各地三年来劳动就业和失业救济工作获显著成绩》，《人民日报》1952 年 11 月 13 日。
② 《北京市人民政府关于封闭妓院的工作经验总结》（1950 年 1 月），《党的文献》1996 年第 4 期。
③ 《当代中国的民政》（上），当代中国出版社 1992 年版，第 81 页。
④ 《政务院关于严禁鸦片烟毒的禁令》（1950 年 2 月 24 日），《人民日报》1950 年 2 月 25 日。

（四）移风易俗，树立平等、互助、为人民服务的社会新风。当人民政权在全国建立、经济结构深刻变革之后，社会文化和道德风尚随之发生了巨大改变。1950年5月1日，《婚姻法》作为中华人民共和国第一部基本法颁布实施，使几千年来饱受包办婚姻折磨、三从四德束缚的妇女获得了解放，也拉开了建立新型婚姻家庭关系的序幕。伴随着土地所有制改造运动的扩大与深入，全国范围内的宗族制度崩溃瓦解。在新社会，无论从事什么职业，无论是男是女，人与人之间一律平等。上自国家领袖下至普通干部，都是为人民服务的公仆。在乡村，经过土改、互助组、合作社，农民从获得梦寐以求的土地到集体劳动、共同生产，翻身的喜悦洋溢心头。他们中间互帮互助之风日盛，自私狭隘之气渐淡，对共产党的感激，对新中国的热爱达到了顶点。在城市，经过企业民主改革、公私合营，工人阶级成为企业名副其实的主人。他们冲破过去因封建帮会和地域观念所造成的隔阂，增进了团结与合作。争当劳动模范、为国家创造更多财富的想法成为每一位职工的精神支柱。广大知识分子经过思想改造运动，进一步明确了为人民服务的立场和方向，思想觉悟有了极大提高。中国共产党和革命队伍中的先进文化与进步思想迅速在全社会推广，诚实待人、勤奋工作的新风尚和人人平等、相互尊重的新型人际关系逐步形成。

新中国成立初期，除了上述四项最为突出的社会建设成就之外，教育、医疗、体育等社会事业稳步推进，社会保障、公共服务和灾害救助等社会制度先后确立，尽管它们水平不高、不够完善，成效显现还比较缓慢，但因其首创和奠基之功，而在新中国社会建设史上涂抹了重重一笔。此时，社会建设是融合在政治、经济和文化建设之中的。陈云作为执掌国家经济工作的主要领导者，不但关注国家经济发展战略的大问题，而且时刻惦记着人民群众的日常生活，他的经济思想中包含了很多社会建设的主张，他的经济工作实践中汇聚了很多社会建设的经验和成就。

二、陈云领导社会建设的主要作为

（一）控制局势、安抚民心。1948年冬沈阳解放，陈云受命担任沈阳军事管制委员会主任，肩负起接管沈阳的重任，他与东北干部和群众一起，创造了"沈阳经验"，成为后来党接管大城市的模板。在接管沈阳的宝贵经验中，稳定社会、安抚民心是卓有成效的做法和主张，也是解放军进城后面临的最关键的社会问题。为此，军管会在从哈尔滨南下前就确定了"各按系统，自上而下，原封不动，先接后分"的接收办法，以确保移交工作平稳进行，有效避免了可能出现的矛盾和混乱。为了稳定局势，陈云对与老百姓生活密切相关的事情十分重视，在他的亲自指挥下，沈阳解放第二天，市内就恢复了电力供应，通水、通电；第三天，《沈阳时报》发行，新华广播开始播放，及时宣传党的接管政策和新闻，同时还有适合群众口味的娱乐、广告等内容，起到了稳定人心的作用；第五天，普遍下发生活维持费，保证工人、职员、技师的工资；一周后，凡能开市的买卖，均已开市，生活物资丰富，价格平稳，59所学校全部复课。在沈阳工作期间，陈云多次深入厂矿和工人中间，着力解决人民群众的生活困难，传递党的关怀。沈阳解放后顺利、高效的接收工作和安定的社会秩序，赢得了人民群众对党的钦佩和拥护。接管沈阳的经验在此后接收华东等地城市中被广泛使用，保证了解放军顺利进城，并实施对城市的有力管理，促进社会建设的快速发展。

（二）平抑物价、缓解矛盾。控制物价、保障人民生活，是社会建设中的大问题，而在新中国成立前夕它更是党能不能掌握住国家政权的主要考验。陈云到中财委一上任，面对的最尖锐的问题就是多年来国民党遗留的通货膨胀、物价飞涨。因此，研究物价问题也成为中财委建立初期会议的主题。1949年6月陈云坐镇北京，与上海金融投机资本展开了"银元之战"，打掉了投机分子的大本营——上海证券大楼，使人民币在上海站稳了脚跟，随着金融市场秩序的整顿，物价趋于平稳。然而之后不久，投机资本卷土重来，以米价带头，纱布跟进，造成上海等江南大城市物价全面上涨。陈云亲临上海指挥，利用掌握重要物资、控制市场的经济手段，取得了"米棉之战"的胜利。此后陈云对通货膨胀问题依然穷追不舍，在几次较量之后，恶性通货膨胀造成的物价飞涨问题终于被制服。毛泽东对此高度评价它的意义"不下于淮海战役"[①]。正是因为平

---

① 朱佳木、迟爱萍、赵士刚编著：《陈云》，中央文献出版社1999年版，第86页。

抑物价，才保证了人民生活的安稳，带来了整个社会的稳定。

（三）调运粮食、救济灾民。1949年中国社会发生巨变之时，各种自然灾荒频频发生，尤以水灾为重，波及地区十分广泛。"全国合计，受灾不同的农田1亿2795万亩，灾民共约4000万人。"① 全国无吃缺吃的有七八百万人。1950年初，粮食供应不足和春荒现象愈发严峻。为了解决灾民的吃饭问题，陈云积极想办法，统筹全国的粮食储备，适时向灾区发放救济粮。在政务院讨论救灾问题时，陈云发言指出："必须把大批粮食掌握在国家手中，才能机动使用，否则会陷于被动。"② 为了能顺利、及时调运粮食，他还提出修筑铁路的办法。3月5日，他与薄一波致电中央局、分局和各省市委，对人们普遍关心的春夏是否会发生严重饥荒以及怎样渡过的问题，比较1931年水灾的状况，进行了具体分析和积极的回答，给全国人民吃了定心丸，平复了人们恐慌、悲观的心理。在中财委的统一协调下，中央人民政府以救济粮、水利工赈粮、农贷粮、合作投资粮等八种形式，从东北等地向灾区调运粮食，帮助灾民渡过了难关。

（四）解决就业、保障生活。陈云年少时曾在上海商务印书馆当学徒，对城市人民的失业之苦非常了解，把解决就业看成是民生问题的第一要务。他指出："对于工人来说，在业无论如何苦，总比失业好。"③ 在主持接管沈阳的工作中，他采取包下来的政策，一律留用旧人员，避免新增失业的发生。陈云将反失业治理不仅看成是经济问题，更看成是党关怀群众、政府为民办事的政治问题。中央肯定了"沈阳经验"中"三个人的饭五个人匀着吃"的做法，并在平津战役后应用于全国大城市的管理中。为了尽快恢复经济，陈云坚决执行中央制定的"公私兼顾、劳资两利、内外交流、城乡互助"，即"四面八方"的方针，利用私营工商业的发展，保障工人的就业问题。同时，他针对上海失业问题严重的情况，提出以工代赈、生产自救、专业训练、遣返回乡等办法，尽可能地安排失业人员，创造新的就业机会。对于失业职工的生活困难，他积极倡导举办失业救济，通过拨付救济粮、救济金，暂时缓解人民的生活危

---

① 《陈云文选》第2卷，人民出版社1995年版，第79页。
② 《陈云年谱》(中卷)，中央文献出版社2000年版，第31页。
③ 《陈云文选》第2卷，人民出版社1995年版，第21页。

机。在大规模经济建设开始后，失业问题得到了妥善的解决。

三、历史的借鉴与发展

新中国成立初期百废待兴，保障人民生活、维护社会稳定、巩固新生的政权，是党开展一切工作的出发点和落脚点。陈云对社会建设的种种努力，针对的正是这样的时代重托。因此，他才把稳定局势、平抑物价、救济灾民、解决就业等一系列措施，应用于解决社会的突出矛盾之中，并取得了显著的历史成就。进入21世纪，中国社会发展的主题已经发生了深刻变化，社会建设作为新时代的新任务，有了更加清晰、明确的定位和表述。尽管60年的时间跨度，今非昔比，但社会建设的一些规律性的东西，在新中国成立初期被有效实践，对当前社会建设也具有重要的启示和借鉴意义。

第一，社会建设的目标是构建人民群众共享的社会主义和谐社会。和谐是中国人自古以来的社会理想，然而自近代"千年仅见的变局"开始，和谐似乎成了遥不可及的目标。新中国成立时，社会危机四伏，人民生活难以为继。医治战争的创伤，重建和平、安宁的社会环境，塑造平等、友爱的新型人际关系，使人民群众安居乐业，是陈云等老一辈革命家在当时对和谐社会的理解，也是他们兢兢业业奋斗的目标。陈云在1949年参加沈阳工人代表会议时说："革命的目的是为劳动者人人有吃有穿，而且要吃得较好，穿得较好。"[①] 经过三年的经济恢复和社会治理，在党和人民群众的共同努力下，中国的社会面貌发生了根本变化，呈现了前所未有的和谐局面。尽管在共和国历史上曾经有过曲折和失误，但对和谐、美好生活的追求，我们始终没有放弃。党的十六大后提出构建社会主义和谐社会，紧接着又提出加强社会建设、创新社会管理体系，这两大任务，前者是目标，后者是手段，而核心是维护人民群众的根本权益。2007年6月25日，胡锦涛总书记在中央党校省部级干部进修班上讲话指出："加强社会建设，要以解决人民最关心、最直接、最现实的利

[①] 《陈云文选》第1卷，人民出版社1995年版，第383—284页。

益问题为重点,使经济发展成果更多体现在改善民生上,尤其要注重优先发展教育,实施扩大就业的发展战略,深化收入分配改革,基本建立覆盖城乡居民的社会保障体系,建立基本医疗卫生制度,提高全民健康水平,完善社会管理,维护社会安定团结。"①今天,构建和谐社会的条件越来越成熟,要求和标准越来越高,人民群众在其中获得的实惠也将越来越多。

第二,社会建设的要害要抓住主要社会矛盾,解决突出的社会问题。社会建设覆盖面宽、层次多、任务重,在不同历史时期任务和主题又有所差异,因此要突出时代特点,抓住主要矛盾,解决主要社会问题。新中国成立初期社会建设的主要矛盾,是社会动荡、民生不稳。陈云从沈阳到北京,从接管城市到指挥经济工作,始终把维护社会稳定放在极其重要的位置,他把稳定看成是关系国家政权的政治问题。他处处提倡建设,尽量把政权更迭造成的损失降到最低点,紧紧抓住物价、就业、赈灾等主要社会问题,采取有力措施化解社会矛盾。改革开放后,随着经济的快速发展,中国社会发生巨变,逐步从传统农业社会向现代工业社会转变。社会主要矛盾早已摆脱战乱、温饱的困扰,但同时出现了很多新矛盾、新问题,贫富差距、腐败滋生、诚信缺失等问题引起人民群众的强烈不满。近年来,各地群体性事件频频发生,为社会建设敲响了警钟。党的十七大报告分六个方面阐述了社会建设的主要任务,同时也提出了解决这些社会问题的途径。在困难和矛盾面前,要积极应对,把矛盾化解在萌芽状态,这样才能保护好人民,国家才能长治久安。

第三,社会建设的主体是国家和政府,但同时要调动广大人民群众参与社会事务。社会建设是中国特色社会主义事业的重要组成部分,既包括社会组织、社会事业等实体建设,也包括公共服务、社会保障等各项制度建设。社会建设能否搞好,关系到人民的幸福和国家的强盛,因此一定要把社会效益放在首位。在改革开放初期,邓小平就指出:"思想文化教育卫生部门,都要以社会效益为一切活动的唯一准则,它们所属

---

① 《坚定不移走中国特色社会主义伟大道路　为夺取全面建设小康社会新胜利而奋斗》,《人民日报》2007年6月26日。

的企业也要以社会效益为最高准则。"① 我国处于社会主义初级阶段的国情和社会性质，决定了社会建设要由国家和政府承担主要责任，同时要动员一切社会力量参与社会事务的管理和决策。唯其如此，社会建设才能拥有强大的后盾，才能顺民心、合民意。以医疗保障制度为例，新中国成立初期，我国先后确立了由公费医疗、劳保医疗和农村合作医疗组成的医疗保障制度，用占世界 2% 的医疗卫生投入解决了 22% 人口的基本医疗问题。它的成功源自国家对医疗卫生事业的重视和支持，也与以赤脚医生为代表的人民群众的参与和奉献密不可分。进入 21 世纪，"三险一助"的新型医疗保障制度才刚刚建立，它需要政府在经费投入、制度管理等工作中发挥主导作用，更需要广大群众的参与和维护。实践证明，只有在政府主导和群众参与下，社会建设才能走向成功。

[原载《陈云与当代中国》（第 2 辑），当代中国出版社 2014 年版]

---

① 邓小平：《在中国共产党全国代表会议上的讲话》，载《邓小平文选》第 3 卷，人民出版社 1993 年版，第 145 页。

陈云与建国初期的反失业治理

由于帝国主义的长期侵略和国民党政府的黑暗统治，加上多年战争的破坏，新中国成立时，我国农村日益贫困破产，民族工业停滞衰落，全国各地普遍出现了经济凋敝、通货膨胀、工人大批失业、人民生活愈加困苦的状况。在众多的社会矛盾中，解决就业是人民群众最为迫切的要求和企盼，也是与稳定社会秩序、巩固新生政权紧密相连的一次新考验。陈云临危受命，作为国家财经工作的主要负责人，他一面指挥与私营资本家和投机商展开银元大战、米棉大战，稳定物价、统一财经，一面十分关切解决就业问题、改善人民生活，提出了很多务实可行的建议和决策，尽显共产党人一切为了人民利益的精神和情怀。

一、严峻的失业危机

在新中国成立之前，失业危机已经日甚一日。很多工厂歇业、倒闭，大批工人处于失业或半失业状态，中小工商业者纷纷破产。在一些大城市中问题更加突出和集中。1948年天津工厂70%倒闭；青岛民营工厂700家，全部歇业；四川参加生产联合会的1200家企业，歇业的达80%以上。①1949年，全国城镇失业人口达474.2万，失业率高达23.6%。②

---

① 张仁善：《1949中国社会》，社会科学文献出版社2005年版，第364页。
② 《中国统计年鉴（1991）》，中国统计出版社1992年版，第116页。

此外，广大农村中出现了4000万灾民，他们流离失所，很多人拥向城市，生活十分窘迫。城镇中大批知识分子也在社会动荡中难谋一职，很多学生毕业即失业。新中国成立后，人民群众在热烈欢迎解放军进城的同时，也对安稳美好的新生活充满了热切的期盼。但冰冻三尺非一日之寒，失业危机很难迅速化解，全国的失业状况仍然起伏波动很大。1950年和1952年出现了两次新的失业高峰，新增了大量失业人员。据不完全统计，截至1950年9月底，全国失业工人共有122.0231万，失业知识分子18.8261万，共计140.8492万。此外，尚有半失业者25.5769万，将失业者12.0472万。[1] 之后，由于大部分有技术的失业工人和失业知识分子很快得到了安置，失业问题逐步得到缓解，1950年底失业工人减少为61万，1951年7月底，则仅余45万。[2] 但1952年失业状况再次滑向低谷，据统计在全国省辖市以上的城市中，仅1952年9—12月的4个月间向政府登记求职的就有38.7万多。[3] 全国失业人数为376.6万，失业率为13.2%。[4] 这两次失业高峰不仅造成失业人数激增，而且波及全国各地区和各行业。

造成1950年失业的主要原因是新中国成立后，旧的经济秩序被打破，新的经济秩序尚未建立起来，尤其是旧社会一些奢侈、享乐行业失去了消费群体，在崇尚俭朴、节约的新社会中丧失了存在的根基，不得不关门停业。仅以上海取缔妓女为例，新中国成立前上海素有"十里洋行"之称，全市登记在册的妓院有800余家，妓女（公娼）5000余人。此外，还有未登记注册的妓院1200余家，私娼或暗娼约有2万人。[5] 围绕这一行当维持生计的人则更多。新中国成立后上海采取逐步取缔妓院的方法，寄生于此的大批人员只能另谋生活出路。而那些以洋人和"高级华人"为服务对象的酒吧、咖啡馆、舞厅、银楼、生产和经营高档服

---

[1]《中共中央关于失业救济问题的总结及指示》，《党的文献》2000年第4期。
[2] 袁伦渠主编：《中国劳动经济史》，北京经济学院出版社1990年版，第74页。
[3] 同上书，第75页。
[4]《中国劳动工资统计资料（1949—1985年）》，中国统计出版社1987年版，第109页。
[5] 杜荣：《禁娼、禁毒和禁赌》，载邹荣庚主编：《历史巨变1949—1956》，上海书店出版社2001年版，第237页。

饰和化妆品的行业也生意暗淡，纷纷缩减或倒闭。此外，国民党反动派对我国沿海地区进行封锁和破坏，这也是造成失业人数激增的原因之一。1950年2月6日，上海遭到国民党飞机的轰炸，致使电力公司严重受损，大部分纺织厂无法开工，这无疑对上海业已严重的失业困境犹如雪上加霜。1950年4月，上海失业工人人数超过15万，连其家属在内不下50万。① 失业工人的生活十分困苦，很多人以喝粥汤度日，而以豆渣、豆饼、糠秕、野菜充饥者也日有增加。1952年，在"三反"、"五反"运动中，政府暂停了对一部分私营企业的加工订货和产品收购，一些工商业者受到打击，无心从事生产经营，另有一些"五毒"分子还试图利用停工、关店等手段与运动相抗衡，致使市场滞销，失业问题再一次凸显。"根据不完全的材料估计，从'五反'运动开始到1952年6月中旬，新增失业半失业的人数约为150万。与'五反'前的失业人数相比，增加了1.5倍。"② 如此庞大的失业群体的存在，不但造成了他们自身生活的困苦，而且也成为威胁社会稳定的巨大隐患，解决就业问题迫在眉睫。

二、陈云对失业形势的认识和判断

陈云年少时曾在上海商务印书馆当学徒，对于城市人民的失业之苦非常了解，因此，1949年7月他出任中财委主任后，统揽全国经济恢复的艰巨任务，曾多次在讲话中论及失业问题。他明确地指出："对于工人来说，在业无论如何苦，总比失业好。"③ 他把就业看成是解决民生问题的第一要务，并对失业形势和解决失业问题有着清晰的认识和判断。

（一）失业问题有着深刻的历史原因

面对1950年和1952年出现的较为严重的失业现象，陈云沉着地分

---

① 《上海总工会致函全总向全国工人弟兄呼吁互助救济沪失业工人》，《人民日报》1950年4月17日。
② 程连升：《中国反失业政策研究（1950—2000）》，社会科学文献出版社2002年版，第66页。
③ 陈云：《工人阶级要提高政治觉悟》，载《陈云文选》第2卷，人民出版社1995年版，第21页。

析了造成失业问题的原因，既看到了来自旧中国的深刻历史渊源，又看到了新旧社会转型带来的冲击，从而得出了正确的结论。他指出，"那些适应过去上海畸形发展的工厂，现在就很难维持了，这些工厂的工人有暂时失业的危险"[①]。1950年商品滞销问题一度十分严重，由此引起工厂关门，商店歇业，失业增加。为此，陈云主持召开了以上海、天津、武汉、广州、北京、重庆、西安七大城市为主的工商局局长会议，重点讲了商品滞销和与之相关联的失业问题，并提出了维持生产、开导工业品销路及重点举办失业救济等解决工商业困难的办法。1952年底，陈云和薄一波在回复上海市负责同志关于上海失业问题的信中指出："上海的失业问题之所以严重，是有历史原因的。在长期战争期间，上海处于比较安定的地位，生活比较容易混，因而各地去的人多，流亡地主及反革命分子等也不断向上海涌进。过去依靠帝国主义、官僚买办资产阶级赚钱的一些奢侈行业，在解放后被淘汰。在经济改组过程中，亦有一些行业要遭受淘汰。"[②]正是由于陈云对造成失业的原因有了正确的分析，所以他对失业问题的解决也得出了正确的判断。

（二）失业问题短期内很难解决

陈云作为国家经济工作的领导人，一丝不苟、用数字说话是他的一贯作风。他在著作中记录了1950年失业的数字："根据全国总工会的估计，今年三四月间全国新增加的失业职工约10万人，其中上海5万，武汉2.5万，天津1.4万。实际上不止此数。全国各大城市的失业人口约38万至40万人。全国失业人口总数已达117万人（包括东北的12.5万人）。根据这次工商局局长会议统计，今年一至四月，在14个城市中有2945家工厂关门，在16个城市中有9347家商店歇业。困难的程度是：大城市重于小城市，上海重于其他城市，工业重于商业。工厂越大困难

[①] 陈云：《工人阶级要提高政治觉悟》，载《陈云文选》第2卷，人民出版社1995年版，第21页。

[②] 陈云：《解决上海失业问题的办法》，载《陈云文选》第2卷，人民出版社1995年版，第188页。

越重。从行业来说,以粮食、布匹等批发业及高级消费品行业最重。"① 由此可见,陈云对于失业的严重程度是非常了解的。他认识到由于失业问题积弊太深,由于造成失业的因素一时很难消除,因此,就业问题的解决也不是一件易事。

1952年6月,面对新的失业问题,陈云指出,"中国的失业问题我看还没有完全解决。是不是可以想一个干脆的办法,一下子解决这个问题呢?不可以。我们算了一下,百货公司一个人一天做的生意,能顶私人铺子五个人一天做的生意,就是说,如果私人铺子的店员有十个人失业,我们只能吸收两个人。只要我们在北京开一个茶叶公司,很多茶叶铺子就要倒闭。又比如夫妻两个开一个铺子,有事开门,没有事关门,如果把他们都吸收过来,又让他们干什么呢?这个问题不容易解决,我们现在还不能把他们全部包下来"②。陈云对解决失业问题的态度是冷静而客观的,他反对急于求成或过分迁就,以至于影响整个国家经济发展的办法。他说:"失业问题与经济工作有密切的关系,但在目前不能把两者混为一谈,即不能用经济建设去迁就解决失业问题。"③陈云认识到,只有在大规模的经济建设开始后,经济生产有了新的进展,才可能有更多的岗位和就业机会。因此,对于上海市委对解决失业问题的急切心情,他一方面肯定了三年来他们在介绍就业和遣返难民回乡的工作中的显著成绩,另一方面提出"上海严重的失业问题,在短期内是很难避免的。从总的趋势看来,在国家经济建设尚未大规模展开以前,要彻底解决上海的失业问题,不是容易的事情"④。这里表现出了陈云遇事头脑不发热,判断准确,既看到困难又看到出路的做事特点。问题的发展也正如他的判断一样,1953年以后,伴随"一五"计划的实施和大规模经济建设的开展,失业问题得到了极大缓解,失业率明显下降。到1957年时,全国失业率

---

① 陈云:《扭转商品滞销》,载《陈云文选》第2卷,人民出版社1995年版,第88页。
② 陈云:《市场情况与公私关系》,载《陈云文选》第2卷,人民出版社1995年版,第176—177页。
③ 陈云:《解决上海失业问题的办法》,载《陈云文选》第2卷,人民出版社1995年版,第189页。
④ 同上书,第188页。

降为 5.9%。①其间，陈云在实事求是分析问题的基础上，还积极想办法、找出路，避免新增失业，创造新的就业机会，在国家经济十分困难的条件下，不惜投入资金，开展失业救济，帮助失业人员渡过难关。

三、陈云的反失业思路和决断

为了尽快解决失业问题，保障人民群众安稳生活，党和政府采取了一系列措施，做了大量工作，制定了十分有效的反失业政策，从而使失业问题由乱到治。尽管陈云没有直接参与反失业政策的制定，但他把缓解失业看成是重大政治问题的反失业态度，以及他提出的具体措施都对反失业治理工作起到了重要影响。

（一）坚决支持"包下来"的政策

1948年10月沈阳解放，这是共产党接收的第一个大城市。陈云在主持接管沈阳的工作中，采取"先接管、后改造"的方针，让国民党所有在职人员在规定的时间内向人民政府报到，一律上班，机关开始办公，工厂开始生产，商业部门都要开始正常营业。他们首创的"'沈阳经验'对于完整而迅速地把城市中原有的社会生产力转移到人民手中，最大限度地减少损失，是作出了重要贡献的"②。平津解放后，借鉴"沈阳经验"，对原国民党政府遗留下来的公职人员和官僚资本企业职工，实行全部"包下来"的政策，从而有力地避免了新的失业的产生。尽管新中国成立初期国家经济困难很多，留用旧人员增加了国家财政的负担，但陈云并没有仅从经济的角度来看待问题，而是站在维护国家政权的高度来处理这一问题。1949年8月15日，陈云在上海财经会议上就接收旧人员问题指出："全部接收在旧政权下工作过的人员，财政上负担很大。但是，裁了这部分人，让他们失业，没有饭吃，问题更大。现在养着这部分人，从财政上看是个损失，但从另一方面看，政治影响好。""对旧人员要训

---

① 《中国统计年鉴（1991）》，中国统计出版社1992年版，第116页。
② 李成瑞主编：《陈云经济思想发展史》，当代中国出版社2005年版，第72页。

练、改造和使用，这个包袱不能不背，不能光从财政着想。"①1949年9月，党中央和毛泽东肯定了陈云在会议上提出的总方针及许多具体办法。毛泽东在给上海的一封电报中说："不轻易迁移、不轻易裁员。着重整理税收，以增加收入。三个人的饭五个人匀着吃，多余人员设法安插到需要人的岗位上去。"②对于那些自己无办法生活的人"应予收回，给以饭吃"③。9月24日，中共中央发布了《关于旧人员处理问题的指示》，对"包下来"的政策作了明确规定：在旧人员中，除少数战犯、特务及劣迹昭著的分子以外，一般不能用裁撤的方法解决，必须给予工作和生活的出路；对留用的旧人员，要向他们说明困难，适当降低待遇；对被精简下来的旧人员，通过举办培训班接受相应培训，受训期间的工资照减薪后的6—7折发给，以保证他们及其家属的生活。据统计，到1949年底，国家没收的官僚资本主义企业共有2858家，生产工人75万多人，④加上国民党政府遗留下来的旧人员共计900余万人。

1950年10月，陈云在总结一年来的财政和经济工作时指出，这一年中财政经济的主要困难来自两方面，其中之一就是对于一切不再抵抗的旧军队与旧人员采取一律包下来，给中央政府财政造成了很大的负担。但为了给更多的人以谋生的出路，他毅然选择了迎接困难、克服困难。

（二）积极贯彻"四面八方"的方针

针对新民主主义社会的实际条件，为了照顾五种经济成分共同发展，尽快恢复经济，《共同纲领》提出新中国经济建设的根本方针是"公私兼顾、劳资两利、内外交流、城乡互助"，即"四面八方"的方针。

陈云对这一方针理解得很深刻、执行得很坚决。他充分认识到新民主主义时期私营资本是不可缺少的部分，认识到私人经济的恢复和发展，

---

① 陈云：《目前财经工作中应注意的问题》，载《陈云文选》第2卷，人民出版社1995年版，第15页。

② 毛泽东：《必须维持上海，统筹全局》，载《毛泽东文集》第5卷，人民出版社1996年版，第335页。

③ 同上。

④ 袁伦渠主编：《中国劳动经济史》，北京经济学院出版社1990年版，第76页。

对于防止新的失业现象和吸纳部分失业人员再就业具有一定的积极作用。因此,对于私营工厂面临的困难,他主张积极扶持和帮助,设法维持生产,反对那种不管不顾不负责任的做法,他说:"有些工厂则是可扶可倒,我们就要力求把它扶起,使它不要倒。有人说:'倒就倒吧,迟倒不如早倒。'这是不负责任的态度。"① 同时,他教育工人阶级要提高政治觉悟,不要仅从个人的私利出发,要看整体利益,努力提高生产效率,增加生产,切实地实现劳资两利的目的。陈云对于利用私营资本主义工商业的认识是极其深刻和长远的。1950年6月,在中共七届三中全会上,陈云提出"只有在五种经济成分统筹兼顾、各得其所的办法下面,才可以大家夹着走,搞新民主主义,将来进到社会主义"②。他提倡对那些有利于国计民生的私营工商业采取原料分配、加工订货、产品收购包销、资金贷款的办法,以维护私营工商业的生存和发展。同时,他主张为农产品、土特产找销路,增强农民购买力,从而既宜于稳定价格,又促进了工业品的滞销问题,改善了农民生活,刺激了工厂的开工、生产,以及贸易的流通,做到了统筹兼顾,从根本上解决问题。应该说,在国民经济恢复时期,通过调整劳资关系、正确处理劳资争议的问题,避免了因劳资纠纷引起工人的失业,稳定了就业形势,这是一举多得的务实之策。

(三)采取多渠道,谋求新出路

对于尽可能地安排失业人员、创造新的就业机会,中央政府采取了如以工代赈、生产自救、专业训练、遣返回乡等办法。陈云针对上海的严重失业问题,提出了他的意见:(一)招纳一些年富力强的青年职工,进行训练。兴工代赈,经过筹划,可以配合进行。(二)对于游民、流氓、兵痞、把头、还乡团及反革命分子,应根据中央公安部的计划办理。在未有妥善办法以前,以不集中为宜。至于这些人到垦殖区进行劳动改造,亦应视地方能力来决定,不可贸然举办。(三)为了减少新的失业人口,

---

① 陈云:《工人阶级要提高政治觉悟》,载《陈云文选》第2卷,人民出版社1995年版,第21页。

② 陈云:《调整公私关系和整顿税收》,载《陈云文选》第2卷,人民出版社1995年版,第93页。

尽可能维持目前上海的工业生产，但生产数量又必须兼顾全国，否则就会形成此处就业彼处失业的现象。店员方面，在调整了商业以后，情况当可缓和。工业方面，原则上在中央各部的计划范围内，加工订货，尽量予以照顾；上海所需要的原料，适当予以维持。（四）建议地方党委，批评某些地方同志盲目鼓励和介绍农民进城求职，并应适当劝阻农民入城。（五）为了刺激上海职工以及失业人口之内移，政府今后对于某些地区必须发展的企业，拟适当提高工资；而在上海方面，今后在工资问题上，则不应同样地随便提高。（六）开展救济工作。①陈云的这些提议是从上海的实际出发的，但也兼顾了全国的形势，因此，具有普遍的指导意义。

（四）举办失业救济，尽显党的关怀

旧中国历届政府从未对失业人员施行过救济，失业就意味着挨饿。新中国是人民当家作主的国家，中国共产党是为人民谋利益的政党，给予失业人员以生活保障是党义不容辞的责任。1950年6月，毛泽东在中共七届三中全会上关于《为争取国家财政状况的基本好转而斗争》的报告中，把救济失业工人和失业知识分子、帮助他们就业作为当时八项重要工作之一。紧接着，中共中央和政务院分别发出了《关于救济失业工人的指示》，并制定了《救济失业工人的办法》，从而大体上保证了失业人员能够维持最低生活水平。7月又专门针对失业知识分子发布了《关于救济失业教师和处理学生失业问题的指示》。广大失业人员第一次由衷地感受到了政府的关怀。

尽管陈云把失业救济看成是解决失业问题中治标的工作，但他仍坚持应急的救济也是应该进行的。为了减轻国家经济的困难，陈云提出政府应该采取一些措施，其中之一是"有重点地举办失业救济，尽量把失业者组织起来参加国家公共工程，例如兴修水利、修建市政工程等"②"对

---

① 陈云：《解决上海失业问题的办法》，载《陈云文选》第2卷，人民出版社1995年版，第189—190页。

② 陈云：《目前经济形势和调整工商业、调整税收的措施》，载《陈云文选》第2卷，人民出版社1995年版，第104页。

于失业工人,我们都要给以救济,不要使他们闹架"①。为此,到 1950 年 11 月,中央政府共拨出 2.37 亿多斤粮食作为失业救济基金,全国总工会拨出约 287.92 亿元(旧币)作为紧急救济失业工人之用,②各地人民政府也酌量拨付救济基金,并决定在举办失业工人救济的城市中设立失业工人救济委员会,以计划与指导一切救济事宜。同时,政府积极倡导工人互救。在上海遭遇反对派的轰炸造成失业人员剧增后,全国总工会即于 1950 年 4 月 20 日发出《告全国男女工人、职员书》,号召全体在业工人和职员,捐助一天工资,救济上海及全国各地失业工人。这一号召发布以后,立即得到了全国各地工厂、企业、机关团体、学校的工人、职员以及人民解放军各部队指战员们的热烈响应。大家踊跃捐款。截至 7 月 5 日,根据中国人民银行总行报告,收到全国各地捐款总额达人民币 280 多亿元(旧币)。③为了迎接国家大规模经济建设的来临,全面解决各种失业人员的就业问题,逐步消灭失业半失业现象,有计划地把城乡大量的剩余劳动力充分应用到生产事业及其他社会事业中来,并进而逐步做到统一调配劳动力,1952 年 7 月,政务院召开全国劳动就业会议。在听取各大区关于城市失业问题的情况及处理意见的汇报后,会议分成失业工人问题、失业知识分子问题、失业旧军官问题、农村剩余劳动力问题及社会救济问题(包括少数民族及归国华侨失业问题)五个小组进行专题讨论,提出解决问题的方案,制定了《关于劳动就业问题的决定》,并成立了政务院劳动就业委员会,从而使解决就业有了新的组织和政策保证。

  经过三年的经济恢复,到 1952 年底,全国工农业生产都超过了历史最高水平。1952 年,全国工农业总产值比 1949 年增长 77.5%,其中工业总产值增长 145%,农业总产值增长 48.5%。④随着工农业生产的恢复,在党和各级政府的帮助下,全国有 220 多万失业工人和知识分子重新就业。人民群众的物质和文化生活有了明显改善。1949 年城镇从业人员

---

① 陈云:《市场情况与公私关系》,载《陈云文选》第 2 卷,人民出版社 1995 年版,第 181 页。
② 《中共中央关于失业救济问题的总结及指示》,《党的文献》2000 年第 4 期。
③ 《全国总工会发出通知救济失业工人捐款结束 全国捐款达二百八十余亿》,《人民日报》1950 年 7 月 10 日。
④ 袁伦渠:《中国劳动经济史》,北京经济学院出版社 1990 年版,第 71 页。

共计 1533 万，其中国有经济单位有 809 万，个体和私营企业有 724 万，到 1952 年时，城镇从业人员增加到 2486 万，其中国有经济单位有 1580 万，个体和私营企业有 883 万，新增了集体经济单位从业人员 23 万。[①] 这些成就的取得离不开陈云等老一辈革命家的探索和贡献。

在新中国近 60 年的历史进程中，尽管由于我们缺乏社会主义建设的经验和受"左"的思想影响，1958 年就贸然宣布中国已经解决了失业问题；尽管我们曾经有 30 多年的时间一直回避"失业"这个词语，不承认失业的存在。但是，我们也必须看到，实现劳动力的充分就业始终是党不懈的追求和理想。在各个历史时期适应不同的形势，政府采取了多种解决就业的措施和政策，而新中国成立初期的反失业治理无疑是具有开拓意义的。在"就业是民生之本"思想的指导下，随着对中国特色社会主义建设规律的认识和经验的积累，就业问题一定会得到更好的解决，它也必将反作用于中国经济和社会更好更快的发展。

[原载《陈云与当代中国》（第 1 辑），当代中国出版社 2010 年 5 月版]

---

① 武力主编：《中华人民共和国经济史》（下），中国经济出版社 1999 年版，第 1578 页。

城乡基本公共服务均等化：
发展理念与地方实践

改革开放以来，随着人口的自由流动和城乡二元结构逐步被打破，城乡之间的关系越来越紧密交织，但不尽如人意的是，缩小城乡差距的努力见效迟缓。"发展不平衡不充分"已经成为我国经济社会发展的主要矛盾。面对日益迫近的全面小康社会目标，为了尽快补齐短板，促进社会公平正义、增进人民福祉，基本公共服务均等化，尤其是城乡之间的基本公共服务均等化被提到新的高度。回首改革开放的历史进程，能否在总结经验和教训中，更加明晰城乡基本公共服务均等化的目标指向，能否使它成为城乡融合发展、乡村振兴的有力抓手，其着力点和发展路径又在哪里呢？

一、理念：城乡基本公共服务均等化的缘起与走向

2005年，中共十六届五中全会通过了《中共中央关于制定国民经济和社会发展第十一个五年规划的建议》，首次在党的文件中提出基本公共服务均等化原则，并据此要求加大对欠发达地区的支持力度。随后，中央在制订2020年构建和谐社会的目标和主要任务中，将"基本公共服务体系更加完备"作为重要一条。中央的部署具有鲜明的问题导向，其中排在第一位的是"城乡区域间资源配置不均衡，硬件软件不协调，服务

水平差异较大"①。而这一问题由来已久,扭转起来困难重重。

新中国成立后很长一段时间,我国在基本公共服务方面实行城乡有别的两套政策,城镇职工有养老保险,农村没有;城镇职工实行公费医疗、劳保医疗,农村采取合作医疗,水平相差甚远……其根本原因是受制于国家有限的财力、物力和人力。为了确保国家经济建设的重点任务,不得不在资源分配、社会福利待遇等方面采取城乡区别对待的办法。这种差距,使得"有保障"的城里人一直被农村人所羡慕,一定程度上加深了城乡社会之间的隔阂,助长了长期以来人们对乡村的轻视心理。

改革开放后,一浪高过一浪的民工潮冲击着城乡二元结构的壁垒。广大农民由离土不离乡到离土又离乡,源源不断地涌向城市,在获取更多经济收入的同时,填充着城市劳动力的紧缺。据2000年第五次人口普查,"离开户籍所在地半年以上的人口为1.2亿。其中进入城镇在二、三产业单位打工'离土离乡'的农民工约为8000万人"②。但随之而来的,并不是城乡之间由二元向一元的转化,而是"城乡之间的发展差距、城乡居民之间的收入差距在经历20世纪80年代前期短暂的缩小之后,开始拉大了距离"③。"三农"问题一步步沦为长期困扰中国经济社会发展的严峻问题。大量失地农民、进城务工人员、农村贫困户的困难问题凸显。"1997年至2003年,农民收入连续7年增长不到4%,不及城镇居民收入增量的五分之一。粮食主产区和多数农户收入持续徘徊甚至减收,农村各项社会事业也陷入低增长期。"④可见,仅仅仰赖经济发展并不能根本解决城乡发展的矛盾,不能给广大农民带来更加美好幸福的生活。相反,"中国经济发展不均衡以及由此引起的财富分配不均衡已成为不争事实,

---

① 《国务院关于印发"十三五"推进基本公共服务均等化规划的通知》,详见中华人民共和国中央人民政府网。

② 陆学艺:《农民工问题要从根本上治理》,《人民日报》2005年11月22日。

③ 武力:《论改革开放以来中国城乡关系的两次转变》,《教学与研究》2008年第10期。

④ 《十七届三中全会述评:统筹城乡发展 共享改革成果》,详见中华人民共和国中央人民政府网。

也是我国基本公共服务供给地区不均等的根本原因"①。

在对城乡发展失衡和由此带来的问题有了清醒的认识后,21世纪初,中央对城乡关系提出新定位,即工业反哺农业、城市带动农村。党的十六大提出"统筹城乡经济社会发展",把"建设现代农业,发展农村经济,增加农民收入"作为全面建设小康社会的重要任务。没有农民的小康就没有全面的小康,只有把已经落后的农村放在优先发展的位置,统筹谋划城市和乡村,才能够实现城乡双赢。在统筹中,社会公共服务政策的统筹,既是一个硬指标也是一把标准尺,是不可或缺的内容。2007年党的十七大对调整城乡关系的策略又有了新推进,提出建立以工促农、以城带乡的长效机制,形成城乡经济社会发展一体化新格局。中央指出,"缩小区域发展差距,必须注重实现基本公共服务均等化,引导生产要素跨区域合理流动",要"围绕推进基本公共服务均等化和主体功能区建设,完善公共财政体系"。②党的十七届三中全会进一步强调"把加快形成城乡社会发展一体化新格局作为根本要求"。按照国家的统一部署,全国各地陆续启动了城乡一体化的改革探索。

党的十八大以来,党中央深入研究我国经济社会发展的新形势,不断总结基本公共服务均等化的实践经验。2012年和2017年,国务院先后专门编制和印发了《国家基本公共服务体系"十二五"规划》和《"十三五"推进基本公共服务均等化规划》,分门别类地规定了公共服务均等化的主要目标,以及各项制度的重点任务和保障措施等具体内容。在各级政府的主导下,城乡基本公共服务均等化水平有了明显改善,为新时代实施乡村振兴战略提供了基础条件。从党的十六大提出城乡统筹,到党的十七大提出城乡一体化,再到党的十九大提出城乡融合发展,城乡关系走上了符合经济社会发展规律和满足人民群众意愿的正确轨道,与之相伴同行的城乡基本公共服务均等化,将贯穿城乡融合发展的全过程,发挥了不可替代的作用。

---

① 郭小聪、刘述良:《中国基本公共服务均等化:困境与出路》,《中山大学学报(社会科学版)》2010年第5期。
② 《胡锦涛在中国共产党第十七次全国代表大会上的报告》,《人民日报》2007年10月24日。

二、案例：涪陵以公共服务均等化推进城乡融合发展

作为全国统筹城乡综合配套改革试验区，涪陵近十年来在重庆市的统一规划下，结合本地的区情，在就业、教育、医疗、社会保障等民生领域进行了一系列改革试验，努力构建均等化的城乡基本公共服务体系，取得了具有一定示范价值的经验。

（一）把户籍制度改革作为突破口

2010年8月，重庆市正式启动户籍制度改革，打破城乡二元结构，为城乡融合发展扫清障碍。

涪陵区的户籍制度改革分两步进行。2010年至2014年是改革的第一阶段。通过放宽落户城镇条件，重点解决城镇有稳定职业和住所的农民工及其家属、失地农民和农村籍大中专学生的户口问题。5年间，涪陵全区有13.49万人由农业户口转为城镇户口，①从制度上解决了这部分人群"候鸟式"生活方式，使他们在城市"生根"。2015年后，户籍制度改革进入第二阶段，取消农业户口与非农业户口性质，建立城乡统一的户籍登记制度。依据国务院和重庆市的户口新政策，涪陵区制定了《涪陵区户口迁移实施细则》，一方面进一步放宽了落户城镇的条件，畅通城乡户籍转化通道；另一方面基本建立和逐步落实涉及户籍制度的配套政策，消除了附属于户籍上的各项社会管理政策，在就业、社保、住房、教育、医疗五大保障上，确保城乡居民享有同等福利待遇，真正实现城乡户籍制度管理一体化。目前，户籍制度改革仍在扎实有序地推进，在城镇，通过扩大基本公共服务的覆盖面，积极促进新市民融入当地社会，增强他们对城市的认同感和归属感；在农村，积极稳妥地实施农村集体资产量化确权、土地确权登记颁证，加快推进农村土地"三权"分置改革试点等工作。

户籍制度改革，不仅促进了社会公平正义，而且拉动了投资，带动

---

① 全文涪陵区的数据均采自涪陵区统计局和各相关部门提供的资料。

了消费,极大地助推了农民增收致富,为城乡融合发展打开了方便之门。

(二)把扩大农民就业渠道、提升农民职业技能作为"压舱石"

确保农村劳动力享有同等的就业机会,比较充分和更高质量的就业,既是城市建设发展的需要,也是农民增加收入的有力保证。

党的十八大以来,涪陵区大力实施就业优先战略和积极就业政策,把促进农民就业创业作为首要任务来抓。他们的主要做法是:第一,积极开展公共就业服务。加快人力资源服务业市场化发展,从无到有,培育人力资源服务机构,引进品牌人力资源服务公司,培训劳动经纪人,推进校企合作,每年举办现场招聘会150场左右,为用工单位和劳动者提供供需对接。第二,大力开展创业服务。鼓励创业带动就业,拓宽就业渠道,引导和支持农民工返乡、农村大学生回乡、城市科技人员下乡建立农民专业合作社、家庭农场、示范基地等新型农业经营主体。尝试开展创业担保贷款贴息、农民工返乡创业重点企业贴息、稳定吸纳农村贫困劳动力就业用工补贴、重点人群一次性创业补贴、优质初创企业补贴等就业扶持政策,发展居家就业和灵活就业形态。坚持执行困难行业企业降低社会保险缴费基数政策,落实阶段性减低社保费率、失业保险稳岗补贴政策,降低困难企业成本,减轻企业负担,助推实体经济发展。第三,大规模开展职业技能培训。在技能培训中,既普遍开展农村致富带头人、劳务经纪人、职业农民培训,全面提高农村劳动力整体综合素质,又重点开展对贫困群众特别培训,开展就业援助,确保走不出去、有就业能力和条件的贫困群众能就地就近就业。近年来举办的"百企进村送万岗"活动,为贫困群众召开专场招聘会,提供更多的就业机会和岗位。2012年以来,全区有14593人参加了农村劳动力就业技能培训,举办送岗位下乡专场招聘会240场,为贫困劳动力提供88个公益性就业援助岗位,每年回引9000余人返乡创业就业,累计培养309名本土人才服务乡村,有46500名农村实用人才被纳入区人才行列。[①]第四,加大对

---

① 《中国社会科学院当代中国研究所来涪调研汇报材料》,涪陵区人力资源和社会保障局提供。

劳动者权益的保护，坚持底线思维，从源头预防化解侵害劳动者权益的突出问题。2012年以来，劳动保障监察机构处理举报投诉案件1014件，到期结案率100%；责令用人单位为1.38万名劳动者补发被拖欠的工资2.16亿元，①切实保障了劳动者合法权益，维护了社会稳定大局。2017年末，涪陵城镇登记失业率为2.89%，控制在"十二五"预期性指标3%以内。

（三）把人人享有社会保障作为兜底线

改革开放后，涪陵按照全覆盖、保基本、多层次、可持续的指导原则，不断深化社会保障制度改革。养老、医疗、工伤、生育、社会救助等社会保障制度，从城乡有别向城乡统筹、一体化方向迈进，突出表现在以下三方面：

一是城乡居民执行统一的医保政策，养老保险制度实现整合，参保范围持续扩大、参保人数逐年增加，保障水平稳步提高。2006年，涪陵面向农村居民实行新型农村合作医疗，2008年开始执行城镇居民基本医疗保险，并将两种基本医疗保险制度无缝对接。目前，居民医保住院报销封顶线标准提高至一档8万元、二档12万元，建立了城乡一致的大病保险制度，居民医保每年最多可报销20万元，职工医保每年最多可报销50万元。2009年7月，涪陵农村养老保险启动首批试点工作，经过几年的推广，比全国提前4年实现农村养老保险全覆盖。2015年完成了全区城乡居民基本养老保险基础养老金首次调整工作，现人均养老待遇105元/月，比2012年提高了15元/月。截至2016年底，初步完成全民参保登记工作，完成率达到100%。2018年5月底，全区养老、医疗、工伤、生育保险参保224.1万人（次），较2012年末增长19.7万人（次），基本实现从制度全覆盖到人员全覆盖。

二是社会救助制度全面实施，社会救助服务遍及城乡。相继出台了城乡最低生活保障制度、特困人员供养制度、城乡医疗救助制度等。低保和医疗救助从城市扩展到农村，从重点保障特困群众逐步扩大到所有

---

① 《重庆市涪陵区户籍制度改革工作成效》，涪陵区公安局提供。

符合条件的困难群众，并严格实行动态管理，切实做到"应保尽保，应退尽退"。2017年为助力脱贫攻坚，将七大救助制度整合，统筹救助政策，发挥叠加效应，形成救助合力。2017年城乡救助资金支出5037.1万元，比2005年增长32.5倍。党的十八大以来，城乡救助差距显著缩小，实现了特困供养城乡零差距。

三是社会服务体系持续完善，服务能力全面提升。建立了区、乡镇（街道）、村（社区）三级经办服务网络体系，提供"一站式服务"和"足不出户"办事。2015年社保业务下沉至27个乡镇（街道），方便了群众就近办理各项社保业务，切实解决了为人民服务"最后一公里"问题。截至目前，已与全国36个省、市（自治区）9510家医院实现异地就医联网结算。2017年全区共支出城乡低保资金8.9亿元，比1998年增长129倍；2017年城乡救助资金支出5037.1万元，比2005年增长32.5倍；农村特困人员供养标准为每年7800元/人，比2003年增长9.75倍。面对人口老龄化趋势，涪陵区十分重视养老服务事业的发展，加紧建设一个"以居家养老为基础、社区养老为依托、机构为补充"的养老服务体系。最近几年，多渠道整合筹措建设资金101亿余万元，新建成了区社会福利院和76个五保家园，改扩建了33所乡镇（街道）敬老院、新建社区养老服务中心44个，新增床位304张。① 与此同时，残疾人福利和保障事业不断进步，使全体人民共享国家发展的成果。

（四）把改善农村办学条件，实现城乡义务教育均等化作为筑基之策

近年来，为了推进城乡基础教育均衡发展，区政府先后出台了《关于推进基础教育优质均衡发展的意见》《关于印发涪陵区推进义务教育均衡发展的实施方案的通知》等文件，持续深入推进全区深入实施"合并、托管、合作"办学模式改革，实施名校带新建学校、带薄弱学校、带农村学校、带民办学校的"四带"战略，推动校际融合发展，共享优质资源，初步形成了"以城带乡、乡村联动"的教育均衡发展格局。

---

① 《中国社会科学院当代中国研究所来涪调研汇报材料》，涪陵区民政局提供。

为了落实合并、托管、合作办学模式改革，区教委提出了"五个对接"工作要求和精准帮扶工作举措，即学校管理对接、师资培养对接、教育教学对接、教研教改对接、教育资源对接。近5年来，城区22所优质学校将教育服务辐射到了68所乡村学校，优质学校选派729名骨干教师到结对学校支教，结对学校派遣644名中青年教师到优质学校顶岗锻炼，优质学校为结对学校培养骨干师资、名师2170人次，城乡教师拜师学艺896对；优质学校与结对学校同步开展教育教学活动，共用一套教学计划和教学方案，统一教学进度、学业测试；优质学校与结对学校建立校际教研教改协作机制，科研课题共同立项，教研活动共同开展，校本课程共同研发；优质学校帮助结对学校改善办学条件，指导校园文化建设，互通教育信息，共享优质资源。此外，区教委要求城区学校新提任校级干部必须在农村学校支教2年，城镇中小学教师晋升高级职称及参评优秀教师、特级教师，应在农村任教1年以上。每年参与交流轮岗的教师保持在600人以上，有效缓解了乡村教师结构性缺编问题。

为了让每个孩子都能享有公平而有质量的教育，涪陵区建立起了完整的学生资助体系，特别关注对农村贫困学生的资助，切实保障他们的平等受教育权。从2006年春期开始，免除10余万农村义务教育阶段学生的学杂费，当年免除学杂费总金额达2229.47万元；指定16所农民工子女学校，确保农民工子女应读就读；实施留守儿童关爱工程，组织在职教师、"五老人员"、大学生村官等担任留守儿童代理家长，开通"亲情电话"，建立"留守儿童快乐成长家园"，率先按50∶1的比例为寄宿制小学配备生活管理人员，解除了外出务工群众后顾之忧；实施学生关爱工程，免费为在校小学生每人每天提供1袋牛奶、1个鸡蛋，为义务教育在校贫困学生每人每天按小学4元、初中6元的标准提供一顿爱心午餐，为义务教育留守儿童、贫困学生在6个传统节日发放时令食品，等等。

通过这些改革措施和保障机制，促进了优质教育资源利用效益最大化，使农村学校、薄弱学校办学质量得以提升，教师队伍的素质不断增强。最为显著的表现是，办学模式的改革有效减缓了农村学生向城区流动，城区义务教育大班额所占比例比改革前下降15个百分点。全区义务教育就近入学比例达到98.6%。2016年2月，涪陵区成功创建国家义务教育发展基本均衡区。2017年，全区学前3年毛入园率达90%、普惠率达85%，小学、初中入学率达100%，小学、初中年辍学率分别为0%、0.83%，三类残疾儿童入学率达98.7%，高中阶段教育毛入学率达99%。全区高等教育毛入学率达到24%。全区人均受教育年限达到9.8年。[①]

（五）把提升医疗卫生服务能力、提高人民群众健康水平作为固本之方

改革开放后，涪陵区通过深化医药卫生体制改革，不断完善医疗卫生服务体系，建立覆盖城乡的医疗保障制度，人民群众的健康水平显著提高。

党的十八大以来，区政府积极贯彻全民健康战略，加大了城乡公共卫生服务均等化的工作力度。一是加强基层社区医疗机构建设。先后完成了26个基层医疗卫生机构标准化建设和383个（撤并村79个）村卫生室建设。筹集资金1.2亿元，为基层医疗卫生机构配置基本医疗设备设施1.17万台（件、套）、信息化应用设备1073台（件），为村卫生室配置基本医疗设备设施4870台（件、套）。基层医疗卫生机构标准化建设（含村卫生室）及设施设备配套建设实现全覆盖。全区"全国群众满意乡镇卫生院"增至7家，较好实现了"小病不出乡，大病不出区"的目标。二是全面推进分级诊疗制度建设并初见成效。初步建立起4个层次4种形式的医疗联合体网络，创新建立了业务指导、多点执业、人员培训、双向转诊、信息共享5个长效工作机制，促进城区优质医疗资源下沉到基层医疗机构，方便群众在基层首诊、就近就医。全区共建成医疗联合体27个，率先在重庆市实现全覆盖，基层医疗机构诊疗量已达56%，逐步形成"手术在医院、康复在社区"模式，有效缓解了人民群众"看病难"问题。三是开展家庭医生签约服务创新。2018年上半年，基层医疗卫生机构临床医生、公共卫生医生、社区护士和乡村医生组成了257个家庭医生团队，开展团队服务形式的家庭医生签约服务，家庭

[①] 《改革开放四十年，看涪陵教育辉煌巨变》，涪陵区教委提供。

医生签约覆盖率达到城镇居民35%、农村居民56%，特殊人群100%。让更多的医生护士留在社区、深入家庭，服务好每一名患者，普通百姓也有自己的"家庭医生"，改变过去无论大病小病、急性病慢性病都要去大医院排长队的现象，有效缓解了人民群众"看病难、看病累"问题。四是基层医疗卫生机构综合改革实现"两打破两提高"目标。从2012年下半年至2015年底，积极推进基层医疗卫生机构综合改革，实现"打破了基层医疗卫生机构之间吃'大锅饭'问题、打破了医务人员之间吃'大锅饭'问题，提高了医务人员积极性、提高了人民群众获得感"的目标，医务人员价值和尊严得到体现，基层医疗卫生机构得到发展，基层群众大量受益，有效缓解了人民群众"看病难、看病贵"问题。最新统计显示，全区人均预期寿命78.48岁，婴儿死亡率2.13‰，孕产妇死亡率15.19/10万。① 全区居民健康水平居于全市前列、优于全国平均水平。

（六）把加强公共文化服务、提振人民精气神作为动力之源

党的十八大以来，涪陵区十分重视公共文化事业和精神文明建设，努力构建城乡均等的公共文化服务体系，更好地满足人民群众精神文化需求。

从公共文化设施来看，在城区建立了健全的高水平的公共文化场馆，惠及全区城乡人民。目前，文化馆、图书馆、少年儿童图书馆、美术馆、博物馆等区级公共文化服务单位，均已齐备。2012年建成投入使用的3.5万平方米的涪陵大剧院，每月安排一次免费惠民演出；2015年新建了奥体中心，全民健身综合体——涪陵滨江体育健身中心，为群众提供了优质的健身场地；2016年榨菜博物馆和榨菜文化广场开通，周末开展群众性广场文艺演出；2017年涪陵区图书馆建设了24小时自助图书馆。与此同时，加强了基层文化设施建设，特别是向乡村倾斜。所有的乡镇街道都建起了群众文化服务中心，所有的村和社区都有文化室；2010年实现了广播村村通，2016年实现了电视户户通；2010年率先在全市实现了乡

---

① 《全面提升医疗卫生服务能力 着力破解"看病难"问题》，涪陵区卫生和计划生育委员会提供。

镇体育广场、村级农民体育健身工程全覆盖。近年来涪陵区打造了农村半小时文化体育服务圈，城市一刻钟文化体育服务圈，实行乡镇图书馆自助通借通还等办法，使城乡老百姓共同享受到了便捷的公共文化服务。

从乡村文化培育来看，一方面政府采取多种措施和办法，开展形式多样的送文化下乡活动。先后组建了文艺轻骑队，将优秀民间文艺团队纳入政府购买公共文化服务范围，每年开展"流动文化服务进村"活动。2016年送流动文化服务进村1232场，其中演出800场，图书阅览48场，展览讲座96场，辅导培训96场，服务13.3万人。[①]另一方面，积极培育村民文化自觉意识，通过发掘地方文化资源和文化遗产保护，将文化建设与社会发展紧密结合。全区各个乡镇，普遍开展老百姓喜闻乐见的文化活动，既丰富了群众的业余文化生活，又改善了农民精神面貌，为提振人民群众的精气神，助推乡村经济社会发展提供了强大的内生动力。

三、小结：启示与展望

涪陵的实践证明，城乡公共服务均等化对于促进社会公平正义、增进人民福祉、推动城乡融合发展颇有成效。近年来，涪陵城乡常住居民收入差距逐步缩小，由2002年的3.37∶1下降到2016年的2.52∶1。[②]"十二五"期间，人民生活水平进一步提高，城乡居民人均可支配收入分别达到28000元、11000元，增长66.2%、97.5%。五大民生工程和一批重大民生实事滚动实施。全面完成63个贫困村5.2万人扶贫攻坚任务，顺利实现脱贫摘帽。[③]涪陵的做法和经验对于党中央"2020年基本公共服务均等化总体实现"的承诺具有启示意义。

其一，基本公共服务均等化是从化解过往积累的矛盾和问题开启的，其目标指向是全体公民都能公平可及地获得大致均等的基本公共服务，

---

① 《关于重庆市涪陵区2016年国民经济和社会发展计划执行情况及2017年计划草案的报告》，重庆市涪陵区发展和改革委员会。
② 重庆市涪陵区统计局：《涪陵统计年鉴——2017》，第110页。
③ 参见《重庆市涪陵区国民经济和社会发展第十三个五年规划纲要》，2016年2月。

涵盖了一个人从出生到死亡各个阶段和不同领域。因此，公共服务均等化的任务相当艰巨，需要有大刀阔斧的改革决心和力度，不仅要不断打破旧制度的束缚，修补体制机制的缺陷，更要立足我国基本国情和地情，尽快建立完备有效的新制度。同时，基本公共服务均等化是一个不断完善、提升的过程，随着经济社会的发展进步，将提出更多的要求、更高的标准。因此，要从不同时期的阶段性特点出发，拿出基本公共服务均等化的近期举措，做好久久为功的心理准备，制定长远可期的规划蓝图。

其二，基本公共服务均等化涉及面广、领域繁杂，都是人民群众最关心最直接最现实的利益问题。因此，首先要强调政府的主导责任，发挥好保障投资、健全制度、监督管理的功能，这样才能保证普惠与均等，避免两极化与平均化。同时也要看到，推进就业、教育、医疗和社会救助等民生事业的均衡发展，仅仅依靠政府是无法完成的，必须整合政府、市场和社会的力量，共同努力。政府筑巢、市场助力、社会唱戏，这样才可能不断提升公共服务均等化的内涵和品质，才可能基本满足人民群众对公共服务的期待与需求。

基本公共服务均等化强调的是平权，维护的是民生，表面上它是一种巨大的付出，实质上它是国家综合实力的凝聚。只有基本公共服务水平提高了，才会有强大的人力资本；只有均等化做好了，才会增加人民的获得感、公平感、安全感和幸福感。因此说，基本公共服务均等化是城市繁荣、乡村振兴、全面小康的题中之义，是实现中华民族伟大复兴中国梦的根本所在。

[原载《社会科学报》2018年11月1日，原题为《公共服务均等化强调的是平权，维护的是民生》，收入本辑时有修订]

10·17 论坛：中国经验与待解议题

2014年8月1日，经国务院批准，国家将每年的10月17日设立为"扶贫日"。这一决定紧扣全面建成小康社会的紧迫任务，体现了国家对扶贫工作的高度重视和坚定决心。同时，"扶贫日"与"国际消除贫困日"相一致，凸显了中国对国际减贫事业的支持与担当。作为扶贫日的重要活动之一，10·17论坛在2014年10月16日、2015年10月16日相继举行，来自部分发展中国家的政要、联合国相关机构的官员，以及专家学者和基层实践者云集于此，共同探讨减少贫困、促进发展的时代主题。

一、聚焦扶贫热点、搭建交流平台

尽管2014年10月16日举办的10·17论坛被称为"首届"，但从论坛的主题和形式，以及论坛的宗旨和目标来观察，都可以清晰地看出它是与2007年以来由中国国际扶贫中心连续承办的10·17减贫与发展高层论坛一脉相承的，只是主办方希望可以进一步整合力量，突出论坛的研究性、学术性和实践性。"首届"应和了首个"扶贫日"，"目的就是要充分利用好'扶贫日'这一平台"[①]。10·17论坛的创办缘于响应联合国千年发展目标，而多年的坚持，则是缘于扶贫任务的重大与艰巨。摆脱贫困

---

① 朱善璐：《在首届10·17论坛上的开幕致辞》，载10·17论坛组委会秘书处编：《扶贫开发与全面小康 首届10·17论坛文集》（上），世界知识出版社2015年版，第5页。

不仅限于千年计划，还要有 2015 年后发展议程；不仅需要发展中国家自身的努力，也需要全世界各方力量的襄助。因此，论坛提供的对话和交流空间就显得十分必要和可贵。

表 3 历届 10·17 论坛的主题和主要议题

序号	时间	论坛主题	平行论坛的主要议题
1	2007 年	关注贫困，行动起来	减贫战略与政策；国际减贫经验交流；探寻有效扶贫机制
2	2008 年	改革开放与中国减贫模式暨千年发展目标进程	中国农村减贫：成就与挑战；增长、贸易与贫困——中国经验与待解问题
3	2009 年	金融危机与贫困：挑战与行动	促进可持续的包容性经济增长；推动全球协作，应对金融危机
4	2010 年	转变发展方式与减贫	经济结构调整、城市化、促进就业和减贫；资源有效开发及减贫
5	2011 年	改善民生与可持续减贫	促进赋权和可持续减贫的宏观规划；促进改善民生的社会政策和社会管理
6	2012 年	包容性发展与减贫	中等收入国家的不平等问题；中国的包容性增长与减贫；包容性发展的政策选择
7	2013 年	城乡一体化与减贫	全面推进基础设施建设；促进医疗教育等公共服务均等化；积极应对人口老龄化趋势及妥善安置农民工等弱势群体；提升对贫困人口的社会包容性
8	2014 年	扶贫开发与小康社会	特惠金融扶贫政策；社会参与扶贫机制创新；青年扶贫责任；多维贫困与精准扶贫
9	2015 年	携手消除贫困，实现共同发展	社会扶贫；电商扶贫；扶贫开发金融服务；资产收益扶贫；青年扶贫；乡村发展；残疾人精准扶贫

资料来源：中国国家扶贫中心、联合国开发计划署驻华代表处编：《国际减贫与发展论坛集萃（2007—2011）》，社会科学文献出版社 2013 年版；左常升主编：《包容性发展与减贫》，社会科学文献出版社 2013 年版；"10·17"论坛组委会秘书处编：《扶贫开发与全面小康——首届 10·17 论坛文集》，世界知识出版社 2015 年版；《人民日报》2013 年 10 月 18 日、2015 年 10 月 16 日。

综观历届论坛的主题和主要议题，都聚焦于世界经济社会发展的热点问题，例如社会平等、金融危机、气候变化、弱势群体、自然灾害、城市化、环境保护等。这足以说明减贫在人类社会发展和当今国际事务中的重要地位，说明它是一个综合性、多向度的话题，与经济、政治、社会、文化、国际形势等各个方面都有着千丝万缕的联系。同时，它也是社会发展中最敏感、脆弱的那根神经,任何一个领域的震动都会对它造成影响。全球10多亿贫困人口的存在,牵动着整个人类社会发展的进程。因此,论坛拥有十分宽广的国际视野和多重的现实价值,吸引了众多从事扶贫工作和关心扶贫事业的人们。每届论坛参加人数多达200—400人,他们来自世界各大洲几十个国家。联合国秘书长潘基文多次为论坛致信祝贺,以示联合国对会议的支持和肯定。2015年,习近平主席和乍得总统、克罗地亚总统、柬埔寨首相等国家最高领导人出席论坛,进一步证明了论坛的重要地位和国际影响力。因此,称10·17论坛是研讨减贫与发展的最高规格、最大规模的国际盛会,并不为过。经过多年发展,10·17论坛"已经成为各国尤其是发展中国家和国际机构之间交流减贫经验,应对贫困挑战,共商减贫对策的国际性平台"[1]。论坛的举办,既满足了中国和世界各国对解决贫困问题的急切需要,也表明了中国在国际事务中勇于担当的态度。

二、分享扶贫经验、促进共同发展

论坛设立之初就将展示成就、分享经验、促进发展作为出发点,来自各国减贫机构的官员在演讲中纷纷介绍本国在实践中的一些好做法。南非的社会保障、印度的"建设印度"、巴西的社会救助、菲律宾的反贫困计划、秘鲁的贸易自由化等,为面对相同问题的国家提供了他山之石。同时,针对减贫中的关键性命题,如妇女赋权、儿童营养、教育扶贫、医疗救助、特惠金融、水源供给等,提供了行之有效的政策和措施,具有较高的学习和借鉴价值。交流中,中国经验受到热议,正如改革开放后中国的发展备受关注一样,我们在扶贫实践中的突出成效也赢得了世界眼光。联合国秘书长潘基文赞叹中国扶贫为世界作出了榜样,"不仅帮助了自己而且帮助了全世界,中国的成就已经极大地促进了全球减贫事业"[2]。回首中国的减贫道路,被国内外专家普遍认可、共识度较高的中国

---

[1] 于靖园:《第二个全国扶贫日:共同关注减贫与发展》,《小康》2015年第21期。
[2] 《联合国秘书长潘基文贺信》,载"10·17"论坛组委会秘书处编:《扶贫开发与全面小康——首届10·17论坛文集》,世界知识出版社2015年版,第6页。

扶贫经验主要有以下几点：

第一，新中国成立后，中国共产党带领人民群众在与贫困抗争中取得了辉煌成就，其背后是党的性质和新中国的政治制度发挥了决定性作用。邓小平早就指出："贫穷不是社会主义，社会主义要消灭贫穷。"① 消除贫困、实现共同富裕是社会主义制度的根本要求。"中国政府从一开始就认识到解决人民的温饱问题是最重要的任务之一。从中国的案例中我们能够学到什么？第一是政治意愿，第二还是政治意愿，第三还是政治意愿。"② "始终坚持充分发挥共产党的政治优势和社会主义制度优势，全党动员全社会动员，发挥政府主导作用，集中力量组织开展目标明确的大规模扶贫行动。"③

从国史的发展进程来看，中国扶贫可以分为改革开放前、后两个历史时期。改革开放前的30年，社会主义基本制度的建立和工业化道路的开辟，以及教育、医疗等社会事业的显著进步，为摆脱贫困奠定了基础。"总的来说创造了一个极为平等的社会，有效地消除了极端人类贫困现象。"④ 改革开放后的30多年，经济建设突飞猛进，社会政策不断完善，人民生活水平显著提高，扶贫成为国家发展战略的重要内容之一，从而使6亿多人相继摆脱各类贫困。中国从世界上最穷、最不发达的国家，转变为即将全面建成小康社会的社会主义强国，这一成绩是人类减贫史上从未有过的奇迹。从扶贫政策的角度出发，扶贫工作基本可以分为四个阶段。第一阶段（1978—1985年）是制度性改革的起始阶段；第二阶段（1985—1993年）是大规模开发式减贫阶段；第三阶段（1994—2000

---

① 邓小平：《政治上发展民主，经济上实行改革》，载《邓小平文选》第3卷，人民出版社1993年版，第116页。
② 中国国家扶贫中心、联合国开发计划署驻华代表处编：《国际减贫与发展论坛集萃（2007—2011）》，社会科学文献出版社2013年版，第97—98页。
③ 刘永富：《打好扶贫攻坚战 全面建成小康社会——在首届"10·17"论坛上的主旨演讲》，载"10·17"论坛组委会秘书处编：《扶贫开发与全面小康——首届10·17论坛文集》，世界知识出版社2015年版，第14页。
④ 胡鞍钢：《从世界最大贫困人口国到小康社会（1949—2020）——在首届"10·17"论坛上的主题演讲》，载"10·17"论坛组委会秘书处编：《扶贫开发与全面小康——首届10·17论坛文集》，世界知识出版社2015年版，第66页。

年）是扶贫攻坚阶段；第四阶段（2001年以来）是扶贫开发新阶段。① 当然，随着扶贫形势和任务的不断推进，扶贫政策也会作出相应的调整和变化，但始终不会改变的是全国人民摆脱贫困的决心和信心。

第二，以经济发展为基础，以改革创新为动力，在国家经济社会发展的整体布局中，制定积极有效的扶贫开发战略和政策。中国扶贫工作的巨大进展"要归功于可持续的经济增长、政府主导的专项扶贫以及有关的社会平等政策。最根本的经验是政府制定和采取了一系列在不同发展阶段适合中国国情的扶贫战略和政策"②。"中国扶贫工作的发展主要来自可持续的经济增长、社会均等发展政策及政府采取的扶贫专项计划。"③ 作为一项首先以经济指数来衡量的任务，这些因素是支撑扶贫前行的物质基础和必要条件。

首先，30多年来，中国的改革开放不断深化，由此为扶贫开发提供了雄厚的经济基础。国家财政才有能力不断增加对贫困地区的投入、落实各项惠民政策。20世纪80年代初，中央财政就设立了财政专项扶贫资金，"目前资金规模已经从5亿元增加到433亿元"，"2013年，中央财政用于农村贫困地区，使贫困人口直接受益的各类转移支付合计达3700亿元，比去年增加24%"。④ 其次，改革开放以农村为突破口，从土地承包到农业税改革再到新农村建设，始终没有放松"三农"这个减贫发展的"牛鼻子"。重点突出、敢于创新使农村贫困现象由普遍缩小为局部，由

---

① 刘民权：《中国农村剩余贫困人口与弱势群体的人力资本缺口》，载中国国家扶贫中心、联合国开发计划署驻华代表处编：《国际减贫与发展论坛集萃（2007—2011）》，社会科学文献出版社2013年版，第72页。

② 范小建：《中国扶贫开发回顾》，载中国国家扶贫中心、联合国开发计划署驻华代表处编：《国际减贫与发展论坛集萃（2007—2011）》，社会科学文献出版社2013年版，第2页。

③ 韩俊：《中国农村发展与扶贫：回顾与展望》，载中国国家扶贫中心、联合国开发计划署驻华代表处编：《国际减贫与发展论坛集萃（2007—2011）》，社会科学文献出版社2013年版，第68页。

④ 余蔚平：《继续加大对贫困地区的财政支持力度——在首届"10·17"论坛上的主题演讲》，载"10·17"论坛组委会秘书处编：《扶贫开发与全面小康——首届10·17论坛文集》，世界知识出版社2015年版，第30页。

绝对贫困转变为相对贫困。中国扶贫的成绩75%来自农村。① 最后，与经济腾飞相配套的，是国家制定和执行了正确的扶贫方针和适宜的扶贫战略，使这些钱用在了"刀刃上"，发挥了最大效益。"87扶贫攻坚计划"、两个《中国农村扶贫开发纲要》使扶贫工作稳步推进。党的十八以来，"减贫作为国家重要发展目标，正式列入国家发展规划"②。在提前完成千年发展目标的基础上，以全面建成小康社会时间表倒逼的力度，各级政府将扶贫工作放在第一位，及时跟进扶贫政策，完善工作机制，实施精准扶贫。这些益贫的制度安排和真正为穷人谋幸福的立场，是打赢扶贫攻坚战的根本所在。

第三，坚持开发式扶贫方针，把发展作为解决贫困的根本途径。"授人以鱼，不如授人以渔"，积极调动扶贫对象的主动性，培育贫困群体自身脱贫致富的能力。动员全社会力量的参与和联动，形成人人行动起来的社会化扶贫生态环境。

开发式扶贫与救助式扶贫"两轮驱动"，是中国扶贫开发进入新阶段的新举措。它强调输血，更强调造血。在社会保障作为兜底防线的基础上，尽可能地以开辟产业、提供机会、提升能力的方式使贫困群众根本脱贫。"既要练内功最大限度发挥自己的主观能动性，和自我发展的潜力，又要借外力把握一切有利于自己发展的外部基础和有利条件，内外结合，构造强大的可持续发展的能力。"③ 在外部助力中，教育是一支关键性力量，因为它的作用既可以立竿见影，还能够持久发挥，它被认为是阻断贫困代际传递的最重要手段。此外，一些地方的个案实践证明，帮助贫困群众组织起来的方法十分有效。这"有利于进行高水平的社会动

---

① 汪三贵：《在发展中战胜贫困：中国30年大规模减贫的经验与教训》，载中国国家扶贫中心、联合国开发计划署驻华代表处编：《国际减贫与发展论坛集萃（2007—2011）》，社会科学文献出版社2013年版，第70页。

② 胡鞍钢：《从世界最贫困人口国到小康社会（1949—2020）——在首届"10·17"论坛上的主题演讲》，载中国国家扶贫中心、联合国开发计划署驻华代表处编：《国际减贫与发展论坛集萃（2007—2011）》，社会科学文献出版社2013年版，第62页。

③ 范恒山：《推进扶贫开发要坚持"三个结合"——在首届"10·17"论坛上的主题演讲》，载"10·17"论坛组委会秘书处：《扶贫开发与全面小康——首届10·17论坛文集》，世界知识出版社2015年版，第19页。

员，汇聚更广泛贫困人口的力量；提高集体行动的规模与动力，相对于脆弱的个体贫困人口能更有效地解决问题；提高益贫公共服务传递的有效性；减少个体外部援助的依赖"①。事实上，近年来很多农村合作组织的建立和发展都使得这些观点令人信服。在我国扶贫理念已经深入人心，扶贫行动已经赢得全社会的响应。这里不仅有教育、医疗、交通、金融、社保等各方面政府力量的投入，而且"在扶贫问题上，中国政府对民间组织非常支持和鼓励"②。民间组织也的确在减贫工作中发挥了很大作用。全社会广泛参与扶贫，既是对扶贫济困、乐善好施的中华民族传统美德的继承和发扬，也是对社会主义核心价值观的最好阐释和积极践行。

中国扶贫走出了一条符合中国国情的成功之路，它是中国特色社会主义现代化道路的重要组成部分。尽管中国扶贫经验不是放之四海而皆准、具有普遍适用性的法则，但它来自中国几十年的艰苦实践，经过东、中、西部各地方、各方面的反复检验。因此，它是极其宝贵、实用、可行的。它既属于中国，也属于世界，是中国政府和人民贡献给世界的智慧和财富。

三、应对现实挑战、探索高效减贫策略

世界上没有哪一个国家比中国背负的扶贫压力更沉重。即便在扶贫开发已经取得显著成绩的今天，14个连片特困区，832个贫困县、片区县，12.9万个贫困村，8249万贫困人口，③仍然对2020年全面建成小康社会构成巨大挑战。多年来，10·17论坛从实际出发，在复杂多变、矛盾纠

---

① ［美］Vijay Kumar：《为贫困和饥饿人群培育组织》，载中国国家扶贫中心、联合国开发计划署驻华代表处编：《国际减贫与发展论坛集萃（2007—2011）》，社会科学文献出版社2013年版，第47页。

② 丁宁宁：《民间组织在改善民生与可持续减贫中的作用》，载中国国家扶贫中心、联合国开发计划署驻华代表处编：《国际减贫与发展论坛集萃（2007—2011）》，社会科学文献出版社2013年版，第172、173页。

③ 刘永富：《打好扶贫攻坚战 全面建成小康社会——在首届"10·17"论坛上的主旨演讲》，载"10·17"论坛组委会秘书处编：《扶贫开发与全面小康——首届10·17论坛文集》，世界知识出版社2015年版，第14页。

结的表象中，提出了不少富有理论性、前瞻性、关键性的命题，对中国扶贫冲破阻碍，寻找发展之策具有较高的反思和研究价值。

（一）如何处理好经济增长与不平等及减贫的关系？

经济增长是减贫的重要支撑，中国是通过经济增长大面积减贫的成功典范。然而，经济增长是否会加剧不公平？不公平程度对减贫是否会造成显著影响？这是在2007年10·17论坛就被提出的问题。有研究认为，经济增长会可能产生偏向非贫困人群的分配收益，加剧不公平。"在不公平程度降低的国家，平均减贫幅度为每年10%，而在不公平程度上升的国家，这个数字仅为1%。"[1] 不公平阻碍了减贫的整体进程。一些国家的实践似乎也已经证明了这一点。智利以往的减贫政策注重经济增长，关注绝对贫困。"事实上，经济增长的确使贫困大幅度减少，但不公平程度始终严重，并且原有策略无法在现阶段减少不公平。减少脆弱性、增加社会流动性与社会机会均等等新挑战需要新的应对措施。"[2] 近年来印度经济快速增长，但减贫仍表现为极其脆弱，其中很重要的原因是区域、城乡发展不平衡，性别与家庭的不平等。我国的扶贫经验也表明，经济增长仅仅是其中的主要因素之一，并不是充足条件。"在发展初期，经济增长是减贫的决定性因素，但当贫困下降到一定程度后，其减贫影响力下降。"[3] 自20世纪80年代中期开始，我国城乡、区域、行业之间发展不平衡，差距拉大的趋势愈发严峻，"特别是平均数掩盖了贫困问题，差距拉大引发一些社会矛盾"[4]，而且十分尖锐，"不平等增加导致经济增长的

---

[1] ［美］Martin Ravallion：《经济增长并非有效减贫政策》，载中国国家扶贫中心、联合国开发计划署驻华代表处编：《国际减贫与发展论坛集萃（2007—2011）》，社会科学文献出版社2013年版，第4页。

[2] ［智利］Dante Contreras：《智利的贫困不平等和福利：证据挑战和教训》，载中国国家扶贫中心、联合国开发计划署驻华代表处编：《国际减贫与发展论坛集萃（2007—2011）》，社会科学文献出版社2013年版，第37页。

[3] 黄季焜：《中国农村减贫的决定因素和有利于穷人的经济增长》，载中国国家扶贫中心、联合国开发计划署驻华代表处编：《国际减贫与发展论坛集萃（2007—2011）》，社会科学文献出版社2013年版，第8页。

[4] 黄承伟、张良、张琦、万君：《在全面建成小康社会进展中消除贫困——首届"10·17"论坛观点综述》，《农民日报》2014年10月22日。

减贫效应降低是中国未来减贫的另一个挑战"①。因此，在未来的反贫困中，在强调经济驱动的同时，社会管理、公共服务、普惠政策等有利于社会公平方面的建设，是不容忽视的。

（二）精准扶贫如何瞄准，如何使减贫更有效率？

精准扶贫是党的十八大以来党中央为了打好扶贫攻坚战采取的重要举措，主要针对的是扶贫工作中存在的扶贫对象不清、情况不明、措施不强、项目和资金指向不准等问题。显然，精准扶贫关键在瞄得准，瞄得越准，效率才能越高，效益才能越大。20世纪80年代提出的贫困瞄准政策是精准扶贫的前身。20多年里它从重点扶持贫困县到扶持贫困村、贫困人口，努力使扶贫目标精准。然而事与愿违，在实际工作中"漫灌"问题十分严重，这为精准扶贫提供了反面教材。"要弄清楚如何瞄准更多的穷人，这需要制定合理的标准；要明确在扶贫对象的经济社会特征发生变化时对其的处理方法。"②有学者通过乡村研究实践证明，参与式村级发展规划（PVDP），对提高贫困瞄准效率十分有效。③在精准扶贫策略中要使精准扶贫做到真扶贫、扶真贫，它的六个精准环节必须环环相扣、紧密协作。然而所有的精准，从建档立卡到扶贫资源到位，都要依靠人来监测、执行，因此，重建一个有社会各方力量参与的扶贫资源传递监督机制，是精准扶贫得以确保的又一个关键问题。此外精准扶贫是一项长期艰巨的任务，既需要有持久的定力，还需要有随机应变的策略。扶贫任务越到后面越难，剩下的都是难啃的"硬骨头"。同时，随着经济社会的发展，贫困的标准、扶贫的内涵都会发生变化。因此，精准扶贫要瞄得准、有效率十分不易。

---

① 汪三贵：《在发展中战胜贫困：中国30年大规模减贫的经验与教训》，载中国国家扶贫中心、联合国开发计划署驻华代表处编：《国际减贫与发展论坛集萃（2007—2011）》，社会科学文献出版社2013年版，第71页。

② 徐晖：《中国农村贫困瞄准机制的设计与完善》，载中国国家扶贫中心、联合国开发计划署驻华代表处编：《国际减贫与发展论坛集萃（2007—2011）》，社会科学文献出版社2013年版，第17页。

③ 李小云：《参与式村级发展规划（PVDP）对中国减贫项目瞄准效率的影响》，载中国国家扶贫中心、联合国开发计划署驻华代表处编：《国际减贫与发展论坛集萃（2007—2011）》，社会科学文献出版社2013年版，第18页。

(三) 多维贫困理念为扶贫提出了哪些新要求？

多维贫困，是指贫困不只是经济收入一个方面，它还包括"不能获得教育、不能饮用清洁的水，以及在气候变化状况日益严峻的今天，各个方面凡是影响人类基本需要的方面，都是贫困的主要方面"①。显然，多维贫困从表述上使贫困更加复杂化，但实践证明它更符合贫困的实质。"实际上，单一原因所导致的贫困可能比较少，而复合原因导致的贫困可能会比较多。当我们采取了某种干预解决了一方面的问题，同时就会有相应新的问题产生。"②贫困的复杂性决定了摆脱贫困很难一招制胜，毕其功于一役。目前，多维贫困、多维扶贫成为世界各国普遍认可的减贫新理念。从这一理念出发，未来扶贫工作起码应增添如下新内容、新要求：一是按照多维贫困指标，全球贫困人口大大增加，中国贫困人口的数量和要解决的问题也会相应扩大，减贫压力随之加重。二是解决多维贫困需要多方力量的参与和协作。尽管中国扶贫历来比较注重全面、综合发展，诸多民生相关部门一直处于扶贫工作的最前沿，但今后会需要更多部门和人员的加盟。三是多维贫困指数涵盖的维度、指标十分具体、详细，它们是扶贫工作的依据和标尺，要获取这些信息需要长期连续的跟踪调查和准确翔实的记录，这无疑将加大扶贫相关部门的工作量，对工作人员的素质和工作质量也提出了更高要求。

综上所述，10·17论坛既是一个展示减贫与发展成就的国际舞台，也是一个共谋出路、携手同行的公共空间。在这里有国家决策者的战略设计，有学术研究者的深度思考，也有基层实践者的真情体悟。所有人、所有的努力只为了一个理想——消除贫困——人类永恒的追求和当前全球最大的挑战。

[原载《中国农业大学学报（社会科学版）》2016年第5期]

---

① 王小林：《全球多维贫困的进展》，载"10·17"论坛组委会秘书处编：《扶贫开发与全面小康——首届10·17论坛文集》，世界知识出版社2015年版，第229页。

② 王晓毅：《扶贫理论实践研究方法》，载"10·17"论坛组委会秘书处编：《扶贫开发与全面小康——首届10·17论坛文集》，世界知识出版社2015年，第188页。

贫困与反贫困的学术视野与研究进路
——《鉴往知来——十八世纪以来国际贫困与反贫困理论述评》

贫困与反贫困始终与人类社会相伴同行，贫困与反贫困研究也因此成了历久弥新的学术命题。18 世纪以来，在西方工业文明的催生下，现代社会科学研究不断提出富有解释力的新理论与新思想，贫困与反贫困研究也呈现出"百家争鸣"的局面。如何学习、借鉴和吸收这些优秀的研究成果，是社会科学研究创新和发展的必然要求，也是当前我国全面建成小康社会决胜阶段的当务之急。就此而言，《鉴往知来——十八世纪以来国际贫困与反贫困理论述评》的出版正逢其时。其敢于挑战理论命题的学术勇气和从问题出发的现实关怀，无不彰显了此项研究的价值与意义。

一、学术寻踪：深度理解和把握贫困与反贫困理论

贫困问题由来已久，为什么贫困与反贫困理论在 18 世纪才真正出现？该书首先回答了这一疑问。尽管贫困并非西方资本主义社会或工业化的产物，但"直到人类进入工业化社会以后，贫困与贫富差距问题才成为严重的社会问题"[1]。一方面是财富的涌流，另一方面是贫者愈贫。以

---

[1] 黄承伟、刘欣、周晶：《鉴往知来——十八世纪以来国际贫困与反贫困理论述评》，广西人民出版社 2017 年版，第 15 页。

亚当·斯密（Adam Smith）为代表的古典经济学开启了对这一话题的学术探讨。因此，在认知贫困、解释贫困、治理贫困的发展路径上，贫困与反贫困研究衍生成枝蔓丛生的理论体系。

作者以时间为序，兼顾理论的学科视野和内在关联，全面、系统地梳理了国际贫困与反贫困理论学术发展史，阐述了300多年来西方贫困与反贫困理论产生的背景、代表人物、主要观点及其影响。全书十章中仅有一章介绍中国理论，概述中国先秦至今2000多年的反贫困观点，有近一半的篇幅介绍20世纪中期以来西方贫困与反贫困研究成果。这种"厚今薄古"的布局和对"他者眼光"的偏重，符合贫困与反贫困理论自身发展的实际，突出了本书立足当下、反观自省的研究指向。与以往同类著作相比，其信息之完整、脉络之清晰、视野之开阔、跨度之时长，都是值得称道的。

"从研究内容上看，贫困与反贫困是一个问题的两个方面"[①]，然而，从学术发展历程来看，先有对贫困概念、贫困原因、贫困类型的研究，直到1968年瑞典经济学家冈纳·缪尔达尔（Karl Gunnar Myrdal）的《亚洲的戏剧：一些国家贫困的研究》一书出版时，才由他首次提出"反贫困"这一研究术语，并运用"循环积累因果关系"理论阐释发展中国家贫困发生与发展的机制，提出反贫困的对策与建议。贫困与反贫困以一个不可分割的整体在学术研究中占据了一席之地。"广义的反贫困理论包括了对贫困内涵、致贫原因以及消除贫困途径等方面的探讨。"[②]20世纪中期以后，随着各国政府反贫困实践的推进，以及国际机构、民间组织的积极参与，贫困与反贫困研究进入了繁荣发展的新时期。其研究领域、研究视角、研究主题不断丰富拓展，从经济学到社会学再到两者并重，从单一学科迈向多学科综合研究；从个体到结构，从微观到宏观再到微观具体；从国家内部到区域再到国家之间；从相对贫困、广义贫困到多维贫困；从贫困的代际传递、贫困文化、社会情境和社会结构到社会排斥、可持续生计；从参与式扶贫、人力资本及社会资本减贫到主观贫困、

[①] 黄承伟、刘欣、周晶：《鉴往知来——十八世纪以来国际贫困与反贫困理论述评》，广西人民出版社2017年版，第5页。

[②] 同上。

信息贫困、空间贫困；从益贫式增长、包容式增长到绿色增长；等等。在理论的传承与继替中，在阐释问题的衔接与比照中，我们看到了理论之间的渊源与进路，看到了科际整合的学术视野。贫困与反贫困研究为何具有如此魅力，为何能成为吸引多个学科持续关注、创新不断的研究领域？

究其根本，是贫困与反贫困关乎人类的生存与发展，与每个人的生活息息相关。它既是一个长期普遍存在的社会现象，简单明了又切近，但又是一个极其复杂、久治不愈的世界性难题。它不仅受制于经济社会的发展，而且与政治、文化、人口、环境等因素密不可分，同时，与人权、性别、生态、发展等诸多现实热点问题相互勾连，是全球共同面对的最大挑战。联合国千年发展目标、2030年可持续发展议程的相继出台，从一个侧面反映出减贫任务的广泛性与艰巨性。严峻的现实问题需要理论的指导，反过来又为理论提供了检验、完善和深化的空间。本书引述了国内外大量相关研究成果，完整展示了在现实需求与应用之间，理论循序渐进的发展历程，较好发挥了述评体裁把握动态、发现问题、启示未来的特色与长处。

二、焦点议题：贫困主体识别与反贫困策略

在内容庞杂、主题多变的贫困与反贫困研究中，贯穿着一条逻辑发展主线，即"存在贫困—贫困内涵—贫困的原因—贫困的测量、分类和特征—减缓和消除贫困—反贫困效果评估—贫困与发展问题的进一步反思"[1]，其中最核心的研究议题是"贫困主体识别"和"反贫困策略"。前者是研究的入口，后者是研究的出口，抓住了这两头也便打通了理论与现实之间的筋脉。

"贫困主体识别"涉及贫困内涵、贫困测量等问题，是贫困与反贫困研究的起点，也是重点。19世纪末本杰明·西伯姆·朗特里（Benjamin

---

[1] 黄承伟、刘欣、周晶：《鉴往知来——十八世纪以来国际贫困与反贫困理论述评》，广西人民出版社2017年版，第283—284页。

Seebohm Rowntree）第一次提出贫困线和初级贫困、次级贫困概念，为"贫困"下了一个科学的、可以实际考量的定义，奠定了以收入为基础的传统贫困测量方法。20世纪初国际劳工组织提出"人类基本需求"概念，在满足人类发展基本需求的贫困线中引入非物质要素。20世纪六七十年代美国经济学家V.法克斯（Fuchs Victor）等人提出"相对贫困"概念，随后，被英国学者鲁西曼（Runciman）和汤森德（Townsend）等人继承发展，认为贫困是与某一参照物比较之下的贫困，更关注个人或家庭生活状况与社会平均水平相比的差异程度。1990年，世界银行根据1985年的购买力平价不变价格计算，提出1美元的极端贫困标准以及一天2美元的贫困标准，成为到目前为止国际上大多数国家及反贫困项目广泛认可和执行的贫困测量方法。[①] 此后，这些概念和测量标准被不断丰富和发展，在物质经济因素之外增添了社会平等、资本、权利等综合分析的视角。被誉为"穷人的经济学家"的阿马蒂亚·森（Amartya Sen）进一步拓展了贫困概念，提出了基于能力、权利和福利的能力贫困观，把基本可行能力的被剥夺看成是识别贫困的通行标志。他凭借在福利经济学上的数项关键性贡献，1998年荣获诺贝尔经济学奖。权利贫困概念是在家庭脆弱性融入社会排斥概念后产生的，涵盖了个体在政治、经济、社会、文化等方面的权利缺失而引发的贫困，采用参与式的调查方法进行测量。在多维贫困理论的支撑下，多维贫困测量维度、指标不断更新，出现了人类贫困指数（HPI）、人类发展指数（HDI）、多维贫困指数（MPI），以及中国学者研究提出的参与式贫困指数（PPI）等测量方法。这种从单一指标向多维指标、从客观认定到主观认定的转变，为贫困主体识别的实际操作提供了科学的参考。近年来，我国实施"精准扶贫、精准脱贫"战略，首先解决的就是精准识别问题，为此国家制定了统一的扶贫对象识别办法，在建档立卡、驻村帮扶、第三方评估等具体、精细的管理措施保证下，贫困识别与反贫困策略从粗放"漫灌"转变为精准"滴灌"，扶贫开发工作取得了显著成效。

[①] 黄承伟、刘欣、周晶：《鉴往知来——十八世纪以来国际贫困与反贫困理论述评》，广西人民出版社2017年版，第173页。

"反贫困策略"涉及反贫困主体和反贫困政策等问题,是贫困与反贫困研究的落脚点,也是难点。最初贫困被看成是个人的私事,家庭、家族肩负着反贫困的连带责任,宗教组织和民间团体以慈善救济方式为穷人提供关怀和慰藉。马克思最早从制度层面对资本主义社会贫困现象进行反思和批判,并站在劳动者立场上,揭示贫困的根源和资本主义社会贫困的实质。当国家制度、经济分配、社会结构等因素走入贫困成因的分析框架后,国家、政府、社会陆续走上了反贫困主体的位置,应对贫困的策略从单纯依赖经济增长的经济救济,向完善社会制度、人的能力的全面发展、权利的维护等多向度发力,政府组织、市场组织和社会组织协同推进,共同担负起反贫困主体的责任。

在减贫实践中,贫困与反贫困理论助推着反贫困策略的调整与更新。以舒尔茨(Theodore W. Schultz)的"人力资本投资"理论为例,在他提出"贫穷国家经济之所以落后,其根本原因不在于物质资本的短缺而在于人力资本的匮乏,以及人们对人力资本投资的轻视"[①]等一系列"贫穷经济"的论断后,得到了一些发展中国家和国际组织的认可,并被应用于改进减贫与贫困援助计划、资金、策略的制定与实施,从而加大了对包括劳动者的知识、技能和健康状况在内的人力资本的重视与投入,取得了一定的积极效果。我国在反贫困上的成就,虽与舒尔茨的理论无关,但巧合的是,新中国前30年的反贫困做法却为其理论的合理性提供了一个例证。改革开放后我国扶贫成就突飞猛进,一方面得益于政策的调整,另一方面则得益于新中国成立后积累了雄厚的人力资本。仅以人口预期寿命来看,1949年时我国人均预期寿命只有35岁,处于当时世界最低水平。新中国成立后,以人民群众政治地位的提升和经济生活的改善为基础,通过社会保障制度建设、提高医疗卫生条件等手段,人民群众健康状况和身体素质显著提高。人均预期寿命在1957年提高到57岁,1981年提高到67.88岁,提高将近1倍。也就是说,新中国成立后的30多年间平均每年延长1岁的寿命。[②]仅凭这一点,我们就足以得出结论,新中

[①] 黄承伟、刘欣、周晶:《鉴往知来——十八世纪以来国际贫困与反贫困理论述评》,广西人民出版社2017年版,第127页。

[②] 许涤新主编:《当代中国的人口》,当代中国出版社、香港祖国出版社2009年版,第126页。

国前 30 年在人力资本上取得的巨大成就，为中国的减贫事业铸就了坚实的根基。

纵观全书，我们发现无论是 18 世纪马尔萨斯（Thomas Robert Malthus）提出抑制人口增长、19 世纪查尔斯·布思（Charles Booth）第一个发问"谁是穷人"，还是 20 世纪罗森斯坦·罗丹（Rosenstein Rodan）的"大推进理论"、21 世纪的反贫困治理，都聚焦于"贫困主体识别"和"反贫困策略"的探讨，一浪高过一浪的理论争鸣将它们推上了学术研究的最前沿。

三、脱贫攻坚：贫困与反贫困理论的中国实践

贫困与反贫困是一个学术问题，更是一个人类社会发展的现实问题。本书最后对"西方贫困与反贫困理论的本土化探索""新中国扶贫思想的形成与发展"进行梳理和概括，将贫困与反贫困理论综述落脚于启迪和指导中国扶贫开发工作，体现了"鉴往知来"的最终归宿。

回首新中国反贫困斗争史，尽管有计划、有组织的扶贫工作在 20 世纪 80 年代才正式启动，但自从新中国成立，中国共产党就带领人民群众拉开了与贫困抗争的帷幕。近 70 年来，面对不同时期的历史使命和主要任务，中国共产党形成了富有不同时代特点的扶贫思想和工作策略，贯穿始终的是人民共同富裕的理想与信念。以毛泽东为代表的党的第一代领导集体，坚持通过工业化和合作化实现国家富强、人民共同富裕，以社会主义制度为根本保障，以社会救济等措施为主要载体，"创造了一个极为平等的社会，有效地消除了极端人类贫困现象"[①]。党的十一届三中全会后，总结前 30 年社会主义建设的经验教训，党中央确立了改革开放的路线，将国家工作重点转移到经济建设上来，以发展经济带动扶贫开发事业的进步。邓小平提出"贫穷不是社会主义"，共同富裕是社会主义的本质特征。江泽民将扶贫开发与国家发展战略相结合，系统提出了国

[①] 胡鞍钢：《从世界最大贫困人口国到小康社会（1949—2020）——在首届"10·17"论坛上的主题演讲》，载"10·17 论坛"组委会秘书处编：《扶贫开发与全面小康——首届 10·17 论坛文集》，世界知识出版社 2015 年版，第 66 页。

家扶贫开发理论。胡锦涛提出科学发展观，进一步深化和丰富中国扶贫开发思想理论。正是在这些思想理论的指导下，一个又一个政策相继出台，一辈又一辈人接续苦干，中国才从世界上最贫穷的国家发展成第二大经济体。1982年"三西"专项扶贫计划首开有计划、有组织、大规模开发式扶贫。1986年国务院扶贫小组成立，统一领导和指挥全国的扶贫开发工作。1994年第一个全国性的扶贫计划《八七扶贫攻坚计划》颁布实施。2001年和2011年，国务院先后颁布实施两个《中国农村扶贫开发纲要》，扶贫工作大步推进，取得了7亿多贫困人口陆续脱贫的辉煌战果。2012年底，中国农村贫困人口减少到9899万人，贫困发生率下降到10.2%，[①] 全面建成小康社会的目标即将实现。

党的十八大后，我国扶贫开发工作进入历史新阶段。一方面经济社会发展取得巨大成就，人民生活水平显著提高，另一方面仍存在较大的贫困群体，而且分布广、程度深，扶贫工作遭遇"最难啃的骨头"。习近平总书记高度重视扶贫开发工作，强调"消除贫困、改善民生、实现共同富裕，是社会主义的本质要求"[②]。他站在中华民族伟大复兴的立场上，"把扶贫开发作为关乎党和国家政治方向、根本制度和发展道路的大事，提升到新的战略高度，形成了新的扶贫开发的战略思想，并为此做出了总体部署"[③]。他多次到革命老区、少数民族地区调研，了解扶贫开发工作的实际，创造性地提出了精准扶贫的新理念，形成了内源扶贫、科学扶贫、精神脱贫、教育脱贫、生态扶贫、发展扶贫等思想。这些思想理论是马克思主义贫困理论与当代中国社会发展实际相结合的产物，是对毛泽东、邓小平等扶贫开发思想理论的继承与发展，对当前乃至未来一段时期中国的扶贫开发工作具有重要的指导意义。

多年来，党中央以时不我待、攻坚克难的决心，把2020年我国农村

[①] 中共中央组织部干部教育局、国务院扶贫办政策法规司、国务院扶贫办全国扶贫宣传教育中心组织编写：《脱贫攻坚》，党建读物出版社2017年版，第2页。

[②] 习近平：《在河北省阜平县考察扶贫开发工作时的讲话》，载《做焦裕禄式的县委书记》，中央文献出版社2015年版，第16页。

[③] 刘永富：《打好扶贫攻坚战全面建成小康社会——在首届"10·17"论坛上的主旨演讲》，载"10·17"论坛组委会秘书处编：《扶贫开发与全面小康——首届10·17论坛文集》，世界知识出版社2015年版，第14页。

贫困人口全面脱贫、贫困县全部摘帽、解决区域性整体贫困作为全党的中心任务。各级政府以全面建成小康社会时间表倒逼的力度，将扶贫工作放在第一位，及时跟进扶贫政策，完善工作机制，坚决落实精准扶贫战略。"2013年至2016年4年间，每年农村贫困人口减少超过1000万人，累计脱贫5564万人；贫困发生率从2012年底的10.2%下降到2016年底的4.5%，下降5.7个百分点；贫困地区农村居民收入增幅高于全国平均水平，贫困群众生活水平明显提高，贫困地区面貌明显改善。"[①] 在扶贫攻坚取得节节胜利的同时，中国扶贫经验获得了国际社会的普遍赞誉。中国扶贫开发的成就与经验，不仅惠及了中国百姓，而且将为世界人民所共享。

今天，在中国走近世界舞台中心之时，民族复兴的使命与大国责任的担当，使我们面临前所未有的挑战，我们比以往任何时代都更需要以史为鉴、以人为鉴的智慧启迪。本书"鉴往知来"，立意高远，其理论意义和现实价值定将在中国学者和扶贫工作者的实践中得到更好的呈现。

[原载《中国农业大学学报（社会科学版）》2017年第5期]

---

① 中共中央组织部干部教育局、国务院扶贫办政策法规司、国务院扶贫办全国扶贫宣传教育中心组织编写：《脱贫攻坚》，党建读物出版社2017年版，第5页。

后记：与当代所同行 20 年

2001年7月9日，是我到当代中国研究所正式报到的日子，时间悄然流逝，但回首时宛如昨日，尽在眼前。那个夏日虽也是暑气逼人，但内心却格外清凉！从此，旌勇里8号成了我安顿身心之所，这里的一草一木、一砖一瓦都与我的生命紧密地联系在了一起。

这本具有特殊意义的文集，不只属于我，尽管每一篇文章都记录着我苦思冥想的难眠之夜。它还属于当代中国研究所，是它为我提供了学术研究的平台和重新塑造自我的机会，缺此，这本集子根本不存在。多少个黄昏，当我走出安静舒适的办公大楼，一股无以言表的满足感和感激之情充溢心头。自己是这么的幸运，能够在国家最高的科研机构从事学术研究工作，如果没有与这么多令人敬佩的国史专家和青年才俊为伍，哪有我的点滴进步。因此，这本集子也属于我的老师和朋友们。我的导师朱佳木研究员，是我国史研究道路的引路人，20年来他总是孜孜不倦、毫无保留地培养、指导我，并以自己的行为为我树立了一面镜子，使我在学术研究上须臾不敢自满和懈怠。他对党和国家的赤子之心、对国史事业的倾情奉献，令我高山仰止。此外，还有夏杏珍、程中原、田居俭等前辈学人，都是我工作中最为温暖的记忆。

未来，依旧与当代所同行，不虚度光阴、不辜负使命，这是我的承诺，也是我的期待。

姚　力

庚子年惊蛰于牡丹园寓所

新出图证（鄂）字 10 号

图书在版编目（CIP）数据

涂厚善论著选 / 涂厚善著；马敏，王立新编. — 武汉：华中师范大学出版社，2023.8

（华大经典文库）

ISBN 978-7-5769-0209-9

Ⅰ. ①涂…　Ⅱ. ①涂…　②马…　③王…　Ⅲ. ①印度—历史—文集　Ⅳ. ①K351-53

中国国家版本馆 CIP 数据核字（2023）第 146279 号

| 编　辑　室：综合编辑室 |
| 电　　　话：027-67867370 |
| 责任编辑：张晶晶 |
| 责任校对：王　胜 |
| 封面设计：甘　英　胡　灿 |
| 出版发行：华中师范大学出版社有限责任公司 |
| 社　　　址：湖北省武汉市洪山区珞喻路 152 号 |
| 销售电话：027-67861549 |
| 邮　　　编：430079 |
| 网　　　址：http://press.ccnu.edu.cn |
| 印　　　刷：湖北新华印务有限公司 |
| 督　　　印：刘　敏 |
| 开　　　本：710mm×1000mm　1/16 |
| 印　　　张：22.25 |
| 字　　　数：300 千字 |
| 版　　　次：2023 年 8 月第 1 版 |
| 印　　　次：2023 年 8 月第 1 次印刷 |
| 定　　　价：89.00 元 |

敬告读者：欢迎举报盗版，请打举报电话 027-67867353

华中师范大学120周年校庆丛书

华大经典文库
HUADA JINGDIAN WENKU

华中师范大学120周年校庆丛书编委会

主　　任：夏立新　郝芳华

常务副主任：彭南生

副 主 任：查道林　陈厚丰　任友洲　彭双阶
　　　　　李鸿飞　陈迪明

委　　员（按姓氏音序排列）：
　　　　　董中锋　段　锐　段　维　范　军
　　　　　符　平　付　强　付义朝　郭　庆
　　　　　廖卫鹏　刘从德　吴海涛　周挥辉

前　言

涂厚善（1919—2007），字瀚池，湖北武汉人，1943年毕业于西南联合大学历史系，1949年又考入中原大学（华中师范大学前身之一），结业后留校任教，长期从事世界史领域的教学科研工作，直至1992年在华中师范大学荣休。

涂厚善先生一生勤于学习和研究，在世界史领域做出了突出贡献，是新中国成立后国内世界史学科发展的主要奠基人之一。从20世纪50年代起，涂先生就开始充分利用俄文资料，参加翻译俄文赫梯法典和亚述法典，编写《外国历史小丛书》和知识丛书《古代两河流域的文化》（商务印书馆1964年版），跨出世界古代史研究的第一步。1971年，涂先生又参加合译了《挪威简史》（湖北人民出版社1973年版）和《丹麦王国史》（湖北人民出版社1973年版）。1978年华中师范学院历史研究所印度史研究室成立后，在继续收集外文图书资料、招收研究生的同时，涂先生带领自己的研究团队在印度史研究领域奋力开拓，取得了丰硕成果，在国内印度史学界产生了重大影响，以至于在国内古代印度史研究领域，出现了"南涂北崔"（"北崔"指东北师范大学的崔连仲先生）的美谈。除了发表多篇印度史领域的专题论文和翻译/编撰出版多部印度史著作外，涂先生主持的印度史研究室还编译发行了17期《印度史研究资料》，而他本人亦在晚年坚持为《南亚大词典》编写了中世纪印度部分的全部词条，计达14万余字。

在华中师范大学喜迎 120 周年校庆之际，由华中师范大学印度研究中心负责编辑的这部《涂厚善论著选》收集了涂厚善先生不同时期发表的七篇重要的印度史专题文章、翻译出版的三部印度史译著的节选和其主持或单独撰写的两部著作的节选，以期能够全面反映涂厚善先生在印度史领域做出的历史性贡献。

当然，由于涂厚善先生已经辞世多年，我们尽管已经做出了很大努力，但所搜集到的涂先生印度史领域的著述未必十分完整，在一些细节问题上也可能存在纰漏。如有不妥之处，敬请广大读者批评雅正！

华中师范大学印度研究中心主任　马　敏
执行主任　王立新

目 录
CONTENTS

第一部分　文章

003　关于古代东方社会的社会性质问题
016　试论古代印度河流域文化的特点及其产生的原因
031　《佛国记》与古代印度史的研究
045　地理因素在印度历史发展中的作用
061　浅谈印度古代史的分期问题
075　有关印度铁器时代开始年代的问题
085　略论早期中印关系的特点

第二部分　译著节选

095　《印度社会》出版说明
097　《高级印度史》译者前言
100　《印度文化史》译者的话
107　《印度文化史》第32章　印度对中国的影响

第三部分　著作节选

117　《简明印度史》上篇
　　117　导论
　　126　第一章　远古时代
　　134　第二章　古代印度河流域的文化
　　142　第三章　印度雅利安人国家的产生与发展

目 录 CONTENTS

- 167　第四章　孔雀帝国
- 184　第五章　孔雀帝国瓦解后的印度与奴隶制的解体
- 199　第六章　上古印度的文化
- 212　第七章　笈多帝国时期的印度
- 228　第八章　戒日帝国的兴亡与地区王国间的斗争
- 246　第九章　德里苏丹国的统治
- 267　第十章　莫卧儿帝国的建立与巩固
- 290　第十一章　莫卧儿王朝的兴衰和外国势力的入侵
- 311　第十二章　中古时代印度的文化

331　《古代印度河流域的文化》（全文）

- 332　一、古代印度河流域文化的产生和发展
- 334　二、古代印度河流域文化的主要成就
- 347　三、古代印度河流域文化的衰落
- 349　四、古代印度河流域文化的历史意义

第一部分 文章

关于古代东方社会的
社会性质问题

古代东方社会的社会性质问题，是史学界长期争论的一个问题。因为在古代东方，奴隶人数较少，社会的主要生产劳动者是公社农民。这与希腊、罗马大不一样，那里奴隶人数很多，在生产的各个部门、特别是农业手工业方面都使用奴隶劳动，所以引起了争论。斯大林的《论辩证唯物主义和历史唯物主义》对奴隶社会的概括，除其他的论述外，关于奴隶人数与奴隶劳动在社会生产中的地位，他的说法是："……这时已经有可能迫使大多数人服从少数人并且把大多数人变为奴隶。这里社会一切成员在生产过程中那种共同的自由的劳动没有了，占主要地位的是受不劳动的奴隶主剥削的奴隶的强迫劳动。"① 根据这个说法，就只有希腊、罗马才是奴隶社会，古代东方就不是奴隶社会了。这是世界古代史的一个关键问题，它涉及世界史的整个体系和人类社会发展的普遍规律以及马克思主义的基本原理等问题，是值得进一步加以讨论和研究的问题。

否认古代东方是奴隶社会的，有以下几说：一是前封建说，持这种说法的认为："在东方的前封建时期，社会是具有两重性的，其剥削奴隶是奴隶制，其剥削公社成员则是封建式的，而以后者为主导。"② "古

---

① 斯大林：《论辩证唯物主义和历史唯物主义》，见《列宁主义问题》，中共中央马克思恩格斯列宁斯大林著作编译局译，人民出版社1971年版，第650页。
② 束世澂：《论"早期奴隶制"应定名为前封建制》，载《华东范师大学学报》，1957年第2期。

代两河流域的历史,至少是有封建制的成分的,最明显的是极普及的租佃制度和隶属农民的身份。"① 国外也有人认为古代近东社会的整个状态,按其特征最好不定为"奴隶"社会,而定为"前封建的"(pre-feudal)社会②。二是原始封建说,认为原始社会解体后的阶段人们主要从事农业,剥削主要是榨取农产品的剩余,即封建制的萌芽形式,因此,应是原始封建制(proto-feudal)。并认为奴隶制在原始封建制社会内发生,在特定的条件下才成为主导的生产方式。说这要具备的条件是:社会经济有一定的发展,有剥削奴隶劳动的需要与可能;邻近有落后的部落,可以提供大量廉价的奴隶;和有防止奴隶逃跑的自然条件(如海洋环绕、山岭阻隔)。而古代东方不具备这种条件,因此,不是奴隶社会③。或者认为古代印度"一方面是对公社成员的原始封建剥削,即向他们征收国税作为贡品,另一方面是对家内奴隶的剥削"。奴隶制在印度历史上没有能够成为占优势的生产方式④。三是封建说,认为整个古代社会全是封建社会,奴隶制只是一种经济成分,某些地区、某些年代它多一些,另外一些地区、年代它少一些。世界上根本就没有奴隶社会⑤。此外还有些说法。看来,对这些问题采取科学的态度,进行认真的讨论,使它越辩越明,是很有必要的。对于国外有些人故意制造种种谬论,企图反对五种生产方式的划分,否定人类社会发展的共同规律,以否定无产阶级革命和共产主义,则是需要加以批驳的。那种极力宣扬东方社会发展的特殊性,认为东方一直存在封建主义、停滞落后,没有独立发展的能力,从而为帝国主义和社会帝国主义的侵略服务,是很反动的。如 Carl A. 魏特夫胡说东方是"水力社会",官僚制度、东方

---

① 童书业:《从租佃制度与隶属农民的身份探讨古巴比伦社会的性质》,载《历史研究》,1956年第5期。

② R. A. 麦利基什维尼:《对古代近东社会经济制度问题的某些看法》,载《古史通报》,1975年第2期。

③ 乔安·西蒙:《社会发展中的各阶段》,载《今日马克思主义》,1962年第6期。

④ 奥西波夫:《十世纪前印度简史》,李稼年译,生活·读书·新知三联书店1957年版,第41页。

⑤ 柯比商诺夫语,见《东方国家历史发展中的共性与个性》,1966年莫斯科版。编选者在编选本书时已尽量完善作者所援引资料的出处信息,但仍有部分囿于技术问题无法补全。后不赘述。

专制主义一成不变。他于1957年出版的《东方专制主义——极权国家的比较研究》，目的就是攻击我们的无产阶级专政。因此，关于古代东方社会的社会性质问题，既是一个科学问题，也是无产阶级与资产阶级、马克思主义与修正主义斗争的一个重要问题。为了发展马克思主义的历史科学，为了反帝反修，使历史科学、特别是世界古代史更好地为无产阶级政治服务，我们的史学工作者要积极参加这场辩论。

在古代东方社会性质问题上引起争论的，首先是理论根据的问题，由于对马、恩著作的有关论述有不同的理解，因而得出不同的看法。马克思第一次作为人类社会发展阶段的有关古代东方社会性质的论述，是1859年的《政治经济学批判》序言中的一段话："大体说来，亚细亚的、古代的、封建的和现代资产阶级的生产方式可以看做是社会经济形态演进的几个时代。"① 于是有人根据"亚细亚生产方式"这一概念提出不同的看法。这里不准备对一些说法进行分析评论，只就马、恩著作中的论述谈一点看法。我们认为经典作家对东方社会性质的认识和对社会形态划分的理论是有一个发展过程的。代表他们的成熟看法的著作，即1884年恩格斯为执行马克思遗言而写的巨著《家庭、私有制和国家的起源》。恩格斯在这部著作中明确提出："奴隶制是古代世界所固有的第一个剥削形式；继之而来的是中世纪的农奴制和近代的雇佣劳动制。这就是文明时代的三大时期所特有的三大奴役形式。"② 两年多以后，即1887年1月，恩格斯在他的《美国工人运动》一文中又十分明确地指出："在亚细亚古代和古典古代，阶级压迫的主要形式是奴隶制，即与其说是群众被剥夺了土地，不如说他们的人身被占有。"③ 这些论述，十分清楚地说明了古代东方的社会形态是奴隶制社会而不是其他。因

---

① 马克思、恩格斯：《马克思恩格斯选集》（第二卷），中共中央马克思恩格斯列宁斯大林著作编译局编译，人民出版社1972年版，第83页。
② 马克思、恩格斯：《马克思恩格斯选集》（第四卷），中共中央马克思恩格斯列宁斯大林著作编译局编译，人民出版社1972年版，第172页。
③ 马克思、恩格斯：《马克思恩格斯选集》（第四卷），中共中央马克思恩格斯列宁斯大林著作编译局编译，人民出版社1972年版，第258～259页。

此，对于马克思主义的论述，我们要作实事求是的、科学的和历史的分析，不能根据片言只语，对重大问题作轻率的结论。

引起争论的还有马克思在《摩尔根〈古代社会〉一书摘要》中提到的："现代家庭在萌芽时，不仅包含着奴隶制（servitus），而且也包含着农奴制，因为它从一开始就是同田间耕作的劳役有关的。它以缩影的形式包含了一切后来在社会及其国家中广泛发展起来的对立。"① 那种认为古代东方社会是封建社会的人就以此为根据，认为古代东方社会甚至整个古代（包括希腊、罗马）都可以成为农奴制。我们认为这种社会发展的可能性必须具备一定的历史条件，那就是生产力的发展要有一定的水平，同时罗马世界的奴隶制已经衰败过时，入侵的日耳曼人和斯拉夫人才能不须经过奴隶制阶段由原始公社解体直接发展成为封建农奴制。与此类似，恩格斯在《反杜林论》的一处注释里说得很清楚。他说："包含着整个资本主义生产方式的萌芽的雇佣劳动是很古老的；它个别地和分散地同奴隶制度并存了几百年。但是只有在历史前提已经具备时，这一萌芽才能发展成资本主义生产方式。"② 这就告诉我们，如果不讲历史条件，认为只要有萌芽形式就能成为资本主义社会，这就和资产阶级史学者认为古巴比伦有雇佣劳动、借贷关系等现象就是资本主义社会的说法，没有什么不同了。这种说法无论在理论上和史实上都是没有根据的。

另一个产生争论的是恩格斯在 1882 年 12 月 22 日致马克思的信中提到的关于农奴制的问题。恩格斯写道："毫无疑问，农奴制和依附关系并不是某种特有的中世纪封建形式，在征服者迫使当地居民为其耕种土地的地方，我们到处，或者就几乎到处都可以看到，——例如在特萨利亚很早就有了。这一事实甚至曾经使我和另一些人在中世纪农奴制问

---

① 马克思、恩格斯：《马克思恩格斯选集》（第四卷），中共中央马克思恩格斯列宁斯大林著作编译局编译，人民出版社 1972 年版，第 53 页。

② 马克思、恩格斯：《马克思恩格斯选集》（第三卷），中共中央马克思恩格斯列宁斯大林著作编译局编译，人民出版社 1972 年版，第 311 页。

题上感到迷惑不解；人们很爱轻易地单纯用征服说明它，这样解决问题又顺当又省事。"① 因此，有人认为农奴制产生得很早，古代东方社会的那种耕种土地、向土地所有者纳租纳贡服役的制度也就可以看作农奴制了。这只是从表面现象上来看问题，因为恩格斯讲得很清楚，农奴制这种剥削形式不是中世纪所特有的，但中世纪农奴制的产生是不能单纯用征服来说明的，它的形成有其社会经济的具体内容，即经历了奴隶制经济的危机、奴隶制关系的解体、奴隶起义等变革才逐步实现的。古代东方社会中在没有经历这种社会经济变革以前，那种纳贡服劳役的剥削形式应当说仍是属于奴隶社会范畴的。

此外，由于经典著作中译文的差错也引起了一些争论。如《家庭、私有制和国家的起源》，人民出版社1954年版第157页一段译文是："他们既没有使自己的这种隶属形式达到充分发展的奴隶制，也没有达到古代的劳动奴隶制，更没有达到东方的家庭奴隶制……"1972年已根据德文原文作了更正，即"……他们还没有达到充分发展的奴隶制：既没有达到古代的劳动奴隶制，也没有达到东方的家庭奴隶制……"② 由此可见，原来的译文和原文的出入是很大的。这是恩格斯对古代东方奴隶制的发展水平的一个很明确的指示，对我们探讨古代东方社会的社会性质是很重要的。

还有在马克思、恩格斯生活的时代，埃及和两河流域等古代东方地区许多重要文献资料和古代文物都还未发现。如研究古巴比伦社会经济的重要资料《汉谟拉比法典》是在1901年发现的，大量赫梯文献也是1906—1912年才发掘出来的，其他就不一一列举了。因此，如何根据马克思主义的基本原理，运用经典作家的立场、观点和方法，具体研究分析这些新发现的资料，从中得出新的结论，进一步充实发展马克思主

---

① 马克思、恩格斯：《马克思恩格斯全集》（第三十五卷），中共中央马克思恩格斯列宁斯大林著作编译局编译，人民出版社1971年版，第131页。

② 马克思、恩格斯：《马克思恩格斯选集》（第四卷），中共中央马克思恩格斯列宁斯大林著作编译局编译，人民出版社1972年版，第153页。

义，就是一个十分重要的任务。

其次，由于资料方面的原因引起争论也是一个很重要的因素。古代东方的原始文献资料，包括有关社会经济的资料，除少数地区外一般还是比较丰富的。但由于这些文献都是用古代文字书写的，经过译读必然夹杂了译者的观点和见解。尤其是涉及社会性质的一些专门术语和解说，译法不同，说明问题也就有差别了。如古代印度的首陀罗种姓，据科尔布鲁克的译法是"隶属的人"（servile man），而海斯等则译解为"农奴"（serfs）。《赫梯法典》第39条中的"萨舍"一词，俄译本解说为"军士的义务"，英译本却作"封建义务"。拉丁文中 servitus 一词就有奴隶制（slavery）和农奴制（serfdom）两个意思，如何取舍就必须很好研究了。有些地区的原始资料的时间断限也还没有定论，如《政事论》，有的认为编成于公元前4世纪，有的则定为公元后3世纪。因而引用时不免有不同的看法。有一些资料的作者本身的观点和取材问题也是值得注意的。如塞琉古王国驻印度孔雀王朝的使臣美伽斯梯尼对印度见闻的记载提道："一切印度人都是自由人，没有一个印度人是奴隶。在这一点上来说，拉西第蒙人和印度人的情形完全符合。但是拉西第蒙人身边有奴隶，这就是做奴隶工作的希洛人；而印度人身边没有任何人是奴隶，尤其是印度人中没有人是奴隶。"[①] 所以，有些否定印度古代存在奴隶社会的文章就是以这个材料为主要依据的。其实这不过是美伽斯梯尼按照希腊人的观点，在印度找不到希腊式的奴隶，就误以为印度没有奴隶罢了。

上面已就引起争论的理论根据和资料来源中的问题谈了我们的初步看法，下面就着重在奴隶人数、奴隶劳动在社会生产中所占的地位进一步谈谈我们的看法，首先就奴隶劳动在古代东方社会社会生产中所占的地位来看，我们认为是占主导地位的。这表现在以下几个方面。

---

① 转引自中国人民大学中国历史教研室编译：《历史问题译丛》（第二本），1953年版，第115页。

一、奴隶制经济在古代东方逐步取得主导地位。这可以从两方面说明：

（一）奴隶制经济比旧的村社经济远为进步，它是由小到大、向前发展的。原始社会解体奴隶社会开始时，奴隶人数都是比较少的，奴隶劳动的使用也是有限的，大量存在的是带着原始残余的村社经济。但是随着时间的推移，生产力的提高，得到发展的是基本上适合生产力水平要求的奴隶制经济。因而村社经济日渐削弱，奴隶制经济取得主导地位。村社土地就为奴隶主贵族、神庙、王室所侵占。小农经济不断分化。小农对生产虽有积极性，但本身很脆弱，在当时生产力水平非常低下的情况下，是不能和尽量榨取奴隶劳动力因而实现扩大再生产的奴隶制庄园相比的。贫困的公社农民逐渐失去土地，处境接近奴隶。直到后来，生产力再进一步发展，需要对劳动有一定兴趣的劳动者时，奴隶制生产关系开始不再适应生产力的发展，只有在这时才能出现封建关系的萌芽。如萨珊伊朗的依附农民（巴拉哈）和笈多王朝时期印度的"民户"等就是这方面的例子。

（二）奴隶制剥削形式制约着其他经济关系。如村社经济这时已不是过去的共同的自由的劳动、平均的分配，而是打上了"奴隶制的标记"，村社内部有了不同的等级和奴隶。村社劳役也被转化为奴隶主上层和奴隶占有制国家剥削劳动群众的形式。又如租佃关系、雇佣关系、借贷关系等也都受着奴隶制关系的制约。具有这些关系绝不意味着就是封建剥削、资本主义剥削，因为在奴隶社会内同样存在有这些关系。奴隶社会内的佃农与封建农奴不同，他们的人身是自由的，不因着于土地，土地所有者不能将他们出卖。他们承租土地的租金是很重的，以古巴比伦为例，《汉谟拉比法典》规定：租种田地的租金是收成的二分之一或三分之一，租种果园的则要付出收成的三分之二。在当时的生产水平下，剩余是不多的。加上遇有灾荒，损失仅由佃农负担①。因此，他

---

① 《汉谟拉比法典》第45、46、53、64、65等条，见林志纯主编：《世界通史资料选辑（上古部分）》，商务印书馆1962年版，第67~69页。

们大多贫困，不得不借债，结果往往沦为债奴，始终逃不了奴隶主阶级的控制与剥削。雇工的情况也相同。法律规定的工资极低，如印度《那罗陀法论》中提到，农业雇工工资是收成的十分之一。劳动条件很苛刻，《摩奴法论》规定，雇工非因病而不作既定工作，则不仅没有工资，而且要受罚，罚金八克里什那拉。《政事论》中说，如果已领工资而未作工，则强断其指。凡浪费（材料）、盗窃、逃亡的人，也要受同样处罚。雇工在当时条件下同样受奴隶主阶级的控制与剥削。佃农、雇工的最后出路不是成为游民、乞丐就是沦为奴隶。借贷关系也是以债务人成为债奴而告终。由此可见，这些关系都带有奴隶制残酷剥削的特点。

二、奴隶劳动是构成当时在社会经济中占重要地位的王室经济、神庙经济和其他私有经济的主要基础。农业是整个古代世界的决定性的生产部门，有大量奴隶参加农业生产。这方面以两河流域乌尔第三王朝时期最为典型，当时王室庄园占有全国五分之三以上的土地。这种庄园包括农庄、牧场、种植园和各种手工作坊，遍布于全国各地。根据各类工作监督人关于使用他们管理下劳动力的年报的泥版，在庄园里劳动的，主要是女奴隶（启姆），多为战俘，此外是过去的公社成员演变为奴隶的右鲁什。这些奴隶在监工的鞭子下进行生产，整年劳动，得到的口粮极少。据有的经济表报记载：女奴一个月只得大麦 22 公斤，童奴 8.25 公斤。孕妇、儿童都得参加沉重的劳动①。奴隶不堪虐待，死亡率极高。据统计，在一个王室经济中，一年内 170 个奴隶就死亡 50 多个，另一个女奴隶劳动营中共 185 人，一月之内就死去 57 人。古代埃及的王室农庄和大臣与寺庙的农庄一般都使用奴隶。当时的墓画中常常看到有成批战俘被缚着双手送往埃及。还可以看到在庄园里从事繁忙劳动的耕田者、种园艺者、牧人等，其中有些无疑就是战俘奴隶。中王国的一份记载（布鲁克林纸草）提到一个大官赠给他的妻子 95 名奴隶，有些奴

---

① 《苏美尔经济报告文献》，见杨人楩主编：《古代埃及与古代两河流域》，日知选译，生活·读书·新知三联书店 1957 年版，第 68～74 页。（日知为林志纯的笔名。——编者）

隶就应用在农业生产上。第十八王朝中期，吐特谟斯三世把一部分俘虏送给阿蒙神庙"作为农民，以便耕种土地，以便生产粮食，以便充实（专作）供神用的（领地）仓廪"①。古代印度王室和僧侣贵族的农庄、牧场也大部分使用奴隶劳动。据《政事论》记载："农业监督得用奴隶、雇工以及囚徒在国王土地上播种。"囚徒罪犯也是奴隶来源之一。牧场的放牧、取奶等各项劳动也大部分由奴隶承担。婆罗门僧侣贵族的庄园也有大量的奴隶从事农业生产。佛教文献中曾记有装满农具的五百牛车和成百奴隶作为维萨阿卡娅的嫁妆②。大量农具和奴隶并（并）提，说明奴隶是大农庄的劳动者。一般中小奴隶主也使用奴隶。《摩奴法典》中列举分遗产的项目时，提到 kinasa（耕地者）和传种的公牛、车乘、装饰品、房屋等，将耕地者作为财产，可见其身份就是奴隶。波斯国王、王族与达官显贵的大庄园中干活的有格尔达。他们大半来自战俘，身上有烙印，显然就是奴隶。此外，如赫梯国王与寺院经济（包括田野、果园、牧场）也都使用战俘奴隶。腓尼基耕种梯田的也是奴隶。又古代东方由于"气候和土地条件，特别是从撒哈拉经过阿拉伯、波斯、印度和鞑靼区直至最高的亚洲高原的一片广大的沙漠地带，使利用渠道和水利工程的人工灌溉设施成了东方农业的基础"③。经营农业的第一个条件是人工灌溉。水利工程的繁重劳动也大量使用奴隶。这一切都可以说明奴隶劳动在当时最主要的生产部门（农业）中所占的重要地位。

三、奴隶劳动在手工业生产、在采矿和建筑等各方面也占有重要地位。古代埃及的王室、大官和神庙农庄设有各种手工作坊，如食品、织布、木匠、造船、制陶、锻冶、珠宝等作坊，这些作坊中的劳动者一部

---

① 转引自弗兰采夫主编：《世界通史》（第一卷），文运、王瓘、北京编译社等译，生活·读书·新知三联书店，1959年版第456页。

② 转引自D.R.查纳纳：《巴利文和梵文文献中所描写的古代印度的奴隶制》，1960年新德里版，第42页。

③ 马克思、恩格斯：《马克思恩格斯选集》（第二卷），中共中央马克思恩格斯列宁斯大林著作编译局编译，人民出版社1972年版，第64页。

分就是奴隶。奴隶还用来在采石坊开采石材，建造金字塔。农产品加工也使用奴隶，从中王国传下的一幅图画，上面画有在磨谷器上非常吃力地磨谷的女奴（第十八王朝中期）的图画中，叙利亚俘虏在监工的棍棒监督下制砖砌墙。古代两河流域很早就使用奴隶从事纺织、缝纫、冶金、酿酒等劳动，也从事各种建筑工程。古代印度孔雀王朝是奴隶制的兴盛时期。手工作坊也大部使用奴隶劳动，《政事论》中提到的"纺羊毛、纺菩提树纤维、纺棉花、纺大麻及亚麻，得使用……女奴隶……女婢"。同样，奴隶也用在采矿和建筑（如架桥、修路等）方面。至于其他一些生产辅助劳动，如脱谷、打水、浇园、收割、搬运、榨油等以及清扫、劈柴、洗物、做饭等家务劳动更是大量使用奴隶、特别是女奴的劳动。

四、在上层建筑方面，奴隶制关系和奴隶主阶级意识形态也占主导地位。既然"它（国家）照例是最强大的、在经济上占统治地位的阶级的国家，这个阶级借助于国家而在政治上也成为占统治地位的阶级……"[①]，那么，看政治上占统治地位的是什么阶级也有助于说明当时的国家是什么阶级的国家，当时的社会是什么性质的社会。古代东方的国家，从最初的城邦统治者起到后来专制帝国的君主，他们本身都是奴隶主，代表奴隶主阶级的利益。他们对外为了扩大奴隶主阶级的利益进行侵略战争，掠夺土地和奴隶。这方面的史实很多，这里就不列举了。对内制定维护私有制、奴隶制的法律，镇压奴隶和其他劳动人民的反抗。留下的法律文献很多，前面已经提到一些，这里不再重复。奴隶主统治阶级除了使用军队、监狱、各种强制机关对付人民群众外，还利用宗教神学来控制和麻醉人民。如赫梯的宗教认为侵犯地界就触犯了神灵，就要对田地净秽并对犯者处罚[②]。又如印度婆罗门教把瓦尔那制度神圣化，说成

[①] 马克思、恩格斯：《马克思恩格斯选集》（第四卷），中共中央马克思恩格斯列宁斯大林著作编译局编译，人民出版社1972年版，第168页。

[②] 《赫梯法典》第168条，见林志纯主编：《世界通史资料选辑（上古部分）》，商务印书馆1962年版，第160页。

是造物神梵天的创造。以上例证说明宗教被用来维护私有者的地产、巩固僧侣贵族和军事贵族的特权地位。当时的文学作品也大多是以奴隶主统治者为中心人物，如古埃及卡捷什战役叙事诗、西努海特的故事等颂扬神和国王的赞歌、描绘贵族大臣的传记故事。造型艺术也是尽力表现国王的英勇伟大与受命于神的思想。如古代两河流域阿卡德王纳拉姆辛的石柱突出国王的威武形象，又用他头部的角形装饰和顶端的巨星标志着受神护佑的国王的神圣。还有刻画汉谟拉比王和他的法典的石碑，国王肃立在太阳神（也是司法之神）沙乌什面前，从后者手里接受权杖，表明王权律令源出于神。此外，如一般文献中把奴隶看成与牲畜一样，以"头"计算，古代印度就把奴隶说成是"两条腿动物"。这一些都反映了奴隶主阶级的意识形态。

上述几点可以说明，在古代东方社会中农业手工业等主要生产部门都使用奴隶劳动，奴隶劳动在当时的社会生产中是占主导地位的，因此，奴隶制经济逐步取代村社经济而占主导地位，拥有强大奴隶制经济力量的奴隶主阶级在政治上、在意识形态上也取得了统治地位。这样的社会，正如恩格斯明确指出的，古代东方社会阶级压迫的主要形式是奴隶制。

最后，关于奴隶的数目问题，先要明确一点，在古代奴隶社会对人口是不可能有任何确切的统计或估计的。恩格斯在《家庭、私有制和国家的起源》中对雅典全盛时代的人口统计引用了一个数字，即自由公民总数，连妇女和儿童在内，约为九万人，男女奴隶为三十六万五千人，外邦人和释放的奴隶为四万五千人[①]。另外也有人估计，在雅典全盛时期，即公元前438年，雅典全部人口为四十万，其中自由民十六万八千，外邦人三万二千，奴隶二十万。在公元前431年，则有很多说法：一说雅典公民约有十一至十四万人，奴隶约七万人；一说前者为六万

---

① 马克思、恩格斯：《马克思恩格斯选集》（第四卷），中共中央马克思恩格斯列宁斯大林著作编译局编译，人民出版社1972年版，第115页。

人，后者七万人；还有认为雅典公民及其家属约有十三万五千至十四万人，奴隶则有二十至二十一万人。各家说法出入很大，不过除极个别的以外，一般认为奴隶人数是多于自由民的。和雅典相比，古代东方有关奴隶的统计数字是不多的。仅就现有的资料来看，古代东方参加生产的奴隶人数和奴隶在总人口中的比率是：在苏美尔时期，拉格什的全部人口约十二三万，其中四分之一是奴隶。到乌尔第三王朝，奴隶制经济有了发展，奴隶人数约占总人口的三分之一弱。从绝对数字看，乌尔王室庄园根据发给奴隶的给养数量来计算，在庄园中劳动的奴隶有三千多人。古巴比伦时期，一般中、小奴隶主也占有三五个奴隶。到亚述帝国，中、小奴隶主就拥有五至二十个奴隶，奴隶成为奴隶主地产上农业生产的主要负担者。古代印度方面，根据《埃卡彭纳本生经》（第149篇）记载，在栗呫婆族的奴隶制国家吠舍离国中，全部人口十六万八千人中只有七千七百零七人是奴隶主，约占总人口的5%，而其余的除去约占总人口三分之一的中间阶级外，奴隶就占总人口的60%①。古代埃及在新王国时期，奴隶数目有较多的增加，奴隶主阶级一般占有奴隶的数字是：王室和神庙拥有的奴隶最多。第二十王朝统治中期阿蒙神庙祭司管辖下的奴隶就有八万人左右。有的大官也有成百上千的奴隶。中等阶层的中下级官吏、商人、普通祭司和军官等，有的也占有几十个奴隶。连一个牧人也有一两个男女奴隶，一个看门人也有三个女奴隶。第十八王朝时一个士兵在一次出征时就获得了四十六个奴隶。但是，总的说来，古代东方社会的奴隶数目大多是少于自由民的。这又如何说明奴隶劳动在社会生产中占主导地位呢？

奴隶劳动在社会生产中占主导地位是要有一定数量的奴隶参加生产，并且在某一生产部门中占多数。如乌尔第三王朝的王室庄园和新王国阿蒙神庙的农庄这一些在当时社会生产中占主导地位的生产部门，奴

---

① 转引自R.P.萨拉夫：《印度社会：印度历代各族人民革命斗争的历程》，华中师范学院历史系翻译组译，商务印书馆1977年版，第127页。

隶劳动是主要的。在这个意义上说，奴隶劳动在社会生产中还是占主导地位的。是否占主导地位主要应从质的变化来看，古代东方社会内奴隶制经济开始只是少量的，处于从属地位，大量的是村社经济。但奴隶制经济比村社经济进步，是有发展前途的。当然，两者之间也是有矛盾的，但奴隶制经济不断由小变大，在奴隶主阶级凭借其奴隶制经济的力量在政治上取得统治地位后，他们对村社经济的广大村社成员已取得支配的地位。矛盾的对立面发生了变化，"事物的性质，主要地是由取得支配地位的矛盾的主要方面所规定的①"。因此，随着奴隶制国家的建立，古代东方社会的社会性质也就由原始社会变为奴隶社会了。尽管当时还存在在数量上占多数的发展程度不同的各种村社形式，但奴隶制国家和社会已取得支配地位。同样，在整个人类社会的发展过程中，由于世界各地发展的不平衡，在公元前四千年代末和三千年代初，埃及和两河流域首先进入奴隶社会，当时世界上广大地区还是处在原始部落时代，这里也有一个数量关系。尽管那时奴隶社会占的地区很小，但是，世界上奴隶制时代已经开始，它是新出现的社会制度，是历史发展规律所决定的，在当时世界上是代表主导发展方向的。因此，即令古代东方社会奴隶人数虽少，但在社会生产中已占了主导地位，特别是它代表了社会发展的质的变化和占主导的方面，所以，可以肯定古代东方社会是奴隶社会。这就是我们的结论。

（原载《华中师院学报》1979年第1期）

---

① 毛泽东：《毛泽东选集》（一卷本），人民出版社1964年版，第298页。

试论古代印度河流域文化的
特点及其产生的原因

印度河流域是人类文明的发祥地之一。古代印度河流域的文化有不少重要的成就，它构成了古代印度文化的一个基础。它与古代世界其他文明地区，特别是西南亚的两河流域和伊朗的文化很早就有了交往，后者对它的发展还有很大的影响。至今，这一文化给印度社会在宗教、习俗、服饰等方面都留下了痕迹。因此，对这一文化的研究，不仅可以使我们了解古代印度文化的渊源及其与各种文化之间的关系，同时也有助于我们了解今天的印度次大陆的人民，有利于促进我国和南亚各国人民友好事业的发展。但是，由于印度河流域文化遗址曾遭到一定程度的破坏，在殖民统治时期缺乏有计划的发掘[①]，我们能够接触到的考古资料很不充分；又由于对印度河流域发现的文字至今尚未译读成功，很多问题还不能作出明确的结论。这里只能就现有的一些资料，对这一文化的特点及其产生的原因，作一初步的探讨。

古代印度河流域文化的遗址自1922年发掘以来，迄今已发现有二百多处。它的范围比较广：东起北方邦密拉特县的阿拉姆吉尔普尔，西至俾路支的达巴尔科特与苏特卡根·多尔；北自旁遮普的鲁帕尔与古姆拉谷，南达古吉拉特的巴加特拉夫。据估计总面积约为1200×700平方哩[②]，大于古代两河流域或尼罗河流域文化当时的地理范围。经发掘考

[①] D.D.高善必：《印度史研究导论》，1956年孟买版，第51页。又见尼赫鲁：《印度的发现》，齐文译，世界知识出版社1956年版，第74页。

[②] 1哩=5280英尺=1.609 344千米。——编者

察，对印度河文化存在的年代，各家有不同的说法：最初主持发掘这一文化的约翰·马歇尔认为是公元前3250—前2750年，后来，皮戈特和惠勒估计为公元前2500—前1500年，1964年塔塔学会的D.P.阿格拉瓦尔根据放射性碳素测算年代，定为公元前2300—前1750年。因此，现在一般学者认为是公元前2500—前1700年较恰当①。这一文化存在的时间不过是五百到一千年之间，比古代两河流域或尼罗河流域的文化要短得多，连克里特·迈锡尼文化也赶不上。但在文化成就方面，无论是城市建筑、工艺技术、雕刻艺术等都和当时世界其他文明地区的成就不相上下，特别是城市规划和它的下水道体系的完善更是独具特色。

根据发掘的材料，我们认为古代印度河流域的文化有以下一些特点：

第一，这一文化是青铜时代的文化。这时生产力的水平已经有相当高的发展，铜器和青铜器大量地采用：这些金属器不仅有装饰品、武器，而且有生产和生活用具，如锛、锯、凿、刀、针、锥、鱼钩等；当时人们已经知道融解金属矿石，还能对金、银、铜、锡、铅等多种金属进行锻冶、铸造和焊接，还学会了使用cire perdue（熔蜡）法，即用蜡做模型糊上泥土，加热后使蜡熔化，泥土成为硬的铸模，然后倒入青铜溶液，铸造青铜器②。虽然由于锡很稀少，青铜是铜锡的合金，因而比较贵重，不能完全取代石器，但不能因此就否定印度河流域文化不是青铜时代的文化③。

---

① 沙希·阿斯塔纳：《远古至公元前300年印度与他国交往的历史的考古》，1976年版，第37页注1。
② 斯·皮戈特：《史前印度》，1950年版，第198页。
③ 约翰·马歇尔（《摩亨约·达罗与印度河文明》）与D.H.戈尔登（《印度文化的史前背景》）都认为印度河流域文化是金石并用时代的文化。本来铜器、青铜器和初期的铁器都不能完全取代石器，都是和石器并存的。因此，铜器、青铜器和早期铁器时代都可以称为金石并用时代。但是由在铜器时代人们对金属性能的掌握及开采、提炼金属的方法都很差，因此，石器在生产中继续起着重大的作用。到了青铜时代，青铜比铜硬，熔点比铜低，铸造质量也好得多，说明人们对金属性能有了进一步的了解。只是由于矿石稀少，才不能全部取代石器。但青铜器时代毕竟不同于铜器时代。因此，考古科学上只把铜器时代列入金石并用时代或铜石并用时代。青铜时代则是金属器时代的一个新阶段。参考A.H.达尼著，I.H.库雷希主编：《巴基斯坦简史》（第一卷），四川大学外语系翻译组译，四川人民出版社1974年版，第57~58页。

第二，这一文化是城市文化，但其基础仍是建立在农业上的。印度河流域的居民主要从事农业。发现的粮食作物有大麦、小麦，据另一些材料看，也可能有水稻。经济作物有棉花、胡麻，它可能是世界上最早的一个植棉地区。另外，还有蔬菜、豆类、瓜果、椰枣等园艺作物。经研究可能多是木制农具（如耕地的木犁，收割用的竹片），但没有保存下来，已发现的农具有类似石凿的燧石犁头（印度学者 D. D. 高善必不同意这是犁，他认为农具只有印章上刻画的有齿的耙，当时人就是用耙耕地）、青铜的鹤嘴锄与镰刀。碾谷的手磨有大量的发现。城市内建有规模宏大的谷仓，如哈拉帕的谷仓面积就有 169×135 平方呎①。有的还有粮食加工场。这一切都说明当时农业的发达和重要。

畜牧业方面，已驯养的牲畜有水牛、牦牛、黄牛、山羊、绵羊、猪、象、狗、鸡、骆驼等，提供耕畜和运输的兽力，又是人们肉食的来源，还有羊毛可作纺织原料，这一部门在当时经济中也占重要地位。

手工业除粮食加工外，还有棉、毛纺织等，纺锤和锭盘发现的很多就足以证明。有些包过银瓶的棉布碎片也有发现。有的棉布还用茜草染成红色，染工的大桶也会发现。贮藏粮食、油类等农产品的容器和生活用具的制造有制陶业。陶器的特点是：大多用陶轮制造，形式匀称，有平底大瓮、尖嘴瓶、尖底杯等，种类很多，素陶多、彩陶是在红色滑泥上着黑色彩饰，绘有几何图案、树木、人物、鸟兽等形象，还有上了彩釉、色彩鲜丽的陶器。制陶业是很发达的。冶金业与金属加工业制造农具、武器和工具。此外，还有珠宝业，也是印度河流域文化的一个特点。这些手工业大多与农业有关，随着农业而发展，在城市经济中也有着它的重要地位。

遗物中发现的铜、铅、锡等金属原料和贵重石料都是本地不出产而由外界运入的，还发现有大量砝码、陶制牛车模型、青铜玩具车、陶片及印章上有船的图形，这样表明商业运输业的发展。

经济的发展促进了城市的形成，在这基础上出现了城市的文化，又

---

① 呎，即英尺，1 呎＝30.48 厘米。——编者

随着城市经济的繁荣，人口也有了增长。关于城市人口的估计数字，有的认为多到十万人，有的又认为只有两万多人，一般认为是三万五千人①。供养这样大量的人口，衣食的主要来源靠的是农业。因此，这是印度河流域城市文化的一个特点。

第三，这一文化可以认为是早期奴隶制社会的文化。由于缺乏更有说服力的材料，只能根据现有资料加以推论，即许多实物都表明了财富的分化和阶级对立的状况。如房屋建筑，有的是二三层楼的高楼大厦，有许多房间和庭院，浴室及下水道等设施也很齐全；有的是非常简陋、拥挤的平房或茅舍，没有别的设备。又如装饰品，有的是金玉珠宝制成，有的是泥土贝壳做的；殉葬物甚至儿童玩具也都有这种区别。印章中有的描绘奴隶被奴隶主拷打的情景。许多赤土陶像，是头上戴着满布刺痕的圆形便帽的男人形象，他们紧抱双膝蹲着，颈下有一个前面凸出的奇怪的项圈。斯·皮戈特认为这些陶像就是奴隶，D. H. 戈尔登又认为是人牺②。人牺也是早期奴隶制社会常有的现象。印章上也有描绘用人牺祭神的图形等等。又从经济发展的水平看，当时的印度河流域的社会同两河流域、尼罗河流域的奴隶制社会很相像，这也可以算是一个旁证，表明印度河流域的社会是早期奴隶制社会，因为在印度当时的生产水平下，造窑烧砖、建造高楼大厦必然要役使众多的奴隶和工匠，正如在埃及建造金字塔一样。所以，这时的文化也就是早期奴隶制社会的文化。

第四，这一文化有一定的城市建筑规划和它的极为完善的下水道体系。这个建筑规划包括下水道体系在当时世界上是非常突出的，可以说是这一文化对人类社会的一个重大贡献。城市建筑和下水道体系的规划

---

① 《英国百科全书》第9卷，1976年版，第388页；又见 K. A. 安东诺瓦等：《印度简史》，1973年版，第16页。

② 斯·皮戈特：《史前印度》，1950年版，第170页（转引自 R. P. 萨拉夫：《印度社会：印度历史各族人民革命斗争的历程》，华中师范学院历史系翻译组译，商务印书馆1977年版，第138页）；又见 D. H. 戈尔登：《印度文化的史前背景》，1958年版。

及其建造特点的具体表现是：（1）整个城市的布局分为城堡和下城两个不同的区域。城堡区矗立在防洪的堤坝上，地势较下城区高，这里周围有一道防御城墙，每隔一段距离还有方形棱堡。城堡区可能是行政中心。下城区地面较广，街道房屋较多，一般是商业区和居住区。（2）城市交通方面。街道的分布很有条理，有成直角相交的，有平行的，有大街小巷。街道宽狭不一，一般由9呎到34呎。主要街道又直又宽，长达半哩。现已发现当时车辆经过时留下的轨迹，由此得知车的宽度是3呎6吋①，和今天当地的车相同。因此，大道上可以并排行走九辆车。街道两侧有一排排整齐的房屋，还有为了便于交通，在十字路口转弯处的房屋墙角砌成圆形。（3）城市建筑一般都包括规模较大的宫殿和行政大厦、设备较好的谷仓和浴室，还有旅社和饭馆、手工业作坊、商店等，再就是大小不等、设备不同的住房。这些房屋大多使用烧砖建造。砖的形状、大小都有一定的规格。屋柱也是砖砌的，是方形或矩形，还有发现圆柱。屋顶是平的。由于木质结构不能保存，现在留下的砖墙房屋没有雕画装饰的外表。在这一文化兴盛的时期，这些房屋的建筑都不能侵占街道的地面，陶工作坊也不许设在市区内，防止烧窑的烟灰污染。（4）重要建筑物地点的选择以及结构安排都十分注意实用方便。如哈拉帕的谷仓地址选在河边，便于从水路运输粮食。谷仓附近有谷类加工的场地和劳动者住宿的小屋，便于就近加工和对劳动力的使用与管理。谷仓注意通风设备，保持仓内干燥，以免谷物潮湿霉烂。这类专门用作谷仓的建筑迄今还没有在古代世界其他地区发现过。又如摩亨约·达罗的大浴室的建造，非常注意供水、排水和储水的设施。浴池的附近有专门的水井给浴池供水。为了使浴池不漏水，在池的底层和四周都用了一吋厚的沥青，夹在砖墙里。浴池又有一条一人高的拱形结构的沟道相接，有水闸可以启闭，以便随时排水。浴池占地面 39×23 平方呎，深 8 呎，下到浴池的阶梯附近，还有为不愿或不能去深水处的人准备的

---

① 吋，即英寸，1 吋＝2.54 厘米。——编者

平台。除大浴池外还有一些小浴室，每个浴室有一个放置水罐的高平台，大概是供热水浴用的。这些小浴室的门都不是互相正对着的，门内又有侧柱遮挡，因此，浴者彼此不会干扰，室外也看不到室内，安排得很好。(5) 一般的住屋结构也具有特点：它是以庭院为活动的中心。庭院周围建有房屋，外墙无窗，窗门大多朝向庭院。大门在侧道小巷内，门内有看门人的门房，通过一个不长的过道就进入庭院。厨房在庭院的一角，附近有储藏室、浴室、水井等，污水通过陶制导管流入街道水沟。有楼房的墙比较厚，一般是二层楼也有三层楼。有的是用砖砌成的楼梯上下，有的无梯、可能是木梯，没有保存下来。楼上有起居室、卧室，也有浴室，后者用垂直的管道排除污水。楼下还建有厕所，粪便通过倾斜的沟道流到屋外陶制容器或街道旁的暗沟内，保持清洁。(6) 城市规划有供水设备和非常完善的下水道体系。水的供应有水井。几乎每一住屋都有自己的水井，两屋之间又有公共水井。排水主干渠道在大的街道和街巷下，深1~2呎，宽9吋~1呎6吋，是用砖砌的，上面用砖或石盖着。各个住屋有排水的陶器管道，一根陶管套一根，和街道主沟相通，流入主沟前有污水坑。主沟每隔一定距离也有一水坑，并有下到水坑的阶梯，便于人们清除沟中积存的渣滓，以免沟道淤塞。又有大的阴沟排走急雨时的积水。所有这些水井和沟道都是设计周密、工程精良的。

第五，有着相当统一的度量衡体制。从印度河流域各地发现的砖块的大小和青铜器的成分都比较相同，又城市建设中街道、房屋及下水道体系整齐划一，这都说明已有了统一的度量衡体制。各种砝码的发现更是这一体制存在的确证。这些砝码是由浅燧石、硬黑石、石灰石等不易磨损的石料制成，可以保持分量准确不变；也有用易于毁损的黏土、雪花石膏、冻石、鹅卵石制的，这种石料容易磨制。砝码通常是立方体，也有圆锥体，还有桶状和圆柱状的，磨制得比较光滑。木制秤杆不曾保存下来，青铜秤杆只保留了一部分。秤盘有青铜制的，也有陶制的。砝码的单位重量为0.875克，最大的砝码是10 970克。发现最多的砝码是13.64克，大致是单位砝码重量的十六倍。按照砝码重量，其比例为

1、2、8/3、4、8、16、32、64、160、200、320、640、1600 等。较低的砝码用的二进位制，较高的则为十进位制。贵重的珍宝珠玉的匠人和商人是用的小砝码，其他则用大砝码。

量长度的尺被发现的有两种：一种是长 6.62 吋的介壳尺，上面保存有九段明确的标记，每段平均为 0.264 吋，五段为一组，等于 1.32 吋，有一特别标记。看来采用的是十进位制，一尺即为 13.2 吋。另有一种是青铜杆尺的片段，长 1.5 吋，有四段完整的准确的标记，每段为 0.367 吋。这是属于古代世界广泛流行的 20.62 吋为 1 腕尺的体系。腕尺下的单位还有掌和指，哈拉帕半指长的量度的准确度达到百分之 0.3。介壳尺与腕尺两种量度同时采用。

第六，这一文化有一些具有一定风格的雕像，特别是拥有大量刻有文字与图画的印章和护符。发现的雕像不多。在雕像中，石灰石制的人像在风格上比较刻板。最著名的是一个身上围着有三叶草图案披肩的男半身像，这一雕像面部胡须修整，头发从头的中部分开，束以发带，鼻子尖削，两眼半闭，好像是在沉思中的祭司的雕像。人物雕像中造型优美的石刻像有两个：一个是红色砂岩刻制的男人躯干像，腹部稍有突出，人体肌肉的线条表现得很好；还有一个是灰色石灰石刻制的舞者雕像，右腿伫立，左腿前举，腰身与双臂向左微倾，仿佛婆娑起舞，姿态十分匀称和谐。又动物雕像比较逼真，冻石刻制的猛犬像很生动。陶像中大量是动物像，刻画的公牛陶像能够体现出活力。人物陶像以妇女像较多，这些像多是裸体，只有一条狭带围住腰部，头上戴有扇形头饰。还有许多前面已经提到的可能是奴隶的小陶像。青铜像中比较出色的是舞女像，这座舞女像身材苗条，神态安详自若，她一手扶着臀部，一手靠在大腿附近，一腿略向上抬，右手上戴了许多手镯，从手掌下直到肩上都戴满了。但手和腿较长，与身体比例不大相称。又水牛与公羊的青铜像铸造得很好，水牛仰头扫角，表现得很有气势。此外，雕像还有两个特色：一是以小巧著称，如一个约半时长的石刻像，刻画着两个猴挤在一起取暖；又如一个不到二时高上了釉的陶像，塑的是一只坐着的小松鼠，这个松鼠的尾巴翘在后面，前爪捧着食物在咀嚼，十分逗人喜爱。二是使用镶嵌手法增加其真实感。如石灰石公牛像的头部有安装其他材料制成的耳和角的窝洞，陶制人像的眼为椭圆形，用小泥珠嵌入，表示瞳孔眼珠；又如上述的两座杰出的石刻人像，其头和手都是独立的，安装在躯干的颈部和肩部的窝洞内，可以活动。

刻有文字与雕画的印章与护符也是一种雕刻艺术。除了文字还未能译读成功外，那些生动的雕画反映了当时人们丰富的社会生活与思想内容，令人感到很大兴趣。同时，这些印章的工艺也是相当完美的，可以说是对古代工艺的重要贡献。已发现的印章有二千多枚，在摩亨约·达罗一处就有一千二百多枚，数量超过一半。这些印章的制作材料是皂石、彩陶、象牙，也有铜和黏土。制作方法是先用锯将石切开，制成大小不等的各种形状，然后用刀和凿子加上磨粉修整，再以小凿和锥或三角形雕刻刀刻写文字与图画。刻写完毕就涂上一层碱，加热，于是就能制造成表面白色、有光泽的印章。印章一般是方印，背后凿成有孔的印纽，便于手握，又可用绳穿起系挂在身上防止丢失，印的大小由半时到二时半不等。有方形、圆形、矩形、圆筒形等，有的有图有文、有的只有文字，有的有印纽、有的没有，种类很多，用途也不一，有的印章上的图形是为了美观或兼有辟邪的意义，铭文有的是姓名与头衔等，如在古代两河流域的乌玛会发现一捆印度棉织物，捆包上盖有印记，还有箱口、瓶口也用印记封闭，就表明这是财物的所有者或制造者的标记。护符与印章差别不大，它们大多类似狭长的圆柱形印章，刻有图画，或者本身就是塑像，如鸽、羚羊、兔等。铜印符是方形或长方形的铜片，刻有图和铭文，也有只刻铭文的。护符就是用来庇护佩戴者免除邪魔的侵害的。

这些印章和护符上刻画的内容具有以下一些特色：（1）大多是写实的，描画的是当时印度常见的动物，如牦牛、水牛、野牛、象、犀牛、虎、鳄鱼、羚羊等，在手法上很注意表现这些动物筋肉、骨骼与皮肤纹络的真实感。描画人物的较少，描画的植物只有菩提树较常见，还有无花果树、橡胶树等。（2）除描画静态的动物外，还有不少印章刻画人或动物的活动情景。如有一枚印章刻画一个人在用沙多夫（扬水器），有四颗印章刻画同一图景，即一个智斗猛虎的人藏在树上，一手紧握树枝，一手向前伸着，树下猛虎仰望着躲在树上的人，感到无可奈何。还有描绘人在用有倒刺的枪攻打水牛，也有描绘一头水牛将六个向它进攻的人击败在地，还有描绘人一个筋斗翻过牛背的情景等。刻画的形象都很生动。（3）印章上还刻有当时印度的建筑和桌、凳、笼、船只等生活和交通用具，以及小手鼓、竖琴、七弦琴等乐器。（4）不少印章还刻画有宗教和神话传说的内容，如十字、同心圆、卐字符号、三叶草图案、独角兽（虎、牡牛等）、多头兽（有野牛、老虎、羚羊的头的怪兽等）、复合动物（人脸、象牙、象身、牛角、羊的前腿、虎的后腿及其尾巴等四不像的兽类），有一颗印章刻画了一位头上有牛角王冠的三面神，他的身边有象、虎、犀牛、水牛，座下有双鹿，这些群兽向他朝拜。还有一枚印章刻着菩提树中一位头上长角的裸体女神，她的面前有一位头上长角的跪拜者，后面跟着一头人面山羊，下方伫立着七个长辫子的侍女。还有的印章和护符刻着对眼镜蛇的崇拜，或刻着吉尔伽美士勇士与双虎相斗、半人半兽的恩奇都与有角的神虎战斗等形象。

关于印章和护符上的铭文，虽还不能译读出来，但从表面看，也可以看到以下一些特点：

（1）直线线条组成的象形文字，字体清晰；（2）从已发现的五百多个符号来看，形式上没有大的变化；（3）根据某些字的重复出现、象形字动物面向等，可以推断出这一文字的读写次序头一行是从右到左，第二行是从左到右，第三行又从右到左，余以类推；（4）有的符号表示音节，有的表示意义，还有的表示重音或数字，也有两个或两个以上符号的组合；（5）与当时世界上其他地区的文字在图形上虽有某些相似，但没有明显的内在联系。

第七，这一文化还充分显示出制造珠宝妆饰品、生活和娱乐用品的高超技巧。印度河流域是古代世界珠宝装饰品的一个重要产地。在强胡·达罗发现有专门制珠宝的店铺，罗塔尔也有这种作坊。珠宝饰品的原料是宝石和次宝石，如玛瑙、碧玉、玉髓、紫晶、水晶、硬玉和青金石、绿松石、蛇纹石、玄武岩、角砾岩等，还有金、银、琥珀金、铜、青铜等金属和介壳、彩陶、黏土等。制珠宝选择石料时，不仅要注意品种，还要考虑色泽、纹理。制作的工艺水平不很高，如将五片玉髓和深红玉髓依其纹理、色泽拼合而制成的石珠竟像一个完整无瑕的天然石珠。又如在石珠上绘制图案是用苏打液在玛瑙上绘画后加热，即有白色图案，或用耐酸铜在白色石珠上描画，就能有黑色图案。最难的是钻孔，在坚硬的宝石上钻出很直很光滑的孔，的确不是易事，制法是在石的一端作成杯状凹洞，然后加上刚砂或石英粉这一类的磨料，再用1.5吋长直径0.12吋的小石钻钻动。即使最熟练的匠人也需要相当久的时间，才能钻好一孔。根据今天的试验，钻进一毫米就要二十分钟。一般三吋长的念珠就得要整整二十四小时。制成的珠在形状、大小、色彩等方面都各不相同，以形状为例就有球形、圆柱形、盘形、桶形、扇形等。项链就是将这些不同种类的珠子每隔一定数目加上一个金盘或小珠，最后两头又用三角形或半圆形的饰物串成互相对称，色彩鲜明，颇为美观的珠链。其他金银饰物有头饰、佩带、鼻饰、耳环、臂钏、手镯、指环、脚镯、腰带、胸饰、纽扣等。在陶像、雕像及印章刻画的图像中都可以看到当时人们佩戴这类饰品。哈拉帕和摩亨约·达罗留下的文物中也发现有这种饰品，种类数量都不少。

当时人们的生活用品也是相当齐全的。如饮食用具除锅盘碗碟外，还有杓、杯、制饼模子、擦肉具等；缝补编织工具有铜针、青铜针、骨锥、象牙锥；家具有床、桌、椅等；照明有陶灯、介壳灯和铜灯，还发现有陶制烛台，表明当时可能已有棉心蜡烛或脂烛；有趣的是还有穿孔陶器，底部有一大孔，周围有许多小孔，可能是一种过滤的容器；还有烧炭取暖的圆柱形陶器、泥土制的捕鼠器和喂养虫、鸟的陶笼等；修饰面容的梳妆台、青铜镜、化妆盒、象牙梳、剃刀、化妆用具还有穿孔器、耳杓子和镊子，再有盛香粉、口红、眼膏的化妆瓶和介壳盒等。云母石制的男半身像面部的修饰与青铜舞女发式的优美都可以作为当时人们使用化妆品美容的例证。

  印度河流域的人们还爱好游乐。最流行的娱乐是掷骰子。现存的平板象牙骰子较多，也有陶骰子。还有投方形象牙杖的游戏，以跌落方式定输赢。至于圆形象牙杖和象牙做的小鱼游戏，如何玩法还不知道。其他还有棋类和"九柱戏"，九柱戏即用球和弹子去滚碰，碰倒竖立的象牙柱子就为胜。再如舞蹈、奏乐、斗牛、斗鸡以及养鸟、钓鱼、射猎等也都是当时的娱乐活动。儿童也有特制的玩具，除石弹、泥偶等简易玩具外，还有拨浪鼓、陶制的鸟形哨等音响玩具，色彩鲜明而又坚固耐用。比较复杂的有羊拉小泥车、用绳索牵动手脚活动的猴儿等，都是容易引起儿童兴味的玩具。

  第八，这一文化的宗教信仰和埋葬制度。关于它的宗教信仰发掘的材料不多，迄今既没有发现庙宇和神坛之类的建筑，也没有发现被作为神来崇拜的塑像。尽管如此，仍然可以找出它的宗教信仰的色彩来。惠勒认为在摩亨约·达罗发现的一座占地52×40平方呎的小型建筑，庭院内有砖砌的直径四呎的环状建筑，是用来保护其中栽种的圣树的。屋内有对称的楼梯，而没有其他生活设备。其中有一座高6.9吋的白色石灰人头像，胡须已修整，并用狭带束发。附近还有无头的雪花石膏刻像。也许这就是被崇拜的神像[1]。因此这有可能是神庙建筑。他的看法还没有得到公认。又有人认为大浴室就是河神的庙，鳄鱼可能是印度河神，因此，有对鳄鱼的崇拜和沐浴仪式[2]。这种说法也没有更充分的根据。

---

  [1] M.惠勒：《印度河文明》，1960年版，第40页。
  [2] R.C.马宗达：《印度人民的历史与文化》第1卷《吠陀时代》，1952年版，第188～189页。

但是，根据对陶像、石像和印章护符的雕画来加以研究，还是可以看出宗教信仰色彩来的。首先，对地母神的崇拜是以农业为基础的印度河流域文化中最盛行的。许多妇女陶像可能就是这种神像。在前面已经提到过的，她的形象是半裸体，戴有精致的头饰、项圈、耳环等大量的妆饰品。这可能就是当地人们崇拜的肥沃之神。印章上所刻的裸体妇女的子宫内长出植物的图像也可以证明这一点。说明她是农村之神或家庭守护之神，她主宰生育和给崇拜者降福，因此备受人们的崇敬。

其次，印章上刻画的三面神是男神中最著称的。他也几乎是裸体。胸前有三角形胸饰，每只手都戴有三个较大的手镯和八个较小的手镯。他也可能是四面神，连同身边的四兽，而主管四方。他有兽中之王的称号。刻画同一形象的另外两个印章稍有不同，即头上的两角间都有一小枝花或叶，这也表明他可能是植物之神或肥沃之神。

与以上两种神相关联的是原始的对生殖器的崇拜，具体体现在对象征生殖器的圆柱形石和石环的崇拜上。

此外，当时人们还保留了对动物、植物、水、火等的崇拜。

由此可见，当时的印度河流域的宗教信仰内容主要与生育和农业生产有关，保留了原始信仰的成分。

关于死、葬制度已发现的有三种：一是埋葬。1937年和1946年两次在哈拉帕发掘了五十七座墓葬。墓葬的方向是坐北朝南，墓主的饰物和化妆用具都是殉葬物。有的右手中指戴着铜环，还佩戴项链、手镯或珠串，另有涂眼的化妆用具。有的墓内有有柄铜镜。有的墓主脚边有灯和鸡骨。有的有木棺，尸体包在芦草做的尸衣内。墓穴很大，可以容纳陶罐多到四十个。二是天葬。即先将尸体暴露野外，任鸟兽等啄食，然后将残骸和瓦罐、珠石、介壳瓢等小件殉葬物一并置于瓮内掩埋。三是火葬。即先将尸体火化，然后将骨灰连同殉葬物放在瓮中埋葬。

以上八点就是古代印度河流域文化的特点。这当中以前三点为带根本性的特点。因为它们反映了当时生产力发展的水平、生产关系的性质和经济基础的状况，所以它们是这一文化产生的基础。

古代印度河流域的文化之所以有这些特点，主要是由于以下因素构成的：

一、对原始文化的继承。尽管摩亨约·达罗的最下层还没有发掘出来，目前不可能得到最后的论证。但是根据最近的考古发掘，已经可以看出这一文化是在印度土著中从原始文化发展来的线索了。在哈拉帕和摩亨约·达罗的较早地层里都会发现阿姆里和俾路支农业文化的陶器，表明它们早期是发生在农业基础上的村落文化。巴基斯坦考古学者在科特·迪季的发掘，发现古代建筑早已分为城堡和居住区的两部分布局，城市规划的雏形已经形成。说明城市文化在印度河流域城市文化出现之先就已经萌芽。所以印度河流域文化是在印度本地从原始的农业文化逐步发展而成的。另外，古代印度河流域文化中还保留了不少原始文化的成分，如宗教中对生殖器、对动植物和对水、火的崇拜等。这也可以说明它的一些特点是继承原始文化而产生的。

二、在长期的生产斗争中，对自然条件的改造与利用，促进了文化的迅速发展。公元前三千年代印度河流域的气候比今天要潮湿得多，雨量比较充足和稳定。印度河及其支流萨腊斯伐提河和德里沙得伐提河等的定期泛滥，河流又经常改道，淹没沿岸地区，造成大片沼泽。沼泽、丛林与野兽都是人类进行生产的障碍。人们要改造这种不利的自然条件就必须和它进行不断的斗争。要防止水患，人们就必须构筑防护堤，并不断提高屋基。排干城市积水就需要有计划有系统的兴修下水道。为了使建筑物牢固持久，人们淘汰了泥砖而用烧砖。因为泥砖不宜搞高层建筑，在气候潮湿的条件下不能经久，特别是对修沟道与浴室更不适宜。因此，印度河流域的各项建筑大都使用烧砖。当然这也与河流附近植物繁茂，能提供充足的燃料有关。胶结砖块的胶泥含有大量石灰，煅烧石灰石需要更多的火力。大浴室使用的沥青是从石沥青中提炼出来，也要大量的燃料。印度河流域有充分的树木可以满足这一要求。同时，当时有了比较先进的生产工具，可以利用青铜斧和锯开伐森林，这既取得了建筑材料和燃料，又开拓了土地，促进了生产的发展。所以他们建造了比较坚固的楼房和十分完善的城市设备，耕地的面积也扩大了，加之它土壤肥沃，农业发展迅速，大量的粮食运进城市，就有修建大谷仓、粮食加工与管理等一系列的问题需要解决。

在农业手工业发展的基础上，对内对外的商业贸易也发达起来。来往车辆增多，外来的人口也增多了。城市的街道建设、旅馆、餐馆、仓库、市场也都兴修了。有了社会经济的发达，生活享受的要求也有了增长。日用生活品逐渐齐备，珠宝玩具的制造也得到发展。因此，这一城市文化就迅速发展到了较高的水平。

三、阶级分化与阶级斗争给这一文化留下了很深的烙印。阶级分化在物质文化上的反映前面已有所论述，这里还要指出的是富人奴隶主的物质享受都是耗费穷人、奴隶的大量心血创造出来的。穷人、奴隶整日劳动一无所得，富人奴隶主坐享其成。后者害怕前者的反抗，为了维护自己的利益，建立城堡多方戒备，在房屋建造上也有特色。面向街道的墙没有窗户，窗门多向着屋内庭院，而且又高又小。这样，既可以防盗，又使阳光不致射入屋内。门开在侧道边，还有专门的门房和守门人看守，交通要道也有守护人员。谷仓附近、城堡塔楼都备有泥弹丸、陶球，作为投掷的攻防武器。当然，这也是为了防御外敌。

四、先进地区特别是西南亚文化的影响。这方面的例证很多，如一些印章上刻画的题材就受古代两河流域文化苏美尔印章的影响。那里的英雄吉尔伽美士与恩奇都分别同狮与天牛斗的图景，在印度河流域的印章上只是把狮和天牛换成了虎和有角的神虎。原因可能是印度河流域居民当时还不知道有狮，他们认为虎是最凶猛的野兽，因此就改以虎作为英雄的对手了。还有如使用沥青防止漏水、蚀刻玛瑙珠、锛斧的制造，甚至埋葬用棺和以芦苇作尸衣包裹尸体等可能都受苏美尔文化的影响。

五、各族人民文化的融合。这一文化的特点自然与其创造者有关。根据发掘到的尸骨和石雕人像、青铜铸人像等的分析，印度河流域当时居民大约有四种不同的人种，即原始澳语人、地中海人、阿尔派因人

（也属于地中海系）和蒙古人等。由于他们的文化的融合因而呈现出上述一些特点。但是，关于这方面的具体情况还须进一步的研究，才能得出更科学的分析和结论。

参考资料

[1] 约翰·马歇尔：《摩亨约·达罗与印度河文明》，1931年版。

[2] E. 马开：《摩亨约·达罗的进一步发掘》，1938年版。

[3] M. 惠勒：《印度河文明》，1960年版。

[4] 斯·皮戈特：《史前印度》，1950年版。

[5] R. C. 马宗达：《印度人民的历史与文化》第1卷《吠陀时代》，1952年版。

[6] B. 马开：《印度河文明》，1935年版。

[7] M. 惠勒：《早期的印度与巴基斯坦》，1959年版。

[8] D. H. 戈尔登：《印度文化的史前背景》，1958年版。

[9] V. G. 柴尔德：《远古东方的新发现》，1954年版。

[10] D. D. 高善必：《印度史研究导论》，1956年孟买版。

[11] B. G. 郭盖尔：《古代印度史与文化》，1956年版。

[12] A. H. 达尼：《巴基斯坦简史》（第一卷），四川人民出版社1974年版。

[13] 赫罗兹尼：《西亚细亚、印度和克里特上古史》，谢德风、孙秉莹译，生活·读书·新知三联书店1958年版。

[14] R. 穆凯吉：《印度文化与艺术》，1959年版。

[15] G. 劳林逊：《印度文化简史》，1952年版。

[16] K. A. 安东诺瓦等：《印度简史》，1973年版。

[17] A. B. 格拉西谟夫：《古代印度文化》，1975年版。

[18]《英国百科全书》（第9卷）等，1976年版。

（原载《华中师院学报》1979年第4期）

《佛国记》与古代印度史的研究

《佛国记》 这部书有《天竺国记》《历游天竺记传》《东晋沙门法显自记游天竺事》等不同的名称，也有称作《法显传》的。这是东晋高僧法显去印度求佛经返国后写成的旅行记。他的初稿写于公元414年，即他回国后的第二年，到416年又作了一些补充增订。它记载了法显前后花了十三年四个月的时间（399年3月由长安出发，412年7月在青州登陆）游历约三十国的经过，法显在印度时正是笈多帝国的黄金时代旃陀罗笈多二世，超日王统治的时期。这位国王的文治和武功都很有成绩，但除了铭刻和钱币外，没有留下其他文字记载。法显的著作正好填补了这一空白。这部书涉及当时的国家制度、社会生活、风土人情、宗教派别以及中印之间的水陆交通等，写得十分生动具体。又法显从西到东、由北往南走遍了印度的大部分地区，他学习过梵语梵书，对印度社会能够有比较全面和深入的了解，他的著述比较真实可靠，有一定的参考价值。因此，这部著作被公认为是研究古代印度史、特别是研究笈多时期的历史提供了宝贵的资料。这部书能一直保存到今天，成为世界名著之一，其本身就说明了它的重要价值。如许多专门论著都引用了这本书的资料，全书也先后被译成法、英、日等多种文字，有的并附上考证

---

① 本文采用的《佛国记》版本是1955年文学古籍刊行社出版的《法显传》，这是北京图书馆藏本《宋绍兴初思溪藏法显传》的影印本。本文中所引的《佛国记》各段均出自该书，不另加注。

和注释以及译者的研究成果①。但是，过去对这部书的可靠性、它所提供的资料以及对古代印度史研究的意义，作专门论述的还不多，本文试就这些方面进行探讨。以下分两方面来论述。

一、《佛国记》启示的学习印度的正确态度

这部书对研究古代印度史的重要意义首先在于，它告诉我们法显对印度的学习有明确的目的、坚定的意志、刻苦的精神和务实的方法。我们知道，我国自魏晋以来，佛教日趋发达，对佛经的学习要求也随之提高。当时传教僧侣和佛教经典大多来自西域各国，不是直接从佛教发祥地印度传来。早期对佛经的译述既不完全，又系辗转传译，有不少语义不明、互有出入的地方，不能满足佛学研究的需要。又佛教寺院和僧侣的增多，对寺院的管理、僧侣的生活行事缺乏经典戒律的约束，情形十分混乱，影响佛教的发展。以上这些情况表明需要直接从印度引进佛教经典，特别是律藏的经书。法显在国内多年寺院生活与学习佛学中，深知这一需要非常迫切。誓志寻求律藏，并"令戒律流通汉地"，这就是他去印度求法、学习的目的，也是当时佛教发展的客观要求。

他有了明确的学习目的，就决心亲自去印度取经求法，意志十分坚定，不达目的，誓不罢休。尽管他的年龄已有六十五岁的高龄，但对长途跋涉却毫不畏惧。他六十七岁翻越葱岭，六十八岁时又越过小雪山（即苏莱曼山脉），七十七岁时航行印度洋，这在今天的条件下也是不容易的。而在离今天一千五百多年的时候，人们对自然界缺乏认识，对自然现象往往看成是无法抗拒的神怪的活动。交通工具又落后，连罗盘指南针都没有得到利用，如法显提道："沙河中多有恶鬼热风，迂则皆死，无一全者。上无飞鸟，下无走兽，遍望极目，欲求度处，则莫知所拟，

---

① 重要译本有 1836 年 Abel Rémusat 的法文本，1869 年 S. Beal 的英文本，1877 年和 1923 年 H. A. Giles 的英文本，1886 年 James Legge 的英文本等。

唯以死人枯骨为标帜耳。""葱岭冬夏有雪，又有毒龙。若失其意，则吐毒风雨雪、飞砂砾石，遇此难者，万无一全。""大海弥漫无边，不识东西，唯望日月星辰而进。若阴雨时，为逐风去亦无准。当夜暗时，但见大浪相搏，晃然火色，鼋鼍水性怪异之属。商人荒遽，不知那向。海深无底，又无下石住处。至天晴已，乃知东西，还复望正而进。若值伏石，则无活路。"虽然沿途有这样的艰难险阻，法显终于一一闯过来了，由此可见他的顽强意志。法显确定目的后，为了达到目的不惜牺牲的事例还有很多。他去耆阇崛山参拜佛迹一事就很能说明问题。这座山是释迦牟尼过去讲经的一个地方，十分闻名，称为灵鹫山。但山路非常险，又有狮子野兽出没。当地僧侣劝法显不去。法显说，"远涉数万，誓到灵鹫。身命不期，出息非保，岂可使识年之诚，既至而废耶！虽有险难，吾不惧也。"他下了决心，早将生死置之度外，因此能够奋勇前往，并只身在山上露宿一晚。对吃人野兽，毫不介意①。

除了自然界的险阻外，法显还经历了一些人事间的磨难。由于五胡十六国分裂割据，战争频繁，行旅很不安全。法显刚出发时就遇见"张掖大乱，道路不通"。水路也同样不安全，"海中多有抄贼，遇辄无全"。还有由于宗教派别不同，有时也受到歧视和排斥。法显为大乘教派，经过盛行小乘教派的茑夷国时就受到了冷遇，甚至连供应食宿都成问题。又在去广州途中遇"黑风暴雨"，诸婆罗门就认为船上有了佛徒法显，才使他们遭难，要把法显留在海岛。幸而有人护持，否则法显就难以返国了。还有法显同行的僧侣有的中途返回，有的死在异乡，有的留住印度，只剩下法显一人，这对法显也是一个考验。特别是最后唯一的同伴由于羡慕印度佛法，"众僧威仪，触事可观"而留住印度，甚至发誓"自今已去，至得佛愿，不生边地（指中国——笔者）"。可是当时年已过七十岁的法显却不顾回程艰难、个人安危，一心想的是祖国佛学事

---

① （梁）慧皎撰：《高僧传》（卷三），见《影印宋碛砂藏经》（第466册），上海影印宋版藏经会1936年版。

业，毅然决然独自携带律经佛法回国，这也是他意志顽强的一个表现。

  他在学习方面的顽强精神表现在他晚年刻苦学习梵文。学习外国文是一件难事，对老年人来说更是不易。由于当时印度僧侣只是口头传授佛经戒律，没有文字记载，法显为了获取确实可靠的资料，就在佛教文化中心巴连弗邑①住了三年学梵书梵语，以便写律抄录经典。他在《佛国记》中迻译了一些梵文专门术语。如"般遮越师"（五年大会）、"竺刹尸罗"（截头）、"尸摩赊那"（弃死人墓田）等，又回国后与印度来华僧人佛驮跋陀罗（即觉贤）共译出《摩诃僧祇众律》《大般泥洹经》《杂阿毗昙心》等共六部六十三卷，有一百多万言②。由此可见，他的梵文造诣还是很深的。这是他勤奋学习的成果。他的顽强学习精神还表现在他学习的进取心很强，不满足于已有的成就。法显在巴连弗邑抄写律经后到多摩梨帝国，又住两年写经及画佛像，在师子国③也留了两年又求得了国内所没有的重要的戒律经典，这才满载而归。刚回到国内，他不顾旅途劳顿，尽管青州刺史留他住下，他的回答却是"贫道投身于不反之地，志在弘通，所期未果，不得久停"。就是说他不惜牺牲生命西行求法，目的在于将律经佛法传播于国内。现在目的还没有达到，他要争取在有生之年（当时他已将近八十岁），完成这一使命。因此，他立即赶到建康道场寺着手译经。年迈老人表现得多么坚强④！

  他的学习方法是务实的。这表现在以下几方面：（1）他是针对我国佛教佛学中的实际问题即经律缺失乖违的问题来确定学习目的和内容。因此，他去印后一心寻求律藏。在北印度未能得到，就远至中印度，直到获得重要的律藏。他还注意搜求国内所没有的经典。（2）在学习中他

---

  ① 即华氏城，今巴特那。
  ② （梁）慧皎：《高僧传》（卷三），见《影印宋碛砂藏经》（第466册），上海影印宋版藏经会1936年版。
  ③ 狮子国是斯里兰卡的古称。——编者
  ④ （梁）慧皎：《高僧传》（卷三），见《影印宋碛砂藏经》（第466册），上海影印宋版藏经会1936年版。

注意追本求源，又比较各派学说从而决定去取。如认为《摩诃僧祇众律》是最初和最完备的经律，他说这是"佛在世时最初大众所行也"，"自余十八部，各有师资，大归不异，于小小不同，或用开塞，但此最是广说备悉者"。（3）他注意文字记载和数据，力求切实可靠。他学习梵书梵语，就是为了保存和掌握第一手的资料。他的记述对数据及具体形象很是重视。如建筑雕画、人物妆饰、形体大小、旅途长短等都写得清楚明白。（4）他还注意参观访问，又结合文字记载，相互印证。他亲自参观了佛的各处遗迹，又访问了当地土人，如关于佛教东传的时间问题，他曾访问新头河（即印度河）沿岸土人，据称"古老相传，自立弥勒菩萨像后，便有天竺沙门赍经律过此河者"。立像的时间是佛死后三百余年，大致相当周平王时。因此，他认为这就是佛法开始东传的时间。同时，对汉明帝梦金人的记载，他就认为是有来由的了。（5）他是有闻必录，如不曾亲见或已遗忘，则加以说明。正如与他同时的僧人对他这本书的看法是"言辄依实"①。如关于波罗越寺的记述，法显未能亲自前往，只是将土人所说记下。又如在师子国听天竺道人诵经，作《佛国记》时遗忘具体年数，也附加注明。

最后必须着重指出的是，法显的正确的学习态度是基于他对祖国的佛学事业的雄心壮志。他并不图个人的名利享受，因此能够临危不惧，长途跋涉，战胜艰难险阻；尤其可贵的是他不贪图异国的佛教生活美好而忘本。法显之所以能够做到这一点也不是偶然的，这是由于他有着深厚的爱国和爱乡土之情。从他自己的论述中就可以看到这一点，他说："法显去汉地积年，所与交接悉异域人。山川草木，举目无旧。又同行分披，或留或亡，顾影唯己，心常怀悲。忽于此玉像边，见商人以晋地一白绢扇供养，不觉凄然，泪下满目。"他见到故乡的一把小绢扇，就引起了无限的感慨，可见他思乡的深情。因此，能够为了祖国的佛学事

---

① 法显：《法显传》，文学古籍刊行社1955年版，第51页。

业健康的发展而牺牲一切。

但是，我们也必须指出，由于法显是一个虔诚的佛教徒，思想上有着浓厚的宗教迷信色彩，往往把神话传说信以为真。他的学习印度的目的只是为佛教事业服务。这也是我们必须注意的。但他的这种学习态度对我们研究印度史还是有教益的。

二、《佛国记》提供的研究古代印度的重要资料

这部书的内容大致可以分为三部分，即（一）法显的旅途经历；（二）有关佛教的问题；（三）一般生活见闻。这三部分都对研究古代印度提供了一些资料，现分述于下：

第一部分包括三方面的内容：(1) 法显从长安出发经西域各国进入印度西北部的陆路行程。(2) 法显在印度境内经历各国的行程。(3) 法显在印度东部海岸多摩梨帝国（即今米德纳普尔县的塔姆卢克）坐海船经师子国、耶婆提国返回国内的水路行程。这一部分涉及地理及中印交通方面的资料较多。它提供了与古代印度有关的资料是：（甲）印中交通水陆两路的路线、沿线的重要地区地理状况、路程、来往人员以及当时的交通条件等，特别是水路关于航船大小、装备、港口、包括利用信风的航海术等。这是研究古代中印交通史的第一手资料，也是探讨古代印度人民的航海贸易史的重要资料。（乙）印度境内一些国家的方位，各国之间相距的旅程、气候、地形的变化，城市的大小以及与佛教有关的名胜古迹、寺庙僧侣的数目等。这对研究古代印度政治区划、地理沿革、城市发展、交通往来与文物遗址也有一定的参考价值。

第二部分是本书的主要部分。法显是佛教徒，去印度学习的目的也是为了解决佛教方面的问题，因此，《佛国记》中记载最多的是有关印度佛教的资料。这些资料大致可以归成以下类：(1) 关于佛陀的生平的传说故事，从释迦牟尼的出生于净饭王论民园，堕地行七步，二龙王浴

太子身，太子出城东门见病人迴车，太子遣车匿白马还，菩萨本苦行六年，佛入水洗浴，天案树枝得攀出池，弥家女奉佛乳糜，贝多树下经受魔王玉女考验，佛得道，转法轮以至般泥洹等。还有佛陀的种种善行，如割肉贸鸽、施眼施头、投身喂饿虎等。（2）佛教与外道以及佛教内部派别的斗争。佛在世时，外道一面与佛论辩，一面设计陷害，如遣外道女有意与佛接近，后又当众指责佛的行为不端或杀害所派外道女而加恶名于佛。有的还在饭中下毒，有的用象，有的投石均欲杀害佛陀。佛死后这些外道与佛教徒争夺精舍，破坏佛塔、佛的纪念物等。佛教本身也有大乘小乘教派之争。如苔夷国盛行小乘教派，对大乘教派就有歧视，前面已经提到。（3）印度各地佛教势力与佛教对西域各国及师子国等地的扩展。当时北印度、西印度如乌苌国有五百僧伽蓝，皆小乘学。犍陀卫国也多小乘学。罗夷国近三千僧兼大小乘学。跋那国也有三千多僧侣，为小乘学。毗荼国兼大小乘学。中印度摩头罗国捕那河沿岸有二十僧伽蓝，可有三千僧。僧伽施国有僧尼千人，杂大小乘学。东印度多摩梨帝国有二十四僧伽蓝，尽有僧住。佛教传入西域，在西域各国的势力不小。如鄯善国国王信佛，有四千余僧，悉小乘学。苔夷国也相同。于阗国为当时佛教在西域的中心，有僧众数万人，多大乘学，瞿摩帝寺就有三千僧侣，可见势力之大。西域诸国僧俗都信佛教，各国有自己的语言，但出家人都学习印度语言和书籍。子合国国王是虔诚佛徒，有千余僧，多大乘学。竭义国国王举行五年一度的施舍大会，佛法亦盛。印度以南师子国也有佛教传入。国王奉佛教，无畏山寺有五千僧，都城内交叉路口设立说法堂，每月讲道三天。全国供养僧众达六万人，仅都城内国王供养就有五六千人。跋提精舍有二千僧，摩诃毗诃罗精舍有三千僧。由师子国东去到耶婆提国（即今苏门答腊和爪哇岛），这里主要是外道婆罗门势力，佛教徒极少。由以上可以看到法显当时佛教势力在西域各国和师子国影响较大，甚至超过印度本土。（4）与佛教有关的印度各国统治者的部分事迹。如赞助佛教的有拘萨罗的波斯匿王、孔雀王朝的阿育王、贵霜的迦腻色伽王等。初拟毒害佛陀后又信奉佛教的阿阇世王等。(5)关于佛教的一些习俗、仪式及庆典活动。如僧人每年夏季雨期三个月中停止外出,入禅静坐称"夏坐"或"安居"的习俗。奉迎大礼"头面礼足",即拜倒在对方脚下为最尊敬的礼仪。僧侣进膳规定,闻揵声入食堂,"威仪齐肃,次第而坐,一切寂然,器钵无声,净人益食,不得相唤,但以手指麾"。接待客僧,主僧须代担衣钵,给洗足水,涂足油与非时浆(根据佛教戒律,正午后不能进食,只能饮苏油、蜜、果汁等,称为非时浆),休息片刻后根据受戒的时间长短分配房舍卧具。罗汉葬仪即火葬的仪式。行像仪式即用四轮车载运佛像巡行,一年一度。出佛顶骨、出佛齿受供养礼拜。众僧说法大会。说法结束时,供养舍利弗塔有香花、通宵点灯火,并扮演舍利弗(原为婆罗门)向佛陀要求出家情节以及大目连、大迦叶出家故事等。(6)关于佛教的一切名胜古迹。这里有佛陀活动留下的遗迹,如佛的足迹、晒衣石、度恶龙处、剪发爪处、嚼杨枝(净齿)处等;佛的遗物遗体,如锡杖、佛钵、佛牙、佛顶骨等;后人纪念佛的雕像、起的佛塔、精舍、僧伽蓝等。(7)关于佛教的一种社会历史观。法显在师子国听见一天竺道人诵的经文中说:"昔人寿极长,但为恶甚,作诸非法,故我等寿命遂尔短促,乃至十岁。我今共行诸善,起慈悲心,修行仁义。如是各行信义,展转寿倍,乃至八万岁。"又说:"佛法灭后人寿转短。乃至五岁十岁之时,粳米酥油,皆悉化灭。人民极恶,捉木则变成刀杖,共相伤割杀。其中有福者逃避入山,恶人相杀尽已,还复来出。"意思是修行就有佛法,就能增长寿命。佛法消失,为非作歹发生,就有杀戮,人寿就变短促。以此说明人事变化,宣传佛法善行的重要。又说:"佛钵本在毗舍离,今在犍陀卫,竟若千百年,当复至西月氏国,若千百年,当至于阗国,住若千百年当至屈茨国,若千百年当复来到汉地,住若千百年当复至师子国,若千百年当还中天竺。"佛钵可能标志佛教中心。因此,这里的含义可能表明佛教中心有转移。

这一部分有关佛教的资料对探讨印度佛教史有一定的参考价值,特别是法显亲自见到的佛教在印度各地的势力、佛教徒的习俗、仪式与庆典活动以及佛教的历史文物是比较翔实可靠的。当然,这一部分夹杂的宗教迷信内容特别多,也是我们应当注意的。

第三部分可能是法显附带记录的,是本书的次要部分。但作为研究古代印度的资料来说,它却是最有价值的。因为这是法显亲自的见闻,除了他对佛法教化下的印度有一定程度的美化外,一般来说,是比较可信的。其中一些涉及社会经济、等级制度方面的资料为古代印度史上这一时期唯一完整的文字记载。这一时期又是印度社会历史转变的时期,因此,它是十分宝贵的。

这部分的内容大致可以分为以下几个方面:(1)有关社会经济的问题。如笈多王朝时农业劳动者的状况。《佛国记》中提道:"从是(指摩头罗国)以南名为中国(即笈多帝国的中心地区)。中国寒暑调和,无霜雪。人民殷乐,无户籍官法,唯耕王地者,乃输地利,欲去便去,欲住便住。"这是一条重要的资料,但是如何说明它的含义却不大容易。一种解释认为当时印度征收地租以村社为单位,所以从法显看来就是没有户籍,耕王田者才交租,而"欲去便去,欲住便住"这只是表面的自由,实际是对村社强迫要求耕种关系,所谓去只能是回到村社去①。这种说法认为农民有二:村社农民和耕王田者。既然由村社交租,国家就不需各户花名册了。不耕王田就得回村社耕田,实际上并不能自由。印度著名的通史著作《印度人民的历史与文化》中引用1886年版詹姆斯·莱格的《佛国记》译本,对这段的解释是:笈多王朝的强大军队足以维持境内的和平秩序,因而不需要严密的警察管制与刑法约束。人们不必要登记户口和留意地方官员的法规。人们要去就去,要留就留②。

---

① 金克木:《梵语文学史》,人民文学出版社1964年版,第188~189页。
② R.C.马宗达:《印度人民的历史与文化》第3卷《古典时代》,1954年孟买版,第346页。

这又是一种解释。英国著名印度史学者 V. A. 史密斯在他的《牛津印度史》(1923 年版) 中则认为法显的记载表明笈多帝国在公元五世纪初治理得很好,政府对于人民没有不必要的干预,人们来去听其自便,不用登记或通行证①。还有一些其他说法,但都与以上说法有些大同小异,这里就不一一列举了。但是,哪一种说法正确呢?究竟应当如何理解法显的原意呢?从法显的记载整个来看,他经常把所见到的东西和本国的联系起来,加以比较。如法显至鄯善国看到俗人衣服就认为大致和汉地一样,不同的是兽毛制的。又在竭叉国提到,自葱岭已前,草木果实都和汉地不同,只有竹、安石榴、甘蔗是和汉地相同的。到中印度,法显见了一部抄律即萨婆多众律,就说是秦地僧侣所奉行的。所以,法显总是用自己的生活经历和学识来比较说明外国的事物。由此可见,要正确了解法显的记载,必须了解他本人的生活经历和学识。我们知道法显生活的时代是我国东晋,他青年时又在农村做过农活,他对晋代农村情况是熟悉的。晋代为了控制劳动力,增加剥削收入,实行户调制,王法规定有户籍及各种租课办法。因此,法显在文中说的就是指印度笈多王朝与中国晋代不同,印度农民没有户籍和各种调课,人民耕种王田才交租,而且去留不受约束。这样的理解可能更切合一些。如果要深切了解这一条资料的历史意义,还必须从印度历史上看看印度农民地位有什么变化。根据《政事论》记载,印度孔雀王朝时期王室农庄主要由奴隶耕种,奴隶用逃亡来反抗奴隶主的压迫,可见他们不能自由去留。根据法显的记载,到了笈多王朝时期,这一状况就发生了根本的变化。王田的耕种者的人身有了自由,他们已经不是奴隶而是佃农。这说明笈多王朝是封建主建立的,封建主在政治上已占统治地位。它标志着印度封建社会的开始。这条记载的重要性由此可见。法显还提到另一种农业劳动者,那就是"民户"。他们被作为财产看待,同田宅、园圃、牛犊一道

---

① V. A. 史密斯:《牛津印度史》,1923 年牛津版,第 154~156 页。

并列，属于国王、贵族和殷富之家所有。这些人往往把他们和田产、牲畜等一并赠送给寺庙。从法显记载中还可以看到他们与"人民"不同，在地方发生灾荒时也不能离开他们的主人和土地，他们的地位显然接近奴隶，他们是有人身依附关系的农民。他们以户为单位，是便于主人对他们的控制。

又如土地制度的问题。法显除提到"王地"以外，还提到国王、贵族、殷富之家的田产，还有他们对寺庙的赠地。特别是国王的赐地，在提到师子国国王赠赐寺庙土地时写得很具体："王笃信佛法，欲为众僧作新精舍，先设大会饭食僧，供养已，乃选好上牛一双，金银宝物，庄校角上，作好金犁，王自耕顷四边，然后割给民户田宅，书以铁券。自是已后，代代相承，无敢废易。"师子国文物制度多受印度影响，因此，这种赠赐方式可供研究印度这一时期赠地制度的参考。此外《布梨哈斯跋提法论》中关于国王赐地文书的格式①也可以印证。这些都提到赐地文书铁券书录后，王王相传，无敢废易，反映了这种赐地已逐渐成为世袭的私有地。此外，法显提到"王之侍卫左右，皆有供禄"，这里是指国王的护卫（主要是军人）都享有俸禄。根据《布梨哈斯跋提法论》提到王之侍从的份地问题，可以说明护卫的俸禄就是禄田份地②。到了玄奘时期"宰牧、辅臣、庶官、僚佐，各有分地，自食封邑"③。文武官职均有了封邑禄田。这就确立了封建食邑制。

又如商业贸易问题。法显提到"货易则用贝齿"，同时还提到有罪者罚"钱"。另外，在那竭国提到用"银钱"买五茎华供养，拘萨罗国提到须达长者布"金钱"买地，达嚫国提到用"钱货"雇响导。这些虽不全是笈多时所有，但说明印度货币种类还是很多的。考古发掘属于笈多这一时期的钱币种类和数量也很多。这反映当时商业的繁盛。法显又

---

① J.乔利泽：《布梨哈斯跋提法论》Ⅷ.12-16，见《东方圣书》第33卷，1889年版。
② J.乔利泽：《布梨哈斯跋提法论》Ⅷ.12-16，见《东方圣书》第33卷，1889年版。
③ 玄奘：《大唐西域记》，上海人民出版社1977年版，第41页。

提到多摩梨帝国是海口，有商船来往，师子国的建国与发展商业有关。最后，法显提到五百贾客给佛陀送麨蜜的传说，说明早期佛教是受到商人支持的。

又如各地的经济状况。法显提到繁荣富庶的地区与兴旺发达的城市有"人民殷乐"的中国（笈多帝国的中心地区），"其国丰饶、人民炽盛、最乐无比"的僧伽施国，"民人富盛"的摩竭提国巴连弗邑。荒凉衰落的地方与城邑有拘萨罗国舍卫城"城内人民希旷，都有二百余家"，蓝莫国拘夷那竭城"城中人民亦希旷，止有众僧民户"，迦维罗卫国"大空荒，人民希疏，道路怖畏，白象师子，不可妄行"，还有迦维罗卫城也是"城中都无王民，甚如坵荒，只有众僧民户数十家而已"。此外，王舍旧城、伽耶城都很"空荒"。我们知道笈多帝国一般来说是经济繁荣富强、人口众多的国家。可是从法显提供的资料使我们注意到还有荒凉的地区。至于荒凉的原因，可能与战争有关。法显没有提到这一点，但从笈多帝国建立前的战乱以及王朝早期诸帝的频繁军事活动可以作这样的推论。当然具体的原因还须进一步探讨。

（2）有关政治法律的问题。法显的《佛国记》提道："王治不用刑罔，有罪者但罚其钱，随事轻重。虽复谋为恶逆，不过截右手而已。"这说明当时笈多王朝的刑法是很宽大的，不判死刑或其他重刑，连重大的叛逆罪只是处以断右手的刑。其他罪行只是根据情节轻重确定罚款多少。当时罪犯不多，法显没有提到盗贼，他在印度各国游历时没有遭到偷盗劫夺。这是政局统一稳定、经济富庶的结果，又与当时的道德风尚"竞行仁义"和社会福利事业也有关系。

又法显比较详尽地记载了印度境内一些国家的情况，但却只字未提笈多王朝的统治，连他访问印度时在位的著名的超日王的名号也没有在他的记载中出现。这固然是由于他专心注意宗教事务忽视世俗问题，但也反映了一定的客观情况。那就是当时印度封建割据还比较严重，各地各自为政，显示不出中央政权的权威。其次，超日王对佛教既没有什么建树如阿育王,也没有什么损害如阿阇世王,他是一个虔诚的信服毗湿奴的教徒。因此,法显没有论述,这也是可以理解的。

(3) 有关等级制度的问题。法显记载中有:在阿育王时代,一位婆罗门深受国王敬重,国王去访问时不敢和他并坐,国王出自敬爱的心和他握手,事后他就洗净自己的手。可见婆罗门种姓不肯接近较低种姓防止污染,早已存在。到了法显游印时,他就见到名为恶人的旃荼罗,他们"与人别居,若入城市,则击木以自异,人则识而避之,不相唐突"。这说明他们就是不可接触的贱民。这些贱民有专门的职业(如法显所说是猎师、卖肉的)与住处,和与一般人不同的生活习惯(杀生、饮酒、食葱蒜)。从他们是猎师来看,可能他们原来是生活在山区或丛林地区的落后部落,后来才成为最低级的种姓。这和《摩奴法典》的记载是吻合的①。又根据《佛本生经》记载,旃荼罗还可以进城赶集,有的甚至和婆罗门同伴,虽然也受到歧视,但还没有如法显所说的那样严重②。《佛本生经》的记载是反映在法显以前的状况,由此可以看到在笈多王朝时期种姓压迫是加强了。

(4) 有关社会习俗风尚、福利事业等。法显提到巴连弗邑"竞行仁义","长者居士,各于城中立福德医药舍。凡国中贫穷孤独残跛一切病人,皆诣此舍,种种供给。医师看病,随宜饮食及汤药,皆令得安,差者自去"。中印度还有九十六种外道在道傍建立"福德舍",为过往旅客及僧侣供应住宿饮食。他还提到中印度"举国人民悉不杀生,不饮酒,不食葱蒜"。又说"国中不养猪鸡,不卖生口,市无屠酤及酤酒者"。不过他说是全国人民如此,未免有些夸大。因为婆罗门祭神要用牺牲,还有超日王以杀狮者的形象铭刻在他发行的黄金铸币上③。因此,在这里法显的说法是不准确的。

---

① 《摩奴法典》X.51—56,A.C.伯内尔、E.W.霍普金斯译,1884年版。
② 林志纯主编:《世界通史资料选辑(上古部分)》,商务印书馆1962年版,第204~205页。
③ 金克木:《梵语文学史》,人民文学出版社1964年版,第22页。

其他如法显的关于"夏坐"的记载,他的夏坐执行得非常严格,无论在什么情况下(如在船上)他都按时进行。因此,根据这一记载推算法显的行程是很可靠的。同时,这也是研究印度古代天文历法的一项重要资料①。又法显记载路程用的单位是"由延"、里、步等。"由延"是古代印度一天行军的里程,约为三十里,具体数字因时代、地区不同而有差异。这是确定古代印度各地区远近的重要依据。

法显记载中没有单独提到耆那教。可能它在当时已不占什么优势,特别是和佛教没有发生利害冲突。这也可以为研究古代印度宗教史提供一个线索。

综上所述,可见法显的《佛国记》这部书对古代印度史的研究有很大贡献。法显学习印度有一种不畏险的战斗精神。这一直鼓舞着后代的人们。玄奘、义净等佛学大师和中印文化交流史上有功绩的我国僧侣学者大多受到法显的激励。我们今天研究南亚也要有这股劲头!法显这部书提供的研究古代印度的资料已为国内外研究印度史的专家学者所普遍采用。如印度的马宗达、潘狄迦,英国的史密斯、拉普森,苏联的奥西波夫,日本的足立喜六和我国的季羡林、金克木等在他们的专著中都高度评价了法显的这本书。但是如何运用马克思主义历史唯物主义原理,一方面进一步深入挖掘这些资料的内在含义,一方面又与其他文献实物相互印证、综合分析,对这些资料作出恰如其分、符合历史实际的说明,这就有待于今后继续努力了。

(原载《华中师院学报》1981年第3期)

---

① 贺昌群:《古代西域交通与法显印度巡礼》,湖北人民出版社1956年版,第35页。

地理因素在印度历史发展中的作用

地理环境是人类社会发展中经常起作用的因素之一。但是，绝不能过分夸大它的作用，把它说成是决定人类社会历史发展的因素，它只能加速或延缓人类社会的发展。这一基本理论问题是马克思主义早已解决了的，不过，如何运用这一原理来论述地理环境在某个国家历史中的具体作用，还是需要探讨的。马克思在论述印度的社会历史时，提到印度的地形、幅员、气候和土地条件、自然物产等等及其对印度社会的影响。因此，要结合实际来学习这一原理，最好是从印度开始。本文拟就这一问题谈谈自己的认识。

一、印度的地理环境及其特点

印度位于亚洲南部中央，是一个大半岛，西北通过巴基斯坦和伊朗、阿富汗接壤；北方有一部分同中国直接接界，一部分通过尼泊尔、不丹和中国接壤；东北和孟加拉、中国、缅甸接界。印度的西边是阿拉伯海，与波斯湾、红海相通；南边是印度洋，东南方有斯里兰卡岛；东边是孟加拉湾，水路可通缅甸、马来半岛和苏门答腊岛，经马六甲海峡而进入广阔的太平洋。印度在世界上占有比较重要的地理位置。是东西交通和文明交流的重要中间站，又是历史上北方游牧民族南下争夺的目标之一。这是印度地理环境的一个特点。

其次，印度基本上是与外界隔绝的地区。北边是高耸的喀喇昆仑山脉和喜马拉雅山脉，其主脉平均海拔超过六千公尺①，层峦重叠、山势陡峭、十分险峻，又终年积雪不化，这些山脉是难以逾越的天险，构成印度北方的屏障。东北方面也是崇山峻岭，又丛林密布，加上暑热瘴气、毒蛇毒草，行旅很是艰难。西北边经过巴基斯坦通过兴都库什山的一些隘口（开伯尔、波伦、穆拉等）可通往中亚和阿富汗，这是印度与外界陆路交往的唯一重要孔道。但峡道迂曲狭长，有的沿途有荒凉沙漠，来往也是不易，东、西、南、三面临海，海岸线比较平直、缺乏良港。海岸附近很少岛屿，印度洋又多风暴，不便航行。印度就是这样由高山和海洋围绕的地区，在地理上形成一个独立的单元。这是又一个特点。

第三，印度幅员辽阔，总面积约二百九十五万平方公里，在世界各国中占第七位。印度内地地形十分复杂，有最高的山脉、高大的高原、广阔的平原、干旱的沙漠、阴湿的低地、水量充足的河流和夏季干涸的水系，几乎具备有各种类型的地貌。气候雨量各地差异也很大，有终年积雪不化的寒冷地区，也有炎热的热带气候的地方。雨量分布也极不均匀，有世界上降雨量最多的地方，也有几乎终年无雨的地区，年雨量相差达一百多倍。各地每年雨量大小、降雨时间长短也有变化。因此，印度各地的自然条件是不同的。印度各地之间的联系也是比较困难的。如文迪亚山脉就阻碍南北印度的交往。这就更加加深了各地的差异，形成印度地理环境的第三个特点。

第四，由于印度面积大，各地气候与自然条件的差别也大，因此，印度的动植物种类很多。森林占全国土地总面积五分之一以上。有很多珍贵树木和奇禽异兽。印度的矿产很丰富，铁矿蕴藏量居世界第五位。煤、锰和黄金不少，原子能原料与水力资源也有一定数量。印度河流平原地区与半岛沿海平原由于水量充足、气候适宜、土壤肥沃等有利条

---

① 公尺，米的旧称。——编者

件，特别适于农业的发展。印度半岛西部的黑棉土适于种植棉花。印度有丰富的物产和动力资源。这是它的地理环境的第四个特点。

马克思在《不列颠在印度的统治》一文中从地形与物产方面，把印度和意大利进行类比，指出在政治结构上两者的共同点；恩格斯在1853年6月6日致马克思的信中，又根据气候和土壤的性质，把印度归于北非、阿拉伯、波斯和中亚的类型，因而影响农业生产与土地制度。这说明一个地方的地理环境对其政治、经济的发展是有关联和影响的。

二、地理环境对印度经济、政治等方面的影响

地理环境对印度的经济、政治、军事、文化四个方面均有一定的影响，以下分别加以论述。

（一）经济方面，地理环境为印度远古人类的生存准备了物质条件。远古人类需要采集果实和根茎，或猎取小兽作为食物，又要喝水。还有为了挖掘根块、打击野兽，人们需要用木石作工具和武器。这些食物、饮水和工具原料都是地理环境提供的。但不是任何地方都具备这些条件，如丛林密布的恒河平原、拉贾斯坦的沙漠地区和高山峻岭的喜马拉雅山脉就缺乏这些物产而不适于人们生活。印度各地发现远古人类遗址的地方则一般都靠近水边和森林又盛产石料。如旁遮普的西瓦利克山麓、杰卢姆河、切纳布河及索安河流域平原有河水、果树和砾岩；东南拉贾斯坦的昌巴尔河富有石英岩，在吉拉特的萨巴马蒂河流域有砂砾，米尔扎普尔的贝兰河流域产质地良好的砂岩又多岩洞，南印度的纳巴达河流域有石英岩，哥达瓦利河流域有各种珍贵石料与暗色岩，泰米尔纳杜的科尔塔拉亚尔流域有红土砾岩、片麻岩等，这些地方都是远古人类活动的地方。由此可见，远古时期印度人的生活领域是要受到地理条件限制的。

气候的冷热变化自然影响远古人类和动植物的分布。北印度有喜马

拉雅山的冰河期与间冰期的更替，气候也就有冷热的变化。第一间冰期末出现于索安河流域的人类，因气候的变冷，人们和兽类就向南迁徙。印度的南部特别是东南部远古人类的遗址比印度北部和西北部要多，就是这一原因。但也有人认为，南印度是最早出现人类的地方，他们在第一冰河期结束气候变暖时才向北方迁徙。不管哪一种说法对，气候对远古人类的分布是有影响的，这是肯定的。

印度丰富的自然资源为人类社会进一步的发展提供了可能性。除了大量石材为远古人类制作工具和武器外，还有各种树木可作棍棒。复合工具的把柄、搭盖棚架等。另外有些资源如铁、铜等金属矿产以及原子能原料，则必须在社会生产力、科技水平有了提高后，才能加以利用。如人们知道用火、学会摩擦取火后才能够冶炼金属。金属器具才能制造出来加以使用。有了铜器、青铜器特别是铁器（铁斧和铁锹），就可以大规模地清除森林使之变为耕地和牧场；使用耕畜和带有铁铧的犁，土地耕种就可以大面积进行，农业、畜牧业和工商业就有大的发展。在东南拉贾斯坦的阿哈尔，发现了铜矿，又有了铜的冶炼法，这个地方就成为印度金石并用时代重要的文化中心之一。

不过，物产丰富也有一定的副作用。因印度气候比较温暖，人们对衣食的需要量是不大的。而有利的自然条件在生产力水平比较低的情况下，即在使用青铜器时，农产品也很丰富，也能得到剩余产品。人们的生活可过，就不注意对生产工具的改进。这就影响了社会的进步。还有因为印度与外界交通困难，印度内地也彼此隔绝，一个地区多余的产品无法交换它所缺少的产品。正如马克思所指出的，"由于印度极端缺乏运输和交换各种生产品的工具，所以它的生产力陷入瘫痪状态。自然物产是丰富的，但由于缺乏交换的工具而使社会非常穷困，这种情况在印度比世界任何一个地方都要严重"。

印度各地自然条件的差异对这些地方的经济发展显然有一定的影响，因而造成各地区历史发展的不平衡。在人类定居生活以后，这种状况就更为突出。恒河流域与南印度沿海地带土壤很松，易于翻耕，又土质肥沃、雨水充足，适于农业的发展，农作物产量较高。但是，这是在铁器发明以后，铁斧砍掉了恒河流域的巨大森林，农田才被开垦出来。人们有了经常的、可靠的食物源泉，定居的村社就出现了，社会经济有了进一步的发展。不适于农业生产的地区、如德干高原、拉贾斯坦西北沙漠地带、高山、沼泽地区等，这里的人们有的过着畜牧狩猎的生活，仍保持原始的野蛮状态，人口也很稀少，与农业地区的状况完全不同。

印度农业村社的发展和自然条件的变化有着密切的关系。由于气候炎热，土壤的水分容易蒸发，如果季风雨来得不及时，或是雨量不充分，农作物就会干死。如果雨量太多、太快或冷热变化剧烈，丰收在望的粮食也会被暴雨、冰雹的打击和洪水的冲洗而毁于一旦，有人作过粗略的统计，平均每五年在一个有限范围内就会发生一次农产品的短缺，每十年在较大的地区就有一次饥荒，每五十年或一百年就有波及几个邦的大灾难。历史上有记载的一次饥荒发生在德里苏丹菲鲁兹·沙·卡尔吉的统治时期，许多人饥饿难忍，只得投河自尽。还有 1769 年的一次荒年中由于许多野兽饿死，老虎在荒野找不到食物就跑到巴瓦帕尔城镇伤害了四百多人。此类悲惨事例，史籍多有记载。这使得印度社会经济受到严重的创伤，尽管每次灾乱之后，同样结构的村社又会重现，但社会的进展是受到影响的。

其次，印度的农村公社基本上是自给自足的，男耕女织，过着闭关自守的生活，造成印度各地的孤立状态。正如马克思所指出的，这种状态就是"它过去处于停滞状态的主要原因"。在这方面，自然条件（山川沙漠）的阻隔，道路的缺少也是造成这种孤立状态的一个因素。

（二）政治方面，上面已经提到印度各地经济发展是和这些地方自然条件的好坏有关，随着经济的发展，这些地方的社会政治也有了变化。北印度恒河流域与南印度沿海平原很早就形成了国家，可以说也和有利的自然条件有关。国家的职能除了一般作为政治统治机构以外，还由于自然条件的不同而有不同的社会职能。由于河流经常泛滥，定居的村社往往修土墙防水淹，又防野兽或外族袭击。这多半在秋天容易发生水灾的时候兴修，《梨俱吠陀》中就用 saradi（秋天的）来形容这种土墙，后来这发展成为城市的卫城。这原来是社会共同兴建的，国家形成后就成了国家的职能。又印度农业需要灌溉，筑堤坝、开沟渠也是公社集体经管的，有了国家后，这也成为国家重要的经济职能。

有利的自然条件也是一个国家能够强盛、向外扩张成为帝国的一个重要条件。如摩揭陀国能够称霸列国时代，逐渐统一北印度；后来孔雀王朝又能在这一基础上继续向外扩张，建立了一个除南印度一角外，整个南亚次大陆和今天阿富汗的一部分都包括在内的空前大帝国，原因之一就是它占据了恒河下游及其支流宋河、甘达克河、加格拉河汇合处的重要位置。河流灌溉的土地肥沃，河流还有利于航运与贸易，恒河三角洲可以有对海外贸易的利益，因此，经济繁荣富强。国家有充足的税收，可供养大量军队。邻近的丛林提供建筑木材，还为军队供应战象。国内蕴藏的铁矿，可制造武器，又能进行有利的铁器贸易。国内许多河流四通八达，便于政治控制，又能作为很好的防御手段。这些地理条件对摩揭陀成为军事强国，后又发展为孔雀帝国，是有重要意义的。

我们知道，印度政治统一的时期，在历史上是比较短暂的，而长期的四分五裂，在一定程度上也有地理方面的原因。这便是：（一）幅员太大，加上山川阻隔交通困难，不易达到政治统一。印度面积差不多等于除去苏联部分的整个欧洲，内地如交迪亚山脉就阻碍了北印度的强国深入南印。因为派军队远征要长途跋涉，还要运输给养，耗费很大。征服后的统治也要驻军，军费行政费开支也多；而且一有变乱，不能及时对付。因此，德里苏丹时期阿拉-乌德-丁·基尔吉出兵南征的目的只在掳掠财富而不是建立政治统治。东西方面也有类似情况，华氏城的阿育王要得到呾叉始罗变乱的信息，就要至少一个月的时间，派军队到那里又要几个月，不便控制。（二）气候与地理条件的差异，使各地区具有不同的经济利益,有着不同的文化特色。这些地区之间又有自然障碍,影响彼此交往,长期以来形成独立的政治单位。如北方的侨萨罗、摩揭陀、高达、文伽、阿槃底、拉塔与须呦他,南方的羯陵伽、安度罗、马哈拉施特拉、卡尔纳塔、哲罗、朱罗与潘迪亚等古王国似乎都有着永恒的生命。它们不关心帝国的兴衰,始终保持离心的、孤立的倾向。(三)作为社会基层组织的广大农村公社是分散孤立的,只效忠于家族公社,对整个帝国的命运十分冷漠。因而,印度的政治统一要靠武力才能建立起来,用的是军事行政的力量。一旦这种力量消失,统一体就分解成为甚至像"村庄那样多的各自独立和互相敌对的国家"。

印度内部的分裂给外来的侵略者创造了机会,印度自然资源的丰富又引起外族的觊觎。地理环境给外来者安排了进入印度的孔道。在海路未被人利用以前与外界的交往靠的是陆路,其中最便利的途径是以印度西北方,即通过位于阿富汗边界附近的开伯尔山口到巴基斯坦而进入印度。从雅利安人起,接着是波斯人、希腊人、塞种人、突厥人、蒙古人等都是沿这一路线而来。对印度人防御不利的是塔尔沙漠梗阻在印度河与恒河两个流域之间,无法动用北印度全部资源来对付入侵者,只能凭借印度河部分的力量。这一沙漠虽也能阻挡由印度河下游来的敌人,但在其北方却给敌人的进军留下一个空隙。印度人只注意内争,对外闭塞,不明敌情,因此,一直不能阻止外族的侵入。外来侵略者削弱了印度统一王朝的实力,如匈奴人之对笈多王朝、蒙古人之对德里苏丹,这也是破坏印度政治统一的一个因素。西北方来的野蛮侵略者不久就被文化发展较高的当地居民所同化,他们成为印度政治生活中一支重要的力量,影响印度历史的发展。

15世纪末形势有了新的变化。葡人发现绕非洲南端好望角东来的新航路,打破了土耳其人与阿拉伯人对东西方贸易的控制。荷兰、英国和法国继葡人之后东来。他们分别占领了印度东、西海岸的一些地方,一贯忽视海防的印度政府无法对付。这些殖民强盗互相争夺的结果,最终是英国取得胜利。英国建立了一个统一的庞大的英印帝国。从地理上来看，英国于1757年经过普拉西战役占领孟加拉，接着是比哈尔和奥里萨恒河中下游的富庶地区，这便奠定了英国制服法、荷，统治印度的基础。因此有人认为这一战役不仅决定孟加拉也决定了印度的命运，成为印度历史上的一个转折点。接着英国经过四次迈索尔战争控制了南印度，又在三次马拉塔战争后获得印度历代中央政府所在地德里，最后在1838—1849年中战胜锡克教徒和阿富汗人，吞并了旁遮普和信德，据有可以击退来自中亚细亚的任何侵犯的战略要地，于是才在东印度大陆全境建立了不列颠的统治。英国拥有了繁荣富庶的恒河流域，又占据了能够攻守的军事要地，掌握了制海权与重要港口、能保持与本国的联系又能控制海外贸易，因而才取得了胜利。

历史上印度人向外扩张的情况是罕见的。除其他因素外，也可以从地理方面找到原因。印度次大陆范围广阔、各国林立、争战不休。在印度本土取得统一已属不易，因此无力向外扩张。何况邻近地区并不比印度本土富裕。仅有的一次是德里苏丹穆罕默德·图格鲁克于1337—1338年出兵十万打算远征中国与印度间的一些倔强不屈的部族，因为高山丛林阻碍，又逢雨季，行军艰难，给养又缺，结果几乎全军覆没。印度的海外发展同样很少。因为邻近无岛屿，离东非和印度支那半岛都相距较远，向海外扩张需要建造船舰，耗费大，海上航行又多风险，加之印度大陆上有充分空间扩展。16世纪以前又没有海上来的威胁，因此，一直未受到印度统治者的重视。只有南印度沿海国家，因海岸线较北印长，内陆面积又较小，各国均有海洋航运的传统。11世纪初，拉金德拉·朱罗一世时取得几乎全部印度东海岸，他曾向海外发展，建立了包括锡兰、马来半岛一部分、尼科巴群岛在内的海上强国。后来终因海外作战负担太重，印度的朱罗本土又受邻国攻击，不得不放弃海上的经营。这些例子都说明，由于地理条件的制约，印度无论陆上或海上都未能向外扩张。

（三）军事方面，地理环境对印度军事的影响主要通过战争而表现出来。由于地形关系而构成的足以掩护国家政治中心，经济命脉的战略要地的保持，在战争中是十分重要的。印度陆上的防御主要在西北边境。由开伯尔山口向东南前进的侵略者只有一条经由在塔尔沙漠与阿拉瓦利山脉间的平原通往德里北方的道路。一过德里便是比较平坦的恒河平原，往南直到文迪亚山脉才遇到阻碍。因此，德里北方的平原是印度人抵抗外族入侵的战略要地。帕尼帕特·塔拉因等著名战场都在这里。1526年巴卑尔在帕尼帕特的胜利就奠定了莫卧儿人在印度统治的基础。而1191年拉杰普特人在塔拉因的失败则使穆斯林得以南下控制北印度。同样，由西往东去孟加拉也有一条处在丘纳尔与特利阿加里之间的狭长通道，沿途许多高地如罗塔斯、卡林贾尔、瓜利奥尔等均可设防。这是进出孟加拉的门户，易守难攻。因此，这也是孟加拉经常叛离德里中央政权的依靠。

其次，印度的气候对军事活动也有一定的影响。高温、暴雨的季节是不适于军事行动的。它对不适应水土的外来侵略者更是不利。马克思在论述1857年印度民族大起义的一些文章中多次提到这个问题。如"在德里城下的战斗中，烈日对士兵的危害甚于敌人的枪弹"，"欧洲人在雨季或潮湿地带只要一劳累，痢疾、霍乱和疟疾便跟踪而来"，"气候使新开来的部队受到极大的消耗"，等等。又季风来临，海军活动也被迫停止。1758年第三次卡纳蒂克战争中英国海军舰队在季风开始前不得不撤离缺乏避风港口的马德拉斯。这样类似的例子是很多的。当然，这些影响都不关大局。

（四）文化方面，地理环境对印度文化的影响是很明显的。人们创造的文化，不论是物质文化还是精神文化都脱离不了人们生活在其中的地理环境，因此，就表现出地理方面的特点。如印度产棉花，棉织品就十分精细。又天气潮湿、常有水患，房屋建筑就多使用烧砖和注意下水道和屋基的建造。印度宏伟的崇山峻岭、奔腾的河流、繁花茂林、奇禽异兽这一些美好的景物就成为文学艺术的题材,如著名诗人迦梨陀娑的名诗《云使》和《鸠摩罗出世》就是以雪山(喜马拉雅山)为背景,《时令之环》更是以鲜艳色彩直接描绘印度各季节的景物。山奇大塔的各门雕刻刻画的是印度的孔雀、象猴、龙蛇,各种花木;它展现在人们眼前的是印度大自然的奇妙诗篇。

宗教神话中也反映出地理环境的作用。印度气候酷热,雨水不足,常造成干旱,有时又暴雨成灾。水的问题关系重大。在古代神话中就提到天神因陀罗杀死围困水的巨龙,劈开大山解放了河水,使七河奔流注入大海。这反映了人们对水的渴望及其与自然的斗争。印度司风雨之神也很多,除因陀罗外,还有摩录多、伐育、楼陀罗、巴健耶等,反映了对季风雨的重视。自然现象的变化在古代已引起印度人的注意。他们还试图了解这些变化与人事的关系。如《火神往世书》中就提到如果有空中充满烟雾,太阳、月亮的圆盘上见到斑点,恒星、行星遭到遮蔽等现象的地方就会有厄运。又如有陨石雨、地震、雷击、飓风、日蚀、月蚀、流星光发生时就有饥荒等。由于当时生产力水平低下,人们的认识能力很差,只能看到一些表面现象,无法了解这些现象的原因和规律。人们不能控制自然力,就把一切变化归之于神,把人世的祸福寄托于命运的安排。因此,印度宗教学说比较盛行。

印度气候炎热,蚊虫多,易滋生疫病。印度人从古以来就得和疾病作斗争,因此,医药学比较发达。

此外,水陆通道有助于商业的交往,也促进文化的传播与交流。如恒河流域文化比较发达,印度西北部接受了希腊文化的影响,产生了犍陀罗的艺术。而在深山丛林中与世隔绝的地区,则至今还保存着原始的文化,如东印度山区的那加人、中印度高原的比尔人等。

从以上四方面来看,我们可以得出以下的几点认识:

(一)地理环境对印度的社会经济发展,国家的统一和分裂,军事、文化的活动都有着不同程度的影响,有的只关系到一时一地一事,有的则牵涉全局。

（二）地理环境影响印度历史的程度、大小和社会生产力发展水平有密切的关系。在火与金属（青铜器与铁器）未被利用以前，地理条件的限制就大得多。

（三）河流在印度一直是比较重要的自然条件，政治、经济、文化各方面的发展都与它有关。印度人对河流是十分重视的，特别是恒河被称为圣河。

（四）自然条件的差异影响了印度各地历史发展的不平衡。在人类定居以后，这种情况更为明显。

三、地理因素对印度社会历史发展的作用

地理环境既然对印度历史有多方面的影响，它对印度社会历史的发展究竟起了什么作用呢？我们认为，首先，它不起决定的作用。因为，如果说起了决定性的作用，那么，地理条件变化了，印度的社会性质也要跟着起变化。反之，如果地理条件不变，社会性质就不应变化。我们来看印度的情况。印度的地理条件不是一成不变的。它的变化大致可以分为两类：一是自然界本身的变化，如在人类出现以后有冰河期的变迁、地震的发生、地壳的升降、河流的改道等等。一是由于人类活动造成的变化，如焚烧、砍伐村木逐步造成森林的消失，挖水井、开沟渠使沙漠变为良田等。前者的变化是人力无法控制的，往往破坏性很大，造成生命财产的损失。在这种情况下，人们不是逃避、如冰河时代的南下，就是在灾祸过去再重整家园、如印度河流域城市有七次重建。后一种变化又有两种情况：一是由于人们还认识不到自己的行动对自然界带来的较远的影响；因而只顾眼前利益，焚烧树木作为燃料，砍伐树木，把森林开为耕地，但却破坏生态平衡，造成水土流失，气候变得干燥。一度兴盛的印度河文明的荒废，这种地理条件的变化可能是原因之一。

一种是兴修水利，解决干旱；又修筑道路桥梁便于往来。如孔雀王朝时修建和维护大道，建造大量沟渠水坝等，社会经济就能得到发展。但是，这些变化都没有决定印度社会性质的演变。例如自然界变化较大的原始时代，对人类生活的影响确实也很大，有的人群在大自然的变革中由于不适应而遭到灭绝。但生存下来的人群仍然过着原始公社的生活。进入阶级社会后的三四千年中，印度的地理条件没有很大的变化，但印度社会却经历了孔雀王朝的奴隶制帝国、笈多王朝的封建制帝国、英国统治的殖民地时期直到印度的独立这一系列的变化。由此可见，不能说地理条件决定了印度社会的发展。

其次，如果说地理条件决定社会性质的变化，那么，良好的自然条件必然使生活在其中的人们有着进步的社会制度。也就是说，自然条件的优劣决定了社会发展水平的高低。事实好像也是这样，如富庶的恒河流域中下游一带早已进入奴隶制社会，而德干高原的山地和森林地区却仍然是原始部落。但是，这里得先指出自然条件的优劣是要看人们的生活需要与生产能力来决定。原始时代人们需要的是食物，最初是使用石器，过着采集、狩猎生活。这一时期榛莽丛生、缺乏石料的恒河平原就不是良好的自然条件了。直到有了铁器和农业以后，经过人工开垦后的恒河流域，由于有着土壤的肥力，才成为了优越的地理环境。因此，这已经是经过人工劳动改造过的自然条件在起作用了。到了近代科技生产发展，需要的是钢铁、煤炭等工业原料和水力资源等。有这些富源的地方，人们又有能力开发和利用，当然就是良好的自然条件。因此，这里起决定作用的还是生产力发展的水平而不是单纯的地理条件。

另一方面，单纯的地理条件即使再好，也正如马克思在《资本论》中所说的，"只提供剩余劳动的可能性，从而只提供剩余价值或剩余产品的可能性，而绝不能提供它的现实性"。如印度有些原始部落"田地由血缘亲属共同耕种，收获时，各取一年给养所需之量，烧毁其余，免得人们懒散，无事可做"。他们就是这样处理剩余产品。只有出现了私有制,生产关系有了变化,剥削剩余劳动才成为现实。因此,自然条件并不决定社会制度。可是,有人对这一论点提出反驳。他们说马克思和恩格斯都认为东方各民族(包括印度)没有达到土地私有制,"主要是由于气候和土壤的性质,特别是由于大沙漠地带,这个地带从撒哈拉经过阿拉伯、波斯、印度和鞑靼直到亚洲高原的最高地区"。这不是明显地说自然条件对社会制度起了决定性的作用吗?这是对马克思和恩格斯的论述的曲解。马克思和恩格斯的原意是说,由于印度的自然条件的特点,经营农业必须要有人工灌溉。在当时生产力水平比较低的情况下,也就是马克思所说的"文明程度太低",个体经营无能为力,必须依靠公社、省或中央政府来办理。因此,就维护了公社所有制,阻碍了它向土地私有制的发展。不是自然条件决定了印度不能有土地私有制,而是它起了阻碍社会发展的作用。

地理条件是否决定中央集权专制呢?人们往往认为印度的自然条件决定农业需要人工灌溉,大规模的灌溉设施又要中央政府来经管,这就决定了中央集权专制制度。这完全是表面的联系。因为人工灌溉是印度人在经营农业中和旱涝灾害作斗争的结果,而专制制度则是在阶级斗争中统治阶级对人民所采取的一种统治形式,二者之间完全没有必然的联系。在印度经营农业需要人工灌溉,不论在什么制度下都是如此。列国时代的共和制城邦中,农田水利不是照样进行吗?在地方各自为政的时期,农业灌溉就不是在中央集权专制政府下进行。另外,专制政府也不一定就经管人工灌溉。如像马克思所指出的英国东印度公司的统治是"在亚洲式的专制基础上建立起来的欧洲式的专制",它只顾掠夺和统治,不管人工灌溉。还有没有人工灌溉的国家(如古代罗马、近代英法等国)也都有专制制度。由此可见,自然条件要求的人工灌溉并不决定一个国家的政治制度。

地理环境对印度社会发展起了什么作用呢?由于印度自然条件的差异影响了各地历史发展的不平衡,因此,不能一概而论。这里先就印度历史发展的主要中心地区（恒河流域及沿海平原地区）来说，这里的地理环境对印度历史的发展在人类文化初期起过促进作用，而在较高的发展阶段则又起阻碍的作用。因为在文化初期，人们生活需要以衣食为主，印度适于农业地区的自然条件比古代希腊罗马优越，如印度河流域在使用铜器、青铜器条件下，恒河流域在使用铁器时，就能取得剩余产品，进入阶级社会。前者比希腊罗马约早一千几百年，后者也早一二世纪。恒河流域还有利于航运，对古代印度经济、文化的繁荣与大帝国的出现提供了条件。这一切都可以说是地理环境促进了印度社会的发展。

不过，由于印度自然条件要求灌溉农业，最初曾经经营水利的农村公社延续了下来（农村公社残存的原因还有很多，这里仅就地理方面来看），障碍了生产关系向私有制的转化，影响了社会的发展。到了较高的发展阶段，农村公社组织更趋严密，生产范围仅限于自给自足、农业和手工业结合在一起，最顽强地保持传统的生产方式。这样，由于灌溉农业需要保存下来的农村公社就成为印度社会发展停滞的重要原因。农村公社与外界很少联系，造成道路缺少，而自然条件的阻隔，交通的困难，又使公社的孤立状态长久存在下去，地理环境在这方面对印度社会的发展就起了延缓的作用。

就印度其他地区来说，由于自然条件的差异造成印度各地区经济利益、文化传统各不相同，政治上四分五裂，影响了印度经济的发展，也起了延缓社会发展的作用。

直到近代，英国殖民主义用武力统一了印度各地，又用电报、铁路解决了交通联系的困难，轮船发展了海外航运，使印度摆脱了孤立状态。另一方面，不列颠的蒸汽和科学在印度全境把农业和手工业的结合彻底摧毁了，破坏了农村公社，因而打破了传统的生产方式对生产力的束缚。由铁路带来现代工业，印度的面貌改观了。可是文明的英国人追求的只是从印度居民的血液中榨取黄金。印度物质世界的一切变化既不给印度人民带来自由，也不曾根本改善他们的社会状况。由此可以看到，要使地理环境完全受人们利用，使它充分发挥促进或加速社会发展的作用，克服它的不利方面，仅靠生产力的发展还是不够的，要使人民真正受益，社会迅速进步，关键还在于由人民掌握生产力。人民取得政权后，在科学的指导下进行物质生产，自然力才能充分用来为人类谋福利。

参考资料

［1］马克思：《不列颠在印度的统治》，见马克思、恩格斯：《马克思恩格斯全集》（第九卷），中共中央马克思恩格斯列宁斯大林著作编译局译，人民出版社1961年版。

［2］马克思：《不列颠在印度统治的未来结果》，见马克思、恩格斯：《马克思恩格斯全集》（第九卷），中共中央马克思恩格斯列宁斯大林著作编译局译，人民出版社1961年版。

［3］马克思：《东印度公司，它的历史与结果》，见马克思、恩格斯：《马克思恩格斯全集》（第九卷），中共中央马克思恩格斯列宁斯大林著作编译局译，人民出版社1961年版。

［4］马克思：《印度起义》，见马克思、恩格斯：《马克思恩格斯全集》（第十二卷），中共中央马克思恩格斯列宁斯大林著作编译局译，人民出版社1961年版。

［5］马克思：《资本主义生产以前的各种形式》，见马克思、恩格斯：《马克思恩格斯全集》（第四十六卷），中共中央马克思恩格斯列宁斯大林著作编译局译，人民出版社，1961年版。

［6］马克思：《资本论》，郭大力、王亚南译，人民出版社1953年版。

［7］恩格斯：《印度军队》，见马克思、恩格斯：《马克思恩格斯全集》（第十二卷），中共中央马克思恩格斯列宁斯大林著作编译局译，人民出版社1961年版。

[8] 恩格斯：《英国军队在印度》，见马克思、恩格斯：《马克思恩格斯全集》（第十二卷），中共中央马克思恩格斯列宁斯大林著作编译局译，人民出版社1961年版。

[9] 恩格斯：《暴力论》，见马克思、恩格斯：《马克思恩格斯全集》（第二十卷），中共中央马克思恩格斯列宁斯大林著作编译局译，人民出版社1961年版。

[10] 恩格斯：《致马克思（1853年6月6日）》，见马克思、恩格斯：《马克思恩格斯全集》（第二十八卷），中共中央马克思恩格斯列宁斯大林著作编译局译，人民出版社1961年版。

[11] R.C.马宗达等：《印度人民的历史与文化》第一卷《吠陀时代》，1952年版。

[12] R.C.马宗达等：《高级印度史》，1978年版。

[13] K.C.贾因：《印度的史前史和原始史》，1979年新德里版。

[14] K.M.潘尼迦：《印度和印度洋》，世界知识出版社1962年版。

[15] 苏联科学院主编：《世界通史》十卷本，苏联国家政治书籍出版社1955年版。

[16]《英国百科全书》，《印度次大陆的历史》条，1978年版。

[17]《苏联大百科全书》，《印度》条，1953年版。

[18] 维特威尔：《世界经济地理》，生活·读书·新知三联书店1953年版。

（原载《华中师院学报》1983年第6期）

浅谈印度古代史的分期问题
——试论印度封建社会的开端

印度古代史的分期问题是研究印度古代史的一个关键,它对古代印度历史人物和事件的分析与批判,对古代印度文化成就的理解与评价,都有着十分重要的意义。这一问题不解决,对其他问题就不可能取得明确统一的认识。如对释迦牟尼的评价,主张当时是奴隶制社会发展时期的,就认为他是代表新兴奴隶主阶级的利益,是进步的历史人物;而主张当时是奴隶制衰落封建制兴起时期的,则认为他是维护旧的没落的奴隶主阶级的利益,是反动的历史人物。两者的结论恰恰相反[①]。

另外,印度古代史的分期问题也是我们学习无产阶级革命导师马克思和恩格斯的原著、学习马克思主义的历史唯物主义的一个很好的课题。我们知道马克思和恩格斯对社会历史的分期、对古代印度的社会形态都有重要的论述,这是我们划分古代印度历史阶段的理论指导,我们一定要认真地学习。

还有,印度古代历史的分期问题和亚洲其他国家古代史的分期问题也有关联,它们的古代社会都有一些类似的特点,如灌溉农业、农村公社、家庭奴隶制等,因此它们的分期问题也必然有共同的地方。解决一

---

① 前者见《世界上古史纲》编写组:《世界上古史纲》(上册),人民出版社1979年版,第388页;后者R.P.见萨拉夫:《印度社会:印度历代各族人民革命斗争的历程》,华中师范学院历史系翻译组译,商务印书馆1977年版,第492~494页。

个国家的分期问题，对其他国家的历史分期一定有参考价值。

由上述各点可以看到探讨印度古代史分期问题的重要性。

这一问题和我国古代史的分期一样，也是国内外学者争论不休的一个问题。资产阶级历史学者为了研究方便起见，也曾对印度历史的发展阶段作过一些划分，但他们不是把印度历史看成统治王朝更替的历史，就是从宗教文化的角度划分印度历史为三个时期，即印度教时代、伊斯兰教时代和英国人统治时代。这些学者根本不承认历史发展的规律性，他们的分期完全是任意的、不科学的。这种分期不能说明前一时期与后一时期的根本区别，也不能说明二者之间的必然联系，因此这种分期不能反映历史发展的真实过程。

科学的历史分期只能根据马克思主义的历史唯物主义原则来划分，即按照占统治地位的生产关系的性质将印度历史划分为原始共产主义社会、奴隶制社会、封建社会、殖民地半封建社会以及性质尚未确定的现代印度社会。印度古代史就包括原始共产主义社会和奴隶制社会两个阶段，但结合印度历史的具体实际，各国学者的分歧仍很大。如有的认为公元前3000年印度已进入奴隶制社会，公元前542年则是印度封建社会的开端；有的则认为公元前六世纪才有阶级国家出现，公元七世纪才进入封建社会；还有一些人否认印度存在奴隶制社会，他们认为奴隶制在印度没有成为占优势的生产方式。我国研究印度史的学者对分期问题也有不同的看法。关于印度奴隶制社会的上限，各家说法出入不大，一般认为是公元前一千年代初。如果算上哈拉帕文化，就应提前到公元前2500年。但对封建社会的上限，则大致有以下三说：（1）公元前五六世纪，印度奴隶社会开始向封建社会过渡；（2）印度由奴隶制向封建制的过渡，大约开始于公元一二世纪，基本完成于公元四世纪；（3）公元五至七世纪印度封建社会形成的时期①。

---

① 第一说见季羡林著《罗摩衍那初探》，第二说见《世界上古史纲》，第三说见郭守田主编《世界通史资料选辑（中古部分）》。

分期问题还包括原始社会、奴隶社会内部各发展阶段的划分，问题比较复杂，因为印度各地社会发展不平衡，南北印度的发展也各有特色，对这些问题本文暂不讨论，下面着重讨论一下印度封建社会的开端问题。在有关这一问题的种种说法中，值得注意的有两种倾向。一种倾向是向西欧封建社会的开始时间靠拢，那就是以公元五世纪西罗马帝国灭亡，奴隶制社会结束为界线。罗马帝国是奴隶制发展到极盛时期的帝国，似乎必然首先进入封建社会。这样，中国则应在公元五至六世纪南北朝时期才开始封建化，印度封建社会的开始就应在公元六至七世纪，它们都有着类似的外族入侵问题。主张这一说法的人往往引用恩格斯的话："只有野蛮人才能使一个在垂死的文明中挣扎的世界年轻起来。""……使欧洲返老还童的，并不是他们的特殊的民族特点，而只是他们的野蛮状态，他们的氏族制度而已。"① 这些野蛮人是罗马帝国奴隶的重要来源，他们同帝国境内的奴隶有着亲族关系，同受帝国奴隶主的压榨，因此，应把这种外族的入侵看成是内因，似乎任何奴隶制社会都必须有野蛮人的入侵才能产生封建制的变革。如果这是普遍规律，那么就必须和"事物发展的根本原因，不是在事物的外部而是在事物的内部，在于事物内部的矛盾性"② 这一原则协调起来，因此，就把这种外力解释为内因。另一种倾向是向中国封建社会的开始时间靠近。中国奴隶社会向封建社会过渡的时间比较公认的意见是春秋时期（公元前770—前476年），那么，印度的封建化就提前到公元前五至六世纪，即摩揭陀的频毗娑罗就建立了封建国家，或至迟在公元前四世纪的孔雀王朝已是封建王朝。中国古代社会和印度古代社会有许多共同的和类似的特点。在上述时期内两国都是战乱频繁，政治经济经历着巨大的变化，意识形态领域是诸子百家争鸣，思想十分活跃。在这里，恩格斯关于"历史上

---

① 恩格斯：《家庭、私有制和国家的起源》，见马克思、恩格斯：《马克思恩格斯选集》（第四卷），中共中央马克思恩格斯列宁斯大林著作编译局编译，人民出版社1972年版，第152～153页。

② 毛泽东：《矛盾论》，人民出版社1952年版。

的伟大转折点有宗教变迁相伴随，只是就迄今存在的三种世界宗教——佛教、基督教和伊斯兰教而言"的提法①也是说明这个时期印度有重大变革的一个理论根据。以上两种倾向都是以某一国家的社会变革为模式，以其变革的时间为基准来研究印度古代的分期问题，这自然是不妥当的。探讨某一国家的历史分期问题固然需要和同一类型或具有典型意义的国家的社会历史进行比较研究，固然要考虑当时世界形势的发展以及国家间的相互影响，但是更主要的是对印度古代社会本身发展变革的研究。我们不能脱离印度自身的特点及其内在矛盾的演化来探讨印度古代史的分期。

  为了研究印度古代社会的发展变化，我个人认为首先必须全面地、系统地学习和领会马克思主义的历史唯物主义以及马克思、恩格斯有关封建主义产生的一般论述和关于印度古代社会的论述，比如生产力的发展受到奴隶制的限制，迫切要求消灭奴隶制；奴隶制已经无利可图因而灭亡了；新的生产力要求生产者在生产中能表现出某种主动性，愿意劳动，对劳动感兴趣，换言之，即劳动者的地位需要有根本的变化，以及这一切在家庭奴隶制、种姓制与村社制度等结合的古代印度社会如何实现。这就是我们要在马克思主义的理论指导下结合古代印度社会实际进行学习和研究的课题。

  另外，我们还要认真发掘、精确地分析和审订史料。印度古代史缺乏历史文献，又没有史学著作（如类似我国司马迁的《史记》、希腊希罗多德的《历史》等），仅有一些家谱、史诗、往世书等。这些资料往往夹杂神话传说，又没有确切的年代记录，因此我们对已有的文献资料要仔细审订，以求得某一历史时期的确切史料。又由于这些文献最初只是口头相传，后来才有文字记载，彼此传抄，因此，在编成定本以前，

---

① 恩格斯：《路德维希·费尔巴哈和德国古典哲学的终结》，见马克思、恩格斯：《马克思恩格斯选集》（第四卷），中共中央马克思恩格斯列宁斯大林著作编译局编译，人民出版社1972年版，第231页。

常有后人的增删改动。如史诗《罗摩衍那》《摩诃婆罗多》等的编成都经历了较长的时间,它们反映的历史也就不是只限于这些文献编者当时的状况,必然还包括定本以前文献流传时期的状况。因此,在使用这类资料时必须严格区分它所反映的具体时代与地区。除以上这些少量的历史文献外,研究古代印度还必须从多方面发掘、广泛搜集有关资料。比如法典(包括法经、法论),这是反映统治阶级利益的,其中有些条款(如释放奴隶的规定等)也反映了被统治阶级的斗争。当然,法典逐渐僵化,不能反映千变万化的社会实际,这是我们要注意的。又如涉及政治学说和制度的政治文献、宗教经典、文学作品、字典辞书等也都有某一时期的社会经济状况和各阶层人民生活状况的反映。此外,外国旅行家、官员、僧侣的见闻也是很有价值的,不过由于作者是外国人,往往以异国人的眼光论述印度的事物,这也是值得注意的。最后,考古发掘得到的碑铭、钱币等文物,比较切实可靠,又有年代记载,需要充分利用。

根据以上要求探讨印度封建社会的产生,我们还须做很多工作。在当前的条件下,对这一问题自己只能谈一点粗浅的认识。我是同意公元四世纪笈多王朝的建立是印度封建时代的开始这一说法的,原因有以下几点:

一、从生产力的发展来看。由贵霜帝国到笈多帝国,这一时期印度经济特别是农业有了相当的发展。这表现在以下一些方面:(1)生产工具的改进。带铁铧的、比较轻便的犁成为主要的农具;此外,还出现不少的铁制农具。在《布梨哈斯跋提法典》《长寿字库》等古代文献中就有关于这样犁的详细描述。在呾叉始罗的考古发掘中发现了公元一世纪的农具遗物,其中有月锄、铲、镰刀与鹤嘴锄等,比以前都有了改进,有的是新式农具。(2)农艺知识的增长。当时已知区别不同土壤,分别谷物种类,实行轮作制。如《长寿字库》就提到适于不同农作物的各种类型的土地。又知道施肥,并研究植物病害,设法防护。(3)耕作技术与农田管理要求的提高。在播种前要求翻地二至三遍,果树种植要有一定的间距,收获后要打谷、磨谷、簸谷、晒谷,然后才入仓。(4) 水利灌溉的发展与耕地面积的扩大。笈多王朝以前各地已陆续兴修水利,如公元前一世纪羯陵伽的卡罗毗拉留下的哈色贡法铭文就提到他扩大了灌溉网。公元二世纪中叶邬阇衍那的塞种州长手下的官员建筑新水坝巩固著名的苏达尔桑纳湖水利工程,防旱防涝。随着沟渠池塘的修建,使沼泽排去积水,旱地获得水利,耕地面积也就扩大了。(5) 耕畜的广泛使用与牧养的改进。注意家畜的增殖与防病的措施。(6) 农作物种类与产量的增加。公元初几个世纪的文献,如《长寿字库》《大唐西域记》等就提到主要农作物有几种水稻,还有小麦、大麦、黍,豆类有扁豆、绿豆,油料作物有芝麻、芥子、构酱,经济作物有棉花、大麻、亚麻、靛蓝、甘蔗等。园艺方面,蔬菜果树种类也有增加。蔬菜有黄瓜、南瓜、葫芦、萝卜、葱、蒜以及胡椒、姜等调味品。水果有芒果、甜瓜、罗望子果、末杜迦果、枣、橙、桃、梨、梅、杏、葡萄、石榴、香蕉等,许多地区还栽种椰子树。桑树种植与养蚕业也兴盛起来。农作物产量有些增加,每年可收获二到三次。公元二世纪的《红海漫游记》提到稻米与小麦的出口就表明了这一点。

  与农业有关的手工业也得到发展。在这方面,纺织工业最为发达,文字史料和考古资料都证实了这种情况。纺织原料有棉、毛、丝麻等。织物花色品种很多,如绫罗绸缎、毛毯地毡均有制作。织平纹细布的技术很高,公元一世纪最精致的棉布称恒河棉布,东孟加拉和恒河三角洲所产杜库拉布色白柔软,北孟加拉的色黑,表面像宝石一样光滑。希腊地理学家斯特拉波曾提到印度人用精美的细布做的花袍和绣有金线饰有宝石的衣服。《长寿字库》《大唐西域记》《蜀利沙本行》等书和钱币面上刻画的人物,壁画、浮雕的人像等都有各种服饰衣着的描绘。铁、铜、金、宝石、盐等矿产的开采和冶炼也有很大的进展。公元二至三世纪的医学名著《阇罗迦本集》中就提到用金、银、铅、铜、青铜等制成的器具。在旧德里库特布尖塔附近的梅哈劳利有公元五世纪兴建的著名铁柱,柱高725公尺,重达65吨,上面刻有旃陀罗王(可能就是超日王)的军功事迹,经过千余年的风吹雨淋,至今仍未锈蚀,说明冶炼技术水平之高。宝石雕刻已成为专门学问,彘日的《广集》提到当时已知的二十种不同的宝石,并描述各种宝石的色泽、性质及其产地。建筑方面用砖石代替竹木,已建有阿旃陀石窟等著名建筑,还有如塔莱等地的砖塔庙宇。这时期已能制造载百人以上的大型多桨帆船,并利用季风在海洋上航行。对外贸易十分活跃。出口物品有纺织品、象牙制品、珍珠首饰、胡椒香料、靛蓝染料和珍异禽兽等。这一切都表明这一时期的工农业生产有很大的发展,生产力水平有了相当的提高。与公元前四到二世纪的孔雀王朝时期相比,我们就可以明显地看到这种发展。以农业为例,孔雀王朝时期虽已有了犁、锄、耙和镰刀,但都比较粗糙简陋,犁很笨重,只能把地犁出沟痕、而不能把地层翻过来。耕作技术低下,又不能因地制宜,这种生产不需要生产者精心操作,但要耗费大量体力,田地主人需要设置监工才能强制受压榨的生产者进行劳动。到了笈多王朝,生产力的发展要求生产者关心劳动生产,并要掌握一定的技术,即要求他们对劳动有兴趣,能表现出某种主动性和积极性。由于产量的提高,使生产者在纳租以后还有剩余,可以进行再生产,因此增加了劳动的积极性。笈多王朝时期的生产力状况显然已具备封建社会的特点了。

二、从生产关系的演变来看,首先是土地制度的变化。孔雀王朝时期,土地是国王所有,国王作为奴隶主阶级的代表成为全国土地的最高所有者,无论是《摩奴法典》、《政事论》、佛教经典和希腊人麦伽斯梯尼都有这样的看法。但是实际上对土地的占有有以下几种情况:(1)国家和国王直接占有的土地,包括森林、水源、矿藏、未开垦的荒地、国王经营的农庄和移民村。国王经营的农庄由奴隶、雇工和囚徒耕种,由农业主管人直接掌管(《政事论》第2卷第24章)。移民村是由外国人或本国其他地区的过剩人口耕种的,他们须向国家纳税才能终生耕种分得的土地，如能及时缴纳应纳的税额，还可获得谷物、牲畜和金钱的供应，以便使他们更好地耕种土地，增加国家收入。村内已有贫富之分，有的雇工、有奴隶，有的贫穷无靠。参加公共建筑的劳役，富人可以由他的仆人和公牛代替，出一份费用而不用亲自服役（《政事论》第2卷第1章）。（2）奴隶主贵族和寺庙占有的土地。这种土地主要是国王的赏赐，也有通过买卖、继承、开荒和侵占而取得的。国王赏赐的土地不得出卖、转让或抵押，国王只是赐予该土地的田赋税收，田地仍为国王所有，由村社农民耕种。贵族僧侣扩展的土地，如婆罗门科西亚·戈塔的农庄有一千迦犁沙（一迦梨沙约为一英亩①），他将其中一半租给佃户，一半由自己的奴仆耕种（《佛本生经》卷4，第276篇）。有的婆罗门拥有使用五百具耕犁的田地（《杂阿含经》卷4）。这类田地主要由奴隶耕种，也有使用雇工或出租的。（3）公社占有的土地。由于各地经济发展不平衡，土地占有的情况也不一样，一些边远地区还继续保持原始的氏族部落公社。据亚历山大部将尼亚库斯称，他们是共同耕种，平均分配产品（《斯特拉波》第15卷第1章第66段），土地自然是公社所有。另一些发展较缓慢的地区，土地定期分配。大部分地区的公社，土地已不再重分，逐步形成土地的个人占有，接着出现土地买卖的现象，土地的私人所有就这样产生了。这在摩奴法典时代（公元前三世纪至公元三世纪）就已经有了迹象。此后，法典、佛经等文献都有不少有关土地私有的例证。这些私有者带着自己的人到田地里去干活（《本生经》第389个故事），"自己的人"可能指的是自己的儿子、奴隶或者分成农等。

　　到了笈多王朝时期，私人土地所有制有了进一步的发展。法律上对取得不动产的途径有所增加，对买卖土地的条件也有了放松。如《布梨哈斯跋提法典》列举出七种途径，比《乔达摩法典》增加了两种。《那

---

① 1英亩＝0.004 047平方千米。——编者

罗陀法典》规定出让土地只要求当场公布出让契约，不像《摩奴法典》规定的那样需要邻人即劳动公社成员预先同意。维护土地私有者利益的法律条文也增多了。在这个时期，国王的封赐地也逐渐变成私有地。《布梨哈斯跋提法典》提到国王封赐土地时应颁给铜牌，载明某王赐某地与某某，并申明所赐土地可与日月同寿、传之子孙万代不可剥夺或削减，又以天堂地狱为誓，表明封地的不可剥夺，这些赐地就成为受封者世袭的私有土地。官吏的禄田也同样演变为私有地。这时的劳动者，耕种王地的，乃输地利，欲去便去，欲住便住（法显著《佛国记》）。他们是只交纳地租、没有人身依附关系的自由佃农。与赐地一道，赠送给寺庙的还有民户、牛犊等（《佛国记》），而没有提到奴隶，而在前一时期的佛经中则田宅、田业、田地同妻子、奴婢、畜生并提（《佛般泥洹经》卷上、《中阿含经》卷 7、《增阿含经》卷 27）。这种民户据法显记载是不能随意离开主人和土地的，他们也被看成是一种可以转赠的财产，是依附农民。封建的土地所有制就这样代替了奴隶主土地所有制。

其次再看剥削关系与劳动者地位的变化。上面已经提到孔雀王朝是奴隶制剥削关系，佛经描述奴隶是在监工铁棍的威胁下劳动的，有的还戴着铁链，有的用烧红的铁在身上烙印，吃的是酸粥，穿的只有一片围腰布，几乎是赤身露体。主人对待奴隶可以打骂、伤害甚至杀死。他们的地位如同畜牲，主人可以出卖或典押自己的奴隶。《政事论》把他们看成是两条腿的畜牲，和四条腿的并列（第 2 卷第 35 章）。他们不能出庭作证，也没有代主人签订契约的法律资格。尽管印度的奴隶与希腊、罗马的不同，他们有有限的财产权，还能有自己的家庭生活，他们的待遇也得到一定的保障，如使奴隶搬运死者、清扫粪便或残余食物，或使女奴为男主人洗澡，破坏女奴的贞操，奴隶主就要丧失抵押的奴隶（《政事论》第 3 卷第 13 章），不过这些并不能改变他们受奴役的地位，他们的经济始终是受奴隶主制约的。《摩奴法典》就明确提到，奴隶与妻子一样，都被认为是没有财产的，所获得的财富属于他们的所有者（第 8 卷第 416 条）。

在奴隶制剥削关系的影响下，户工的生活也接近奴隶，工资十分微薄，维持生活十分艰难，以致有人宁愿献身为牺牲，求得报酬供养老母（《本生经》卷3第325篇）。在规定期限内如没有交出产品，不仅没有工资而且要受罚，不符合质量标准也要受罚，甚至受残害身体（如断指）的处分（《政事论》第2卷第14、23章）。农村公社成员在奴隶制国家统治下同样受到沉重的剥削，他们要向国家缴纳巴伽税即田赋，数额为田地收获物的六分之一，特殊情况下有时提高到四分之一或降低到八分之一；此外，有贡税（巴利税）、财产税（kala）、牧场税（vivita）、勘查定居税（rajju）和警察税（chorarajju），在王子出生时还须交纳乳金等。因此，农民仇恨征收巴利税的税吏，称他们是吃人的恶魔。农民还须服强制性的劳役，无偿地修建灌溉工程，而用水时仍须缴纳水费（《政事论》）。税吏还不时借口掘盐、制糖破坏村庄土地，他们还要索取蔬菜和花卉、牧草、木柴，并以牵走耕牛威胁农民。这些税吏的勒索与恶行在得到豁免特权的奴隶主田庄里是没有的。

到了笈多王朝，封建的剥削关系取代了奴隶制。奴隶已很少使用在生产上，而由自由佃农、依附农民和雇工代替他们。关于田租，这时的法律没有明文规定，根据公元七世纪义净的记载，租种僧院土地由僧院供应耕牛，田租一般为产量的六分之一，有时因季节而有增减。看来农民负担比以前有了显著减轻。雇工的情况也是如此。农业方面的雇工自备衣食，可以得到收成的三分之一，从主人处取得衣食，则为五分之一（《布梨哈斯跋提法典》）。当然，法典代表雇主的利益，对能工作而不干活的雇工除退还工钱外，还须罚款，保留了前一时期的规定。

劳动者地位的变化在种姓制方面也有反映。首陀罗原是包括奴隶的，是从事手工业、农牧渔业的最低种姓。吠舍是一般公社成员，从事农、牧、工、商等业。这时吠舍内部有了分化，成为专事"贸迁有无，逐利远近"的商贾，而首陀罗则是"肆力畴陇，勤身稼穑"的农人。他们与原为吠舍的公社成员地位接近，成为依附农民（《大唐西域记》《法显传》）。

三、从上层建筑来看。上述变化在维护统治阶级利益的法典里表现得最明显。奴隶解放的条件和仪式在较晚出的《那罗陀法典》中规定最为详尽，这反映了奴隶要求解放的斗争成果，同时也说明奴隶制的解体，蓄养奴隶并不十分有利，因而奴隶主在有了一定补偿后即可将还释放。法典尽力维护封建主的利益，国王赐地（甚至包括封地）文书格式都有明文规定（《布梨哈斯跋提法典》），表明不可剥夺和侵犯。其次在政治制度上，随着封建土地所有制的形成，封建统治权也产生了。在边区被征服的地方有了封建君主的藩臣（阿拉哈巴德地方的石柱铭文），他们享有一定的独立地，他们以纳贡、朝觐表示效忠。赐地文书表明了封建等级制的产生，官吏的地位不再以与最高统治者的亲属关系远近和领地奴隶的数量大小来决定，而决定于封地的大小和依附农民的数量。国王分封大臣的土地，受封者又赏赐其臣属，这也形成等级的附庸臣属关系。领主在领地内享有一定的权利（如铸币、司法等权）。其三在思想文化上，当时的文学作品就出现了对社会矛盾与斗争现实情况的反映，有的作为背景，有的是主题。比较进步的作品更对劳动人民的遭遇表示同情，但同时也有了封建道德的说教。如《薄伽梵往世书》《诃利世系》等都描绘了牧童黑天对自己生活的热情歌唱以及对压迫他们的国王进行的斗争和胜利。戏剧《神童传》突出政治斗争的主题，突出贱民打进宫殿控制暴君的情节。剧本《小泥车》则以牧人领导的反抗国王的斗争为背景表现城市贫民、穷困破产的商人、妓女奴隶、按摩匠、流浪汉等与奴隶主恶霸间的矛盾和斗争。反动阵营的内部不断解体，他们使用的奴隶和车夫，还有帮闲清客、甚至禁军教头都纷纷转向起义的一边，反动派十分孤立，虽终国王被杀，被压迫的人民得到了解放。作者对贱民、奴隶给予了深厚的同情，而对奴隶主恶霸则进行了无情的鞭挞挞如在第十幕中刽子手说："虽然我们出生在贱民的家族，我们却不是贱民。那些迫害善良人的罪人才是贱民。"① 这一些作品反映了奴隶制

---

① 金克木：《梵语文学史》，人民文学出版社1964年版，第277页。

解体时期人民的斗争与愿望。名剧《沙恭达罗》则反映封建制建立后的矛盾和斗争,主要是城乡间的矛盾和农民对地主的斗争。沙恭达罗在受到损害侮辱之后,尽管她是十分柔弱的少女,也忍无可忍地咒骂地主恶霸的头子(国王)是"骗子,戴着一副道德的面具,你好比一个陷人的坑,上面盖着花草……"① 同时剧中也提出了妻子应当绝对服从丈夫这一类的封建道德。其四是人民的富庶,文化的繁荣。在文学、艺术、哲学、政治、天文、医药、建筑等多种学科中出现了著名的学者和有价值的作品,这反映了封建制的建立适应了当时的社会状况,因而有了经济的发展和文化的昌盛。

以上这些方面都可以说明印度从孔雀王朝到笈多王朝是奴隶制由极盛到衰微、解体以及向封建制过渡、封建制形成的时期。印度奴隶制在孔雀王朝时发展到极盛,奴隶不能忍受剥削和压迫,起而反抗奴隶主的统治。他们采取消极怠工、逃亡以至叛乱等方式进行斗争,严重损害了奴隶主的利益;加之奴价昂贵(比同时期希腊奴隶价高,高于牛、马的价格)②,奴隶主感到在生产中使用奴隶既危险又无利可图。随着孔雀王朝的衰亡,奴隶制也衰微了。印度奴隶制的解体和向封建制的过渡是从贵霜帝国开始的。东西方贸易的发展,印度文化与希腊文化、中国文化的交流刺激了印度的工农业生产,促进了农村公社内部的分化,阶级关系和种姓制度都有了变化,民族矛盾阶级矛盾都很尖锐,奴隶制的贵霜帝国被倾覆了。公元二世纪后,印度境内又是小国纷争的局面。公元320年笈多王朝开始建立帝国,实行封建剥削,这就是印度封建社会的开端。

古代印度社会如何由奴隶制向封建制过渡,由于这一时期历史资料比较贫乏,我们对过渡的具体情况还无法说明。有的强调大夏人、塞种

---

① 迦梨陀娑,《沙恭达罗》,王维克译,人民文学出版社1954年版,第73页。
② 《政事论(第3卷第16章)》《雅日纳瓦尔基亚法经(第2卷第147节)》,见中国人民大学中国历史教研室编译:《历史问题译丛》(第二本),1953年版,第104页。

人和大月氏贵霜人的入侵在摧毁印度奴隶制社会方面起了决定性的作用。但除了贵霜人以外，这些人的活动主要偏重于印度西北部。贵霜人建立的仍然是奴隶制帝国，因此，这一说法还值得研究。我个人认为印度的奴隶制社会主要是家庭奴隶制。奴隶有一定的财产权，又有自己的家庭，和农奴已比较接近。生产的进一步发展要求生产者有自己的经济，能够对生产关心，有一定的积极性和主动性。家庭奴隶制不能适应这种要求，在被压迫人民对奴隶制国家（包括贵霜）不断冲击的情况下，适合新的生产力要求的农奴制就建立起来了。这一转变过程与西罗马奴隶制帝国的灭亡不同，没有大规模的、激烈的奴隶起义与"蛮族"入侵相结合的联合打击，政治、经济、社会、文化各方面都没有遭受巨大的破坏。孔雀王朝的中央集权君主专制官僚制度继续保持下来，繁盛的城市及对外贸易仍得到发展，农村公社及种姓制度都基本上存留着，文化也在过去奴隶社会文化的基础上有了进一步的繁荣，这些都和西欧封建制的形成不一样。

最后对封建社会开端的标志问题也谈一点粗浅的看法。首先，我不同意说铁器的使用是印度封建社会开端的一个标志。因为生产力的性质和水平并不只是表现为使用什么样的工具，关键是要看能否生产剩余产品以供剥削，即除维持劳动者最低生活水平外还有剩余，能如此，那就有可能出现阶级社会。生产者对生产劳动有一定的积极性，才能掌握更高的生产技术和更完善的生产工具，这样的生产者和生产工具才能生产更多的剩余产品，这样就可能出现比较高级的社会。因此，古代希腊、罗马在使用铁器时才进入奴隶社会，而古代亚非一些地区如埃及、美索不达米亚则在铜石并用时代就已成为阶级社会。亚述、波斯使用铁器，仍然是奴隶社会。印度也不例外，公元前十世纪印度就已发现铁器（在中央邦），而当时社会还是吠陀时代奴隶制社会初期阶段，显然不是封建社会。

其次，土地私有制的出现也不能作为印度封建社会开端的标志。因为土地私有制究竟是封建主私有还是奴隶主私有，要看采用的剥削制度才能确定。如果所有者采用奴隶制剥削，他们不仅占有土地而且还占有劳动者奴隶，那就只能是奴隶制社会。在古代希腊、罗马是这样，在古代印度孔雀王朝时期也是这样。上面的论述已经说明孔雀王朝时的土地所有者是奴隶主而不是封建主，因此不是封建社会。

最后，确定社会的性质主要看什么阶级在政治上取得了统治地位。因为这个政治上的统治阶级就代表了"取得支配地位的矛盾的主要方面"[①]，因而也就决定了这一社会的性质。《法显传》及赐地文书碑铭材料说明，笈多王朝是封建主在政治上取得统治地位的第一个封建王朝，因此，我们把笈多王朝的建立作为古代印度封建社会开始的标志。

（原载《南亚研究》1983年7月2日）

---

① 毛泽东：《矛盾论》，人民出版社1952年版。

有关印度铁器时代开始年代的问题

铁器的出现是社会生产发展的一个极其重要的标志。恩格斯就曾指出"它（指铁器的原料——笔者）是在历史上起过革命作用的各种原料中最后的和最重要的一种原料"①。又说"铁使更大面积的农田耕作，开垦广阔的森林地区成为可能；它给手工业工人提供了一种其坚固和锐利非石头或当时所知道的其他金属所能抵挡的工具"②。与铁器相关联的生产力的提高对社会的发展变化有着很大的影响，恩格斯就以铁矿的冶炼开始野蛮时代的高级阶段，也就是向文明过渡的重要阶段。因此，铁器时代开始的年代是一个十分重要的年代，是必须认真探讨的问题。

有关印度铁器时代开始的年代问题，学者们说法很多。其中比较重要的有以下几种：一是公元前5世纪说。M.惠勒认为铁器工艺的知识是在公元前5世纪随着波斯人的入侵而传入印度的③。S.沃尔伯特说得更加详细。他提到"很可能是在雅利安人向东迁移到现今的比哈尔邦时才发现了铁。那里有丰富的铁矿床，直到今天还继续开采着。雅利安人

---

① 恩格斯：《家庭、私有制和国家的起源》，见马克思、恩格斯：《马克思恩格斯选集》（第四卷），中共中央马克思恩格斯列宁斯大林著作编译局编译，人民出版社1972年版，第159页。

② 恩格斯：《家庭、私有制和国家的起源》，见马克思、恩格斯：《马克思恩格斯选集》（第四卷），中共中央马克思恩格斯列宁斯大林著作编译局编译，人民出版社1972年版，第159页。

③ M.惠勒：《早期的印度与巴基斯坦》，1959年版，第24页。

到这里的年代不可能在公元前 1000 年前。在此以前，铁的使用已由西方赫梯人从发现铁的中心地区传到波斯；可能随着入侵的波斯人的新浪潮而传入印度，因为它的使用最初是与马具的栓钉和其他部分以及武器有关"①。《牛津印度史》也说"目前在印度没有可靠的证据证明在公元前 6 世纪以前有了铁器的使用"②。

另一种说法是公元前 9 世纪说。V. 特里帕认为铁器时代开始于约公元前 800 年③。R. 塔帕尔也认为在印度铁的使用最早时间一般的说法大约以公元前 800 年为多，晚近在某些年代更早的遗址中发现了铁器，因而这一年代也要提前④。N. R. 班纳吉则认为在印度早在公元前 1000 年开始制作铁器而大约在公元前 800 年比较普及⑤。

第三种说法是公元前 12 世纪左右。K. C. 贾因认为在北印度发现使用铁器最早，最重要的遗址是在北方邦的阿特兰吉凯拉，它是与绘画灰陶一道出土的，据碳 14 定年为公元前 1025±110 年，铁器包括扁斧、匕首、锄头、箭头、矛头、鱼钩与钳子。在中央邦萨格尔县的埃兰发现的较早的两件铁器则是与黑红二色陶并存，它们的年代据碳 14 定年分别为公元前 1265 年与 1040 年。在南印度的哈卢尔，铁器时代开始于公元前 1105 年⑥。

第四种说法是公元前 20 世纪中期以前。K. C. 瓦尔马认为铁器在印度开始使用的时间是公元前 1900 年到前 1500 年间，其根据是在拉贾斯坦南部的阿哈尔发现的铁器，经碳 14 定年，又据树木年代校正，两种样品的年代分别为公元前 1900 年和公元前 1570 年。这一新说法是值得注意的，本文将在后面加以论述⑦。

---

① S. 沃尔伯特：《印度新历史》，1982 年牛津版，第 30 页。
② V. A. 史密斯：《牛津印度史》，1981 年第 4 版 1982 年再版，第 35 页。
③ V. 特里帕提，D. P. 阿格拉瓦尔、A. 科什编：《放射性碳素与印度考古学》，1973 年版，第 272~278 页。
④ R. 塔帕尔：《印度史》第 1 卷，1966 年版 1977 年再版，第 25 页，第 30 页注。
⑤ N. R. 班纳吉：《印度的铁器时代》，1965 年版，第 29、162~169 页。
⑥ K. C. 贾因：《印度的史前史和原始史》，1979 年新德里版，第 191~193 页。
⑦ 瓦尔马：《铁器时代、吠陀与历史上的城市化》，见 R. K. 沙马尔编：《印度考古学的新观点》，1892 年版，第 158~173 页。

此外，还有一些极端的看法，如有的人认为印度在公元前250年前找不到使用铁器的证据，但也有人认为南印度是世界上最早发明铁器制造的地方①。为什么学者们对这一问题会有这么多不同的看法呢？

当然，由于考古方面不断有新的发现，这一年代是会随之而有变化的。又由于印度考古工作有计划的、系统的、科学的发掘开始得较晚，开展得也不充分，得到的成果不多，特别是早期铁器数量本来就少，发掘到的就更少。学者们有的认为是孤证，不足为凭；有的则引以为例。加之，定年的标准不同，因此，结论就有很大的差异。随着发掘资料的增多，定年方法的改进，各种观点可能逐渐趋向统一。

但是，造成不同看法的原因还有考古学家和历史学家的指导思想问题。有的受了帝国主义殖民主义思想的毒害，有的则受有民族沙文主义思想的影响。如有些西方的印度学学者极力贬低古代印度的文明，他们声称"大多数吠陀颂诗极其幼稚、使人厌烦、低级平庸"②，印度社会停滞落后，印度文明多靠外人传入。他们一概拒绝承认印度考古发现的新成果，认为都不可靠；坚持印度的铁器制造是由波斯人传入的，而后者又和小亚、西亚等铁器的发源地有关。因此，印度铁器时代的开始年代不可能早于这些地区。另一些印度学学者，特别是印度本国的学者在反抗殖民主义的斗争中也利用史学做武器，驳斥了殖民主义史学对印度历史的污蔑与歪曲；但有些却极力宣扬印度文明的伟大，甚至连种姓制、早婚、萨蒂等落后的、反动的社会制度和习俗也都加以赞颂，过分强调印度文明的久远，因而认为南印度出现铁器在世界上是最早的。因此，要准确确定铁器时代的年代问题还须充分尊重客观史实，不能有丝毫主观臆断，恰如其分地评价印度社会历史的地位。这一切只有运用始终站在现实历史的基础上的马克思主义的唯物主义历史观，在这种科学

---

① 布里奇特、雷蒙德·奥尔欣：《印度与巴基斯坦文明的起源》，1982年剑桥版，第309页。

② 马克司·缪勒：《出自德国作坊里的片屑》，1866年版，第27页。

的思想指导下才能做到。

  客观史实在这里主要指考古发掘得到的资料。但由于印度考古资料在现阶段并不充分，有些又缺乏科学的整理，有的发掘报告没有发表，因此文献资料还必须充分利用。不过文献资料能够得到正确的说明也得靠考古资料。两者需要互相印证，但以考古资料为主。如吠陀经典是印度最早的文献，在《梨俱吠陀》中有几处提到"ayas"（阿亚斯），并说看来它很硬、有延展性，可以捶打成器并使其锐利。这显然指的是金属，但它是什么金属呢？最初，M. 威廉斯编的《梵英字典》及其他字典，把这一字都解作"铁、金属"。P. 尼奥吉的《古代印度的铁器》、N. R. 班纳吉的《印度的铁器时代》等专著也都认为是"铁"。后来，学者们研究印欧语，找不到"铁"的同源的词，在其他印欧语中 ayas 的同词源的字意思是"铜、青铜"。因此，根据文献资料与语言学方面的分析，ayas 只能作"铜、青铜"解，印度的铁器时代不可能上溯到梨俱吠陀时期。现在，新的考古发现明确证实至迟梨俱吠陀时代的后期已经有了铁器，ayas 又可引申有"铁"的意思了。因此，文献中 ayas 一词的含义是要根据考古资料来确定的。但文献资料也可提供一些考古发掘不易得到或甚至无法得到的材料，在探讨和论证铁器出现时间问题时有着参考的价值。如《梨俱吠陀》中还描述了当时冶炼铁匠叫作 karmara。它还提到名目繁多的铁制器皿、工具和武器，《梨俱吠陀》第一卷和第十卷都有 asi 这个词，意思是"黑色的刀"。在《阿闼婆吠陀》中 ayas 有红黑两种，红色 ayas 就指的是青铜，黑色 ayas 指的是铁，这已为考古资料证实。因此，黑色的刀就意味着是铁制的刀，用来宰割动物。《梨俱吠陀》的这两卷是比较晚出的，年代据瓦尔马的看法约为公元前 1400 年①。由此可见，印度铁器时代的年代不会晚于这一年代。《梨俱吠陀》中提到的其他铁器有 parasu（小斧）与 svadhiti（斧），用

---

① 瓦尔马：《铁器时代、吠陀与历史上的城市化》，见 R. K. 沙马尔编：《印度考古学的新观点》，1892 年版，第 158、173 页。

来砍伐树木，建造住屋；还有vasi（凿子）、vrika（犁）、kshura（剃刀）等工具，ishu（箭）、kriti（匕首）、khadga（剑）、varman（盔甲）等武器①。这与阿特兰吉凯拉出土的铁器种类之多相近似。考古文物中表明使用绘画灰陶的人已是农民，饲养的畜类中有马，住在泥巴墙砌的屋子里，使用铜器和铁器。吠陀文献中描述的当时的经济生活也就是这种情景②。因此，在确定铁器时代的年代问题中，文献资料是不能忽视的，它们可以作为重要的旁证。

阿特兰吉凯拉的考古资料有多种铁器的制作，说明铁器工艺已有了相当的进步。因为早期铁器时代冶炼技术很原始，据古吉拉特南部塔特瓦早期冶铁遗址的发掘与赫格德的调查，古代印度冶铁工艺是用生吹法。这就是将矿石焙烧、敲碎，然后和木炭一道放在黏土做的小炉内，炉壁有通风小孔，插上陶管用皮风箱把空气压入，使氧化铁还原为铁块，这是一种含有杂质的铁块。再将它放在平炉内加热锻炼，不断碳化，杂质变成熔渣。然后锤打掉熔渣，锤成薄片。铁匠再用这些铁片锻接成各种器具。用生吹法炼铁，一半以上的铁变成熔渣，费工费料③。初期更是如此。炼出的铁比较稀少，一般都作为珍贵的装饰品。只有到大量炼出铁块后，才会有多种铁器的制作。因此，阿特兰吉凯拉和梨俱吠陀时期的后期都不能算作铁器时代开始的时期。我们只可以说印度铁器时代的开始不晚于公元前1400年。

至于印度铁器时代的开始年代最早可能是哪一年代的问题，就现有资料来说，是公元前1900—前1500年间。这一年代范围和一些考古学家就世界史上铁器制造的发展过程提出的印度的铁器制造年代是吻合的。他们的说法是，就全世界来说，一般认为最迟从公元前3000年起，古代苏美尔人和埃及人就已知道陨石铁，前者称之为"天降之火"

---

① N.R.班纳吉：《印度的铁器时代》，1965年版，第29、162~169页。
② R.塔帕尔：《印度史》第1卷，1966年版1977年再版，第25页，第30页注。
③ 布里奇特、雷蒙德·奥尔欣：《印度与巴基斯坦文明的起源》，1982年剑桥版，第310页；A.B.阿尔次霍夫斯基：《考古学通论》，1956年版，第103页。

(anbar)，后者也有类似的名称"天降黑铜"。他们极为珍视，用它制成铁念珠、护符等小型饰物放在王室墓葬中殉葬。这些殉葬铁器物在考古发掘中都已发现，年代为公元前 2900—前 2300 年不等①。冶炼铁矿，打制成器可能从公元前 30 世纪开始，地区是西亚。到了公元前 20 世纪，小亚、埃及、南亚与爱琴世界都有铁器制作了。印度在索拉什特拉和南拉贾斯坦的阿哈尔发现的铁器年代就属于公元前 20 世纪②。

其次，要探讨的一个问题是，印度铁器是由外界传入的还是本地制造的？关于冶铁术的传播问题，学者们也有不同的说法。一说是赫梯传播冶铁术。这一说又有两派：一派认为，在美索不达米亚与叙利亚北部的米坦尼本是冶铁制作最早的国家，它于公元前 1365 年为赫梯人击败并被占领。赫梯人得到了冶铁术。另一派认为公元前 19 世纪赫梯已有铁器，当时的铁环现已发现。赫梯人掌握冶铁术就一直保密到公元前 1200 年赫梯崩溃时才外传。据说许多地方的冶铁术都是由这里传出的③。印度的冶铁也是由赫梯传到波斯，再由波斯传入的。另一说是赫梯并非传播冶铁术的地方。因为早在公元前 14 世纪，在埃及法老与赫梯国王来往的信札中就有关于铁的问题，这些文献资料是在埃及阿马尔纳出土的。希罗多德的《历史》中也提到古埃及建筑大金字塔时使用了铁器④。这已得到考古资料的证实，在基泽的大金字塔中就发现有两件铁器，年代约为公元前 2900 年，不过当时铁器还很稀少⑤。印度根据上文提到的考古资料和文献资料都表明在公元前 1400 年时铁器工艺已相当发达。这也在所谓公元前 1200 年赫梯崩溃后冶铁术才外传之前。

---

① L. 科特雷尔编：《考古学百科全书》，第 235~236 页；S. 皮戈特编：《文明的黎明》，1961 年版，第 186 页。
② 阿哈尔的铁器时代引自《阿哈尔发掘报告 (1961—1962 年)》，1969 年刊印，第 5~6 页。
③ D. H. 戈登：《印度与巴基斯坦早期使用的金属》，第 67 页；罗伯特·W. 埃里克编：《旧世界与考古学的年代学》中"安纳托利亚年代学"，1965 年版，第 113、117~118、126 页。
④ 希罗多德：《历史》第 2 卷，第 125 页；第 7 卷，第 65 页。
⑤ 《英国百科全书》第 9 卷，1981 年版，第 894 页。

因此，印度的冶铁术也不可能是来源于赫梯。这里不仅是年代不合的问题还有其他论证。下面我们将给说明。

我们认为印度的铁器制作是独自发展的。理由有以下几点：

（1）印度有丰富的铁矿。除东北印度比哈尔南部的矿藏外，在西北印度，玄奘所称的磔迦国即今巴基斯坦的旁遮普，就"出金、银、鍮石、铜、铁"①。梅伽斯梯尼称印度地下藏有各种矿脉，"有大量的金、银、铜、铁，甚至锡及其他金属，制作用具、饰物及武器装备"②。印度在哈拉巴文化以前，约公元前2700年就有冶铜的技术，在约公元前2000年阿哈尔已有冶炼的炉灶，已逐渐具备炼铁的技术基础。因而早在绘画灰陶文化阶段就已有铁器流传。在阿喜掣多罗（今罗希尔坎德地区的拉姆那加尔）和哈斯提纳普尔，与铁器、灰陶同时出土的有大量熔渣③，这些都可以证明印度很早就有自制的铁器，不是外界传入的。

（2）印度各地的考古发掘证明，在公元前1900—前1400年已有了铁器，但数量不多。首先是阿哈尔，其次是比拉克（在今巴基斯坦的俾路支省）和哈卢尔，后有埃兰。到公元前1400—前900年，以上地区铁器数量与种类都增多，又有一些新的地区出现铁器，可以说整个印度除北方的克什米尔，东北的阿萨姆、东方的奥里萨与南方的喀拉拉和泰米尔纳德外，都有了铁器工艺。今后进一步的发掘很可能在这些没有铁器工艺的地区也会发现有这一时期的铁器④。这就说明印度的铁器在公元前1000年前后就已相当普及。印度的铁器发展史和世界史上其他地区铁器的发展是一致的，先很稀少，后渐增多。没有因受外来影响而突然加快的迹象。最早发现铁器的阿哈尔，出土有约十二件铁器还有熔渣⑤，也就说明是本地制造，不是从外界输入的铁器。

---

① 玄奘：《大唐西域记》，上海人民出版社1977年版，第83页。
② 麦克林德尔编译：《梅伽斯梯尼与阿里安描述的古代印度》，第31页。
③ 《印度考古学评论》1963—1964年、1964—1965年，《古代印度》1954—1955年第10、11期第13、97页。
④ R. K. 沙马尔编：《印度考古学的新观点》，1982年版，第158页。
⑤ M. D. N. 萨希：《阿哈尔的铁器》，见《印度原始历史论文集》，第365~367页；布里奇特、雷蒙德·奥尔欣：《印度与巴基斯坦文明的起源》，1982年剑桥版，第325页。

（3）主张印度铁器来源于外地的说法，前文已提到有小亚赫梯说，还有波斯说。赫梯说的不能成立，波斯说也不攻自破。因在赫梯冶铁术于公元前 1200 年外传以前，印度已在阿哈尔、比拉克、哈卢尔、埃兰等地都有了铁器，证明不是赫梯传入的。印度既然已有了铁器，就不能认为到公元前 5 世纪才由波斯传入了。另外，根据文献资料这时期不仅记载有可能是 Serican 和 Parthian 即中国和帕提亚铁器运入印度，那是因为这两处的铁器质量最好[①]，也记载有从公元前 6 世纪起，印度铁器已在推罗市场上出售，以"光铁"著称。据考证这就是指的印度钢[②]。克泰西阿斯（公元前 415—前 397 年）也提到献给波斯皇帝的两柄宝贵的剑，就是用这种印度钢制成，质量精良，举世闻名。有了这样高超的炼钢技术，当然不会再由波斯来传授炼铁术了。还有希罗多德的《历史》中曾经提到波斯帝国皇帝薛西斯（公元前 485—前 465 年）出征希腊的大军只有印度部队的装备是"带着藤弓和安着铁头的藤箭"[③]。来自其他地方的部队都没有用铁做箭头，因为这是容易消耗的。这也可以说明印度当时铁器已相当多了。如果公元前 5 世纪才从波斯传入铁器，短短二三十年内是不能发展到这一程度的。

综上所述，就现有资料来看，瓦尔马关于印度的铁器时代开始的年代不早于公元前 1900 年，但不晚于公元前 1400 年，或者说是公元前 20 世纪初期或中期以前，这是印度本地生产发展的结果，不是从赫梯或波斯传入的说法是可以接受的。但究竟是用公元前 1900 年还是公元前 1500 年为标志呢？如果将印度铁器时代的开始年代定到公元前 1900 年，那就会牵涉到印度史上的许多问题：首先是这一铁器文化与哈拉巴文化的关系问题。因为后一文化是在约公元前 1750 年衰亡的，这两种文化必然并存了一百几十年。两者在地理位置上也比较接近，如阿哈尔

---

① 普林尼：《自然史》第 2 卷，第 144 页；《政事论》第 2 卷第 13 章。
② 《旧约·以西结书》，第 27 章，第 19 节；R. N. 萨莱托雷：《印度早期经济史》，1973 年版，第 248 页。
③ 希罗多德：《历史》第 2 卷，第 125 页；第 7 卷，第 65 页。

就在哈拉巴文化后期重要商业中心罗塔尔的北方。两种文化之间应当有交往，但哈拉巴文化并没有发现铁器。这两个文化之间究竟是什么关系呢？这是值得探讨的。其次是吠陀时代的年代问题。一般教科书把吠陀时代的年代列为约公元前 1500—前 600 年，其中梨俱吠陀时代则为约公元前 1500—前 900 年。前文已经提到梨俱吠陀时代的后期出现 asi 的铁器。那是在公元前 1400 年。已经将年代提前了，我们知道吠陀中有红色 ayas 与黑色 ayas 分别指青铜器与铁器。梨俱吠陀时代早期的 ayas 没有这种区别，根据与其他印欧语比较研究，应是指铜与青铜。那就是这一时期还没有发现铁器，考古资料表明印度在公元前 1900 年就已有了铁器。因此，梨俱吠陀时代的年代也得大大提前。第三是关于雅利安人的问题，《梨俱吠陀》是反映雅利安人入侵印度的主要资料，一般认为大约从公元前 20 世纪后期开始，也就是公元前 1500 年前后，雅利安人的部落才一批批从西北方侵入印度次大陆。现在，这一年代也得提前了。因此，将印度铁器时代开始年代提到公元前 1900 年，那么，有相互关联的事件和年代都要有变动和重新说明。而且在公元前 1900 年之后到前 1500 年之间在印度还没有发现铁器，前后不相衔接。因而对公元前 1900 年开始铁器时代的说法须进一步研究。但如果定到公元前 20 世纪中期，即公元前 1500 年，前面的三个问题就可以说得通。因此，就现有资料看，公元前 1500 年这一年代就是比较恰当的。

最后，由这一问题的探讨，使我们产生以下几点认识：第一，我们知道研究古代印度史的一个难题是文献资料的年代不易确定。如《政事论》的年代就有从公元前 4 世纪到公元三四世纪等不同的说法。因此，一般认为考古资料的年代是不成问题的。现在看来，尽管有比较新的各种测试方法（如碳 14 的定年等），由于抽样的不同，结论也就不一样。要取得一致的认识就必须有更科学的测试和多方面资料的综合鉴定，这也不是容易的事情。第二，有关文化的起源与传播的问题是一个很易引起争论的问题，一些别有用心的人往往在这方面做文章。如种族论者强调某些优秀种族是文化的创造者,他们负有使命开化愚昧落后的地区,统治全世界,殖民主义者就是利用这种说法提出传播文化为他们的侵略罪行辩护。我们当然要批判这种观点,不能盲从所谓印度文化西来说,但也不能把印度说成是一切文明的源泉。应当根据历史事实,唯物地客观地提出我们的看法。第三,铁器的出现不能作为社会性质变化的标志。这一方面是因为铁器的出现是由少而多,它最初是装饰品,后来才成为生产工具,并不能立即对社会生产发生作用。另一方面,铁器只是生产力的一个组成部分,生产力的发展到和其生产关系出现矛盾以及矛盾的激化,最终爆发社会革命,这也是一个过程。因此,不能认为铁器的开始使用就标志新社会的开端。

(原载《华中师范大学学报(哲社版)》1986年第6期)

略论早期中印关系的特点

中印两国都是历史悠久的文明古国,两国之间经济文化的交流、外交的往还有了几千年的历史。本文仅就早期中印关系的发展,粗略地探讨一下这一时期中印交往的特点。所谓"早期"是指以中印交往开始时起到双方互通使节在政治上初步确立关系时止。根据现有资料,这一时期起于公元前三千纪新石器时期,止于公元前二至前一世纪汉武帝派使臣去印度,印度也有使臣回访之后,中国与印度各地均已有使臣往还。

早期中印关系大致有以下几个特点:

第一,早期中印交往是以物质文化的交流开始的,在整个早期也是以物质文化的交流为主。早在公元前三千纪新石器时期克什米尔谷地的布尔扎霍姆考古遗址就存在着中印交往最早的痕迹。这里出土的石器,特别是长方形有孔石刀与斧、玉石珠,还有各种形式的骨器,如尖状器、钻子、针与标枪,以及穴居与用犬殉葬等都是印度本地传统文化中所没有的,但却与中国北部新石器文化的特点相同,很可能出自中国[1]。又印度东北部阿萨姆的德奥杰利·哈丁遗址发现的绳纹陶碎片、特殊类型的石斧,如宽扁斧、长方形斧与有柄斧、肩状凿等都受到中国南部新石器影响。制作工具的石料硬玉也不是本地出产,而是上缅甸和中国西部云南附近所产。印度河流域文明器物中使用的玉石则是出自帕米尔,以及我国新疆和西藏。其他的印度新石器文化,如布拉马普特拉

---

[1] 布里奇特、雷蒙德·奥尔欣:《印度与巴基斯坦文明的起源》,1982年剑桥版,第111~116页。

河流域的果阿尔帕拉的石器工具与中国西北部的半山斧完全相似,那加山地的斧与中国仰韶文化的斧可以对照,敲击技术和玉石斧都似乎来自中国①,等等。因此,中印早期交往可以说是在公元前三千纪新石器时期开始的,是从物质文化交流开始的。

属于文字记载有关早期中印交往的资料有莱库佩列记述的公元前425—前375年间印度航海者曾经马六甲海峡、苏门答腊、爪哇而到中国东部海岸,即山东、浙江沿海,带来印度洋、波斯湾的珍珠等②。还有基本反映印度孔雀帝国时期状况的《政事论》记有"中国的成捆的丝",我国《史记》的《大宛列传》记有中国四川的竹杖和布在印度市场出售。《汉书》的《地理志》也记有由中国南部出发到黄支国的中国官商,带着黄金杂缯去购买明珠、璧琉璃与奇石异物。黄支国经多数学者考证,认为是南印度达罗毗荼国都城建志补罗,在今印度马德拉斯邦的康契普腊姆。《史记》《汉书》提到中印交易的时间是在公元前二世纪汉武帝时。当时中印贸易已相当发展,但主要是各地特产的交换、物质文化的交流。

第二,早期中印交往的道路是在不断的探索中开拓的。我国西部与西南部和印度北部与东北部有将近三千公里的接壤。但这些边境地区不是高山深谷,无法逾越;就是崇山峻岭、丛林密布,加之暑热瘴气、毒蛇毒草,险阻难行。海路从离印度较近的我国南部出发,也有四千多海里的航程才能到达印度,风浪险恶,行旅艰难。在这样的自然条件下探索道路,是十分危险的,有时甚至牺牲生命。这不是某一个人能够完成的,而是要靠几代人的努力,并且往往是各族人民共同的努力。张骞开拓的西域道、去印度的道路,就是许多人不断探索而完成的。这条道路在甘肃西部出阳关以西就是白龙堆大沙漠,再西还要经塔克拉玛干大沙漠。这些都是上无飞鸟、下无走兽,一望无际的地方。只有靠人畜骸骨

---

① 布里奇特、雷蒙德·奥尔欣:《印度与巴基斯坦文明的起源》,1982年剑桥版,第120~121页;又见 M. 惠勒:《印度河文明》,1953年剑桥版,第59页。
② 转引自羽溪了谛:《西域之佛教》,贺昌群译,商务印书馆1956年版,第32页。

及驼马粪为标志,也就是靠前人探索留下的痕迹来辨认去向,继续前进。一些游牧部落对这条路的开拓也作出了贡献。如大月氏原居敦煌、祁连间,后为匈奴击破,败走大宛,更西迁大夏①。他们显然熟悉其中一段路程。张骞从陇西出发,靠的是奴隶出身的匈奴人甘父作向导,到大宛后又靠大宛王派的译员与向导送到康居,再由康居人转送到大夏,由大夏而知道去印度的道路。他就是这样依各族人民的帮助而达到目的。

但张骞已感到这条路易受匈奴人控制,打算探索新路。他在大夏看到四川的竹杖和布,是由印度转销来的。他了解到印度在大夏东南数千里,而大夏又在中国西南一万二千里,因此,印度离四川不远,又有四川的特产,可见四川到印度一定有路可通,而且是一条既近又安全,从汉朝通往西方的捷径。但是,具体路线还得要探索。汉朝派人从四川向西南分四路寻找,但为当地少数民族所阻,有的使者甚至被杀,探路结果失败。不过,商人仍能寻路而走。西方国家也在探索着东去的道路,如约在公元前200年,大夏希腊国王攸提德漠斯就曾派人探索到中国的道路,结果也没有成功②。总之,探索与开拓道路是早期中印交往的一个重要内容。

第三,早期中印交往既有陆路也有海路,但以陆路为主。这是由于水路特别是海上航行需要具备的条件比陆路要多。首先,造船必须有好的木料,船的结构在接合处要紧密无缝。当时的造船法只是用椰树纤维缝合船板,很不牢靠③。这些船只经不起风浪的冲击,常发生船舱漏水进水,必须有专门舀水的水手,经常有船只失事。反映公元前五世纪左右的印度社会的《佛本生经》就提到这些情况④。又远海航行的船只要

---

① 见《史记·大宛列传》及《汉书·西域传》。
② 李约瑟:《中国科学技术史》(第一卷第二分册),《中国科学技术史》翻译小组译,科学出版社1975年版,第380、363～364页。
③ 莫蒂·詹德拉:《古代印度的商业与商路》,1977年新德里版,第226、61～62、119页。
④ 莫蒂·詹德拉:《古代印度的商业与商路》,1977年新德里版,第226、61～62、119页。

相当大，它能装载除旅客与货物以外，还要带足航程中所需的粮食与淡水。为了对付海盗还要配备战士，这种大船的制造比小船更难。其次，船长和水手必须有熟练的航海技术，能利用海流、掌握航向，在风浪中驾驶船只。他们还须熟悉航行经过地区的风向与气象变化、停泊口岸与避风地点、那里的潮汐变化、水深与水底状况，以便抛锚与停靠。此外，他们还须了解海中鲨鱼、鲸鱼、箭鱼、大海龟等的出没动向，以免它们冲坏船只、伤害乘客。特别在早期，人们不知道利用季风，只能沿海岸进行，因此，容易触礁，并易受海匪洗劫。当然，陆路行旅也要有一定条件，如在沙漠荒野中行走要带饮水与干粮；山林谷地常有盗贼或野兽，行人要带有防身武器；贩运货物要有车辆驮畜；也要有熟悉路线的向导。陆路经历的艰险也不小，如《汉书·西域传》所记，"又历大头痛、小头痛之山，赤土、身热之阪，令人身热无色，头痛呕吐，驴畜尽然。又有三池、盘石阪，道陿者尺六七寸，长者径三十里。临峥嵘不测之深，行者骑步相持，绳索相引，二千余里乃到县度。畜队，未半阬谷尽靡碎；人堕，势不得相收视"。但与海路相比，陆路无车马也可以徒步行走；遇险可以设法逃避；沿途城邑村社，可供食宿休息，有危难也可求助。《政事论》提到当时印度借钱经商的利率高低是依其风险大小来决定。一般利率为5%，但如通过森林的行商借款利率为10%，经营海外贸易的商人借款利率高达20%。这也可能是早期中印交往以陆路为主的一个原因吧。

第四，早期中印之间有直接的交往，也有间接的交往，但间接的较多。中印之间直接的交往见于史籍的可能是上文中提到的我国四川与印度之间竹杖与布的贸易，还有从我国南部到黄支国的海上贸易，这都是公元前二世纪的事情。但前者有我国西南边境各族处于居间地位，后者须经马来半岛与缅甸南部国家，他们供应粮食，以蛮夷贾船转送，也起了中介作用。从考古资料论证，间接交往的事例较多。大多是游牧部落在中印之间移动，使中印的物质文化得到交流。如殷商青铜文化的斧和印度东北部那加山地的斧相似。殷商文化又与中亚卡拉索克文化相同。可能是中国北部的部落被迫迁到欧亚草原，因而将中国文化传入中亚，然后经伊朗到印度。但这只是推断,缺乏中国文化西传的具体论证。后来,属于公元前六至前四世纪巴泽雷克墓的发现则颇能说明问题。这墓在中亚乌拉于河畔,墓中发现的随葬品有中国的丝织品、玉器、漆器、青铜器和整匹中国丝绸、布、铜镜等,也有织成波斯帝国风格的骑士、麋鹿、玫瑰花或怪兽花纹的毛毯①。公元前五世纪后半叶波斯市场有中国的丝,波斯宫殿使用印度象牙②。由此可见,中国物质文化先传入中亚,再经波斯而到印度。后来西迁的匈奴人、塞种人、大月氏人等通过中国君主的赏赐,或以畜产品交换或进行掠夺,将中国丝绸等特产传入中亚、辗转经波斯以至印度。印度史诗《摩诃婆罗多》中提到的吉罗陀人,是住在尼泊尔东部的部落,也是贩运中国产品到印度的人③。这些中间转手的人往往垄断中印贸易,从中取利;有时甚至没收货物、人畜,阻隔中印交往。因此,中印都有意寻求直接交往的途径。

第五,在早期中印交往中,除有游牧部落的迁徙起作用外,还有移民的开拓与各族人民的开始融合。本来游牧部落逐水草而居,也是一种移民,但不稳定。这里提到的移民主要是指农业地区的人移居他区,也有游牧部落迁至新地区,受当地土著农业文化的影响而成为农业居民。如大月氏征服大夏后改以农为业。又地处交通要道,商业也兴盛,形成城镇。波斯帝国和希腊马其顿在征服的地区移民屯垦,建立城邑④。孔雀帝国也有移民开拓,建新定居地区的政策⑤。我国秦汉时期同样有将罪犯、恶少年等戍边,有的全家迁居。这都有利于西域地区商路的发展和中印的交往。

另一方面,随着东、西方商业往来的发展,中印都逐渐向商业通道沿线移民,各族杂居,开始了民族的融合。有关于阗建国的传说就反映

---

① 王治来:《中亚史纲》,湖南教育出版社1986年版,第49~50、44、46、65页。
② 王治来:《中亚史纲》,湖南教育出版社1986年版,第49~50、44、46、65页。
③ 莫蒂·詹德拉:《古代印度的商业与商路》,1977年新德里版,第226、61~62、119页。
④ 王治来:《中亚史纲》,湖南教育出版社1986年版,第49~50、44、46、65页。
⑤ 《政事论》第2卷第1章。

了这一情况。据《大唐西域记》这一传说的大致内容是，阿育王太子在呾叉始罗国被抉目后，又与其臣属豪族被逐到雪山北荒谷，即于阗。在那里他被尊奉为王。这时东方皇帝之子也受到流放，在东界称王。最初互不知晓，一次打猎时相遇。后来为了争夺王位发生战斗。结果东王胜利，斩西王之首，建立统一城邦。但他年老无嗣，求神赐子。在神像额上剖出小儿，以地乳哺育。因此国号瞿萨旦那，意即地乳。《西藏传》也有类似故事，说是阿育王后生子，有奇相。占卜者称其父王在世时，此儿也当为王。阿育王惧其将夺王位，下令弃之。不料王子得到地上突出的乳房哺养，因而不死，称为瞿萨旦那。当时中国国王有子九百九十九人，欲得一子以满千数，祈求于神，神遂将瞿萨旦那赐之。此弃儿长大后，为其他兄弟所不容。他请王赐许自得一国之地，因而带领万人到于阗，同时，阿育王宰相耶舍因扩张其家族势力，为王所恨。耶舍遂率七千人也到于阗。他得知瞿萨旦那为王族，建议共同建国。但两人对领地的划分有争议，几动干戈。后经神调停和解。瞿萨旦那为王，耶舍为相。前者的从属为中国人，后者的为印度人，分居于阗河的下游和上游。两地之间则中、印杂居。这种故事传说都含有东西移民的发展与冲突融合的痕迹。另外，这一带考古发掘得到的文物资料包括语言文字及人物画像等，经专家研究均认为有中、印两国移民在此生活。于阗后成为中、印交往和文化交流的中心，移民是起了作用的①。

第六，早期中印交往最终出现政府间的接触，于是除了商人、移民等的交往外，又有了国家使节的往还，相互的了解也加深了。这是由于中、印政治经济势力已有相当的发展，因此，才出现了这样的局面。我们知道中国从秦朝才开始统一，但为时很短。汉初国力不足，对匈奴的掠夺只能忍让、和亲。到汉武帝时，经过多年休养生息，政治巩固、经济实力增强，才有条件对抗匈奴、向外扩张，因而有了张骞的两次出使西域。第一次了解到印度的方位与概况。第二次张骞就派副使到印度等

---

① 羽溪了谛：《西域之佛教》，贺昌群译，商务印书馆1956年版，第185~201页。参见周连宽：《大唐西域记史地研究丛稿》，中华书局1984年版，第229~236页。

国，根据《史记·大宛列传》是在武帝元狩四年，即公元前119年。同一记载还说"骞所遣使通大夏之属者，皆颇与其人俱来"。也就是说印度等国也有使节回访。此后，汉朝在河西地区建立了武威、张掖、酒泉、敦煌四郡，又派兵驻守轮台、渠犁、伊循等地，维护了交通大道的安全；随着移民实边，修驿站、置亭障、立烽火台，加强信息的联系；屯田积谷，供应往来使者，改善了旅行条件，又奖励出使外国，对来访外使也赏赐优厚。因而来往使节较以往逐渐增多①。

西方从波斯帝国起，后经希腊马其顿到塞琉古帝国与印度孔雀帝国，都注意修筑道路，设立城堡，并移民实边，进行军事屯垦，建立驿站客店。这都有利于东西通道及通往印度的商路的开拓与维护。到汉武帝时，印度孔雀帝国已经衰落，著名的大夏希腊王弥兰王（公元前165—前130年在位）曾一度统治旁遮普和喀布尔，也注意维护通中国的商路，其都城奢羯罗就位于印度到大夏的商道上。这都为印度使节的东去提供了条件。

这时期中国和印度西北部、北部及东南部的国家都有使节往来，陆路水路都有，但这些使节仍具有经营商业的性质，有的甚至并不是国家官员。如汉使持千金及金马换取大宛善马，从水路去黄支国的汉朝官员也是带着黄金杂缯去买明珠、琉璃等。外来使者也夹杂有商贩，汉武帝时杜钦就提到罽宾"奉献者皆行贾贱人，欲通货市买，以献为名"②。这种状况一直在中印关系上保持了很长的时间。

在早期阶段结束时，中印虽已有使节往还，但人数少，又不定期，除交易外，别无其他利害关系，因此很不稳定。如《汉书·西域传》所称"罽宾实利赏赐贾市，其使数年而一至云"。罽宾这些国家自知离汉朝较远，汉兵难至，而且沿途来往易受匈奴威胁，匈奴曾与大宛等合谋，杀汉使及身毒国使，阻隔东西交通③。乌孙以西至安息等国离匈奴

---

① 见《史记·大宛列传》及《汉书·西域传》。
② 见《汉书·西域传》。
③ 见《汉书·张骞李广利传》。

近，慑于其威势，对匈奴使者只要有单于信件就供应所需，不敢怠慢。对汉使则要用币物购买，并有意制造麻烦①。因此，早期中印关系的程度是不深的。

尽管如此，中印交往毕竟有了增长，彼此间的了解也增多。如《汉书》对印度的了解比《史记》显然增多、增广，除身毒外，还对罽宾、黄支等也有记述。印度人对中国的了解最初很不够，印度史诗《摩诃婆罗多》的《毗湿摩篇》与《大会篇》都提到"支那人""支那的马"，《罗摩衍那》的《猴国篇》也有"支那人"和"产丝的地方"。有的学者认为"支那"是"秦"的对音，也有认为是"丝国"的意思。又有认为"丝国"最初指运丝西去的西伯利亚各部落，到罗马帝国初期才用以指中国②。这些都说明当时印度对中国的认识模糊，留下的记载很少。

综上所论，可见早期中印关系的特点是明显的，这是和中、印的地理条件与其早期发展水平相适应的。中印交往开始较早，初期游牧部落起了中介作用，随着中、印社会经济的发展与人口的增长，对外扩张与移民的开拓，中印之间有了交往的海陆通道与沿路的城镇，由物质文化的交流而开始了政府间的接触，中印之间的关系有了新的开展。但这一进展是缓慢的，交往的人次不多，交易的品种有限，并以上层统治阶级享受的奢侈品为主，又一直保持原始物物交换的传统。这与中、印以农业为本，安土重迁，中国汉朝重农抑商政策、印度的种姓限制，还有中、印国内政局的动荡与中间国家或部落对贸易的垄断与阻隔破坏是有关的。随着各族的迁徙、杂居与融合，到公元一至二世纪，贵霜帝国与东汉帝国的扩张，中、印在前期交往的基础上，精神文化的交流以佛教为中心渐趋于重要地位，中印关系进入了一个新的时期。

（原载《华中师范大学学报（哲社版）》1990 年第 5 期）

---

① 见《汉书·西域传》。
② 李约瑟：《中国科学技术史》（第一卷第二分册），《中国科学技术史》翻译小组译，科学出版社 1975 年版，第 380、363~364 页。

第二部分 译著节选

《印度社会》*出版说明

本书作者 R. P. 萨拉夫，查谟人，毕业于印度哈拉尔大学法律系。除本书外，作者还著有《科学辩证法》《为什么印度革命还不能达到目的》等书。

萨拉夫是印度共产党党员。1964 年 10 月印度共产党"七大"清除了叛徒丹吉集团，改称印度共产党（马克思主义者），他被选为中央委员。随着印共（马）党内路线斗争的发展，不同意印共（马）领导人的修正主义路线的党员，于 1967 年 11 月成立印度共产党革命派全国协调委员会，他是该委员会的成员。1969 年 4 月，这个委员会宣布成立印度共产党（马克思列宁主义），他当选为中央政治局委员。

在本书中，作者阐述了 1947 年以前印度历史的发展过程，分析了印度社会诸问题，揭露了印度剥削阶级和帝国主义的罪恶，抨击了社会帝国主义、帝国主义及其印度走卒所散布的各种谬论，歌颂了印度劳动人民的历史功绩，论证了人民革命的伟大历史作用，这对于我们了解印度社会、印度人民和印度革命是有一定帮助的。

但是，由于作者受主客观条件的限制，本书的史实、资料以及引文

---

* 该书全名为《印度社会：印度历代各族人民革命斗争的历程》，是由印度共产党人 R. P. 萨拉夫撰写的一部印度历史著作（R. P. Saraf：*The Indian Society：A Process of Peoples' Revolutionary Struggle Though The Ages*，published by M. Yousuf, Progressive Studies, Kashmir, 1974），由华中师范学院（华中师范大学前身）历史系翻译组共同译出，1977 年由商务印书馆出版。此处收录为该书中文版的"出版说明"部分。

方面都有一些疏漏和错误之处,关于这样一些问题,凡已发现者,均在译文中加注说明。原书排印也有一些错误,翻译时或则径作更正,或则加注说明。脚注中未说明系译者注者,均为作者注。

中译本是根据优素夫主持的进步书社1974年4月英文本第一版译出。原书第二章"生命的起源和发展",与印度历史关系不大,因此删去未用。原书缺页,已在有关部分注明。为了便于读者查阅,书后增加了译名对照表。切口一边的数字系原书页码。

本书系由华中师院历史系翻译组翻译校订,外语系英语专业部分教师和72级部分工农兵学员参加了一些章节的翻译工作。

《高级印度史》译者前言

本书是由印度著名历史学家R.C.马宗达、H.C.赖乔杜里与卡利金卡尔·达塔三位教授合著的。马宗达曾任达卡大学副校长、贝拿勒斯印度教大学印度学学院院长等职,并荣获印度科学院历史所名誉所长的头衔。他著有《古代印度》《印度士兵的兵变与1857年起义》《印度自由运动史》《孟加拉古代及中世纪史》,又曾主编《印度人民的历史与文化》等书。赖乔杜里为加尔各答大学历史教授,讲授古代印度历史与文化,其重要著作为《古代印度政治史》《印度古迹的研究》等。达塔为巴特那大学副校长、历史教授,著作有《论印度现代史最近的研究》《十八世纪印度的社会生活与经济状况概观》等。

本书是一部印度历史教科书,在印度史学界也是一部有代表性的学术专著。它论述的是从旧石器时代起至1978年本书第四版出版时止的印度通史。对这一漫长时期的历史,本书按传统的分期法划分为三个时期:古代、中古与近代,其中中古与近代又各分为前后两个阶段。对1947年印度独立以后的历史,则以附录的形式论述一些作者认为对印度未来有影响的重大事件。编写现代史的这种体例是独具一格的。本书内容有以下几点特色:(一)它着重论述的是政治史,但也有相当章节

---

* 该书是由印度著名历史学家R.C.马宗达、H.C.赖乔杜里和卡利金卡尔·达塔三位教授合著的印度通史著作,由张澍霖、夏炎德、刘继兴、范铁城和朱万麟等人译出,由涂厚善先生总校,1986年由商务印书馆出版。此处收录为涂厚善先生为该书撰写的"译者前言"。

阐明社会，经济与文化等方面的演变。在政治史中，除叙述人物与事件外，还对政治制度、政治学说与国际关系等有所论述。它涉及的问题虽多，但基本上按年代的顺序叙述，各个问题均有简明的标题，彼此之间又有一定的内在联系。因此，线索比较清楚。（二）本书的取材大多采用铭文、古钱、文献档案等第一手资料，对相互矛盾的材料能进行比较分析、考证和核实，再作出适当的取舍。对争论的问题，一般均将各种有代表性的看法进行简要的介绍和评论，然后提出自己的看法。对暂时不能作结论的问题，也都有明确的交待。因此，资料比较丰富。（三）本书对沿革地理比较重视，对各种制度的来龙去脉及其意义、历史事件的前因后果及其影响、历史人物的生平及其建树都有具体的分析与评价。（四）本书所附的参考书目比较系统，又有王朝世系表、大事年表便于查考，插图与地图也能配合书中内容，供学习时参阅。因此，对印度史的学习和研究来说，本书是有参考价值的。但应该指出，本书对印度进入阶级社会后社会历史的变化，多半是描绘一般历史的进程，如在社会经济方面论述的是各时期行业的分工协作与生活的富庶舒适，对贫富的悬殊虽也有涉及，但提到人民的困苦时往往把原因归结为自然灾害或某些官员措施不当，它过多地肯定了统治者的活动，甚至加以美化，对人民群众在历史上的作用则很少提及，在政治方面，它着重于统治者的品性才能、经历与帝王世系的更迭，又常用命运或偶然事件来说明历史人物的成败，而不从阶级关系来认识和分析历史事件，因而不能揭示印度历史演变的本质及其发展的真实原因。本书对英国殖民主义者的侵略与统治的狡诈手段、凶恶面目和残酷掠夺的本性，虽有所叙述，但揭露和批判都不够深刻，对印度人民的反英斗争，如1857年的民族大起义，则力图贬低其意义，以上这些是本书的主要问题。此外，还应指出，本书所附参考书目中，对与作者观点对立的学者（如D. D.科桑比、R.塔帕尔、R. S.沙尔马等）的专著竟无一本列入，这也是应当注意的一个缺陷。最后，本书用附录形式论述现代史虽有其特色，但涉及的问题过多，内容却十分简略。因此全部附录删去未用。

中译本的印度古代史部分由张澍霖根据1950年本书第二版译出初稿，李开物校订，近代部分上、下篇由夏炎德根据同一版本译出初稿，李开物作了部分校订，最后由华中师范学院历史系印度史研究室部分同志根据本书1978年第四版补译印度中古史部分（上篇译者为范铁城，下篇为朱万麟。此外，刘继兴、闵光沛也翻译了部分增添的章节）。又根据新版对全书重新作了校订（冈光沛、曹植福、刘继兴、范铁城作了部分初校，对全书重新校订的为涂厚善）。

本书地图十幅，全部译制刊用。插图若干帧，只选用其中清晰可取者，刊登于本书的最前面。书中所附印地文、梵文等字母上的符号，因排字困难均已去掉。为了便于读者查阅原书，切口一边附有原书页码，但各篇的世系表上则不附有原书页码，以免产生误解。我们在校译过程中曾得到中国社会科学院南亚研究所金克木、刘国楠、蒋忠新等同志、北京师大刘家和同志、四川大学张毅同志、外文出版发行事业管理局谢望藩同志、云南省东南亚历史研究所邹启宇同志等的帮助，特此志谢。还有其他一些同志也曾给我们这样那样的帮助，这里就不一一列举了。但特别要提出的是商务印书馆的责任编辑陈廷祐同志，他对本书的译稿提出了许多中肯的意见，使我们的译稿避免了一些错误，我们向他表示衷心的感谢。

最后，由于我们对印度史缺乏研究，外文水平不高，错误之处在所难免，欢迎批评指正。

涂厚善

1983年5月

《印度文化史》*译者的话

印度文化是世界上有代表性的文化之一,与中国、伊斯兰、西方等文化并列。它的古老渊源与长期持续发展在世界文化中只有中国文化能和它媲美,它对世界文化宝库作出了巨大的贡献,对中国文化、对与我国邻近的东南亚各国文化也有很深的影响。因此,研究它的历史发展十分必要,对正在建设社会主义新文化的我国人民尤其如此。这部《印度文化史》是从4000多年前的印度河文明开始到1947年印度独立初期关于印度文化发展的一部通史。它正是适合我们需要的一部学术著作。

这本书是由澳大利亚籍国际知名学者、伦敦大学文学博士A. L. 巴沙姆教授主编的。巴沙姆为澳国立大学讲授"亚洲文明"的教授,曾在英国伦敦大学东方与非洲研究所指导博士生工作达三十多年,门生多人在世界各地从事印度史的研究和教学。他本人专精古代印度的宗教与文学。其重要著作有《印度奇迹》,这是一部享有盛誉的学术著作,有多种文字的译本。他还写有《印度历史与文化研究》《古代印度文化的各个方面》等。他写的论文评论涉及面极广,包括印度的历史、考古、宗教、文学、艺术、科学等约有六七十篇,他还主编《亚洲季风区诸文明》等。学者们认为他是对古代印度遗产进行重新估价的三位重要专家

---

* 由英国著名历史学家和印度学家A. L. 巴沙姆(1914—1986)主编、华中师范大学历史研究所印度史研究室共同译出的这部《印度文化史》(商务印书馆,1997年版)由涂厚善先生总校。此处收录为涂厚善先生撰写的"译者的话",后续另有他本人翻译的第32章"印度对中国的影响"。

之一，另两位为 D. D. 高善必和罗米拉·塔帕尔，后者曾受教于他。他在本书中除负责编辑外还撰写了"序论"、"结论"和"中世纪印度教印度"三章。

参加本书撰稿的除巴沙姆外还有 27 位学者。他们大多从事所写篇章有关专题的教学和研究工作，有的并写有专著。以下简略加以介绍：如执笔"印度河文明"一章的 B. B. 勒尔为古代印度文化与考古学教授，又曾任印度考古总监，亲自主持印度河文明遗址卡利班根的发掘工作，著有《独立后的印度考古学》；执笔"阿育王的印度与笈多时代"的 R. 塔帕尔为研究古代印度史的专家，著有《印度史》第 1 卷与《阿育王与孔雀王朝的衰落》等专著；执笔"哲学"章的达斯·古普塔曾写有《印度哲学史》五卷本；执笔"莫卧儿人与英国人"的 P. 斯皮尔就曾写过同名的专著，还写有《牛津印度近代史》《莫卧儿人的曙光》等；又如"印度教"由曾任贝拿勒斯印度教大学副校长、讲授东方宗教的知名学者 S. 拉达克里希南执笔，他还是《印度哲学》《东方宗教与西方思想》等的作者；"印度与欧洲的早期接触"和"印度与近代西方"两章则由写过同名专著的前德干学院院长 H. G. 罗林森执笔；"古代和近代的语言"由牛津大学梵语讲座 T. 伯罗教授执笔，他还写有《梵语》专著，与此有关的"早期雅利安人"也由他执笔；"古典文学"由著有《印度诗文》三卷的梵文与印度研究教授 A. K. 沃德执笔；"锡克教"由著有《古鲁纳那克与锡克教》的 H. 麦克劳德执笔；"音乐"由著有《北印度音乐的拉格》的 N. 贾伊拉兹波易执笔；"穆斯林统治王朝"、"印度中世纪的伊斯兰教"与"印度与中世纪伊斯兰教世界"三章由讲授南亚文明的高级讲师 S. A. A. 里兹维执笔，他著有《阿克巴在位时期的宗教与思想史》《16、17 世纪北印度穆斯林的信仰复兴运动》等；"伊斯兰教的改革运动"由讲授伊斯兰教研究的教授 A. 艾哈迈德执笔，他著有《印度与巴基斯坦的伊斯兰教的现代主义》；还有如写有《达罗毗荼文学》专论的 J. P. 马尔执笔"早期达罗毗荼人"；写有《德国对印度文化的反应》专论的印度学西藏学教授弗·威廉执笔"印度与近代西方"的后半部；著有《邦迪绘画》的 P. 金德拉执笔"中世纪印度的袖珍画"，他是南亚语言与文明系和艺术系教授；著有《印度绘画》的达勒姆大学东方艺术博物馆馆长 P.S. 罗森执笔"早期的艺术和建筑"；著有《埃及与巴勒斯坦的穆斯林建筑》的建筑学院讲师 M.S. 布里格斯执笔"印度的穆斯林建筑"；写有《中国艺术中的"莲花经"》的 J.L. 戴维森执笔"印度对中国的影响"。最后，"耆那教"则由耆那学教授 A.N. 邬波陀耶执笔；"佛教"由僧伽罗克悉多比丘执笔；"中世纪印度文学"与"近代文学"2 章由曾任印度文学学会秘书的克·克利帕拉尼执笔；"社会政治思想和制度"由伦敦大学东方法律学教授 J. 邓肯·M. 德列特执笔；"中世纪印度教虔诚派"与"英属印度的印度教宗教和社会改革"二章由讲授南亚文明的高级讲师 J.T.F. 乔登斯执笔；"科学"由伦敦大学哲学与科学博士 H.J.J. 温特执笔，还有南亚史高级讲师 J.B. 哈里森执笔"葡萄牙人"；曾任历史教授的 A. 拉姆执笔"印度对古代东南亚的影响"；历史讲师 H. 欧文执笔"民族主义运动"。

由此可见，本书的编辑和撰稿人都有比较深厚的专业基础，一般都有丰富的研究工作经验，有的并取得过重大的学术成果，因而各章都有较高的学术质量，最后又经过巴沙姆的精心编排，全书就成为一部很有特色的学术专著。

这部书的特点有以下几点：（1）本书分四部分，头三部分是从印度历史的发展说明印度文化的发展及其在各时期所取得的成就，以至形成印度人民宝贵的历史遗产；第四部分又从与外国交往的历史进程中说明文化的交流与相互影响以及印度文化对世界文化的贡献。这两方面都有确凿的史实表明印度的文化不是停滞不变而是逐渐积累、演变和发展，印度不是与世隔绝、孤立的而是直接间接与外界交往的。这便有力地驳斥了西方殖民主义者歪曲印度文化的一些谬论。

（2）由于文化的兴衰与统治者的扶植或压制、时局的平静或战乱、经济的繁荣或匮乏、国际交往的开放或闭塞密切相关，因此，本书十分强调印度文化发展的历史背景的论述。因而在正文前编制了简明的年表，分栏标出同时期印度北南两方，最后发展到全印的政治经济大事，文化与宗教的大事和国外大事，帮助读者掌握印度文化发展时的国内国际历史形势与各时期的主要文化成就。在序论中编者又简要介绍了印度历史发展与文化演变的基本线索。正文中还设置专章（如5、6、17、28等章）比较具体地说明当时政治经济的变化，特别是对文化有影响的方面。其他各章中也注意到这种背景的介绍，用历史的线索使全书各章连结成一个整体。

（3）本书很重视印度文化产生的自然条件，即次大陆的土地和气候。序论简明扼要地概括了它的特点及其对人类生存和文化发展的重要意义。这些自然条件和入居印度的各族人民是编者认为的印度高度发展的文明赖以存在的基础，并将继续制约着印度人民未来的生活。特别是对创造印度文化的重要种族，如雅利安人、达罗毗荼人等，本书有专章论述。在这些章里，与文化发展有密切关系的语言文字占有首要的地位，编者运用比较语言学探讨各族的起源、迁徙与扩展、原有文化及与外族关系等，对随后迁居或入侵印度的阿拉伯人、突厥人、葡萄牙人、英国人等，本书也有相当的篇幅的论述，因为他们带来了一些新的文化，丰富了印度的文化，对印度文化的演变产生了深刻的影响。又编者重视各族的语言文字问题，还因为这种文字的史料多半是第一手的资料，对论证问题更有说服力。

（4）分期问题是研究历史发展的重要问题。本书把印度文化史的发展分为三部分：①古代的遗产；②穆斯林统治的时代；③挑战与反应——西方人的到来。对某一方面的文化也有其本身阶段的划分，如语言中印度雅利安语有古代、中古、近代之分，中古印度雅利安语还可以分为三期；文学有古典文学、中世纪文学与现代文学；建筑艺术也有早期建筑、穆斯林建筑（中世纪绘画）与现代建筑艺术；又如佛教、哲学、民族主义运动等也都有分期。有的如文学，各期均有专章；有的如建筑艺术则用两章，现代部分则在结论章中提到；有的如佛教等在一章中论述。作者概括了各时期的特点与成就，从而也说明了其间的变化。

除了这种前后对比的论述以外，各方面的比较研究也是本书的重要特色之一。不同时期如孔雀王朝与笈多王朝的对比，不同地区如荷马时代与吠陀时代的对比，印度封建制与西欧的比较，印度宗教改革与西方宗教改革的比较，不同教派如耆那教与佛教的比较，不同类型、不同风格等都有一定的比较对照，有比较就可以有鉴别，可以更深刻具体的了解其特点。另一方面，从比较中看到的差异可以启发人们思考，探索差异产生的原因。如研究1526年莫卧儿人到来时的印度和1761年莫卧儿人崩溃时印度的差异，就可以看到莫卧儿人对印度的作用。这样的探讨是很有意义的。

（5）本书善于发掘史料与运用史料，并重视新的发现和新的研究成果。如从《政事论》、从迦梨陀娑的剧本中搜集当时有关使用齿轮机械的科学知识资料；如运用古代印度的谚语、格言来探讨古代印度的政治理想等。新的资料与研究成果除在正文中运用外，有的更用附录形式特别标明。如科学一章的附录提到，芬兰语言学家们利用一种计算机方法释读印度河的文字似乎可以表明天文学的28宿之说源出于哈拉巴，这就大大提前了28宿之说开始的时间；又如东南亚的考古学是当前发展最快的学科领域，因而编者就特请在这方面有研究的H. H. E. 卢夫斯博士给本书第31章原文后增加了附录，它提到由于该地区考古的新发现，印度文化对这一地区影响的一些旧的看法就得要改变了。编者在本书结论中还声称，由于对过去的知识迅速增多，看法也日新月异变得更快，因此，书写的内容要随时准备用新的成果来更替。这种求新的精神是值得称道的。

（6）印度文化的历史是悠久的，内容又丰富多彩，本书的篇幅不大却能有比较全面的介绍，这是由于本书能够简明扼要说明问题，对一些复杂深奥的问题也能做到深入浅出。虽是学术著作，却不带学究气，能为一般读者所接受。又配合正文选用了一些地图和图片。因此，这本书对我们了解印度文化，研究印度文化，很有参考价值。

当然，本书也有其不足之处。主要的是本书忽视了印度物质文化方面的成就，如棉的种植、棉纺织业的发明、制糖术等，有的完全没有提到，有的虽有涉及却未给以应有的地位，对唯物主义的哲学也未给予应有的评价，如对顺世论，只作为一般的异端教派，加以简略介绍。对这种学派受攻击、著作被毁的情况也完全不提。其次本书还忽视了东方文化对印度的影响。特别是古代中国的文化，如对文化发展起巨大作用的造纸术和印刷术都是中国发明的，从中国直接、间接传入印度。本书中虽提到这些发明是国外传入，但未提到中国。又如老子著作曾译为梵文传入印度，对印度宗教哲学有一定影响，本书也未提到。本书有关的章节名称提的是《印度对古代东南亚的影响》《印度对中国的影响》，这便限定了印度文化只是单方面对这些地区传播、施加影响，这是不符合实际情况的。本书在政治观点上也存在着一些问题，如结论一章中认为英国比较容易和迅速撤出印度是英国少数有识之士早已有此认识，而不提印度人民要求民族自决的长期斗争。对印巴冲突不提英帝国主义"分而治之"造成的恶果，对印中边界纠纷竟归结为中国的侵略，而不能认识到这是英帝国主义侵略的遗产所造成的。事实是印度继承了英帝国主义的衣钵，侵占了中国的领土，而不是相反。最后编者在本书前言注中已提到对印度文化的一项重要成就"舞蹈"，没有专章，这是一大缺陷。还有前后各章有些观点不一致，编者已加注说明，这里就不一一列举了。

中译本是根据本书 1975 年版①由华中师范大学历史研究所印度史研究室闵光沛、庄万友、陶笑虹、周柏青、涂厚善等分工译出初稿并相互进行初校（分工章节译者名列在"译者的话"之后②），还有范铁城、游巧荣（外语系）、蒲亨强（音乐系）参加了部分章节的初译工作。对全书进行校订的为闵光沛，最后由涂厚善总校。

本书的译名原则基本上与我们翻译的《高级印度史》（商务印书馆 1986 年版）相同，这里不再赘述。书中所附印地文、梵文等字母上的符号，因排字困难均已去掉。为了便于读者查阅原书，切口一边附有原书页码，11 幅地图均按原书绘制并译成中文。

我们在校译过程中曾得到北京大学金克木教授、中国社会科学院亚洲太平洋研究所黄心川教授、北京师大史学研究所刘家和教授等的帮助，特此志谢，还有一些其他同志也曾对我们的工作给予帮助和关心，这里一并感谢。最后要特别提出的是商务印书馆的责任编辑陈廷祐先生，他尽管已经离休，仍坚持要把本书审编完稿。这使我们铭感不尽。

最后，由于我们对印度史研究不够，尤其是对印度文化史的一些专业理论和知识不甚熟悉，外文水平不高，错误之处在所难免，欢迎批评指正。

涂厚善

1992 年 4 月

---

① 其中"印度词语发音注意事项"与中文译本关系不大，"撰稿人名单"基本上已见"译者的话"，因此，这两部分删去未印。供"进一步阅读的书目"绝大部分均无中文译本，故原文未译，仍作为附录刊印。

② 译者及其分工的章节表列于下。闵光沛译 12、13、15、30、31、33、34、35，共 8 章。庄万友译 2、14、21、23、24、25、29，共 7 章。陶笑虹译 3、4、10、11、26、27、28，共 7 章与"编者前言"。周柏青译 5、7、8、9、20、22，共 6 章与"年表、地图及图片说明"。范铁城译 1、17、18、19，共 4 章。涂厚善，32；蒲亨强，16；游巧荣，6。各 1 章。

《印度文化史》第32章
印度对中国的影响[*]

佛教是印度对中国的贡献。并且,这种贡献对接受国的宗教、哲学与艺术有着如此令人震惊并能导致大发展的效果,以致渗透到中国文化的整个结构。

我们知道佛教是在公元69年前传到中国的,因为正是那时在洛阳城建了白马寺。可能较早已有一些接触,但不曾有什么影响。不过,在公元一二世纪时期中国叛乱频仍、经济灾难重重、国家四分五裂,正是这时,显然中国已准备接受对它陌生的西方邻居的宗教哲学信条。由儒家思想维系有数世纪之久的中国自身的传统,已被一部分冒充儒家的人和另一部分公开赞成法家的极权主义哲学的人所削弱,这个传统到了动荡不定的地步。道家的哲学思想已退化到这种程度,它竟成为从事炼丹术与巫术的方士的工具。理性主义思想主要由王充(公元27—约97)所传播,但与他类似的怀疑主义甚至更有力地促进了汉代社会的瓦解。当传统、理想与社会结构正处在同时解体的时候,既不是王充,也不是任何其他个人能够指明中国思想的前途。只有佛教能够,并且做到了这一点。

在国泰民安的时候,像中国这种有悠久传统又畏惧和憎恨外族的国家里,一种外国宗教(例如佛教)的传入是很少有成功机会的。但是汉

---

[*] 本章原作者为J.勒鲁瓦·戴维森。选入时有改动。

朝最后几个世纪的状况却对佛教传法师有利，不管他是直接从印度来的，还是来自佛教已深深扎根的中亚都是如此。

佛教有着多方面的内容，因此能够对中国社会不同部门的人都有吸引力。改宗的和尚、善行方便的大师，对他们的传教工作毫无顾忌地选择策略。不过，为了给尊重书本有长期传统的人们留下深刻的印象，最基本的还是靠佛教经书，到一定时候经书就出现了。已知的最早经文《四十二章经》编成于公元1世纪，这一经书是小乘教义的简明本。

到了3世纪末，在翻译印度佛经方面无论在量和质上都有很大的进展。这是在僧人竺法护（260—313）指导下完成的，他本人就是一位出色的翻译家。但产生众多优美汉文译本的却是来自中亚的卓越的传教僧人鸠摩罗什与其大译场的助手们一道译出的。到公元5世纪初他们已译成的佛经典籍，在文人学士享有权威的国度里深受欢迎。鸠摩罗什的宏大作品为佛教的支持者提供了一个经书宝库。

佛教的最基本教义需要向那些从未接触过像"业"、"轮回"与"涅槃"这种哲理概念的人们讲授。那些被剥夺者对一种模糊的、遥远的又不能理解的"涅槃"理想是不怎么动心的，而对可能立即转生到阿弥陀佛或弥勒佛的极乐世界却受到吸引。专心注意对各种不同佛的天堂①旳崇信发展得很快；这些信仰不要求信徒具有深奥的哲学知识。从无法预言的生死轮回中得救的方法是容易的，只要信仰佛、信仰菩萨，或甚至相信佛经中几句真言就能办到。这类经就是《妙法莲华经》《阿弥陀经》，或任何一种《弥勒经》。实际上，这种宗教信仰最终是起源于印度的巴克提概念。

如果佛教吸引广大群众是由于有来世进天堂的报答，或甚至今世的更为眼前的利益，它对中国的许多知识分子则有深一层的号召力，混乱的战争把他们的国家分裂为许多敌对的王国；他们的幻想破灭了，又受到了冷遇。可是，他们却为佛学注释者精心编制的形而上学和分析入微的哲理所倾倒。

---

① 如东方阿閦佛的香积世界，南方宝相佛的欢喜世界，西方阿弥陀佛的极乐世界，北方微妙声佛的莲花世界等。——译者

其他部门的人则为那些传法师非凡的力量所吸引，他们通过巫术的动作表现他们宗教的效力。这方面恰当的例证就是佛图澄的传教经历。这是阿瑟·F.赖特教授研究的课题。佛图澄为4世纪时的一位宗教徒，投奔于名为石勒的军帅手下。他曾演出简单的魔术戏法，开始给石勒留下深刻的印象。随后，他因被认为能够唤雨、治病，或许更重要的是成功地参谋军事（这不是佛教徒固有的职能）而得势。

在公元5世纪时，佛教赢得中国信徒的人数有惊人的增长。和尚、尼姑、教士与寺院成倍地增加得如此迅速，以致在444年与446年朝廷对他们采取了镇压的措施①。对教士的指责总是有理由的，与其说是宗教的原因，倒不如说是道德与政治的原因。有很多人必定是为了逃避兵役才去做和尚的。而且，寺院里的松弛放纵也是政府采取惩罚措施的其他理由。

尽管佛教遭受了偶尔的挫折，全体居民中仍有很大百分比的人为了这种或那种原因被劝说去信奉这个新的宗教。皈依的教徒、庙宇与寺院机构的数目继续在全国激增。充满佛教思想的一些概念终于传入儒家哲学中。儒家士大夫不时的迫害和攻击并不能阻止佛教势力的增长。甚至在中国经过几个世纪的分裂以后，到隋朝（581—618年）统一的时候，这个来自国外的宗教竟成为帝国内一个稳定的力量。隋朝统治者为了得到他的许多臣民的支持，便自比为转轮王②；又像一位后代的阿育王，在多次战斗胜利之后，他也提倡佛教的十善业③。王室和政府对佛教的支持，事实上成为隋朝统治下国家的政策问题。而且，在公元591年，隋朝的末帝杨广召开佛僧大会，由天台宗创始人智𫖮主持，会上皇帝亲自许下作为一位在家佛教信徒的"菩萨愿"④。

----

① 指北魏太武帝时用崔浩言，崇尚道教，摧毁佛法，毁佛寺，坑沙门，焚经像。——译者

② 转轮王（Chakravartin），印度古代神话中的圣王，因手持轮宝而得名，佛教袭用其说。——译者

③ "十善业"是佛教的基本道德信条，即不杀生、不偷盗、不邪淫、不妄语、不两色、不恶口、不绮语、不贪欲、不嗔恚、不邪见。——译者

④ 指隋开皇十一年（591年）晋王杨广（当时尚未即帝位）请智𫖮到扬州为其授菩萨戒。——译者

唐朝（618—907年）的初期，佛教在朝廷享有相当高的威信，甚至被熟练地使用来支配政事。在这方面，篡位的武后（684—710）竟走到这种地步，使人编写佛经，在经中预言未来的弥勒佛将转世为妇女而她注定要统治中国①。为了保持这种欺骗，皇后不时把自己打扮成菩萨。

不过，佛教在尘世的成就却导致了它最后的失败。正如佛教曾逐渐巧妙地进入混乱时期的中国一样，它在公元9世纪发生类似的分裂时期内也大大丧失了元气和势力。外来宗教是适合当时情况需要的替罪羊，845年对佛教的种种严重的迫害②，极大地削弱了正统佛教的影响。尽管佛教作为民间宗教存在下来，但它有了变化，因它与道教融合了，又与本地崇拜的信仰和迷信结合起来。不过，"业"的概念却永远铭刻在中国人的思想中，如同关于来世的天堂和地狱的种种印度的幻象一样。佛教引起的冲动是来自禅宗。根据传说，后者的根源是在6世纪③。对这个著名的、异乎寻常的佛教宗派，胡适博士曾描绘为中国人对佛教的"屏弃"（rejection）。但是，应当指出禅宗哲学的一些方面十分近似传统佛教的另一分支密宗。它在公元9世纪中国迫害佛教时曾流行于印度。

随着正统佛教的衰落，儒学胜利了；但这是充分渗透了佛学思想的儒学。所以，阿瑟·F.赖特教授说到，这对生活在汉代的儒家来说将是不可理解的。甚至连包括以经验为根据的自然秩序的儒学基本理想，专门术语"礼"的定义也改变成为大乘教派的一种先验的、绝对的道义。有宋一代（960—1279年）的新儒学仍然以佛教哲学为依据。甚至

---

① 唐武后天授元年（690年）僧法明等10人伪造《大云经》4卷，称武则天是弥勒佛转世，当代唐为天子。——译者

② 指唐武宗会昌五年（845年）时废佛法，毁寺4600，僧坊、住所7万余，毁铜像、钟磬以铸钱，令僧尼还俗26万5千人，收田数千万顷，奴婢15万人，对佛教打击极重。——译者

③ 传说禅宗创始人为菩提达摩（？—528），南印度人，南朝刘宋末年到广州，又往洛阳、嵩山等地传禅学，为中国禅宗初祖。——译者

近到明朝（1368—1644年），最著名的新儒学家王阳明（1472—1529）也被他的对手批评为是一位隐蔽的佛教徒。确实，他的灵感按其特性是来自佛教禅宗。

在建立清朝（1636—1912年）的满族统治下，佛教一度又得到王室的赞赏。但这时西藏的影响盛行，印度的理想便为复杂的仪式弄得模糊了。使中国得到新活力的该是欧洲而不是亚洲了。

我们曾提到印度对中国的贡献是佛教。对此，我们还应增加商业，它是沿着这些传法师开拓的漫长而艰难的路程一道来的。随着中国在唐朝统治下领土的扩张，丝绸运往西方，交换那些沿着同一路线向东流入的丰富的外来物品。从印度运来香（供焚香用的）、水果、花卉和调味品。而且，还传来音乐，在唐朝京城流行；又传入有关天文学发现的资料。据说甚至在8世纪，印度的3个家族①就垄断了唐朝计算官方历法的职位。一个世纪后，一位名叫瞿昙悉达的印度人在宣宗皇帝统治（846—859年）时主持司天台。他试图传入"零"与正弦函数表，但印度人的这些发明未为中国人所接受。

虽然大多数来自国外的影响是短暂的，但印度艺术产生的影响却很持久。中国人接受佛教引起了中国艺术的深刻变化。这不仅是因为这一宗教的性质，而且也是因为在印度和中亚逐渐形成的艺术形式的性质。中国艺匠既接受了全新的宗教，也就吸收了一些名目全新的艺术主题与风格。

在佛教到来之前，庞大规模的人形雕像是很稀少的。日常崇拜中不需要它们。雕匠的技术大多用于与祖先崇拜有关的复杂的丧葬礼仪的需要。大的雕刻物通常是兽形，是专门用在到陵墓举行礼仪的进路即灵道上。墓室内有说教性的浮雕，描绘的或是历史事件或是关于道家或儒家传说的题材，还有大量的大小适当的小塑像，用来伴随死者未来的

---

① 3个家族即迦叶氏、瞿昙氏与俱摩罗氏，瞿昙氏世代任职唐朝司天监。——译者

生活。

中国现在保存的佛教艺术品中最早的实例或许是大约公元200年在四川嘉定的崖墓入口门楣上的一尊小的浮雕佛像。佛是坐像，右手举起，作"无畏法印"，意为"无所畏惧"。这一佛像尽管形体小又是浮雕，却是体现以后几个世纪宗教观和审美观的无数佛像中的一个典范。不过，在风格上，它几乎是同时流行于犍陀罗地区的佛像类型的一个直接的仿制品。

四川佛像上繁重衣饰的同一中心的褶痕，使人们对它的来源毫不怀疑。对于约一个世纪后，铸造于公元338年的最早有年代的佛像，也是如此。这尊佛像（现存于旧金山的布伦戴奇收藏馆）仍然保持有犍陀罗传统，但是中国艺术家将衣饰的褶痕稍许弄平，又对佛像的面容加以抽象化，因而留下中国艺术的痕迹。这两尊佛像特别重要，因为它们必定是受到印度肖像画法早期影响大量产品中偶然幸存下来的几件。许多记载讲到很多巨大的、不可思议的肖像，其中有些据信是由印度奇迹般地运来的，有些甚至据说曾与阿育王有关。这便使它们比在印度的任何人形佛像还要古老得多。这些肖像享有的这种特殊声望持续了好几个世纪。举例来说，一座寺庙由于有着在公元6世纪发现后就安置在寺内的一尊雕像，因而受到伟大的唐太宗的拜谒，他对这个肖像的历史久远印象极深，因而为其神殿加以修饰。印度肖像的这种声望的另一反响是在一幅绘画（发现于敦煌，现保存在伦敦与新德里）的片段中可以见到。画中某位中国信徒仔细地描摹形形色色的佛和菩萨的雕像。然而他描摹的一切原型显然是出自印度的，其中一个实际上可认定为优填王作的佛像①。许多报道中都提到这一类型的佛像曾经奇迹般地传到了中国。

印度的艺术不仅储藏各种肖像，由此可以仿制描摹。它还有着一种灵感。到公元5世纪的第3个25年时，中国雕刻家在云岗把印度风格

---

① 优填王（Udayana），一译邬陀衍那王，为公元前6世纪跋沙国（在北印度）国王，据《增一阿含经》第28卷，他曾刻檀木作佛像，以示对佛的怀念。——译者

（已适用于中亚）改造成为纯中国的形态。对衣饰平面的与线条的风路上的仿效和古代的形体塑造而成的佛像，反映了觉者最深奥的教义。这些肖像被清楚地认识到是人像，而从肖像画法上则再看作是神像。但是风格的抽象化使它们不能直接看成是人像而线条的简洁也使它们体现的概念显得特别突出。

我们已经指明，佛教在公元6世纪时已适应中国的情况。重实效的中国观念，使得狂热的天堂崇拜者即净土宗取得支配地位。我们能从许多铭文中推断，来世的目标就是天堂。如果它不是最终的目的，也是成为对抽象的、难以确切表达的"涅槃"的一个可以接受的替代物。这种折中物或许是潜意识的，反映于佛教雕刻的肖像画法和风格上。在中国以观音闻名的阿婆卢吉低舍波罗①成为大众最喜爱的菩萨。这时中国艺术的典型直线性正向着立体的自然主义方向发展。雕刻家更精巧地对人像进行造型，更自由地处理衣饰；画家正达到超越画面进入更深远的空间。向自然主义发展的行动似乎是对天堂崇拜中所固有的实利主义的反应。看来很明显，中国信徒的目的集中在阿弥陀佛的西方极乐世界上。他要在肖像中找到经典描述的"乐土"，通过壮丽的雕像而能具体显示出其富贵景象。

在公元7世纪，当佛教实际上成为国教时，印度艺术对中国有了最后一次大的影响。早先，尽管中国佛教徒是在改变信仰的阵痛中，达到一种理想主义与热情洋溢的正教的顶峰，他的艺术还不能表达出在竭力仿效印度肥胖的肖像所特有的美感时的任何影响。但是在公元700年左右，各种艺术都在世间的唐朝统治者治理下蓬勃发展时，中国雕刻彻底浸透了印度笈多和笈多以后各种人形的特性，显示热情、人性并给人以美的感受。

---

① 阿婆卢吉低舍婆罗（Avalokitesvara），意译为"观世音"，菩萨名。指遇难众生只要诵念其名号，菩萨即时观其音声，前往搭救，故名。因唐朝讳太宗李世民之名，故去"世"字而称"观音"。——译者

公元845年佛教遭受的严重迫害大大削弱了这个宗教。不过，它还在禅宗名义下继续是一个有创造性的力量。中国绘画是禅宗艺术传达思想感情的主要工具。印度已不再对中国文化有重大的影响了。然而，佛教尽管遭到敌视和出现变化，它的韧性甚至在最近的年代里，出人意料地不是由别的因素而正是由中华人民共和国表现出来。佛教的传统号召力还是存在的。

第三部分 著作节选

《简明印度史》*上篇

导　　论

　　印度是世界上有着悠久历史的文明古国之一。印度这一名称的来历也有一段历史，它最初并不是国名，而是一个地理名称，是由"信度"（Sindhu，意为河流）演变而来的。希腊史学家希罗多德承袭波斯人的说法，称印度河以东的地区为印度，后来西方人就保留了这一名称。我国的《史记》称之为身毒，后又有天竺、贤豆诸名，直到唐代，玄奘在他的《大唐西域记》中才开始用印度这一译名，但仍是指南亚次大陆整个地区。古代印度人自称本土为"婆罗多伐娑"（Bharatavarsha，意为"婆罗多王统治的地区"）。现今的印度共和国一方面沿用了"印度"这一名称，另一方面又用本国传统的"婆罗多"名称为国名。但要注意的是"印度"这一名词包括的地理范围在历史上是有很大变化的。古代印度包括了今天的巴基斯坦、印度、孟加拉和尼泊尔等国，讲述今天印度共和国的古代史时，势必涉及巴基斯坦、孟加拉等国的古代史。

　　印度位于亚洲南部，北方为高耸的喜马拉雅山脉，南部是伸入印度

---

* 该书由华中师范大学印度史研究室著，上篇总共十二章由涂厚善先生主编，除了第一章第一节（高兴）和第十、十一章（范铁城），其余各章节均由涂厚善先生本人执笔完成。为了完整呈现这一编内容，本文集也收入了由高兴和范铁城撰写的章节。

洋的半岛，东为孟加拉湾，西为阿拉伯海。由于周边有山脉和海洋的阻隔，在地理上形成一个单独的地区。印度幅员辽阔，面积约297.47万平方公里，在世界各国中占第七位。在地形上，印度可以分为三部分：北部是喜马拉雅山山脉地带，中部是印度河—恒河河流平原地带，南部半岛除沿海比较狭窄的平原洼地外主要为德干高原地带。山地地势险峻，高山积雪不化，山峦丛林密布，人迹罕至。高原有森林矿产，但气候干燥，自然条件较差。只有河流平原地区水量充足、土壤肥沃，气候适宜，有利于农业的发展，工商业也比较发达，人口稠密，这里是印度最早进入文明时期的地区，也是印度历史发展的中心地区。自然条件的差异对印度各地经济文化发展的不平衡性起了一定的作用。印度内地的彼此隔绝，如文迪亚山脉就阻碍南北印度之间的交往，来往的艰难，阻塞了经济文化的沟通，因而更加增大了各地之间发展的差距。对外交通更不容易，北边喜马拉雅山、喀喇昆仑山都是难以逾越的高山。只有在印度西北部经巴基斯坦到阿富汗有几条通过兴都库什山的山路（开伯尔、波伦、穆拉等）可以和外界联系。这在海上航运兴起之前，几乎是唯一的对外交往的孔道。水运方面，恒河可以通航，是印度内地重要的交通命脉，有着巨大的经济意义。它很早就受到印度人的崇拜，是他们的"圣河"。海路可以西通西南亚、东非与地中海沿岸，东到东南亚与远东。据《史记》《汉书》记载，在公元前2世纪左右，印度与我国在水陆两方面都已有了交往。

印度人口众多，1981年统计为683 810 051人，在世界各国中占第2位，仅次于我国。印度的人种、语言、宗教信仰和生活习俗都很复杂。远古的土著人现在还不能确定，一般认为孟达人与汉藏人是较早的居民，达罗毗荼人也可能是早期的土著人种。到公元前2000年左右，属于印欧语系的印度雅利安人侵入印度。以上这几种人就是今天印度民族的主要成分。后来又有波斯人、希腊人、大夏人、塞种人、大月氏人、匈奴人、阿拉伯人、土耳其人、阿富汗人、蒙古人、阿比西尼亚人与欧洲人等先后前来，因而构成印度民族的复杂性。印度的语言与方言有1500多种，其中主要语言有15种。这些语言大致可以归为四类：①印度雅利安语系。在北印度和西印度使用，包括印地语、旁遮普语、古吉拉特语、马拉提语、乌尔都语、克什米尔语、奥里亚语等；②达罗毗荼语系。在南印度使用，有泰米尔语、泰卢固语、马拉雅拉姆语等；③汉藏语系。在印度北部使用，如阿豪马语、伽罗语等；④孟达语系，主要为部落人用语。如柯尔语、桑塔尔语等。但英语是官方使用语言。宗教信仰方面，信仰印度教的约占总人口的83%，信仰伊斯兰教的占11%，其余则信仰基督教、锡克教、佛教、耆那教或琐罗亚斯特教等，各个种族部落、各种教派的生活习俗各有不同。

自远古迄今，印度有4500多年的文明史。约公元前2500年，印度河流域首先进入文明时期，大约800年后这一文明衰亡。到公元前约1500年，雅利安人从西北方入侵，并向南、向东扩张。恒河流域逐渐得到开发，在这里出现了阶级和国家，形成了婆罗门教，印度进入列国时代（公元前600—前400年）。这一时期工商业经济发展较快，社会分化加剧，阶级斗争尖锐，新旧思想与教派争斗激烈，摩揭陀在各国兼并战争中渐占上风。到约公元前324年，孔雀王朝以摩揭陀为基础在印度建立了第一个统一的帝国，佛教成为国教。但统一的局面维持了137年就解体了。外族乘机入侵统治，政治分裂，直到公元320年左右，摩揭陀的笈多王朝才再度统一。笈多王朝时期梵语文学艺术兴盛，婆罗门教演变为印度教。到公元6世纪中叶，笈多势力衰落，印度又四分五裂。此后，到公元10世纪，先是信奉伊斯兰教的突厥人，后又有阿富汗人由西北入侵，征服印度。1206年建立德里苏丹国。苏丹在极盛时期只能统治北印度和德干；即使这样，也没有维持很久。到1414年图格鲁克王朝灭亡后，苏丹国已名存实亡。1526年突厥化的蒙古人后裔巴布尔建立莫卧儿帝国，印度才又得到统一。到奥朗则布时（1658—1707年）帝国衰落。公元1510年葡萄牙殖民者由海路东来，接着荷兰、英、法等国殖民者也先后前来，各自占领据点相互争夺。英国殖民者组成的东印度公司最终取得优势，它于1757年在普拉西战败印度，从此印度便逐渐沦为英国的殖民地。印度人民不断反抗英国的殖民统治，终于在1857年爆发了大起义，但却因英国的血腥镇压而失败。然而印度人民的反英斗争仍前仆后继，并在亚洲人民反殖民主义斗争的浪潮中不断增长。他们在资产阶级领导下，有组织的斗争，使印度民族解放运动进入了新的阶段。第二次世界大战后这种斗争在国大党、穆斯林联盟的领导下又有新的高涨。印度工人罢工、农民反抗和士兵起义震撼了英国的殖民统治。1947年6月英国被迫让步，准备退出印度。同年8月印度和巴基斯坦两个国家诞生，结束了英国的殖民统治。印度独立后的几十年内，除两年多一点的时间外，全由国大党执政。社会经济虽有较大发展，但资本主义体制的内在矛盾也在深化。印度人民的斗争还在继续。以上是印度历史的基本轮廓，也是本教材的主要线索。

　　印度的历史具有以下一些明显的特点：第一，政治上的分裂多于统一。在印度共和国以前的历史过程中，统一的时期只有750多年，占整个历史时期的1/6。分裂易于遭受外来侵略和外族的征服。16世纪以前外族多由陆路，从西北方的山口入侵，以后则由海路从西方东来侵入。第二，印度各地历史发展很不平衡。边远山地的原始部落和河流平原的文明社会同时并存。各地自然条件的差异与隔绝是造成这种分裂状况的外部原因，这又导致政治上的分裂。第三，村社制度的长期存在。印度是农业国，至今仍有70%的人口从事农业。它很早就有了村社制度，各个村社经济上自给自足，过着闭关自守的生活。各地处于孤立状态，因而社会发展缓慢。第四，种姓制度历久不衰。随着社会分化，奴隶制的形成，印度出现种姓制度。后来，社会劳动分工进一步发展，产生称为"阇提"的新的职业集团，又有了贱民制度，种姓制更为复杂。各种姓之间地位悬殊，特别是贱民地位极为低下，受着非人的待遇。1950年印度宪法虽然宣布取消贱民制，但在实际生活中并未能废止歧视。第五，富有特色的印度文化传统连绵不断。印度文化在发展过程中不断吸收了古代两河流域以及伊朗、希腊、罗马、中国、阿拉伯和西欧等地的文化，但仍保持印度文化固有的特色。这种特色表现在宗教哲学特别发达，文学艺术深受宗教影响。它的精神是"出世的"，表现形式有着很大差别，如马克思在1853年撰写的《不列颠在印度的统治》一文中所指出的，印度宗教"既是纵欲享乐的宗教，又是自我折磨的禁欲主义的宗教"。尽管各走极端，基调却都是脱离现实的。

印度史的史料基本上可分为以下两大类：

（一）遗物与遗迹。主要是考古发掘到的人类生产与生活用具。如各种石器、陶器、铜器、铁器、金银饰品、各种雕像、塑像等以及原始人的洞穴、炉灶、洞窟壁画、器物上的花纹彩饰等遗迹。这些主要属于远古时期。有文字以后的文物，如各种印章、碑铭（阿育王的诏谕、笈多王朝的德政碑、宗教许愿文、赐田文书等），各种古钱（各地统治者发行的金、银、铜币，行会铸造的钱币，还有大夏、希腊、安息、罗马、中国等外国钱币）、雕刻、绘画等艺术品以及古代城镇遗迹、宫殿、寺庙、陵墓等。这些都是第一手的重要资料。有的已成为如古钱学、碑铭学、纹章学、古文字学等专门学科的研究对象。

（二）文献记载。古代印度专门记载历史事件的文献或编年年代记迄今没有发现。印度人称作伊提哈萨（Itihasa）的作品，有些类似历史书。其中包括往世书（Puranas）、事录（Itivritta）、传说（Akhyayika）、有例证的故事（Udaharana）、法论与政事论等。还有史诗也是和历史有关的。史诗和往世书中都有有关帝王世系的部分，但都带有神话传说的性质，事实与幻想交织在一起。它们的编写时间也不明确，又有后人修订、增加的内容。因此，需要仔细分析辨别，才能从中提炼一些有用的史料。早期的编年史是贵霜时期在丝绸上写的王朝编年记。笈多王朝以后有国家档案保管大臣，有记载善恶灾异的机构及类似我国史诰的尼罗蔽荼（Nilapita，意译为"青藏"），还有如《诸王世系》

一类的年代记等。德里苏丹时期也设有史官,编年史的撰写有了发展,如《纳西尔通史》是穆斯林世界的一本通史,《菲罗兹王朝史》《穆巴拉克王朝史》等都是名作。莫卧儿王朝统治时期有帝王本人撰写的或由与他们有亲密关系的人编写的《回忆录》。这些都是当时极其重要的史料。其他重要史料还有《历史选集》《列王纪》《高级历史》《精华录》等。近现代的史料比较丰富,奥朗则布及其后继者时代的邸报、各国东印度公司的档案,英国统治时期印度政府的官报以及各种文书资料等。后者现留在印度国家档案局,马德拉斯、孟买等地的档案处和伦敦的印度事务部与皇家亚洲协会图书馆等处。各种政治团体,如印度国大党、全印穆斯林联盟的档案,政治活动家的传记,各种报刊的报道等也都是一些价值大小不等的重要资料。

其他文献著述,特别是古代中世纪时期的文献著述不多,但这些记述也有重要的史料价值。属于这一类的如吠陀文献、佛教经典、耆那教经典等宗教经典;《政事论》《摩奴法论》等政法著作;文学戏剧如《五卷书》《小泥车》《指环印》《沙恭达罗》《结髻记》等;还有与历史关系密切的传记文学,如《佛所行赞》《罗摩本行》《曷利沙本行》《毗讫罗曼加本行》等;甚至像《大疏》《长寿字库》等文法词书,以及像《阇罗迦本集》《加尔吉集》等天文学、医学作品也都能提供一些宝贵的资料。德里苏丹和莫卧儿帝王时期的各种方言文学作品也是如此。

外国人的记述也是很重要的史料来源。这包括外交使节、宗教朝圣者、商人、旅行家等的游记见闻。在缺少本地史籍的时期,外国人对印度的记述更是特别重要,它们填补了印度古代史的一些空白。又由于现存为数不多的印度古代文献往往不标明编写时间,因此就要借助外国记载来考订一些历史事件发生的年代。如马其顿亚历山大入侵印度的事件以及月护王在位的年代,就是靠希腊人的记述才为人们所知。这方面的名著有希罗多德的《历史》,他根据波斯资料,对印度有片断的描述。亚历山大远征时的部将如海军大将尼阿卡斯等和塞琉古王国驻孔雀王朝使节梅伽斯梯尼也都对印度有记述。原作虽已失传，但保留在其他希腊人（如阿里安、斯特拉波等）的著作中。这是他们的亲身经历，是比较珍贵的史料。罗马帝国时期佚名作者的《厄里特里亚海周游记》、托勒密的《地理学》、普林尼的《自然史》等对古代印度的地理与历史也有记载。中国史籍中对印度以及与印度有关的种族，如塞种、大夏、安息、大月氏、匈奴、突厥、蒙古等都有记载。中国佛教僧侣法显、玄奘、义净等访问印度的记述（《法显传》《大唐西域记》《南海寄归内法传》《大唐西域求法高僧传》）对印度的政治、经济、社会、宗教文化等方面都有比较翔实具体的资料。随郑和下"西洋"的马欢、费信和巩珍也对印度沿海地区的见闻有不少生动的描述。古代中国的文献中有关印度各个时期的资料，相当丰富，以至印度的一些史学家竟认为"如果没有中国文献，重建印度史将是不可能的"。这种说法并不夸张。阿拉伯地理学家马苏迪、商人苏莱曼、旅行家伊本·巴图泰等，威尼斯商人马可·波罗、俄国商人尼基丁、英国商人拉尔夫·菲奇、耶稣会传教士蒙塞拉特、法国旅行家泰文尼尔、贝尼埃等对印度的记述，也都能提供一些值得研究的史料。

史学方面，正如上面提到的，古代印度缺乏历史著作，有的只是带有神话传说性质的帝王世系。后来可能受到中国史学的影响，在北方边区有了编年史。穆斯林时期编年纪事更加增多，主要是帝王统治者的政治史。随着英国对印度的侵略与殖民统治的建立，殖民当局为了治理印度的需要，注意对印度历史的研究，1817年出版了詹姆斯·米尔的三卷本《英属印度史》。这本书认为印度人愚昧落后、缺乏自治能力，印度社会停滞不前，只有依靠英国法规才能改变这种状况。另一本著名的英国人写的历史著作是文森特·A.史密斯编写的《牛津印度史》。这本书强调印度有长期暴虐的专制传统，是英国人的到来才结束了这种传统。这些英国人写的印度史对印度史学的发展虽有一定的影响，但其指导思想却是有意无意为英国殖民统治提供历史依据，因而必然对印度历史进行一些歪曲的描述。在反对英国殖民主义的斗争中,印度学者对英国人的这些观点自然会有反响,他们也开展了对本国历史的研究。自班达卡尔的《德干早期历史》开始,著名的作品有 R. C. 马宗达主编的《印度人民的历史与文化》、赖乔杜里的《古代印度政治史》、戈萨尔的《古代印度土地制度》等,其他断代史、专史等也不少。这些作品的主要特点是大力宣扬印度民族优秀的历史传统与巨大的文化成就,这既是对英国印度史学的一种批判,又是为了激发印度民族争取独立自主的斗志,提高民族的自信心。但它们缺乏科学的理论体系,多罗列现象,不能揭示印度历史演变的本质及其发展的真实原因;又在肯定印度历史传统与文化成就中有些美化与夸大。到 19 世纪中叶,马克思主义产生,马克思对印度的研究十分重视。他在 1853 年 6 月发表了《不列颠在印度的统治》,7 月又发表了《不列颠在印度统治的未来结果》,论述印度的社会与历史。他在逝世前夕还编辑了《印度史编年稿》。接着,世界各国的马克思主义史学家运用历史唯物主义方法研究印度历史,并有不少成果。如杜德的《今日印度》、卢本的《印度文化史》、奥西波夫的《十世纪前印度简史》等。印度国内也有一些史学家开始批判以马宗达为代表的旧的民族主义史学传统。首先是 D. D. 高善必,还有 D. R. 恰纳纳、R. S. 沙尔马、R. 塔巴、伊尔凡·哈比布等。他们并不自称是马克思主义史学者,但强调研究历史要有完整系统的理论为指导,并认为生产工具与生产关系的演变是社会进化的基础。他们注意运用多种资料综合研究,强调要有史实根据。他们的代表作有《印度史研究导论》《古代印度文化与文明史纲》《古代印度奴隶制度》《印度古代的首陀罗》《阿育王与孔雀王朝的衰落》《莫卧儿印度的土地制度》等。印度史学各派在许多问题上都有各自的看法,争论很是激烈。

  印度史的分期问题是印度史研究中的一个极其重要的问题。非马克思主义史学者不重视这个问题,他们有时为了研究方便或其他目的也对印度史作了一些划分。有的根据朝代的更替,也有以国家的统一与分裂为标准,还有按照宗教文化的变化来分期的等等。迄今影响较大的分期法是詹姆斯·米尔的三分法,即把印度史分为印度教时期、穆斯林时期和英属印度时期。这种分期法由于强调外族统治,适合殖民当局的需要,而在这三个时期里印度历史也确有一些差别,因此,许多学者都采用了这种分期法。然而就它标榜的各时期的宗教来看,显然与史实不合。如在印度教时期曾有佛教的兴盛,英属印度时期,印度教和伊斯兰教仍占重要地位,等等。这种分期既不能反映各时期的特点,更不能代表印度社会本身发展的历史阶段。科学的分期法应该是运用历史唯物主义,根据占统治地位的生产力与生产关系的性质来划分,即将印度历史划分为原始公社时代、奴隶制时代、封建制时代与资本主义时代。但有的学者不同意印度有奴隶制时代,有的提出"亚细亚生产方式"的问题。对英国殖民统治时期乃至独立后的印度的社会性质,学者们也有很多不同的看法,对划分的标志、各时代的起讫以及各时期的特点等也是众说纷纭,莫衷一是。这些都有待于今后的研究和讨论。本书暂分为三篇:一、上篇《古代的印度》(从远古至公元18世纪中叶)相当于原始公社时代、奴隶制时代和封建制时代;二、中篇《殖民地时代的印度》(从18世纪中叶至1947年);三、下篇《独立后的印度》(从1947年至今),本书内容截止于1980年。

研究印度史有着十分重要的意义。首先是因为印度是世界上几个最古老的文明古国之一。它的文明和中国一样,一直流传至今,未曾中断。这与古代埃及和古代西亚的文明不同。这个文明主要通过佛教对亚洲国家、特别是东南亚和远东(中国、朝鲜和日本)有着深远的影响。它是人类文明的宝贵遗产,值得我们认真加以研讨。其次,印度是世界上国土大、人口多的国家之一,在历史上和当代世界政治生活中占有比较重要的地位,特别在南亚次大陆更是举足轻重。它又与我国毗邻,很早就有政治上的交往和经济文化的交流,我们研究印度史更具有独特的意义。第三,印度的历史发展与我国有很多相似之处:在古代以农业为主，自给自足，与外界联系很少；古代印度的政治发展也与我国有些相同，先是各国纷争，经过兼并而达到统一。内部分裂，外患随之而来。古代的外患都主要来自北方的游牧民族；到了近代，都受到西方殖民主义者的侵略，分别沦为殖民地与半殖民地。独立后又面临着相似的问题，即如何清除封建残余和进行经济文化建设等。因此，我们研究印度史可以和我国历史进行比较，对两国相同和不同之处可以深入分析，找出原因，探讨发展的共同规律及各自的特点，以便在史学理论上得到提高，在实践上也有所借鉴。如对当前两国经济发展的比较研究，就可以为我国的四化建设提供可备参考的经验教训。因此，研究印度史既有学术理论价值，又有很大的现实意义。

第一章　远古时代

（远古至公元前三千年代中叶）

印度远古的历史是从印度土地上发现人类的时候开始的。关于印度原始人类的种族属性，以及原始人的生活情况，有考古学发掘到的遗物遗迹，结合文献记载与民族学资料来说明。印度远古时代的人类社会与世界其他地方一样，经历了旧石器，中石器、新石器、金石并用、铁器等时代。他们在这个漫长的进程中每前进一步，都是十分艰难的。这些成就在今天看来似乎微不足道。然而在几万年以前却是创新的，有的甚至有着划时代的意义。以下我们将对这些问题加以简略的介绍。

第一节　印度次大陆远古时期的人类

印度次大陆西北部是人类发源地的边缘地区。1931—1935年，人类学家在现今印度北部和巴基斯坦交界处的西瓦立克山地曾发现从猿到人过渡时期的腊玛古猿化石。1976年，人类学家D. 皮尔比姆在巴基斯坦的旁遮普省北部波托哈尔高原发现一块完整的腊玛古猿的下颌骨化石，有4只齿冠和全部齿根，定年为800万至1000万年前。虽然次大陆迄今尚未发现从腊玛古猿到完全形成的人的中间环节的早期人类化石（印度发现的最早的人类遗骸是在北方邦的萨拉伊·纳哈尔·拉伊墓葬中，年代大约为公元前8000年）[①]，但是人类学家和考古学家在斯利那加发现的属于可能是第一间冰期、更新世早期的石器，则表明在50万年前印度就已有人类居住。

印度次大陆远古时代居民的种族和来源问题迄今尚未完全解决，到公元前三千年代已经有了尼格罗矮黑人，原始澳语人（即后来印度中部孟达人的祖先），操汉藏语的古代蒙古利亚人（大多居住在印度北部和东北部）、阿尔卑斯人和达罗毗荼人。有的学者认为达罗毗荼人属于"纯地中海人种"，但其他学者则认为他们在语言和体型上与西亚的苏美尔人有关。在哈拉帕文化遗址，考古学家曾发现原始澳语人、古代蒙古利亚人、达罗毗荼人和阿尔卑斯人的遗骸。这些原始居民后来被雅利安人征服，有的被杀，有的逃到山中丛林，继续保持原始的生活。

第二节　旧石器时代

（50万年前至1万年前）

早期旧石器文化（50万年前至5万年前）　当地质年代的更新世中期，印度次大陆北部出现过喜马拉雅山第二冰河期和第二间冰期。次大陆早期旧石器文化遗址分布很广，除了喀拉拉、信德等地外，几乎到处都有。最早的遗址在旁遮普和克什米尔。考古学家根据地区的不同特色与器物制作的典型特点，将次大陆早期旧石器时代的石器文化大致划分为：以索安砍斫器为代表的印度北部早期旧石器文化，和以马德拉斯手斧为典型的印度南部及中部早期旧石器文化。索安石器得名于1880年发现于印度河支流索安河一带的早期旧石器。前索安石器以粗大的砾石

---

① K.C.贾因：《印度的史前史和原始史》，1979年新德里版，第25～26页。

砍砸器为代表；早期索安石器主要是单面或两面加工的砍砸器和刮削器，也有手斧和石片工具。晚期索安石器主要是石片工具。马德拉斯手斧是1863年在马德拉斯附近发现的，其他遗址主要分布于克里希纳河和通伽巴德腊河谷的石英石地区，原料主要是石英石。马德拉斯石器包括石片制的劈刀和两面打制的手斧。前期手斧用石核做成，后期则用石片。近年发现这两种类型石器的分布也非绝对按南北地域划分。这一时期的人将石片工具用于切割、刮削，石核手斧则用来挖掘。他们沿河岸而住，又多在森林边缘，既便于饮水、采集植物和狩猎小动物，也易于找到制造石器工具的原料。南印度岩洞中留下大量的灰烬，说明当时人们已知道用火。在印度虽尚未发现早期人类化石，但有早期旧石器时代的遗物，其类型和爪哇、缅甸与中国的相似，因此，有人据此认定印度早期人类来自直立猿人和北京猿人。但由于这些石器更加近似东非与南非的石器，非洲砾石文化又最古老，因此，也有可能是从东非来到印度。

中期旧石器文化（5万年前至2万年前）　中期旧石器文化的遗址首先是1954年在涅瓦萨发现的，出土的文物主要是经过两面加工的石片工具。在迈索尔邦的索拉普尔、比哈尔邦的帕斯拉等地也发现有旧石器中期的遗址。这时期的石器较早期的石器小，但类型较多，有刮削器、尖状器、砍刀、钻子、刻刀，也有小手斧、砍砸器等。使用的原料有燧石、玛瑙、玉石等，这也与早期有所不同。有的考古学家认为这种差异是受外来文化（很可能是非洲）影响造成的，但也有认为是早期的手斧砍砸器文化演变而来的。当时人们用这种石器加工木料，木器已成为重要的工具。

晚期旧石器文化（2万年前至1万年前）　目前在南亚次大陆发现的旧石器晚期的文化遗址不多。考古学家最早在1930年于安得拉邦的库诺尔发现属于旧石器晚期的石叶。这一时期的文化在南印度是以具有旧石器中期特征的石片文化为代表，在中印度和西印度有了细石器文化。后者与西亚的文化十分相似，可能是外来的。这一时期的石器主要是石叶石器和雕刻器。制作技术是在石核上朝同一方向敲出一些两边平行的叶片石器，不用更换石核，较前有了改进。自1972年以来，在博帕尔南比伯卡山的两处岩洞中发掘出了大量石片、石核、手斧、砍斫器和单面器等，共4705件，从旧石器早期、中期、晚期到中石器时代均有。这里邻近纳尔巴达河，是一个理想的狩猎采集地区，因此成了原始人群的聚居地。

第三节　中石器时代

（约公元前8000年至约公元前2000年）

中石器时代是旧石器时代到新石器时代的过渡阶段，主要以细石器为标志。其遗址广泛发现于南、北印度各地。最重要的是古吉拉特的兰格纳杰遗址，发掘出除石片、细石器、兽骨外还有人类遗骸。最大的中石器文化遗址在印度西北部的巴哥尔。旧石器人主要生活于河流沿岸，中石器人则深入远离河岸的地区。他们仍过着采集、渔猎的生活，不过以猎取小动物为主。使用的石器工具一般是由石片制成的石叶工具；最初不是几何形的，后来有了几何形；简单的尖状器，有对称的也有不对称的；各种类型的刮削器、石钻和雕刻器。他们用细石器作为箭镞，除石器外还有骨器。在他们居住的岩洞中发现有壁画。这类壁画在北方邦与中央邦的一些岩洞中都有发现，主题大多是狩猎的情景，构图简单生动。这一时期的人已开始驯养家畜，并有了埋葬死者的习俗。人类学家根据人类遗骸认定他们与东北非的尼格罗人有关，也有人认为有古代地中海人的特点。

第四节　新石器时代

（约公元前4000年至约公元前1000年）

次大陆新石器时代遗址遍布各地，但各个地区文化发生年代的早晚

---

① 有人认为这些岩洞不是早期人类的住处，壁画是以后金石并用时代的人绘制的。参见K.C.贾因：《印度的史前史和原始史》，1979年新德里版，第93页。

与持续时间的长短都不一致，总的年代跨度约为公元前 4000—前 1000 年。新石器文化是以使用磨光的石器为特征，人们从采集食物过渡到生产食物，即有了畜牧业和农业，开始了定居生活。受地区的影响，次大陆新石器文化可划分为北部、南部和东部三个各具特点的部分。

北部新石器文化　它的有代表性的遗址是克什米尔的布尔扎霍姆、戈夫克拉尔和马尔坦，据放射性碳素断代，年代为约公元前 2920—前 1700 年，其发展可分为两个阶段：

第一阶段，人们的住处是形状不规则的地穴，一般深约 2 公尺，穴边有柱基痕迹，可能在上面盖有木料；工具有磨光的石器（斧、石刀、磨盘等）、骨器（骨锥、骨针、鱼叉等）和手制蓆纹陶器（碗、瓶等）。第二阶段，人们放弃了地穴住处，开始用泥土和泥坯在地面上建造居所，居所内有炉灶，出现有光泽的黑色和红色陶器，并开始使用陶轮制陶。在这一阶段末期发现有一个红铜箭镞，这说明当时人们初步有了冶金的知识。有的遗址发现小麦、大麦、稻等，说明已有农业。墓葬在居住区内。在卵形墓穴内有埋葬的尸骨，有的尸体上铺有红赭石，有的生前钻过头骨，并用狗殉葬。这些特点在次大陆的传统中是见不到的，但它与中国北部新石器文化的特点（穴居、有孔的刀、骨器与用狗殉葬等）却很相近。因此，阿尔金斯和 B. K. 塔帕尔认为次大陆北部的新石器文化可能来自中国，但 V. D. 克里希纳斯瓦米则认为克什米尔磨制石器是受到俾路支斯坦的佐布河谷和伊朗高原新石器文化的影响。

南部新石器文化　次大陆南部已经发现的新石器文化遗址有布拉马吉里、桑加纳卡卢、比格利哈尔、马斯基、纳伽尔朱纳康达、乌特努尔等。据放射性碳素定年约为公元前 2500—前 1000 年。南部新石器文化最早的形式在桑伽纳卡卢发现。第一阶段无陶器，第二阶段有陶器，磨制石器有斧、扁斧、杵、凿子等，还有石叶工具与骨器。尖柄磨光石斧是次大陆南部新石器文化的特点。这时的陶器大多是手制的，呈暗灰色，后来在马斯基才发展为陶轮制造的陶器。这时期的居民大约已知饲养牲畜与农耕。家畜有水牛、山羊和绵羊。虽然迄今还未发现谷物的遗迹，但却有马鞍形凹面磨石、砥石与石杵和磨损的人牙，这都有助于推断已有某种谷物的存在。在马斯基、布拉马吉里与比格利哈尔还发现人们利用圆木建造茅屋，屋外围以竹席糊上泥土，屋内地面抹上黏土、石灰或牛粪，一般都建在岩石或洞穴的坡面前边。在新石器晚期还发现有犁牛的赤陶像和灰黑色上涂红色泥釉的人的躯干的陶像。有的学者认为这里的石斧是来自中亚，也有人认为是来自西亚，但也有学者主张这一文化是本地独立发展成的。

东部新石器文化　这一地区发现的新石器文化中，石器、骨器和陶器的数量都很少。它可分为两大类：

阿萨姆文化：年代为公元前4000—前2000年。其石器工具可分为有肩部的石凿和圆柄斧两类。陶器是手制的，表面饰有绳纹和篮纹。石器制作有四种：刃部磨制；连续敲击磨制；全部磨制与混合制造。关于这一文化的起源问题，有的学者认为是受了东南亚与中国的影响。那加山地的工具打击技术就来自中国，尖柄斧也是从东亚传入的。阿萨姆地区为数众多的绳纹陶器是东亚地区流行的，显然也是受了那里的影响。

孟加拉、比哈尔、奥里萨文化：代表性的工具类型是斧、劈、凿子，有孔工具，有肩部的锄与石锤。工具制作方法有削、敲与锤、磨等。有的石器类型受东南亚影响。在比哈尔的奇兰德新石器文化遗址内发现有少量烧焦的稻谷壳和小麦粒[①]，这表明当时人们可能已从事谷物种植，但它还不是主要的食物来源，他们仍依靠狩猎生活。这里还发现有赤陶动物塑像（牛与鸟等），赤陶蛇像较多，这可能与对蛇的崇拜有关。

---

① K.C.贾因：《印度的史前史和原始史》，1979年新德里版，第110页。

第五节　金石并用时代的开始
——前哈拉帕文化
（约公元前 2700 年至约公元前 2400 年）

分布范围及产生背景　前哈拉帕文化是哈拉帕文化的前驱，其遗址有的处于哈拉帕文化的下层，有的与哈拉帕文化重叠。前哈拉帕文化分布很广，从伊朗东界到南亚次大陆西北部都有。迄今已发现的重要遗址有俾路支斯坦的基利·古尔·穆罕默德、拉纳昆代、达巴尔科特、库里·梅希；信德的阿姆里、科特·迪吉、摩亨佐·达罗、古姆拉；旁遮普的哈拉帕；拉贾斯坦的卡里班甘；古吉拉特的罗塔尔和阿富汗的蒙迪盖克等。根据美索不达米亚和伊朗的对应物的年代与放射性碳素定年，前哈拉帕文化的年代为约公元前 2700—前 2400 年。

最早的基利·古尔·穆罕默德文化层是前陶器阶段，主要工具是磨制石器，还没有金属器，家畜有山羊、绵羊与牛。以后有了手制陶器，后来出现轮制彩陶。人们开始使用铜器，用泥砖或土坯建造房屋，有了农业，家畜饲养和定居生活。前哈拉帕文化逐步由村落向早期城镇过渡。

前哈拉帕文化的特色

金属器与石器　红铜器在各遗址都有发现，种类有斧、凿、锤、匕首、环、别针、铜条等，但数量不多。在蒙迪盖克还发现有青铜器，数量更少。工具仍以石器为主，磨制的石叶石器数量最多，还有骨器。

陶器　前哈拉帕文化的陶器主要为轮制，器壁较薄，大多在黄、红色的陶衣上施红、黑彩而形成双色或多色彩陶。描绘的图形有比较复杂的几何纹，也有动、植物纹。后来，彩纹渐趋统一，简单的带纹彩陶流行，称为"科特迪吉文化"。此外，还有素陶、灰陶。陶塑有赤陶女像，还有公牛像。在蒙迪盖克，陶器上已有陶工的符号标志，这是书写的萌芽。

经济生活　1961—1969 年，考古学家 B. B. 拉尔等在卡里班甘发现一块属于公元前三千年代前半叶前哈拉帕文化时期带有犁沟痕迹的田地。这可能是迄今发现的世界上最早的犁耕地①。这时人们种植的作物有小麦、大麦、豆类、葡萄等，饲养的家畜有牛、绵羊、山羊。在科特迪吉等地发现有赤陶纺锤锭盘，表明已有纺织。这时期商业也有发展。中亚产的天青石和绿松石可能是通过交换而来。科特迪吉发现的赤陶块和赤陶球，大概是作衡量用的砝码。沙尔·伊·索克塔等地出土的印章也可能用于交易。在卡里班甘发现一个有单边毂的赤陶车轮，这是当时的交通工具的遗物。这些地方还发现有用赤陶、介壳与铜等制作的念珠、镯等饰品。

设防的城镇　前哈拉帕文化的遗址中出现了由村落向设防的城镇转化的过程。在蒙迪盖克的第四期，居住区有卫墙和晒干的砖块砌成的方形棱堡，并发现了宫殿和庙宇的遗迹。在科特迪吉则有城堡和外城两部分，有设防的城墙和排列整齐的街道与房屋；城墙与房屋的墙基都用石料，墙的上部则用泥砖；城墙之间有棱堡。城墙高约四五公尺，防洪水或人、畜的侵袭。城市的雏形已经初具规模。在卡里班甘、阿姆里、哈拉帕等地也都有类似的发现。

前哈拉帕文化的终结　科特迪吉的前哈拉帕文化毁于大火，留下了很厚的一层黑土，在其上层紧接着的是哈拉帕文化，因此，可能是哈拉帕人放的火。古姆拉的这一文化毁于火与战争，因为发现有战斗中投掷的陶弹丸；卡里班甘则似乎是由哈拉帕人和平取代。

本章主要参考书

[1] K. C. 贾因：《印度的史前史和原始史》，1979 年新德里版。

[2] 布里奇特、雷蒙德·奥尔欣：《印度与巴基斯坦文明的起源》，

---

① 布里奇特、雷德蒙·奥尔欣：《印度与巴基斯坦文明的起源》，1982 年剑桥版，第 161 页图与 192 页。

1982年剑桥版。

[3] G. M. 邦加德·莱温：《古代印度的文明》，1985年新德里版。

[4] A. N. 坎纳：《印度的考古学》，1981年新德里版。

第二章　古代印度河流域的文化

（公元前2500—前1700年）

第一节　古代印度河流域的城市文明

古代印度河流域文化即哈拉帕文化，因其主要城市遗址哈拉帕而得名。它是南亚次大陆文明史的开端。早在20世纪初期以前，研究印度历史与文化的学者们都认为印度的文明史开始于公元前15世纪，即从雅利安人进入印度次大陆以后的吠陀时代开始。但自1922年以后，考古学家们（D. R. 沙尼、R. D. 巴讷吉与J. 马歇尔）对印度河流域的哈拉帕和摩亨佐·达罗城市文明的发现，才改变了这一观点，把印度古代文明史的开端提前了1000年。哈拉帕文化由于其独特的成就，在古代世界文化史上也占有重要的地位。

地理范围　迄今已发掘的哈拉帕文化遗址共250多处，其中以哈拉帕和摩亨佐·达罗两处最大，其他重要的遗址有卡里班甘、强胡达罗、科特迪吉、罗塔尔等。整个哈拉帕文化分布的范围，北从喜马拉雅山脚的鲁帕尔起，南达古吉拉特的巴加特拉夫，东自北方邦的阿拉姆吉尔普尔，西至俾路支的达巴尔科特与苏特卡根·多尔。最近在阿富汗东北部奥克苏斯河以南平原的舒尔图盖地方也发现了这一文化的遗址。据估计总的面积大约不少于128万平方公里。

年代问题　关于哈拉帕文化存在的年代，学者们有不同的说法：约翰·马歇尔认为是公元前3250—前2750年，皮戈特和惠勒估计为公元前2500—前1500年，D. P. 阿格拉瓦尔根据放射性碳素测定的年代为公元前2300—前1750年，一般学者认为比较恰当的年代是公元前2500—

前1700年。在中心地区约为公元前2300—前2000年,周边地区约为公元前2200—前1700年。有的地区还延续到公元前800年。

青铜器和铜器的生产　就目前已经出土的哈拉帕文化文物来看,社会生产已经有相当大的发展。哈拉帕人已能熟练掌握铜、青铜及金、银、锡、铅等多种金属的冶炼、锻铸、焊接及冷热加工等工艺,并能使用熔蜡铸造法,即用蜡做模型,糊上泥土,加热使蜡熔化,泥土成为硬的铸模,再倒入熔化的金属液,冷却后即铸造成器。铜器和青铜器有生产工具与生活用具,如鹤嘴锄、镰刀、锯、铩、凿、锥、小刀、针和鱼钩;镜、灯台、容器、环、镯、瓶、雕像和玩具等;还有兵器,如匕首、矛、箭镞,但无防身的盔甲。哈拉帕文化中未发现有铁器,石器仍大量使用。

社会经济　哈拉帕文化的遗址大都位于印度河流域,这里肥沃的淤泥土壤有利于农业的发展,居民主要从事农业。农产品有大麦、小麦、蔬菜、豆类、瓜果等;从在罗塔尔和兰格浦尔的泥土层和陶器内发现的糠壳和谷穗来看,似已种植水稻。经济作物中有棉花、胡麻。印度次大陆可能是世界上最早的植棉区。耕地工具有青铜鹤嘴锄,还有类似石凿的燧石犁头,有的学者认为当时无犁,只有耙①;收割时用青铜镰刀,粮食加工有碾谷的手磨。耕地用水牛和犁牛。城市中有规模宏大的谷仓储存粮食。畜牧业也是当时重要的经济部门,驯养的家畜有山羊、绵羊、牛、犬、鸡,可能还有象,但尚不知有马。手工业除冶金铸造、粮食加工外,还有较为发达的棉、毛纺织业,出土的大批纺锤和锭盘及棉布碎片就足资证明。并已有用茜草将纺织品染成紫红色的工艺。制陶业也很发达,陶器大多是轮制的,形式匀称,种类很多,素陶较彩陶多。彩陶上的花纹多为几何形或植物形,有的还上了釉。其他如印章、雕像、珠宝制造等也是哈拉帕文化中具有特色的手工业。

---

① D.D.高善必:《印度史研究导论》,1956年孟买版,第67页。

哈拉帕文化时期商业贸易相当发达。摩亨佐·达罗是与两河流域、埃及及印度本土的古吉拉特进行贸易的内地港口，俾路支斯坦沿海的索克达戈赫、苏卡金·杜尔与坎贝湾上的罗塔尔是海上贸易港口。其中在罗塔尔还发现有一巨大砖砌船坞，东西长 37 公尺，南北长 216 公尺，高 4.5 公尺。当时的运输除用牛、骆驼、驴外还有车船。进口货物有来自阿富汗、伊朗等地的银，拉贾斯坦的铜，德干高原南部阿南塔普尔的黄金，还有阿富汗、伊朗、东土耳其斯坦和我国西藏的宝石等。在拉格什、基什、乌尔等古代两河流域的城市也发现有哈拉帕印章共 20 多枚，还有一些珠宝装饰，如有明显印度特色的肾形念珠等。哈拉帕遗物中有乌尔等地的泥釉陶器。在罗塔尔也发现有波斯湾的圆纽扣形印章。古代两河流域的文献中提到乌尔的商人与迪尔蒙、马甘和梅卢哈等地进行贸易。据学者们考证，梅卢哈就是指印度的摩亨佐·达罗或索拉什特拉。哈拉帕人已有统一的度量衡制度，量长度的尺有两种：一种用介壳尺，1 尺为 37.6 公分①；另一种是青铜杆尺，每尺长 51.8～53.6 公分。重量用燧石砝码衡量，单位重量为 0.875 克，各砝码的重量有一定的比例。小砝码用二进位制，大的则用十进位制。

城市建筑及其设施　　社会经济的发展促进了古代印度早期城市的产生。城市的规模与设施有一定的特色。哈拉帕与摩亨佐·达罗两个城市规模最大，各占地约二三百公顷，一般都分为西边卫城和东边下城两个组成部分。卫城有较高的土坯台基，与下城交往的道路不多。城市建筑规划与排水体系在古代世界城市中十分突出。

摩亨佐·达罗的遗址保存较完好，卫城是政治、宗教中心，四周有砖墙塔楼。城内主要建筑物有位于中央的宽大的公共浴室，室的中心是长方形浴池，长 12 公尺，宽 7 公尺，深约 2.5 公尺，两边有砖梯下到池内，池底与池壁用砖砌成，中间夹有沥青防止漏水，还有供水、排水

---

① 公分，厘米的旧称。——编者

及储水设备。大浴池可能是公众举行净身的宗教仪式的场所。大浴室东北有一组建筑群,占地1000余平方公尺,中间有厅堂、仓库和金属作坊,可能是高级官员和僧侣统治阶级居住的宫殿。大浴室西是一座规模宏大的粮仓,面积为50×25平方公尺。内部有成行的砖台,行间有过道隔开,可以通风,以保持仓内干燥。卫城南部有一个约25公尺见方的大厅,厅内有20个石基,可能是柱基。这里大约是会议厅的遗址。附近的建筑物内发现石刻男子座像和一些大石环,有的学者认为这些雕像和石环,可能是崇拜的对象,那么,这里也许就是庙宇了。

摩亨佐·达罗的下城是居民区和工商业区。街道纵横交错,排列整齐,主要大街宽达10公尺,街道长的有0.8公里。街道下面有排水道与住宅的排水沟相通,形成完整的排水系统。房屋大多用红色火砖砌成,墙用泥浆粉刷。房屋的大小、高低和设备差别很大,间或有二三层楼房。富人房屋很大,包括几套院落,房间也多,有浴室、砖井和下水道;穷人则是十分简陋、低矮的茅舍。工商业区有店铺和制陶、染布、铜匠、珠匠等作坊。

哈拉帕的遗址曾遭到破坏,从残存的遗迹中可以见到卫城的部分砖墙与城堡。卫城北有一座大粮仓,附近有打谷场,还有雇工和奴隶住的简易宿舍。根据遗址所占的面积和居住人口的密度推算,当时这两城市居民一般各有3.5万人左右。也有学者认为摩亨佐·达罗约为4.125万人,哈拉帕则为2.35万人左右[①]。

印章文字与宗教文化　印章文字是哈拉帕文化的一项重要成就。它主要刻在用皂石或陶土制成的印章与护符上。一些铜器和陶器上也有铭文。迄今出土的有铭文的文物已达2500件左右。印章大多图文并见,铭文很短,往往只有一行,文字符号500多个,一般是用直线条组成,字体清晰,基本符号只有22个。因有很多符号是象形的,因此,可能

---

① 《英国百科全书》第9卷,1976年版,第341页。

还处在象形文字阶段；但又因有表示音节和重音的符号，因此，有的学者认为是向字母文字过渡的表音文字。对铭文的译读和其语言属性的研究，虽然经过学者们长期的努力，但迄今尚未解决。最近，以 A. 帕尔波拉为首的斯堪的纳维亚学者小组认为，这一文字接近达罗毗荼语，并声称已能译读一些铭文；苏联学者 Y. 克诺罗佐夫领导的小组也同意这一文字属于原始达罗毗荼语；印度学者 S. R. 拉奥则认为，这是印欧语系中的前印度雅利安语，不仅是后来印度婆罗谜文、也是早期的塞姆语字母的原型，并且也说已译读了近 500 条铭文。可是这两种说法都还未得到公认。

宗教方面，由于哈拉帕文字没有得到译读，只能根据陶像，石像和印章上的雕画等来进行探讨。佩戴大量妆饰、半裸体的许多赤陶女像，可能就是与丰产有关的母神。印章上刻画的戴有一对长角头饰和手镯的三面男神，也是裸体，身边有象、虎、犀牛和水牛，座下还有一对鹿，这可能就是后来的湿婆神。此外，还有对生殖器，对动植物，对水、火的崇拜。在卡里班甘，最近发现火神祭坛与埋有动物骨头和灰烬的坑，可能是当时用动物献祭遗迹。

哈拉帕人在埋葬死者方面有三种方式：墓葬、天葬①和火葬。在哈拉帕也发现有木棺并用芦苇裹尸的痕迹，死者可能是阿卡德人，因而采用了那里的习俗。在罗塔尔，有在同一坟内埋有一男一女尸骨的现象，这样的墓葬有好几起。有人认为这是后来的萨蒂（Sati），即寡妇自焚殉夫习俗的开端。

第二节 古代印度河流域文化的社会性质问题

阶级与国家问题 古代印度河流域文化考古发现的文物资料表明，当时已经有了财富分化和阶级对立的状况。除了上述的房屋建筑规格显

---

① 天葬：先将尸体暴露野外，任鸟兽等啄食，然后收集残骸和殉葬物等一并置于瓮内掩埋。

然有高低差别外，哈拉帕人生活中比较重视的妆饰品（包括殉葬品）也有贵贱的不同；有的制作精巧，有的粗制滥造；有的用金银珠宝制成，有的则用泥土贝壳，甚至连儿童玩具也是如此。

另外，印章上的刻画，有奴隶被主人拷打的情景，也有用人牺祭神的图形。还有许多赤陶男人像，头戴满布刺痕的圆形便帽，颈上又戴一个前部突出的项圈，紧抱双膝蹲着，考古学家斯·皮戈特认为这是奴隶的形象。有的学者还认为，一些有简短文字的小印就是奴隶和雇工的身份证[1]。在当时的生产水平下，建造高楼大厦、排水沟渠，甚至像粮食加工，清理下水道等繁重的劳动，都必然要役使众多的奴隶和工匠。可见当时已是阶级社会，是处于奴隶制社会的早期阶段。

社会成分与行政体制　根据考古资料，似可认定当时社会有以下一些居民成分：主持祭神的祭司，守卫城堡的战士、经营商业的商人，从事生产的手工业工匠、农民、渔夫，还有奴隶仆役。这些人的住处按职业划分，互相隔绝。一些学者认为，这些社会成分就是种姓制的萌芽。

哈拉帕文化的各城市建筑布局基本上是一致的，各城都有完善的下水道体系，连使用的泥砖规格也是相同的，又有系统的度量衡制度与文字印章等。这一切都说明存在统一的行政机构和国家组织。各城市中以哈拉帕和摩亨佐·达罗为最大，可能是两大行政中心，也可能是两个彼此独立的国家的都城。对国家的行政体制，有的学者认为是祭司的神权政治；鉴于城内有会议厅，又不曾发现表示帝王权力的痕迹，因此，有的学者认为可能是共和政治。从哈拉帕与摩亨佐·达罗谷仓规模巨大来看，这一政权征收谷物的数量很多，纳粮的范围一定包括很大一部分周围农村的农民。对政权的性质与城乡关系这些问题还需做更多的研究工作，才能得到说明。

---

[1] G.M.邦加德·莱温：《古代印度的文明》，1985年新德里版，第39页。

第三节 古代印度河流域文化的起源与衰亡问题

古代印度河流域文化的创造者 关于这一文化的起源与创造者的问题，说法很多。有的学者认为是苏美尔人创造的，由古代两河流域传入印度，也有学者认为是雅利安人创造的，并且说吠陀文化早于哈拉帕文化。但是，有了前哈拉帕文化的发现，就证明这一文化是从印度本地原始文化中发展而来，并不是外来的。一般认为，雅利安人进入印度是在公元前1500年以后，那时哈拉帕文化基本上已经消失，因而这一文化不可能是雅利安人创造的。吠陀文化也不可能早于哈拉帕文化，两种文化有很多不同点，不可能是同一种人创造的。

根据对哈拉帕文化中发掘到的尸骨、石雕人像、青铜人像等资料的分析，大致可以知道当时的居民属于四种种族类型，即原始澳语人、地中海人、蒙古利亚人与阿尔卑斯人。很多学者认为创造这一文化的是达罗毗荼人，达罗毗荼人就属于地中海人种。但由于译读印章文字与语言问题没有成功，因此，关于创造者究竟是谁的问题也没有最后解决。

哈拉帕文化的衰亡 哈拉帕文化在各地的发展是不平衡的，兴衰的时期自然也不相同。哈拉帕文化的中心城市到公元前18世纪已开始衰落，但在边远地区（如罗塔尔），这一文化还在继续发展，一直持续到公元前1000年左右。这一文化衰亡的原因还没有明确的结论。长期以来流行的说法是，由于雅利安人的入侵和破坏，才造成哈拉帕文化的毁灭。摩亨佐·达罗遗址最上层有房屋被焚烧，居民遭屠杀，尸体上有斧砍刀伤痕迹，哈拉帕的卫城也有被破坏的迹象。另外，在摩亨佐·达罗以南的地方有新类型的陶器和埋葬仪式出现，这一切都说明确有外敌的入侵。有人根据《梨俱吠陀》提到雅利安人在哈里尤皮亚地方的战斗，认为指的是哈拉帕。因此，这一入侵的外敌就是雅利安人。但雅利安人入侵印度比哈拉帕文化的衰亡要晚200多年，而且学者们对雅利安人是否外来也还有争议。另一种说法是，由于气候变得更加干旱，沙漠扩大，土壤日益盐碱化，迫使人们遗弃城市，造成文化的衰落。但据专家研究，这一时期的气候变化是微不足道的。还有人认为是由于洪水的危害，但哈拉帕人和洪水的斗争是经常的，摩亨佐·达罗就曾被洪水毁坏过，可是又复兴重建，前后达9次以上。为此有人提出新的解释，即约公元前1700年，在摩亨佐·达罗附近发生了地震并引起了水灾，接着又是瘟疫，因此，造成了这一地区的荒废。此外，还有人认为，由于大量砍伐森林，生态平衡遭到破坏，造成水土流失，河流改道，泛滥成灾。这一些都是用水灾来说明，但却无法解释，为何水灾后就不能再度复兴。

也有人认为，由于过分耗竭地力，影响农业的发展，致使无力维持日益增长的人口，因而出现贫困枯竭。这可能是原因之一。比较全面的看法应是，主要由于内部阶级关系的紧张，剥削的沉重，再加上前面提到的自然灾害，使生产停滞，人民的生活艰难，因而阶级矛盾更加剧烈，并给外族的入侵以可乘之机。入侵者可能是来自伊朗俾路支和邻近的部落。从此，哈拉帕文化就衰落了。这一些都是根据遗物、遗迹进行的推论。情况究竟如何还有待进一步的研究。

哈拉帕文化的历史意义　哈拉帕文化是南亚次大陆产生的最早的文化，在人类文明的一些方面都有其独特的成就。种植棉花与发明棉纺技术是对人类穿衣问题的重大贡献，这一发明对南亚次大陆和西亚的经济发展起了一定的影响；建筑技术、宏伟的城市设计规划，完整的下水道体系在古代世界是极其先进的。印章文字是印度最早的文字。雕刻艺术和珠宝妆饰等也充分显示了哈拉帕人的创造才能。这一切都成为后人的重要财富。哈拉帕文化对后来的吠陀文化有一定的影响，哈拉帕人的宗教信仰与后来的印度宗教是有联系的，埋葬习俗也对印度社会有影响，这些已如前述。此外，如古代印度钱币上的符号和印章文字相似，哈拉帕的砝码与度量衡制也在后世通行。古代印度的医书《寿命吠陀》记载了哈拉帕文化时期使用过的药物，如乌贼骨、鹿骨等。哈拉帕的寓言故事甚至流传至今。例如，罗塔尔的一个彩陶罐，描绘的图形是一只栖在树上的鸟，嘴里叼着一条鱼，树下有一个似狐狸的动物①。这一图景正如《五卷书》中描述的《聪明的狐狸》故事的情节，说的是狐狸赞美乌鸦，使它张嘴发声，因而掉下了叼着的食物，狐狸高兴地得到了它。这故事后来又见于古希腊的《伊索寓言》。今天这一寓言已流传到世界各地，它很可能就起源于哈拉帕文化。哈拉帕文化的深远意义由此可见。

本章主要参考书

[1] 施治生、廖学盛主编：《外国历史大事集》（古代部分第一分册），重庆出版社，1986年版，第133～145页。

[2] G.L.波塞尔编：《古代印度河流域的城市》，1979年新德里版。

第三章 印度雅利安人国家的产生与发展

关于印度雅利安人的早期历史，主要是根据他们的宗教文献《吠陀》以及解释《吠陀》的诸圣书中的资料。因此，称为"吠陀时代"（约公元前1500—前600年）。《吠陀》共有四部，即《梨俱吠陀》、《沙摩吠陀》、《耶柔吠陀》和《阿闼婆吠陀》。诸圣书指的是"梵书"、"森林书"和"奥义书"。四吠陀中，《梨俱吠陀》最古老，它所反映的时代称为"早期吠陀时代"（约公元前1500—前1000年）。其余三部《吠陀》合称为后期吠陀，它们和"梵书"包括"森林书"与早期"奥义书"反映的时代就称为"后期吠陀时代"（约公元前1000—前600年）。"吠陀时代"是雅利安人原始社会解体、阶级社会和国家开始形成的时代。接着就是"列国时代"（约公元前600—前324年），这是南亚次大陆更多地区建立国家和各国发展争斗的时代。这一时代的最后时期，次

---

① A.L.巴沙姆主编：《印度文化史》，1982年伦敦版，第15页。

大陆北部各国先后为摩揭陀统一,直至孔雀帝国的建立。作为世界三大宗教之一的佛教也产生于这一时代,因此,在史学上又称为"早期佛教时代"。主要史料根据是吠陀文献、佛教和耆那教的经典等。这一时期还有一些考古资料可以与文献资料相互印证和补充。

第一节　印度雅利安人原始社会向阶级社会的过渡

(早期吠陀时代:公元前1500—前1000年)

雅利安人对南亚次大陆的入侵　公元前1500年以后,属于印欧语系的雅利安人部落一批批从西北方侵入次大陆。"雅利安人"是他们的自称,意思是"出身高贵的人",不是什么种族的名称。对雅利安人的起源地问题,涉及印欧语系各族的共同家乡,学术界曾有过长期争论,但尚无明确结论。大多数人的意见认为是在欧亚草原,即从波兰、南俄到中亚一带。他们主要从事畜牧业,后来由于人口增长以及自然灾害等原因,被迫向外寻找新的牧场。他们已驯养马匹,并用以拖拉有轮辐的轻型车辆,迁徙、战斗具有一定优势。其中一支沿黑海东岸和里海西岸进入伊朗高原,一部分人留下,成为伊朗人的祖先。另一部分人则从约公元前1500年起继续向东经阿富汗而进入南亚次大陆西北部。这一行动延续了好几个世纪。

雅利安人对印度的入侵和征服,遭到了大概是以达罗毗荼人为主的土著居民的激烈抵抗。雅利安人称土著居民为"达萨"(Dasas)或"达休"(Dasyus),意思是"敌人"。他们把达萨说成是黑皮肤、塌鼻、语言邪恶,又崇拜男性生殖器的人。这些人有畜产,住在城堡内。雅利安人经过多次战斗,依靠马和战车,战败了土著居民,摧毁了他们的城堡,洗劫了财产。土著居民有的被杀害,有的被赶入山林,有的被奴役。这些战斗在《梨俱吠陀》中有反映,如歌颂战神因陀罗是"城堡的摧毁者""达休人的杀戮者"等。雅利安人就这样逐渐占有了原先土著居民所生活的地区,即印度河上、中游与恒河上游一带(即今巴基斯坦与印度的西北部）。这与考古文化中灰色彩陶文化的地区相当。有的学者认为雅利安人就是这种文化的创造者。他们取代的黑红二色陶器文化和赭色陶文化则分别是达罗毗荼人和孟达人创造的。

生产的发展 雅利安人进入印度次大陆以后，最初仍过着游牧生活，驯养的牲畜有牛、马、狗、山羊、绵羊等，这是他们的主要财富。后来，向土著居民学习了使用木犁、牛耕，又懂得了灌溉的技术，才过渡到农牧结合，逐渐转入定居。在《梨俱吠陀》较后的章节里，提到了耕地、播种、收获、脱粒和扬谷，可见农业经济的地位已经确立。种植的作物叫亚伐（Yava），可能是指大麦。

畜牧业一段时间内在经济生活中仍占主要地位。其中，牛在生产和生活中都有着重要的作用，因此最受重视。《梨俱吠陀》中把母牛说成是"不可宰杀的"（aghnya），反映它在经济上的重要性。人们为牛群兴旺而祈祷，部落间的战争经常是为了争夺牛群，因此，原意为"寻找牛群"的梵语 gavishti 后来就指战争。

手工业方面，过去学者认为印度人在《梨俱吠陀》时代尚未使用铁器，铁在后期吠陀中才有记载。根据考古发掘的资料，关于印度铁器时代开始年代的问题，也没有一致的意见。印度史学家 D. D. 高善必认为，次大陆早期铁器时代开端于公元前1000年代初，第二批雅利安人进入印度时传入从赫梯得到的有关铁器的知识[1]。英国考古学家 M. 惠勒则认为，铁器工艺的知识是在公元前5世纪随着波斯人的入侵而传入印度的。但最近几年的考古发掘表明，几乎在次大陆各地区都发现了早期铁器时代的铁器遗物。在拉贾斯坦的阿哈尔发现的铁器约12件，还有一些熔渣。有的学者据放射性碳素定年为公元前1500年左右。但这一结论还没有得到确认[2]。北方邦的阿特兰吉凯拉遗址出土的铁器遗物有

---

[1] D. D. 高善必：《古代印度文化与文明史纲》，1981年新德里版，第77页。
[2] 奇里奇特、雷蒙德·奥尔欣：《印度与巴基斯坦文明的起源》，1982年剑桥版，第325～326页。

锛、匕首、锄、箭镞、矛头、鱼钩和钳子等，据放射性碳素定年在公元前1025±110年①。由此看来，"梨俱吠陀时代"后期的雅利安人已掌握铁的冶炼和锻铸技术。《梨俱吠陀》中提到的"阿亚斯"（Ayas）是一种坚硬的、有延展性的金属，可捶打成器，并能使其锐利。学者们一度认为阿亚斯仅指铜和青铜。现在，根据新的考古发现，阿亚斯可能指铁了。到了《阿闼婆吠陀》，就用颜色来区分，黑色的阿亚斯指铁，红色阿亚斯则指铜、青铜。铁器的发现标志着生产力的巨大进步。不过铁的冶炼还待改进，才能大量生产和普遍使用。除金属冶炼、铸造外，《梨俱吠陀》中还提到木匠、织工、皮革工、珠宝匠、染匠和陶匠等，这一时期的手工行业增多了。

生产发展了，商业也跟着兴盛，当时交换的媒介是用牛、黄金和装饰品。

社会组织演变　在早期吠陀时代，雅利安人仍保存着氏族部落组织，但已开始解体。在《梨俱吠陀》中，部落称为"贾纳"（Jana），其下属组织氏族称为"维什"（Vis），维什之下有村，称为"哥罗摩"（Grama）。但这三个名词有时又几乎可以互相代用，难以区分。另外，还有"噶那"（Gana），可能是一种比较古老的部落组织形式。部落首领称"贾纳帕蒂"（Janapati），氏族长老称"维什帕蒂"（Vispati），村长则称"哥罗摩尼"（Gramani），噶那首领称"噶那帕蒂"（Granapati）。到这个时代的后期，出现了父权制大家庭（Kula），以年长的男性成员为家长（Kulapa），它是当时部落社会的基本单位。部落首领最初大概是指挥战斗的军事首领，他统治的是他的部落，而不是任何特定地区的土地。他作战是为了夺取牛群，而不是为了领土。这些首领最初大多是由选举产生的。后来，部落首领又被称为"罗阇"（Raja），随着战争的需要，权力也逐渐增大。

---

① K.C.贾因：《印度的史前史和原始史》，1979年新德里版，第191页。

吠陀文献中提到了这时期的群众会议：最古老的是全体部落成员（包括妇女在内）的大会，称为"毗达多"（Vidatha），主管选举祭司、制定法规、宗教祭祀和军事行动；可能还负责分配产品、组织娱乐活动等。在后期吠陀时代，这种会议就衰落了。后来，又有萨巴（Sabhā）与萨米提（Samiti）两种会议。一般认为，前者是长老议事会，后者是民众大会。它们与部落军事首领"罗阇"，一同构成军事民主制时期的三种权力要素。长老议事会由部落中的少数上层分子即长老参加，主管司法、行政及娱乐社交活动。民众大会由部落全体成员参加，选举军事首领，讨论立法及各种决策。萨巴和萨米提对部落首领权力的扩大起着约束作用。"萨米提"一词除有集会意义外，还有战斗的意思。因此，这个会议也具有军事性质，可能只由成年男子即战士参加。

军事民主制时期战争频繁。雅利安人除对土著非雅利安人进行征服战争外，本身各部落之间也不断发生战斗。其中最著名的是"十王之战"，即10个雅利安人部落组成的联盟反对当时最强大的婆罗多（Bharata）国王苏达斯（Sudas）的战争，结果是婆罗多国王大胜。经过多次的战争，国王的权力大大加强，萨巴逐渐蜕化为国王的咨询机构，萨米提的作用也逐渐消失了。

私有制的萌芽　雅利安人在过着游牧生活时，畜群由部落成员共同饲养、放牧，因此属于公有。后来经营农业，也是共同耕种，土地公有，收获的作物各取一年所需之量，焚毁其余。父权制大家庭产生后，私有制有了萌芽。牲畜等动产已归各大家庭所有，耕地也分配给各大家庭使用，每隔一定时期重新分配一次。《梨俱吠陀》中提到丈量土地，但未提到由个人出卖、转让、典押或赠送土地。显然，土地所有权还是属于村社的。此外，林地、牧场和荒地也仍属公有。在份地之间还有长条形称为"基里亚"（Khilya）的草地，也是供村社集体使用的。私有制的发生，氏族部落内部逐渐出现贫富的差别，剥削关系和阶级分化也随之出现。

奴隶制的出现　"达萨"本是雅利安人称呼和他们敌对的土著居民的。随着征服战争的胜利，被俘虏的达萨遭受奴役的越来越多，久而久之，达萨就成为奴隶的同义词了。当时战俘变为奴隶的方式很简单，即将自己的头发散开，分为五部分，口含一片草，向俘获者哀告"我是你的"，这样就保全了性命并成为奴隶。《梨俱吠陀》中曾提到因赌博负债而沦为奴隶者，这说明雅利安人也有因贫困而为奴的。奴隶往往被奴隶主当作礼品，互相赠送。男女奴隶主要是作为家内侍役，或从事生产的辅助劳动。但雅利安人与达萨人之间的关系并不很紧张。有的学者认为，婆罗多国王苏达斯似乎就有达萨人的血统；有些祭司和军事首领也出身非雅利安人①。

随着奴隶的出现，妇女的地位也下降了。在家长制家庭下，男子为一家之长，父亲的财产只能儿子继承，女儿只能继承母亲的嫁妆和她带到婆家来的礼品。丈夫死时，妻子举行象征性的自我牺牲仪式，这可能是后来焚身殉葬的萨蒂习俗的开端。不过，这时妇女在家庭中还受到尊敬，可以同丈夫一道主持祭祀，寡妇也可以再嫁，女孩同样受教育，学习《吠陀》，妇女还能参加毗达多部落大会，行动有一定的自由，她们的地位只是开始受到影响。

瓦尔那等级的区分　瓦尔那（Varna）一词原意为"颜色""品质"。雅利安人入侵印度时就以肤色同土著居民区别开来，当时只有雅利安瓦尔那（白肤色）与达萨瓦尔那（黑肤色）的区分。入侵者害怕与当地居民同化，丧失了自己的身份，因而强调血统的纯洁。同时，雅利安人在入侵过程中，随着氏族社会的解体，内部分为武士、祭司和一般平民三个等级。最初这种区分不是不可变换，不同等级之间也可以通婚、共餐，职业也没有世袭。如一首颂诗中提道："父亲是医生，母亲是磨谷的，我是诗人。"雅利安人的三个等级连同被征服的达萨人构成

---

① D. N. 恰:《印度古代史纲要》，1984 年中译本，第 28～29 页。

当时的社会。

随着社会经济的发展，劳动分工的专门化，财富与阶级的进一步分化，武士与祭司权势的增大，到梨俱吠陀时代后期，这种等级划分就有了神圣的意义。在《梨俱吠陀》最后一章（也是形成最晚的一章）中的"原人颂"里提到诸神分割原人普鲁沙（Purusa）时，由其身体的不同部分产生四个不同的瓦尔那："其口转化，为婆罗门，两手制成，罗阇尼亚；尚有两腿，是为吠舍；至于两脚，作首陀罗。"[①] 婆罗门即祭司，罗阇尼亚为武士，吠舍是一般平民，首陀罗则是被征服居民。婆罗门与罗阇尼亚（也就是刹帝利）高居在上，由首陀罗和部分吠舍负担全社会各阶层居民的生活。这种说法显然是祭司为了维护自己的特权地位而捏造的神话，但也说明当时确已存在这种等级区分。这种说法对后世影响很深。

吠陀宗教信仰　这时期雅利安人的宗教信仰是对自然的崇拜。他们相信自然界的一切变化都有神的支配。在《梨俱吠陀》中记载的神祇约有 33 个，其中最强大的神是因陀罗，其次是梵伦那。阿耆尼和苏摩也是著名的神。因陀罗是雷电神和战神，是带领雅利安人克服险阻，战胜一切敌人的大神、梵伦那是天神，是宇宙秩序的主宰；阿耆尼是火神，主管炉灶，是人与神间的媒介；苏摩是酒神。此外，还有风神伐育，太阳神弥陀罗（苏里耶、萨维特里、普尚、毗湿奴也都是太阳神的不同名号）和黎明女神乌莎等。大多数神祇都是男性。人们通过献祭求得神的庇护和赐福。《梨俱吠陀》的诗篇就是婆罗门祭祀吠陀诸神时的颂诗。他们相信人们死后就在死者之王阎摩的国土里生活。

第二节　印度雅利安人国家的形成

（后期吠陀时代：约公元前 1000—前 600 年）

社会经济的发展　自约公元前 1000 年以后，铁器及其种类日渐增

---

① W. T. 德巴里编：《印度传统资料》，1964 年版，第 15 页。

多。到公元前800—前500年，先是恒河的中、下游有了铁器，后来铁器便几乎遍及次大陆。铁矿比铜矿丰富，由于冶炼术的改进与风箱的使用，使大规模制造铁器有了可能。铁器的广泛使用奠定了社会经济发展的基础。

这一时期，农业有了很大的发展，它在经济中已居主导地位。为了深耕，耕地使用的铁犁又大又重，《百道梵书》中提到这种犁要用6头、8头、12头甚至24头牛才能牵引。人们已知道使用粪肥，也已知道挖井，作畦沟进行人工灌溉。农作物的种类，除大麦外还有小麦、水稻、豆类和芝麻。人们还了解作物生长的季节，并能使一些品种一年收获两次。但人们对付危害农业生产的灾荒的能力还是有限的。除旱涝灾害外，《歌赞奥义书》中还提到冰雹、蝗虫灾害，使俱卢人离乡背井。《阿闼婆吠陀》中记有防止这些灾害的咒语，可见人们对灾害显得无能为力。

畜牧业仍受人们重视。《百道梵书》中提到"牛群意味着繁荣昌盛"，水牛看来是为从事农耕而驯养的，用于拖拉的公牛一般都受过阉割，并已有崇敬母牛的习俗，除规定的献祭外不许杀害，否则要处死刑。同时，还明确提到这时已饲养象，用以运输重物和作战。

手工业和商业也有发展。除陶工外，专门的工匠比上一时期增多了，见于后期吠陀文献中的有车匠、珠宝匠，玩具制造工、织工、绳工、编篮工、皮革工、金银匠、铁匠、石匠等。车匠从木匠中区分出来，成为手工业中受尊敬而重要的行业。弓与箭也分别由专门工匠制造。用于纺织的原料也增多了，有棉花、皮毛、大麻、亚麻等。妇女一般从事绣花、编织和洗染。船车的制造与道路的修筑有利于商业贸易的发展，《梨俱吠陀》中已提到过百桨船，《百道梵书》中也有关于摩奴建造坚固的海船准备大洪水时逃生的故事。当时水陆商业都较兴盛。如生活在山地的吉罗陀人挖高山药材以交换衣服、褥垫、皮革，属于内陆贸易①；

---

① R.C.马宗达等：《高级印度史》，张澍霖等译，商务印书馆1986年版，第54页。

又如埃及法老木乃伊服饰用的印度靛蓝染料,迦勒底王宫中的印度杉木,乌尔月神庙的印度柚木等,则表明海外贸易的存在①。交易的主要商品有绣花布、衣服、头巾、鹿皮、羊皮毛、金银首饰、谷物、牛畜等。交换方式除物物交换外,母牛和谷物一般用作交易媒介。此外,当时似乎已有计算分量的金块和其他金属块,它们通常在赠礼中提到。如《百道梵书》提到向祭司奉献的金片,称为萨塔马纳(Satamāna)。《布里哈德拉亚卡奥义书》提到作为比赛奖品的1000头母牛,每头牛角上都挂有10个帕达(Pada)。帕达也是一种有分量的金属块,为萨塔马纳的1/4。当时文献中还提到尼什卡(nishka),原指项圈,后来也指有一定分量的金块,成为交换的价值单位。这一时期出现了专门的商人,属吠舍种姓。他们已组成行会,维护自己集团的利益,有了行会会长(Śreshthin)。《百道梵书》还提到一种叫库希丁(Kusidin)的人,是靠放债营生的。由于工商业的繁荣,城镇也出现了。

随着社会经济的发展,雅利安人的活动领域也逐渐由西向东、向北、向南各个方面扩展。对恒河中、下游丛林密布,荆棘丛生的地区,他们先是用火烧林,接着以铁斧砍伐,开辟出耕地和居住区。《百道梵书》讲述的酋长毗提诃·摩吒婆,就这样带领雅利安人的武士与农民开拓前进,过了萨达尼拉河(即今甘达克河)建立了后来的毗堤诃国土。类似的开拓,向东一直到恒河下游;向南深入文迪亚山脉,直达戈达瓦里河以北;向北扩展到克什米尔与喜马拉雅山区。雅利安人的活动中心也向东转移到由亚穆纳河到孟加拉西部的地区。

村社的演变 社会分工的发展,新的利益集团的出现,氏族部落的杂居,财富的分化,这一切导致血缘关系的纽带逐渐削弱,并为地域关系所取代。农村公社代替了氏族公社。在此时期,耕地已为父权制大家庭所长期占有,逐渐变为私有(但由于各个地区经济发展的不平衡,有

---

① R.乔塔里:《古代印度经济史》,1982年新德里版,第27页。

的农村公社仍保有定期分配制，有的甚至还有共耕制）。氏族部落首领也将侵占的土地和公有财产，以及在战争中夺取的土地等转为私有。清除森林后新开垦的土地，也成为私有地。但森林、牧场、荒地还是公有的。由于生产力水平的低下，开辟荒地、水利灌溉，建造房屋、道路等都需要集体劳动。公有制的因素依然占优势，传统的社会关系及意识形态也有利于公社的存在和发展。农村公社主要从事农业，但村社内部也有自己的手工业，如家庭纺织业、冶铁业、制陶业、木器制造业等，形成自给自足的自然经济。这一切都为印度农村公社的长期存在提供了牢固的基础。

奴隶制的成长　随着氏族部落公社的解体，各级首领侵占、掠夺大量的财富和奴隶。掠夺战争的次数和规模都超过了前一时期。大约在公元前9世纪中叶爆发的婆罗多族的大战就是其中著名的一次。根据史诗《摩诃婆罗多》的记载，几乎北印度所有的部落都卷入了这场大战。这些战争加速了奴隶制的成长。"达萨"一词在这时期的文献中多次出现，并已完全用来指奴隶；它已不仅限于黑肤色的土著部落，并不再有种族的意义。奴隶的来源除战俘奴隶、债奴、赠予的奴隶外，还有买来的奴隶和家生的奴隶。奴隶数量也有显著增加。赠送奴隶的数目，以往只是以百、以千计，到这时，如《爱达罗梵书》中所提到的国王赠送一个婆罗门的奴隶和象各以万计。尽管这些数字显然有些夸大，但比较过去确是增多了。奴隶可以有家室，但子女仍是奴隶。奴隶和牲畜一样是主人的财产，他自己没有任何财产权。妇女地位进一步下降。这时期已不许妇女同男子一道在某些宗教仪式中献祭，不许妇女参加政治活动或出席会议。男子可以一夫多妻，妇女则不能有二夫。妇女地位恶化到竟有把妇女与骰子和酒并列，称为三大邪恶的说法。父亲可以出卖自己的儿女为奴。

种姓制的形成　社会经济的发展，高级瓦尔那的财富与权势显著增长，他们与低级瓦尔那之间的差距进一步扩大，前一时期出现的瓦尔那等级区分就演化为种姓制度，成为印度社会的一个显著特色。一般认为，印度社会包括四个种姓：

第一等级是婆罗门种姓。婆罗门（Brāhman）以拥有神圣知识（Brahma）而得名。婆罗门主管宗教祭祀，研究与传授神圣经典，因此被认为是人中之神，地位最高。他们用占卜、念咒等方术，预告所谓神意，影响国王的政治、军事等活动。他们往往作为国王的顾问，担任大祭师即"普罗希塔"（Purohita）参与国家大事。

第二等级是刹帝利种姓。刹帝利（Ksatriya）是有力量（Ksatra）的武士种姓。他们执掌军政大权，护卫正法，主宰一切。他们和婆罗门之间为争夺权利是有斗争的。刹帝利种姓认为自己应为第一等级，婆罗门只能是国王的随从。《奥义书》就提到在举行灌顶大礼时，婆罗门的席位低于刹帝利。但他们也认识到对付被统治的低级种姓，必须与婆罗门齐心协力。

第三等级是吠舍种姓。吠舍（Vaiśya）是由 Vis 而来，Vis 意思是"部落"或"村落"，因此，吠舍就是部落成员或村民，也就是公社成员。他们人数比前两个等级多，主要从事畜牧、农耕与经商等业，也有放债或经营手工业的。他们接受前两个等级的统治，用布施和纳税的方式供养婆罗门和刹帝利。但他们和前两个等级一样参加入门仪式（Upanayana），佩戴"圣线"为取得第二次诞生的标志，被称为再生族。有权参加学习吠陀、祭祀等宗教活动。

第四等级是首陀罗种姓。"首陀罗"（Sudra）这个词的起源不明，它不是雅利安人的词，可能与托勒密所说的反抗雅利安人的一个印度土著部落的名称 Sudroi[①] 有关。他们主要是被征服的非雅利安人，但也包括丧失了公社成员身份的雅利安人。他们的人数因新的土著部落的加入而不断增长。他们从事农、牧、渔、猎及当时被认为是低贱的职业，其

[①] 马格雷特、詹姆斯·斯塔特利编：《印度教词典》，第 287 页 Sudra 条。但本词典编者不同意此说。

中许多人沦为佣工和奴隶。他们不能参加入门仪式，是所谓一生族，因而被禁止参加宗教活动。他们是地位接近奴隶的平民最低层。

各种姓严格按照血统世代保持不变，为了保证种姓的纯洁，各种姓之间不得通婚，各自的职业世袭不变。但当时上述的种姓划分只是一种模式，现实的社会情况要复杂得多。如在四种姓之外，既有未受婆罗门教化、名为弗拉蒂亚人（Vrātyas）的游牧的雅利安人，也有非雅利安人的土著居民尼沙德人（Niśhādas）①。种姓之中，首陀罗有成为富人甚至为王的，有的种姓通过宗教仪式便可改变身份。同时，种姓之间的通婚也依然存在。不过，种姓制度的基本形式是在这一时期确立的。

国家的建立　随着奴隶制与种姓制的形成，阶级矛盾与阶级斗争日趋激化，军事民主制的部落组织已不能适应新的情况，作为阶级统治的国家机器就产生了。

定居生活与农村公社增强了地区意识，居民的组织已不再按氏族而是按地区或村庄来划分，而国家正是按地区组成的。大约从公元前9世纪起，一些先进地区的部落经过兼并与扩张，开始向国家过渡。与此同时，次大陆大部地区仍处于发展程度不等的氏族部落阶段。

在向国家过渡的部落里，军事首领逐渐演变为国王；祭司与武士，即拥有政治、经济实力的氏族贵族成为统治阶级；一般公社成员，由过去自愿的缴纳贡物与捐献，变为强制性纳税与服役〔如后期吠陀文献中出现了征税的人员（Bhāgadugha），还有国库司库（Saṃgrahitri）〕，他们与奴隶和被征服的部落一起，成为被统治阶级。

国王的职位原是由选举产生，在后来国王登基的仪式中仍保留了选举优秀者为王的痕迹。如灌顶大礼中最后一个仪式是掷骰子，又如力饮祭②的赛车有意安排国王为胜利者。但到这时，王位已出现世袭，梵书

---

① R.C.马宗达等：《高级印度史》，张澍霖等译，商务印书馆1986年版，第53～54页。
② 灌顶大礼和力饮祭都是国王登基和在位时举行的仪式，内容见R.C.马宗达等：《高级印度史》，张澍霖等译，商务印书馆1986年版，第50页。

中提到"十世相承的国王"。不过这时的国王也有因暴虐或无能而受到放逐的，这反映王权在逐步增强的同时，也受到平民反抗的约束。因此，国王往往通过各种献祭仪式表明自己取得神赋予的力量，乃至使自己等同于神，以巩固自己的统治。

最先形成的国家为俱卢国，大约是公元前9世纪在今恒河上游河间地，德里与塔内萨尔附近，由俱卢部落演变而成。它合并了强大的婆罗多族与普鲁族部落。环柱王（Parikshit）可能就是它的第一代国王，都城是阿桑迪瓦特。接着是般阇罗国，国土相当于今巴雷利、巴达翁及北方邦毗邻地区，都城为坎皮拉。到了约公元前7世纪，俱卢衰落，又有新的国家兴起。印度河上游有犍陀罗、开卡亚、摩德罗；恒河流域有乌希纳罗、婆蹉、迦尸、居萨罗、毗提诃等国。过了一个世纪后，北印度大部分部落都已先后形成国家。

婆罗门教的形成　这一时期宗教上也有很大的变化。和阶级国家的形成相适应，专门的祭司婆罗门种姓与婆罗门教形成了。在阶级统治的新形势下，人们对原始信仰的多神又有了新的认识。神的世界反映了人间的变化。地上有了国王和法庭，司雷电的天神因陀罗便成为众神之王，是国王贵族的保护神。维护宇宙秩序的天神梵伦那是天上的司法神。婆罗门祭司拥有对诸神的知识，以吠陀为圣书，垄断了宗教大权。他们将各种祭祀仪式搞得很烦琐，如马祭包括其预备仪式要进行一年到两年。在献祭中要用600头牡牛一同献祭。建火神祭坛则要杀人血祭，才能保证祭坛牢固。婆罗门祭司通过主持祭祀活动，得到贵族和奴隶主的大量施舍，贵族奴隶主则以此祈求神灵的庇护，使平民和奴隶更加畏惧。

婆罗门祭司采纳以往雅利安人的宗教说法，以及印度土著部落万物有灵，灵魂转世的观念①。整理成一套信念即婆罗门教的教义。它认为

---

① C.A.托卡列夫：《世界各民族历史上的宗教》，魏庆征译，中国社会科学出版社1985年版，第311页。

宇宙的创造者，最高主宰是大神婆罗摩，即大梵天。只有梵天（世界精神）的存在是真实的，世间一切现象都是虚幻的。因此，人们不必为现实生活的不幸而苦恼。它提出"轮回业报"，说的是人的灵魂在人死后转入另一躯壳里复生，即所谓轮回。由于人生一切身心活动都是造孽（Karma，羯磨），造了孽就有果报，这种报应通常不在今生，而在来世，因此就有轮回。善有善报，恶有恶报。这样，人生的痛苦根源就在于自己前世作了孽，这就掩盖了广大人民群众苦难的真实根源——阶级剥削和压迫。为了得到好报，就必须按婆罗门所制定的各种姓的行为规范（Dharma，达摩）行事，安分守己，从而维护剥削阶级的统治。最后解脱轮回就要不造孽，灵魂才不再投生，才能达到"梵我一致"的最高理想境界。总之，这些说教就是要使被剥削者忘掉一切痛苦，安心忍受统治阶级的剥削和压迫。因此，婆罗门教就是统治阶级有力的精神武器。

第三节　各国纷争与摩揭陀称霸

（列国时代：公元前6世纪—前4世纪）

从公元前6世纪起到公元前4世纪止的列国时代是印度国家普遍形成和发展的时期，在这一时期内，社会经济进一步发展，阶级斗争尖锐复杂，新旧思想与教派争论激烈。这一时代200多年的历史，内容极其丰富，是印度历史发展中的一个重要阶段。

大国分立与兼并战争　公元前6世纪初次大陆的政治形势是除西北部由波斯帝国侵占外，在恒河流域及其支流一带已先后形成一些大国。它们的分布情况是：由西到东在恒河以北为俱卢、般阇罗、居萨罗、迦尸、末罗、跋祇，恒河以南为婆蹉、苏罗婆、跋沙、摩揭陀、鸯伽，婆蹉以南为阿般提和支提，南印度戈达瓦里河流域有阿湿波。这些国家连同位于印度河上游的犍陀罗与甘蒲阇（公元前518年后为波斯帝国统治）共16个大国。除此以外，还有不少小的城邦，大多分布于次大陆的北方各地,如释迦、科利耶、毛里亚、巴伽、杰纳德里卡等。这些大小国家多在恒河流域东部,表明次大陆历史发展的重心已转向恒河流域的中下游一带。这些国家的政治制度有两种:共和制与君主制。一般来说,小国多为共和制,大国为君主制。共和制保留氏族部落军事民主制的传统较多;君主制国家在早期阶段也是共和制,经过兼并扩张,军事首领在战争中增长了权力和财富,后来才成为君主制。共和制国家中比较强大的是跋祇,由毗提诃、梨车、跋祇、杰纳德里卡等八九个部落联盟组成,都城吠舍厘,在今穆扎法尔布尔县。首领噶那帕蒂或噶那罗阇由选举产生,有由刹帝利家族选出的成员组成长老议事会协助。最高权力往往属于人民大会(Parisad),它由敲铜鼓召集,出席者座次、议程、发言辩论,都有规定的程序,最后作出决议。但其实权已落到刹帝利出身的贵族长老手中,他们如同国王一样,也举行灌顶仪式,并由他们的家族世袭其职位。因此,跋祇是一个贵族专政的共和国。

当时,各国之间不断发生兼并战争。最初,迦尸比较强大,它位于今北方邦的东部,都城婆逻疤斯(即今印度圣城瓦拉纳西),棉织业很发达,是宗教、学术文化的中心。迦尸控制着恒河流域中部地区,它与毗邻的居萨罗为争夺对恒河流域的控制权不断进行战争。居萨罗在战争中逐渐向外扩张,先征服北方释迦族的迦毗罗卫国,最终南向兼并了迦尸,成为一个强大的国家。在东方,鸯伽国(即今比哈尔恒河三角洲以北的地方)也与摩揭陀(今巴特那与伽耶县)为争夺恒河下游发生战争,跋祇也卷入了这场争斗。结局是摩揭陀获胜,成为在东方与居萨罗争斗的富国。在西部地区,以乌贾因为首都的阿般提,以憍赏弥(今科萨姆)为首都的跋沙两强间,为争夺对北印度内陆贸易控制权也爆发了战争。以上四强经过将近100年的战争,最后,摩揭陀先摧毁居萨罗,又击败阿般提,取得独霸北印度的地位。

摩揭陀的称霸 摩揭陀以产母牛与铁矿著称,土著居民可能属于非雅利安的基卡塔人,入侵的雅利安人为未受婆罗门教化的弗拉蒂亚人。

摩揭陀较清楚的历史始于公元前6世纪。第一位著名的国王，是哈尔扬卡王朝的频毗沙罗（Bimbisara，即瓶沙王，约公元前545年即位至公元前493年去世①）。当时摩揭陀还比较弱小，服属鸯伽的统治。但摩揭陀具有有利的地理条件：国境四周有山脉、河流作为屏障，都城有五山环绕，称为山城，又筑有石墙（至今尚可见到其遗迹），易守难攻。境内土壤肥沃，农、林、矿产（铜、铁、金等）资源丰富。宋河与恒河在巴特那会合，水陆交通便利，有利于商业贸易的发展。频毗沙罗凭着这些有利的条件，又能励精图治，因此，国势大增。他整顿吏制，将官员分为行政事务、司法与军事三类，各有专职，赏罚严明。他加强税收管理，测量田地，估定收成，并设专职官员监督征收，运送国库，因而财力充足。他使用战象，使军队极具威力。他对外运用远交近攻的策略，实行扩张政策。一面与居萨罗联姻结盟，得到有大笔税金收入的迦尸村作为陪嫁；同时，又与远方的犍陀罗、阿般提通好，增强自己的地位，从而得以集中力量击灭敌对的鸯伽。为便于对外交往，他在山城以北的山脚下建王舍城为新都，即今拉杰吉尔。这一时期摩揭陀的领土大为扩张，统治有8万个村镇，但这显然有些夸大。晚年他为急于想做国王的儿子阿阇世所杀。

阿阇世（Ajātaśatru，约公元前493—前462年）自立为王后，立即遭到居萨罗的反对，后者还要求收回迦尸村，跋祇、末罗等也与摩揭陀为敌。阿阇世决心对抗并继续扩张，他先在恒河与宋河会合处附近的波吒厘村筑起城堡，以便指挥战事。在与居萨罗的争斗中他轻易取胜，先是该王室内争，放弃了对迦尸的要求，并通过联姻继续和好；后来，居萨罗遭到一次大洪水袭击，势力更加衰落。对跋祇的斗争，他却作了充分的准备。除加强城堡防卫外，还派人到跋祇离间分化，并用两种新

---

① 这里的王朝世系是根据佛教文献。按照《往世书》，是以西苏纳加为首的赛苏纳加王朝为最早的王朝。参见R. C. 马宗达等：《高级印度史》，张澍霖等译，商务印书馆1986年版，第63~64页。

式武器：投石器与两边有刀的战车装备部队。这样经过16年之久的征战，终于征服了这个共和国。从此，摩揭陀成为东印度唯一的强国。接着，阿阇世又击退阿般提的进攻，开始向西方扩张。

阿阇世以后又有四个国王（约公元前462—前430年），都是杀父自立的。只有阿阇世之子曾战败阿般提，并在波吒厘村继续兴建城堡（命名为香花城），以便监管新征服的跋祇国。其他的3个国王都残暴无能，统治时期也很短暂。大约在公元前430年，最后的一个国王被起义的市民赶走，大臣西苏纳加（Sisunaga）被拥立为王。他战胜了强大的阿般提和跋沙与居萨罗的残余势力，兼并了它们的领地，使摩揭陀更加强大。他的继承人迦腊索伽迁都华氏城（即香花城）。这个经过多年营建的城市，水陆交通十分便利，对摩揭陀的发展有着重要意义。大约在公元前364年，迦腊索伽为出身下层的摩诃帕德摩·难陀（Mahāpadma Nanda）所杀，从此开始了难陀王朝（约公元前364—前324年）的统治。

难陀王朝是第一个非刹帝利出身的王朝。摩诃帕德摩被后来的往世书说成是所有刹帝利王朝的毁灭者。他消灭了大大小小的国君，使王朝的势力向西扩展到比阿斯河流域，西南控制了孟买的南部和迈索尔的西北部，南部德干的一些地区和奥里萨的一部分也可能归属于他，摩揭陀成为次大陆最强大的国家。它拥有一支2万骑兵、20万步兵、2000辆战车和3000头战象组成的庞大的军队。为了应付军事行政的开支，难陀王朝通过加重税收和勒索，积累了大量财富，这在印度历史上也是很有名的。难陀王朝就这样为孔雀帝国的建立奠定了基础。

城市经济的发展　通过战争兼并结束政治上分裂的局面，这与城市经济的发展要求统一有一定的关联。本时期内农牧业继续发展，品种增多，产量增加，手工业的分工更加复杂。《佛本生经》中提到18种手工匠人，如木工、铁匠、皮革匠、画匠、石工、织工、象牙匠、宝石工、陶工等。他们各有自己的行会，住在同一地区，手艺是父子世代相传，受种姓制支配。印度内地和海外的商业都有新的发展，有特色的高贵陶器北方磨光黑陶传播很广，便是明证。当时内地主要商路是由婆罗疪斯和舍卫城（今拉布蒂河南岸的塞特马赫特）向四面延伸，沿恒河流域往西经旁遮普到呾叉始罗（犍陀罗的首都，在今巴基斯坦的拉瓦尔品第西北），与波斯帝国沟通；或经乌贾因与纳尔马达河流域到西海岸，或向南到德干的西北部；往东到恒河三角洲。其中以后一路的商业往来较多。海外贸易则是从印度东海岸的各港口同斯里兰卡、缅甸与西亚通商。交易的商品有纺织品、粮食、油、香料、香水、金银珠宝制品以及蔬菜、肉等副食品。当时已广泛使用货币作为交易的媒介。约公元前5世纪已有弯曲的条状银币和打印记的银币，也有铜币①。它们的分量与价值各地不同。文字也出现了，通用的字母文字是婆罗谜文，印度西北部则流行伽罗斯底文。

由于社会经济的发展，城镇数目大量增加，据亚历山大的将领之一阿瑞斯托布拉斯称，他曾见到有1000以上市镇的遗迹。在东方从瞻波（今巴尔普尔）起到西方的婆卢羯车（今布罗奇），北方从迦毗罗卫（在今尼泊尔南部）起至南边迦毗里帕塔姆（在今高韦里河流域）这一范围内，就有60个名城，比较重要的有6个大城市②。佛经中则提到所谓八大城市，即摩揭陀的王舍城、跋祇的吠舍厘城、居萨罗的舍卫城和阿踰陀城（今乌德）、迦尸的婆罗疪斯城、鸯伽的瞻波城、跋沙的憍赏弥城与犍陀罗的呾叉始罗城。这些城市都曾是大国的都城，是政治、经济和文化的中心。城市里人口众多，如王舍城就有1.8亿人，当然这个数字夸大了很多。城市中有高楼建筑，有商店、作坊，还有游乐场所。贵族、富商、工匠等生活在城市里，他们支持国王的对外扩张，要求统一，以便于工商业的发展。

---

① D. D. 高善必认为早在公元前7世纪末就已有商人发行的正式硬币，见其《古代印度文化与文明史纲》，1981年新德里版，第124~125页。
② R. 乔塔里：《古代印度经济史》，1982年新德里版，第30页。

社会矛盾的尖锐化 商品经济的发展使社会各阶层进一步分化。从住处来看，国王高墙深院的宫殿，富豪贵族砖石砌的房屋与一般平民的木屋茅舍形成了鲜明的对比。但当时的贫富并不完全由种姓决定。高级种姓固然一般都能成为豪富，如拥有军政大权的刹帝利通过搜刮、掠夺而享有大量财富，婆罗门用祭祀说教也能赢得无数财宝。然而也有一些婆罗门和刹帝利种姓却穷困潦倒，不得不从事与他们身份不相称的职业。另一方面，低级种姓如吠舍中也有小部分人因经商和放债而富有，他们依靠自己的经济实力挤入统治阶级的行列，有的成为村镇的地方官。正如大史诗《摩诃婆罗多》中所反映的"谁有财富，谁就是世上真正的人"，就能得到尊敬。不过，大多数的吠舍和几乎全部的首陀罗的生活状况是非常恶劣的。许多吠舍的地位已接近首陀罗，从事与他们相同的职业，如裁缝、陶工等。首陀罗也是饥寒交迫，遭受歧视。奴隶更备受凌辱，甚至连生命也没有保障。一些未开化的土著部落更被认为是不可接触的贱民，受到非人的待遇。他们只能以打猎为生，过着极其原始的生活。

由于既有统治阶级对各族人民的残酷压榨，也有它们内部争权夺利的冲突。因此，这一时期的矛盾斗争更形错综复杂。城市平民揭竿而起，奴隶大众群起暴动，边远地区的人民也掀起武装叛乱，统治阶级内部则钩心斗角，或策划于密室，演出宫廷政变的闹剧。国家形成较早的迦尸、居萨罗等国，其都城婆罗疤斯、舍卫城经济文化都很发达，社会矛盾很早就有所发展，因而流传下来很多的斗争故事。如《佛本生经》中提到，婆罗疤斯的一位国王很是残暴，连救他性命的恩人都要杀死，从而激起了人民群众的愤怒。当国王乘坐大象在大街上行走时，人们便从四面八方跑来，用弓箭、标枪、石块、棍棒以及一切能找到的器具冲向国王，杀死了他，把他的尸体扔到壕沟里。该书中还提到，这个国家发生了边境叛乱，国王亲自带领军队去镇压，但被打败逃跑。后来又调集军队经过激烈战斗才取得胜利。又如佛经《弥沙塞部五分律》提到，在迦毗罗卫国有"五百奴叛";玄奘的《大唐西域记》也记载有居萨罗国"群盗五百,横行邑里,跋扈城国",后为胜军王捕捉,剜去双目,丢到森林里受活罪。该书还记载有居萨罗国王毗卢择迦在征服释迦族后,杀死了男人,选了五百妇女准备带回作宫女,但这些妇女大骂不止,坚决反抗,国王恼怒,便下令将她们的手足砍掉,投入坑井中。关于统治阶级内部的斗争,除各国之间的战争外,在一国内部有如阿阇世及其以后四王的弑父自立;又有居萨罗的胜军王出国访问时,被留在国内的大臣所废以致困死国外等。反映难陀王朝建立的记载则显示了更为复杂的矛盾斗争。如《往世书》所说,这位王朝的建立者是一位首陀罗妇女所生;耆那教文献说,他是一个理发师的儿子,是通过宫廷政变取得王位的;佛教典籍说,他早年落入群盗之手,后入了伙并成为首领,然后通过武力取得王位,正如西苏纳加一样是借助人民的力量而成为国王的。

意识形态领域里的斗争 列国时代的阶级分化与对抗以及社会各阶层之间的矛盾斗争,必然在人们的思想意识方面有所反映。刹帝利在政治斗争中势力增强,不满婆罗门高居于自己之上。富裕的吠舍经济上获得了利益,也要求在政治上提高自己的地位。这些奴隶主的势力日益壮大,于是开始反对以婆罗门为代表的旧的氏族贵族的统治。另一方面,广大的劳动人民境况不断恶化,也要求改变现状。而这时期占统治地位的婆罗门种姓及其精神武器婆罗门教,仍固执旧的观念,与现实社会的变迁不相适应,表现出最顽固、最反动、最腐朽的性质,因此成为众矢之的。可是在反婆罗门特权地位的斗争中,刹帝利和吠舍的上层分子害怕劳苦大众的觉醒,并且,他们的阶级利益也和婆罗门有千丝万缕的联系,因此,他们反婆罗门的斗争是不彻底的。这种阶级及阶层的矛盾斗争的形势和特点,在意识形态领域里就出现了代表各个阶级或阶层的各种思想流派和教派。佛教文献称它本身以外的思想流派,有所谓"六大师""六十二见",或九十六种外道,耆那教文献也有所谓三百六十三种邪见的说法。这种种流派有的大同小异,有的势力不大,很快就消逝了。这里只把最有代表性,又影响较大的三派(顺世论派、耆那教和早期佛教)的主要思想及其在意识形态领域里的斗争情况作一简要的说明。

顺世论派梵语为"路伽耶陀"(Lokāyata),意思是"流行在人民中间的观点",汉译佛经中译为"顺世外道",或"世间行"等,它又被称为"斫婆伽"(Cārvāka)。这一学派早在公元前一千年代前半期就已出现,创始人据传为毗诃跋提,列国时代最为流行,当时的代表人物是阿夷多翅舍钦婆罗(Ajita-Kesakmbali)。该派的著作已被毁灭,其主要的思想内容只能从同时代的耆那教、佛教文献和公元8世纪的印度教资料中找到一些片断,要点是:认为世界不是神创造的,而是由地、水、火、风四大原素所构成;否认《吠陀》的权威,认为知识只能从直接的感觉得来,《吠陀》不过是骗子、伪君子和贪婪者的作品,没有什么价值;认为灵魂和肉体是统一的,不可分的,没有脱离肉体的灵魂,彻底否定婆罗门教的灵魂不死和轮回转世的说教,针对婆罗门在祭祀中大量宰杀牛群,损害农业生产,深为大众所不满的现实,激烈反对婆罗门教的祭祀杀生可以得福的说法。认为"祭祀杀的牲畜能够升天,为什么祭祀者不立即奉献自己的父亲呢?"并正确地指出,祭祀只是婆罗门谋生和发财的手段,坚决反对维护婆罗门至上地位的种姓制,说婆罗门和旃荼罗①血管中同样流着红色的血液,因此人类是生而平等的,没有什么贵贱之分,主张人的生活目的就是丢掉痛苦,追求现世的幸福,因为死亡就是生命的终结,所以反对当时一般宗教徒宣传的禁欲、苦行、为来世积德和天堂地狱的说教等等。这些简单的类比与朴素的论证,鲜明地表现了下层人民反对奴隶主统治阶级的思想意识,它是古代印度唯物主义哲学的代表,因此,它必然受到奴隶主统治阶级的压制和一切唯心主

---

① 旃荼罗(Chandala)是印度土著部落,他们的社会地位最低下,最受歧视,被认为是不可接触者(贱民)。

义派别的围攻。他们的成员受到严重打击,《摩诃婆罗多》中就曾提到一位斫婆伽遭到婆罗门的杀害。残留下来的著作片断也多被歪曲。

耆那教是反对婆罗门教的一个新宗教。耆那(Jaina)的原意是胜利者。他们认为战胜了情欲就得了道,就成为耆那。因而被称为耆那教。它出现在次大陆的东北部,那里婆罗门教的控制较弱。据耆那教的传说,该教有24位祖师,其最后一位是筏驮摩那(Vardhamāna,意为增益),并被认为是耆那教的创始人。他生活于公元前6世纪,是吠舍厘城富有的刹帝利贵族之子。30岁时出家,加入裸体苦行者的行列,修炼12年,终于在东印度里朱帕利卡河北岸杰林比卡村外娑罗树下自称达到大知大觉(Kevala-jnana,意为获得最高知识),成为耆那。耆那教徒尊称他为大雄(Mahāvira,即伟大的英雄)。以后他在恒河的中下游摩揭陀、鸯伽等地传教30年,72岁时死于比哈尔南部的白婆。耆那教的主要经典为十二支(Aṅgas)。教徒主要来自刹帝利种姓和吠舍大商人。他们反对婆罗门教和《吠陀》的权威,特别反对杀生祭祀,不承认有作为最高创造者和主持赏罚的神,认为神就是得道的先知,每一个人都有可能做到,个人靠自己的修行就能主宰自己的命运,从而否定婆罗门和《吠陀》的作用,认为世界的一切,从岩石、草木到人、神、鸟兽都有灵魂。灵魂是自生的,永恒的。人的行为造的"孽",使灵魂受到污染,就陷入轮回业报。生前行善积德,死后灵魂转世成为善人、天神;生前为恶犯罪,则死后转生降为禽兽草木。要脱离轮回,就须使灵魂净化。方法是坚持"三宝",即正信、正智、正行。意思是有完全的信仰才能求得正确的知识,因而才能导致正确的行动,使灵魂解脱情欲的束缚而最终得到洁净和幸福。正确的行动就是遵守五戒,即不伤生、不欺诳、不偷盗、戒淫欲、戒私财。耆那教特别强调不伤生,教徒走路时无意踩死蚂蚁也是罪恶;用细布罩住口鼻不是为了卫生,而是怕不自觉地吸入了微小的飞虫。耆那教徒更以严酷的苦行、自我折磨甚至舍身来解脱肉体,使灵魂得到幸福安乐。在这方面耆那教和婆罗门教一样,导致人们脱离现实斗争，这便是刹帝利和吠舍中的上层分子既反对婆罗门又害怕人民群众的斗争的表现。

到公元前4世纪末，比哈尔南部发生饥荒，耆那教徒一部分出走到南方的迈索尔，留下的教徒则在华氏城集会整理记录大雄的教义，到公元5或6世纪，才最后编辑成册。约公元1世纪时，从南方返回家乡的教徒仍保持裸体，谴责未出走的教徒穿白袍是违背教义。因此，该教就分为天衣派（Digambara）与白袍派（Svetāmbara）。两派分歧只是一些教规和习俗，并不涉及根本教义。以后天衣派恢复了衣着，两派又重新合并。耆那教至今仍是印度的一个有影响的宗教。

早期佛教，和耆那教一样，也是反婆罗门教的，但它是一个更有影响的新宗教。其创始人是乔达摩·悉达多（Gautama Siddhārtha，约公元前566—前486年）①，与我国孔子大体同时。传说他是迦毗罗卫国释迦族净饭王的太子，属刹帝利种姓。他29岁时出家，先到摩揭陀一带寻师访道，苦行6年都没有收获，最后经过独立思考在菩提伽耶的毕波罗树下自称得道。接着在恒河中下游许多地区传教40多年，80岁时死于拘尸那城（在今戈勒克布尔以东）。人们尊称他为释迦牟尼（Sākyamuni，意即释迦族的圣哲），又称佛陀（Buddha），即大彻大悟的人，因此，这一宗教就称为佛教。佛教的经典很多，包括经、律、论三部，称为三藏。汉译大藏经有多种版本，每种多的达七八千卷。早期佛教的经典主要是《阿含经》。

释迦牟尼幼年受过传统的婆罗门教育，出家后访问过当时有名的学者，又曾亲身实践了苦行。因此，他的教义的特色是兼容并蓄，带有折中的色彩。他不承认婆罗门教的人由梵天而来，神主宰一切的说法，因而含有无神论的因素，但也不赞成人由四大元素组成的顺世论的主张。他提出缘起说，认为一切事物（包括人在内）都是由内因外缘凑合而

---

① 关于他的生卒年代有近六十种说法，这里采取比较通行的中国佛教的"点记说"。可参阅吕澂：《印度佛学源流略讲》，上海人民出版社1979年版，第5～6页。

成。注重因果关系的分析，认为因果相互联系，相互依存，互为条件，事物不是常住不变，也不是消灭后不再生，而是迁流无常，相续不断。这都带有辩证法的成分。但对他来说，这种因缘分合，聚散无常，又都是虚幻的，因而否认了现实世界的客观真实性。因此，他是一位唯心主义者和宗教家。在社会问题上，他反对婆罗门教的种姓制固定不变的说法，认为种姓是由人类形成之初职业分工的不同而发生的，并不是由神创造而一成不变的，主奴是可以变化的。他特别反对婆罗门至高无上的地位，说婆罗门与其他种姓一样，都是"嫁娶产生"；并认为刹帝利"正法治民"，地位还高于婆罗门。他还提出"众生平等"之说，在佛门内甚至取消种姓的名称，以"沙门释种子"代替。这便改变了婆罗门教在宗教领域内压制首陀罗种姓的不平等状况，在一定程度上反映了被压迫种姓的平等愿望，有其积极的一面。不过，这种平等只限于宗教领域内，在俗世生活中仍是沿用婆罗门教的业力轮回、因果报应的说法，认为现实的不平等状况是人们自身前世造孽的结果。而且，佛教禁止负债人和奴隶入教，这就更加暴露出其所谓"平等"的虚伪性。

和耆那教一样，佛教也否认《吠陀》和婆罗门教的作用，但其基本教义和解脱途径却有些不同。佛教教义的核心是四谛即四条真理。这就是苦谛、集谛、灭谛和道谛。佛教的出发点就是人生是多苦的，宣扬生、老、病、死及有所求而不得等一切身心现象都是苦，这就是苦谛的内容。集谛是说明人生多苦的原因，指出人生多苦是由于欲爱而产生，欲爱求有常而一切无常，这便有了苦恼。而且欲爱必然会表现于思想、言论和行动三方面，这就造了"孽"，就不免生死轮回，永堕苦海。灭谛就是消灭苦因，也就是消灭欲爱，这样就不会造孽，不会有果报，就能超脱轮回，这就是佛教追求的目的。这种不生不灭，超脱轮回的境界，佛教称为"涅槃"（Nirvāna），意思是寂灭，实际上就是死亡。而要达到涅槃，就必须修道。道谛就是讲修道的途径和方法。必须修八正道，即正见（对四谛的正确见解）、正思维（思索四谛的真理）、正语

（不说一切非佛理之语）、正业（即身、口、意三业清净）、正命（正当生活）、正精进（勤修道法）、正念（念念不忘四谛）、正定（集中精神、禅定正）。这八正道归结起来就是要深刻理解佛教教义的道理，在实际生活中断绝欲念，用不苦不乐的方式，在静坐中体验，潜移默化达到涅槃。这就同婆罗门教、耆那教一样，有着麻醉人民的作用。

佛教代表着刹帝利和吠舍大商人的利益，但同时也符合一般人民的部分要求，因此在当时得到了很大的发展。它们组织起社团称僧伽（Sangha），游方传教，靠布施生活，后又得到国王、贵族、大商人的资助捐献，建造了寺院。有的寺院逐渐发展成为重要的教育、学术文化的中心。

释迦牟尼死后，佛教徒在摩揭陀国王阿阇世的支持下，在王舍城进行了第一次结集①，编成了最早的经藏和律藏。百年以后，由于对戒律教规的争议，佛教徒在吠舍厘进行第二次结集，结果对乞钱、饮酒、进食不得过午刻等十事是否犯戒，产生两派意见：少数有地位的上座认为是犯戒，多数则不同意，于是就分成上座部与大众部。以后又分出许多教派，这使佛教的发展受到一定的影响。但佛教迄今仍是亚洲国家中最有影响的一种宗教。

本章主要参考书

[1] R. C. 马宗达等：《高级印度史》，张澍霖等译，商务印书馆1986年版，第一篇第三到六章。

[2] L. P. 沙马尔编：《印度古代史》，1981年德里版，第5～6章。

[3] 施治生、廖学盛主编：《外国历史大事集》（古代部分第一分册），重庆出版社1986年版，第133～204页。

---

① 结集，梵文Sangili，意为"合唱"，即指佛教徒为编集佛经举行的"合诵"，即以一人为主背诵佛语，其他人补充。不是宗教会议。

第四章 孔雀帝国

（公元前 324—前 187 年）

第一节 外族侵占印度西北部与孔雀帝国的建立

波斯与希腊马其顿的先后入侵 摩揭陀在恒河流域中下游一带逐步强大的时期内，南亚次大陆的西北部先后为波斯与希腊马其顿的军队侵入并被他们所统治。从公元前 518 年起，印度河流域至拉贾普塔纳沙漠，即犍陀罗与萨蒂吉迪阿两国都在波斯帝国统治下，成为它的省份。由于这一地区比较富裕，人口众多，因此在波斯帝国内它缴纳的年贡比其他省多，在波斯出征希腊时还提供了军队。后来波斯帝国的控制减弱，到公元前 4 世纪中叶，这里就出现了一些实际上处于独立地位的国家，其中著名的有呾叉始罗、普鲁、乌剌尸等。

公元前 327 年希腊马其顿国王亚历山大在灭亡波斯帝国后，利用印度西北部小国分立，相互争斗的局面，出兵越过兴都库什山侵入旁遮普。呾叉始罗王阿姆比拟借外兵势力打击其对手普鲁王波罗斯，遂向马其顿军队提供物资和人力的支援，波罗斯则率领他的 4000 骑兵、300 辆战车、200 头战象和约 3 万人的精锐步兵准备迎击入侵者。印度人采取战象为前锋，随后是步兵、骑兵在两翼，骑兵前用战车掩护的部署。战斗开始，马其顿人避开大象，以优势骑兵集中攻打印军左翼，用骑兵的弓箭和战马的冲撞突破印军阵线。印军步兵因天雨路滑长弓不能准确射击，抵挡不住敌人的攻击；战象经不起马其顿方阵的投枪射箭，受伤发狂，不分敌我乱冲乱撞，印军大败，波罗斯身负重伤而被俘。亚历山大乘胜继续东进，渡过阿塞西尼斯河（今杰纳布河）与希德拉欧提斯河（今拉维河），到达希发西斯河（今比阿斯河），拟向恒河流域推进。但是他的士兵包括一些将领由于多年在国外征战，疲惫不堪，渴望返回故土；加上又得到情报说，东方有比普鲁王国更加强大的摩揭陀王国，他们不愿再冒险继续前进。亚历山大只得下令班师回国。为了巩固已经征服的地区，他在希达斯皮斯河（今杰卢姆河）以西建省统治，由波斯人或马其顿人任总督，印度首领辅助；以东则由归顺的印度土王波罗斯等统治，作为藩属；留下部分马其顿军驻守布色羯逻伐底（今巴基斯坦的白沙瓦以北）、呾叉始罗及其他战略要地。公元前325年，亚历山大率主力分水陆两路撤出印度。

波斯和马其顿的入侵促进了印度与西方世界的接触，开辟了印度与西方交往的陆上通道；斯凯拉克斯统率的波斯海军，尼阿科斯领导的马其顿舰队又进一步沟通了水路航线。这两次的入侵对次大陆西北部的土著部落和大小国家给予了程度不同的打击，为后来孔雀帝国征服这一地区提供了条件。波斯与马其顿采取武力扩张的手段建立帝国，又设置省督统治帝国的做法，对印度也有一定的影响。

孔雀帝国的建立与对外扩张　外族的入侵和统治早已使印度人民不满。公元前326年，一些地区已爆发了起义。亚历山大撤离后，马其顿在印度的统治濒于崩溃。出身并不高贵的旃陀罗笈多（Chandra-gupta）[①]在呾叉始罗的婆罗门侨底利耶（Kautilya）的辅佐下，组织起尚武的印度部落民，势力逐渐强大，大约于公元前324年在印度西北部独立称王，领导了反马其顿的斗争。接着他乘难陀王朝的末帝丹那·难陀的残酷与贪婪，国内民心思变之机，率军东进，攻下摩揭陀的首都华氏城，杀死了丹那·难陀，建立了新的王朝，仍以华氏城为国都。因他属于孔雀氏族，故其王朝称为孔雀王朝（约公元前324—前187年）。到公元前317年，他驱逐希腊马其顿驻军，占领旁遮普和信德，统一了整个次大陆北部地区。他所开创的帝国就称为孔雀帝国。

[①] 关于旃陀罗笈多的出身问题，说法很多。耆那教文献说他母亲是驯养孔雀的村长之女；《毗湿奴往世书》则称其母为首陀罗妇女，父为难陀王；佛教《大史》称其是孔雀氏族刹帝利后裔，其父早死，家贫而由牧猎人抚养成人；印度史学家罗米拉·塔帕尔称他是吠舍种姓。

这时期马其顿侵略者不甘心失败，公元前305年亚历山大部将塞琉古建立的王国进军印度，企图恢复旧日的征服地。战争的经过情况不详，结果是塞琉古把相当今天的阿富汗和俾路支斯坦一带的大片土地割让给孔雀帝国，双方还缔结了姻盟，塞琉古派使节驻在华氏城。孔雀帝国的西北边防得到了巩固。旃陀罗笈多又曾向南印度扩展，势力可能一度达到迈索尔。他死于约公元前300年。他的儿子宾头沙罗（Bindusāra）继位。宾头沙罗平息了因饥荒引起的闹事①。据传他曾向德干进军，巩固了帝国对迈索尔的统治。佛教故事说他杀死了十六座都城的君主取得了他们的领土，因此，号称"歼敌者"（Amitraghata）。但具体情况不明。在他统治期间，他曾处理了呾叉始罗爆发的起义。只有东海岸的羯陵伽（在今奥里萨）还抱敌对态度。他于公元前273年去世。帝国的最后扩张是在他的儿子阿育王统治时期（约公元前273—前236年）。约公元前262年阿育王发动了对羯陵伽的战争。羯陵伽是去南印度的水、陆二路必经之地，经济上比较富裕，军事上也很强大，阿育王费了很大的气力才征服了它。在这次战争中，"15万人被放逐，10万人被杀，好几倍的人失踪了"②，鉴于与羯陵伽的战争伤亡惨重，阿育王决定不再用兵。与半岛极南部的朱罗人、潘迪亚人等建立了友好的关系。至此，经过三代君主的努力，一个版图包括东起阿萨姆西界，西达兴都库什山，北自喜马拉雅山南麓，南抵迈索尔的庞大帝国终于建成。在古代印度史上这是一个空前的大帝国，它在当时世界上也是有影响的。

　　传统说法认为罽宾也包括在帝国范围内。尼泊尔贵族曾与阿育王联姻，受孔雀帝国约束。锡兰传说阿育王派王子到那里传播佛教。藏文资料认为于阗王国是中印两国政治流亡者共同建成，阿育王还曾访问过这

---

① S.恰托帕特阿亚：《由频毗沙罗到阿育王》，1977年版，转引自《印度历史杂志》60周年专号，第402页。
② 阿育王第13号岩谕。

一地区。我国云南古代传说提到阿育王曾派人到滇地宣扬佛教。所有这些都没有确凿的史料证实,不过,它可以从侧面反映出阿育王和孔雀帝国影响的深远。在阿育王的铭文诏谕中还提到叙利亚的安提奥卡斯·提奥斯,埃及的托勒密·菲拉德尔弗斯,马其顿的安提戈努斯·戈纳图斯,施勒尼的麦伽斯和伊庇鲁斯的亚历山大等同时代的国王,并与他们互派使节,向他们赠送医药。可见孔雀帝国在当时享有一定的国际声望,这在印度史上也是少有的。

第二节 孔雀帝国的政治统治

孔雀王朝的行政 旃陀罗笈多不仅是征服者,而且很有行政才能。他和憍底利耶一道建立了一套官僚机构和一支庞大的常备军,奠定了帝国的统治基础。到阿育王时代,这些行政机构得到进一步的充实①,形成了统一的专制体制。在这个帝国里,国王享有极其广泛的权力,包括政治、军事、立法、司法等各方面的大权。因此,国王是很繁忙的,据塞琉古王国使臣麦伽斯梯尼(Megasthenes)称,他在更衣或盥洗时,也得处理政务,接见使臣,听取诉讼。在国王之下,有作为咨询机构的大臣会议。高级官员(tirthas)据憍底利耶的《政事论》②记载有18个,其中主要的是曼特林(宰相)、普罗希塔(国师)、尤瓦拉贾(王储)、森纳帕蒂(元帅),萨摩哈塔(税务长)与森尼达塔(司库)。此外,还有各部门的总监。管理日常事务的官员,据希腊作家斯特拉波记载,可分为三类:第一类是地方官员,有经管丈量土地、监管水闸与分配灌溉用水,督促农事的;有管理猎户的;有负责税收的;有管理道路修筑、路标设置的;还有监管与土地有关行业的,如樵夫、木匠、铁匠、矿工等的官员。第二类是城市官员,按主管的事务分为6组,每组

---

① S.恰托帕特阿亚在其《由频毗沙罗到阿育王》一书中认为宾头沙罗开始划分帝国为若干行政单位,并任命王子负责而由摩诃摩特罗辅助。他对帝国统治机构的建立也有贡献。

② 该书在公元3至4世纪时曾由后人增改,但基本内容仍保存不变。可参阅罗米拉·塔帕尔:《阿育王与孔雀王朝的衰落》,1961年牛津版,附录1。

5人。分组管理的事务是：手工业；外宾福利；生死登记；市场交易及度量衡；产品检查分类；征收商品什一税；以及其他公益事项。第三类是军事官员，按兵种不同也分为6组，每组5人。分别主管海军舰队，后勤辎重、步兵、骑兵、战车兵与战象兵。

帝国的行政区划是省、县、村三级。村为基层行政单位。村有村长，由村里的长老中选任，大村还有会计与书吏协助。他们负责登记人、畜、田亩、税收，以及修建桥梁、道路，维护村社秩序等。他们可以得到减免纳税的待遇，有的可以享有国王赐地的税收作为俸禄。村的组织在印度历代都很少变动。县有县长（Prādeśika），下有拉朱卡与尤克塔协助。前者管收税与司法，后者为秘书、会计。帝国的省除中央京都地区外，分为4省，从阿育王诏谕中得知4个省城，即北部省的呾叉始罗、西部的乌贾因、东部的托萨利和南部的苏瓦尔纳吉里①。靠近京都的中部与东部省份由国王直辖，其他省份则由王子或王室成员任总督，享有罗阇（王）的称号。他们也分别有供咨询的官员会议与负有专职的官员协助。这些地方长官因距中央较远，当时交通又不方便，往往有着广泛而独立的权力。为了牵制他们的权力，总督属下的官员可以有权直接向国王呈报政事，接受国王指示；另一方面中央定期派遣官员巡察地方。同样，总督在其辖区内也派官员定期巡视，以加强对各级官员的控制。另外，国王还设有大批密探对各类各级官员进行侦查和监督。但在帝国境内或边界上那些还保持原有组织的部落，则处在半独立的地位，与帝国的关系是松散的。据麦伽斯梯尼称"印度的部落一共有118个"②。

帝国的司法有中央与地方两级法庭，一般由行政官兼理。重大案件由国王亲自审理。民间小的纠纷由村长或长老解决，城市则由行会调处。这时已有了法典，是婆罗门根据吠陀经典、传承论述和古代习惯编

---

① 罗米拉·塔帕尔：《阿育王与孔雀王朝的衰落》，1961年牛津版，第100页。
② 阿里安：《印度志》Ⅶ.1。

成的，不是国家颁布的；内容大都只涉及宗教伦理，纯法律的部分很少。刑法惩处有罚款、断肢与死刑等。

专制帝国的统治就建立在这一庞大的官僚机构和一支拥有60万步兵、3万骑兵、9000象军，另外还有8000战车的军队基础之上，它们需要耗费国家巨额开支才能运转，据有的史家估计，这笔开支通常要占全国总收入的1/4，高时达到1/2①。此外，王室的生活费用高得惊人。这就加重了人民的负担，引起了他们对专制统治的不满，再加上新旧教派在意识形态方面的冲突也迫使国王不得不实施新的政策。

阿育王的"达摩"（Dharma）政策　正是在这一背景下，阿育王提出了他的"达摩"政策。所谓"达摩"就是宗教伦理规范。阿育王即位初期，对外采用武力扩张；对内制造人间地狱，残害臣民。但羯陵伽战争的残酷和军队的重大伤亡的影响，以及为缓和国内日益尖锐的阶级矛盾，他深感改变政策的必要，转而用德行感化代替刀箭征服，于是提出了这一新的"达摩"政策。他把说明"达摩"的诏谕刻写在岩壁或石柱上。现已发现有14种岩刻敕令、7种石柱铭文敕令，还有小岩刻敕令、洞窟铭文等。从这些铭文材料中可以看到所谓"达摩"的具体内容就是要服从父母、尊敬师长、对亲友和好，对婆罗门和沙门慷慨、对奴仆和穷人温和，对病残老弱体恤；要克制一切残暴行为，限制杀生；应当尊重一切教派，不要不适当地赞扬自己的教派而贬低别人的教派；要公正对待犯有罪过的人等等。其基本的原则就是宽容和非暴力，其目的也只是防止矛盾激化，调和矛盾以维护帝国的统治。

阿育王除了在人烟稠密的地方，如重要的商道、宗教中心和聚居区建立石刻诏谕广为宣传"达摩"外，还派遣主管宗教的达摩大臣到各地（包括部落地区在内）、特别是帝国西部与西北边界臣民中，贯彻执行"达摩"的要求。他本人也身体力行，如停止军事征伐，禁止狩猎、斗

---

① S.沃尔伯特：《印度新历史》，1982年牛津版，第58页。

兽与宰杀牲畜,同时主办慈善事业和公共福利事业,如沿公路植树、挖井,以便利商旅;建医院和兽医院,种药草以治疗人畜;建寺院,救济贫苦老弱等。"达摩"虽然受佛教的影响,但并不等同于佛法;阿育王虽然笃信佛教,但除了小部分有关佛教的铭文外,大多数诏谕中都没有提到佛教,只是强调对一切教派(包括婆罗门教)都要一视同仁。

当然,阿育王毕竟是一位佛教徒,当时佛教势力很盛,要维护帝国的统治,这是一股不可忽视的力量。因此,阿育王支持佛教徒在华氏城召开第三次结集大会(约公元前253年),并发布诏令反对佛教分裂,将制造分裂的僧尼穿上白衣加以隔离;还向次大陆各地、希腊化国家、锡兰、黄金地(缅甸、苏门答腊等地)派出传教士宣传"达摩"、弘扬佛法。

尽管阿育王大力宣扬达摩政策,装出一副慈善面容,在铭文中自称"众神的宠爱者","所有臣民都是我的子女",但并没有放弃暴力手段。他的宽容也是有限度的。如他对佛教中的异端分子毫不宽容,继续保持军队、监狱、死刑等暴力手段,并在铭文中提道:"众神的宠爱者安抚帝国的森林部落,但告诫他们,要他们改恶从善,否则他虽有忏悔,却仍有力量将他们处死。"[①] 这些都表明非暴力并不是目的,目的只是巩固帝国的统治。阿育王的"达摩"政策与倡办社会慈善事业对印度社会确曾起了一定的积极作用,并对以后的统治者有着深远的影响,但并未能触动社会的根本矛盾。剥削压榨依然如故,教派冲突继续存在。如他的诏谕中就反映了官吏的专横导致了人民的不满,呾叉始罗再度起事。同时,邻邦也没有受到"达摩"与佛法的感化,阿育王死后不久,大夏希腊人就侵占了次大陆的西北部。"达摩"政策并没有达到原有的目的。

第三节 孔雀帝国的社会经济

农业、手工业与商业的发展 政治的统一与稳定使帝国的社会经济

---

① 罗米拉·塔帕尔:《阿育王与孔雀王朝的衰落》,1961年牛津版,第256页。

得以全面的发展。农业在印度的社会经济中占有重要的地位,居民中人数最多的是农民。《政事论》提到帝国政府曾组织移民开荒,建立首陀罗农民村。羯陵伽战役中俘虏的 15 万人也大概就是如此安置的。这样,农业人口大为增加。同时,政府很重视水利灌溉,各地开掘了沟渠、水井和池塘,又鼓励农村修建水利,注意防止旱涝、虫害等自然灾害;加之,恒河流域土壤肥沃,一年可以两熟,因此,农产品的产量也大量增加,农业税收成了帝国岁入的主要来源。当时国王向农民征收称为巴伽(Bhaga)的地租,一般为收成的 1/6,有的高达 1/4,也有低到 1/8 的。农民还需缴纳称为巴利(Bali)的贡纳,经营果园的农民需缴纳称为卡拉(Kara)的税收,非常时期还另有捐税[①],并要为过路的军队提供给养。

畜牧业也得到长足的发展。牧人们用牲畜或畜产品纳贡,为帝国提供耕畜和供运输用的牛、驴等。战马和战象由专人牧养。

手工业方面,鸯伽、迦尸、羯陵伽等都是以棉纺织品著称的地区。农具和兵器的需求刺激了采矿与金属加工业的发展。交通运输的发展则使造船、造车业成为重要行业。在农村,手工业包括纺织业、铁工、陶工、木工等等,形成与农业相结合的自然经济实体。在城市,手工业主要是为满足统治者的奢侈消费服务。王室经营的手工业包括采矿、兵器制造、造船、铸币与制盐,私人不能经营;还有王家纺织作坊、金器制作等。这些作坊的工匠都有工资报酬。私人手工业有个体经营者,但更多的是组成行会,因为集体经营既可以节省开支,权益又能得到保障。此外,行会的组成也便于国家征税和管理。同一行业者多聚居于城市的特定地区,或在原料产地附近,成为专业村如木工村、陶匠村等。同业的集中居住与手艺世代继承,使行会得到巩固。当时工匠大概占城市人口的主要部分,他们的手工产品要纳税,税款为货价的 1/5。

---

① 关于巴伽与巴利的区别以及征收的税率问题,各家说法很多,征收的多少可能因时因地而有不同。

由于社会生产的发展与交通运输的改进，内陆贸易和海外贸易更为发达。帝国境内修筑的道路四通八达，以华氏城为中心，往西到呾叉始罗，或经乌贾因到西海岸的跋禄羯呫婆（今布罗奇），往东到恒河口耽摩栗底（今塔姆卢克），再由海路通南印度。华氏城至呾叉始罗是通往西北印度的主要干道，一直沿用至今。布罗奇与塔姆卢克为重要港口，这是印度与西亚、两河流域和叙利亚、埃及、锡兰、缅甸等地交往的口岸。印度与中国的交往源远流长，但对其开始的时间与路线却有不同的看法，一般认为两国在公元前2世纪前已通过中亚有了接触，也有的认为，或经过阿萨姆与缅甸，或由印度耽摩栗底通往缅甸海岸，再与中国交往。商业贸易主要是为上层服务。国内流通的商品，是王公贵族需要的贵重的纺织品、宝石、装饰品和香料等；出口商品主要为香料、珍珠宝石、檀木、象牙、棉布、丝线、细布等，以换回亚麻布、金、银、干果及其他奢侈品。农村除食盐等少数必需品外，与城市没有什么商业往来。城市商业与手工业一样，都是在市政官的严格监督下进行。有的商品由国家垄断专利，如矿产品、盐、酒等。王室作坊产品除由国家自行销售外，有的也交给私商经营。纳税的商品都打上印记，商税一般为货价的1/10，但根据商品的贵贱、种类的不同也有变化，从1/5到1/25不等，它是国家的重要收入之一。当时通行的货币是金币尼什卡（Nishka）、银币普罗纳、铜币卡尔沙帕纳和小铜币卡卡尼。金银借贷业也随之出现，利率一般为年利的15%，有的高达60%。长途贩运或海外贸易利润优厚，又带有很大的冒险，因此借款利率较高。商人也组成行会，经管国内、国外商业活动，首领称为塞提（Setthis）。他们不仅在经济上财力雄厚，在政治上通过行会也能左右市政。这些人属于吠舍种姓，在宗教信仰上多为佛教徒或耆那教徒。

土地制度 有关这一时期的土地制度的说法很多，并都有文献资料印证。但次大陆各个地区经济的发展是不平衡的，因而不是一种单一的土地制度。在比较落后的边远地区，还保存着氏族部落公社，土地属公社。较进步的地区，原始公社已开始向农村公社过渡，由定期分配土地到不再重新分配，土地虽属公社所有，但公社成员对分得的份地已在法律上取得了占有权，不许别人侵占。不过，水源、牧场、林地等仍属公社共有；公社成员还参加集体劳动，如修桥筑路，修理池塘渠道等。在一些经济发达、社会分化比较剧烈的地区，则已开始出现私人土地所有制。土地已能买卖，尽管还有些限制。如《政事论》（第三卷第九章）提到购买土地的优先权，首先是亲属，其次是邻人，再次是债主；非法占有土地要受重罚，保障私人土地所有者的权利。《摩奴法论》（第九章第四十四颂）提到田地属于开垦者，《乔达摩法经》则称"人通过继承、购买、分配、占领或发现成为所有者"。舍卫城长者须达多从居萨罗国太子处买了一座园林，供释迦牟尼作为传教活动的场所。所有这些都是反映土地私有制存在的资料和例证。随着土地的私有与买卖，私人大农庄也出现了，如《佛本生经》中提到一个婆罗门的农庄有田地1000迦利沙（1迦利沙约相当1英亩），《增一阿含经》提到一个婆罗门有999头耕牛田作，《杂阿含经》提到"有500具犁耕田"，这些数字显然夸大了，但却反映出大土地私有者的存在。他们直接经营农庄，由奴隶和雇工耕种。在大土地私有者中，国王当然是最大的土地私有者。《政事论》（第二卷第二十四章）中提到的王室土地就是国王私人所有的土地，它由农业监督人经管，使用奴隶、雇工和罪犯耕种，收入归王室。同时，国王也可将自己的田产赐予僧俗贵族。另外，国王作为国家的首脑，随着王权的增长，又成为全国土地的主人。《摩奴法论》（第八章第三十九颂）中"国王有权分得古代埋藏物和地下金属矿的一部分"[①]，即有权享受土地的产物，因为他作为大地的主人保护了它们。但这里的"享有"与"所有"，在婆罗门的法律上用词是不同的，前者是bhaga，后者是svam。前者只能享有其产物，不是所有者；后者才能够随意处理。

---

① 此应作为"一半"，见蒋忠新译：《摩奴法论》，中国社会科学出版社1986年版，第140页注①。

也就是说国王只是全国土地的享有者，不是所有者。因此，国王毗首羯磨·保瓦纳曾因把土地看成是他的私产而备受指责①。但在当时条件下，"所有"与"享有"也很难区分。麦伽斯梯尼就认为"全国土地皆属王有"。不过，国王以国有土地赐予臣民，只是指得到所赐土地的赋税，而不是所有权，因此就不得转让、出卖或抵押。移民开垦的国有荒地，耕者只要能纳税就可以终生使用土地，但也不是所有权的取得。

奴隶制度②　帝国时期印度的奴隶制度有了较大发展。但麦伽斯梯尼却称，"所有印度人都是自由的，没有一个人是奴隶"。斯特拉波根据他的说法，也称印度人没有使用奴隶。然而，印度法律和政治文献中都承认有奴隶制的存在。阿育王铭文中也明确区分奴隶与雇工。就是希腊人的资料也记载说，频头娑罗曾托塞琉古王国国王代购美酒、干无花果和一个诡辩家，显然，这个诡辩家是被当作奴隶来买卖的。因此，麦伽斯梯尼可能是用希腊人对奴隶的看法来看印度，不知道印度的达萨（dasa）能有自己的财产，又能为自己赚钱，虽然不自由，却不像希腊奴隶那样毫无社会地位，印度社会最低下的是贱民而不是奴隶。麦伽斯梯尼的错误可能就在这里。

阿育王的诏令《政事论》和《佛本生经》都提到要善待奴隶和仆人，允许奴隶有自己挣来的钱，能继承父产，也能遗留给自己的亲人。女奴与奴隶主结合生子，则母子立即得到自由。尽管如此，奴隶的生活仍是很痛苦的，既要忍受打骂、监禁、挨烙印的虐待，而且被奴隶主当作私有财产买卖、抵押、赠送和出租，甚至被奴隶主随意杀死。在这些方面，印度的情况与其他地区基本上是相同的。印度奴隶受残酷虐待的事例在《佛本生经》中是有反映的。奴隶不堪奴役，往往逃亡或叛乱，进行反抗。

随着社会经济的发展，奴隶劳动的使用增多了，特别是在生产方

---

① 罗米拉·塔帕尔：《阿育王与孔雀王朝的衰落》，1961年牛津版，第64页。
② 有关孔雀帝国的社会性质问题，见本节附录。

面。如农业生产中，国王王庄的劳动者主要是奴隶和罪奴，其次是雇工；私人的大农庄也由奴仆和雇工耕种。畜牧业使用奴隶。手工业生产中，国王的手工业作坊也同样使用奴隶，还有大量的奴隶被用来从事采矿、水利灌溉和建筑工程。家庭奴隶的使用也比以前更为广泛，有的直接或间接与生产有关，如酿酒、捣米、去谷壳、推磨等是与生产直接有关的；打水、劈柴、做饭、给田间耕作的主人送饭等则是为生产服务的。有的属于非生产性，纯系侍候奴隶主生活和享乐的，这些大都是女奴。如侍从、宫女、看守、乳媪、按摩者、奏乐者、歌伎、舞女等。在军队中也使用奴隶作战。

这时期奴隶的人数、来源也增多了。巴利文佛经中有提到万以上以至10万的奴隶，有的地区还有奴隶村的设置。佛经、法典、政论文献中都提到奴隶，德国历史学家卢本以《佛本生经》的故事作统计，提到奴隶的故事就占总数的13％，可见奴隶的数目是相当可观的。奴隶来源据《摩奴法论》提到的有："旗下俘获的、食奴、家生的、买得的、受赠的、祖传的和服刑奴。"[①] 羯陵伽战斗中俘获的15万战俘虽未全部作为奴隶，但有相当一部分成了奴隶。食奴是指为了衣食而为人服役的家奴。买卖奴隶的价格随其健康状况与技艺水平而有不同。

在奴隶制的影响下，妇女的状况也恶化了，对她们的行动自由有了很多的限制，所谓深闺幽居的制度已开始流行。萨蒂的习俗在印度西北部的一些地方已经实施。妇女的贞节受到很大的重视，寡妇再嫁与离婚开始被禁止。但一些高贵阶层的妇女仍享有受教育与参加社会、宗教活动的权利。同时，妓女也受到保护，但她们是要纳税的。她们被当作增加国家收入的一种工具。

种姓制的变化 这时期的种姓制也有进一步的变化和发展。古代印度种姓制有两个基本的特征，即种姓职业世袭化和种姓内婚制，其主要

[①] 蒋忠新译：《摩奴法论》（Ⅶ，415），中国社会科学出版社1986年版，第173页。

目的都在于维护种姓制度，特别是保障高级种姓的利益。但是，由于社会经济的发展，各个种姓都有了分化，打破了种姓的世袭职业，种姓的职业混杂现象增多了。一些高级种姓的人从事了低级种姓的职业。低级种姓的人也有从事高级种姓职业的。这种现象在列国时代已经出现。婆罗门僧侣无法改变这种状况，只有在编定的法典中严格重申各种姓的职业规定。他们又从有利于维护和扩大高级种姓的权利出发，提出了一个新的规定，即高级种姓的人为了谋生可以从事低级种姓的职业，承认了现实状况；但严禁低级种姓的人从事高级种姓的职业，规定"对于因贪而以贵业为生的贱种，国王应该没收其财产并立即把他放逐"①。法典还规定了防止高级种姓沦为奴隶的办法，如在偿还债务，支付罚款等方面，种姓较高的人可以放宽期限。《政事论》还规定出卖或抵押高级种姓的人要受重罚，特别要使雅利安人不致沦为奴隶。而对低级种姓法典则规定"首陀罗即使已经被主人解放，也解脱不了奴隶身份；因为，它生来属于他；谁能把它从他身上除掉？"②婆罗门僧侣立法者力图使种姓制永恒不变的用心显然可见。与此同时，由于工商业的发展，城市的扩大，人口的流动与杂居，与外国人的交往等，婚姻关系的混杂必然产生。因此种姓内婚制也受到冲击。婆罗门僧侣立法者为了巩固种姓内婚制，禁止乱婚，费尽了心机。他们声称同种姓的夫妇所生子女是纯血统，正如生长在良田的良种必定丰产。再生人与种姓低一等的妻子所生儿子是准血统的，因为他们带有母亲方面的缺点。他们极力从血统方面说明杂婚的危害，宣扬血统不纯的人卑俗、粗鲁、残忍③，并威胁说："让首陀罗女子上了床，婆罗门就下地狱；跟她生一个儿子，他就丧失婆罗门种姓"④。然而，这仍不能制止乱婚。于是他们提出了所谓"顺

---

① 蒋忠新译：《摩奴法论》（Ⅹ，96），中国社会科学出版社1986年版，第212页。
② 蒋忠新译：《摩奴法论》（Ⅷ，414），中国社会科学出版社1986年版，第173页。
③ 蒋忠新译：《摩奴法论》（Ⅹ，5，69；6，58），中国社会科学出版社1986年版，第202、209页。
④ 蒋忠新译：《摩奴法论》（Ⅱ，17），中国社会科学出版社1986年版，第41页。

婚"与"逆婚"的问题。顺婚是指高级种姓的男子娶低级种姓的女子，逆婚则是低级种姓的男子娶高级种姓的女子。法律只允许顺婚，而禁止逆婚，以满足高级种姓男子的肉欲。对犯逆婚的男子要处以肉刑，女子则严加管束，禁闭在家里①。但是顺婚中，法律仍贯彻种姓区别对待的原则，对不同种姓的妇女所生子女的继承权，按其生母种姓的高低而有继承份额多少的不同。其他如嫁娶方式、结婚仪式等也都依种姓的不同而有差异。

这时期各种姓在法律上的不平等地位规定得十分具体。如借债付息，法律规定婆罗门只付2%，刹帝利3%，吠舍4%，首陀罗5%；如犯侮辱罪，婆罗门辱骂刹帝利罚款50，辱骂吠舍罚25，辱骂首陀罗罚12；而辱骂婆罗门，刹帝利罚100，吠舍罚150，首陀罗则要受肉刑。出身最低贱的人对高级种姓称名字和种姓时，出言不逊，就要用烧红的长10指②铁钉刺嘴。甚至连违反座位规定，也要受重罚：有条文规定"试图与出身高贵者坐同一个座位的出身低贱者，应该在臀部打上烙印，然后驱逐出境；不然就应该把他臀部的肉割掉"③。

种姓制的另一种变化和发展是，随社会劳动分工的进一步发展，从事生产劳动的吠舍和首陀罗中产生了许多从事不同职业的集团。他们代替了吠舍和首陀罗种姓间原有的职业区分，并逐渐演变为新的种姓或亚种姓；即具有职业世袭化又实行内婚制的集团。这种集团和生产的专门化结合起来，有一定的生命力。这种集团称为阇提（jati）（梵语jati意为出生、种，后来葡萄牙人译为Castra，即卡斯特，种姓制因而又称为卡斯特制）。各阇提有自己的规约。《摩奴法论》中就提到经营伐木的阿约弗、鞣皮制革的梯格弗纳、竹匠班杜索巴格等约几十种阇提。立法者认为这些种姓都是由种姓杂婚所产生，这显然是错误的。另外一些落后

---

① 蒋忠新译：《摩奴法论》（Ⅷ，366，365），中国社会科学出版社1986年版，第169页。
② "指"系长度单位。
③ 以上条文均见蒋忠新译：《摩奴法论》，中国社会科学出版社1986年版，第八章第142、258、267、271、281条。

的山区或林区的部落也由于被隔绝而单独形成阇提，如旃陀罗、什弗巴格等，他们的社会地位最低下，最受歧视。《摩奴法论》规定他们必须住在村外，穿死人的衣服，餐具只能用别人遗弃的破盘破钵，夜间不得在村落里和城市里行走，白天要按照国王的命令带着标志出来工作。他们的工作被规定为搬运没有亲人的死尸和充当刽子手，也有记载说是屠夫。他们必须把被处决的犯人的衣服、卧具和饰物拿走；并只能用铁制的饰物，不得和外人交往，婚姻当然也只在自己内部进行。这种贱民制度一直延续到现代。

附录：

孔雀帝国时期的社会经济，是印度奴隶制经济发展最盛的时期，也是最足以说明印度古代社会性质的例子。这是我们的看法。但对这个问题，学者们的争论很多。绝大多数人（包括不承认印度有奴隶制社会者），都认为印度有奴隶和奴隶制。至于社会的性质，印度学者 R.S. 沙尔马对古代印度社会的分期是：部落制社会（大部分在吠陀时期）、吠舍、首陀罗社会（从早期佛教时期到笈多时期）、封建社会。他认为"从佛陀时代到笈多时代，将近一千年来，真正的生产的基础是由被称为吠舍的自由农民所提供的，而由首陀罗奴隶、工匠和其他劳动者作为补充"①。苏联学者 A. 奥西波夫认为，孔雀帝国时期统治阶级存在的基础，一方面是对公社成员的原始封建剥削，另一方面则是对家内奴隶的剥削。奴隶制没有成为占优势的生产方式②。我国学者季羡林认为，"从释迦牟尼和大雄的时代开始，已进入从奴隶社会向封建社会过渡的时期。……到了阿育王时代，印度已完全形成封建社会"③；此外，还有认为古代印度属于"亚细亚社会"的。至于亚细亚社会属什么性质，争论也很

---

① 莫罕昌德编：《古代印度的文化与文献》，1980 年德里版。
② 奥西波夫：《十世纪前印度简史》，李稼年译，生活·读书·新知三联书店 1957 年版，第 41 页。
③ 季羡林：《罗摩衍那初探》，外国文学出版社，1979 年版，第 57 页。

多,这里就不多论述了。前几家不同说法争论的关键,是一个对资料评估的问题,即《政事论》究竟是作者的设想还是对现实的描述?《摩奴法论》有多少反映了当时社会的实际情况?更有甚者,这两篇重要资料何时成书?正是对这些问题的歧见导致了不同的结论。

第四节 孔雀帝国的衰亡

帝国的分裂与衰亡 利用武力扩张建立起来的帝国,靠军事行政组织机构和达摩与宗教精神作工具来巩固,但终究不能把发展水平不一,在经济、政治和文化上保持有很大独立性的各个地区长期捏合在一起。随着阶级矛盾的激化和统治阶级内部斗争的爆发,维系帝国的力量削弱了,因而就解体衰亡。在阿育王统治的末期,传说呾叉始罗人民不堪官吏压制,再度动乱。鸠那罗王子被派去任副王,加以安抚。阿育王诸子间为争夺王位继承权的斗争也很尖锐。鸠那罗遭到陷害,被弄瞎双眼。阿育王死后(公元前232年),帝国即分裂为东、西两部分。西部由鸠那罗及其后代统治。它受到来自西北的大夏希腊人的威胁,到公元前180年时实际上已被外族控制。在南方,德干北部的安度罗人也脱离帝国而独立。东部仍以华氏城为都,由阿育王的孙子十车王及其后代统治。公元前约187年,孔雀王朝的末帝布里哈德罗陀为其将军普什亚密多罗所杀,孔雀帝国也就覆亡了。孔雀王朝大致共有10个国王,统治了137年。

帝国衰亡的原因 关于帝国衰亡的原因,很多学者认为,阿育王的政策不当要负主要责任。因为他崇信佛教,造成了婆罗门教徒的不满。从上述历史事实中,我们可以看到阿育王虽然虔信佛教,但对婆罗门教及其他宗教也是很宽容的,在他的后代中也没有对婆罗门迫害的事情,最后一个国王还任命一位婆罗门出身的人为将军。因此,这一论点是不对的。也有人认为,他的非暴力政策削弱了帝国的军事力量,因而不能控制地方割据势力与抵御外来侵略，维持帝国的独立与完整。非暴力政策的确对军队的士气有影响，但正如上文提到的，阿育王并未完全放弃暴力，削减和取消军队，废止死刑等，可见这也不是帝国衰亡的主要原因。

印度著名史学家高善必认为，财政枯竭是帝国衰亡的主要原因。要维持帝国庞大的军队，密探，大小行政官员总计100万以上的人员，费用一般要占全国岁入的1/4，有时高达1/2，再加上国王的慈善事业和施舍，国王豪华生活的开支等，这些都加重了国家财政的负担，因而不得不发行劣质货币来弥补亏空（帝国后期压印银币含银量减少，可以说明问题）。这就造成经济生活的困难，致使帝国衰亡。但有的历史学家则认为，这时期国家经济生活还是繁荣的，没有枯竭现象，因此，也不能认为财政问题是其衰亡的主要原因。

另一著名印度史学家罗米拉·塔帕尔指出，臃肿的上层行政机构，权力过度集中在少数人的手中，缺乏国家和民族的意识，应是孔雀帝国衰亡的主要原因①。但在当时的历史条件下，各地经济与文化差别很大，连语言都不能互相沟通，当然谈不上有现代的民族和国家意识。这一点是不应苛求于古人的。当然，在这种制度下，当权者既软弱无能又互相争斗，对国家的兴亡是有着重大的影响的。阿育王的继承者可能就都是一些平庸之辈。

最后，也有学者认为，以农立国的孔雀王朝，在政治中心地区（主要是指摩揭陀地区恒河流域中下游一带）大规模开发土地，砍伐森林，破坏生态平衡，影响了农业生产，使帝国的经济基础削弱，促使孔雀王朝的解体和衰亡。

确实，孔雀帝国衰亡的原因是很多的。以上各家说法除个别不恰当的已经指出外，都在不同程度上起着作用。但主要原因应当说有二：一

---

① R.塔帕尔：《阿育王与孔雀王朝的衰落》，1982年牛津版，第212页。

是缺乏统一的经济基础。村社自给自足的自然经济，加上地理条件的阻隔是易于导致政治上分裂的。维系统一的军事行政力量一削弱，帝国就会解体。二是阶级矛盾和统治阶级内部矛盾的尖锐化，表现为起义、叛乱、政变、教派冲突等，这些都削弱军事行政的统一作用。帝国分裂，外族乘机入侵，孔雀帝国就这样衰亡了。

本章主要参考书

［1］R. C. 马宗达等：《高级印度史》，张澍霖等译，商务印书馆1986年版，第一篇第七章。

［2］L. P. 沙马尔编：《印度古代史》，1981年新德里版，第九章。

［3］R. 塔帕尔：《阿育王与孔雀王朝的衰落》，1961年牛津版。

第五章　孔雀帝国瓦解后的印度与奴隶制的解体
（公元前187—约320年）

随着孔雀王朝的崩溃，印度又陷入分裂。北印度孔雀王朝的后继者日趋衰落，南印度则出现了一些新的国家和王朝，彼此争斗不息。外族乘机从西北方不断入侵，大月氏人一度统治了次大陆北部的大部分地区，建立起贵霜帝国，其国土是东西商路必经之地，国际贸易得以较快的增长，特别是与罗马、中国的交往和文化的交流日趋兴盛。从孔雀帝国瓦解直到公元3世纪贵霜帝国分裂，由于旧政治体系崩溃和外来势力冲击的影响，印度的社会经济逐渐演变，奴隶制经济随着奴隶制帝国的瓦解而衰落，到公元4世纪初便为封建制所取代。与此同时笈多王朝兴起，恢复了统一。这一时期的历史在政治、经济、文化各方面都是极其错综复杂的，它是印度历史上的一个关键时期。

第一节　孔雀帝国的后继者

孔雀帝国解体后，北印度有巽伽王朝、甘华王朝依次更替；南印度则有原为帝国藩属而后独立的羯陵伽和安度罗，还有泰米尔地方的三国。现分述于下：

巽伽王朝　普什亚密多罗（Pushyamitra）推翻孔雀王朝后建立了巽伽王朝（Sungas，公元前187—前75年），并将统治中心移至毗迪萨（即今贝斯纳加尔）。他属于卑贱的婆罗门家族，来自西印度的乌贾因地区。佛教史料说他即位后大肆迫害佛教徒，杀死了大批僧侣，并破坏寺塔与佛教圣地，特别是阿育王建立的佛塔。但根据考古材料，这时的佛教寺塔还曾修补更新，显然这一说法是带有教派色彩的夸大。不过，他对正统的婆罗门教是虔诚的，曾举行过两次马祭。因孔雀帝国在南方的领地已独立，巽伽王朝只保有纳尔马达河以北的地区，即整个恒河流域，以及旁遮普的一部分。

巽伽王朝初期曾与德干北部的贝拉尔王国作战，使后者臣服；它抵制了来自西北方的希腊人的侵犯；在东南方可能还和羯陵伽国王进行过战斗。但随后的100年中，国势日趋衰落，领土削减到只剩下摩揭陀一隅之地，国王也成为婆罗门大臣手中的傀儡。到约公元前75年，巽伽王朝的末王为其大臣婆苏提婆（Vāsudeva）指使的女奴杀死，婆苏提婆取得王位，建立甘华王朝（Kanvas）。巽伽王朝共有十个国王，统治112年。

甘华王朝　该王朝历时短促，只存在了45年，共有四个国王，领地只有摩揭陀，统治也不稳定。到公元前30年，它就被南印度的安度罗所灭。安度罗衰落后，这里又分为许多小国。它们的历史，因遗留下的史料甚少，难以论述。

羯陵伽王国　在阿育王死后不久，羯陵伽就摆脱了孔雀王朝的羁绊，宣告独立。到公元前1世纪便建立了强大的车底王朝，其著名的国王为卡罗毗拉（Kharavela）。根据奥里萨的乌达亚吉里山哈蒂贡法洞窟破损的铭文资料，我们知道他统治初期13年的历史。他是这一王朝的第三代国王，24岁时（约公元前24年）即位，是一个虔诚的耆那教徒。但尽管耆那教有不杀生的戒律，他还是采用武力扩张的政策；北边击败了摩揭陀，占领了王舍城；又曾击退来自西北方的希腊人；后来又攻打南方的潘迪亚王国，大肆掳掠而北返。在他死后，羯陵伽可能分为许多小的公国，然后又很快都被消灭了。

安度罗王国　与羯陵伽复兴的同时，在德干西北部孔雀帝国的废墟上兴起了萨塔瓦哈纳①王朝，又称为安度罗王朝（Andhras）。前者是家族名，后者则是部落名。有人认为安度罗本是印度东海岸戈达瓦里河和克里希纳河口三角洲的名称，萨塔瓦哈纳王朝最初发源于这里，因而就名为安度罗。他们向西迁移，到孔雀帝国解体时才在西部建立统治。但另一说则正相反，认为他们本来就在德干西部（在那里发现的他们早期的铭文材料可资证明），后来扩展到东部沿海，因而东海岸地区才有了安度罗的名称。看来后一说较为可信。

阿育王的铭文中曾提到安度罗人。《往世书》提到，巽伽王朝在德干遗留的势力就是被安度罗王朝的创始人辛穆卡（Simuka）摧毁的。辛穆卡灭亡了甘华王朝，占领了中印度的一部分，到他侄儿萨塔卡尼一世（Satakarni Ⅰ）即位时，势力更加强大。向北征服了马尔瓦西部与贝拉尔，向南扩展到戈达瓦里河，并自号"南方之主"，定都于普拉蒂什塔纳（今德干西北部的拜坦）。但在他死后，塞种人侵占了马尔瓦，逐渐将安度罗人赶出了德干西部，直到乔达米普特拉·沙塔伽尼（Gautamiputra Satakarni，公元106—130年）才恢复了西部的领地。乔达米普特拉·沙塔伽尼和他的儿子瓦西什提普特拉在公元2世纪前半叶摧毁了塞种人的力量，势力范围北到马尔瓦与索拉什特拉，东到贝拉尔，西抵孔坎，南达克里希纳河。南方各国君主都归附称臣，使安罗王朝达到极盛，成为南印度的重要大国，在相当长的时期内保护了南印度免于塞种人等外族的侵扰。到公元2世纪中叶，塞种人在鲁陀罗达曼统

---

① 梵文 Sātavāhana（萨塔瓦哈纳）意为七丘，指毗湿奴用以驾战车的七匹骏马，每匹又代表一周中的一天，这词的采用，表明达罗毗荼族的安度罗人的雅利安化。

治下恢复了活力，曾与安度罗王朝结成姻盟以图缓和他们之间的矛盾。但战斗继续发生，鲁陀罗达曼曾两次击败安度罗的国王，夺取了索拉什特拉、马尔瓦等大片土地。安度罗遂向东南方发展，到公元2世纪末，安度罗王朝只保有西海岸的卡提阿瓦，东南方到克里希纳河的三角洲和马德拉斯的北部地区。到公元8世纪时，其势力逐渐衰落，随后分裂为德干西北部的阿比拉人、贝拉尔的伐卡塔卡人和建志的帕拉瓦人等小的王国。

泰米尔地方的三国　在印度极南部，泰米尔地方由部落到王国的发展过程经历了好几个世纪。阿育王铭文中曾提到南印度的泰米尔王国。写作于公元初几个世纪的泰米尔文学作品"桑伽姆文学"，也是研究泰米尔王国的重要资料。这些资料反映的国家主要是朱罗（现今坦焦尔和特里奇诺波利等县及毗邻地区），潘迪亚（马杜赖和丁内韦利等县及南特拉凡哥尔的一部分）和鸡罗（马拉巴尔、科钦与北特拉凡哥尔）。在这些国家内，国王最初只是军事首领，村社与地区均有议事会，处理地方事务。据传这些国家彼此不断进行战争。在《摩诃婆罗多》中曾提到这三个王国都参加了"俱卢之野"的战斗。到公元前2世纪中叶，朱罗国王埃拉拉（Elara）征服锡兰，有表明他具有正义感的一些轶事流传于后世。在鸡罗诸王中，据称有一名叫内敦杰拉尔·阿丹（Nedun Jeral Adan）的英雄人物，远征曾抵达喜马拉雅山，还说他曾击败一支罗马舰队，并索取了赎金，这显然是诗人的奇想，所谓舰队可能只是商船队。潘迪亚国以商业和学术著称。公元前1世纪，潘迪亚有一位使节去晋见了罗马皇帝奥古斯都。在公元1至4世纪期间，三国中朱罗诸王势力最强大，其中格里加拉（Karikala，公元2世纪后期）曾击败潘迪亚、鸡罗及其他部落首领的联军，控制了半岛南端的东西两侧海岸。这便利了水路和陆路商业的发展，特别是扩大了与罗马的海外贸易，因而有助于结束南印度的孤立状态。

第二节　外族对次大陆西北部的入侵与统治

大夏希腊人的入侵　南亚次大陆政治上的四分五裂给外族的入侵以可乘之机。从公元前3世纪末起，塞琉古王国的安条克三世曾越过兴都库什山，打败印度统治者，取得战象与其他战利品后退军。随后，由塞琉古王国分裂出的大夏王国显示了极大的活力。大夏王国主要是希腊移民建立的。公元前2世纪初，他们在国王德米特里（Demetrius）统率下，征服了阿富汗、旁遮普和信德的大部分地区，向东推进到华氏城边境。但由于留守后方的将领幼克拉蒂德斯（Eukratides）自称为王（约公元前175年），并夺取杰卢姆河以西的土地，希腊军东进的势头才削弱，被巽伽王朝的普什亚密多罗抵挡住。

入居印度西北部的希腊人渐与印度人混杂，而被称为印度—希腊人。在众多的印度—希腊诸王中，以米南德王（Menander）比较著称。他是德米特里的后裔，是一位很孚众望的国王，在位期间为公元前155—前130年，领土包括斯瓦特河流域、哈扎拉县和远至拉维河的旁遮普地区。他的军队还推进到了比阿斯河以东地方，并企图征服恒河流域而未果。他的都城奢羯罗（今锡亚尔科特）是一座建筑精美、城防坚固、商业兴盛的城市。佛教著作《弥兰陀问经》记述了印度同中国、希腊化国家、锡兰和东南亚地区交往的情况。

印度—希腊诸王的历史主要依靠他们发行的钱币提供资料，我们了解得不多。到公元1世纪时在旁遮普和边境上就没有再发现印度—希腊人统治的痕迹，他们的地位为塞种人、安息人所取代。

塞种人、安息人和月氏人的入侵　继希腊大夏人之后，进入次大陆西北部的是来自中亚的塞种人。塞种人（Shakas）是印度人对西徐亚人（Scythians）的称呼。他们受东方的月氏人的袭击，由原住的伊犁河流域迁出，一部分向南在喀布尔河北部的一些支流地区，建罽宾国。另一部分则向西南，进入大夏，在阿富汗南部定居，后来这一地区就称为塞加斯坦（Sakasthana，意为塞种人之地，即今锡斯坦）。随后他们的势力扩充到印度河流域及西印度。印度铭文中提到的最早的一位塞种王是毛伊斯（Maues，约公元前80年），他占领了犍陀罗与旁遮普的西部，声威所及，东达德里邻近的马图拉。他的继承人阿泽斯（Azes）击败了北印度最后的希腊王，征服了整个旁遮普。

公元1世纪以后，塞种人开始为安息人所取代。安息人最初也是西徐亚人的一支，在里海东南一带游牧，后为亚历山大征服。到公元前3世纪中叶，他们为反对塞琉古王朝的统治而起义，建立了安息国。在印度文献中，安息人和塞种人因血统混杂被看成同一种族，称为塞种—帕拉维人。颇为著名的印度—安息统治者是冈多法勒斯（Gondophernes），他统治印度西北部，包括旁遮普、犍陀罗和喀布尔地区。他的名字因传说与基督教徒圣托马斯（St. Thomas）有关而流传很广。后者曾去过他的朝廷传教，这是印度第一次与基督教徒发生关系。据说，这位传教士在马德拉斯附近被害。如果这一说法属实，冈多法勒斯在位的年代就应是公元1世纪的前半叶。在他之后，安息诸王争斗不休，大月氏乘机夺取了塞种人与安息人的大部分领地。

塞种人、安息人的行政制度类似波斯帝国和塞琉古王朝。国家分成许多省，由军事首领负责，他们称为州长或大州长。这些州长刊刻的铭文随意采用哪一种纪元，又能自行铸造钱币，地位相当独立。如前面提到的乌贾因州长鲁陀罗达曼（Rudradaman），是一位强大的塞种统治者，他在大月氏衰落后兴起，曾多次击败安度罗王朝，势力从南方的孔坎达到北方的信德和马尔瓦（据他的宫廷诗人记述）。但在他之后，塞种人发生内乱，势力衰落，到公元4世纪后就被笈多王朝所灭。

大月氏是这一时期侵入大陆的最后一批外族人。根据我国《史记》、《汉书》和《后汉书》的记载，月氏原是我国的少数民族，游牧为生，在我国西部敦煌、祁连山一带活动。公元前2世纪初，为匈奴所破，被迫西迁。一部至阿姆河流域，征服大夏，称大月氏；另一部留在西藏北部，号小月氏。我国汉朝的张骞于公元前128年访问过据有大夏的大月氏，他奉汉武帝之命，打算说服他们共同抗击匈奴。大月氏由于新的居留地大夏的物产丰富，又很少受到外敌侵扰，不愿去攻打匈奴并再回故居，因此没有结成联盟。大月氏受大夏土著民族影响，开始经营农业。当时他们分为五部，每部由称为翖侯的酋长统领。约在公元1世纪初，贵霜翖侯丘就却（Kujula Khadphises，约公元15—65年），攻灭其他四部，自立为贵霜王，这标志着大月氏统一奴隶制国家的形成。接着他攻打安息，占领喀布尔与罽宾。他死后，其子阎膏珍（Vima Khadphises）继位（约公元65—75年），阎膏珍进一步向次大陆扩张，其领地直达恒河流域的马图拉，先后吞并了次大陆西北部塞种人和安息人所建立的国家，在印度建立了贵霜帝国的统治。

第三节　贵霜帝国对北印度的统治

迦腻色伽的对外扩张与统治　阎膏珍在被征服的印度地区指派他的州长治理，他本人仍留在中亚。继他之后的贵霜王是迦腻色伽（Kanishka），有的学者认为，迦腻色伽是阎膏珍属下印度领地的一位州长，在阎膏珍死后，他在争夺王位的斗争中取得了胜利。他是一位印度化的贵霜人，因而可以认为是印度的帝王[①]。对他在位的年代，大多数学者认为是公元78—101或102年。公元78年在印度史上被称为塞种纪元。迦腻色伽是贵霜人。严格来说不是塞种人，但在印度，塞种人的名称广义上也包括所有类似的部落。因此，人们认为塞种纪元就是他创立的。他在位期间继续向外扩张，领土西起伊朗东部，东至恒河中游，北自咸海、锡尔河、葱岭，南达纳巴达河，拥有中亚和南亚次大陆北部大部分地区，成为当时世界上四个庞大的帝国之一（其他三个帝国为罗马、东汉与安息）。

---

① L.P.沙尔马编：《印度古代史》，1981年新德里版，第163页。

这时帝国统治中心由中亚转到南亚，以富楼沙（今巴基斯坦的白沙瓦）为都，马图拉为第二都城。帝国行政区划和塞种安息相同，分成一些州，由王族成员任州长，驻守马图拉、波罗奈（今贝拿勒斯）、憍尝弥、阿踰陀（今乌德）等地；被征服的部落国家大多保留其有的国王，作为纳贡称臣的藩属。贵霜帝王称号有大王、王中之王、天子、凯撒等，显然受到波斯、安息、中国和罗马帝国的影响。这表示与当时世界上的大帝国有着同等地位，又试图强调王位的神圣性以加强统治。发行的金币和罗马钱币相仿，币上刻有帝王肖像和神像。这些神像既有印度的各种神祇，也有希腊人、苏美尔人、波斯人等的神。说明帝国境内包括的种族很多，宗教信仰也各不相同。帝国政府对各种宗教都很宽容，以便于笼络各部族各教派人民。

迦腻色伽与大乘佛教的传播　迦腻色伽是佛教徒，他也利用佛教作为精神统治的工具。这时期佛教有了新的发展和变化。入侵的外族，特别是他们的统治者大多信奉佛教。佛教出现了大乘教派。"大乘"，意为大道或大业，它把早期佛教教派贬称为"小乘"。它的传教热忱比小乘高，因为它与小乘只重自己修道不同，还要兼渡他人。迦腻色伽信仰大乘佛教，据说他攻打摩揭陀，就以交出佛钵、大乘佛教的高僧马鸣和金钱1亿为媾和条件。他索取佛钵和马鸣，象征性地表明贵霜已取代摩揭陀成为佛教中心。他又支持佛教徒在罽宾进行第四次结集，大乘佛教得到顺利发展。在帝国各地修建雄伟壮丽的佛寺、佛塔，这既是对佛教的支持，也是大力宣扬佛教，加强精神统治的措施。就在这一时期，佛教传播的地区更为广阔。大乘佛教主要流行于中亚、中国、日本、朝鲜等地，小乘佛教则主要流行于斯里兰卡和东南亚一些国家。佛教进一步成为世界宗教，贵霜帝国的声威也得到提高。

印中关系的发展　印中关系的发展与大月氏人、贵霜人有密切的关系。根据《史记·大宛列传》，早在公元前128年张骞访问据有大夏的大月氏人时，他就曾见到大月氏人通过印度而取得的邛竹杖和蜀布，这说明当时印中之间已有贸易关系。又据《魏略·西戎传》，公元前2年，大月氏王使伊存对博士弟子景卢口授浮屠经，以后又有不少大月氏僧人来中国传授佛教，最初是小乘，后来才有大乘，可见印中之间文化的传播大月氏人起了明显的作用。到公元80年代中叶以后，迦腻色伽向东扩展至葱岭东。东汉窦宪大破北匈奴，声威大震，双方势力直接接触。《后汉书·西域传》记载，大月氏王求婚汉公主，以试探汉朝实力，遭到班超拒绝后，副王谢便于公元90年率骑7万攻超军，并约龟兹夹击。班超只有数百守军，他采取坚壁清野之策，不与之战，待长途疲惫的敌人给养将尽，又断其援军。大月氏人被迫退兵时，超又设伏袭击，大败之。有关副王谢的身份至今尚无定论，有人认为是迦腻色伽，也有说是阎膏珍。按在位年代来看，似以前说为宜。据说，数年后，迦腻色伽曾率兵来复仇。但他本人却为厌于征战的兵将哗变所杀。但也有人认为迦腻色伽曾征服于阗、莎车、疏勒，他并未在此次远征中被害。这些说法在我国史籍中都未见记载，相反，于阗等西域诸国一直遣使对汉朝奉献，与中国关系不绝，并未为贵霜所并。此外，印中关系中还有一个"汉王质子"问题。据《大唐西域记》说"河西蕃维，畏威送质"，即指迦腻色伽曾得到汉朝王子为质，质子受到优待，随季节变迁安排住地，夏天居迦毕试，冬天则在至那仆底，春、秋在健驮罗。各地还为他建有伽蓝，称质子伽蓝。印度的桃、梨就是由质子从中国传去的。因此，印度人称梨为Cinarājaputra（中国王子），桃为Cinani（中国传来的）。但中国史籍中并无汉王子质于外国的记载。有人认为河西蕃维包括疏勒、于阗等属国。《后汉书·西域传》称，疏勒王安国以舅臣磐有罪徙于月氏，得月氏王宠爱。质子可能就是臣磐。但质子与罪人显然不同，此说不能成立。因此，这一问题还待进一步探讨。

贵霜帝国的衰亡　迦腻色伽连年东征西讨，又为崇尚佛法而大兴土木，劳民伤财，激起了各族人民的不满。他在病时，便被人用被蒙住窒息而死。他死后不久，帝国在胡维什卡（Huvishka）统治下又向喀布尔以西扩张，直到后来塞种州长鲁陀罗达曼夺走印度河下游地区，帝国的统治才开始动摇。帝国最后一位重要的国王是婆苏提婆一世（Vasudeva Ⅰ，公元145—176年）。从他的钱币只刻有湿婆神像，很少有伊朗的神像这种迹象看，可能已与西北地区失去联系。到公元3世纪帝国分裂为若干小国，波斯的萨珊王朝兴起并开始向东扩张，不久便占有了中亚与阿富汗一带。4世纪时，笈多王朝又于摩揭陀兴起，很快便在次大陆北部建立了统治。贵霜人的小王国继续在次大陆西北一隅苟延残喘，于5世纪时消失在哒人从西北方南下的过程中。

第四节　印度社会经济的发展与奴隶制的解体

印度社会经济的发展　从孔雀帝国解体到贵霜帝国扩张这一时期，印度的社会经济有了显著的发展。首先在农牧业方面，灌溉农业很发达。无论是羯陵伽的卡罗毗拉，还是塞种州长鲁陀罗达曼或贵霜帝国的统治者，都很重视水利灌溉。卡罗毗拉不仅修建羯陵伽普里的储水池，还扩展了难陀王朝开掘的灌溉渠；鲁陀罗达曼修补了索拉什特拉的苏达尔桑纳湖的缺口；贵霜统治者也建造了一些储水池。此外，农村公社农民合力挖的储水池也不少。人们还很注意保护与管理已修的水库与堤防，法典还规定，对破坏公共池塘的人要淹死在水中，或者处以简单的死刑（即杀头），不然就应该令其赔偿损失和缴付最高的罚款（摩奴法论Ⅸ，279）。统治者鼓励开荒，又注意保护农业生产者，如法典规定田地属于开垦者，偷窃农具，破坏地界，出售坏种子的人都要受到处罚（摩奴法论Ⅸ），又不许侵占住宅、池塘、花园或田地（摩奴法论Ⅶ，264）。由于对农业生产的重视，农作物的产量与种类都有增加。阇罗迦与苏斯鲁陀的药典中对谷物、蔬菜、水果都有细致的分类。当时还培植多种名贵树木，畜牧业也比较发达。《厄里特里亚海周游记》[①] 提到阿

[①] 《厄里特里亚海周游记》为公元1世纪后半叶一位住在埃及的希腊水手写成，作者姓名不详，厄里特里亚海是当时希腊人和罗马人对包括红海和波斯湾的印度洋的称呼。作者曾由红海经阿拉伯海航行到印度，本书记载了他的航行经历。

里亚卡（卡提阿瓦与邻近地区）在公元1世纪后半叶牧养大群牛，其奶制品出口到东非。东印度产马，《摩奴法论》还提到作为繁殖用的种牛。

其次，手工业也有了发展。劳动分工更细，如约公元前1世纪写成文字的《长阿含经》提到大约24种手工行业。《弥兰陀问经》列举了75种职业，其中近60种是与各种工艺有关的。公元2世纪的佛教著作《大事》记载王舍城内就有36种以上的工匠。随着分工的发展和专业化，一些工艺制作水平提高，产品有了改进。《厄里特里亚海周游记》提到印度冶炼的钢铁质量精良，外销到埃及。纺织技术也很高超，名产有波颠阇利（Patanjali，公元前2世纪的梵文法学家）提到的特制的布"萨塔卡"（Sataka），棉布的质量可与蛇皮类比，毛织品有三十多种。公元1世纪印度细布中最精致的为恒河棉布，还有白而柔软的杜库拉布（Dukula），有的色黑带有宝石光泽。棉布大量销往罗马帝国。中国丝绸输入印度，刺激了印度丝绸业的发展。此外，印度还是珍贵珠宝、钻石的最大制造地，象牙制品，如梳、骰子和嵌在刀柄、盔甲上的饰品也是印度特产。

商业贸易有很大发展。内地商业沿干道、河海都有进展，特别是对外贸易，无论是陆路与水路都很兴盛。陆路方面，呾叉始罗仍是通往国外的重要城市，由这里到喀布尔有大道，而从喀布尔北经大夏阿姆河流域、里海和高加索可通黑海；南从坎大哈经赫拉特、埃克巴塔那可到地中海东岸；由坎大哈又可经帕赛波里斯、苏萨、塞琉西亚、巴比伦到亚历山大港，由此往西就是罗马帝国。从呾叉始罗往东北经中亚的丝绸之路还可通中国，印度商人成为贩运丝绸到西方去的中介人。特别在罗马与安息的战争中，安息阻止中国货物直达西方，因而货物就先到印度再转运西方，使印度西北部得以繁荣。贵霜帝国时期领土包括中亚，东西商业有更大的发展。中国的丝绸、漆器、铁器，印度的珠宝、香料、象牙，埃及和西亚的玻璃等商品都要经过贵霜，贵霜的统治者和商人从中获得巨大的利益。印度与中国的商业往来随着佛教的传播而更加持续发展。中国史籍记载，汉明帝时（公元 68 年）曾为印度佛僧建白马寺于洛阳，在莎车、和田、疏勒、塔什干、高昌、伊循、龟兹、焉耆与敦煌等地，都有佛教徒建立的佛寺，商旅往来可以住宿，沿着丝绸之路也建有商站，这些都有助于印度与中国之间经济与文化的交流。水路方面，西印度港口除布罗奇外，还有苏尔帕拉卡（在孟买以北）、穆济里斯、内尔辛达等，东印度沿海则有耽摩栗底（西孟加拉的塔姆卢克）与卡维里帕迪南等。由海路往西运到红海沿岸的货物，到亚历山大里亚转运罗马帝国各地，往东则通往东南亚国家的岛屿，最后到中国。南印度各国的海外贸易最盛。据罗马作家普林尼记载，印度最大船只为 75 吨，船只所载人数有 300、500，甚至 700 人不等。港口有码头、灯塔、海关等设施。最初商船是沿海岸航行，阿拉伯人首先利用夏季的东北风漂洋过海，传统把这种贸易风的发现归功于公元 1 世纪中叶希腊水手希帕路斯（Hippalus），但实际上在他之前就已发现了。此后，航运更为发展，有关印度海外贸易的情况见于《厄里特里亚海周游记》。据记载，印度向罗马出口的主要商品有香料、珍珠、象牙、丝绸、平纹细布等奢侈品与玩赏动物如猴、孔雀、鹦鹉等。据普林尼称罗马奥古斯都占领托勒密埃及的亚历山大里亚以后，罗马妇女穿着衣料多为印度细布，手指与耳朵上都佩戴珍珠饰物，连鞋上也缀有珠宝，由印度贩来的中国丝绸贵同黄金。罗马每年为了购买这些奢侈品要向印度支付 100 万塞斯特克斯（Sesterces，银币名）。迄今为止，在次大陆已发现有 68 处罗马钱币的窖藏，其中南印度与德干发现最多。罗马也向印度输出亚麻布、酒、红珊瑚、铜、锡、铅、琥珀、希腊女奴、乐伎等，但贸易金额远远不及向印度购买的商品，这对罗马是很不利的逆差。印度在其他地区的贸易也很可观，如东非埃塞俄比亚，印度以细布换取非洲象牙与黄金；波斯湾南部城镇输出珍珠、紫色染料、织物、酒、枣、黄金与奴隶交换印度的铜、檀木、柚木、乌木。在南印度的阿里卡梅杜（Arikamedu，今本地治里附近），1945 年广泛的考古发掘中发现一罗马商人居留地，年代为从公元前1世纪到公元2世纪，有大量罗马陶器、念珠、凹雕的玉、灯、玻璃与钱币。在这里可能有织工按罗马人的爱好与规格制成细布，然后运往罗马。由于罗马对香料等奢侈品的大量需求，而印度本地的出产不能完全满足，这就促使印度商人向外地寻求货源。在孟加拉对岸的印度支那和马来群岛盛产香料，又有丰富的矿产，因此，就受到印度人的注意。到公元2世纪印度同这些地区已有贸易往来，印度殖民者还在这里建立了一些王国，留下不少梵文碑铭。

随着商业贸易的增长，货币经济也有了发展。在巴利加扎（布罗奇）发现很多米南德等印度—希腊王发行的钱币，安度罗王朝也发行了用铅或一种合金（potin）制成的低值钱币，贵霜王除铸造金币外，也大量铸造铜币。此外，还有流入印度的大量外国钱币，如罗马钱币等。钱币的使用已相当普遍，金银借贷也很盛行，但仍有物物交易的形式，特别是在农村地区如此。

工商业的繁荣，使次大陆涌现出一些新的城市，贵霜帝国首都富楼沙就是其中的一个。它是帝国政治、经济、文化的中心。阿马拉瓦蒂是安度罗王朝的著名都城，也是公元2世纪很兴旺的城市。它还是棉织品的中心之一。当时最兴盛的港口是布罗奇、苏尔帕拉卡和阿里卡梅杜。位于卡维里河口的卡维里帕坦纳姆也是南印度的一个重要口岸。据一首早期泰米尔诗描述，这个城市分为两区，中间是一个公园和一个市场。宫殿和富商的砖屋在城市的内地，工匠和不富有的人则住在海岸边，还有商人的货栈与商号也在那里。外国侨民住在海岸，自成一区。呾叉始罗古城遗址的发掘，可以看到大夏希腊王阿泽斯一世和贵霜王迦腻色伽时建造的石城、宫殿、街道、房屋等及艺术文物，这些都有助于我们了解当时城市生活与社会经济发展的一般概况。

工商业行会与种姓制的变化　社会经济的发展促进了城市社会组织与种姓制度的变化。在城市生活中，工商业的行会起着重要作用。日益增长的贸易要求增加出口商品的生产，有关行会因此增加雇佣劳动者并使用奴隶。大多数手艺者都有了自己的行会,主要的手工业行会是陶匠、金匠和木匠行会。有的生产规模很大,例如一位富裕的陶匠拥有500个陶工的作坊,自行组织产品的销售,还有大批船只,从这些作坊取货运到恒河沿岸的港口。有的商人行会规模更大。行会制定劳动守则,规定产品的质量与价格,并通过行会法庭管理行会的成员。行会惯例有着法律的效应,它们甚至干预成员的私人生活。如一位已婚妇女要想皈依佛教为尼,她不仅要得到丈夫的允许,还要有所属行会的允许。行会有自己的会徽、会旗和会符,在宗教节庆时戴着这些徽章参加活动,它们对宗教机构与慈善事业的施舍捐助也是用这种标志。行会对成员进行职业教育,富有的商人行会还发行钱币、期票(hundis),它们和手工业行会还接受存款、经营借贷,起着银行的作用。城市当局和国家对它们也有控制,行会要在所在地区登记,迁移时必须经过当局的许可。政府保护行会的财产并尊重和维护行会的法律。另一方面,行会的经济势力与社会影响都相当大,行政当局往往要听取它们的意见。

社会经济的发展,与外族交往的增多和住居的混杂,财富的进一步分化等等,对种姓制的变化是有影响的。由于商人主要来自吠舍种姓,手工业者则多来自首陀罗,他们在工商业的发展中增加了财富,提高了地位。吠舍与首陀罗之间在经济上的界限也缩小了。还有阇提即所谓亚种姓的增加,种种社会关系要求有明确的说明,因而这一时期法论的写作增多。著名的《摩奴法论》就在这一时期(公元前200—200年)编成。特别在不受种姓观念约束的外族人(希腊人、塞种人、贵霜人)等统治下,受着城市开明气氛影响的首陀罗种姓极力要求改善自己的境遇。代表正统势力的婆罗门立法者却力图维护自己的利益,压制首陀罗,一再重申婆罗门较之社会的其他成员要优秀,应受到极大的尊敬。但对外族统治者,还有那些在政治上、经济上占有重要地位的外族人,立法者不得不对他们让步,授与他们刹帝利的身份,不过是"低下"的刹帝利,以这种方式将他们纳入种姓社会内。对种姓限制不大计较的佛教也是吸收外族加入印度社会的便利途径。因此，希腊人、塞种人、贵霜人大都皈依佛教，他们和商人团体都支持佛教，他们捐资兴修佛教寺院、窣堵波、佛像雕刻等，著名的佛教建筑如卡莱洞窟即为安度罗时富商夫妇出资兴修①，迦腻色伽的佛塔寺院建筑也是一例。

佛教的演变　由于得到商人社团的支持与捐助，得到外族统治者的提倡与赏赐，佛门的地产、财富不断增加，僧尼不再乞讨，而成为特权阶层。另一方面，剥削阶级上层人物愈来愈多地加入僧团，进入寺院，并占据了领导地位，佛教从而丧失了早期的革新精神，更多地和保守的婆罗门教接近。在这种形势下，到公元1世纪就出现了大乘佛教，其教义趋向玄奥烦琐，认为一切都是虚幻的，唯心体系更加完备，又采纳仪式、祷词和符咒，并吸收了当时流行于西南亚的救世主思想，佛陀被改造成为人格化的神，作为偶像加以崇拜，信徒只要虔诚信仰，就可以超脱苦海，人人都能成佛。因此，它的欺骗性更大，更适合统治阶级的要求。

奴隶制经济的解体　这一时期，战俘和买卖得来的奴隶仍是奴隶劳动的主要来源；公社成员失去祖传份地，由吠舍降到首陀罗的地位，也补充着奴仆的队伍，但奴隶制已出现衰亡的征兆。由于生产力的发展，农具和耕畜的改进，农业知识的增长，耕作技术与田间管理水平的提高，都要求生产者对劳动生产有某种主动性和积极性，但奴隶却不是这样的劳动者。另一方面，在奴隶的反抗下，立法者不得不明文订出一些解放奴隶的条件，这更使使用奴隶无利可图。在公元100—400年的《那罗陀法典》中已把奴隶排除在生产劳动者之外，他们只能从事一些不洁净的工作。与此同时，一些新的生产关系的因素也在萌芽，如阿育王时建立首陀罗的移民村，进行租税剥削；安度罗王朝封赐土地，受封者对土地权利的增多；首陀罗工匠参加行会，改善了自己的地位等。随

---

① S.沃尔伯特：《印度新历史》，1982年牛津版，第85页。

着奴隶制帝国的灭亡，这些新因素就逐渐发展，并进而取代奴隶制的剥削关系。

本章主要参考书

[1] R. C. 马宗达等：《高级印度史》，张澍霖等译，商务印书馆 1986 年版，第一篇第八、九章。

[2] R. 塔帕尔：《印度史》第 1 卷，1966 年版，1977 年再版。

[3] R. 乔塔里：《古代印度经济史》，1982 年新德里版。

第六章　上古印度的文化

上古印度的文化是世界上最古老的文化之一，内容丰富多彩，并有着独特的风格，在文学艺术、科学技术、宗教哲学等方面都有不少的成就。上古印度文化早已与外国文化互相交流与影响，对东、西方文化的发展起着重大的作用。灿烂的上古印度文明是印度人民对世界文化的巨大贡献。

第一节　上古印度文化的成就

语言和文字　古代印度雅利安人的语言与古希腊语、古拉丁语和古波斯语等有相似的词根和语法结构，同属印欧语系，其最古老的形式是吠陀梵语。在雅利安人进入印度后，它吸收了达罗毗荼语，产生了新词；又由于社会生活的变化，有的旧词遗忘了，或失去了原意；文法结构也有了变化。因此，对古老的吠陀颂诗的诵读与释义都需要进行考订。特别是人们认为，如果诵读颂诗不精确，就不但不会使祭祀生效，而且还会使诵者遭殃，为此，在印度就出现了研究语音与语义的学科。这方面最早的作品是耶斯迦的《尼禄多》（Nirukta，公元前 5 世纪）。随后有了著名的文法书，公元前 4 世纪末波你尼（Panini）编写的《八篇章》（Aṣṭādhyāyī）。这是梵语文法的最高权威，它包括约 4000 条文法规则，对语法现象作了分类，写得十分精练，因此，必须有注释解说。最重要的注释是公元前 2 世纪中叶波颠阇利写的《大疏》（Mahābhāṣya）。自波你尼后，吠陀梵语有了规范，经过提炼，形成文雅而完美的语言，称为古典梵语（Sanskrit）。它的特点是复合词与长句多。这种语言大概从未成为大众的口头语，但也不全是死的语言。它作为官方与宗教的用语，在上层阶级中使用，甚至今天，相距遥远的两个地区的婆罗门相遇时仍可用这种语言相互对话。

大众口语是各地的方言，发音与文法都比梵语简单，称为俗语（Prākṛtas）。巴利语（Pāli）是一种很重要的早期俗语，是桑奇和乌贾因地区的方言，上座部佛僧就是用的这种语言。摩揭陀语成为孔雀王朝的官方语言，阿育王铭文就是用的这种语言，不过各地铭文也受当地方言的影响。稍后曾受西部俗语影响而混杂的摩揭陀语，通常称为"半摩揭陀语"（Ardha·māgadhi），它是耆那教徒的用语。

南印度人的语言是达罗毗荼语，其中最古老的是泰米尔语。它含有不多的梵语外来语，当雅利安人的影响逐渐向南方深入时，这种外来语增多了。达罗毗荼语中还有泰卢固语，它是后来毗阇耶那伽罗帝国的宫廷语言。

在文字方面，古代印度早在公元前三千年代中叶就有了印章文字，此后直到巴利文佛经中才提到书写。阿育王铭文是传留下来最早的书写文件，有两种文体：婆罗谜文（Brāhmi）和佉卢文（Kharoṣṭhī）。前者的起源有两种说法，一种认为是由哈拉帕文字发展成的，另一种则认为来自塞姆族字母。这种文字经过长期演变，到公元 7 世纪开始出现天城体印度字母，它共有 47 个①，其中元音 14 个，辅音 33 个，读时由左到右，这便是近代印度各种字母的原型。随着佛教的传播，梵文字母也传

---

① 义净《南海寄归内法传》称有 49 字，除原有 47 个外，再加 2 个辅助音。

入我国的新疆、西藏和东南亚各国，影响当地文字的发展。

佉卢文起源于阿拉米亚字母，公元前6世纪随波斯的入侵传入西北印度，字体像驴唇，因此，又称为驴唇文，读法从右到左，后受婆罗谜文影响改为从左到右，这种文字流行了几个世纪就失传了。后为婆罗谜文所取代，在中亚曾发现用这种文字写的俗语文件。

文学遗产　古代印度的文学遗产很丰富。有吠陀文学、史诗、寓言故事、戏剧等。现分别叙述于下：

吠陀文学：古代印度最早的文学形式是诗歌。《吠陀本集》就是上古印度的诗歌总集，其中文学价值较高的是《梨俱吠陀》的一些诗。《梨俱吠陀》共有1028首诗，每首诗分成一些诗节，一节诗的格律包括4个八音"句"，即为三十二音，称为"颂"体。这种颂体对后来史诗和古典梵语诗的发展是有影响的。《梨俱吠陀》是许多作家的作品，创作时间先后不一，跨度达五个多世纪。它在创作上既有现实主义也有浪漫主义的手法。内容虽然大多是神话传说，但也反映了社会现实生活的一些方面。这些诗是古代印度人的宝贵的文学遗产，有很高的史料价值。

史诗：印度最古老的世俗文学是两大史诗《摩诃婆罗多》与《罗摩衍那》。《摩诃婆罗多》共18篇，号称有10万颂（即上文提到的颂体），是世界文学中少有的长诗。作者相传是广博仙人（Vyàsa，毗耶娑），但实际上可能是苏多（Sūta，古代的歌手）们用搜集的素材唱诵的诗歌，在传唱中逐步充实，最后又经婆罗门修订加工编成的，是印度人民集体智慧的创作。基本内容在公元前5世纪已经形成，但最后写成定本是公元4世纪。中心故事是婆罗多族内奇武王的两个儿子持国与般度的后代争夺王位的斗争，最后爆发为大战，它波及印度全境，甚至连希腊人、大夏人和中国人都参加了。战场在俱卢之野（约在今德里附近），大战十八天，最终以般度族的胜利而结束这一战斗。它生动地描绘了古代印度的政治、军事和社会生活，又反映了雅利安人向东发展的情景。

它穿插了约 200 个长短不一的插话，其中著名的有《那罗传》和《莎维得丽传》，还有《罗摩与悉达》以及长篇宗教哲学诗《薄伽梵歌》。

《罗摩衍那》在风格与内容上都不同于《摩诃婆罗多》。篇幅约为后者的四分之一，只有 2.4 万颂，共 7 篇。全书似乎产生于公元前 4 或 8 世纪到公元 2 世纪，其第一与第七篇是后人增添的。它的插话比《摩诃婆罗多》要少，而且较短。全诗结构比较完整，描写也较细致，显然是最后由一位作者加工定稿的，但最初和《摩诃婆罗多》一样也是集体创作，而且经历了相当长时期的增删。传说这位定稿的作者是蚁蛭（伐尔弥吉，Vālmiki）。这篇史诗的内容主要是居萨罗国的太子罗摩为实践其父王的诺言，自愿让王位于其弟而同妻子悉达去森林过流放生活。悉达在森林中为魔王罗婆那劫走，罗摩在神猴哈努曼的帮助下找到了悉达被囚的楞伽城。罗摩与猴军攻打楞伽，杀死魔王，救出悉达，悉达经过神火考验证实贞洁，与罗摩回国复位。作者歌颂了罗摩的德行和他的不畏艰苦、反抗强暴的精神，反映了雅利安人向南印度扩张的情景。两篇史诗二千多年来一直影响着印度人民的思想和行动。它不仅是南亚次大陆人民的珍贵遗产，也是世界文学的珍宝。

民间文学：这类作品保存在佛教、耆那教的经典中，如佛教文献的经、律二类，巴利语经中四个"尼迦耶（Nikāya）"，还有《小部》，都有一些文学性较强的诗和故事。耆那教 12 "支（Aṅga）"中也有一些寓言故事。《佛本生经》主要记述佛陀前生的故事，为佛教僧侣利用民间故事和寓言改编而成，著作年代不早于公元前 3 世纪。文体主要是散文，也夹有诗句。全书共有 547 个故事（内有重复），大多反映古代印度人民的生活与斗争，寓意深刻、爱憎分明，是很有意义的文学作品。《五卷书》也是一种寓言故事集，最早的传本是公元二三世纪编成的，也是诗文兼有。全书有 78 个故事，主要反映古代印度城市居民的思想。

戏剧：印度戏剧起源很早，《吠陀本集》中的对话诗含有戏剧的成分。公元前约 2 世纪的《大疏》提到有人表演，讲说黑天的故事，似乎还戴有面具,节日迎神赛会也有戏剧性的表演。现在发现的最早的印度剧本是在我国新疆吐鲁番出土的佛僧诗人马鸣(Asvaghosa)写的《舍利佛传》,共9幕,约为公元1至2世纪的作品。公元2至3世纪的名剧作家及其作品有跋娑(Bhāsa)的《惊梦记》、首陀罗迦(Sūdraka)的《小泥车》等,据说跋娑出身于洗衣人的种姓(低贱的种姓),首陀罗迦的意思是身份属首陀罗种姓。他们的剧作都有一定的进步意义。有关戏剧理论的著作有《舞论》,传为婆罗多(Bharata)仙人所著,成书年代还无法确定,很可能是公元前已开始起草到公元后才逐步修订成文,用的主要是诗体,有37章,涉及戏剧的各个方面。这在古代世界文化史上是很少见的,是印度人民对世界文化的重要贡献。

造型艺术 早在原始时代,印度就有了窑洞建筑与岩画,哈拉帕文化时期又有城市建筑、雕像、印章等。但此后直到孔雀王朝时期才发现有值得重视的艺术遗迹。这期间似乎有一两千年的时间是艺术史上的空白。不过,从文献记载来看,这期间还是有建树的,可能由于建造材料是木材或其他易腐烂的材料,因此没有留下痕迹。这中间的环节,艺术的发展情况我们就不得而知了。

现存的古代印度杰出的艺术作品,是阿育王时建造的刊刻诏令的独石柱。石柱包括柱身与柱头两部分,柱头磨得很光,上有一个周围有浮雕的顶板,顶板上则是一个或一个以上的圆雕兽像,顶板下是莲花形的仰拱。柱身圆形,由下而上逐渐变细,大小均匀,也磨得很光。萨尔纳特的柱顶雕像最为优美,四头雄狮背靠背而面向四方,瞪目竖鬃,作怒吼状,威武勇猛,形态逼真,堪称杰作。桑奇地方保存的大窣堵波(Stūpa,即佛塔),也是阿育王时建造的。初建时用的是砖,后代人在表面加上一层石外壳,因而增大了将近一倍多。这个窣堵波是一个直径为121.5英尺①,高约77.5英尺的半球状圆丘,顶上为一方台,台上有竖着的伞盖,伞在印度是作为宇宙最高权威的象征。圆丘周围有环行

---

① 1英尺=0.304 8米。——编者

的道路，道路外是高 11 英尺的石栏杆，有 4 个大门如同 4 座牌坊。门坊上有许多精美的浮雕，刻画着佛教故事。其他佛教或宗教建筑物有佛殿（支提洞，Chaitya Cave）和寺庙（毗诃罗，Vihāra），有的就山岩开凿而成，是古代印度建筑的独特形式。大约公元前 2 世纪开凿的阿旃陀石窟，共 29 窟，直至公元 650 年才最后竣工，其中 4 窟为佛殿，25 窟为佛寺，这里的以佛教故事为题材的雕刻与绘画在艺术上达到很高的水平。公元前后，印度西北部犍陀罗地区由于与西方商业的发展，希腊文化艺术传入，并与印度艺术融合，产生了犍陀罗艺术。它的特点是运用希腊艺术形式表现佛教人物。以往人们认为，印度佛像都是以这里的塑像为模式，但现在发现，它们还是有其本地传统，如马土腊、阿玛拉瓦蒂，两者之间就有着显著的不同。犍陀罗雕像是写实主义的，注意精确刻画身体细节以显示肉体美；马土腊雕像则是理想主义的，力图给予神像以庄严崇高的表情。犍陀罗艺术通过中亚传到中国新疆，对我国和亚洲其他国家的艺术都发生了巨大的影响。

哲学　印度早期自然哲学的唯物主义传统是相当深远的，当时人们总是把自然界当作整体来观察。如吠陀文献和两大史诗中都有一些零散的记述，认为万物的本原是水、风、火、土或金卵等。关于事物变化的说法也带有唯物主义和无神论的倾向：有的认为是由于事物内部本性的作用，是有规律的；有的认为是各种因素偶然的凑合，是不受规律制约的；有的则进一步说明事物内部的本性是由喜乐、忧苦、痴阁三种互相矛盾的成分构成，它们之间的相互作用就产生了事物的发展和变化。这些说法都否定了神、灵魂的存在，否定了轮回业报的理论；企图用物质的原因解释千差万别的世界及其发展变化的根源。到了公元前一千年代上半叶就有了顺世论派哲学，它是古代印度唯物主义哲学的代表。这派的主张是，物质是世界的基础，地、水、火、风是构成物质的元素，它们组成万物，也包括人。意识是由物质产生的，四大元素结合形成身体时，在这过程中就产生了意识，就像糖汁和稻米混合制成酒就有了醉人的特性一样。人死后，四大元素的结合解体，因此，意识就不存在了。它否定意识、灵魂的独立存在，从根本上打击了一切宗教和唯心主义的哲学。

婆罗门教、佛教等宗教流派尽管彼此间有不少分歧和矛盾，但基本上都具有在宗教信仰基础上发展成的唯心主义哲学思想。婆罗门教由吠陀诗篇到《森林书》和《奥义书》时代，已由多神论、主神论逐渐演进为一神论，有时为泛神论。由宗教祭祀而趋向从哲理思维方面探索宇宙的奥秘、世界的根源、人的本质等问题。它的哲学思想是，梵（Brahma）即宇宙精神为世界的本质、生命的根本，万物都是由梵产生，这就像蜘蛛吐丝、火中爆花一样，从这个自我里产生出一切生命、一切世界。梵是火不能烧掉，风不能吹走的，因为风、火等都来自梵。自我（Atman）、个体灵魂也来自梵。客观世界是虚幻的，只有梵是真实的、永恒的。"梵我合一"才能得到解脱。后来，在与其他教派论争中，它又分别形成了六派，即数论派（Sānkhya）与瑜伽派（Yoga），弥曼差派（Mimāmsā）与吠檀多派（Vedānta），正理派（Nyāya）与胜论派（Vaiseshika）。数论派可能是六派中最早的，相传由迦毗罗（Kapila）创始，早期有唯物主义的倾向，认为世界是物质的，以后又认为与物质并列有灵魂，成为二元论。瑜伽派和数论派是姊妹学派，是有神论，重视修行方法，以《瑜伽经》为基础。作者相传就是公元前2世纪的文法家波颠阇利。弥曼差派即思维派，主要论证吠陀经典的真实、准确与权威性，最早的著作是耶摩尼（Jaimini，公元前2世纪）的经书，后此派与吠檀多派合为一派。吠檀多意为"吠陀的终极"，是六派中最晚出的，其基本著作是相传为跋达罗衍那（Bādarāyana）所作的《梵经》。它根据《奥义书》的哲理，认定使"自我"与"梵"合一是人生的最终目的，这就成为婆罗门教最彻底的宗教哲学。正理派与胜论派关系密切，都以原子学说为基础。正理派着重逻辑与认识论，有乔答摩（Gautama）的《正理经》。胜论派则用哲理说明构成世界的原子说，但仍以物与灵二元论为出发点，迦那陀（Kanāda）的《胜论经》是其主要经典。早期佛教的哲学观点是"我空法有"，即认为主观是虚幻的，但不彻底否定客观的存在；到了大乘佛教，则是"法我皆空"，唯心的说法更加完整和严密。耆那教认为世界的一切，连岩石、流水都有灵魂，灵魂是自生的、永恒的，这显然是唯心的。还有阿什斐迦（Ajivika）教派，汉译佛经贬称为邪门外道，倡导者是末迦梨·拘舍罗（Gosāla Maskariputra），在公元前4—前3世纪时比较盛行。他们认为构成宇宙和一切有生物的元素既有物质也有精神，这是二元论；但又认为一切事物都受命运的支配，是无法改变的，仍属于唯心观点。

　　自然科学　古代印度人民在生产技艺方面积累了相当丰富的经验，如畜牧业的选种、饲养，农业的土壤选择、轮种、施肥、除害，手工业的建筑、冶金、开矿、纺织等。这不仅增加了印度社会的物质财富，而且也为印度人民积累自然科学知识和提高知识水准奠定了基础。

　　与生产、生活关系比较密切的科学，即天文学、数学和医学首先得到发展。除前面已经提到的哈拉帕文化成就之外，雅利安人入侵印度后与土著部族一起，在自然科学方面也作出了自己的贡献。古代印度人在吠陀时代就知道七曜，除日、月外还有金、木、水、火、土五星；并知道日、月蚀，不过认为是罗睺星吞食日、月造成的；彗星和陨石则是计都星的作用。他们观察到月亮对恒星的位置变化经历约27个太阳日又$7\frac{3}{4}$小时为一周期。以后就把黄道附近的星群分为28个星座，即28宿，以此作为测视星象的基础。但当时仍认为大地是平的、不动的，日、月、星辰绕大地转动。古代印度人根据月的盈亏制定太阴历，一年分为12月，每月30日。为了调整与太阳历的误差，他们知道五年二闰，即加上两个月。季节的划分有3种，即3月1季（春、夏、秋、冬）、4月1季（热、雨、寒）和2月1季（春、夏、雨、秋、冬、凉）。数学计算的知识在印度也出现得很早。印度人的记数能力很强，在吠陀、史诗和佛经中，对很大的数字如10^{53}，都有专门的名称，对很小的数字也有专名如极微①。他们知道用符号表示从1到9的数字，又知道定位计数的进位法，最重要的是表示空位的"0"的符号（最初是用黑点表示）的发明②，这便完成了记数符号体系，这是印度人民对数学的重大贡献。后来由阿拉伯人传入欧洲，因而被称为阿拉伯数字，至今仍为全世界所通用。古代印度人已知道加减乘除，开方与求立方根的方法，并能解二次不定式方程。《仪范经》中的《准绳经》提到测量祭祀场所与建造祭坛，涉及几何三角的知识。他们已知直角三角形斜边的平方等于另外二边平方的和，经书中还提到数学中排列与组合的问题。他们已能准确地推算出圆周率为3.141 6，已出现了三角学上的正弦表。在医学卫生方面，古代印度人也有很丰富的知识。他们已知道多种疾病，如《阿闼婆吠陀》就记有77种，其中有发烧、肺病、瘰病、痢疾、水肿、溃疡、风湿、头疼、眼疾、黄疸、骨折、蛇咬、毒虫咬、中毒、麻风等，大多是在湿热又多毒蛇和毒虫的印度环境里最常见的病。佛经中还记有一些病的症状。他们还注意到在季节交替时疾病最为流行。这时人们已有了解剖方面的知识，认为脑髓、脊椎和胸腔是藏病的地方，心是智力中心，还有神经系。治病除用咒语外，也用动物、植物和矿物制成的药品，还使用膏药和针灸。医生有外科、内科、眼科，还有兽医。医师属于比较高级的种姓，很受尊敬。整形外科和接骨技术水平较高。佛僧重视医术，靠医病得到施舍，僧团成员也都注意卫生。古代印度人非常讲究洁净，坚持沐浴，节制饮食，探讨养生之道。阿育王诏谕中曾提到为贫穷人免费供应医药。随着医学知识的积累，古代印度有了一些医学著作，最早的名著是相传为迦腻色伽御医阇罗迦（Caraka）作的《阇罗迦本集》，但原著已失，今本系由后人编订。这个本集涉及了病理学、解剖学和胚胎学等方面的问题。他认为营养、睡眠与节食是身体健康的三大因素。在他之后有在迦尸行医的苏斯路塔（Susruta，约

---

① 见玄奘《大唐西域记》卷2《印度总述》中的"数量"。
② 零的圆圈符号"0"最早在印度见于瓜廖尔出现的波阇提婆的公元870年的碑文上。

公元 4 世纪）。苏斯路塔的《妙闻集》着重外科，外科在当时是受人鄙视的。他很强调解剖学的重要。这两位医学家都很注意医德问题。阇罗迦曾提到医生在病房里要全神贯注治病，甚至牺牲自己生命也不能出卖病人①。

第二节　上古印度与印度以外地区文化的交流

古代印度与两河流域、伊朗等地的文化交流　早在哈拉帕文化时期，西北印度就有来自阿富汗、伊朗、帕米尔、东土耳其斯坦和我国的新疆、西藏输入的宝石，阿富汗、伊朗等地的银和波斯湾的介壳等原料，还有文物及制作技术的传入。如在印度河流域发现的印章上刻画着两河流域流行的安吉杜故事的题材，冻石有须人像披肩上的三叶形花纹图饰，使用沥青防水池漏水的技术都来自两河流域。念珠形状、赤陶塑像、家具雕饰和埃及的相似，发针类似克里特的产品，吠陀文化也受到巴比伦文明的影响，如《梨俱吠陀》中提到神以原始巨人献祭，并加以肢解化为宇宙万物，同巴比伦神马尔都克将原始怪物提阿马特杀死，分割尸体创造世界的神话相似。巴比伦的洪水故事与乌特纳庇什廷得救情节在印度也有相应的摩奴与洪水的传说。印度的历法与六十进位等也受到巴比伦的影响。古代印度文化还受到伊朗文化的影响，考古文物中，代替哈拉帕文化兴起的朱卡尔文化的长柄斧在伊朗北部喜萨尔也有发现，可能来自波斯。随着波斯的入侵并占领印度西北部，波斯帝国对印度的影响有了加深，阿拉米亚语与佉卢文传入印度；阿育王诏谕铭文就是仿照波斯皇帝的做法，刻写在岩石上的，诏谕文的格式也相同；孔雀王朝修建皇室大道也是出自波斯的皇道形式；甚至在节庆前国王洗发仪式也来自波斯。类似波斯的百柱厅在印度也能找到。阿育王修建的独石柱顶板下通常称作"波斯波利斯钟"（Persepolitan Bell）的仰拱，也是

---

①《阇罗迦本集》Ⅲ，8、7，转引自 A. L. 巴沙姆：《印度奇迹》，1954 年伦敦版，第 500 页。

波斯建筑的式样。但有的学者认为这不是钟形而是莲花形，后者是印度的典型建筑模式。可是有人认为莲花形式也是波斯来的。当然，古代印度人对巴比伦、埃及、波斯文化也有贡献。苏美尔和伊朗西部发现哈拉帕文化的印章和陶片，古苏美尔妇女梳头式样是从哈拉帕学来的。埃及和克里特岛也发现哈拉帕文化的痕迹。在公元前一千年代初，腓尼基人就将印度出产的象牙，类人猿和孔雀运往地中海东岸，公元前700年印度的棉花、孔雀，可能有稻米出口到亚述，公元前6世纪时推罗市场上有印度钢出售。

古代印度与希腊的文化交流 自希腊马其顿王亚历山大入侵印度西北部后，特别是印度孔雀帝国建立后，印度与希腊和希腊化国家经济文化的交往逐渐增长。前面提到的旃陀罗笈多以500头战象赠予叙利亚国王塞琉古，希腊使臣麦伽斯梯尼被派到华氏城驻节，增加了双方的了解。直到阿育王时，孔雀王朝与希腊化诸国继续保持使节的交往。阿育王在坎大哈的铭文中用阿拉米亚和希腊两种文字，说明在孔雀帝国境内已有希腊居民。孔雀王朝衰弱后，希腊大夏人大量进入印度，希腊文化深入印度各方面。印度天文学除受巴比伦影响外，还有希腊的影响。在圣使与彘日这些著名印度天文学家的著作中使用的黄道带与行星名称大都源出于希腊。著名的犍陀罗艺术是佛教艺术受到希腊的影响而形成的，它大部是佛像和描绘佛的生平的浮雕。希腊钱币和币上刻画的肖像艺术对印度货币也有影响；印度对墨水、芦秆笔与书本等的名称也出自希腊。公元前6世纪希腊科林斯瓶画上绘有"狐狸与乌鸦"，这一寓言故事后来见于《佛本生经》，但哈拉帕文化的印章刻画中出现此种图景更早，这方面谁影响谁尚难断定。据希腊资料，《荷马史诗》曾译为希腊文字，为印度人歌颂，因此，印度史诗、《佛本生经》与《荷马史诗》的一些故事有不少相似之处，希腊悲剧也曾在印度上演。总之，印度吸收了很多希腊文化的成分是毫无疑问的。另一方面，印度哲学、宗教与医药对希腊也是有影响的。希腊学者很重视印度哲学，有的还到呾叉始罗来学习。以普罗提诺为代表的新柏拉图主义哲学家就深受奥义书的影响，主张万物的本原是神，由它产生世界的一切。著名的希腊哲学家毕达哥拉斯也研究过婆罗门的学说，也宣扬灵魂轮回、禁杀生、戒肉食的说教。一些希腊人改信印度宗教，如希腊使节建立金翅鸟石柱向婆苏提婆表示敬意，希腊都督捐建佛教殿堂。希腊名医希波克拉蒂在他的医药文集中提到印度的胡椒。胡椒最初是作为药物输入希腊的，后来才被用作调味品。

古代印度与罗马的文化交流　印度人早在罗马奥古斯都时就曾派使者前往那里，带有送给罗马皇帝的奴隶、毒蛇、河龟与鹧鸪，还有一个无手臂但能用脚射箭的少年和一位裸体的诡辩家。以后的使者还带有象、宝石、老虎等礼品，他们受到罗马皇帝热情的接待。《摩诃婆罗多》中称坚战王即位时也有罗马人来朝贺。印度与罗马的商业往来与文化交流也极为活跃，不少印度商人前往埃及的亚历山大里亚，他们大多是耆那教徒和佛教徒。佛教与基督教的寓言与奇迹有很多类似的地方，特别是亚历山大里亚的基督徒的念珠，崇拜圣骨与过分的苦行可能是受了印度的影响。罗马钱币对贵霜有影响。胡维什卡的钱币上刻着 RIOM 字样，又有代表罗马女神的武装妇女图像。在金币上胡维什卡的坐式肖像是罗马格式，在阿拉（Ara）铭文中迦腻色伽有"凯撒"的称号。此外，犍陀罗艺术中壁柱、嵌板、拱门等也受到罗马艺术的影响。

印度与东南亚、东亚等地的文化交流　古代印度与东南亚及东亚地区和国家的交往也很密切。据巴利文文献与《罗摩衍那》记载，印度海员和商人以及政治势力都在史诗时期就已到达锡兰（今斯里兰卡），如罗摩寻妻跨海远征楞伽（传即锡兰），阿育王时又派子摩哂陀亲王到锡兰传播佛教，接着又到"黄金地"，即下缅甸和苏门答腊等地。《厄里特里亚海周游记》也提及从孟加拉到这些地区已有沿海的航行。《佛本生经》《故事海》等书中有很多经商冒险的故事和这些地区有关。古代印度文化不断深入这些地区，影响这一带的文化发展。这里曾发现不少梵文碑铭,一些名胜古迹如柬埔寨的吴哥通王城与吴哥寺、爪哇的婆罗浮屠都有刻画印度史诗与佛陀生平故事的浮雕。占婆和暹罗(今泰国)的造像也有印度艺术的特色。印度医学对这些地区也有影响。由印度向北向东经阿富汗、中亚到我国新疆、甘肃一带,印度和中国以及沿途这些地区的商人、使者、传教士、移民的不断往来,还有游牧民族的迁徙,促进了相互的文化交流。中亚地区有一些古代印度的移民居留地,随着"丝绸之路"的开拓而兴盛繁荣。从公元1世纪左右开始,佛教经中亚传入我国。随着佛教一道,古代印度的天文、历法、数学、医学、音韵学、艺术、歌舞,以及熬糖、炼丹秘方与珠宝、药材、珍禽异兽等也先后传入我国,这对我国的学术文化及人民生活都有很大影响。著名的敦煌壁画与云冈、龙门等石窟的佛像雕塑就是印度艺术影响我国的具体表现。我国的丝绸、朱砂和陶瓷等特产也进入印度。年代记的编写、贵霜帝国皇帝采用"天子"称号,在丝绸上书写的习惯等则是中国文化对印度文化的影响。佛教又由中国传到朝鲜和日本,影响了那里的文化发展。

第三节 上古印度文化的历史意义

尽管上古印度文化接受了多方面的影响,但印度人自己对世界文化的独特贡献还是很突出的。上节所提到的棉花、稻米、蔗糖、珍禽异兽(如孔雀、象、蛇等)、歌舞、建筑雕刻、医学、数字符号体系和宗教哲学等在古代都已影响世界各地。进入中古后,上古印度文化在亚洲的大部分地区仍盛行不衰。直至近代,佛教的势力在印度支那半岛各国、斯里兰卡、日本等国也还很大。在欧洲中世纪,上古印度文化是由阿拉伯人转入的,如数字符号,又如上古印度医学名著都有波斯文与阿拉伯文的译本,对阿拉伯医学很有影响,阿拉伯医学是中世纪欧洲医学的权威。阿拉伯的名著《天方夜谭》也采用了印度的寓言故事,后来传播到世界各地。到了近代,欧美著名学者,如诗人歌德、海涅和哲学家叔本华、费希特等都对古代印度文化给予了很高的评价,叔本华就称奥义书是人类最高智慧的产物。上古印度文化确是世界文化宝库中一颗灿烂的明珠，它和世界上其他几个古老的文化一道，在人类文化的发展上起了奠基的作用。

上古印度文化的传统在印度一直保持到今天，没有中断和消失。今天的印地文仍用天城体字母，印度教是由古代婆罗门教演变而成，吠陀经典仍是重要的经典。史诗中的英雄人物如罗摩、悉达、黑天等对印度人民的思想行为、道德观念等都有深刻的影响，对印度文学、艺术的影响也很大。上古印度的宗教哲学思想对近代印度思想家也有明显的影响。上古印度的神话传说，如雪山神女、黑天牧童等故事到今天仍在印度民间流传。总之，上古印度文化在次大陆有着深远的影响，它在印度和世界文化史上都占有很重要的地位。

本章主要参考书

[1] 金克木：《梵语文学史》，人民文学出版社 1964 年版，有关部分。

[2] A. L. 巴沙姆编：《印度文明史》，1975 年牛津版，有关部分。

[3] R. A. 贾伊拉兹波伊：《古代印度的外来影响》，1963 年纽约版。

[4] P. C. 巴格奇：《印度与中国》，1981 年萨拉斯瓦特版。

第七章 笈多帝国时期的印度

（公元 320—550 年）

第一节 笈多王朝的兴起与帝国的建立

笈多王朝的产生 公元 2 世纪末，贵霜帝国衰落，北印度又分裂为许多小的王国和自治的部落，西印度塞种势力较大，南印度伐卡塔卡与帕拉瓦等国也较强，局势十分混乱。在此期间，摩揭陀的一个小国逐渐强大起来。它的最早的统治者据说就是我国唐朝高僧义净提到的室利笈多，他曾在摩揭陀为中国香客建立寺庙，并安排 24 个村庄供养。笈多家族是富有的地主，种姓身份不明，很可能是刹帝利。该家族逐渐在政治上控制了摩揭陀地区。到其第三代统治者旃陀罗笈多一世（Chandra-gupta Ⅰ）即位时，便自称"王中大王"，与前两代统治者只称"大王"不同。因此，一般史书把他作为笈多王朝的第一位国王；他登基的年代（公元 320 年）就成为笈多纪元的元年。他通过和栗呫婆公主的婚约，使两国合而为一，大大加强了自己的政治地位。为此，他铸造金币刻画他与王后的肖像及他们的名称，纪念这一结合。栗呫婆当时统治比哈尔的北部，摩揭陀与它合并后，势力雄厚。旃陀罗笈多又用武力把领地扩展到阿拉哈巴德、奥德和比哈尔南部，这便为笈多帝国的建立奠定了基础。此外，他还采取了一个重要措施，那就是经过顾问和王族成员会议，正式宣布王子沙摩陀罗笈多为王位继承人，随后逊位隐居，不久死去，但年代不详。

笈多帝国的开创与巩固　笈多帝国的开创是从沙摩陀罗·笈多（Samudra-gupta）开始的。他约于公元 325 年即位，380 年以前去世，确切时间已不可考。他是笈多王朝最伟大的国王之一，我国唐朝赴印使臣王玄策提到他曾接受锡兰王请求，准许后者在菩提伽耶为锡兰朝圣者修建寺院。他的御用诗人诃梨犀那为他撰写的颂德铭文①比较详尽地记载了他的事迹。由于是颂词，内容不免有些浮夸不实，如锡兰王送礼求建寺院一事，就不像铭文认为的那样是纳贡或臣属笈多。但沙摩陀罗·笈多的确屡建武功。首先，他征服中印度的一些小王；接着，消灭了恒河流域上游和邻近地区的统治者，如鲁陀罗提婆、马蒂拉、纳加达塔等。兼并的领土大致包括今北方邦和中印度、西南孟加拉的一部分。他还征

---

① 铭文刻写在阿拉哈巴德孔雀帝国时期阿育王树立的石柱上。

服了文迪亚山区的森林诸王,强制他们纳贡。在征服了北印度以后,他就转向南方,沿着东海岸海陆并进,击败了德干高原不下12个统治者,直到帕拉瓦王国,目的是取得这些地区的商业利益。鉴于遥远的南印度难控制,他释放了被俘的南方各统治者,使他们以藩臣的名义治理国土。他声威所及的边境诸国,如东孟加拉的三摩呾叉、阿萨姆的迦摩缕波、尼波罗(今尼泊尔)等的国王,旁遮普、马尔瓦和西印度的几个部落酋长,无不向他表示忠顺。马尔瓦西部和卡提阿瓦的塞种人,西旁遮普和阿富汗的贵霜"天子"的后人,还有锡兰及一些岛屿上的居民也都纷纷遣使前来讨好这位笈多国王。这些岛屿可能是指马尔代夫、安达曼群岛,也可能指东南亚,因为沙摩陀罗·笈多拥有海军,这时与东南亚已有更多的交往。他举行了马祭仪式庆祝他的胜利。笈多帝国的领土规模在他统治时期就大致奠定了,它包括几乎整个北印度(克什米尔、西旁遮普、西拉杰普塔纳、信德、西北边省和古吉拉特不包括在内)、中央邦和奥里萨的高地以及沿东海岸向南延伸到马德拉斯的一大片领土,但只有恒河流域是他直接控制的地区。他不仅是一个征服者,而且在治理国家方面也很有才能。在政治上他能对战败者宽宏大量;宗教上也能对各派一视同仁。他信奉正统的婆罗门教,却仍任命佛教学者世亲为大臣。他能够罗致人才,赞助学术,如具有文武全才的诃梨犀那就被他留在身边。他本人也很有才艺,他的诗赋才能使他享有"诗王"的称号。他对音乐也很喜爱,钱币上镌有他弹奏琵琶的肖像就是证明。他在位大约有40年之久,但大部分时间是在征战中度过的。

笈多帝国的继续扩展和巩固是在沙摩陀罗·笈多的儿子旃陀罗笈多二世(Chandra-gupta Ⅱ)统治时期(大约为公元380—415年)。这一时期也是笈多帝国的极盛时期。在这时期开始,有一段插曲。据大约两个世纪后写成的剧本《月护天女》的故事说明,是罗摩笈多继承了沙摩陀罗笈多,他被塞种人击败,竟同意将自己的妻子德鲁瓦德维送给塞种君王。他的弟弟旃陀罗极力反对这样做,把自己假扮成皇后,去塞种王宫廷，杀死了这个国王。他的这一英勇行动深得人民的爱戴，但却使他的哥哥产生疑忌。旃陀罗终于杀死他的哥哥，而娶其嫂德鲁瓦德维为妻。现已有罗摩笈多的钱币，还有铭文证实旃陀罗的妻子正是德鲁瓦德维。因而这一剧本的描写内容可能有若干真实性。

旃陀罗笈多二世即位后，继续采用传统的王室联姻政策以加强自己的地位。他和那加族的公主结婚，巩固了帝国的东部地区；又将女儿嫁给伐卡塔卡国王，减少了南方的威胁，得以集中力量进攻主要的敌人——西印度的塞种人，并且约于公元409年最终击败了塞种人。为纪念对塞种人的胜利，他在钱币上刻上了"超日王"的称号。塞种州长长达300多年的统治终于结束，笈多帝国扩展到西马尔瓦和卡提阿瓦，控制了阿拉伯海岸与西海岸重要的港口，这有利于帝国海外贸易的发展。南边的伐卡塔卡国王死后，王子幼弱，笈多公主以母后身份摄政（约公元390—410年），这样伐卡塔卡王国实际上成了笈多帝国的一部分。如果梅赫劳利铭文①中提到的"旃陀罗"就是指的旃陀罗笈多二世，那么他在东孟加拉也平定了藩属的叛乱，建立了直接的统治，且在西北方还征服了兴都库什山以外的大夏。至此，帝国几乎包括了整个北印度。旃陀罗笈多的宗教政策也是宽容的。他是虔诚的毗湿奴派信徒，但对湿婆派、佛教徒等也不歧视。他与前代国王一样提倡文学艺术，宫廷中同样供养和赞助文人学士，伟大的诗人、剧作家迦梨陀娑就曾得到他的眷顾。他武功文治都有成就，因此，笈多帝国显得十分繁荣昌盛。我国东晋高僧法显是在他统治期间访问印度的。他在印度游历了9年（公元401—409年），他写的《佛国记》是了解当时印度历史的重要资料，对笈多帝国的核心地区"中国"的看法是，"民人富盛，竞行仁义"②，社会安定，国家丰饶。这说明笈多帝国已得到了巩固。

笈多帝国的政治统治　有关笈多帝国的行政制度，有相当多的碑

---

① 刻在德里附近的铁柱上。
② 章巽校注：《法显传校注》，上海古籍出版社1985年版，第103页。

铭资料可供研究。王位是世袭的，但不全由长子继承，有时是由前王在顾问和王族成员在场时提名指定。国王掌管全权，他们除袭用如贵霜君主的"王中之大王"之类称号外，还使王权进一步神化，如阿拉哈巴德铭文中就把国王说成是"住在地上的天神"。笈多王朝基本上继承了传统的官僚机构。高级官员有政务大臣曼特林（Mantri）、元帅（Mahābalādhikrita）、将军、司法大臣（Mahadandanayaka）等。与以前不同的是有了宣战与媾和大臣（Sāndhirigrahika），也就是外交大臣，这说明与邻邦交往的增多。文武官员之间的职责还没有明确区分，往往互相兼任，有时一人兼任数职。最初大臣由国王任命，后来逐渐成为世袭。当时还建立有一种新的官衔称号，称为鸠摩罗摩迪耶（kumārāmātyas），各级官员即从获有这一称号的人中任命；封建主取得萨曼塔（Samanta）称号后，也被任用为行政官员。他们拥有相当大的权力。这一切都使国王的权力有所削弱。

地方的行政区划是省（Bhuktis）、县（Vishayas）、联合村或村。省由副王管辖，多半是王族子孙担任此职。县由鸠摩罗摩迪耶充任县长，据北孟加拉的铭文记载，县的官员惯例是由省长提名，县长有行会主事、录事长和地方上其他领袖人物协助工作；村有村长，由村会协助。地方官享有较多的自主权。省区外还有被征服的土邦，继续由土著王公统治。他们只有在笈多国王强大时才肯称臣纳贡；王权一旦衰弱，就宣布独立，不承认笈多为宗主国。随着赐地与授权的增多和封建等级的形成，笈多王朝的封建统治特点趋于明显。

第二节　封建社会经济结构的形成

封建制的形成　笈多帝国是印度进入封建制时代的第一个大帝国，这时期封建制生产关系已取代奴隶制成为社会经济中占主导地位的成分，其标志是封建主已成为政治上的统治阶级。在当时社会的主要经济部门农业方面，从事农业的劳动者已是雇农、自由佃农和依附农民。赐地文书中与田地一道赠送的有民户、牛犊等（《佛国记》），没有提到奴隶，这与以前不同。《佛国记》还明确提到，"唯耕王地者，乃输地利，欲去便去，欲住便住"①。耕种国王土地的人交纳地租，他们的人身是自由的。又据《布里哈斯帕蒂法典》（大约编于公元300—500年间）规定，"一个人租了土地，就应当播种和守护它，并在适当的时候刈取收获，如果他不能这样做，就应被迫向主人赔偿收成的通常价值"。这些人显然是雇农或自由佃农。雇佣的耕种者有两种类型，报酬不同，一种是从主人那里取得衣食的，可得收成的五分之一；自备衣食的，则得收成的三分之一②。他们即雇工佃农，与主人的关系不是主奴关系。依附农民是固着于土地而不能随意离开的，在《佛国记》中被称为"民户"，他们与土地、牲畜等一道被转赠。如在中天竺，"诸国王、长者、居士为众僧起精舍供养，供给田宅、园圃、民户、牛犊、铁券书录，后王相传，无敢废者。"③帕拉瓦公元3世纪的铭文中也有赠送婆罗门的土地及依附土地的佃农的记载。伐卡塔卡也有类似的记载。④手工业方面同样排除了奴隶。根据公元100—400年编成的《那罗陀法典》，奴隶只能从事"不洁净的工作"，如打扫门户、厕所、道路，清理垃圾，收拾剩饭、粪便，以及按摩主人的四肢或身体阴处等。生产劳动是洁净的，就由学徒、学生、技师（kusala）与师父担任。这四个等级的劳动者之间利润分配的比例是1∶2∶3∶4。学徒和学生除拜师学艺以外，还应对师父及其妻子殷勤侍候。在规定期限以前，即使学完了所授课业，仍要留在主人家里，其劳动收益均归主人⑤。他们能够学到手艺，结业以后又能独立经营，故与奴隶不同。

---

① 章巽校注：《法显传校注》，上海古籍出版社1985年版，第54页。
② 《东方圣书》第33卷所载该法典Ⅹ，Ⅵ，15，13。
③ 章巽校注：《法显传校注》，上海古籍出版社1985年版，第54页。
④ R.乔塔里：《古代印度经济史》，1982年新德里版，第38页。
⑤ 《东方圣书》第33卷所载该法典Ⅴ，3～8，19，并参阅R.C.马宗达：《印度人民的历史与文化》第3卷《古典时代》，1954年孟买版，第593页。

土地所有制也有了变化，赐地与封建食邑逐渐变为世袭的私有土地。从安度罗王朝时期开始就有了赐封土地，连同其他一些豁免权一并授予。伐卡塔卡王朝也实行这种做法。《佛国记》提到国王、贵族、富人赐给众僧的田地等是记在铁券上，永不改变的。《布里哈斯帕蒂法典》更明确规定，赐地文书应刻在石板、铜牌或写在布块上，载明赐地的时间、位置和大小，一经赐封，便"与日、月同久长"，传之子孙不可褫夺，显然这种赐地已成为受封者世袭的私有地。随着财权、行政权和司法权的授予，受封者实际已成为封建领主，农民与工匠被固着于土地而受其统治。其次是封建食邑，如《佛国记》所说"王之侍卫左右，皆有供禄"。供禄就是官吏的俸禄，折合成田亩，受赐者只能享有这块地的赋税，却没有所有权，也不能赶走土地上现有的佃户。起初，他只能在任期内享有封地的岁入，后来才变为终身享有，进而转化为世袭领地。《那罗陀法典》和《布里哈斯帕蒂法典》规定土地占有达三代即不可剥夺，是有助于这种土地私有化趋势的。

综上所述，在笈多王朝统治时期内，封建主与依附农民阶级的关系已经形成，笈多封建主又取得政治上的统治权，这就开始了印度的封建时代。

附录：

在印度史学研究上，对这个问题是有争论的。唯心主义的史学家不承认历史发展的规律性，不认为分期是历史的客观反映，对他们的说法我们在这里暂且不提。用历史唯物主义来解释印度历史的学者对这一问题也有分歧。这与上面论述印度古代社会的性质问题有密切的联系。重复的话就不提了。这里仅就印度封建社会何时开始的问题，简略介绍如下几种说法：季羡林认为印度封建社会开始于公元前六到前五世纪，在新宗教勃兴的时候（《摩奴法论》汉译本序，见《摩奴法论》，中国社会科学出版社，1986年版，序文第2页）。日本学者中村元认为印度最迟在孔雀王朝统一国家崩溃之后的混乱时期中就出现封建制的萌芽。印度封建社会的确立在公元后的贵霜王朝和安度罗王朝（《中村元选集》第6卷，"关于印度封建制问题"，引自《南亚研究》1983年第2期。）《苏联境外东方诸国中世纪史》认为印度封建社会始于笈多王朝。印度学者高善必在他的《印度史研究导论》中提出自上而下的封建主义大体上是从笈多王朝到7世纪玄奘访印；自下而上的封建主义则在约十三四世纪，等等。争论的中心是封建主义的定义以及封建主义的标志是什么。这些都是需要结合历史资料来探讨的。

社会经济的发展　封建制的形成改善了劳动者的状况；笈多帝国统一北印度使人口众多而富庶的地区得到了和平与安宁，这一切都有利于社会经济的发展。农业方面的发展，表现在铁制农具的推广，肥料的广泛使用，耕作技术的提高，耕种面积的扩大。由于采取排干沼泽、兴修水利与应用水车等措施，荒地得到开垦。作物的种类和数量都有增加。手工业中纺织工业最为发达，棉、丝、毛织品花色品种都有改进，秣菟罗棉布和波罗那斯丝绸远近闻名。养蚕业也有发展。冶金技术也较前进步，公元5世纪在安巴拉树立的铁柱（现今在德里的梅赫劳利），高达7.25公尺，重为6.5吨，已有1500多年的历史，由于铁质比较纯净，至今没有锈蚀。还有，在比哈尔发现的苏丹甘杰青铜制的佛的立像，高约2.25公尺，重近1吨，十分精美。铸造金、银钱币的技术也很高超。造船术比前有了提高。阿旃陀壁画中出现有三个桅杆的海船。寺庙建筑除佛教的石窟寺庙外，婆罗门教、耆那教寺庙也不少，大都用石头代替了砖和木料，并有雕刻装饰，设计得很好。此外，如珠宝的镶嵌，木工制品的精美都反映了生产力的提高。

物质财富的增长带来了商业特别是对外贸易的发展。重要城市与口岸之间都有公路连接，用畜驮或牛车转运；通航的河流则有船运。出口货物有香料、胡椒、檀木、珍珠宝石、靛蓝、药草、细布、象牙等，运往中国的有棉花、象牙、黄铜器、猴、鹦鹉、象；主要的进口货物为金、银、锡、铅、丝与马匹等，其中自中国输入的有麝香、生丝、丝织品、桐油、琥珀。东南亚的马来西亚、柬埔寨、泰国等地都有印度的商站，在连接中国与地中海沿岸的中亚"丝绸之路"上和以往一样有印度商人的足迹。印度对罗马的贸易继续有大量的出超。罗马帝国分裂，西罗马衰落后，印度对拜占庭帝国的贸易也有出超。笈多帝国从对外贸易中获取了巨额的利润，有助于经济的繁荣。

从考古发掘到的文物和当时的文学作品中都可以看出生产的发展，以及人民生活水平的提高，如城市居民的穿着、佩戴、住房的改进，屋内陈设除陶器外还有铜器和铁器，但贫富的差距也很大，城区较富，郊区贱民的生活则非常简陋；不过农村的贫富悬殊较小。各地经济发展则很不相同。大多数内地城市衰落了，正如中国旅印高僧法显所说，"其国丰饶，人民炽盛"①，是指中天竺、东天竺等笈多王朝统治的中心地区；而有的地区如迦毗罗卫、拘尸那羯罗（今印度北方邦东北、尼泊尔南）等地则"大空荒，人民希疏"②。笈多帝国与孔雀帝国不同，对手工业和商业官方不垄断，政府很少干预，行会享有充分的自治权，在经济生活中起着极其重要的作用。它们有共同的财产，和以往一样，能够发行期票（hundis）甚至铸造钱币，有自己的行规，处理成员间的纠纷，并管理成员的经济活动。但手工业行会已开始失去先前所具有的重要性，它们的权力由封建主所接替。笈多帝国发行金币、银币较多，未发行铜币，也许是由于有行会钱币，还有法显提到的"贸易则用贝齿"③ 的缘故。这说明一般交易数额不大，生活必需品的价格不高；同时也反映当时货币经济还不发达，村社的自给自足经济仍占有主导地位。

随着封建制经济的发展，税收、贡纳和劳役日渐加重。除土地税、

---

① 章巽校注：《法显传校注》，上海古籍出版社1985年版，第62页。
② 章巽校注：《法显传校注》，上海古籍出版社1985年版，第71、81、82、89等页。
③ 章巽校注：《法显传校注》，上海古籍出版社1985年版，第54页。

行业税、商税外，还有财产税、过渡税、口岸税、紧急税等，对过境官员与军队要供应金钱、粮食、花卉、牛奶等，还需供应牛备运输。强制劳役包括各种工作，参加者扩大到被统治的各个阶层。除修路、运输外，还有多种无偿的劳动，如打扫房屋、清理仓库、干各种杂活等。因而农民、手工业者的生活在封建制时代虽有改善，但经济繁荣的主要受益者还是封建主与大商人阶层。

笈多帝国在文化上无论是文学艺术还哲学、科学都有重要的成就（关于他们的贡献在本书第12章中将作详细的介绍）。这也是封建社会经济发展的反映。

种姓制度的变化　这时期种姓制有了很多变化。由于笈多诸王信奉婆罗门教，婆罗门的地位又受到重视。他们得到赐田，有了随之而来的政治权力。他们主管教育，垄断知识。他们编写的各种文献都宣扬婆罗门种姓的高贵。如法典对他们的特权有明确规定，婆罗门绝不能成为奴隶，犯罪时其最高处分只能是流放，不得处死或奴役。在神判法①中，刹帝利受火检验、吠舍受水检验，首陀罗受毒药检验，婆罗门则受称衡检验，与其他种姓不同。在日常生活的各个领域内也都有严格的种姓划分。根据公元6世纪彘日的《布里哈特本集》的记载，各种姓在城市里有不同的居住区。婆罗门应有一幢五间房的房屋，刹帝利四间、吠舍三间、首陀罗只二间；大小、规格也按种姓高低而有不同、使用伞的种类对不同种姓也是有区别的。他们非常重视婆罗门血统的纯洁，特别厌恶贱民的不洁，甚至碰到贱民的影子也认为是受到污染，也要举行净身仪式。他们反对漂洋过海到远方异国去，因为会与不洁的蔑戾车②接触而受到污染，在国外又难遵守种姓规则。这便影响印度人（主要是高级种姓）参加海外贸易，但却有利于婆罗门抑制商人（吠舍）的经济力量；

---

① 神判法（Ordeal），古代人深信神灵庇护无罪者。因此在判案时，由有关人接受检验，如无损伤即为无罪。但婆罗门只接受称衡检验。其他种姓则均接受对身体折磨的检验。

② 蔑戾车（Mlechha），泛指非雅利安人。

同时，还可打击吠舍商人支持的佛教与耆那教。

传统的四种姓之间的划分在这时期编写的法典中虽有明确的规定，但实际上并未严格遵守。有的种姓成员从事别的种姓的职业。如婆罗门可成为国王，刹帝利有权举行宗教仪式。公元5世纪的铭文提到在恒河上游城市生活的两位刹帝利在从事商业；另一铭文提到古吉拉特的缫丝者行会，由于丝的销售不景气，迁移到马尔瓦，改而从事弓箭手、兵士、吟游诗人与学者等高级种姓的职业。婚姻方面同样有伸缩性，既有顺婚也有逆婚。不同种姓、宗教和种族之间互婚的情况也是存在的。

由于工商业的发展，分工的深化，职业的增多，以职业为基础的阇提数目也有显著的增加。如工匠中分为首饰匠、兵器匠等，商人也进一步分为油商、布商、水果商等，各自成为阇提。还有由于赐地的增多，登记办理土地转让有了专门的人员，称为卡亚斯塔（录事），他们也形成一个新的阇提，其他一些专门技术人员如医生、机械师、建筑师等也有自己的阇提。

随着地方自给自足封建经济的发展，工匠和商人的流动减少了，最终也固着在土地上，成为依附封建主的劳动者。无种姓或失去种姓的贱民地位更加下降，受到十分屈辱的非人待遇。他们被认为是具有生性不洁、不忠诚、嗜盗窃、好异端、喜争吵、重情欲、残忍、贪婪等习性的"恶人"，因此，必须与他们隔绝。《佛国记》描述得很具体，说是"旃陀罗名为恶人，与人别居，若入城市则击木以自异，人则识而避之，不相唐突"①。

这时期外族迁入印度的也增多了。侵入印度的外族与印度周边的部落接受了婆罗门的教化，其统治家族称为拉杰普特人（Rajputs，意为"王子"），按惯例被列为"低下的刹帝利"的种姓。他们保持了氏族部落军事组织，比较强悍，成为印度封建主的重要军事力量。外族部落一

---

① 章巽校注：《法显传校注》，上海古籍出版社1985年版，第54页。

般的成员则被划入较低级的社会集团或阇提,如旁遮普的扎特农业种姓就是一例。因此,这时期内刹帝利种姓人数增多,其次首陀罗和贱民由于吸收了落后的部落,在人数上也大大增加。

奴隶制与妇女地位　根据《那罗陀法典》,奴隶种类按照来源有 15 种。随着社会经济的发展,财富的分化,因负债不能偿还成为奴隶的增多了,还有因贫困而自卖为奴的,战争中的俘虏和因犯罪而被罚为奴的。法律极力保证高级种姓不受低级种姓的奴役,买卖婆罗门妇女是无效的。男女奴隶干着低级、肮脏的工作,主要是家务活,为奴隶主的奢侈生活服务。法律还规定奴隶的解放条件和解放仪式。如因饥荒而沦为奴的,缴纳一对公牛后即可得到解放;债奴在还清债务后,可得到解放;由于与女奴结合而为奴的,脱离这种关系后即可解放;等等。只有违背苦行誓言的变节者被罚为奴隶的人不能解放,但如果是婆罗门,则只能处以流放,而不得迫使为奴。其他原则上不能解放的奴隶,如果救了主人的命,也可以得到解放。解放奴隶的仪式是由奴隶主从奴隶的肩上取下盛水的容器并把它打碎;用混有大米和鲜花的水浇在奴隶头上,并叫他一声"自由人"后,使他面向东方行走①。这些解放奴隶的规定在法律上明文刊载,说明奴隶制已不那么必要,它成为封建制时代的附属品。

这时期的妇女和以往一样,地位是低下的。由于处在家长制社会下,一般妇女得不到受教育的权利,只有上层社会的妇女例外,她们能有学习的机会,有时与男学生一道学习。《长寿字库》中提到有女教师、女导师等词就是证明。有的上等阶层妇女在一些地区担任行政要职,笈多王朝王后的地位就重要。女孩在青春期前就应结婚。犊子氏的《欲经》提出,要求妻子对待丈夫就像对待神一样,她的行动要得到丈夫的允许,她要参加丈夫的斋戒与遵守丈夫的誓言。她要服侍公婆,听从他

---

① 《那罗陀法典》Ⅴ,25-43。

们的盼咐。丈夫出门时她要过苦行生活，不能戴饰品，不能独自出外。她要料理家务，计算开支，祭祀家神，管理田园家畜等。绝对贞洁、忠于妇道的妻子就能得到尊敬。丈夫不得任意遗弃妻子，除非她与首陀罗或其他低级种姓的人私通，或与他人结合怀孕生子或企图谋害丈夫。当时不仅国王、贵族，就连一般富人都盛行一夫多妻。而寡妇却不得再嫁，但也不是绝对禁止。《长寿字库》就有 Punarbhú，就是再醮寡妇的同义词，有的认为这是同居。萨蒂的习俗也开始流行，但也多限于上层人士。另外，在城市中有妓女，寺庙里有神婢，她们也是受欺侮的。

第三节　笈多帝国的衰亡

哒人最初的入侵　旃陀罗笈多二世的继承人鸠摩罗笈多一世统治的 40 年（约公元 415—455 年）中，笈多帝国基本上保持了统一和威望，但不久就出现了来自西北方的匈奴人的威胁。匈奴在印度的文献碑铭中称为亨纳（Hūnas），希腊史料称为白匈奴，拜占庭史学家西奥法尼斯称该族首领名厌达兰厄斯（Ephthalanus），因而称其人为厌达栗陀人（Ephthalites）由此我国译为哒人[①]。他们可能是匈奴与月氏的混血种，最初分布于阿尔泰山以南到天山东部地区，公元 4 世纪中叶后为柔然人所迫西迁，大约在公元 5 世纪初出现于阿姆河流域，逐渐向波斯与印度扩展。5 世纪中叶越过兴都库什山，占领喀布尔和犍陀罗，进攻笈多帝国。约公元 460 年，他们被塞建陀笈多（Skanda-gupta，约公元 455—467 年）击退，但对波斯的战争却取得胜利。公元 484 年杀死波斯王菲罗兹，势力大为增强，建立了一个包括中亚、波斯、阿富汗等地的大帝国，首都在巴尔赫，继续向印度扩展。

笈多帝国的衰落与哒人等的再次侵入　塞建陀笈多对哒人的胜利虽然保全了帝国，却耗费了大量的人力和物力，他的金币质量的降低

---

① 参阅王治来：《中亚史纲》，湖南教育出版社 1986 年版，第 155～156 页。

说明财政的枯竭。在他之后，王位的争夺和内部倾轧，大臣专权与地方割据等促使笈多帝国日趋衰落和分裂。约在公元5世纪末6世纪初，伐卡塔卡人从南方进攻，削弱了笈多的力量。北方嚈哒人在头罗曼（Toramāna）率领下，再度侵入印度，占领了西印度的大部分地区，一直打到埃伦（即今中央邦的绍戈尔县）。他铸造的钱币表明他曾占领克什米尔、旁遮普、拉贾斯坦和中央邦、北方邦的部分地区。不过他在公元510年为巴奴笈多击败，势力暂时受挫。到他的儿子米希拉古拉（Mihirakula，意为"日族"，《大唐西域记》译音为"摩醯逻矩罗"，译意为"大族"，似误）约在515年继位时，嚈哒人又继续扩张到瓜廖尔，侵占了北印度大片土地，定都奢羯罗（即锡亚尔科特）。我国北魏使臣宋云、惠生曾拜访过他，据称有四十余国向嚈哒人朝贡，势力极盛①。按玄奘记载，笈多国王曾一度向他称臣纳贡②。嚈哒人大约于公元553年为马尔瓦的首领耶输达曼（Yasodharman）击败，接着为笈多王朝的幼日王逐出恒河流域，后来又受到突厥人和波斯人的打击，他们的势力便衰落了。留在西北印度和马尔瓦的一些地区的残余势力，与印度各土著王公继续战斗，直到被同化而成为印度社会的成员。与嚈哒人一道进入印度的还有其他一些中亚的游牧部落，如瞿折罗人③，他们逐渐散布到克什米尔、旁遮普、拉贾斯坦、古吉拉特与马哈拉施特拉等地，他们也逐步印度化。这些外族的迁入印度对后来印度的社会结构与政治发展很有影响。

嚈哒人势力的崩溃并未导致笈多帝国的恢复。中央权力已因长期战乱而衰颓；又由于与西方的丝绸贸易下降，对外贸易的衰落影响笈多帝国的经济，造成城市萧条、道路阻塞，更加速了它的分裂与衰亡。到公元6世纪中叶，笈多王朝已不再有政治实力了。笈多王朝共统治了约

---

① 范祥雍校注：《洛阳伽蓝记校注》，上海古籍出版社1978年版，第288页。
② 季羡林等校注：《大唐西域记校注》，中华书局1985年版，第356页。
③ 瞿折罗人（Gurjaras）据考证可能是来自中亚的卡扎尔人，见《英国大百科全书》第9卷，1978年版，第358页。

230年，此后，北印度又陷于四分五裂的局面。

帝国衰亡的原因　学者们对这一问题还有不同的看法。有的学者强调外因，认为哒人的入侵是帝国衰亡的主要原因。哒人的入侵确曾对帝国的财力和军队是一沉重打击，但并未结束笈多王朝的统治。相反，笈多王朝还有能力击退哒人的进攻，并能联合其他印度王公，将他们驱逐到克什米尔。另一些学者则着重内因，认为后来的笈多统治者受佛教非暴力学说影响，不能使用武力抵抗内外敌人，导致国家衰亡。笈多帝国军力不强是一原因，但不一定是受佛教非暴力学说影响的结果。主要是因为军队由各藩臣提供，缺乏有效的组织和指挥。加之，王室内部的争权，大臣的专政，地方的封建割据，都使外敌有可乘之机。除以上的原因外，应当指出帝国的解体还有经济上的原因。自给自足的封建经济是地方割据的基础，对外贸易的衰落更加使自给自足的自然经济得到加强。这就更易导致政治上的分裂。

第四节　南印度的封建国家

文迪亚山脉以南的南印度封建国家中，以上德干的伐卡塔卡王朝和建志（今马德拉斯附近的康契普腊姆）的帕拉瓦王朝最为重要，现简述于下。

伐卡塔卡（Vākātakas）　伐卡塔卡王族属婆罗门种姓，可能出自中印度，后向文迪亚山以南扩展。初为安度罗王朝的藩属，公元3世纪下半叶在安度罗王朝衰落后兴起。到公元4世纪初普拉瓦拉森那一世（PravarasenaⅠ，公元280—340年）为王时征服西德干的大部分与中印度，势力强大。领土范围北自本德尔汗德，南达海得拉巴。据称他曾举行过4次马祭，并开始采用萨姆拉特（帝王）的称号。死后诸子争王位，国家分裂为二：一都那格普尔，另一都跋沙古拉姆（在今贝拉尔的阿科拉县）。笈多帝国曾通过联姻控制了那格普尔。到5世纪末跋沙古拉姆的伐卡塔卡统治者诃梨申纳（Harishena，公元480—515年）征服了那格普尔，恢复了统一。据阿旃陀的铭文记载，他的声威所及北自马尔瓦南达马哈拉施特拉，东自孟加拉湾西到阿拉伯海，南印度很大一片地区都归顺于伐卡塔卡王朝，但为时很短。在他死后，国家就衰落了，与笈多王朝的衰亡几乎同时。伐卡塔卡国王对婆罗门的赐地极多，这些婆罗门封建主大都从事农业，很少经商。公元550年左右，遮娄其人在德干出现时，伐卡塔卡就消失了。伐卡塔卡在德干统治了约250年，多数统治者均为湿婆教派，赞助印度教，促进了梵语文学艺术的发展，有利于德干的统一与文化的进步。佛教著名的阿旃陀石窟的兴建属于这一时期。

帕拉瓦（Pallavas） 在伐卡塔卡的南边是帕拉瓦。关于帕拉瓦人的起源是一个争论未决的问题。一般认为来自孔雀帝国最南边的省通德曼德拉姆（Tondamandalam），因为泰米尔文通代耶拉（Tondaiyar）就相当梵文"帕拉瓦"，这里的居民就称为帕拉瓦人。他们曾接受孔雀帝国的教化，公元2世纪属安度罗王朝统治。安度罗衰亡后，约在公元3世纪中叶，他们的首领建立的王朝就占了统治地位，首都在建志。约4世纪初在位的湿婆·塞建陀·跋摩（Sivaskanda-varman）是早期最伟大的国王，他统治的地区由克里希纳河到南佩内尔河与贝拉里县，举行过马祭和其他婆罗门教祭祀。4世纪中叶，毗湿奴瞿波统治时受到笈多帝国的攻击，毗湿奴瞿波曾被沙摩陀罗·笈多俘虏，后又被释放，成为笈多帝国的属国。此后，直到6世纪后半叶僧诃毗湿奴时，才又成为强大的国家。他曾攻占朱罗王国及南方其他国家，包括锡兰在内。

在帕拉瓦王朝统治下，封建主享受的豁免权很多。从当时的一份文件中可以看到，一个婆罗门的花园，除免征税收外，还有"不准索取甜奶和酸奶，不准索取盐和糖，免除强迫劳动，不准不断地牵走耕牛，不准索取牧草和木柴，不准索取蔬菜和花卉"等，而这一些却是一般村民要承受的负担。由此可见，帕拉瓦的封建剥削和压迫是沉重的。

本章主要参考书

[1] R.C. 马宗达等：《高级印度史》，张澍霖等译，商务印书馆 1986 年版，第一篇第十章、第十四章。

[2] R. 塔帕尔：《印度史》第 1 卷，1996 年版，1977 年再版。

[3] 章巽校注：《法显传校注》，上海古籍出版社 1985 年版。

第八章 戒日帝国的兴亡与地区王国间的斗争

第一节 戒日帝国的建立与衰亡

笈多帝国崩溃后的群雄争斗 笈多帝国解体后，北印度政治局势混乱，各国争战不休。其中比较重要的有以下四个王国，即摩揭陀的后期笈多，塔内萨尔的普什亚布蒂，曲女城（今卡瑙季）的莫卡里和伐拉比（今卡提阿瓦）的梅特拉卡。在其外围还有孟加拉的高达，拉杰普塔纳的瞿折罗，迦摩缕波（今阿萨姆西部）的跋摩，迦湿弥罗（今克什米尔）的卡尔科塔，马尔瓦的迦罗珠利等国。南印度则有瓦达比（今比贾普尔县的巴达米）的遮娄其和建志的帕拉瓦等国。

这些国家最初大多是笈多帝国的藩属。约公元 5 世纪末苏剌佗（今索拉什特拉）的笈多将军梅特拉卡族（Maitrakas）首领逐渐强大，最早脱离笈多帝国而独立。他们建都伐拉比（Valabhi），并向西扩张，成为西印度强大的国家。到 7 世纪末，伐拉比发展成为商业贸易、文化学术的中心。8 世纪 50—75 年间，这个王国为信德的阿拉伯人推翻，它存在了将近 300 年。马尔瓦的耶输达曼也很早脱离了笈多的控制，前面已经提到他曾打败哒王米希拉古拉。他在曼达索尔的石柱铭文中夸称自己的势力扩展到从布拉马普特拉河到东高止山，从喜马拉雅山雪峰到西部海洋。但他的统治很短促（约公元 530—540 年），马尔瓦不久就为梅特拉卡人、迦罗珠利人和笈多人所分割。

摩揭陀的后期笈多和笈多王朝的关系现在还不清楚。他们可能也是笈多帝国的封臣，在公元6世纪时才宣告独立。这些统治者的名字是以"笈多"结尾，因此，史学家称之为后期笈多。他们统治的地区是从摩揭陀开始，后来被逐到马尔瓦，然后又到摩揭陀，并曾一度扩展到布拉马普特拉河沿岸，击败了迦摩缕波。在公元7世纪的50—75年间，其王阿迪蒂亚犀那（Adityasena）采用了具有帝国地位的称号。他们的政权大约在8世纪中叶时结束。

与后期笈多几乎同时强大起来的莫卡里（Maukharis）是一个很古老的家族。他们的首领于公元6世纪上半叶拥有北方邦等地，也是笈多的藩属，乘帝国的衰落而宣布独立，并夺取摩揭陀的部分领土，使后期笈多人迁入马尔瓦。到伊桑纳跋摩（Isānavarman）为王时（约在公元554年），国家势力极盛。据当时的铭文称，他曾利用战象击退嚈哒人，又曾战胜高达人，并首次采用"王中之大王"的称号。以后为后期笈多所败，约在7世纪初覆亡。

孟加拉在笈多帝国全盛时期也属于帝国的一部分，一些地方的首领于帝国崩溃后宣告独立。高达族（Gaudas）势力强大。7世纪时国王萨桑卡（Sāsanka）占据羯罗拏苏伐剌那国（Karnasuvarna，意为金耳，今穆尔希达巴德县），又向西、向南扩张，争夺北印度的霸权。到约公元620年他死后，高达国分裂，首都为迦摩缕波国王占领，高达国亡。据《大唐西域记》记述，萨桑卡对佛教十分仇视，曾焚烧佛寺、砍伐菩提树，毁坏佛法。

塔内萨尔（Thāneswar）的普什亚布蒂王朝（Pushyabhūti），是笈多帝国灭亡后起着重要作用的王朝。他们建立的国家在《戒日王传》中称为室利康塔国，国都为萨他泥湿伐罗（即今塔内萨尔）。普什亚布蒂是这个王朝和国家的创立者。最初他们可能臣属笈多帝国，嚈哒人入侵时又成为嚈哒人的属国，后来还曾对莫卡里王朝表示忠顺。到公元6世纪初，这个国家在光增王（Prabhākara-vardhana）时才开始强大起来。他采用了"王中大王"的称号。他的国土位于由萨特累季河到恒河上游地区，土地肥沃，农产丰富，又是商业通道，玄奘称是"诸方奇货多聚其国"①。都城的附近为摩诃婆罗多大战中的战场，是军家必争之地，人民比较强悍。他们最后结束了北印度的分裂局面，建成了统一的封建帝国，这一成就是光增王的次子喜增（Harshavardhana）取得的。

戒日王的胜利与帝国的建立　喜增的胜利，首先是由于他的国家富强，有一定的实力；其次是由于他的祖辈的经营与策略。祖父日增王（Ādityavardhana）与后期笈多王摩诃犀那笈多结成姻盟，以对抗强大的莫卡里王。光增王时改变策略，又以其女嫁莫卡里王，两强联合，势力更大。《戒日王传》曾提到光增王威慑邻邦，向外开拓国土。这里的邻邦就是指哝哒人、信德人、瞿折罗人、犍陀罗人、迦罗珠利人与马尔瓦的后期笈多人等的地区，为喜增的发展打下了基础；最后喜增本人的作用当然很重要，他的谋臣班迪与勇将辛哈纳达的作用也不可抹杀。喜增是在他的国家与其盟邦都遭遇极大灾难时即位的。高达王萨桑卡早就与莫卡里有宿怨，又打算向西扩展，于是与马尔瓦的后期笈多王摩诃犀那笈多的旁系子孙提婆笈多结盟。提婆笈多也早就对莫卡里不满。他们于是联合进攻莫卡里。时光增王病重，其长子王增（Rājya-vardhana）正出征哝哒，次子喜增在喜马拉雅山麓狩猎，都不能援助莫卡里。提婆笈多攻入曲女城，杀死莫卡里王，囚禁王后（即光增之女，王增、喜增之妹②）罗阇室利公主。光增王死，王增、喜增来不及处理后事，提婆笈多又乘机进犯塔内萨尔。因此，王增立即率骑兵1万赶往迎击。他杀死提婆笈多，为妹夫报了仇，但他本人却被萨桑卡诱杀。罗阇室利虽从狱中逃出，仍未脱离危险。公元606年喜增继其兄为王，这一年就成为

---

① 季羡林等校注：《大唐西域记校注》第4卷，中华书局1985年版，第388页。
② 恩·克·辛哈、阿·克·班纳吉：《印度通史》（第一册），张若达等译，商务印书馆1973年版，第228页，译为"姊姊"是错误的。

曷利沙纪元元年〔曷利沙是喜增（Harsha vardhana）的音译〕。他立即去文迪亚山林中救出其妹，与妹共治曲女城①，这样他就拥有两国的人力物力，称号戒日（Śilāditya）王子，积极筹划东征高达。他一面练兵，一面与迦摩缕波日胄王（Bhāskaravarman）结盟，准备前后夹击萨桑卡。后者受到这一联盟的威胁，从曲女城撤军。6年后戒日王子巩固了他在国内的统治地位，迁都曲女城（Kanauj），于公元612年正式称王。这就是玄奘所说的"于6年中，臣五印度，既广其地，更增甲兵，象军6万，马军10万"②。象军原为5000，马军原为2万，增加的数目是可观的，但这些数目可能夸大得很多。至于作战五印度的具体范围与扩张的土地情况就不大清楚了。约607年，在奔那伐弹那（今孟加拉的拉杰沙希县）击败萨桑卡③。这是一次决定性的战斗，戒日王的霸业奠定了。后又回师巩固其父在西方扩展的各地。随后的30年内，他的大军几乎踏遍了整个北印度，从北方的雪山到南方的内尔布达河，从东方的甘贾姆到西方的伐拉比。公元630年，戒日王在伐拉比战役中使梅特拉卡人脱离遮娄其影响，成为他的盟国。接着他又计划南侵。当时，遮娄其为名王补罗稽舍二世（约公元609—642年）所统治，势力也很强大，特别是利用醉象冲锋，使敌人无法抵御。戒日王也是以象军著称的。但在内尔布达河各渡口都为敌军坚守的情况下，他无法逾越，象军也被战败。这一战斗大约发生在公元634年以前。迄至公元643年，除南征失利外，其他战斗都取得了大小不等的成果，他所建立的帝国范围是西起旁遮普东部，东至孟加拉西部，北自喜马拉雅山南麓，南达内尔布达河。伐拉比、迦摩缕波为其盟邦，迦湿弥罗、信德、尼泊尔等也受到不同程度的影响。但印度史学家R.C.马宗达经过深入研究《大唐西

---

① 《戒日王传》与《大唐西域记》对喜增如何取得二国王位，特别是曲女城王位，还有些情节未加说明，如喜增受光增王的遗命情况，莫卡里王世系并未断绝等。这些问题尚待研究。"喜增与妹共治"说见《释迦方志》，中华书局1983年版，第39页。

② 季羡林等校注：《大唐西域记校注》第5卷，中华书局1985年版，第429页。

③ D.德瓦胡迪：《论曷利沙的政治》，1983年牛津第2版，第101页。

域记》的有关内容，得出的结论认为，戒日王建立的帝国范围要小于笈多帝国，并不像一些史家所说的那样，整个北印度都处于他的统治下。R. 塔帕尔更认为，戒日王建立的只是王国，够不上帝国①。

戒日王的政治统治　戒日王对帝国的统治大致按照以往印度建立帝国的传统模式，但也受到他本人政治斗争经历的影响。他很注意军事、宗教与外交。他亲自掌握军政大权，处理帝国军政大事。他利用宗教扩大影响，维护统治。早年信奉湿婆教，后皈依佛教，大力提倡大乘佛教。他在各处建立窣堵波和寺院，积极组织宗教活动。643年的曲女城大会曾请玄奘主讲大乘佛教。每五年有一次无遮大会②，在钵罗耶伽（今阿拉哈巴德）举行，不分教派，不论贵贱均可参加。供奉佛陀、太阳神、湿婆神。除兵器外，所有财物均大加施舍，又继承阿育王的慈善事业，提供医药救济贫困等，以缓和贫富矛盾。在外交上，他同以往帝王一样，用通婚方式与外国结盟。他将女儿嫁给伐拉比王德鲁瓦森纳二世，以利于与遮娄其的斗争，又便于控制西海岸的商路。他与迦摩缕波的结盟是为了对付共同的敌人萨桑卡。他于641年以摩揭陀王的名义向我国唐朝派遣使节，后又从玄奘处了解到许多有关唐朝强盛的情况，以及唐太宗英明的事绩，因而一再派遣使节赠送礼品，与中国通好，建立了友好关系。中国使臣来印的，前后有梁怀璥、李义表、王玄策、蒋师仁等。他们都受到戒日王隆重的接待。

戒日王时期的官员设置与地方行政区划大致与笈多王朝相同。中央有宫廷大臣，除行政、军事官员外，还有司法官，其他如管理赐田、田赋等也都有专官。封建主也被任为行政官员。地方区划分为省、县，省长由国王任命。笈多时期县的官员由省长委任，戒日王的领地较小，县长也由国王任命。县署所在地有"青藏"（尼罗蔽荼，nilapita），记载

---

① 《英国百科全书》第9卷，1978年版，第358页。
② 无遮大会（Pancaparisad），意为宽容无阻，不论宗教派别，不分上下贵贱均可参加的佛教施舍布法的大会。

政事善恶、灾祥变迁，由文书官负责。他还编录田亩册（包括已耕、未耕、荒地）①。村是基层的行政单位，由村长管理。

这一时期的刑法较笈多时严峻，叛国犯君的终身监禁；犯伤礼义，悖逆忠孝，则残伤身体（如割耳鼻、断手足等）或流放边远、外国；其他过犯，则输财赎罪。审讯在没有证据判定是非时就采用水、火、称、毒，所谓"神判法"来解决。如下水不溺死，火烧不伤，称人重于石，服毒而无害，就证明他是无辜。因而往往使人民受到冤屈和痛苦，因此，尽管刑罚较重，盗贼仍然不少。这可能是原因之一。迦旃延那法律（Kātyāyana，公元400—600年）的著作对诉讼程序、法令规定与法庭组成等都有记载。国王为最高司法官，亲自审理案件或委任他人代理，并由婆罗门陪审推事等协助。

总的来说，戒日王的统治是很松散的，帝国内有二十多个半独立的封建藩属，另外还有森林部落。他主要靠武力维持宗主地位，迫使藩属纳贡赋与提供军队，执行封建义务；为了加强对地方的控制，戒日王常巡视各地，在行宫中理事。其次是以赐地与封官笼络封建主。

戒日王很注意网罗人才，赞助文学艺术活动。他的朝廷里拥有写作《戒日王传》与《迦丹波利》的巴纳、宫廷诗人摩由罗与提婆伽罗和中国高僧玄奘等优秀的人物。在王田的岁入中专列一项开支，奖励硕学高才，又对当时佛教学术文化中心那烂陀寺赏赐极厚，"舍百余邑充其供养，邑二百户、日进秔米、酥乳数百石"②。许多名流学者（包括玄奘）在这里研究学习。戒日王本人也是诗人和戏剧家，作品有《璎珞传》、《妙容传》和《龙喜记》等。

戒日王帝国的覆亡　如上所述，戒日帝国是一个由许多小封建王国组成的极不牢固的结合体。当他于公元646年底（或647年初）去世时，他的国家立即陷于瓦解和混乱。他是否有儿子不能肯定，根据记

---

① D.德瓦胡迪：《论曷利沙的政治》，1983年牛津第2版，第227页。
② 孙毓棠、谢方点校：《大慈恩寺三藏法师传》，中华书局1983年版，第69页。

载,有一个女儿嫁给伐拉比王,生有一子达罗犀那四世。后者大约在戒日王死时自称"王中之大王",是戒日王在西印度的帝业继承人。觊觎曲女城王位的还有其妹夫莫卡里王的兄弟和戒日王手下的一个名叫阿罗那顺的大臣。后者篡夺了王位,并打算劫持以王玄策为正使、蒋师仁为副使的中国使团,求得外邦的承认。王未从,与副使乘夜暮逃奔吐蕃,得到松赞干布选派精兵1200名相助,又去尼波罗得到700骑兵支援;于是讨伐篡位者,使阿罗那顺遭到决定性的失败。王玄策还从迦摩缕波国日胄王处得到大量牛羊和弓、刀、宝璎珞等的犒赏,并将僭位的大臣俘送到中国。阿罗那顺受到唐太宗的宽恕,留居中国至死。太宗的昭陵侧刻有阿罗那顺的石像,与龟兹、高昌诸王石像并列,这一经过只见于中国记载,印度史学家如R.C.马宗达认为所述情节有些言过其实①。但基本史实还是对的。唐朝使节的这一自卫行动是对玄奘与戒日王所缔造的中印友好关系的维护,是值得肯定的。

戒日王死后,普什亚布蒂王朝灭亡。曲女城的情况有一段时间不清楚。戒日帝国解体后,印度次大陆分裂的局面从7世纪中叶一直延续到12世纪。

第二节　封建社会经济结构的确立与发展

封建制的巩固　笈多王朝到戒日王时期,印度的建制得到巩固。土地分封继续进行,玄奘和巴纳都提到戒日王大量赏赐土地。《大唐西域记》中提到印度王田收入的使用分为四项:"一充国用祭祀粢盛;二以封建辅佐宰臣;三赏聪叡硕学高才;四树福田,给诸异道。"② 除国家与王室开支占一项外,其余三项都属赐田性质,有的作为俸禄,有的则是宗教费用。当然这四项并不是各占1/4,主要的部分还是第一项。其

---

① R.C.马宗达主编:《印度人民的历史与文化》第2卷《古典时代》,1954年孟买版,第124页。

② 季羡林等校注:《大唐西域记校注》第2卷,中华书局1985年版,第209页。

次"宰牧、辅臣、庶官、僚佐,各有分地,自食封邑"①。政府自上至下各级官员都有了封邑,比笈多时期又进了一步。赐田的普及,赐予的权利也逐渐增多,领主与封臣间有了不同的从属关系。取得赐田封邑的封建主得到萨曼塔(Sāmāmta)称号。那些被征服的封建主也自称萨曼塔表示忠顺。他们有义务向君主定期朝觐、侍奉、纳贡、提供军队参加战斗等,并须将自己的子女留在君主身边作质。萨曼塔除得到赐封的土地、村庄外,还可得到君主赏赐的黄金、车辆等。但如有过犯,则被剥夺其特权、赐地与称号,只留下赡养费。萨曼塔田赋收入根据赐田多少而定,赐田1000犁②,约合收入1000银卡尔沙帕纳。由领地的大小和从属农民的多少,确定封建等级的高低。在称号方面,各等级也有不同。萨曼塔之上有摩诃萨曼塔、藩王、大王等。较小的封建主有拉纳卡(ranaka)、塔库拉(thakura)等。被征服的藩属仍保有一定的独立地位,强大的藩王可以不经君主同意而自行给属下分封土地,形成各层封建隶属关系,削弱了君主的专制权力。婆罗门、佛僧及他们的寺庙也接受赐地,而且其数量最多,又享有免税、免受官吏干扰等特权,因此控制很多的依附农民,拥有大量的财富,在封建经济中占有很重要的地位。

这一时期的农民,仍保有农村公社的组织,过着农业和手工业结合的自给自足的经济生活。根据《大唐西域记》:"赋敛轻薄,徭税俭省,各安世业,俱佃口分。假种王田,六税其一。"③ 农业税仍是土地产量的1/6。赋税徭役都比较轻微。不过,从铭文资料中可以看到额外的捐税很多,如使用织布机、榨油机、耕畜等都得纳捐,建房、结婚、祭祀等均须缴费。还有村镇地方政权的开支,包括警察、看守等的薪俸,杂税多达18种,也都向农民征收。劳役除大部由国家派用来修建灌溉工

---

① 季羡林等校注:《大唐西域记校注》第2卷,中华书局1985年版,第209页。
② 犁为田亩单位,即用一定数量的牛拉一犁能耕的亩数,即约为1.3英亩。参阅D.德瓦胡迪:《论曷利沙的政治》,1983年牛津第2版,第194页。
③ 季羡林等校注:《大唐西域记校注》第2卷,中华书局1985年版,第209页。

程、城堡、宫殿、庙宇、道路和桥梁等外，还须侍候封建主围猎，以及一些临时差遣，甚至包括封建主家庭里的杂活。可见农民的负担还是相当沉重的，虽然不像西欧封建制有所谓劳役地租作为主要的剥削形式。

关于"世业"和"口分"的田制，可能是玄奘用中国唐朝田制的名称"永业田"和"口分田"的均田法来说明印度的制度。大概印度农民占有的田地，有一部分是私人占有世袭的，一部分是公社按户口分配的份地，有的要纳税，有的则是纳租，具体关系还待进一步研究。根据赐田铭文，往往是连同田地一起将整个村社农民都转交寺庙或世俗封建主。在这种情况下，农民所受的封建剥削可能更重。唐朝的另一位访印名僧义净（公元635—713年），在他的《南海寄归内法传》中就提到有的佛寺的实物地租为土地产量的1/3。村社的村长和文书等负责征收田赋，利用自己的职权、地位，剥削穷苦的公社成员。他们一般占有较多的世袭分地，久而久之就成了小封建主。至此，印度社会自上而下的分封授地，与村社建关系的确立使封建制得到巩固和发展。

种姓制度的演变　随着封建制的确立，种姓制度也有了相应的演变。其中最大的变化是吠舍种姓，他们内部有了分化。从事商业高利贷的上层吠舍仍保留原有的种姓，即玄奘提到的"贸迁有无，逐利远近"的商贾。广大的村社农民在外族入侵和战乱中，受到社会经济破坏的影响最大，很多沦为依附农民，社会地位下降为首陀罗种姓。原有的首陀罗从事手工业和各种服务行业，现在有的转而从事农业，也成为依附农民，即玄奘称为"肆力畴陇，勤身稼穑"的农人，他们的经济条件和社会地位较之奴隶制社会阶段有了相对的提高和改善。随着职业分工的细密，阇提的数目也增多了。他们都要服属高级种姓封建主的统治。婆罗门和刹帝利就大多是宗教的和世俗的封建主，是占统治地位的高级种姓。从笈多王朝以来，在婆罗门编写的法论中总是将各种姓的职业规定得很明确，但实际上在社会的演变中，种姓与职业同以往一样并没有必然的联系。据巴利文佛典记载，婆罗门除祭祀以外，还有做医生、信差、税吏、樵夫、商人、兵士、木匠、猎人、侍卫等各色人等的。但最低贱的职业就只由贱民担任,他们在各方面受到歧视。《大唐西域记》中就提到"屠、钓、倡、优、魁脍、除粪,旌厥宅居,斥之邑外,行里往来,僻于路左"①。他们的住宅有特殊标记,只能住在城外,走路也要避开与高级种姓相遇;低级种姓或外族无种姓的取得政治上的统治地位后,就要想方设法把自己的祖先家系和高级种姓联系起来,这样他们的地位就可以得到种姓制的维护了。总之,种姓制是有利于封建统治的。因此,在巩固封建制中它是起着较大作用的。

封建经济的发展 封建制确立后,社会经济有了进一步的发展。首先在农业方面,大量赐地包括荒地与休耕地得到开垦。使用轻型犁,各地对水利的重视如苏达尔桑纳湖灌溉工程(在卡提阿瓦)的修复与供水,灌溉田亩有波斯水车,农产品特别是蔬菜、水果种类的繁多及各种名产,在玄奘、义净和巴纳的著作中都有列举。粮食有西北印度盛产的小麦;西印度的稻米与大麦;摩揭陀还产良种稻,米大于乌豆,做饭香鲜,非常有名,称为供大人米②;波里夜呾罗(今拜拉特)有一种稻,下种60天就可以收获③。经济作物有棉花、椰子、油料、甘蔗、靛蓝等,蔬菜如瓠瓜、甜菜、瓜等,水果有石榴、柑橘、芒果、葡萄等。

手工业门类很多,重要的是纺织业与冶金业。纺织业使用的原料有棉、麻、丝、毛等,织品的花色种类也很多。巴纳提到迦摩缕波国王送给戒日王的有麻、丝织品,还有绘有图案花纹的布,阿旃陀壁画中可看到细纹棉布、丝绸绣花的衣物。冶金业的金属原料有铁、鍮石即黄铜、铅、金、银等,冶炼技术精良,铸造的兵器如刀、矢、剑、斧、戈等受到玄奘的赞赏,说是"凡诸戎器、莫不锋锐"。金银饰品,钱币也很著名。其他手工业还有制糖、榨油、造船、象牙雕刻和漆制品等。武器供

---

① 以上所引均见于季羡林等校注:《大唐西域记校注》第1卷,中华书局1985年版,第197、173~174页。
② 季羡林等校注:《大唐西域记校注》,中华书局1985年版,第622~623页。
③ 季羡林等校注:《大唐西域记校注》,中华书局1985年版,第376页。

作战之用，奢侈品主要供封建主贵族享用，另有部分外销。乡村手工业如铁匠、木匠、陶工等的制品则主要供应农民。

商业、对外贸易继续发展。内地商业，村镇有集市，交换生活必需品如盐、布、农具等。商人来往，由于陆路有盗匪，多走水路。南北贸易比较发达。西北印度由于受到哒哒人的破坏，呾叉始罗、富楼沙等城市衰落了。木尔坦是一个控制印度河下游的重要城市，后来成为西北印度的贸易中心。恒河中下游的古代著名城市在笈多王朝以后继续衰落，如巴连弗邑（即华氏城，今巴特那）在法显时还是"民人富盛"的最大城邑，到玄奘时整个摩揭陀已经是"城少居人"而荒凉了。曲女城代之兴起，政治中心和宗教中心已转移到西部恒河中上游一带。塔内萨尔是控制恒河上游平原的战略要地，哈德瓦尔（Hardwar）为印度教徒朝拜的圣地，这些地方都成为新兴的城市。重要的对外贸易城市伐拉比、苏刺陀和耽摩栗底等仍很兴盛。但自公元3世纪罗马帝国衰落后，印度与西方的贸易就一蹶不振，因而更多地转向与东南亚的贸易。在东南亚的许多地方都建有印度人的商业据点，传播印度的文化。印度的殖民者使那里出现了一些印度化的国家。

第三节　封建制时期宗教方面的变化

佛教的衰微　随着印度社会进入封建制阶段，印度的宗教也发生了变化，首先是佛教逐步走向衰微。法显、玄奘等中国佛僧访问印度时对宗教问题是很注意的，法显已发现一些佛教圣地遭到遗弃，佛教有衰败的迹象。玄奘见到有的寺院荒废、佛塔残破，有的异道甚多，僧徒寡少，如果和法显时代相比，无论是寺庙和僧徒数目都大大减少，但有些寺院如那烂陀寺、伐拉比寺等还是比较兴盛的，不过总的来说，佛教是在走下坡路，佛教中小乘教派又比大乘教派衰落得快。佛教的衰败从外因方面来看，是由于受到统治者的迫害，如哒哒大族王破坏寺院、杀死僧侣；狂热的湿婆教徒高达国王萨桑卡也破坏佛法等。其次是外道，主要是婆罗门教的排斥打击。婆罗门教并没有因为佛教的兴起而消失，它一直保持相当的势力；加之，笈多诸王信奉婆罗门教，自然增强了它的力量，就连戒日王后来虽崇信佛教，但仍供养婆罗门。他在曲女城法会上重视佛教沙门，就遭到外道阴谋暗害和破坏，可见外道即婆罗门的力量之大。从内因来看，前已提到佛教寺院占有大量田地财富，僧侣又经商和放高利贷，也有丰厚的收入，上层僧侣生活渐趋奢侈，腐化堕落；其次佛教内部分裂，早期佛学分18派，后分为两个主要的宗派，大乘和小乘，各自还有一些小派，到7世纪又分出金刚乘（Vajrayāna），强调巫术仪式。各派解说不同，使信徒无所适从；再次大乘佛教采纳了偶像崇拜，迎神法会等仪式，又强调巴克提（虔诚信仰），和婆罗门教接近，金刚乘也同样如此，失去了佛教本身的特点；还有僧团内部教阶森严，待遇差别很大，这是封建等级制度在佛教僧团内的反映，又承认种姓划分，不许下层人民加入僧团，采用梵语讲经，等等，这些都使佛教和群众脱离，丧失了在群众中的威信，因而统治阶级也觉得它用途不大，不予支持，它就衰落了。

印度教的兴起　婆罗门教吸取了以往失势的教训，采用了佛教、耆那教的一些教义和民间信仰，经过长期的融合，逐渐在笈多时期形成了印度教。到商羯罗（Sankara，约公元788—820年）时才奠定了印度教的理论基础与组织形式。商羯罗是马拉巴尔海岸基腊罗的吠檀多派哲学家。他在宗教哲学上将印度教加以理论化，用大乘佛教教义解说吠陀文献，建立了"不二论"（advaita）完整的唯心论体系。认为只有梵和我、宇宙精神和个人精神是真实的存在，现实世界全是"摩耶"（Maya，幻象）。在组织上组成了修道团、印度教的僧团与寺院，从而增强了力量。

印度教崇拜的三个主神中，梵天为创造之神；毗湿奴为守护之神，也能降魔创造；湿婆为破坏之神，也能再生；后二者都具有梵天神创造万物的作用，因此能够取代梵天神。印度教主要分为毗湿奴与湿婆两派。印度教用化身说把其他宗教与民间故事中的主要人物（如释迦牟尼、罗摩、黑天等）说成是湿婆或毗湿奴的化身，或是体现这两位大神的创造力或破坏力的形式，从而吸引其他教派群众，并借助这些人物的声名扩大自己的势力。它还将非雅利安血统的女神纳入婆罗门神殿，说雪山神女是湿婆的配偶，主管财富之神的吉祥天女与毗湿奴结合。由于吉祥天女早已受吠舍、首陀罗低级种姓的欢迎，因此有利于印度教在低级种姓中的传播。此外，它还导致了对阴性力量（萨克提，Sakti）的崇拜，并发展成为印度教的一个新派（性力派）。这一派与毗湿奴派、湿婆派一道成为印度教的三大派。

印度教的经典除专门为婆罗门研读的吠陀、梵书、奥义书外，还有史诗、往世书、法论、宗教诗歌等。它的教义吸收了佛教、耆那教的不伤生、禁欲、苦行等内容，主要表述在《薄伽梵歌》里。它确认种姓制度，要求每个种姓按照自己的地位所应有的行为规范（达摩）去生活，履行祭祀，还要虔信神灵，才能得到解脱。首陀罗只有通过为再生种姓服务，虔信神灵，在来生才能转为较高的种姓；否则就沦为贱民，甚至在地狱受苦。反复强调的说教人们现世所处的地位与苦乐都是前生行为的果报。印度教一方面倡导苦行禁欲，自我折磨，使被压迫被剥削的低级种姓甘心忍受现实的痛苦，放弃反抗与斗争；一方面又宣扬欲享乐，如湿婆神既是苦行之神又是舞王，使剥削阶级封建主心安理得去挥霍财富追求欢乐，印度教就是这样适应了封建主阶级的需要，因而得到他们的支持和倡导。印度教逐渐取代佛教成为在印度占统治地位的宗教。

第四节　地区王国争霸与外族入侵

两雄相继称霸北印度　戒日帝国解体后，各地领主纷纷独立，称雄争霸。由于曲女城曾是戒日帝国都城，北印度最大的政治中心，因此就成为各强争夺的目标，占有了曲女城，就意味继承了戒日帝国的地位。各地领主也向其领地周围扩张，发动兼并战争。

约在公元8世纪初，继戒日王之后统治曲女城的是耶输跋摩

(Yasovarman)。他自称是月族后裔，根据他的宫廷诗人写的《高达征服记》，我们知道他曾东征杀死高达王。他还曾继续向海岸推进，战胜文加人；转而向南直达内尔布达河；后又经拉杰普塔纳沙漠，然后再北上塔内萨尔，凭吊"俱卢之野"古战场后，再至喜马拉雅山地区，最后，胜利返回曲女城。这些事迹的描述是属于歌功颂德的性质，难免没有虚构。例如按照遮娄其王的铭文，在这期间他曾击败"北方之主"，可能指的就是耶输跋摩，那么后者就不是所向无敌的了。根据中文资料，耶输跋摩曾于公元731年派遣大臣即佛僧普陀生（Buddhasena）去中国，求中国帮助对付进犯印度的阿拉伯人与吐蕃人，但结果不详。最后，约在公元740年他为迦湿弥罗王所杀。曲女城转入迦湿弥罗人之手。

迦湿弥罗曾属哒人统治，7世纪时杜尔拉巴伐弹那（Durlabha-vardhana）在那里建立了卡尔科塔（Kārkota）王朝，国家才开始强盛起来。玄奘曾访问过这里，在《大唐西域记》里提到杜尔拉巴伐弹那还统治5个小国（旁遮普西部和西北部）。其孙拉利达迪蒂亚（Lalitāditya）就是消灭耶输跋摩夺取了曲女城的人，高达王也曾向他称臣纳贡。迦湿弥罗的史学家卡兰纳在他编的《诸王世系》中提到，拉利达迪蒂亚曾战胜其国北方和西北方的吐蕃人、达尔德人和突厥人，又曾深入德干高原，还征服过马尔瓦和古吉拉特，并击败信德地区的阿拉伯人。这些史诗式的颂词很可能夸大了他的战绩。不过，迦湿弥罗在8世纪中叶的北印度政治舞台上确是一个非凡的角色。他也曾于公元733年派使节到中国求援，得到唐朝皇帝的赐封。他建立了一些佛教寺院和印度教庙宇，特别是供奉太阳神的马尔丹德庙最有名。以后的统治者都比较软弱，国势衰落，到公元1339年被穆斯林征服。

三强战争 到公元8世纪后期，曲女城成为三强争夺的对象。三强指的是孟加拉的波罗王朝（Pālas），西印度的波罗提诃罗王朝（Pratihāras）和德干的拉什特拉库塔王朝（Rāshtrakūtas）。首先取得曲女城的是波罗王朝。波罗王朝是在公元 8 世纪中叶后由瞿波罗（Gopāla）创立的，后来的铭文称他是日族后裔，但据莫卧儿时期印度史学家阿布勒·法兹勒说，他是属于吠舍的亚种姓。在他的儿子达摩波罗（Dharmapāla，约公元 770—810 年）与孙子提婆波罗（Deavapāla，约公元 810—850 年）治理下，国土向外有很大的扩展，北达甘蒲阁，南抵文迪亚山脉。他们极力想恢复古代孔雀帝国与笈多帝国的光荣，征服曲女城后，扶植查克拉尤达为王，臣属波罗王朝统治。波罗王朝的势力达到顶点。波罗王朝是以华氏城为都的最后的印度教王国，国王以婆罗门大臣为辅佐，本身却虔信佛教，他们极力提倡并向国外传播印度宗教和文化，曾创立乌丹达普拉大学和毗讫罗摩尸罗大学，波罗王朝统治的孟加拉是大乘佛教向东南亚与我国传播的重要基地。它的建筑、雕刻与绘画艺术也对东南亚的艺术有影响。

公元 8 世纪末，波罗提诃罗王朝开始争夺曲女城，爆发了所谓"三强战争"。波罗提诃罗王朝为自称日族后裔的瞿折罗人在拉杰普塔纳建立。瞿折罗人是拉杰普特人中重要的一支，在西印度、北印度建立了一些重要的王朝，波罗提诃罗王朝就是其中之一。纳加巴塔一世（Nāgabhata Ⅰ，公元 730—756 年）时以邬阇衍那（今乌贾因）为根据地，统一了各小王国，又击退了来自信德的阿拉伯人，到弗少王时（Vatsarāja，约公元 778—805 年）占有马尔瓦，开始向东扩展，夺取曲女城，意图先控制恒河流域中游，然后向下游扩展。

这时拉什特拉库塔王朝也准备北上争夺曲女城。拉什特拉库塔王朝的起源和许多其他印度王朝一样是模糊的，可能他们原是达罗毗荼族农民，其首领在遮娄其王朝时获得世袭省长的职位，到公元 753 年丹蒂杜尔加（Dantidurga）统治时才取代遮娄其，奠定了帝国的基础，积极向外扩张。

三强战斗开始，曲女城似乎先落入弗少王之手，达摩波罗前来争夺，两强在河间地发生战斗，而弗少王占有优势。待双方力量削弱，拉什特拉库塔王德鲁瓦（Dhruva，约公元780—793年）乘机出兵，先大败弗少王，使后者逃回拉杰普塔纳的荒漠中避乱；又进而击退达摩波罗，将他逐出恒河河间地。但由于德干发生继位之争，德鲁瓦退兵，达摩波罗得以重整军力，取得了曲女城，如上文所述建立了他在这里的宗主国地位。将近公元9世纪初，波罗提诃罗在纳加巴塔二世时（公元805—833年）恢复了力量，继续推行扩张政策，夺取了曲女城，并在蒙吉尔（在比哈尔）一战中大败达摩波罗。后者向拉什特拉库塔求援，德鲁瓦的儿子戈文达三世（Govinda Ⅲ，公元793—814年）率军北上，于公元809或810年使纳加巴塔遭到惨败，达摩波罗也向他投降。这时南印度各国乘他远在北方，组成联盟反抗，戈文达只得南撤。北方只剩两强相争。这次是波罗主朝的提婆波罗占了上风。波罗提诃罗王朝到公元836年纳加巴塔二世的孙子波阇一世（Bhoja Ⅰ）即位时，夺回曲女城，并以此为都城。提婆波罗死后，波罗王朝衰落了。波阇的继承者摩哂陀波罗一世（Mahendrapāla Ⅰ，约公元885—910年）又向东扩展，使他的版图东到北孟加拉的帕哈尔浦尔，西到卡提阿瓦。这是波罗提诃罗王朝的极盛时期。他的后代再次受到拉什特拉库塔王朝的因陀罗三世（Indra Ⅲ，公元914—927年）的沉重打击，曲女城也丧失了，后虽恢复，元气已大受损伤。"三强战争"长年战乱的结果，三方力量都消耗了，都不能建立统一的封建帝国，各地分裂割据更加严重。到10世纪末，波罗提诃罗王朝的藩属纷纷宣告独立，许多拉杰普特人的王朝在北印度各地建立了自治的小王国。1019年，曲女城被一个更可怕的敌人加兹尼的马茂德攻占，波罗提诃罗王朝维持到1027年就衰亡了。

南印度各国的争霸　南印度的形势也和北印度类似，政治上是分裂的。在德干，继伐卡塔卡而起的是公元6世纪在瓦达比（Vātāpi，今比贾普尔县的巴达米）建都的遮娄其（Chālukyas）王朝，它自称是月族后裔，实际的创始人是补罗稽舍一世（Pulakesin Ⅰ），即位时曾举行马祭。到约50年后，他的后代补罗稽舍二世时（公元609—642年），势力最盛，统治了几乎全部德干地区，又击退了曲女城戒日王的进攻。他和南方帕拉瓦王国的斗争，与北印度的"三强战争"一样无休止，并且世代长期为敌。补罗稽舍二世就是在战斗中阵亡的。双方的首都也都多次被毁。后来，在遮娄其与南方印度三国南北夹击下，帕拉瓦失败了。但遮娄其却早在约公元753年时为一个名叫丹蒂杜尔加的封臣所推翻，后者建立了拉什特拉库塔王朝。此后，帕拉瓦也在公元9世纪末为朱罗王朝所灭。

拉什特拉库塔王朝在争夺曲女城的斗争中一直是举足轻重的，也曾占领曲女城。他们的势力深入到恒河的河间地。南印度各国都承认他们的宗主权，在国际上也享有一定的声望，在阿莫加瓦尔沙一世时（AmoghavarshaⅠ，约公元815—877年），阿拉伯商人萨勒门曾称他是世界上四个伟大君主之一，另外三个是巴格达的哈里发、中国皇帝和君士坦丁堡的皇帝。这时拉什特拉库塔采取的是亲阿拉伯的政策以及对抗他们的共同敌人——瞿折罗—波罗提诃罗王朝。克利希那三世（KrishinaⅢ，约公元939—968年）是拉什特拉库塔王朝的最后一位伟大的国王，他征服了建志和坦焦尔，在南方有较多的建树。他的继承人于公元973年被其封臣泰拉（Taila）推翻，泰拉是后期遮娄其的创始人。

朱罗王朝从拉什特拉库塔王朝处收复了失地，到罗阇罗阇一世（RājarājaⅠ，公元985—1014年）与其子拉金德拉·朱罗一世（Rajendra chulaⅠ，1014—1044年）统治时建立了强大的帝国，陆上统一了南印各国，海外领地则包括锡兰、尼科巴群岛，马来半岛及南洋群岛的一部分，控制了东西方海上交通要道。他们和后期遮娄其为争夺南印度陆上的霸权进行激烈的战斗。

外族的入侵　南北印度的内部争夺无力抵御外族的入侵。7世纪末，信奉伊斯兰教的阿拉伯人占领伊朗和阿富汗，积极向印度扩张。8世纪初，阿拉伯帝国的伊拉克总督借口海盗劫掠了锡兰王送给哈里发的财物，派海军攻占信德，势力直抵木尔坦。曲女城与迦湿弥罗的印度国王一面遣使中国求援，一面设法抵抗。到 8 世纪中叶，阿拉伯人内部分裂，前进的队伍又为波罗提诃罗的纳加巴塔一世所败，阿拉伯人的入侵才中止。这是伊斯兰教的外族对印度的第一次入侵。

  10 世纪中叶即约公元 962 年，阿拉伯哈里发帝国分裂出的中亚萨曼王朝统治者的一名突厥奴隶阿勒普蒂金（Alptigin）在加兹尼（Ghazni）建立了一个新的王国。王国的统治者很注意经营印度，其中最著名的是 998 年即位的马茂德（Mahmùd）。据当时一位穆斯林作家称，"他规定每年对印度进行一次远征作为自己的任务"。从 1001 年到 1026 年的 26 年中先后入侵印度共有 17 次，每次都造成了极大的破坏，抢劫财物，屠杀掳掠居民。1018 年底占领马土腊，那里许多富丽堂皇的庙宇都遭到烧毁，庙里的财宝被夺取。次年又洗劫了曲女城——印度人中享有盛名的京都。曲女城的君主听到敌人到来就逃走了。马茂德在这次远征中获得的战利品十分可观，计有 300 万银币（dirham），5.5 万奴隶和 350 头大象。由于奴隶一时太多，奴价降到每人不超过 10 银币。波罗提诃罗王朝再也无力恢复了。马茂德最有影响的一次远征是 1025 年对索姆那特（Somnath）的洗劫。索姆那特是印度教徒最崇信的月神的名字，在这个以其命名的城市里，有其庙宇。庙内殿堂十分宽敞，支撑屋顶的柱子就有 56 根之多，并有珍贵的宝石装饰这些柱子。庙宇防卫坚固，印度教徒相信月神威力无穷，在恐惧时就到庙里避难。那里 2000 名婆罗门巡礼念经，300 名歌手和 500 名舞伎为神灵歌舞。国王指定 1 万个农庄供养，远近各地信徒献纳的财物也很多，庙里有不少珍奇珠宝。马茂德经过几度攻战，终于占领了这一巍峨的城市与神庙，在庙周围屠杀近 5 万人，捣毁了庙内的巨大石刻神像，劫走的钻石、珍宝等不计其数，传说用 3 万匹骆驼才把这些战利品运回加兹尼。马茂德多次入侵的结果，使整个北印度的生产力受到严重的破坏，印度教军队的士气受到摧残，印度教的势力也受到很大的打击。从印度河到纳加尔科特的整个狭长地带被并入加兹尼的版图，保证了到北印度与西印度的通路的安全，这就为后来的入侵作了准备。

本章主要参考书

[1] R. C. 马宗达等：《高级印度史》，张澍霖等译，商务印书馆 1986 年版，第一篇第十一章、第十二章、第十三章。

[2] 季羡霖等校注：《大唐西域记校注》，中华书局 1985 年版。

[3] D. 德瓦胡迪：《论曷利沙的政治》，1983 年牛津第 2 版。

第九章　德里苏丹国的统治

（1206—1526 年）

第一节　德里苏丹国的建立与巩固

从加兹尼的灭亡到德里苏丹国的建立　加兹尼的马茂德经营印度的主要目的是获得那里的财富，兼并旁遮普是为了开辟去印度的通路，控制进入内地的门户。1030 年马茂德去世后，内部争夺王位的斗争和外部与塞尔柱突厥人的长期战斗，削弱了加兹尼王朝的势力，原为加兹尼藩臣的古尔（Ghur）小王国乘机兴起。古尔王公属于东波斯人血统，其领地在赫拉特东南阿富汗山区。他们逐渐向外发展，到 1186 年，古尔的穆伊兹-乌德-丁·穆罕默德（Múiz-ud-din Muhammad，通称为古尔的穆罕默德）占领了加兹尼的最后据点拉合尔，加兹尼王朝灭亡。

古尔人继续向恒河—朱木拿河流域扩张。1191 年，在塔内萨尔附近的塔拉因，古尔的穆罕默德遭到德里和阿杰米尔的统治者、拉杰普特族乔汉王普利色毗罗阇的英勇反抗，曾一度大败。他身负重伤，退回加兹尼。次年，他重整旗鼓，再次入侵。第二次塔拉因大战中，他以灵活的战术迷惑敌军，取得决定性的胜利，处死普利色毗并相继攻克汉西、沙马那、库拉姆等要塞。他进军阿杰米尔，占领该地后大肆抢劫，还俘虏许多居民作为奴隶。他留下忠实副将库特卜·乌德丁·艾巴克掌管新征服的印度领土，随即返回加兹尼。艾巴克于 1192—1193 年攻占密拉特和德里，德里成为他的司令部。1194 年他协助穆罕默德攻下贝拿勒斯，1198—1199 年又占领曲女城。1202 年以后，卡林贾尔、马霍巴、巴达翁等富庶城市也先后沦于他们手中。与此同时，古尔的另一员骁将伊赫蒂亚尔-乌德-丁·穆罕默德（Ikhtiyar-ud-din Muhammad）占领了比哈尔和孟加拉的西部，摧毁了波罗王朝庇护的佛教寺庙，屠杀佛僧，自此佛教在印度几乎绝迹。伊赫蒂亚尔还妄图远征西藏。约在 1205 年中，他率领 1 万骑兵向东北推进，在一座坚固的城堡下受阻。这一地点尚未查明。他在这里猛攻不克，损失惨重，退兵途中又遭到当地人破坏，结果只剩下 100 骑逃回印度。不久，他本人也被部下刺死。

古尔的穆罕默德的许多部下都信奉伊斯兰教，是受过军事训练的突厥奴隶。他任用这些忠实勇敢的将领，又利用印度教各国的分裂以及内部的种姓矛盾，才得以顺利地建立从阿富汗到孟加拉这一广大地区的王国。但这个国家的根基是不牢固的，中亚的一次军事失利就引起王国政局的动荡和各地的叛乱。1206 年叛乱平息之后，古尔的穆罕默德被一伙刺客暗害，刺客很可能与被他镇压的人有关。他没有子嗣继位，古尔王朝实际上就灭亡了。各地将领在各自的辖区内宣告独立。艾巴克（Qutb-ud-din Aibak，1206—1210 年）于 1206 年 6 月 24 日在拉合尔即位，称为苏丹，并得到其他贵族的承认，德里苏丹国的历史从此开始。1206—1526 年 300 多年间，王朝虽有更迭，但前后 5 个王朝都以德里为权力中心，因此称为德里苏丹统治时期。艾巴克开创了德里苏丹国的第一个王朝，即所谓奴隶王朝（1206—1290 年）。这一王朝的艾巴克及另两位苏丹都是奴隶出身，因此而得名。

德里苏丹国的巩固与扩张 艾巴克对征服印度有过显著功绩，并受任统治印度，又与当时一些有势力的贵族军事首领联姻，借以巩固自己的地位。但他的岳父伊勒迪兹却据有加兹尼与他争权，使阿富汗与印度不能建立政治联盟。艾巴克于1210年11月初玩马球时坠马而死。当时穆斯林世界并没有明确的王位继承法，继承人的确定主要取决于贵族们的意向及各派的实力。德里贵族拥护其婿伊勒图特米什，他用武力击败拉合尔贵族扶持的阿拉姆沙后，于1211年成为苏丹。但一些封建主割据自立，并向外扩张；印度教的王公、拉杰普特人的首领也乘局面混乱，在旁遮普和孟加拉间的领地上恢复独立；德里地区又有一些阿米尔（伊斯兰教军事首领称号）对他的统治不满，因而德里苏丹国的统治很不稳定。

面对这种局势，伊勒图特米什（Iltutmish，1211—1236年）大胆任用他收买和加以训练的突厥奴隶，作为其统治的核心力量，这些人物后来形成著名的"四十人集团"（chihilgān）。他首先镇压了德里附近阿米尔的叛乱，又加强了对巴达翁、奥德、贝拿勒斯和锡瓦利克等地的控制，然后对付较强大的封建主。1216年在塔拉因附近的战役中击败伊勒迪兹，将他俘虏后处死。接着，其姨丈卡巴查也于1217年被赶出拉合尔，在印度河投水自尽，其信德领地遂被并入德里苏丹国。1229年伊勒图特米什接受巴格达哈里发的册封，获"大苏丹"称号，从而加强了他的政治地位。他再次征服孟加拉，又重占瓜利奥尔、比尔萨与乌贾因等印度教封建主的领地。1221年成吉思汗率领强大的蒙古军进攻花刺子模，并进兵印度河畔。伊勒图特米什慑于强敌，未敢冒犯，避免了正面冲突。蒙古人在掳掠信德和西旁遮普后，由于天气炎热而撤兵北返。这样，德里苏丹国的统治得到了保全和巩固，领土也有所扩张。

德里苏丹国在1236年伊勒图特米什死去之后又陷于混乱。伊勒图特米什临终曾指定他的有才干的女儿拉济娅为继承人，宫廷贵族不愿服从女人统治，违背苏丹遗愿而拥立另一个昏庸无能的王子为苏丹。母后独揽朝政，使国家更无法治理。后来拉济娅虽赢得王位，终因贵族的反抗，在不到4年的统治后，于1240年被害，这位德里王朝唯一的女苏丹成了贵族党争和穆斯林社会封建观念的牺牲品。接着又是一个混乱时期。"四十人集团"享受高官厚禄，拥有大量的领地，操纵王位的争夺，左右朝政，苏丹毫无威信。拉杰普特人也时常叛乱。1241年蒙古人再度入侵旁遮普，占领拉合尔，屠杀居民，破坏城市。1245年他们又占领木尔坦，包围乌赤。内忧外患使国家再次濒临危亡。

1266年继任苏丹的巴勒班（Balban，1266—1287年在位）是一位富有经验和能力的统治者。在位的22年间，他重新整顿和巩固了德里苏丹国。巴勒班出身于突厥奴隶，被苏丹伊勒图特米什收买，成为"四十人集团"中的一员，曾任国王的侍从、阿米尔。1246年他组织远征军迫使蒙古人撤退，解救了乌赤；1249年成为苏丹的代理人，并将女儿嫁给了苏丹，他还执掌军权，成为朝廷内举足轻重的人物。他即位后首先着手整编军队，任命有战斗经验的忠实的马利克①统帅军队；为了补充纯突厥血统兵员的缺额，又征募了阿富汗人和在印度出生的穆斯林服役。他依靠这支军队平定德里邻近地区和河间地的叛乱，镇压印度教徒、农民和山地部落的起义，从而维护了国内的安定局面。为了保卫西北边疆，对抗蒙古人的入侵，他修复边防要塞，派遣勇敢善战的将领驻守。先是苏丹的表弟舍尔汗·孙卡尔，其后又由苏丹的长子穆罕默德汗与次子布格拉汗分区联防，德里还有后备兵接应。这种安排在1279年蒙古军入侵时就发挥了作用。三路大军重创入侵者，暂时制止了蒙古人的侵犯。他在1281年亲征并平定了企图独立的孟加拉省长的叛乱，打击了分裂势力。他在政局纷扰不安中认识到，苏丹缺乏权威、政令不行是造成混乱的主要原因。因此，他极力抑制贵族势力，采用波斯的礼仪以严肃朝纲，并保持苏丹的尊严。对"四十人集团"成员的不法行为更严加惩处，还雇用了许多密探（巴里德）分布在各封地，监视封建贵族的活动。他的政策和措施对巩固和保卫德里苏丹国起了很大的作用。

---

① 马利克（Malik）为贵族头衔，位居汗之后，阿米尔（Amir）之前。

巴勒班建立的专制统治，得以巩固，在很大程度上是依靠苏丹个人的统治能力和高压政策。他的继任者软弱无力，很快使政局失去控制。1265年蒙古人又大举入侵旁遮普，苏丹长子穆罕默德汗虽然击退了敌人的进攻却中伏击而丧生。这对八十高龄的苏丹是一沉重的打击，2年后（1267年底）他就去世了。继承者是他的孙子，一位年仅十七八岁的年轻苏丹。他幼年时曾受祖父严厉管教，尚能循规蹈矩，可是一登王位就成为放荡不羁的昏君。贵族派系之间争权夺利：一派是所谓纯突厥血统的贵族；另一派则是久居阿富汗而具有阿富汗人特性的哈勒吉人，两派的内争使局势更加恶化。1290年，哈勒吉人在贾拉勒-乌德-丁·菲鲁兹（Jalal-ud-din Firuz）的领导下取得胜利，杀死了苏丹，这样，菲鲁兹建立的哈勒吉王朝（Khaljis，1290—1321年）便取代了奴隶王朝。

哈勒吉王朝建立后，打破了旧的突厥贵族统治集团对政权的控制，使有才能的穆斯林得到升迁，这有利于德里苏丹国的发展。新苏丹温和宽大，叛乱的贵族常得到赦免，结果政纪又陷于松弛。加之1291年干旱成灾，发生严重饥荒，民众饥不可忍，多投朱木拿河自尽，造成民心动摇。1292年，蒙古人在旭烈兀的孙子领导下又大举进犯印度。菲鲁兹打败了蒙古人，以成吉思汗后裔乌尔古为首的三千蒙古军归顺苏丹，改宗伊斯兰教，苏丹并以女儿嫁给乌尔古。他们被安置在德里附近定居，为苏丹服役，被称为"新穆斯林"，后来成为造成德里地区动乱的根源之一。菲鲁兹于1296年为他的外甥兼女婿阿拉-乌德-丁谋杀，后者夺取了苏丹王位。

德里苏丹国在阿拉-乌德-丁（Ala-ud-din，1296—1316年在位）统治下得到进一步的扩张。首先，巩固了西北边防，蒙古人虽有不下5次的侵犯，但都被击退。他命令在沿蒙古人进兵的路线上修复一些旧堡垒并兴建一些新堡垒，并任命勇将加济·马利克（即后来的吉亚斯-乌德-丁·图格卢克）为旁遮普总督负责镇守。定居德里附近的"新穆斯林"因受到歧视而经常骚动，也遭到镇压。1308—1328年间蒙古人的侵犯暂时停息。

与抵御蒙古人入侵的同时，阿拉-乌德-丁对拉杰普特封建主也不断用兵。1297年征服了古吉拉特，后又进攻兰桑波尔。兰桑波尔是拉杰普特人据以威胁德里苏丹的重要城堡。阿拉-乌德-丁围攻了1年，得到拉杰普特人叛徒的协助，才于1301年攻下这一要塞。1303年又攻下奇托尔要塞，拉杰普特人包括妇女都按"乔哈尔"习俗集体投火自焚以免受屈辱。2年后攻占马尔瓦。到1305年底，整个印度北部都归于苏丹统治，从而打开了向南印度扩张的通道。从1306年到1313年他派遣马利克·纳伊布（副王）卡富尔4次远征德干。南印度各国相互敌视，国内也有纷争，对北方敌人的入侵毫无抵抗准备。卡富尔的远征军最后一直打到半岛的南端潘迪亚，迫使南印度的印度教王公向苏丹称臣纳贡，并带走了大量的战利品。

　　阿拉-乌德-丁在对外战争不断取胜的同时，对内也接连粉碎了苏丹的侄儿、外甥以及心怀不满的官员的叛乱。为了进一步加强对臣民的控制，他设置密探严密监视贵族与官员的言行，事无巨细都要向苏丹报告。禁止贵族们的社交集会，他们的家族成员不得苏丹允许不能通婚，苏丹还认定财富与酗酒是祸乱之源，因此没收了补助金和捐赠，将几乎所有的免税土地都收归国有，废止因军功而赐地的扎吉尔（Jagir）制度，并严禁饮酒和用麻醉药。为了避免军费开支过大加重人民的税收负担，规定军队的薪饷总数，又限制生活必需品的价格；国家粮仓储备谷物，饥荒时开仓供应，以稳定谷价。阿拉-乌德-丁的这些措施，对巩固德里苏丹国起了一定的作用。

　　这一时期也是德里苏丹国最强盛的时期。阿拉-乌德-丁的晚年，由于身体衰弱，竟沦为宠臣卡富尔的傀儡，1316年他去世后，卡富尔拥立一个仅五六岁的幼主，自为摄政，准备篡位，但不久即被侍从刺杀。继位的苏丹是阿拉-乌德-丁的第三子，他把国事交给宠臣哈桑，自己一味寻欢作乐。哈桑是来自古吉拉特的低级种姓（帕尔瓦里①），后来才

----

　　① 帕尔瓦里（Parwari），指西印度农村中的低级种姓（马哈尔或泰尔），他们被认为是不洁净的，以清除脏物为业，不得住在村内。

改信伊斯兰教。他被任为首相并得到胡斯劳汗的封号。他团结了同种姓的人于1320年4月刺杀苏丹，推翻了哈勒吉王朝，自立为王，称胡斯劳沙。他偏爱印度教徒，因而触怒了穆斯林贵族。后者支持迪帕勒普尔省长加济·马利克，于同年9月击败并处决了胡斯劳沙。加济·马利克被拥戴为王，从此开始了图格卢克王朝（1320—1414年）的统治。德里苏丹国又得到进一步的巩固和发展。

加济·马利克的称号是吉亚斯-乌德-丁·图格卢克（Ghiyas-ud-din Tughluq，1320—1325年在位）。他的父亲是巴勒班收买的突厥奴隶，母亲是旁遮普的贾特族人。由于种族的进一步融合，他的统治基础也更加宽广了。他当年抵抗蒙古人有功，因此即位后颇受人们欢迎。他还兴修水利，开辟果园，限制税收，鼓励农耕；又没收不合法的封地，整顿了扎吉尔土地制度。但他的税收政策仍以阿拉-乌德-丁的原则为准，既使人民不致财富过多而犯上作乱，又不致因贫困潦倒而不能生存。他改革司法、警察等行政部门，完善了驿邮制度，在军队里执行严格纪律，还建立了贫困救济制度，从而改善了国内的治安状况。对外他继续前王朝的领土扩张政策，1323年派长子征服了瓦朗加尔印度教王国。1324年又亲征自巴勒班后一直处于独立地位的孟加拉，使之重归德里苏丹控制。1325年他从孟加拉返回途中在德里附近接受他儿子焦纳汗欢迎时，因木棚倒塌被压死。这可能是王子事先策划的阴谋。焦纳汗遂宣告继位，称号穆罕默德·宾·图格卢克。

穆罕默德·宾·图格卢克（Muhammad bin Tughluq，1325—1351年在位）的统治时期，是德里苏丹国由极盛到衰落的转折时期。他照旧推行中央集权与向外扩张的政策，并试行一些改革，但都以失败而告终。首先，他决定把首都从德里南迁到700英里[①]以外的德瓦吉里。这是一个位置适中的战略据点，尤其便于就近控制新征服的南印度地区，也可以避开北方蒙古人入侵的威胁。因此，他在1327年下令将德里上

---

① 1英里＝1.6093千米。——编者

层居民迁往新都，也鼓励一般居民迁徙，并将德瓦吉里改名为道拉塔巴德。这一决定遭到德里居民的反对，穆斯林上层人物不愿迁居南方印度教徒地区，其他居民也都眷恋旧土。都城南迁后，北方边防又被忽视，因此蒙古人于1328—1329年再度长驱直入，势力达到德里外围。苏丹只得用大量的黄金珠宝为礼品把蒙古人打发走。同时，南迁新都对控制孟加拉也并不理想。在众人的反对之下，苏丹只得再下令把宫廷和百姓重新迁回德里。在长途跋涉中，死者甚多，为新都的建设白白耗费了很多资金，德里也受到很大的破坏。历史学家评论说："道拉塔巴德是一处滥用民力的遗迹。"

政治计划与军事活动都需要钱财，苏丹即位之初就注意整饬税收。他试图统一田赋，并防止漏税，为此编制了土地税登记册和各省收支登记册。后来又在河间地区进行财政试验（1326—1327年），提高税率，增加附加的杂税（阿布瓦卜，Abwabs）。这里虽是肥沃富庶的地区，但也经不起重税勒索，又加上饥荒，农民被迫逃离家乡，进行反抗。尽管苏丹采取贷款、开荒等救济措施，但已为时过晚，最后被迫完全放弃税收改革。为了另辟财源，1329—1330年他又进行货币改革，除发行新的金、银币代替旧币，调整币值外，大量地发行代用铜货币。这一做法大概是仿自13世纪末叶中国和波斯发行纸币的先例。但苏丹没有把发行铜币作为国家的专利，也不采取预防伪造的措施。结果家家户户滥造赝品，使伪币充斥市场，铜币大大贬值，连外商也拒绝接受代用货币，致使进口贸易停顿，国内工商业受到严重影响，造成极度的混乱。苏丹只得废止代用货币，用国库金银币兑回铜币，结果回笼的铜币堆积如山，国库基金却消耗殆尽。

苏丹早有征服世界的野心，由于当时中亚政治局势不稳，加之呼罗珊的一些贵族来到他的宫廷游说怂恿，他决定首先征服呼罗珊和伊拉克。蒙古人撤退后，他征集了一支有37万人的大军准备远征，并支付了全年的军饷。后来又感到维持这样庞大的队伍，耗费太大，国内的统治又不稳定，更由于经费难以筹措，才不得不放弃这一计划。

尽管受到种种挫折，苏丹仍不甘心于失败。1337年他又实施了另一扩张计划，企图越过东北边境的山脉出其不意地占领西藏和更远的元朝领土。他在德里征集了10万骑兵和大量步兵，由马利克·尼格拜统率。当年先占领旁遮普坎哥罗地区的那伽尔科特城堡，然后进入山区。山路狭窄险峻，有的隘口只能容一骑通过。大军沿着悬崖峭壁间的山径，到达土酋的堡垒瓦伦加尔时已人困马乏。这时又遇暴雨，人马衣物、武器装备等全部淋湿，疫病开始流行。官兵奉命退回平原，待雨季过后再行出征。他们开始沿途抢劫，随军带有大量掠夺的财物，因此，遭到山民狙击。山民熟悉地形，封锁出口，占领路边高地，向经过隘路撤退的军队投掷大石与木头，军队死伤极众，财物也全部丧失，只有尼格拜与2名官员带领约10名骑兵逃回德里。苏丹威望大受损害，只得与山民议和。关于这次远征的动机，有些印度史学家如R.C.马宗达、N.K.辛哈等认为苏丹只是企图建立德里对喜马拉雅山诸邦的霸权，远征目的是针对一些山区的部落，"绝无征服西藏和中国的幻想"，并且认为"远征的直接目的达到了"。可是，1341年中国元顺帝派往印度德里的使臣曾向苏丹提出重建喜马拉雅山区佛寺的要求，说明这些寺院是被苏丹远征军破坏的，同时也表明中国佛教徒是经过此路前往印度的。远征军如果在山区得逞，下一步目标必然是中国西藏。前朝苏丹阿拉-乌德-丁征服南印度诸国时，就是乘其不备采用突袭方式成功的，这对穆罕默德·宾·图格卢格不无影响。因而他存在征服中国元朝的想法也是有可能的。

苏丹这些劳民伤财的幻想计划的破灭，对德里苏丹国确是沉重的打击。各地接二连三地爆发叛乱。德里苏丹不仅无力再向外扩张，连维护内部的统治也感到困难了。

第二节　德里苏丹国的政治、经济与社会状况

德里苏丹国的政治体制　苏丹国家是一种神权政体。伊斯兰教为国

教。苏丹既是国王,又拥有宗教首脑的权力。他总揽行政、立法、司法、军事、宗教各方面的大权。苏丹在名义上由伊斯兰教最高领袖哈里发授予称号,因此在礼仪上对哈里发表示效忠,实际上却并不受任何约束。他只有在处境困难时才利用哈里发的名义来提高自己的威望。

苏丹作为最高的行政首脑可以设立官职,任免大臣,随意赏罚。他是军队的最高统帅,也是主要的立法者和最高法官。他说的话就是法律,并亲自审理重要案件。在宗教事务方面的权力虽有《古兰经》圣律的约束,但为了苏丹的利益,他可以不听乌拉马①对圣律的意见。苏丹王位的继承者一般是从苏丹家族成员中遴选。出生先后,能力大小,前任苏丹的推荐等虽然能起一定作用,但主要还是决定于贵族的意见。由于没有明确的王位继承法,苏丹家族中有实力的成员之间经常发生内争,最后往往是用武力解决继承问题。

中央的行政机构主要部门有财政部(Diwan-i-Wazarat),主管大臣为瓦济尔(Wazir),后成为首席大臣即宰相,并监管其他部门,在图格卢克王朝时其权力大增,以后又受到削弱。其次有军事部(Diwan-i-Arz),由军事大臣(Dabir-i-Arz)管理。司法部(Diwan-i-Qaza)与宗教事务部(Diwan-i-Rasalat),两部均由大法官(Sadr-us-Sudur)经管。还有农业部、奴隶事务部、税务监督部、情报通讯部、慈善部等,都有专门官员负责。王宫有宫内总管(Wakil-i-dar)和侍从长(Barbek)管理王室事务。都市警察总监(Kotwal,科特瓦勒)维护地方治安,市场监督(Muhtasib)也监视民众的行为。

地方行政尽划分为省(Iqta,伊克塔),全国约分为20到25个省,各省大小不等。省长称瓦利(Wali)或穆克提(Muqti),边远省份由纳伊卜·苏丹即副王管理。省长一般受苏丹直接控制,副王权力较大,在辖区内享有行政、司法和军事的专制权力。省长薪俸从本省税收中支

---

① 乌拉马(ulama,意为学者),精通伊斯兰教义与法律的学者。

取，财政收入除本省行政开支外，余额须上缴国库，军事上须随时向苏丹提供援助。省又分为若干希格（Shiqqs），由希格达尔（shiqdars）管理。希格之下还有巴尔加那（Pargana）即联合村和村社。村有村长和长老会管理，印度教徒只能任村社小吏，不能任省长等高级职务。除了省以外，德里苏丹国还有由印度教王公统治的藩属土邦，他们须向苏丹纳贡称臣。

苏丹政权的基础主要依靠武力。苏丹拥有一支庞大的雇佣军。常备军包括苏丹卫队、首都禁卫军，必要时征募地方军队。骑兵是军队的骨干，兵员多来自中亚，具有强烈的宗教信念，作战勇敢，且机动灵活，战斗力较强。阿拉-乌德-丁实施军马烙印制，防止用劣马代役充数，保证骑兵的战斗力；其次是步兵和象军。德里苏丹时期已开始使用火箭、燃烧弹，由弩炮、射石机发射。

除由驻军维护国内秩序外（警察总监也是军事官员，没有独立的警察部门），苏丹还拥有大批密探，了解百姓的动向，加强治安工作。民事诉讼由法庭审理，中央有大法官，地方有法官（qazi）审理各种案件，以《古兰经》的训谕为法律依据，由穆夫蒂（Mufti）对之作出解释，只牵涉印度教徒的案件通常由五人长老会（Panchayat）处理。常用刑讯，判刑极严酷，如将熔铅灌进口内，用钉钉入手、脚，火焚、锯断身体一部分乃至处死等。

封建制的演变和社会经济的发展　德里苏丹统治时期北印度的封建制有了一些新的变化。就土地制度来说，国王名义上拥有全国的土地，但直接控制的土地只是其中的一部分，称为哈勒萨（khalsa）即王室领地。大部分土地成为伊克塔（Iqta），即赐给部下和官员的封地，受赐者称穆克塔（Muqta），一般是军官但也有士兵，后来以军事服役取得的封地称为扎吉尔（Jaqir），即军事采邑①。封地大小不等，有的只是

---

① 到莫卧儿帝国时期，伊克塔的名称逐渐为扎吉尔所取代。

一村，有的大到全省。受赐者只能在一定年限内或终身享用封地上的租税，不得世袭。还须为苏丹提供兵员，苏丹可以随时收回或更换封地。到14世纪后期，随着苏丹权力的削弱，采邑就成为贵族的世袭财产。宗教赐地有授给阿訇的伊纳姆（inam）和给清真寺的瓦克夫（waqf），均可免税，但只占全国土地中的一小部分。被征服的印度教封建主只要向苏丹称臣纳贡，也可以保留领地。此类封建主称为柴明达尔（Zamindar，意为土地持有者）。无论是穆斯林还是印度教封建主都同样对农民征收田租和役使农民。

农村公社仍然存在，经济上自给自足，很少与外界联系。只有在大城市附近，通商大道的两侧和从事对外贸易的沿海地区，商品货币关系才开始渗入农村，那里出现了以供应市场为主要目的的生产项目。公社内部有了进一步的财产分化。富裕的上层分子逐渐把持了公社的事务。

根据伊斯兰教圣典的规定，统治者收入有四种来源：（1）农业税是主要的，也是最大的收入来源。乌什尔（ushr）是对穆斯林农民征收收成的 1/20 到 1/10 的农业税，使用了国家修建的灌溉设施的土地还须征收灌溉税。名为哈拉杰（Kharaj）的是对非穆斯林征收的，是收成的 1/3 到 1/2。（2）哈姆斯（Khams）是对战利品和矿藏的抽成，数额为 1/5。（3）杰齐亚（Jizya），是对非穆斯林成年男子征收的人头税。（4）扎卡特（Zakat）是宗教捐课，对富裕的穆斯林征收收入的 2.5%。此外，还有放牧税、房屋税等杂税。经商与从事手工业的也都要纳税。苏丹在每一地区均派有税吏，又盛行包税制，官吏和包税人都对纳税者进行额外的勒索，加重了人民的负担。

德里苏丹时期除了农民、手工业者受到沉重的封建剥削外，还存在大量的奴隶。阿拉-乌德-丁有5万名奴隶，穆斯林贵族的奴隶也不少。奴隶来源于战俘和买卖，有专门的官员经营。只有极个别的奴隶因战功和才能得到主人的信任和提拔，绝大多数的奴隶是供役使的劳苦大众。

德里苏丹国的主要经济部门是农业。由于农民和其他劳动者的辛勤劳动，农业生产仍有一定程度的增长，社会经济也得到了繁荣。水利灌溉对农业的发展起了很大作用。图格卢克王朝时期修建了河渠运河，构成了水利灌溉网。改进了波斯水车，又开垦荒地、推广园艺。农作物的产量和品种都有增加，棉花、甘蔗、香料、靛蓝和鸦片等经济作物的种植面积也有扩大。随着农业的发展，手工业技术有了改进，部类也有增加，重要的有纺织业（棉纺、毛纺与丝织业）、印染业、制糖业、金属制造业、造纸业，还有制造香水、烈酒行业等。许多外国旅行者对印度产品的质量有很好的评价。马可波罗称特仑甘纳王国制造的细布是"如同蛛网一样的薄纱"。我国明朝随郑和下西洋的鞏珍也提到榜葛剌国（即今孟加拉）的纺织品有6种之多，有的细密壮实，有的稀疏匀净。制造的纸光滑细腻如鹿皮，蔗糖有砂糖、白糖、糖霜、蜜煎等品种。印度钢自古以来久负盛名，这时的产品也受人称赞，多运往波斯、叙利亚制造武器。经营手工业的有王室作坊（卡尔哈纳，karkhana），如德里的王室作坊，仅丝织工就雇有4000人，另外还有许多奴隶，其产品主要为满足王室的需要，数量相当惊人。如苏丹赐给臣下的礼服每年就达到好几十万套。富商经营的作坊也是为封建主及其臣仆、雇佣军服务。多数个体手工业者将产品交商人销售，但也有自产自销，在定期集市上出售自己的产品。手工业者除纳税外还须服劳役，又受高利贷盘剥，大多被迫投靠封建主，丧失了独立的地位。印度教徒中种姓差别在他们成为穆斯林后也没有完全消失，职业仍是世袭的。

工农业的发展使商业贸易也兴盛起来。对外贸易的发展更加引人注目。陆路与中亚、阿富汗、波斯以及我国西藏有交往，水路往西则与西亚、东非、北非、地中海沿岸往来，往东到东南亚乃至中国也都有联系。主要的进口商品有突厥斯坦与阿拉伯的良种马，中国的绸缎、瓷器等，东南亚的丁香、白檀木、肉豆蔻、樟脑等；由印度出口的商品有粮食、棉布、宝石、靛蓝、象牙、胡椒、香料等。商人种姓如卡特里（khatri）、巴尼亚（baniya）形成，大的商人兼放高利贷、承包税收，他们压榨农民，控制手工业者，成为有势力的阶层。小商小贩仍受欺压。工商业的兴盛促进城市的恢复和发展。德里是政治中心，也是工商业城市，城内有规模宏大的清真寺、宫殿、官署，还有各种手工业作坊、商店等。各省的首府如木尔坦、亚格拉、拉合尔等也都是重要城市。沿海港口如马拉巴尔海岸的古里（今卡利卡特）、古吉拉特的坎八叶（今坎贝），苏拉特、孟加拉的达卡等都是重要的商业中心。

伊斯兰教的传入与印度教的改革　早在7世纪30年代后期信奉伊斯兰教的阿拉伯人就从海路来到孟买附近，直到13世纪初德里苏丹国建立并向南印度扩张，这一过程就是伊斯兰教逐步传入印度的时期。苏丹和穆斯林贵族用武力和其他政治手段大力传播伊斯兰教，因此伊斯兰教在印度有了很大的发展。由于只有穆斯林才能担任高级官职，有的印度教封建主就改信了伊斯兰教。为了摆脱种姓制的歧视和压迫，免除人头税，低级种姓的印度教徒改信伊斯兰教的更多。中亚来的突厥、阿富汗穆斯林先后在印度定居，后来入侵而被挫败的蒙古人，也有改信伊斯兰教而留居印度的。因此，在南亚居民中穆斯林人数显著增多，旁遮普、信德、克什米尔与东孟加拉的情况尤其如此。在632年穆罕默德死后，伊斯兰教发生分裂，苏丹和穆斯林上层贵族属正统的逊尼派，与之对立的则为什叶派与苏菲派，它们是下层穆斯林信仰的教派。

伊斯兰教传入印度后与印度教相互影响，穆斯林社会中也出现了种姓划分。外来的阿拉伯人、突厥人、阿富汗人、波斯人的后裔是受尊敬的高级种姓（Ashraf），其次则是改信伊斯兰教的印度教高级种姓，如拉杰普特穆斯林。以下的种姓则按职业的洁与不洁划分高低，如工匠等属较高的种姓，清道夫等从事脏活的人则是低级种姓，但种姓意识与规定不像印度教那样明确严格。在教义方面，伊斯兰教的异端教派苏菲派就受到印度教瑜伽派思想影响，注意内心修炼，沉思入迷以达到神人合一。印度教也受伊斯兰教影响，出现了虔诚派（Bhakti，巴克提）的改革运动。这一运动起于南印度，后也在北印度流行。它主张各个种姓在神面前一律平等，对神虔诚就可得到解脱。它反对崇拜偶像和举行烦琐的宗教仪式，传教使用方言，又鼓励妇女参加宗教活动，代表着城乡下层人民的利益。主要倡导者有罗摩难陀（1360—1450）和卡比尔（1440—1518）。后者是贝拿勒斯的织工，他认为真正的神只有一个，各种不同的宗教和神都只是名称的差别，不应为宗教的不同而战斗。他说在世界开辟之初，没有种姓也没有种族，并号召各个教派团结起来，用"普遍的爱"消除种姓压迫。他由宗教改革进而提出社会改革，得到印度教徒和穆斯林下层群众的普遍拥护，在虔诚派运动中影响最大。苏丹极力想处决他，但没有得逞。到德里苏丹国后期，在虔诚派运动影响下出现了一个新的教派，后来被称为锡克教，它的创立者是那纳克（Nanak，1469—1538），其详细情况将在后面交代。

第三节 社会矛盾的加剧与苏丹国的衰亡

阶级矛盾的加深与城乡人民的反抗斗争 德里苏丹国内部矛盾重重，苏丹与印度教王公、穆斯林贵族之间，国君与封臣之间，印度教王公与穆斯林贵族之间，贵族派系之间，都有争权夺利的斗争，争夺苏丹王位的阴谋与宫廷政变也屡见不鲜。尤其要提到的是封建主与农民、手工业者之间的阶级矛盾，伊斯兰教与印度教，正统派与异端派之间的教派斗争，二者往往又交织在一起。由于封建战争频繁不已，军费开支大增。苏丹贵族使用大量金银收买党羽进行政治斗争，加上自己的生活享受和官员、侍从、雇佣军的给养等，挥霍了数额惊人的财物，使国库耗竭。苏丹阿拉-乌德-丁更认为民众钱财充足就会滋长骄傲与不忠，因此主张加重税收，极力榨取。除土地税是产品的一半外，还须纳沉重的放收税、房屋税等。税吏征收手段粗暴，税收部门的小吏可以逮捕地主、村长，对他们拳打脚踢，要他们卑躬屈膝地献出金子。肥沃的河间地区受的盘剥更加厉害。甚至在人相食，以人肉充饥的荒年，税吏们也不放松逼税，人民忍无可忍，纷纷逃往森林。苏丹竟组织"人猎"，像搜捕野兽一样捕杀那些逃走的人。在城市，除租税、管制外，如强迫迁都、通货贬值等也使手工业者和商人饱受其害。这些矛盾的加深迫使城乡人民进行各种形式的反抗斗争。

在几次有记载的斗争中，先是伊斯兰教什叶派中一个支派伊斯玛仪派反迫害的斗争。他们领导城市下层民众于1234、1237年两次乘逊尼派在德里大清真寺祈祷时进行突袭。第二次的领导者为鲁尔-乌德-丁，计划推翻逊尼派的统治，结果被突厥贵族率领的军队镇压。

规模较大的农民反抗封建主的斗争发生在恒河与朱木拿河之间的河间地与德里附近地区。这里的居民大多数是印度教徒，也有部落民。他们出没在附近的丛林里，以森林为掩护，袭击行旅，抢掠财物，并在夜间潜入德里进行骚扰，德里当局不得不在下午祷告后关闭城门。1266年河间地区起义的农民竟至完全封锁了德里和孟加拉的通道，苏丹巴勒班不得不认真对付。他把德里附近的起义者从丛林中赶走，砍伐了林木，使起义者无处隐藏，又在重要地点建立要塞和军营，派遣军队驻守。接着他镇压了河间地一带的起义者，杀死了许多印度教徒，而以妇女、儿童为奴，还在战略要地建立堡垒，由阿富汗军队负责，分给他们邻近的土地作为给养。但这些地区仍不断有农民的反抗斗争。

1301年在德里又发生城市下层人民的起义。奴隶出身的财库守卫哈吉·毛拉乘苏丹阿拉-乌德-丁全力围攻拉杰普特人要塞兰桑波尔之机，发动人民组织暴动。他们杀死了警察总监，打开监狱，释放囚犯，又散发苏丹财库的金钱赈济贫民，把军械库的武器和战马分给起义群众。他们还拥立一个叫阿拉维的贫民为苏丹，占领德里有七八天。最后贵族哈米-乌德-丁率兵联合城内富户攻破德里城。哈吉·毛拉战死，阿拉维被捉遭到杀害，起义者全被屠杀。

此后，苏丹的倒行逆施，横征暴敛仍有增无减，城乡人民继续不断斗争。全国各地都有叛乱，苏丹穆罕默德率军东奔西走，穷于应付，最后死于追击信德叛乱者的途中（1351年）。这些斗争大大动摇了德里苏丹的统治基础。

帖木儿的入侵与德里苏丹国的解体　图格卢克王朝穆罕默德死后继位的菲鲁兹沙（Firuz Shah，1351—1388）又曾一度稳定了局面。他减免税收、注重水利，使农工商业得到发展。他还恢复扎吉尔制度，加强了封建贵族的力量。他死后不久，贵族分裂割据，苏丹威望下降，政局又混乱不堪。正是在这种状况下，帖木儿从中亚侵入了印度。帖木儿出身于西察合台汗国的一个突厥化的蒙古贵族家庭，生于1336年。他于1370年推翻撒马尔罕的统治者，成为西察合台的苏丹。他利用邻近国家的分裂，征服了波斯、阿富汗和美索不达米亚等地，接着把注意力转向南方。印度图格卢克王朝的衰落和国土的富庶吸引着他。借口德里苏丹容许偶像崇拜，他发动穆斯林贵族和战士参加侵略印度的"圣战"。他的孙子率领3万骑兵为先锋，1397年底至1398年中攻下了乌奇和木尔坦。随后帖木儿亲自统帅9.2万骑兵于同年4月离开撒马尔罕，12月到德里城郊，一路烧杀掠夺，给印度人民造成很大灾难。攻城前夕，帖木儿将俘虏的约10万印度教徒全部处死，以免与敌人里应外合。他击溃图格卢克王朝苏丹马茂德的军队，占领了德里。城里多年积累的财宝被洗劫一空，居民几乎尽遭屠杀，只留下少数有技艺的工匠被送往撒马尔罕为奴。帖木儿无心留在印度，1399年1月1日离开德里，往东北方向进军。他先后占领了密拉特、坎格拉和查漠，到处屠杀劫掠，最后指定希兹尔汗为统治木尔坦、拉合尔和迪帕尔普尔的总督，遂于3月中旬离开印度。

帖木儿的入侵使德里苏丹国受到致命的打击，德里已成废墟。逃亡的苏丹返回后，陷于贵族掌握中，管辖的领土只有德里附近约9英里的范围。他苟延残喘到1413年死去，图格卢克王朝就此结束。希兹尔汗于1414年占领德里，最初仅以帖木儿继承人沙·鲁克的副王身份来统治，到他的儿子时才用"沙"的王号，这便是所谓萨伊德王朝（1414—1451年）。萨伊德是对穆罕默德后裔的称呼，希兹尔汗自称是先知的后代,故名。这一王朝的统治地区只限于德里附近和旁遮普以及河间地区。周围的邻邦西边有梅瓦尔的拉杰普特印度教国家,有包括古吉拉特和马尔瓦在内的穆斯林诸国,东边有孟加拉、江普尔、奥里萨诸国,北边有怯失迷儿,南边有巴曼和毗阇耶那伽罗诸国。德里苏丹地位已降到与地方诸侯相似,连离德里20克罗(Kroh,合2公里)的贵族封建主都不再听从号令。到1451年懦弱无能的苏丹阿拉姆沙也不眷恋苏丹王位,从德里迁到巴达翁,把王位让给拉合尔和锡尔欣·德的总督阿富汗人布卢勒·洛迪。后者开创了洛迪王朝(1451—1526年)。

洛迪王朝是第一个阿富汗人在印度建立的苏丹王朝。最初只领有从德里到拉合尔的地区。苏丹布卢勒和他的后继者锡坎达尔沙先后平定河间地区,征服江普尔和比哈尔,蒂鲁特的罗阇也被迫向苏丹进贡,苏丹王国国势稍有恢复。锡坎达尔沙死后,苏丹伊卜拉欣压制贵族,引起了后者的不满。拉合尔总督道拉特汗·洛迪便向喀布尔的帖木儿后裔巴布尔求援。后者在1526年率兵进入印度,大败伊卜拉欣的军队,苏丹降亡。历时300多年的德里苏丹国最终结束。

德里苏丹国是印度封建制时期的一个重要阶段,是在印度建立的第一个伊斯兰教国家。它的军事封建采邑制(伊克塔、扎吉尔制)对北印度封建制的发展有很大影响。印度的政治制度、社会生活、宗教文化等随着伊斯兰教的传入也都发生了变化,突厥人、阿富汗人、蒙古人等也逐渐与印度土著融合。这一切在以后的莫卧儿帝国时期又有进一步的发展。

第四节 南印度封建国家的演变

南印的朱罗王朝与后期遮娄其王朝长期争斗,结果是两败俱伤。到12世纪末两国先后衰落分裂,脱离朱罗王朝统治的潘迪亚王国一度复兴,在13世纪时成为国际贸易的重要中心。卡雅尔(Kayal)的商业十分繁盛。著名的威尼斯旅行家马可·波罗曾访问这一城市。他说来自亚丁、阿拉伯各地的船只载着马匹与其他货物来此贸易。这里的国王十分富有，对商人与外国人也很友好。不久，潘迪亚王国由于国内发生王位之争，在14世纪初受到德里苏丹国卡富尔军队的侵扰而衰亡，国土并入毗阇耶那伽罗王国。

巴曼王国　14世纪中期德干贵族反抗图格卢克王朝穆罕默德苏丹的专横，发动叛乱，于1347年夺取了道拉塔巴德，拥立一位叫作哈桑的士兵称王。哈桑自称是波斯古代著名英雄巴曼的后裔，因此他建立的王朝称为巴曼王朝（Bahmani Dynasty）。他以古巴加为都，改名阿桑纳巴德。

巴曼王国在哈桑统治下积极向外扩张，到1358年他死时其领土范围已是从北部的韦恩甘加河到南部的克里希纳河，从西部的道拉塔巴德到东部的邦吉尔。哈桑的后继者为争夺富饶的赖丘尔地区和毗阇耶那伽罗王国开始了长期的战争。从1358年开始的多次远征战斗中，照例都是以毗阇耶那伽罗王国的失败、赔款而告终。最后在1420年的一次战争中巴曼才遭到失败，国土南部和东部的部分地区被毗阇耶那伽罗的军队占领。1422年新的苏丹艾哈迈德沙为了复仇，又向毗阇耶那伽罗开战，进入后者的国土，屠杀了许多居民，包围了都城，取得大量赔款后才撤兵。艾哈迈德沙还于1424年以后占领瓦朗加尔，又打败了马尔瓦，并把首都迁到比达尔，巴曼王国的势力更加扩大。到穆罕默德三世（1463—1482年在位）时，在首相马茂德·加万的指挥下，占领了果阿，并攻下了建志，使王国领土东西两边都达到海岸，这是巴曼王国前所未有的极盛时期。

巴曼王国的行政制度以德里苏丹国为模式。全国分为4个塔拉夫（Taraf）即省，省督有很大权力。国家经济主要是农业，农民受很重剥削，生活困苦，而贵族十分奢侈豪华。俄国旅行家阿·尼基丁在1470—1474年间曾访问过这一国家，他的游记曾提到过这一点。巴曼贵族分为两派："德干派"系指原住德干的贵族与他们的非洲雇佣兵，宗教属逊尼派；另一派是"外来派"，是来自中亚的阿拉伯、波斯、突厥诸族的封建主，属什叶派。两派明争暗斗，十分激烈。政绩卓著的名相马茂德·加万就由于属"外来派"而受到德干派的陷害，以致被杀（1481年）。此后，局势混乱，各省总督纷纷独立。到1527年，随着王朝的最后一个苏丹去世，经历约180年的巴曼王朝就结束了。巴曼王国分裂后，成为5个苏丹国（即贝拉尔、艾哈迈德纳加尔、比贾普尔、高康达和比达尔）。经过兼并战争，剩下三国（贝拉尔与比达尔被兼并），后均为莫卧儿帝国所灭。

毗阇耶那伽罗王国 毗阇耶那伽罗王国是南印印度教徒于1336年建立的。他们乘德里苏丹国内部纷争无暇南顾，力图恢复其传统的统治。第一个王朝叫桑加马。王朝的创立者桑加马有五子。其中以诃里诃罗和布卡二人最为杰出。他们在通加巴德拉河南岸哈姆皮（Hampi）附近创建了毗阇耶那伽罗城（Yijayanagar，意为"胜利之城"），并以此为都城，为建立同名的国家奠定了基础。在诃里诃罗二世统治时（1379—1406年）开始向外扩张，他的领土包括迈索尔、卡纳拉、钦格尔普特、建志和特里奇诺波利等地。诃里诃罗二世死后，国内发生王位继承的争执，对外与巴曼苏丹的战争又屡遭失败。到1422年德瓦·拉亚二世即位，为了与巴曼苏丹抗衡，改组行政机构，接受穆斯林参军，雇佣突厥弓箭手与骑师，又从波斯、阿拉伯购进马匹，提高军队的战斗力。他又指定得力官员管理海外贸易，充实国库，因而直到1465年都保持了王国的兴盛。此后，由于王位的争夺、藩属的叛乱与巴曼王国等外敌的侵扰，统治的朝代有了几次更替：1486年桑加马王朝为萨鲁瓦王朝取代，1505年又换为图鲁瓦王朝。到1509年，这一王朝的克利希那德瓦拉亚即位后，才使王国得到振兴。他首先集中力量平定国内的藩属叛乱，然后利用巴曼苏丹与地方总督间的矛盾，对外战争屡屡取胜。1512年攻占了赖丘尔，接着又战败奥里萨，迫使其国王屈服。1520年挫败比贾普尔苏丹拟恢复赖丘尔的企图，毁灭了古巴加要塞。他的国土西到南孔坎，东到维扎加帕塔姆，北以克里希纳河为界，南到印度半岛的最南端，势力所及达到印度洋上的一些岛屿。这是王国最强盛的时期。许多葡萄牙旅行家如柏埃斯、杜阿尔特·巴尔博萨等在他们的访问记中都提到了这个王国当时的盛况。

毗阇耶那伽罗王国的行政制度继承了印度教国家的传统。国王是专制君主，大臣由高级种姓中选任。全国分为若干省，省由副王（Nayak或Naik）统治，副王权力很大。乡村是基层行政单位，有村会（ur）与乡村官吏管理。这些村吏是世袭的。为了抵御巴曼苏丹同奥里萨等的进攻与向外扩张，王国对军事很重视。除步兵、骑兵、象队外还有骆驼队与炮兵，对城防设施也很注意，京城有七重城墙，城外还有巨石屏障，海上有舰队。社会经济方面，国王分封土地给予贵族，耕地的农民须向封建主缴纳产品的9/10，领主则以收入的1/2上缴国王，并为国王提供军队。商业的繁荣是王国经济最突出的特点，主要是沿海贸易和海外贸易。据传海港有300个，重要的有果阿、古里、柯枝（科钦）等。它与东南亚、中国、阿拉伯、波斯、南非、东非和葡萄牙都有贸易往来。钱币除本地的金币银币与铜币外，还有波斯币和葡萄牙的钱币，高利贷盛行。农村主要由寺庙经营，城市则为商人行会把持，贵族与商人十分富裕，而一般人民的生活水平则很低下。种姓歧视与压制也很严重。随我国郑和访问南印古里、柯枝等地的马欢、费信、鞏珍等都有这方面的记载。如《西洋番国志》就提到柯枝国人有五等。第五等名木瓜，最卑贱。木瓜住海滨，屋檐不得过3尺，着衣上不过脐，下不过膝，路遇高级种姓，皆俯伏候过乃起，不许为商贾，只以渔樵及抬负重物为生，可见阶级之差别与矛盾是十分明显的。中央与地方的矛盾也很突出，各省副王在1529或1530年克利希那德瓦拉亚死后，结成派系争夺权力。对外战争中虽然由于利用德干诸苏丹国间的矛盾而从中渔利，但王国军队在获胜后肆意破坏清真寺，不尊重《古兰经》，严重伤害了穆斯林的宗教感情，因而激起了诸苏丹国对毗阇耶那伽罗王国的旧仇宿怨。除贝拉尔外，四个苏丹国结成联盟向毗阇耶那伽罗进攻，1565年在塔立科塔一战中把王国军队击溃，使之遭到重大损失。京城也受到极大破坏，成为废墟。幸而胜利的苏丹国联盟因相互猜忌而解散，毗阇耶那伽罗王国才得以恢复。1570年大臣蒂鲁马拉推翻了图鲁瓦王朝，建立阿拉维杜王朝，迁都佩努贡达，重建军队。其后代继续增强王国实力，并再次迁都昌德拉吉里，除迈索尔独立外，其余的国土得到保存。之后，由于王位的争夺，中央势力削弱，地方封建主割据自立，对外已无力抵御比贾普尔和高康达等苏丹国的入侵，到1652年国土完全丧失。最后的一位国王流亡到迈索尔，在那里一直活到1672年。毗阇耶那伽罗王国就这样结束了。

本章主要参考书

[1] R. C. 马宗达等：《高级印度史》，张澍霖等译，商务印书馆1986年版，第二篇上篇。

[2] L. P. 沙尔马：《印度中世纪史》，维卡斯出版社1981年版。

第十章 莫卧儿帝国的建立与巩固

突厥——阿富汗王朝统治结束以后，由突厥人后裔建立的莫卧儿帝国（1526—1707年）是穆斯林在印度建立的最强大的国家，其统治时期也是印度中古后期封建经济和文化发展的重要时期。虽然莫卧儿王朝名义上的统治延续到1858年，但它对印度次大陆的实际统治，一般以第六代皇帝奥朗则布之死（1707年）为其下限，在此以前的六代莫卧儿统治者，史称"大莫卧儿人"或"大莫卧儿王朝"。

第一节 莫卧儿帝国的建立

巴布尔奠定帝国的始基 16世纪初，阿富汗贵族建立的洛迪王朝势衰，统治范围仅限于德里周围一隅之地。实力雄厚的拉杰普特诸王公以梅瓦尔统治者拉那·桑伽为盟主，结成军事同盟，问鼎德里，气势逼人。这时，盘踞拔汗那（今中亚费尔干纳）的察合台汗国后裔巴布尔（Babur，1482—1530），正被乌兹别克人逐出中亚，率兵南下，先后攻占了阿富汗的喀布尔和加兹尼。与阿富汗毗邻的印度次大陆素以富饶著称，自然引起巴布尔入侵的野心；印度内部四分五裂的政治局面，拉合尔的道拉特汗·洛迪的求援又为他提供了良好的机会。1526年至1556年的30年是巴布尔及其后继者与拉杰普特人和阿富汗人争霸北印度，取得初步胜利并建立莫卧儿帝国的时期。

巴布尔（1526—1530年在位）属于察合台突厥人血统，父系方面是跛子帖木儿的六世（一说五世）孙，母系出自成吉思汗。他自称莫卧儿人（Moghuls，该词是蒙古人Mongols一词的讹音）以炫耀自己的世系，所以他在印度建立的王朝史称莫卧儿王朝。实际上巴布尔本人是突厥人，并不是蒙古人，他的军队也是由突厥人、波斯人和阿富汗人组成的。巴布尔11岁时就从父亲乌马尔·米尔扎那里继承了拔汗那公国，早年艰难困苦的生活与升沉不定的命运使他得到充分的磨炼，培养了他冒险进取的精神。1524年，当洛迪王朝的贵族道拉特汗和阿拉姆汗为觊觎德里王位而约请巴布尔出兵援助时，他毫不犹豫地作出决定，进兵旁遮普，并占领了拉合尔。这时，他面临的主要对手有两个，一个是阿富汗帝国有名无实的统治者伊卜拉欣·洛迪，另一个是拉那·桑伽领导的比较强大的拉杰普特人同盟。

1526年4月，巴布尔率领一支拥有大量火炮、由1.2万人组成的军队（征服旁遮普后，增加为2.5万人），与阿富汗军队会战于德里以北约90公里处的帕尼帕特。这里是发生过多次著名战役的重要战场。伊卜拉欣的大军号称10万（实际只4万），战象1千，在数量上远占优势。但巴布尔凭借卓越的指挥才能和作战技术，创造了一个以少胜多的实际战例，这就是第一次帕尼帕特战役。开战前他下令作了充分的准备，巴布尔在《回忆录》中记述说："每个士兵都奉命就地取材，采集、赶制大车，共配备了700辆大车（araba）。乌斯塔德·阿利接到命令，所有的战车都要按照突厥人的方式用皮绳代替铁链将它们联成一体，每两辆大车之间都设有五六个胸墙，其后有火炮手站着引发火炮。"① 巴布尔军的右翼由其长子胡马雍统帅，以帕尼帕特城作为掩护，可攻可守；左翼则由穆罕默德·苏丹·米尔扎统帅，利用朱木拿河的旧河床挖成深堑，并用荆棘扎成鹿砦；所有大炮都集中于中军，由巴布尔亲自指挥，前沿以联成一体的大车和砖砌的雉堞作为掩护，每组大车之间留有60—70码的间隙，便于骑兵出击。伊卜拉欣大军虽然为数众多，但缺乏训练和组织，主帅又"是一个没有经验的人，行动粗心大意，前进时没有秩序，驻军或撤退时没有规划，而在作战时又没有深谋远虑的布置"②。双方的实际战斗力显然并非完全取决于兵员的多少。

两军对峙一星期后，巴布尔于4月21日发起攻击。他先以小股部队冲入敌阵，引诱阿富汗军出击。洛迪军刚逼近巴布尔左翼堑壕和障碍，就遭到炮兵的有力狙击，当巴布尔军被迫后撤时，伊卜拉欣的大军以不可遏止的势头蜂拥而上，由于指挥失灵，顷刻间阵形大乱，莫卧儿军的火炮、火枪和弓箭手乘机掩杀，又以两翼骑兵迂回包抄洛迪军的后路，战至将近午时，巴布尔彻底击溃了阿富汗大军。伊卜拉欣·洛迪本人经过一番拼死抵抗，与其军队的精华一同丧生于战场，巴布尔在《回忆录》中记述了这次辉煌的胜利："感谢真主的仁慈，我化险为夷了！半日之内这支强大的敌军就陈尸遍野。"③

战胜洛迪军队仅仅扫除了一个名存实亡的德里统治者，更有实力的敌人还是拉那·桑伽统治下的拉杰普特人和阿富汗诸部落。第一次帕尼

---

① 引自S. C. 雷乔杜里：《莫卧儿印度史》（*History of Mughal India*），1984年德里版，第17页。
② 引自《巴布尔回忆录》，见R. C. 马宗达等：《高级印度史》（上册），张澍霖等译，商务印书馆1986年版，第453页。
③ 见A. S. 贝弗里奇英译本《巴布尔回忆录》，英文版，第474页。

帕特战役的意义在于，它为莫卧儿人在印度建立统治权奠定了基础，并标志着莫卧儿王朝的开端。

帕尼帕特战役后，巴布尔迅速占领德里和亚格拉，夺取王位，并控制了印度的心脏地区——恒河—朱木拿河间地。这时，梅瓦尔酋长拉那·桑伽正率领一支由120个酋长、8万匹战马和500头战象组成的拉杰普特军队向亚格拉挺进。拉那·桑伽是印度历史上一位传奇式的英雄，他以勇武、豪侠著称，曾在战斗中负过十余次伤，失去了一只眼睛，臂、足均有伤残。巴布尔入侵后，他成为印度人抵御莫卧儿入侵者的一面旗帜。马尔瓦尔、安贝尔、瓜廖尔、拉杰米尔和昌德里的统治者以及一些阿富汗首领都与他协同作战。

1527年8月16日，莫卧儿军队与印度军队在亚格拉正西方的一个村庄坎努（又作坎瓦）进行决战。拉杰普特军队约有8万人，并且骁勇善战，初战告捷。这在只有4万人的巴布尔军队中造成了不小的恐慌和混乱，不少士兵思乡心切，无心恋战。巴布尔在决战前的动员中充分显示了他的军事和组织才能。他令全体士兵手抚《古兰经》起誓："或作烈士捐躯，或作胜利者生存。"宣布对异教徒（印度教徒）进行圣战，并当众摔破酒杯，以示破釜沉舟的决心。开进坎努战场后，巴布尔以与帕尼帕特战役同样的阵式布置了兵力。战斗从17日上午9时多持续到傍晚，拉杰普特人拼死搏斗，但在莫卧儿炮兵火力的压制下终于全线溃退，许多优秀的将领先后阵亡，拉那·桑伽侥幸逃脱，两年之后也忧郁而死。

历史学家认为，巴布尔取得坎努之战胜利的主要原因是炮兵和骑兵战术的完美结合，使莫卧儿军的战斗力明显优于本地军队。此外，拉杰普特人未能与东部实力强大的阿富汗人结成联盟，也是他们失败的重要原因。

坎努战役的重要意义绝不亚于第一次帕尼帕特之战，它导致强大的拉杰普特同盟的失致，使他们失去了政治和军事上复兴的机会。坎努战役的胜利使巴布尔巩固了刚刚取得的德里王位。从此，他征服印度的事业进入了一个新阶段，莫卧儿权力的重心从阿富汗转入了印度斯坦。

此后，巴布尔就将兵力转向东方的阿富汗诸酋长。1529年5月6日，他与马茂德·洛迪统帅的比哈尔和孟加拉的阿富汗联军会战于巴特那以北哥格拉河与恒河汇合处附近的地方，并彻底击溃阿富汗军。虽然阿富汗人的势力并未被完全消灭，并且数年后又曾一度倾覆刚建立的莫卧儿统治，但是哥格拉河战役的胜利标志着巴布尔征服北印度的任务基本完成。除了一些空白处有待填补外，从奥克苏斯河到哥格拉河，从喜马拉雅山到瓜廖尔之间的广大地区，已经归入莫卧儿人的统治之下。

巴布尔在位仅4年多，1530年12月26日就因患赤痢在亚格拉去世，享年47岁。他在短暂的统治年代和征战生涯中没有时间致力于制定法律和整顿行政体制，基本沿用突厥人的惯例。他留给后人的仅仅是一个靠战争和军事力量维系着的十分松散的君主国。但是，他毕竟是为莫卧儿帝国奠基的第一个建筑师，他本人在文学艺术方面的造诣和对文化事业的赞助也是颇足称道的，他的军事才能和政治成就使他不失为印度历史上一个占据重要地位的人物。

胡马雍与阿富汗人的斗争　巴布尔去世后的第4天，其长子胡马雍（Humayun，1530—1556年在位）就在亚格拉即位，时年23岁。由于穆斯林王朝没有严格的长子继承制度，他的三个异母兄弟卡姆兰、欣达勒和阿斯卡里都竞相觊觎王位，宫廷里充斥着阴谋篡位的贵族。分散在各地的许多阿富汗贵族也都在准备反叛，所以，胡马雍继位之初面临的局面是十分严峻的。当时需要一个兼有军事、外交和统治才能的强有力的统治者，然而这些条件胡马雍都不具备。据历史学家莱恩·普尔记载，他即位后终日隐居后宫，吸食鸦片，虚度光阴；对野心勃勃的兄弟们表现了轻率的宽容。这样，卡姆兰、欣达勒和阿斯卡里分别占领了旁遮普、阿尔瓦尔和桑巴尔领地，破坏了帝国的完整。胡马雍所犯的另一个错误是，1534年拒绝了梅瓦尔拉妮卡尔纳瓦蒂求援的请求，坐失了与拉杰普特人结盟的良机。这些政治和外交上的失策，使他在后来与舍尔沙的长期斗争中显得势孤力薄，终于导致了王位的丧失。

在哥格拉战役中遭受失败的阿富汗人并未就此退出印度斯坦的政治舞台，他们为了反对新建立的外族统治，复兴阿富汗人的势力，终于找到了一个出色的领袖——舍尔汗·苏尔。在他的领导下，一度建立起一个虽然历时短暂，却取得显著成就的政权——苏尔王朝。

舍尔汗（Sher Khān，1472—1545）原名法里德，其父哈桑汗是阿富汗族的扎吉尔达尔，领有萨萨拉姆、卡瓦斯普尔封地。他勤奋好学，精通波斯语和波斯文学，在经营封地中又获得了丰富的管理经验和行政能力，因只身打死老虎而获得"舍尔汗"的称号。他曾先后在伊卜拉欣·洛迪朝廷和巴布尔手下供职。1529年继承南比哈尔总督巴哈尔汗之位，成为比哈尔统治者，1530年占领了丘纳尔要塞，尤其是1534年的苏拉杰加尔之战，击败孟加拉国王和洛哈尼贵族，使他的威望和资力大增，这成为他一生事业的转折点。他下一步必然要与莫卧儿王朝发生决定性的冲突。

1537年10月，舍尔汗利用胡马雍讨伐古吉拉特巴哈杜尔沙的机会，再度入侵孟加拉，把首府高尔城围得水泄不通。这时胡马雍已意识到问题的严重性，遂于当年12月兴师讨伐舍尔汗。但他未去高尔及时挫败舍尔汗，却去攻打丘纳尔；因该地守军坚守不懈，他用了6个月时间才攻下，这才转向孟加拉。这时舍尔汗早已攻下高尔，并机智地避开与莫卧儿军的正面冲突，离开高尔向西攻占比哈尔、绍纳福儿的莫卧儿领土，骚扰卡瑙季地区，切断了胡马雍撤军的归路。1539年6月，舍尔汗在布克萨尔附近的乔恩萨之役战胜胡马雍军，莫卧儿人伤亡惨重，胡马雍本人险些丧命。此役的胜利更激起舍尔汗称帝的野心。他在占领江普尔城后领土扩大了，于同年12月加冕为王，称"舍尔沙"，以他的名义宣读"胡特巴"①，并铸造钱币。次年5月，舍尔沙在卡瑙季又大

---

① 胡特巴（Khutba）是穆斯林星期五午祷时诵读的经文，原应以哈里发的名义祈祷祝福，但在独立的穆斯林国家常用苏丹的名字代替哈里发。

败莫卧儿军，胡马雍被迫逃亡波斯，开始了大约 15 年的流浪生涯。舍尔沙进占德里和亚格拉，并逐步把势力扩展到旁遮普、木尔坦、信德、拉贾斯坦和马尔瓦。这样，苏尔王朝暂时代替莫卧儿人成为北印度的统治王朝。

苏尔王朝舍尔沙的建树 舍尔沙历时 5 年（1540—1545 年）的统治时期的主要成就，是通过改革建立了一整套完善的行政体制和田赋制度。他的某些改革措施沿用了印度教徒和穆斯林传统的行政制度，另一些改革则完全是独创的，从而使苏尔王朝的政治体制构成了古代印度和近代印度之间的桥梁，并为日后阿克巴大帝的改革提供了蓝本。

为了便于施政，他将全国分为若干"伊克塔"（省），下设 47 个萨卡尔（Sarkar，行政区），萨卡尔又划分为帕尔加纳，各设阿明（Amin，法官）、希克达尔（Shiqdar，税务官）、司库、文书等地方官吏。地方官每 2 至 3 年调任一次，他们得受上级官员监督。这样的行政设置，后来为莫卧儿王朝所仿效。

田赋历来是印度政府财政收入的主要来源，舍尔沙十分重视税务的整顿。他首先下令准确地丈量土地，按地力的肥瘠分为上、中、下三等，然后委派官吏直接与耕种者一起估产，确定税额，税率为平均产量的 1/4 或 1/3；他指示估产宜宽，收税要严，由希克达尔、穆卡达姆、昆鲁果、帕特瓦里等官吏直接向农民征税，用现金或实物缴纳均可。他还下令废除已贬值的旧币，另铸新的金、银、铜币，又废除杂税，只在入境和销售地课税，以利于商业的发展。

舍尔沙仿照阿拉-乌德-丁·哈勒吉的军事体制组建了一支拥有 15 万骑兵、2.5 万步兵、300 头战象和一定数量大炮的强大军队；地方卫戍部队称"福季"（Fauj），设福季达尔统辖；为了确保军队的战斗力，有描述士兵特征的花名册，又恢复了军马烙印的制度，以免用老弱兵员代役、以劣马充数。司法方面，地方政府除由阿明审理民事诉讼外，另设卡济（法官）、米尔-伊-阿达勒、萨德尔等各级司法官吏，执法严明，不徇私情。

舍尔沙还实行宗教宽容政策，任用印度教徒担任国家要职；兴办了一些慈善机构和民政事业，其中最使后世得益的是修筑了四条驰道，把王国各个重要地方连接起来。最长的一条是至今尚存的大干道，长达1500科斯①，横贯东西，从孟加拉直通旁遮普。按照以往的传统，在驰道两旁还栽种遮阴的树林，为印度教徒和穆斯林分别准备了休憩的场所。这些道路不仅便利商业往来，也保证了邮驿、谍报的畅通。

1545年5月，舍尔沙在围攻卡林贾尔要塞时死于意外的火药爆炸，由其子贾拉勒汗继位，称号为伊斯拉姆沙（又称萨利姆沙）。他在位的9年间（1545—1554年）保持了国家的实力，舍尔沙的改革措施大体得到贯彻。但他死后争夺王位的内乱迭起，大大削弱了苏尔王朝，为胡马雍卷土重来提供了时机。

莫卧儿王朝的恢复　1540年胡马雍失位后，辗转于信德、拉杰普塔纳等地，均不得容身；他不得不投奔波斯的统治者沙·塔赫马斯普，并以遵守什叶派教义和成功之后归还坎大哈为条件，获得1.4万波斯军队的援助。1545年胡马雍率领这支军队攻占了坎大哈和喀布尔，并先后平定了在他落魄时未给予任何同情和支持的三个兄弟——卡姆兰、欣达勒和阿斯卡里的势力。1554年11月，他利用苏尔人内战的机会重新进入印度斯坦。1555年2月攻克拉合尔，7月占领德里和亚格拉，恢复了莫卧儿的王祚。但是这位以"幸运"命名的莫卧儿统治者②一生中却很少走运，复位刚刚半年，他就在1556年1月24日意外地从德里藏书楼的楼梯上跌下，两天后身亡。

1556年2月14日，胡马雍之子阿克巴在旁遮普的卡拉瑙尔被宣布为王位继承人，因时年仅13岁，由其监护人拜拉姆汗摄政。这时期莫卧儿人在德里的政权很不巩固，他们实际上只占有德里、亚格拉、桑巴

---

① 科斯（Kos），印度长度单位，具体长度因地而异，约合1.5~3英里。
② "胡马雍"（Humayun）的波斯文原意为"幸运"。

尔及其附近地区，北印度的大部分地区还在阿富汗首领和苏尔王朝的贵族手中。这些贵族还在争夺王权，拉杰普特人仍在坚持斗争，坎大哈时刻受着波斯人的威胁。此外，阿克巴的政府财政窘迫，帑藏虚竭，捐税不靠武力便无法征收，德里和亚格拉地区又有严重的饥荒，阿克巴面临的形势是严峻的。最严重的威胁来自苏尔王朝的一位有才能的将军和首相——喜穆。他已打败莫卧儿人，占领德里、亚格拉和桑巴尔，在德里即位，自称超日王，并率领一支有1500头战象的大军向旁遮普进发。拜拉姆和阿克巴决心向德里前进，迎击喜穆。他们的前锋缴获了喜穆一支炮队的装备，这对喜穆是一个重大损失。两军于1556年11月5日会战于帕尼帕特，史称"第二次帕尼帕特之战"。据历史学家费里希塔记载，喜穆起初击溃了莫卧儿军的左、右两翼，又以象军冲击其中军，"希望惊吓很少见过大象的敌人的马队，但是战象冲入中军时，受到莫卧儿士兵的长矛、箭矢和投枪雨点般的袭击，变得无法控制。喜穆也被一支流矢射中眼睛而昏倒在象轿内，阿富汗士兵由于失去统帅而仓皇溃逃，喜穆本人被俘后被就地处决"[①]。战役以莫卧儿的胜利而告结束。

第二次帕尼帕特战役结束了阿富汗人与莫卧儿人长期争霸的局面，建立了莫卧儿王朝在北印度的绝对权力，它标志着莫卧儿帝国的真正开始。战后不久，阿克巴就占领了德里和亚格拉，在随后的3年内，苏尔王朝的残余势力也都被肃清。

第二节　莫卧儿帝国的扩张与巩固

阿克巴的亲政与扩张　1560年阿克巴（Akbar，1556—1605年在位）年已18岁，便向拜拉姆汗表示决定要亲政，免去摄政的职务，并令他退隐到圣地麦加。据历史学家分析，阿克巴此举一方面是因为随着年龄的增长，他确想当一个有名有实的皇上；另一方面，拜拉姆权力的

[①]　费里希塔：《历史》第2卷，布里格斯英译本，第188～189页。

膨胀，无疑激起宫廷贵族尤其是皇亲内戚的忌妒之心，阿克巴的生母哈米达·巴努贝加姆、养母马哈姆·阿纳加和养母之子阿达姆汗，都怂恿他除掉这个摄政。拜拉姆无可奈何地服从他的主人的决定，并同意去麦加。1561年1月，他在途中被阿富汗人杀害。

革除拜拉姆后，阿克巴还没有能马上亲理朝政。此后的4年里（1560—1564年），他仍然受到后宫的掣肘，僭夺权力的主要人物是阿克巴的养母马哈姆·阿纳加和她的儿子阿达姆汗。所以，有的历史学家把这段时间称为"妇人执政"（petticoat government）时期。但是，也有学者认为，这段时期阿克巴受后宫女眷的影响是有限的，因为他已经亲自实行了一些开明的措施，如废除将战俘卖为奴隶的习俗（1562年），废除香客税（对朝圣的印度教徒征收的税，1563年）和"杰齐亚税"（对非穆斯林征收的异教人头税，1564年），以及对马尔瓦、丘纳尔、梅尔塔和冈德瓦纳的征服都是在1564年以前完成的。他们认为，1562年阿克巴处死阿达姆汗，不久马哈姆·阿纳加也死去，后宫的影响已不明显。但这一时期的结束仍是以1564年阿克巴处死其舅父赫瓦贾·穆阿扎姆为标志。

业已成年的阿克巴一旦摆脱左右羁绊，便开始为扩张疆域进行多方的征讨，到1601年1月攻占阿西尔加尔要塞为止，他一直奉行武力征服的政策。除了上述地区外，他对拉贾斯坦的征服采取了略为不同的政策。第一，攻占所有的要塞，以便控制整个地区的局势。第二，接纳一切愿意归顺的拉杰普特王公，归还其领土，并联姻缔亲。如1562年阿姆贝尔（即斋浦尔）王公罗阁比哈里·马尔表示归顺，阿克巴即以其女为妻，并对其养子巴格万·达斯委以要职，其孙曼·辛格也成为阿克巴军中的重要将领。阿克巴比较清醒地认识到，一个外族统治者置身于占人口绝大多数的印度教徒之中，如欲获得稳固的根基，不得不对土著王公和印度教臣民作出让步。采用这种和亲绥靖的政策（包括前面提到的免除香客税、杰齐亚等），争取了最有战斗力的拉杰普特人成为同盟者，这对巩固他的政权是有重要意义的。第三，对于拒绝投降的王公则以武力征服之，兼并他们的领土。如当梅瓦尔不愿归顺时，阿克巴即于1567年10月出兵围困奇托尔要塞，最后于1568年2月攻下，有3万人被屠杀，并将作为王国象征的大铜鼓与母神宝座上的大烛台拆下，运往亚格拉作为战利品。阿克巴就这样利用武力与怀柔的两手使拉杰普特酋长们归顺，兰桑波尔于1569年2月投降，同年8月卡林贾尔、1570年比卡内尔等都向他称臣。只有梅瓦尔的王公逃入山地，至死不屈。

1572年，阿克巴征服西部重要省份古吉拉特，这里有富庶而繁荣的港口，是与西方世界商业往来的中心地。1573年阿克巴攻占苏拉特并与葡萄牙人有了接触，对这里的征服，不仅为帝国增加了财政税收的资源，而且获得了与欧洲商人联系的口岸。1574年阿克巴又攻占孟加拉，驱逐了当地的统治者达乌德。喀布尔与克什米尔分别于1585年和1586年并入帝国，信德和俾路支则先后在1591年和1595年被征服。至此，除印度河彼岸等个别地区外，阿克巴统治的疆域西起喀布尔和坎大哈，东到布拉马普特拉河，北起克什米尔和喜马拉雅山麓，南到纳尔巴达河。在北印度和中印度得到统一之后，阿克巴又向南扩展，1600年围困坎德什的阿西尔加尔达6个月之久，最后用金钱引诱的计策才攻克要塞，从而把南界推到克里希纳河。这是他的最后一次征服。

阿克巴大帝的改革与帝国的巩固　1574年，阿克巴基本完成在北印度扩展疆域的进程后，为了巩固对征服地区的统治以及进一步扩大帝国版图，必须解决这样一些问题：第一是防止地方割据，加强中央集权，建立稳定的政治局面。其次是解决财政的拮据。要改善国家的财政状况，诸如田赋制度、官阶制度、扎吉尔封地制度等必须加以整顿和改革。再次是协调不同教派之间的关系与不同教派的封建统治者之间的关系，防止矛盾激化，以巩固帝国的统治。最后是解决世俗政权与神权的对立。最明显的实例是担任大法官的谢赫阿卜杜恩·纳比违背皇帝的旨意，处决了一个挪用清真寺建筑材料的婆罗门，引起阿克巴的狂怒；又一例,谢赫阿卜杜勒·卡迪尔竟然在皇帝的勤政殿做晚祷,而且傲慢地指责皇上无权干涉。阿克巴如欲实行集权,不能不先清除来自宗教界的阻力。

为了巩固中央集权,建立健全的行政、军事体系,阿克巴推行了以下政治、经济和军事、宗教几方面的改革措施:

(一)变扎吉尔为哈勒萨。巴布尔时期有 2/3 的耕地被作为扎吉尔分给他的将领。他们就地征收田赋,将其中一部分缴纳给莫卧儿王朝,国王不干预他们对扎吉尔的管理,胡马雍时也是如此。这易于形成封建主的分裂割据。舍尔沙曾削减扎吉尔,阿克巴则将很多扎吉尔变为哈勒萨。他将帝国分为 182 个税区,每区每年所缴田赋约 1 克罗尔(Karor,即 1000 万)达莫(dam),合 25 万卢比,由国王委派税吏阿米勒(Amil)征收,并负责鼓励辖区的农耕工作。因该税吏须纳 1 克罗尔的数额,故俗称此官为克罗里(Karori)。其目的不仅是保证国库的财政收入,也是为了制弱扎吉尔达尔的势力。但是这次改革遭到各级封建主的激烈反对,扎吉尔没有被完全取消。因此,阿克巴的财政部就设有两司:其一专管扎吉尔所上缴的田赋,其一专管各省税吏征收的田赋。但是,由于克罗里滥用权力,任意敲诈农户而遭到普遍的反对,不久这一官职与税区划分就被取消。

(二)田赋改革。1582 年,阿克巴任用能干的印度教大臣托达尔·马尔为税务大臣(Diwan-i-Ashraf),推行"标准课税制"。首先是普查耕地,用竹制的丈量工具"贾里卜"代替原来使用的因季节改变伸缩性较大的麻绳量具,比较精确地丈量耕地。其次是根据"连续耕种或休耕"情况,把土地分成四类:1. 波拉季,能年年耕种的土地;2. 帕劳蒂,只需短期休耕的土地;3. 查查尔,休耕 3 至 4 年的土地;4. 班贾尔,5 年或更长的时间未耕的土地。前三类土地再分成三等,按三者的平均产量估产,10 年一交。再次是固定税率,只对实际耕种的土地征税,税率一般为实际产量的 1/3,按最近 10 年的平均价格折成货币缴纳，农民也可缴纳实物。取消包税制，由税务官征收。托达尔·马尔的改革基本仿照舍尔沙旧制，在一定程度上扭转了莫卧儿王朝初期税制混乱局面，保证了国库的财政收入。由于赋额相对稳定，生产者的积极性也提高了。

（三）加强中央集权与推行"曼萨卜"官阶制。阿克巴为加强对地方的控制，将全国分为15个"苏巴"（省），分设苏巴达尔（省督）管理，又以迪万（税务长官）牵制苏巴达尔，使他们互相监督。另外，还派遣大批密探了解他们的活动情况。1573—1574年颁布敕令实行"曼萨卜"制，凡为帝国提供军役服务的官员即授予曼萨卜（官阶，后也授予文职官吏）。官阶领受者称"曼萨卜达尔"，分为33级，以指挥的人数多少区分，从最低"什夫长"到最高"万夫长"，七千以上的官阶仅限于王室成员。各级曼萨卜达尔被分配相应的扎吉尔封地或支付现金作为薪俸，要求他们提供一定数量的士兵、马匹和给养。曼萨卜达尔实际提供的军队数目与其官阶应管辖的人数并不相等。曼萨卜达尔的任命、提升与解职也没有一定的规定，完全取决于皇帝的意志。封地和官阶不是世袭的，扎吉尔经常转手，领主死后即收归国有。曼萨卜制对整顿吏治，把官员编入军籍，保持帝国的军事力量起过一定作用，但后来也产生买卖官阶，名实不符的流弊。

（四）军事改革。为保证军队的战斗力，杜绝扎吉尔达尔侵吞军饷的弊病，阿克巴采用定期检阅的制度，建立曼萨卜达尔的花名册，又恢复阿拉-乌德-丁和舍尔沙曾经实行过的"军马烙印制度"（波斯语原文 Dāgh-ul-Mahalli，意为"分区烙印"，简称"达格"）。曼萨卜达尔、扎吉尔达尔供养的骑兵必须在规定的期限内将军马带到本区皇室马厩，在军马臀部烙上代表骑兵番号的印记，并登记造册，按所登记的实际兵员数发给军饷。马匹死后须以相同品级的马匹补充并重新烙印，否则停饷。阿克巴军队中还拥有将近5万头战象。炮兵除制造使用大炮外，还应用由象或骆驼可以负载的小炮和可以拆卸的山地炮，增强炮兵的机动性。炮兵技术在亚洲仅次于土耳其。

（五）统一全国度量衡。统一全国的地积单位为"比加"（印亩）①，谷物重量单位为"芒德"（约合388克），货币单位为卢比和莫胡尔②，并确定其贵金属含量。这些措施显然有利于工商业的发展。

（六）宗教改革。最能反映阿克巴统治政策特点而且历时最长的，是他在宗教领域推行的改革。

当然，阿克巴推行宗教方面的改革，并非像某些历史学家认为的那样，是出于他本人"宽容大度的个性"或"对宗教理想的追求"，而应当在15—16世纪次大陆以至世界范围的宗教改革运动中寻找它的时代背景和思想渊源。莫卧儿建国时期，西欧正兴起一个以反对教会特权、提倡"信仰得救"和"廉俭教会"为主要特点的改革运动；与此相呼应，次大陆的印度教与伊斯兰教宗教界也发生了三次较大的教派运动。其一是前章已提到的兴起于14、15世纪之交的"巴克提"（虔诚）运动，这是阿克巴"普遍宽容"宗教思想的一个渊源；其二是16世纪出现的救世主派运动（又称马赫迪运动），其信徒多为商人和劳动人民，宣称在世界末日有马赫迪出现，就会伸张正义，建立太平盛世，其教义是以爱和宽容一切种姓、教派为基调。阿克巴的宗教导师之一就是该派的奇什基僧团的成员，这是他的宗教思想的又一来源；其三是16世纪兴起于旁遮普的锡克教运动，最初是代表印度北部城市商人和部分高利贷者反对封建制度的立场。其创始人那纳克宣传"宗教宽容"，取印度教、伊斯兰教的长处作为教义的基础。阿克巴发迹于旁遮普，执政后与锡克教师尊又有密切的交往，锡克教义对他的宗教政策影响颇深。此外，他的父亲是逊尼派，母亲和保护人又是什叶派，他的导师的宗教观是开明的，他的妻子是印度教徒、拉杰普特人，这种家庭环境对他也有影响。这些就是他推行自上而下的宗教改革的思想基础。

---

① 一比加约合2/3英亩。
② 每个金莫胡尔约合9～10卢比，每卢比合40达姆。

这一改革大致可以分为三个阶段：第一阶段（改革的准备时期）从即位之初到1574年，主要标志是取消杰齐亚税和香客税。第二阶段（改革的主要时期，与上层穆斯林矛盾激化）自1574年至1582年，主要标志是建立"礼拜堂"和颁布所谓"无误法令"。第三阶段（巩固改革成果时期）自1582年到阿克巴晚年，主要标志是创立"亭-伊-伊拉希"（Din-i-Ilahi，意为"圣教"）。

关于第一阶段阿克巴联合印度教徒的政策前已述及，这一阶段阿克巴在宗教观点上仍信奉正统的逊尼派教义，依靠谢赫和乌拉马，他所采取的一些让步措施多出于形势的逼迫和政治上的需要。

第二阶段阿克巴注意宗教内部的改革。1575年他为开展自由的宗教辩论，在京城法特普尔·西克里建立"礼拜堂"（Ibadat-Khana）。这是一件意义重大的新事物，意味着他开始摆脱伊斯兰教派主义的偏见。每星期四傍晚，礼拜堂的大厅里聚集着伊斯兰教神学各派的代表人物，围绕神学题材或神学以外问题开展辩论。1578年开始邀请非伊斯兰教派的代表人物参加讨论。1579年6月，他罢免了法特普尔·西克里的首席布道士，宣布自己为"首席的穆贾希德"（Mujahid，宗教导师），并在星期五祷告时以自己的名义诵读胡特巴。

1579年9月，经阿克巴认可后，由救世主派谢赫穆巴拉克起草，拟写了一份重要的法令，史称"无误法令"。法令称阿克巴为"真主在人间的影子"；陛下如对宗教的争议作出仲裁或制定法令，"则众师务必赞同，承担绝对义务，一切臣民，概无例外。违背法令者将令其丧失财产与宗教权利，死后罚入地狱"[①]。"无误法令"为阿克巴旨在加强集权的改革措施披上了一层神圣的合法外衣。这种将世俗与宗教的权力，即苏丹与哈里发合为一体的观念对东方的穆斯林统治者来说并不罕见。所不同的是巴格达和伊斯坦布尔的统治者可以依靠宗教的传统、宗谱和地

---

① 巴道尼：《史乘选萃》第2卷，第271～272页。

处伊斯兰世界中心的优越地位,而次大陆的阿克巴却不具备这些条件,只有通过宗教改革的途径来达到上述目的。

阿克巴居于执政地位,又借助"无误法令"之力,从上而下地推行了一系列具体措施和规定。阿克巴还身体力行,除穆斯林宗教活动外,在宫廷采纳印度教惯例,每天清晨登阳台谒见臣民,参加印度教节庆,朝廷觐见时佩戴印度教种姓标志;禁止宰牛、杀生、狩猎;宫廷整日保持火不熄灭。但对一些恶习弊端则加以禁止,如强制寡妇自焚殉身、杀婴、童婚、近亲婚配以及不许寡妇再嫁等。

第三阶段从1582年制定"亭-伊-伊拉希"(意译"圣教"或"神圣的信仰")开始。这种宗教的特点一是提倡廉俭,其教规要求信徒"弃绝世俗欲望而求得救",凡要求入教者,可直接进见阿克巴,将头巾放在手中,头放在他脚上,阿克巴将他扶起,向他祝福,给还头巾戴上并授以刻有"安拉-阿克巴"(意为"阿克巴即真主")字样的"夏斯特"①,就算接纳入教。二是强调忠君。新教信徒对阿克巴奉若上帝,相见时呼"安拉-阿克巴",并且按效忠皇帝献出"财产、生命、荣誉与信仰"四项中的几项,将教徒分成四等级。献出四项的为第一等,献三项的为二等,如此类推。

"亭-伊-伊拉希"综合了各种教义的长处,其目的在于使各种信仰的人能够彼此宽容,共同合作,是阿克巴"普遍宽容"宗教理想的具体体现。但是,由于它所具有的理性特点和过于激烈地批评那些关于先知的宗教传说,使自己的教义仅仅成为一些刻板的道德信条,缺乏宗教的感召力,所以自始至终正式入教的信徒不多,最多不过数千人,而且在阿克巴死后就不再流传。

印度是一个具有悠久宗教传统的国家,国内主要民族有着极其强烈的宗教情绪。13世纪以后,印度教与伊斯兰教的矛盾成为宗教领域的

---

① 夏斯特(Shast)即阿克巴自己的肖像。

主要矛盾,是印度中古后期几百年来长期四分五裂、战乱不断的主要原因之一,甚至直到今日,它仍然是造成次大陆动乱的一个主要根源。阿克巴作为封建王朝的统治者能在一定程度上摆脱宗教偏见,不顾穆斯林贵族的激烈反对,从统治者长远利益出发采取"普遍宽容"的宗教政策,缓和了宗教、阶级、民族三方面的矛盾,这说明他的确是一个有魄力的君主。阿克巴推行新教的目的虽然没有实现,却在较长时期内造成了不同教派和平相处的局面,使莫卧儿帝国的统治得到巩固,他在这方面是有历史功绩的。

第三节 莫卧儿王朝的政治与经济制度

莫卧儿行政体制　阿克巴通过改革建立起从中央到地方,从税务、官阶到司法、军队的一整套有效的行政机构和军事制度,形成了完整的"莫卧儿体制"。这一体制是印度封建社会后期国家机器发展的最终形式。它不仅延续于整个莫卧儿王朝,而且为近代印度英国殖民体制的构置提供了基础。从这个意义上说,阿克巴大帝是莫卧儿帝国的真正缔造者。莫卧儿体制除了具有明显的军事性质以外,还体现了印度本地行政制度与波斯—阿拉伯体制相结合的特点。

中央政府:莫卧儿政府是典型的封建专制主义政权。与德里苏丹不同,莫卧儿诸帝从巴布尔开始就采用"帕德沙"(皇帝)的称号,说明他们即使在名义上也不承认哈里发为其最高统治者。阿克巴将君主的权力推向至高无上的地位,在对伊斯兰教法律有争议的情况下他有最后裁决权,被看成是真主在世间的代表。莫卧儿皇帝是法律的制定者,是军队的最高统帅,又是最高法官。他为自己确定的主要职责有三:"贾汉巴尼"(Jahanbani,保卫国家)、"贾汉吉里"(Jahangiri,扩展疆域)和为臣民谋福利。当然,他们的权力也不是毫无节制,皇帝与以上层封建主为主体的莫卧儿贵族之间,存在一种相互依存、相互约束的关系。如果说德里苏丹依靠摧毁贵族的势力而维护其独裁统治,那么莫卧儿皇帝则以贵族的势力和忠诚作为其专制统治的基础。从阿克巴时期起，不少拉杰普特王公也加入莫卧儿贵族的行列，更扩大了他的统治基础。

在中央官僚机构里，名义上以"瓦济尔"（Wazir，首相）为最高官职，但实际上仅在阿克巴统治初期摄政拜拉姆汗曾享有首相的权力，此后没有一任瓦济尔真正行使过首相的职权，这一点与瓦济尔长期拥有实权的德里苏丹国有明显不同。除此以外，阿克巴大帝时还有4个主要大臣职位：

1. 迪万（Diwan）。是中央政府主要行政官职，掌管税务和财政，并监督从省督到帕特瓦里各级地方官吏的活动。皇帝遇到重大问题几乎都向迪万咨询。

2. 米尔·巴赫希（Mir Bakhshi）。军队统帅，权位仅次于迪万。他是皇帝的主要军事顾问，并保存所有曼萨卜达尔的册籍，战时负责制订作战计划。

3. 汗-伊-萨曼（Khan-i-Saman）。皇室总管。掌管宫室、建筑、国库、官营作坊、皇室开支、账目等事务，一般由皇帝的亲信担任。

4. 萨德尔-乌斯-萨杜尔（Sadr-us-sadur）。宗教、慈善事业的总管，要处理各类宗教捐赠或赏赐，维护各类慈善设施。

阿克巴的这4个大臣被形容为"帝国的四根支柱"，可见其地位的显赫。除他们以外，中央政府还设有：首席卡济（Qazi），负责司法；监察官（穆赫塔西卜，Muhtasib），负责监督伊斯兰教规和道德规范的执行，管理全国的度量衡和市场价格；达罗格-伊-达克·乔基，负责驿邮和情报传递，由巡官（达罗格）辅助；还有米尔·阿蒂什（火炮长）、穆什陶非（审计长）、米尔·巴尔（森林总监）、米尔·阿尔兹（主管向皇帝呈递请愿书的官员）等等。

省政府：阿克巴将全国划分为15个"苏巴"（Subah，省）。贾汉吉尔统治时期增加到17个，奥朗则布时增至21个。"莫卧儿帝国各省的行政机构是中央政府的精确缩影"，其官员设置如下：

1. 省督（又称苏巴达尔，Subahdar，有的省份称尼扎姆或西帕·萨拉尔，官方则称为纳济姆），他在省府的地位相当于皇帝之于全国。这一要职一般由皇帝委派的王室成员担任。

2. 省迪万。地位仅次于省督，由皇帝直接任命，协助省督管理地方，目的在使这两个官职互相监督，以免叛乱。帝国后期省督与迪万由一人担任，因而助长了地方的分裂倾向。

3. 萨德尔（法官）。为省的首席法官，也由皇帝直接任命，不受省督或迪万控制。还负责土地的分配与慈善捐赠。

4. 阿米勒（省级收税官）。也掌握一些其他事务，如负责向皇帝通报本地税率，管理农业生产和开垦荒地等。

5. 巴赫希（将军）。负责招募、训练和维持省级军队，一般经米尔·巴赫希推荐后，由皇帝直接任命。

此外，苏丹达尔手下还有一批下级官员，她福季达尔、科特瓦勒、比蒂克奇（会计主任）和瓦卡-伊-纳维斯（新闻报道官）等。

萨卡尔（Sarkar）为苏巴以下的行政单位，相当于现代的县。萨卡尔以下又划分为帕尔加纳（Pargana），每个帕尔加纳包括几个村庄或农村公社。与印度历史上以前的时期相同，整个社会最基层的组织还是村庄或农村公社（Village Community），村社仍由潘查亚特（Panchayat）管理。这种组织经历了几度改朝换代的冲击，仍能保持大体不变，足见其惊人的稳定性。

如前所述，莫卧儿王朝的税收制度和军事体制（曼萨卜制）也是在阿克巴时代建立起来的。他能参照前人，设计出这样一套包含有各民族成分的封建官僚机构，来统治这样一个幅员辽阔、民族众多、成分复杂的大帝国，不能不说是一种政治上的成就。专门研究莫卧儿历史的印度史学家贾杜纳特·萨尔卡尔爵士对这一时期莫卧儿的行政体制的评价是："历时200年的莫卧儿统治为整个北印度甚至德干的大部分地区带来了统一的官方语言，统一的行政制度和币制，还为除印度教祭司和土著村民以外所有阶级的人士带来一种通用的混合语言。甚至在莫卧儿诸帝直接统治以外的地区，他们的行政体系、官职名称、宫廷礼仪和钱币形式或多或少地被邻近的印度教罗阇所借用。"①

莫卧儿土地制度 莫卧儿帝国统治时期，以农村公社为基础，以扎吉尔封地为主要形式的封建领主制度得到进一步发展。具体地说，土地所有制的主要形式有以下4种：

哈勒萨：哈勒萨（Khalsa，阿拉伯语"纯洁"之意），即王室领地。名义上莫卧儿人所征服的印度国土都属于"哈勒萨"，包括分配给封建主的扎吉尔领地和柴明达尔领地在内。但实际上由王室直接支配的"哈勒萨"仅占全国耕地的大约1/8，主要在德里、亚格拉京畿地区。政府委派专门官吏阿马勒·古扎尔征收哈勒萨土地的田赋，直接归入国库。

扎吉尔：国家的大部分土地都以扎吉尔封地的形式分配给各级军事封建主。扎吉尔封地制是莫卧儿封建国家土地所有制的主要形式。据统计，阿克巴时代最大的扎吉尔有400～500个，中小扎吉尔有1388个②。

扎吉尔（Jāgir）一词是由波斯语词根 Jāi-gir 构成的复合词，原意为"得到一块地方"。扎吉尔的持有者称为"扎吉尔达尔"，类似德里苏丹时期的"伊克塔达尔"。扎吉尔达尔一般都授有曼萨卜官阶，前面已提到这种官阶指受封者应得薪俸，即领受扎吉尔封地的权利和应供养军队的人数，即提供一定数量的骑兵、马匹和给养的义务。这说明扎吉尔制从一开始就是一种军事采邑制度，对受封者的权利与义务有明确的规定。但扎吉尔达尔对领地只拥有占有权，并无所有权，按西方学者W. H. 莫兰的说法，仅仅是一种"税收权益的转让"。由于扎吉尔是作为官职的薪俸，它是不能继承的，在官职调动时，扎吉尔的地区也随之

---

① J. N. 莫尔卡尔：《莫卧儿行政》，第238～239页。
② K. A. 安东诺娃：《十六世纪莫卧儿王朝时期印度封建土地占有制的基本形式》，见《史学译丛》，1957年第2期，第107页。

转移。

莫卧儿国家对扎吉尔领地的所有权表现在以下几个方面：

第一，由国家确定、调整和监督扎吉尔达尔的权利与义务。国家收取扎吉尔的税收所得的一定份额。扎吉尔达尔死后，他在世对所积累的一切财富均归国库。

第二，政府对封地有随时增减、予夺之权。凡不履行扎吉尔军事义务的受封者，国家有权减少或没收其领地。以后改为一种新的罚课，即暂时收回扎吉尔以抵偿受封者应向国库支付的税款。

第三，扎吉尔达尔定期调任制。为了克服领主的地方分立主义倾向和割据势力的形成，适应官阶升降、封地增减的实际需要，阿克巴在位第13年（1568年）开始执行此项制度。扎吉尔达尔的实际调动十分频繁，边陲地区更甚，如帕坦在26年（1570—1596年）中四易其主，信德的塞赫万封地在43年（1591—1634年）中调换了17任领主。另外，有势力的扎吉尔达尔常受命留住中央，不经允许不能在自己的封地住留，这也是防止分裂的一种办法。

扎吉尔封地尽管具有明显的国有制特点，但它又不同于近现代意义上的国有概念，而是一种封建主义的、有限的国有制。这主要表现在以下几个方面：

第一，地权分割，即土地的所有权、占有权（食税权）和使用权不属于同一主体，而是由三者分别据有。农村公社使用土地从事生产，然而土地并不是村社农民的财产。扎吉尔达尔则只关心从封地上征收田赋的多少，而不顾农业生产的实际状况。拥有土地所有权的国家居主导地位，决定着土地国有制的基本性质。

第二，扎吉尔的国有性质随莫卧儿国家权力的衰弱而发生蜕变。莫卧儿王朝初期，扎吉尔封地尚未形成世袭的地权；贾汉吉尔时已经出现扎吉尔达尔权力增大的现象；自沙·贾汉后期开始，随着中央集权的削弱，税收当局又无力恢复莱特瓦尔制，包税的方法便日益流行。扎吉尔达尔乘机扩大领地，承包田赋，使扎吉尔逐渐转变为世袭领地。及至奥朗则布时期出现扎吉尔达尔与柴明达尔合流的趋势，这是在中央集权削弱的特殊条件下，土地国有制的一种蜕变形式。

第二，国有制主体并不排斥局部私有制地权的存在。虽然在法律上禁止自由买卖土地，但部分地权的转卖，如柴明达尔地权甚至扎吉尔地权的转卖，也是存在的。从土地所有制形式来看，私有土地则主要有两类，即世袭柴明达尔领地和萨尤尔加尔封地。现分述于下：

柴明达尔领地：这一术语是由波斯语词根"柴明"（Zamin，土地）和"达尔"（Dar，持有者）构成。柴明达尔领地主要指莫卧儿人新征服的边远地区如拉杰普塔纳、奥里萨、贝拉尔、喀布尔、孟加拉和比哈尔的土著诸侯、部落酋长和印度教王公的领地。这些地区为帝国兵力控制所不及，对这些领主遂以纳贡称臣、提供军事援助为条件，保留了原来领地的所有权。这类拥有世袭地权的柴明达尔在莫卧儿帝国初期所占比例较大。

另一类柴明达尔出现较晚，构成也较为复杂，主要是政府为了支付沉重的军事行政费用需要大量货币，因此将土地承包给一些商人、高利贷者去征收田赋，他们缴纳规定的金额后就自行决定征收的税率。最初是短期的包税，政府往往改换包税人，以取得较多的税金。因而他们一旦取得包税权后，便尽量榨取农民，同时也极力谋求长期包税，乃至变成世袭的权力，从而成为柴明达尔。这类柴明达尔包税人仍无土地所有权，仅是政府与村社农民之间的中介人。

萨尤尔加尔：萨尤尔加尔（Sayurgar）系世袭的宗教赐地，又称穆尔克、瓦克夫或伊纳姆。这是另一类私有土地。封地面积不大，通常在100到500比加之间，世袭继承，主要供宗教开支，不承担任何义务。萨尤尔加尔受封者大多是穆斯林，主要是苏非派谢赫和其他伊斯兰教神学家，也有少数是因不服军役不能得到扎吉尔封地的世俗封建主，阿克巴宗教改革时期也曾赐封地予少数印度教徒和袄教徒。这类封地在全国耕地总面积中占的比例很小，如1595年在亚格拉省仅占4%。

由上述可见，扎吉尔封地是莫卧儿国家土地所有制的主要形式，它决定着莫卧儿印度地权的基本性质。扎吉尔封地的流动性和非世袭性又带来了许多消极的影响，这表现在以下几个方面：

第一，由于领地和财产都不能由后代继承，扎吉尔达尔在任时都恣意挥霍金钱，除满足其个人奢侈的生活需求外，还建造清真寺、陵墓、桥梁、运河，或为一篇成功的诗作赏予诗人数万达莫，用贵重的宝石镶嵌在衣服、武器、马匹和马具上，宴席上他们常吟诵这样的诗句：大地无常应及时行乐，不要积攒钱财，因为钱财终会为别人所有。佩尔萨埃特说，莫卧儿时代"富人的穷奢极侈与普通百姓的绝对服从和极端贫困之间形成的对照，是历史上仅见的"①。扎吉尔封地的经营特征加强了印度后期封建社会极度奢侈、腐朽的特点。

第二，扎吉尔达尔的频繁调任，使领主们在经营农业方面毫无长远的打算，他们不惜耗尽人力、地力，只图尽可能多地榨取税收。连扎吉尔达尔雇佣的税收代理人阿米勒也不知自己的雇佣期有多长，收税时粗暴横蛮，勒索无已。对此，奥朗则布时期留居印度12年之久的法国医生兼旅行家贝尼埃曾作过一段著名的描述："Timariots（他这样称呼扎吉尔达尔）、总督和包税者们则作如下考虑：何必让这块管理不善的土地在我心中增添烦恼？何必耗费时间、金钱让它增收？我们的封邑或许顷刻间就遭剥夺，花费的努力对自己对子孙都毫无裨益。还是尽多地从土地上榨取金钱，任农夫挨饿、逃离，一旦调遣令下，我们就离开这块令人沮丧的荒地。"②

第三，莫卧儿政府定的税率虽为收获物的1/3左右，但加上扎吉尔达尔和包税人的中间剥削，税率实际上超过1/3。还有名目繁多的杂税，通称"阿布瓦卜"（Abwabs，意思是"附加"），项目有收割税、家

---

① 引自I.哈比布：《莫卧儿印度的土地制度》，第320页。
② F.贝尼埃：《莫卧儿帝国游记1656—1668年》，1916年伦敦版，第227页。

畜税、果树税、打柴税、盐税、贸易税、河川税等等，印度农民的沉重负担的确是别国所罕见的，这使他们的生活水平降到最低点，甚至达到破产的境地。

本章主要参考书

［1］R. C. 马宗达等：《高级印度史》，张澍霖等译，商务印书馆1986年版，第二篇下篇，第一、二章。

［2］L. P. 沙尔马：《印度中世纪史》，维卡斯出版社1981年版，第四篇有关章节。

第十一章　莫卧儿王朝的兴衰和外国势力的入侵

第一节　莫卧儿王朝中期社会经济的繁荣

贾汉吉尔和沙·贾汉的统治　阿克巴去世以后的两代皇帝统治的五十多年（1605—1657年）是莫卧儿帝国兴盛、封建经济发展的时期。阿克巴建立的行政体制具有一定的活力，阶级矛盾、民族矛盾和教派冲突有所缓和，政治局面比较稳定，扎吉尔制度的流弊也还没有完全暴露出来。

阿克巴的继承人贾汉吉尔（Jahangir，1605—1627年在位）和沙·贾汉（Shah Jahan，1628—1658年在位）基本上都保持了阿克巴的改革措施，并继续执行对外扩张的政策。贾汉吉尔对各派宗教一视同仁、没有歧视。他也注意与拉杰普特人的联盟，在战胜梅瓦尔之后，就采取怀柔政策，对其他战败的拉杰普特首领也都加以安抚。虽然旷日持久的德干战争花费了他大量的人力物力都毫无进展，贾汉吉尔的宠后努尔·贾汉过分参与政事导致与王子沙·贾汉发生冲突，造成内乱，给帝国带来了损害，但是，贾汉吉尔在位的整个时期内，政局基本上是稳定的。他为帝国带来了和平繁荣。不但工商业得到发展，建筑、绘画、文学等方面也有很大的成就。

继贾汉吉尔之后的沙·贾汉统治时期是帝国最兴盛的黄金时代。沙·贾汉继位之初平定了努尔·贾汉的支持者的两起叛乱：一是1628年本德拉酋长的叛乱；一是次年德干前副王阿富汗贵族的叛乱。他仍继续其祖父与父亲的政策，与拉杰普特人保持友好关系，赢得他们的忠顺。在宗教方面他虽然是伊斯兰教正统的逊尼派，但他并不干预印度教徒或基督教徒的日常生活，还参加印度教徒的宗教节庆，也没有开征杰齐亚税，对异教比较宽容。沙·贾汉的对外扩张只在德干方面取得了进展。1633年吞并了艾哈迈德纳加尔，1636年用武力迫使高康达称臣纳贡，接着又迫使比贾普尔承认莫卧儿的宗主权。

沙·贾汉时代大莫卧儿皇帝威震遐迩，王室的豪华壮丽为外国旅游者赞叹不已。国家财库充足，府库珍宝不计其数，孔雀宝座就是用纯金和宝石制成，耗费了1000万卢比，用了7年时间才完成。亚格拉的珍珠清真寺是最美的建筑，它耗资30万卢比，也用了7年时间。还有最著名的泰姬陵，用了22年时间，耗资约达4000万卢比。在此期间，文学、音乐与绘画等也有很多成就。可是，无论是提倡文学艺术事业，还是兴建宏伟壮丽的建筑，都耗费了无数的钱财，加上庞大官僚机构和军队的开支，战争的消耗以及皇帝、贵族的生活享受，大大加重了人民的负担。农民和手工业者勉强维持生存，遇到饥荒，则纷纷破产。沙·贾汉时期的1630—1632年，德干和古吉拉特发生了一次大饥荒，造成人相食的惨状。即使这样，政府也只豁免了1/11的地税，可见人民痛苦之深。沙·贾汉统治后期，帝国内部已经蕴藏着危机。1657年沙·贾汉病倒，王位继承战争随之而起，帝国从此由盛转衰。

社会经济的繁荣　由于相对安定的政治局面和普遍宽容的统治政策，这一时期莫卧儿的社会经济状况呈现出稳定发展的趋势。但是，关于这方面的情况波斯文历史著作和当代方言文学作品中较少记述，更多的资料来自当时外国旅行家的记载以及欧洲商馆的档案。

农业：莫卧儿农业仍采用小农个体生产的方式，生产力水平比较低下。据英国旅行家弗莱厄记载，农民耕地或种植谷物的方式"与其他国家区别不大，他们使用的木犁与同时代英国使用的步犁相仿，犁尖上只装有很小的铁齿或者根本不装，这是因为印度的土地松软，无需很重的铁铧犁的缘故。印度农民还使用播种工具，这在欧洲是较晚才有的，在种植棉花等作物的时候还使用点播器"。人工灌溉系统十分发达，雨量较少的地区用水井、小水库和湖泊蓄水。在北方平原，尤其是恒河、印度河上游盆地，灌溉沟渠密如网罗。耕种采用了轮作制，又普遍使用多种肥料。因此，印度农业达到了当时较高的水平。

作物的种类很多，《阿克巴则例》列举了亚格拉省16种春季作物和25种秋季作物的税率。除了粮食作物外，经济作物也种类繁多，而且收益显然高于粮食作物。各地区因地制宜发展本地的特产，德里、拉合尔、木尔坦、孟加拉等省大部分土地种植小麦、水稻和甘蔗。拉合尔的甘蔗质量最佳，亚格拉西南的比耶那和卡尔皮地区大都种植靛蓝和甘蔗，德干和旁遮普是棉花的主要产区，孟加拉、古吉拉特等省和南印度的许多地区以优质生丝著称，印度半岛最南端则以椰子产品和各种香料闻名，烟草自1604年底或1605年初传入印度后，种植也较广泛。

手工业：这时期的手工业门类很多，有些产品还有一定的艺术价值。纺织业是印度的传统工业项目，也是工人人数最多的生产部门。莫卧儿的每个城镇、村庄几乎都生产纺织品。随着社会分工的发展，纺织脱离了农业，织工的居民点形成纺织业的中心。棉纺织业的主要中心有达卡、查巴斯普尔、帕坦、布尔汉普尔、贝拿勒斯、巴特那、索那尔冈等地。达卡的平纹细布最为精美，每块长20码，卷起后可以从一只指环中穿过；锡龙杰的白细布，"人们穿在身上犹如裸体一般，商人被禁止贩运这种细布，总督径直将它送与皇上和莫卧儿宫廷，后宫的妇女用它做暑季的衣服"①。印染工业也发展起来，一些粗棉布上印染上形状

---

① 《泰文尼尔游记》第1卷，1839年伦敦版，第32页。

优美、颜色鲜艳的花朵和图案后，经久不褪。毛织业方面，拉合尔、亚格拉织造羊毛披肩与毛毯。丝织业由于阿克巴的支持得到很大的进展。最重要的蚕丝生产和丝织业的中心是孟加拉，这里出产的棉花和蚕丝多到如此程度，以至伯尼埃称它"不仅是大莫卧儿帝国的，而且是邻近王国以至欧洲的公共仓库"。

冶金业方面：北印度采用高炉炼铁法，铲铁砂与湿碳于炉中鼓风冶炼，再加以锻打，全系手工操作。南印度产钢较多，炼炉用黏土掺谷壳制成，炼毕即拆，成本十分低廉。炼出的钢锭称"乌兹"，质量颇佳，波斯商人不顾路途之遥，运回本国去制造兵器。莫卧儿工匠掌握的合金品种根据不同的需要越来越多，《阿克巴则例》中列举了经常使用的7种合金铜的名称，并记载了运用阿基米德定律精确地测定的7种金属的比重。由于冶金业的发展与战争的需要，武器的制造也有很大的改进。作为火药配料的硝石，为满足欧洲商人的需要而大量生产。造纸业也有发展，纸张品种繁多，生产地区广泛。迈索尔、道拉塔巴德、奥兰加巴德、亚格拉和德里等地都有造纸的手工作坊。建筑业也很有成就。此外，还有石盐的开采、制糖、造船业以及工艺品的制造等都有不同程度的进步。

商业与对外贸易：农业生产的商品化和专业化，手工业逐步脱离农业，都为商业的发展创造了条件。国内商业主要靠水运，印度河和恒河是两条通航的主要干线，沿海航线也是贸易的渠道，陆路有牛车运输，城乡贸易也有发展。对外贸易与亚洲、欧洲各国有频繁的商业往来，主要陆路贸易是通过开伯尔山口、拉合尔到喀布尔和从木尔坦到坎大哈、同伊朗和中亚的商人贸易；通过克什米尔与中国新疆与远东的贸易。主要的外贸海港有信德的拉合里·班达尔，古吉拉特的苏拉特、布罗奇和坎贝、巴塞因、乔尔、果阿和巴特卡尔，马拉巴尔海岸的古里和柯枝，东海岸的尼加帕塔姆和马苏利帕塔姆，还有孟加拉的萨特冈、斯里普尔、吉大港和索那尔冈等。商船的吨位很大，1612年欧洲人亨利·米德尔顿在苏拉特看到一艘印度船长 153 呎，宽 42 呎，深 31 呎，可运载 1500 吨货物。据巴尔·克里希纳博士估计，莫卧儿时期各港口年平均输出货物约 345 000 吨，其中 85 000 吨是输往外国的①。主要出口商品是各种纺织品、胡椒、靛蓝、鸦片、硝石等；进口的则有中国的瓷器，中亚、伊朗和阿拉伯的马，东南亚的丁香、肉豆蔻，锡兰、日本、欧洲的铜，非洲的奴隶等。贸易一直保持顺差，大量的黄金和白银都流入了印度。

印度商船不仅向东驶往马六甲海峡，而且向西频繁往来于红海和波斯湾。古吉拉特是莫卧儿前期的经济中心，该半岛由于地理上与内地相隔离，因而自古以来就与波斯、东南亚和印度西海岸保持着密切的贸易联系。虽然 16 世纪中叶葡萄牙军舰控制了阿拉伯海的水路交通，但古吉拉特商人与外界的往来并未中断。威尼斯商人切扎罗·弗里德里奇 1563 年记载说，印度商船得到第乌葡萄牙当局的允准后，频频驶往霍尔木兹和麦加。1583 年拉里夫·菲奇在巴士拉报道了该港口与印度商人的贸易关系，霍尔木兹也有大批的印度商人来此经商，1588 年还有印度陶制品和柠檬水从索科特拉半岛运往非洲②。托马斯·罗 1616 年记载，古吉拉特商人用印度商船包揽了全部的红海贸易③。从 17 世纪中期开始，随着胡格利和马德拉斯等重要海港的开辟，孟加拉和科罗曼德尔海岸一带商业、手工业日益发达，逐渐取代了古吉拉特，成为莫卧儿帝国新的经济中心。

商业和高利贷有密切的联系，商人以预付款包购粮食、棉花等农产品和手工制品，或贷款给农民、手工业者以供急需，利息都很高；他们和高利贷者还从银钱兑换中谋取高额利润。他们承担包税，更是发财致富的源泉。高利贷者的活动甚至扩展到国外，俄国访问伊朗的公使阿·

---

① S. C. 雷乔杜里：《莫卧儿印度史》，1984 年德里版，第 339～340 页。
② 阿拉耶夫等主编：《印度中世纪史》，俄文版，第 413 页。
③ S. C. 雷乔杜里：《莫卧儿印度史》，1984 年德里版，第 339～340 页。

沃伦斯基的记述曾提到,"波斯全国的金钱都掌握在印度人手中"①。

商品货币关系的发展,引起了村社土地占有的一些变化。份地可以出售或典押给别人,农民中穷富分化更为剧烈。有为市场生产棉花、靛蓝、香料、烟草、甘蔗等经济作物的大农户,也有只能满足自己需要的小自耕农。还出现了农村的雇佣劳动。自耕农中就有在农忙季节外出做短工的。为数更多的农业雇工是占农村人口约 1/5~1/4 的低级种姓者和村庄仆役,他们除按惯例为高级种姓提供强迫劳动(begār)服务以外,以出卖劳动力为生②。

商品货币关系也渗入到手工业生产部门。手工业者中同样产生了贫富分化。有的破产而丧失了生产资料,被迫从事雇佣劳动。少数手工业者发财致富,雇佣工人扩大自己的生产。商人收购手工业者生产的制品,有的向手工业者预付现金,从而取得收购产品的垄断权。类似劳动组合的生产组织也出现了,17 世纪 70 年代在高康达的造船业中雇佣木匠、铁匠等一百多人,钻石矿场工人达 6 万人,工作分组进行,每组负责六七个独立工序,工人工资用现金支付③。这些可以说是资本主义生产关系的萌芽形式,它们是从印度的封建经济内部出现的,但因为受到苛重的捐税与种种勒索的损害,加之地方官吏的压制,因此,发展十分缓慢。

附录:

  关于印度资本主义萌芽的时间问题,学者们没有一致的意见。主要有两种观点。多数学者认为是出现于 17—18 世纪,当时印度社会生产力的发展,社会分工、商品货币关系也有了进展。农村公社开始分化瓦解,雇农雇工出现,有了手工工场,富农经济。持这种观点的除我国和苏联的部分学者外,杜德的《今日印度》,尼赫

---

① 《国立中央古代文献档案库》波斯案卷,1715—1719 年。
② J. 雷乔杜里、I. 哈比布:《剑桥印度经济史》第 1 卷,第 248~249 页。
③ 斯·马斯特:《斯特雷恩萨姆·马斯特日记 1675—1680 年》第 2 卷,1911 年伦敦版,第 174 页。

鲁《印度的发现》也同意这种说法,并认为主要是英国殖民主义侵入印度后才使这一发展遭到破坏。另一种观点是认为在英国人侵占印度以前,印度尚不存在资本主义萌芽。由于商品货币关系的影响不大,不足以使农村公社解体,公社便一直持续到19世纪中叶。此前的手工作坊不是手工工场,包买商也不是新的资本主义关系的代表,资本主义企业是英国人建立起来的。主张这一说法的有苏联的部分学者。还有一种综合这两种观点的说法,认为印度资本主义萌芽第一次发生在17—18世纪,后为英国入侵所毁;第二次则在19世纪中叶,这时印度大部分农村公社已在英国土地政策的打击下解体,资本主义关系才又重新萌芽。这里的关键问题是如何估价莫卧儿帝国社会经济发展的水平和程度,如何认定当时封建经济结构中出现的新关系和新因素,以及如何评价英国殖民主义侵略所起的作用。这些问题都值得我们作进一步的思考和探讨。

第二节 莫卧儿帝国由盛转衰与人民运动的兴起

王位继承战争 在莫卧儿王朝历代司空见惯的王位继承战争中,最激烈、最残酷的一次是沙·贾汉晚年爆发的内战。沙·贾汉共有4个儿子:长子达拉·舒柯;次子舒贾,孟加拉总督;三子奥朗则布,德干副王;幼子穆拉德,古吉拉特总督。其中达拉·舒柯品德、才能都较出众,而且一直留居亚格拉宫中;奥朗则布则有突出的外交手腕和军事才能,是王位的主要竞争者。1657年9月,皇帝卧病的消息一传出,舒贾首先在孟加拉首府拉杰马哈尔自行称帝,并向帝国首都进军,但被达拉·舒柯的军队打败后退兵。穆拉德也于同年在艾哈迈达巴德加冕,接着,他在马尔瓦与奥朗则布会师,并结成联盟。联军挥师北进,1658年4月15日与皇帝派遣的帝国军队会战于达尔马特,结果政府军大败。5月29日,联军又与达拉·舒柯亲自率领的5万军队会战于亚格拉以东的萨穆加尔,经过激战,最后联军凭借优越的战术和炮兵力量取得胜利。萨穆加尔之战实际上决定了这场内战的结局。不久,奥朗则布于 6 月 8 日占领亚格拉,幽禁其父王。沙·贾汉被囚在城堡内达 8 年之久,在孤独中度过了悲惨的余生,于 1666 年 1 月去世,终年 74 岁。奥朗则布又进兵德里,1658 年 7 月 21 日在那里加冕为皇帝。接着,他先后击败并处死了同胞兄弟穆拉德王子和达拉·舒柯王子;又将舒贾王子驱逐到国外。这样,历时两年的王位继承战争便以奥朗则布的胜利而告结束。

奥朗则布的统治政策　　奥朗则布(Aurangzeb,1658—1707 年在位)统治的 50 年时间可以分为两个大致相等的阶段。第一阶段(1658—1681 年)以北印度为政治、军事中心;第二阶段(1682—1707 年)统治重心南移到德干。

宗教政策:奥朗则布是一个偏执的逊尼派穆斯林。他违背了阿克巴的宗教宽容政策,对非穆斯林,尤其是印度教徒采取极为严酷的政策。

首先,他多次下令禁止兴建印度教寺庙,拆毁近 10~12 年内建成的印度教寺庙,并捣毁庙中的偶像。1669 年再度颁布敕令:"拆毁异教徒的一切学校和寺庙"。1679 年下令恢复征收杰齐亚税。当德里的印度教徒示威抗议时,他便派出象队镇压。征收其他税项也采取歧视政策。如 1665 年 4 月颁布的法令规定,凡穆斯林商人须交纳商品总值的 2.5% 作为关卡税,而印度教商人则须交纳 5%。1667 年 5 月更下令免除穆斯林商人的税收,而印度教徒的税率不变。

奥朗则布还干涉印度教徒的宗教生活。1668 年颁令禁止庆祝"迪瓦利节"和"霍利节"(即泼水节或洒红节)等印度教节庆;同年下令禁止印度教徒朝圣。他在政府内革除了印度教徒担任的一切官职,1671 年又规定王室领地的收税官必须由穆斯林担任。奥朗则布的严酷政策大大伤害了非穆斯林群众,尤其是印度教徒的宗教感情,使宗教矛盾重趋尖锐化。

德干政策:奥朗则布统治的最后 25 年,几乎全用于经营德干。他常驻奥兰加巴德,以对付比贾普尔、高康达和马拉塔人的势力。

奥朗则布向南扩张的第一个目标是比贾普尔的阿迪尔·沙希王国。1685年他率军亲征比贾普尔,围城17个月之后终于攻破,苏丹锡坎达尔·阿迪尔沙被迫投降。下一个目标是高康达的库特卜·沙希王国。1687年2月奥朗则布亲临高康达,围城8个月,久攻不克。他一面派遣增援部队,一面用金钱收买守军,遂得以攻入城堡,苏丹阿布尔·哈桑被废黜,库特卜·沙希王朝至此结束。

奥朗则布德干政策的另一个方面,是镇压新兴的马拉塔人的势力。马拉塔首领希瓦吉利用莫卧儿王位继承战之机,占领了孔坎、卡利安、马胡利、科尔哈普尔等县,并击败德干总督谢斯塔汗。奥朗则布派遣贾伊·辛格前去围攻普兰达尔要塞,1665年6月希瓦吉被迫签订条约,答应交出3/4的领土,并承认莫卧儿王朝的宗主权。此后保持了若干年的和平。1670年希瓦吉又夺回了割让的领土和要塞,并加冕自称为独立的统治者。其他马拉塔酋长承认他的权威,并缴纳乔特税("四一税")。1680年希瓦吉死后,其子萨姆布吉继续对抗莫卧儿王朝。1683年奥朗则布派遣沙·阿拉姆进攻马拉塔人,收获甚微,只得退兵。1689年2月,穆卡拉布汗率领的莫卧儿军乘隙在桑伽梅什瓦尔偷袭马拉塔军成功,萨姆布吉及其首相等均被捕获并处死,都城赖加尔也被占领。但马拉塔人的力量不但没有就此被消灭,而且不久后再度崛起,最终成为埋葬莫卧儿王朝的一支主要力量。

到1698年,奥朗则布的势力达到了顶点,莫卧儿帝国的疆域也扩大到了前所未有的规模:从喀布尔到吉大港,从克什米尔到卡维里河,除半岛极南端以外的整个次大陆都纳入了版图。但是,辽阔的疆土和旷日持久的德干战争成为莫卧儿统治者的一个沉重的负担,庞大的帝国内已蕴藏着深刻的危机。

人民反抗运动和莫卧儿帝国的衰落　奥朗则布的对内对外政策,使莫卧儿王朝中期一度缓和的民族矛盾、阶级矛盾和宗教矛盾重趋尖锐,并导致一系列的人民起义和教派运动，这是莫卧儿帝国由盛转衰的重要标志。

贾特人起义：贾特人是居住在朱木拿以南亚格拉、马图拉周围地区的一个人数众多的农民种姓，信仰印度教，17世纪末—18世纪初曾先后3次举行起义。因不堪忍受当地的军事行政长官阿卜杜勒·纳比的残酷压迫，贾特农民于1669年在其领袖柴明达尔戈克拉的领导下发动反莫卧儿起义，杀死纳比。起义持续1年之久才被镇压下去，戈克拉被处死。1685年贾特人在罗阇拉姆领导下再度起义。1688年劫掠了锡坎达拉的阿克巴陵，焚其尸骨。起义军战斗6年之久，于1691年暂时平息下来。后来罗阇拉姆战败被杀。1705年他们在另一领袖朱拉曼·辛格的领导下再次起义，建立图恩要塞，坚持长期的游击战争，到1721年才被击败，朱拉曼自杀。其余部继续在德里、亚格拉等心脏地区打击莫卧儿统治者。

本德拉人起义：本德拉人是拉杰普特人的一个部族，居住在朱木拿河与文迪亚山之间的本德尔汗德地区。族民强悍好战，阿克巴时期曾被降服。1671年他们在酋长查特拉沙尔的领导下发起反莫卧儿起义，曾几次战胜莫卧儿军队，并在马尔瓦东部建立起以潘纳为首都的独立公国。

萨特纳姆人起义：萨特纳姆人是居住在纳尔诺尔和梅瓦特县一带的印度教部族，又称蒙提人（意为"剃光胡须的人"）。他们从不屈服于外族的压迫。1672年5月，因莫卧儿步兵杀害了一个萨特纳姆农民，而当地的希克达尔又包庇凶手，他们便聚众举起了义旗。参加起义的不仅有享有全权的村社社员，而且还有村社中最受压迫的阶层——不可接触者。萨特纳姆人攻占纳尔诺尔，击败了奥朗则布派去镇压的军队，在占领区建立了政权。起义军向德里挺进，与莫卧儿大军在德里西南地区进行决战，最终被残酷地镇压下去。

拉杰普特战争：1678年，为莫卧儿朝廷效力的马尔瓦尔罗阇贾斯万特·辛格去世后，奥朗则布迅即改变以前莫卧儿诸帝执行的与拉杰普特族和亲的政策，并发动了对拉杰普塔纳的战争。他首先派兵进攻马尔瓦尔，在乔德普尔战役中轻易地打败了拉托尔人，接着下令摧毁所有的印度教寺庙，重征杰齐亚税。贾斯万特的遗腹子阿吉特·辛格长大后，奥朗则布拒绝承认他的王位继承权，并强令他改宗伊斯兰教，这严重地伤害了拉托尔人的民族感情。拉托尔人的一位卓越的将领，被誉为"骑士之精英"的杜尔加达斯于1679年将拉妮们与阿吉特救回乔德普尔，并与梅瓦尔拉那拉杰·辛格联合抵抗莫卧儿军队的追击。但拉杰普特联军终因寡不敌众而被击败，以后退入山区坚持抗战。

莫卧儿人经过长期的战争并未能最终战胜拉杰普特人，奥朗则布被迫于1681年6月与梅瓦尔拉那贾伊·辛格签订和约。马尔瓦尔继续进行一场"三十年战争"。杜尔加达斯领导的拉托尔人不断骚扰莫卧儿前沿部队，迫使当地莫卧儿官员向他缴纳"乔特税"。战争一直持续到奥朗则布死后，他的继承人巴哈杜尔沙一世于1709年承认阿吉特·辛格为马尔瓦尔的拉那。拉杰普特战争不仅使莫卧儿王朝失去了最有战斗力的盟友，使两个最强大的拉杰普特部族公开与朝廷对抗，而且使帝国耗费了巨额的金钱和无数的生命，大大削弱了国家的实力，这也是导致帝国衰落的原因之一。

锡克教运动：锡克教运动是16世纪初在旁遮普由师尊那纳克倡导的教派运动。"锡克"一词源于梵文 Sikha，意为"弟子"，因教徒自称为师尊的弟子而得名。教徒奉那纳克为祖师，以《格兰特·沙哈卜》为主要经典。其教义在印度教巴克提派的基础上，摄取了伊斯兰教苏菲派的神秘主义因素，主张业报轮回和众生平等，取消种姓等级，提倡修行，反对祭祀、偶像崇拜和苦行主义。阿克巴在位时，与锡克教保持友好的关系，他曾亲往拉合尔拜访第三代师尊阿默达斯，并在阿姆利则赐予他一块土地，即后来锡克教的圣城及金庙所在地。从第四代师尊拉姆达斯开始，师尊成为世袭的职位。第五代师尊阿尔詹·马尔是一个组织能力很强的领导人，他在位时锡克教团人数增加很快。他又整理前4位师尊的遗训，编成锡克教的第一部圣书——《格兰特·沙哈卜》；他还鼓励信徒努力经营农业、商业，为教团捐款，积累庙产，实行带有强制性的"宗教贡金"制度，并使教团转化为一个军事性的政权。贾汉吉尔和沙·贾汉在位时，锡克教团实际已成为一个独立的土邦，与莫卧儿政权经常发生摩擦。

奥朗则布的宗教迫害政策引起了锡克人的强烈不满，1675年他处死第九代师尊特格·巴哈杜尔更激起锡克人的复仇情绪。为了把反莫卧儿的斗争继续下去，第十代师尊戈文德·辛格（1675—1708年在位）对锡克教作了重大改革。他将锡克教团改名为"卡尔萨"（锡克教徒公社），将宗教和世俗的最高权力交给卡尔萨，要求教徒履行"五K"的教规，即：蓄长发长须（Kes）、佩剑（Kripan）、穿短裤（Kachcha）、戴梳子（Kangha）和钢手镯（Kara），发给每个锡克教徒以"辛格"臂章（即"狮子章"）。公社内实行严格的民主制度。教徒不分种姓、部落，一律平等。到17世纪末，在教团中占大多数的农民群众和城市贫民已成为锡克教反封建运动的主力。1708年戈文德·辛格遇刺身死，师尊制至此终止。但此时锡克教团已经成为旁遮普地区一股重要势力，并在印度以后的政治生活和军事斗争中起重要的作用。18世纪50年代锡克教运动再度兴起，并于1765年建立独立的锡克国家。

马拉塔人的兴起和马拉塔王国的建立：17世纪中叶后1个多世纪内兴盛一时的马拉塔王国，是介于莫卧儿帝国与英属印度之间使印度教势力得到再度复兴的政治实体。马拉塔人居住在马哈拉施特拉多山地区，北部有文迪亚山脉和萨特普拉山的保护，还有纳尔马达河和塔普蒂河的屏卫，以及许多易守难攻的城堡要塞，为抵御莫卧儿人入侵和保卫民族独立提供了良好的地理环境。15—16世纪这里兴起的巴克提信仰，在马拉塔人中培育了团结的精神和社会平等的理想，马拉塔语言和文学的兴起又为民族国家的形成提供了一条联合的纽带。

17世纪中叶，马拉塔民族出现了一位杰出的统帅和政治家——希瓦吉（Shivaji，1674—1680年在位），他联合了马拉塔各部族，成为马拉塔民族国家的缔造者。希瓦吉1630年2月出生于马拉塔封建主邦斯拉（Bhonsla）家族。他12岁就开始经营浦那的扎吉尔领地。16岁那年利用比贾普尔国内的混乱，率军攻占托尔纳要塞。1656年并吞焦利公国。1657年初，当德干总督奥朗则布进攻比贾普尔时，希瓦吉第一次与莫卧儿人发生冲突。他利用莫卧儿军忙于进攻卡尔扬尼的机会攻入朱纳尔城，并获得大量战利品。1663年他成功地袭击驻兵浦那的莫卧儿总督谢斯塔汗，次年1月又劫掠了西部富庶的海港苏拉特。1674年6月16日，希瓦吉在拉杰加尔隆重加冕，采用"查特拉巴蒂"（独立君主）的称号，正式建立独立的马拉塔王国。此后，希瓦吉继续扩张王国的疆域。1677—1678年，马拉塔人的势力达到极盛。北起苏拉特的拉姆纳加尔，南到卡尔瓦尔的整个沿海地区、西卡纳带克和近代的迈索尔王国的大都都纳入了马拉塔王国的领土范围。正当希瓦吉的事业顺利发展时，他却于1680年4月去世，终年50岁。

希瓦吉的行政、军事体制：希瓦吉不仅奠定了马拉塔王国的疆域，而且建立了一整套中央集权的行政体系。政府的最高首脑查特拉巴蒂（国王）拥有主宰一切的权力。辅佐国王的主要政府机构是"八大臣内阁"（Ashtpradhan），它由佩什瓦（首相）、财政大臣（Amatya）、书记官（Mantri）、监督官（Sachiva）、外交大臣（Samant）、王室教士与赈济官（Pandit Rao）、总司令（Senapati）和首席法官（Nyayadhish）组成。政府也分成八个部，各由相应的大臣主管。地方行政划分为若干省（Prant），由中央政府直接任命的副王管辖。希瓦吉死时为4省。省以下再划分为帕尔加纳和塔尔夫，最低行政单位是村庄，由帕特尔负责征税。

财政制度方面，希瓦吉取消扎吉尔封地制，以现金支付官员薪饷。废除包税的惯例，代之以通过国家官吏直接向农民征税的办法。由于马哈拉施特拉山区提供的土地税不多，希瓦吉还常常向由他支配的邻近地区，以及莫卧儿王朝、比贾普尔的某些辖区征收"乔特税"和"什一税"作为补充。

军事方面，希瓦吉整编平时在田间劳动，到旱季才服现役的马拉塔军队，创建正规的提供薪饷、住处的常备军，其大部分由骑兵组成，规模也很大，据估计，希瓦吉死时这支军队包括 4 万骑兵、1 万步兵和 1260 头战象，还有炮兵和舰队。希瓦吉的军队中既有印度教徒，也有穆斯林，纪律十分严明，规定"不许任何妇女、女奴或舞女随军"，不得抢母牛，不许骚扰婆罗门。他还修筑了约 280 座城堡、要塞，为防御提供了坚固的屏障。

希瓦吉死后其长子沙姆布吉（1680—1689 年在位）继承王位。沙姆布吉虽然勇敢善战，但不善于行政管理。他 1681 年曾远征詹吉拉的西迪人，两年后又进军葡萄牙人占据的港口乔尔和果阿，但 1689 年 2 月遭到一个名叫穆卡拉卜汗的莫卧儿军官的袭击，沙姆布吉及其首相、大臣共 25 人都被俘，后被凌迟处死。

继位的罗阁拉姆（1689—1700 年在位）仅 19 岁，但得到罗姆金德拉·潘特和普拉拉德·尼拉吉的辅佐，再度开展了一场抗击莫卧儿人的民族战争。罗阁拉姆改以金吉为首都。这时马拉塔人虽然没有一个强有力的领袖和统一的中央政府，但能干的将领们各自为战，运用游击战术给莫卧儿人以沉重打击。奥朗则布无法对付这场人民战争，他处处受敌，战争无止境地拖延下去。

1700 年罗阁拉姆死后，由他的遗孀、一个气概非凡的妇女塔拉·巴伊摄政（1700—1707 年在位）。她继续鼓励马拉塔人抗击奥朗则布。马拉塔酋长四处袭击，大大增加了财力、物力，实际上已经主宰了德干和中印度某些地区的形势，使莫卧儿军望而生畏。奥朗则布死后，马拉塔人进一步发展成为次大陆一支主要的政治力量。

第三节　西欧殖民者和其他外族的入侵

西欧殖民者侵入印度　正当莫卧儿帝国由盛转衰、人民反抗运动风起云涌的时候，欧洲各国的殖民势力进入了印度。

最早到达印度的是葡萄牙人，1498年5月17日，瓦斯科·达·伽马绕道好望角，抵达印度马拉巴尔海岸的港口卡利卡特。奠定葡萄牙在印度权力的基础的是阿丰索·德·阿尔布凯克。1509年，他被任命为葡萄牙印度事务总督。次年11月，他占领了当时属于比贾普尔苏丹领地的富庶港口果阿。但葡萄牙人没有深入到印度内地，仅在沿海建立了许多重要殖民地，如第乌、达曼、萨尔塞特、巴塞因、乔尔和孟买，马德拉斯附近的圣托梅和孟加拉的胡格利，其中位于印度西海岸的果阿城则是他们的主要基地。

荷兰人、英国人接踵而至。到17世纪，印度存在着葡萄牙人和荷兰人、葡萄牙人和英国人、荷兰人与英国人之间的竞争。英国人和荷兰人先后在1600年和1602年组成东印度公司作为殖民工具，进行激烈的竞争。1759年11月贝达拉战役，荷兰的军事力量遭到沉重打击，从此荷兰人的势力就逐渐从印度消失了。

法国在印度登场较晚，直到1664年才成立东印度公司，而且它的商业活动发展比较缓慢。1673年建成本地治里城，后来它成为法国在印度殖民地的首府。1697年以后，法国东印度公司才摆脱过去的停滞状态，并逐渐繁荣起来。1668年在苏拉特建立第一个商馆，随后在昌德纳戈尔建立商馆，1725年占领马拉巴尔海岸的马埃，1739年占领卡里卡。1742年后，法国人开始抱有在印度建立一个法属殖民帝国的野心，印度遂成为英法角逐的舞台。

英国东印度公司的建立　16世纪末到17世纪初，为适应资本原始积累的迫切需要，英国的大商人、银行家急忙参加由地理大发现开始的欧洲国家对亚洲国家的殖民扩张。早在16世纪末，就有不少英国冒险商人来到印度。如 1599 年，伦敦的一个冒险商人约翰·米尔登霍尔由陆路来到印度，住了 7 年。英国变印度为殖民地的决定性第一步，是 1600 年 12 月 31 日成立的东印度公司。女王伊丽莎白颁发特许状，授予它为期 15 年的东方贸易特权。此后它在印度竭力设法向莫卧儿帝国索取贸易权，建立商馆，排除自己的竞争对手。1613 年初，贾汉吉尔颁发一道敕令，准许英国人在苏拉特设立一永久性的商馆。1619 年之前，又在亚格拉、艾哈迈达巴德和布罗奇等地建立一系列商馆，并取得某些贸易特惠条件，所有这些商馆都受苏拉特商馆的总管和参事会的控制。此后英国商馆迅速增加，并且从印度西海岸向东南海岸和东北海岸发展，在马苏利帕塔姆、阿尔马冈建立商馆。1639 年，东印度公司以每年 600 英镑的代价从昌德拉吉里的统治者手中租得马德拉斯，在那里建筑了命名为圣乔治堡的堡垒，后来在该城堡的周围形成了马德拉斯城，它成为科罗曼德尔海岸的英国殖民总部。1668 年，东印度公司以每年租金 10 英镑的代价从英王查理二世手中租得孟买（1661 年孟买作为葡萄牙公主凯瑟琳嫁给查理二世的嫁妆），从此孟买变得越来越繁荣，而且有良好的防御设施，1687 年取代了苏拉特的地位，成为英国在印度西海岸的主要基地。1690 年，东印度公司在孟加拉的苏塔纳提开设一个商馆，建筑了名为威廉堡的堡垒，即加尔各答城，它成为英国人在孟加拉的贸易中心。

17 世纪末和 18 世纪初，东印度公司利用贸易特权，获得了丰厚的利润。1680 年，奥朗则布颁布敕令，命令任何人不许滋扰公司的商人，不得向他们索取关税，同时规定英国人货物除缴纳 2% 的关税外，尚须再缴 1.5% 的杰齐亚税。东印度公司的活动遇到了来自英国本土新的公司的竞争和挑战。1698 年成立了一个名叫"英国对东印度群岛的贸易公司"，该公司获得了在印度贸易的独享权利，成为老公司的竞争者。1702 年两家公司在内阁的压力下决定合并，1708 年组成"英商东印度贸易联合公司"，从此东印度公司成为拥有军队、军舰，以及在印度宣战媾和等特权的强有力的组织。它从一个纯粹的商业特权公司,发展成为一个拥有广泛的商业、政治、军事特权的三合一组织。它是英国统治阶级对印度实行侵略扩张政策的重要工具。

英法殖民者在印度的角逐 18世纪中期,在印度形成了欧洲殖民者的两大势力——英国东印度公司和法国东印度公司,它们之间激烈的商业竞争最后导致了武装争霸。

1740—1748年英法在欧洲卷入了奥地利王位继承战争,这场战争到1746年也波及印度。本地治里的法国殖民总督迪普莱克斯具有殖民侵略的"才干",他于1740年按欧洲方式组织和训练了一批印度雇佣兵(西帕依),凭借这支军队,企图征服印度,建立法兰西殖民帝国。但在实现这个野心的过程中,遇到了最大的障碍和劲敌——英国。因此,他一心要把英国势力赶出印度。事实上,战端是由巴尼特指挥的英国海军捕获法国船只而引起的。迪普莱克斯向毛里求斯总督拉·布尔东奈请求援助。当拉·布尔东奈率领的法国舰队出现于印度海面时,战局便迅速改观。英国舰队退向胡格利,从而使马德拉斯沿海的制海权掌握在法国人手中。法国的陆海军迅速包围马德拉斯,经过短期的战斗,仅以伤亡6人的代价攻克该城。当时卡纳蒂克①的纳瓦卜安瓦尔-乌德-丁认为,法国人未获允许就进攻马德拉斯是不能容忍的,他要求法军撤出马德拉斯城,并派其长子率兵前往援助英国人。但这支援军也被法军击败,法军暂时取得胜利。在胜利面前,法军内部出现了倾轧和不和。拉·布尔东奈主张只要英国人交纳一定数量的金钱,就同意将马德拉斯完整无缺地交给英国;而迪普莱克斯拒绝这样做。1746年10月,拉·布尔东奈的舰队遭到一场大风暴的袭击,损失惨重,被迫将舰队撤出印度海面。此后,由于没有海军的支援,迪普莱克斯的进攻遭受挫折。1748年,欧洲奥地利王位继承战争结束,签订了《亚琛条约》,该约规定马德拉

---

① 卡纳蒂克(Karnafic)是欧洲人对使用卡纳达语的科罗曼德尔海岸及其腹地的称呼。

斯应归还英国。英法战争的第一阶段就这样结束了。这就是印度史上的第一次卡纳蒂克战争。

第一阶段战争属于序幕性的，更大规模的战争接踵而来。英法殖民者都想插手和利用德干地区封建贵族争夺王位的斗争，借扶植自己的傀儡以称霸南印度。1749年8月，迪普莱克斯支持觊觎纳瓦卜职位继承权的金达·萨希卜和穆扎法尔·姜格，三方结成同盟，在安布尔战役中击败并杀死已接替纳瓦卜职位的安瓦尔-乌德-丁。萨希卜当上丁卡纳带克的纳瓦卜，穆扎法尔·姜格则宣布为德干的苏巴达尔。后者为感激法国盟友的帮助，委任迪普莱克斯为克里希纳河以南莫卧儿帝国全境的总督，并送予本地治里附近以及包括有名的市镇马苏利帕塔姆在内的奥里萨海岸的领地。应穆扎法尔·姜格的要求，迪普莱克斯派他的得力将领比西率一支法军常驻海得拉巴。法国殖民者实际上成为德干高原东南部的太上皇。

法国殖民者在德干高原势力的膨胀，必然引起英国殖民者的极大关注。1751年英国殖民者决定全力支持穆罕默德·阿利，协同进攻萨希卜。马德拉斯的文职雇员罗伯特·克莱夫率200名欧洲人和300名印度士兵，迅速攻破和占领萨希卜的首府阿尔科特。这一袭击的胜利是对法国殖民者致命的打击。又经过多次战斗，终于击败法国及其傀儡军，金达·萨希卜投降，整个卡纳蒂克落入英国傀儡穆罕默德·阿利之手。迪普莱克斯不甘心失败，从外交上和军事上作了反攻的准备，企图挽回败局。在整个1753年中，战争双方互有胜负。但法国东印度公司的股东们认为，战争不但使他们得不到好处，相反还要支出大量军费，因此他们决定不惜任何代价结束战争。法国东印度公司董事戈代厄于1754年来印度接替迪普莱克斯的工作。是年他同英国缔结一项条约，双方同意不干涉当地王公间的争吵，保持缔结条约时各自实际占有的领土，第二次卡纳蒂克战争至此结束。从此，除海得拉巴外，法国差不多丧失了迪普莱克斯时所占有的所有领土。

在卡纳蒂克，由《戈代厄条约》所确立的和平，又被在欧洲爆发的七年战争（1756—1763年）所破坏，英法再次成为敌对的双方。战争爆发的消息于1756年11月传到印度，1758年才开始大规模的战斗，史称第三次卡纳蒂克战争。法国政府派德·拉利伯爵到印度指挥作战。1758年6月，法军攻占圣大卫堡，但法国舰队被击败，不得不撤离印度海面。克莱夫乘隙夺取了海得拉巴邦，并强迫该邦统治者签订关于把法国势力赶出其境的条约。1760年5月，英军包围本地治里，次年1月攻克该城。随后，马拉巴尔海岸的法国殖民地金吉和马埃相继投降，法国在印度东南部的大片殖民地丧失殆尽，实际上结束了法国在印度的殖民统治。1763年英法签订《巴黎和约》，这些地方才又归还给法国人。

在德干地区，法国也屡战皆败，最后被驱逐出去。英国又于1757年占领了富饶的孟加拉。至此，英国殖民者确立了在印度的优势地位。

波斯和阿富汗人的入侵

纳迪尔沙的劫掠：马拉塔人的兴起和西北边防的削弱，导致波斯王纳迪尔沙的入侵。纳迪尔沙帮助萨法维王朝从阿富汗人手里收复波斯以后，于1732年废黜了国王塔赫马斯普，自己出任摄政，1736年正式成为波斯国王。1738年他以穆罕默德沙收容了阿富汗人并扣留他的使者作为借口，开始向印度进军。次年纳迪尔沙轻易地攻占了加兹尼、喀布尔和拉合尔。这时莫卧儿皇帝还在德里寻欢作乐，毫无戒备，直到波斯军队距离德里城仅几英里时，他们才匆忙应战。2月，莫卧儿军队在卡纳尔战败，8 000官兵被杀，皇帝也被俘虏，波斯军队开进德里城。

纳迪尔沙逗留德里期间，因一些波斯士兵被杀，他为了报复而下令屠城。据当时的记载，大屠杀从早上8时持续到下午3时，约有2万人被杀，住房被洗劫一空。德里城呈现一派恐怖景象，前后达8星期之久。纳迪尔沙撤走时还抢走了皇宫的所有珠宝，包括著名的"科-伊-努尔"①钻石、沙·贾汉的孔雀宝座和许多宝贵的波斯文手稿。据估计，纳迪尔沙从德里共劫走了 1.5 亿卢比现金和大量的贵重物品，还带走 300 头象、1 万匹马和 1 万匹骆驼。纳迪尔沙的入侵不仅使莫卧儿王朝威风扫地，而且使衰朽不堪的国家又遭到一次沉重的打击。

艾哈迈德沙·阿卜达利的入侵：1747 年纳迪尔沙被刺杀后，他手下的一个军官、阿卜达利部族的阿富汗酋长艾哈迈德建立了独立的阿富汗王国。他宣布纳迪尔沙所占领的莫卧儿边省，即坎大哈、加兹尼、喀布尔、哈扎拉、白沙瓦、德腊贾特、木尔坦和信德都归于阿富汗的版图。他在 1748—1767 年间先后 8 次入侵印度。

1748 年 1 月艾哈迈德沙第一次入侵印度，在曼普尔战役中被莫卧儿军击败。紧接着他于 1750 年第二次入侵旁遮普，打败莫卧儿总督米尔·曼努，并征服了旁遮普。次年 12 月，阿富汗人第三次入侵印度，征服了克什米尔，并迫使莫卧儿皇帝割让锡尔欣德以西的地区。1756 年 11 月艾哈迈德沙为了收回拉合尔省的控制权，第四次入侵印度，于 1757 年 1 月 23 日到达德里城下。此后旁遮普地区因为几股势力的争夺而陷入混乱之中，已经控制了印度斯坦本土的马拉塔联盟，又开始向西北地区发展，1758 年 4 月拉古纳特·拉奥率领一支马拉塔大军进入旁遮普，占领拉合尔并驱逐了阿富汗人。为了报复，艾哈迈德沙于 1759 年 10 月第五次入侵印度。阿富汗人与马拉塔人之间一场决战已属不可避免。

第三次帕尼帕特战役　1760 年 10 月和 11 月，萨达西夫·拉奥·巴奥统帅的马拉塔军队和艾哈迈德沙统帅的阿富汗军队先后到达帕尼帕特这个历史性的战场，开始了一场决战。阿富汗军队有 6 万兵力，其中骑兵和炮兵都占优势。在作战方法、行军与纪律方面也胜过马拉塔军

---

① 科-伊-努尔（Koh-i-nur），意为"灿烂之山"，形容钻石之大。该钻石产于印度，重 1 两 2 钱，现藏在英国博物馆。

队。马拉塔军因缺乏给养，于次年1月14日主动挑战。阿军战将阿卜达利将18 000本国军队置于阵中，左右各有纳吉卜和鲁赫拉军队，两翼为瓦济尔统帅的1万骑兵。巴奥军有45 000人，分成三路：中路由巴奥本人统率，左为西帕依军，右为霍尔卡尔、信地亚家族的分遣队。凌晨，马拉塔军先以炮轰发动猛烈进攻，获得初战的胜利。但阿卜达利以13 000生力军增援中军右翼，迅速扭转了战局。午后一时阿富汗军开始反攻，两小时内"马拉塔军就烟消云散了"，4万人被俘，死者无数，主帅巴奥阵亡，阿富汗军获得全胜。这次战役史称"第三次帕尼帕特战役"。

J. N. 萨尔卡尔称此役为"弗劳顿式的战役"①，它使马拉塔人受到了毁灭性的打击，并丧失了称霸北印度、恢复印度教统治王朝的历史时机；同时，这次战役也使马拉塔人和穆斯林在殊死的较量中彼此削弱，为英国人乘隙而入、攫取次大陆霸权提供了机会。正如马克思所说："大莫卧儿的无限权力被他的总督们打倒，总督们的权力被马拉塔人打倒，马拉塔人的权力被阿富汗人打倒；而在大家这样混战的时候，不列颠人闯了进来，把所有的人都征服了。"②

本章主要参考书

[1] R. C. 马宗达等：《高级印度史》，张澍霖等译，商务印书馆1986年版，第二篇下篇，第三～六章；第三篇上篇，第一～二章。

[2] L. P. 沙尔马：《印度中世纪史》，维卡斯出版社1981年版，第四篇有关章节。

---

① 1513年英格兰军在弗劳顿战场大败由苏格兰国王詹姆士四世率领的军队，后者全军覆没。

② 马克思：《不列颠在印度统治的未来结果》，见马克思、恩格斯：《马克思恩格斯选集》（第二卷），中共中央马克思恩格斯列宁斯大林著作编译局编译，人民出版社1972年版，第69页。

第十二章 中古时代印度的文化

第一节 中古时代印度文化的成就

印度进入中古时代，随着封建帝国的建立，经济的繁荣以及与外国经济文化的交流，印度文化在继承上古文化的基础上又有了发展。这在文学艺术、科学、哲学等方面表现特别明显。笈多帝国时期是梵语文化的黄金时代，出现了不少著名的作家和学者，并取得了许多重要的成就。戒日帝国时期，哲学、文学、雕刻艺术也有一些发展。突厥、阿富汗人的入侵，传入了伊斯兰教文化，它和印度教文化相融合，使印度文化具有了新的特色。方言文学从这时期开始兴起。由德里苏丹到莫卧儿帝国时期，印度传统文化与中亚、波斯文化又进一步结合。方言文化有了进一步发展，建筑艺术也取得了重要的成果。通过我国僧侣和阿拉伯商人的传播，印度传统文化对世界各地产生了很深的影响。印度的中古文化在世界文化史上占有一定的地位。

文学 笈多王朝时期是梵语文学的兴盛时期。著名的两大史诗的整理定型就在这一时期，一些往世书和法典如《毗湿奴往世书》《伐由往世书》《那罗陀法典》《布里哈斯帕蒂法典》等，也大致在本时期内出现。但往世书和法典的文学价值不高。梵文诗中著名的有诃梨犀那的颂诗（Parasasti），这在前面已经提到。本时期最伟大的梵文诗人和剧作家，是最负盛名的迦梨陀娑（Kalidasa）。他大约是公元3至5世纪的人，可能是邬阇衍那的婆罗门家庭出身。关于他的生平，没有留下可靠的资料。传说他幼年是一个孤儿，由牧牛人抚养成人，很是粗野。因崇拜迦梨女神才得到智慧，因此取名迦梨陀娑，意为"迦梨的奴仆"，后来成为超日王宫廷"九宝"①之一。他在古代文坛上有很高的地位和很

---

① 九宝指当时宫廷供养的才学人士共9人，见R.C.马宗达等：《高级印度史》，张澍霖等译，商务印书馆1986年版，第162页译者注。

大的影响，他的作品是古今公认的梵语古典文学的高峰。他写的诗有《鸠摩罗出世》、《罗怙世系》、《云使》与《时令之环》，其中最著名的是文采韵律并美的《罗怙世系》和情意缠绵、技巧新颖的《云使》。印度人民对这两篇杰作评价极高。他的剧本流传到现在的有三部，都是以爱情为主题的宫廷剧，它们是《沙恭达罗》、《勇健与广延》与《摩罗维迦和火友王》。《沙恭达罗》是七幕剧，为世界文学名著，剧本取材于《摩诃婆罗多》和《莲花往世书》等，内容是叙说国王豆扇陀和森林修道者的义女沙恭达罗之间的一场悲欢离合的爱情故事。作者以丰富的想象，高超的手法，对人物的心理、性格描写得十分细致。随着剧情的发展，被侮辱的纯洁少女与忘恩负义的国王之间的矛盾冲突逐步达到高潮，然后宛转现出结局。剧中台词文体不同，对话用散文，独白用诗歌，交相穿插，不显呆滞。不同社会阶层的人物用语也不同，天神、帝王、贵族用梵语，妇女、奴仆等角色讲俗语。全剧文笔优美、音调和谐，塑造的沙恭达罗是封建时代受压抑的善良妇女的典型，直到今天仍深得人们的同情。其他二剧都是五幕剧，《摩罗维迦和火友王》一剧水平较低，可能是他的早期作品。迦梨陀娑以后，梵文诗的体裁与词句多流于程式化、雕环堆砌、因袭模仿，没有什么新内容，只供少数人欣赏。古典戏剧也大多脱离现实斗争，注意辞藻，讲究形式，有的还灌输不少思想毒素，为巩固封建制度服务。

在笈多以后的时期，能够接触现实，有进步思想和独特风格的剧作家是公元8世纪前半叶的薄婆菩提，他自称生于印度西南的一个婆罗门学者世家，曾在曲女城王耶输跋摩庇护下生活。他留下三个剧本：一是《茉莉和青春》，共十幕，剧情是公子青春和小姐茉莉相爱，但国王要把茉莉嫁给他的一位幸臣。他俩借朋友的帮助共同反抗国王与幸臣，终于冲破封建束缚而结合。作者大胆写出对封建统治的反抗斗争，反对包办婚姻，强调男女平等自主的结合，这是有积极意义的。他的另外两个剧本都以罗摩的故事为题材，一是《大雄传》，一是《罗摩传后篇》。两剧都是七幕。作者有很大勇气，敢于改动已成为经典的史诗故事，强调夫妇对等关系，反抗封建道德。他确是一位离经叛道的作家。他的文笔雄健有力，感情强烈，戏剧手法也很新颖，但也带有崇尚华丽，讲究辞藻的倾向。《罗摩传后篇》的水平较高。写政治斗争题材的剧作家，值得重视的有毗舍佉达多（写作七幕剧《指环印》）和婆吒那罗衍（写作六幕剧《结髻记》），他们的剧本都反映封建统治者的内部斗争，这类作品在古典文学中比较少见。

小说故事与历史文学方面，有桄丁的《十公子传》和巴纳的《戒日王传》与《迦丹波利》。桄丁是约公元 7 世纪时的一位诗人、小说家。《十公子传》是他用散文写的冒险故事，反映当时城市的社会生活，特别是上层人物内部斗争的情景。它对揭露封建社会的黑暗而有一定的意义。巴纳是戒日王时期的人，也是小说家。《戒日王传》是记述戒日王朝早期事迹的历史小说，也是一部名著，书中作者自述其家世与经历，有助于对当时印度社会的了解。《迦丹波利》是描写女郎迦丹波利的爱情与友谊的传奇故事，在印度传统中它被认为是无韵律诗的最高峰，类似我国的赋和骈文体裁，内容方面也有一些反封建的思想。小说故事的发展趋势和诗、戏剧相似，作者多注重文字而不是内容，日益陷入形式主义而衰微了。梵语古典文学为主流的时期到 12 世纪外族入侵后即告结束。胜天的《牧童歌》可以认为是梵语古典文学最后的名作。

公元 10 世纪随着封建经济的发展，各地文化水准也有提高，方言文学开始出现。印地语、孟加拉语、马拉提语、泰卢固语等先后有了自己的文学作品。德里苏丹时期，波斯语是官方用语。哈勒吉王朝的桂冠诗人阿米尔·胡斯劳（Amir Khusrav，1253—1325）是最有名的波斯语文学家。他在诗歌、散文和音乐等方面都有造诣，是一位多产的作家。他的诗歌（Ghazals）朴素和谐，富有感情，深受波斯诗人重视。他最早用乌尔都语（Urdu） 写作诗歌，也用印地语写作。除文学作品

---

① "乌尔都"，突厥语，意为"军营"。指穆斯林君王的营帐即其宫廷。在宫廷营帐里，讲波斯语、阿拉伯语的统治者与说印地语的臣民长期交谈，几种语言逐渐混合，形成一种新的语言，因而称为乌尔都语。

外，他还写有《阿拉伊史》，包含阿拉-乌德-丁在位最初几年的历史，对布格拉汗与其子凯库巴德的会晤，对德里他都作过有趣的描述。与他同时的另一位著名的波斯语诗人是米尔·哈桑·德赫勒维，他擅长抒情诗，撰写的《情歌》很有名。15 世纪盛行的宗教改革运动对各地方言文学的发展产生了很大影响。罗摩难陀和卡比尔用印地语传道。卡比尔充满虔诚热情的诗歌，是印地语文学的光辉范例。那纳克及其门徒则用旁遮普语写诗歌传道。纳马德瓦和埃格纳特的诗作极大地促进了马拉提文学的发展。孟加拉语文学的发展则应归功于毗湿奴派导师，其中最重要的是抒情诗人钱迪廷斯。他写有《黑天颂》，歌颂毗湿奴神的化身黑天，对后人影响很大。后又有宗教改革家阇多尼耶的倡导，孟加拉的穆斯林统治者组织翻译梵语古典文学（主要是史诗），这都促进了孟加拉语文学的成长。泰卢固语文学的盛行则是由于毗阇耶那伽罗王国统治者的赞助和倡导。国王克利希那德瓦拉亚写了泰卢固语诗集《阿姆克塔马利亚达》（*Amuktamalgyada*）。他的宫廷有号称"诗坛八象"的八位泰卢固语诗人，其中以写《摩奴传》的贝登纳最为著名。另外，毗湿奴派和湿婆派的诗人也用泰卢固语写诗传教。到莫卧儿帝国时期，波斯语文学和各地方言文学继续发展。波斯语仍为官方语言。根据阿克巴命令，许多古代印度文献被译成波斯文，著名的波斯语诗人有克扎里·麦什哈迪、设拉子的乌尔菲和阿卜杜勒·费济。印地语方面，最早的作家是贾亚西，他写的《莲花公主》是带有哲理的优秀叙事诗。比尔巴尔是宫廷诗人，曾得到阿克巴授予的"人们喜爱的诗人"的称号。但最伟大的印地语诗人是杜尔西达斯（Tulasidāsa，1532—1623）。他一生大半在贝拿勒斯度过，写了近 25 本书，其中最著称的是取材《罗摩衍那》，用东部印地语写成的《罗摩功行录》，这是深受印度教徒欢迎的著名的诗篇。与他大致同时的盲诗人苏尔达斯，用西部印地语写的《苏尔诗海》，歌颂黑天的生平和事业，也很著名。此外，著名的印地语诗人还有阿卜杜尔·拉希姆大汗、女诗人米拉巴伊、凯萨瓦达斯等。孟加拉语文学在这时期大多数是以阁多尼耶的生活和思想为主题。杰出的作者有布林达万·达斯、贾亚南达、克利希那达斯和特里洛金·达斯等。乌尔都语文学在德干得到比贾普尔和高康达统治者的支持。比贾普尔的统治者伊卜拉欣·阿迪勒沙创作的《九歌》，毛拉·瓦吉的《古图卜·穆什塔里》诗集都是名作。其他方言文学也都有进展。

史学　印度早期的历史著作有比鲁尼提到的贵霜后裔在丝绸上书写的"王朝编年记"，玄奘也记有"尼罗蔽茶"（梵语 nilapita，意为"青藏"），说是"记言书事""善恶具举、灾祥备著"，类似我国的史诰。到12世纪，在克什米尔就有卡兰纳（Kalhana）编写的《诸王世系》，记事翔实，对研究克什米尔历史很有参考价值。与此同类的著作有尼泊尔的《帝王世系》与阿豪马人的《布伦吉斯》（*Buranjis*）即年代记等。古代印度只有往世书、系谱，后来有以"本行"（Charita）为名的传记，接着才是年代记。在年代记以前的那些接近历史的文献，大多只是一些神话传说或是表示赞颂的文学作品，不能称为按今天标准理解的历史书。年代记的编写在古代印度是没有的，上面提到的最早的一些编年史多半出自与中国有几百年交往历史的边沿地区的王国，在古代只有中国有悠久的编史传统与丰富的史籍，因此，印度著名史学家巴格奇提到"人们总认为这是受到了中国的影响"。到德里苏丹时期就有了不少卓越的历史著作。它们是用波斯文撰写的。作者往往是所记事件的目击者和参加者，因此很有史料价值。如明哈杰-乌德-丁著的《纳西尔通史》、巴兰尼的《菲罗兹王朝史》、阿菲夫的《菲罗兹王史记》、亚·宾·艾哈迈德·萨尔欣迪的《穆巴拉克王朝史》等。莫卧儿帝国时期许多皇帝都撰有回忆录。如巴布尔的《回忆录》、胡马雍的侍从赵哈尔的《大事回忆录》等。阿克巴时代，阿布勒·法兹勒是最著名的学者、史学家，他是阿克巴的密友，他写的《阿克巴本纪》和《阿克巴则例》，历史价值极高。有关阿克巴的历史著作还有尼扎姆-乌德-丁·艾哈迈德与费济等人撰写的作品。此外，还有巴道尼的《历史选集》和阿卜杜勒·巴吉编的《拉希姆的同代俊杰》。贾汉吉尔和沙·贾汉时期也有《贾汉吉姆鼎盛大业史》《贾汉吉尔的同代俊杰》《帕德沙本纪》等名著。奥朗则布反对写本朝的历史，哈菲汗的《精华录》是在他在世时秘密撰写的。此后，还有米尔扎·穆罕默德·卡济姆的《阿拉姆吉尔本纪》、穆罕默德·萨吉的《阿拉姆吉尔的同代俊杰》、比姆森的《称心的手稿》等史籍。菲里什塔（1570—1623）为比贾普尔的朝臣，他写的德干穆斯林国家的编年史比较翔实。

哲学 在中古时代有了进一步的变化与发展。笈多时期印度教六派哲学都有各自的经书与注疏，逐渐形成体系。它们都是以吠陀为根据的正统学派。非正统的学派则包括佛教、耆那教、顺世论派等。各派之间的争论最终仍归结为唯心主义与唯物主义两大类。顺世论仍利用各种论据否认灵魂脱离肉体独立存在，否定灵魂的不灭。它是其他一切唯心主义哲学派别主要攻击的目标。但是唯物主义观点也广为流传，甚至在一些婆罗门正统的哲学流派（数论和胜论派）中也有唯物主义的倾向。以数论派为例，这派学说的系统论述见于约公元 4 世纪的自在黑（Jsvarakrsna）著的《数论颂》。我国陈真谛（约公元 548—596）译的《金七十论》就是它的注释本之一。最初它认为宇宙有两种实体存在，即原始物质（Prakrti）和神我（Purusa）。原始物质有三种属性，即萨埵（Sattva）、罗阇（Rajas）和多磨（Tamas）。对这三种属性有多种的解释，有认为是分别指喜、忧和阇；也有认为是轻、运动和重；还有认为是道德、情欲和昏暗等。原始物质的三种属性处于均衡状态，这三种属性的相互作用构成自发性的发展与演化。道德的性质存在于所有真、美、善、智的事物中，情欲的性质存在于所有的凶恶、狂暴、猛烈、强力和活动的事物中，昏暗的性质则存在于那些黑暗、愚昧、阴郁、悲惨和不幸的事物中。神我是离开原始物质而独立存在的精神实体。神我有意识但不活跃，原始物质有活力而无意识。在原始物质演化为现实物质世界时，神我只是在场，而不参与这种进程。了解神我与原始物质的这种差别，就不会有痛苦，就会获得解脱。这一派承认物质的客观存在，又认为物质本身具有发展的因素。这就是它的唯物主义成分，有着重要的意义。但它承认神我的独立存在，到后期更强调它在物质发展中的作用，竟至认为不活跃的神我是创始者，向宗教化发展，成为印度教的思想体系之一。胜论与正理论也承认世界、灵魂和神的实在性，并用逻辑推理加以论证。它们在公元5至10世纪期间使逻辑学在印度达到极盛。到13世纪，甘格霞著有《真理如意珠》，创立新正理论派，专门探究推理规则与争论方法，陷入无穷的定义与定理中，成为为神学体系服务的工具。

佛教哲学方面，笈多时期大乘佛教盛行。这一时期兴建与扩充的那烂陀寺成为佛教世界的学术中心，一直保持到12世纪末，穆斯林侵入时才被毁。其他佛教中心还有伐拉毗、建志等。著名佛教学者有约公元5世纪的无著与世亲兄弟2人，他们是北印犍陀罗人，都是先习小乘后改宗大乘。他们传述的《瑜伽师地论》是大乘佛学中的重要经典。无著还写有《摄大乘论》，世亲也有《唯识论》。他们应用逻辑学（称为因明）证实纯意识是唯一的实在性。它是包括法、我，主客观，世界的真如，即永不变化、真实存在的精神意识，完成了佛教唯心论的思想体系。这派佛学称为瑜伽行派，著名大师有陈那、护法、戒贤等，它由玄奘传入我国。大乘佛学中，与这一派对立的有继承龙树的中观学派，这派大师有佛护、清辨。他们都对龙树的《中论》作过注释。他们以逻辑的方法证明包括意识在内的一切存在物的非现实性。但清辨的学说中也有一些唯物的因素，如承认心外有境，反对唯识，对外境也说是由极微积集而成。戒日王以后，大乘佛教逐渐由烦琐的理论转为持诵密咒，向密教发展。波罗王朝达摩波罗统治时就崇尚密教。除那烂陀寺外又在恒河南岸建毗讫罗摩尸罗寺，据称规模比那烂陀寺大，它就是密教的中心。到13世纪初该寺也被穆斯林烧毁，标志着佛教在印度本土的消亡。

在中世纪的印度哲学思想中，占统治地位的是商羯罗的不二论唯心主义体系。到了 12 世纪,在马德拉斯附近,有一位叫罗摩奴迦(Ramanuja,1017—1137)的婆罗门,和商羯罗观点不同,提出有保留的一元论(Visishtādvaita)。认为除梵和个体灵魂以外,还存在世界,世界不是虚幻的而是真实的。梵就是神毗湿奴,是有形的。世界和个体灵魂是神创造的,为神的一部分,依存于神。宗教的解脱靠对神的虔信,这对印度教虔诚运动的发展是有影响的。他对《梵经》和《薄伽梵歌》都作过注释。在罗摩奴迦的哲学思想影响下,中世纪印度出现了许多有神论和神秘论的吠檀多流派。13 世纪坎纳达的婆苏提婆,一般称为摩德婆,也是有名的哲学家。他以梵经和奥义书为理论根据,写有 37 篇注释文章。他提出无保留的二元论(Dvaita),认为神创造了个体灵魂,但后者不是神的部分,绝不与神合为一体。只有虔信,才能使灵魂接近神。但灵魂只能永远保持无限接近超越宇宙的神性,一直知道它与神的差异。这方面表明他可能受到叙利亚基督教徒的影响。印度的中世纪哲学就是这样具有神学的、宗教的色彩,用烦琐哲学和神学压制了自由思想。

科学知识　随着农业、手工业的发展,内陆与航海贸易以及同外国交往的增多,印度人的科学知识也逐渐丰富起来。数学在古代印度已比较发达,到笈多时期更达到相当高的水平。由于零的使用和十进制的完善,大大促进了数学的发展。公元 5 世纪末的《圣使集》中提到的数学知识包括平方、立方根,简单的面积体积、圆、正弦、磬折形①等的特征问题,算术级数、因素、简单代数恒等式等课题。其中圆周率 π 的计算已精确达到了 3.141 5。代数学已作为独立学科,并能解答一次不定方程式。它还提到球面天文学,有助于后来穆斯林天文学家对球面三角学的研究。随后,公元 7 世纪梵藏著《梵明满手册》,9 世纪大雄的《算法精义》,12 世纪作明轨范师的《顶上珠手册》,都是这一时期印度

---

① 磬折形是由平行四边形的一角截击较小的相似平行四边形所余的图形。

数学方面的成就。这里有正负数、求平方、立方根，有关整数、分数的记号与运算，排列与组合等，对零与无穷大的含义有了充分的理解，作明证明$x/0=\infty$，而不是以往数学家所认定的X；又确定无穷大无论怎样分割，始终仍是无穷大，即$\infty/x=\infty$。代数方面对二次方程式作了特别的研究，解决了以往留下的难题，作明、阿穆利与赫瓦里兹米等人贡献较大。几何学方面，欧几里得的几何学译本是研究的基础。作明根据他对中国《周髀算经》得到的启示，用实际制作正方形方法证明毕达哥拉斯定理，与欧几里得用演绎法论证不同。到1356年有那罗延那，以研究魔方著称。印度对魔方的研究在17世纪暹罗数学中也有反映。对欧几里得几何的注释在印度有毛勒维·穆罕默德，巴尔卡特与米尔·穆罕默德·哈希姆的著作。这一时期印度数学在三角学、球面几何与微积分等，特别是与天文学有关部分的研究都有一些进展。

天文学与数学的研究有密切关系。中世纪印度数学就包括天文学，因此，著名的天文学家往往也是数学家。印度天文学受到希腊、罗马天文学的影响，使用希腊、罗马的天文术语与单位。著名的天文学家圣使提出了与传统不同的见解，他说大地是球体，绕太阳而旋转，又绕地轴自转。他还正确地解释月蚀的原因是地球阴影遮掩月球造成的。他的这一说法比哥白尼的"太阳中心说"要早1000多年，但未被后来的天文学家彘日、梵藏等所接受，因而不能得到发展。彘日大约于公元505年编有《五种历数全书》（$Panchasiddhāntikā$），其中最后一种为《太阳手册》（$Sūrya Siddhānta$），它对中世纪印度天文学影响很大，探讨了行星的运行、位置、会合，日月蚀的性质，星座，日、月的升降，宇宙的起源，测量仪器与计时方法等课题。这本书有不少名家注释，到18世纪初就有不下28种。但它仍奉行地心说，认为大地不能转动，季节是由于太阳绕地而转形成的。而且这时的天文学仍未能从占星术中摆脱出来。彘日就是一位著名的星相学家。他著有《星宿幸运交合时的征伐》，讨论国王出征时的预兆。胜天为人们解释梦而编有《梦之宝鉴》

等。穆斯林征服印度带来了波斯、阿拉伯天文学的影响。后者重视观测仪器技术的传统,在印度继续保持到18世纪中叶,如星盘、象限仪、日晷等的制作都很完善。这时建立天文台的城市除邬阇衍那和贝拿勒斯外又增加了德里、马土腊等。德里苏丹国和莫卧儿帝国的统治者都很重视天文学与占星学。据《阿克巴本纪》记载,阿克巴有4位占星家替他占卜。贾伊·辛格(1686—1743)从1718到1734年在德里和斋浦尔作了连续的天文观测;使用的主要仪器是星盘、象限仪、浑仪等,并改进了一些仪器,增加了准确性并扩大了天文学的范围。他的《天文表》是划时代的著作。

中世纪印度医学的成就也很可观。公元4世纪下半叶的医学文献手稿,于1890年由英人鲍威尔在我国新疆库车佛教寺塔中发现。它的内容有三:论大蒜疗效,古代治病处方与名为《精髓》的古代论著提要,可能属于在此以前几世纪的医学研究的成果。这时期阇罗迦的著作有了增订本,并译成波斯文与阿拉伯文。对《妙闻集》的注释最早在11世纪。公元7世纪的名医婆拜多著有《八科提要》,我国唐朝高僧义净曾提到此书。义净在《南海寄归内法传》中还记述了印度的治病、卫生、针灸、药物等。摩陀婆伽罗所著《尼旦那》是病理学著作,对重要的疾病都有论述。对药物的研究有11世纪孟加拉医生萨勒斯婆罗的《药用植物》。以鸦片和莨菪为药物是由阿拉伯人传入的。16世纪巴婆米斯罗对《寿命吠陀》有全面的评注,对后代很有影响。印度的外科、眼科、鼻科、骨科等继承了古代医学的成就,直到18世纪都远远超过欧洲。印度的兽医受到统治阶级的重视,有兽医官治疗象与马。但这时期医学还夹杂有巫术与炼丹长生不老等迷信成分,又禁止接触尸体与解剖,这些都阻碍医学的发展。中世纪医学除印度传统医学外,还有阿拉伯医学。伊斯兰教不反对解剖动物,阿拉伯人曼苏尔有解剖学著作。但当时的外科水平很原始,往往用放血来治病,在进行剖腹、割扁桃腺、鼻息肉、截肢甚至头部外科手术后,是用棉线或丝线、猪鬃,甚至女人头发缝合的。阿拉伯人还以眼科著称,眼科医师以伊本·海塔姆最负盛名。其他名医有图格卢克王朝的谢赫·艾哈迈德·宾·西哈卜·苏菲,莫卧儿帝国时期的哈基姆·阿里·吉兰尼,还有治愈沙·贾汉闭尿症的哈基姆·杜努德·宾·伊纳亚图拉·阿卡拉巴迪等。医学著作如对热病、器官病、眼病等有专著,还有有关毒药和解毒的书。

造型艺术 雕刻、绘画和建筑是密切相关的艺术,在笈多时期都有发展,萨尔纳特的大量佛像,占西县德奥加尔庙精巧嵌板上刻画的印度教神像都有一些好的作品。在苏丹甘杰发现的高7.5英尺的青铜佛像也是名作。除阿旃陀石窟外,在其西北约150英里处有6至7世纪开凿的巴格石窟,共9窟;还有5至8世纪在奥朗格巴德附近兴建的埃罗拉石窟,共34窟左右;都有石雕、壁画。这些作品大多数表现古代印度人生产、生活、游乐乃至国际交往等情景。有的画中人物很多,但姿态表情各异,布局和谐,色彩鲜艳。它们不仅有很高的艺术价值,而且对研究当时历史也是十分具体生动的资料。雕刻艺术也有发展。帕拉瓦王朝在马默拉普拉姆兴建的浮雕和石庙很有特色,其中以"恒河神下降"为主题的大型浮雕最为壮观。接着是朱罗王朝的舞王湿婆的雕像,至今仍享盛名。

随着穆斯林的入侵和统治,波斯画传入印度。波斯和我国唐朝交往,接受了中国画法,因而印度绘画也间接受到中国画如花鸟画的影响。为了适应统治者欣赏的需要,小型画代替壁画于16世纪兴起。内容也由宗教题材改为描绘宫廷贵族的生活。印度与波斯、中国艺术的结合是本时期的特色。到阿克巴时期,宫廷画家中,信奉印度教的占多数,作品有人物肖像、书籍插画、装饰画和动物画。著名画家有巴萨万、拉尔、凯苏、穆昆德、哈里班斯和达斯万特,波斯和其他外国画家最著名的有阿卜杜斯·萨马德、法鲁赫·贝格、胡尔绍·古利和贾姆谢德。贾汉吉尔时,耶稣会教士带来欧洲画的影响,使印度绘画艺术更加丰富。但伊斯兰教禁止描画生物外形,又反对偶像崇拜,禁止雕像。这对雕刻绘画的发展极为不利。阿克巴和贾汉吉尔赞助雕刻绘画,当时制作不少象牙小雕像,这种艺术在这两个统治者在位时期有一些成就。到奥朗则布时,他认为赞助艺术就是违背圣法,不仅不再支持绘画雕刻,而且加以破坏,连阿克巴陵墓的图像也遭到粉刷。艺术家逃到那些莫卧儿势力控制不到的土邦,这一艺术就衰落了。

中世纪印度的建筑也经历了一些变化。笈多时期除前面提到的石窟外,据文献资料还有一些壮丽的宫殿,但大部都已毁坏。现存遗迹的有山奇石庙、德奥加尔石庙、比塔尔冈的砖庙等,设计都很好,一般比较小巧,并有雕刻的嵌板装饰。此后,石庙建筑代替木质结构,并出现了不同的风格。大致有两种重要的建筑式样:北印度的印度雅利安式和南印度的达罗毗荼式。两者的差别在于高楼塔(悉卡罗,Sikharas)的上层构造的形状。北印的是尖顶、中围突出、外边呈曲线形的高塔;南印的则是以圆石为顶,由上小下大的层楼构成,如同金字塔。北印的完全没有柱子,南印的则柱子占重要地位。前者如卡朱拉霍的庙宇群,这些庙宇从上到下满布雕刻,显得十分庄严堂皇,其中大天庙最为美好。后者有马默拉普拉姆的7塔庙,还有坦焦尔的大湿婆庙。大湿婆庙有14层的大悉卡罗,圆顶由一块巨石修成,从底层到顶端也都有雕刻和装饰的线条。

从公元7世纪中叶起,伊斯兰教建筑艺术逐渐传入印度,其特点是广泛使用圆屋顶、拱门、尖塔,没有人物和动物的雕饰,而以几何图形、花叶、书法铭刻作装饰。到德里苏丹时期,伊斯兰艺术和本地风格结合,形成了一些新的风格。各地情况也有不同,如在德里由于穆斯林人数多,伊斯兰艺术的影响占优势;在德干则以当地风格为主。德里苏丹初期建筑以过多的装饰和门廊亭阁为特点,到图格卢克时期则由于统治者的宗教思想和财政匮乏,建筑变得平淡、单一和简朴,以后也未恢复初期的状况。这一时期的代表作是德里的库特卜·阿·伊斯兰清真寺,寺内有著名的库特卜高塔,高238英尺,为印度最高的石塔。这个清真寺之南有阿来门，也是德里苏丹初期的作品。还有贾马阿特·哈纳清真寺，都显示出伊斯兰艺术的优势。而江普尔的阿塔拉清真寺则有明显的印度特色，古吉拉特的大清真寺是按本地风格砌成圆拱屋顶15个，由260根柱子支撑。这里的建筑也是以印度教传统占主导。孟加拉的建筑则有一种混合的风格。如潘杜阿的阿迪纳清真寺就是一例，它可能是印度最大的清真寺，有着400个拱形圆顶。曼杜和德里一样，建筑物主要呈现伊斯兰艺术的特点，如大清真寺、印多拉宫、胡尚格沙的陵墓等。在南印度，巴曼王朝的建筑由于有西亚、埃及人的参加，因而还带有突厥和埃及的艺术成分，如都城古巴加的大清真寺。此外，印度教王公在他们的辖区内也有一些有名的建筑。如梅瓦尔的拉那古姆帕在奇托尔建造的9层、高122英尺的胜利塔。毗阇耶那伽罗王国的建筑艺术成就也很可观，都城有庄严的城门、宽阔的街道、坚固的城堡、精美的房屋、庭园、寺庙等。其中哈扎拉庙是现存印度教庙宇中最完美的样板之一。可惜王国的大部建筑都毁于穆斯林侵略者的战火中，只剩下一些废墟。

莫卧儿帝国时期，印度教与伊斯兰建筑艺术的结合又有新的发展。阿克巴以前的建筑，值得一提的是阿富汗人舍尔沙短暂统治时期的称作"古堡"的清真寺和舍尔沙陵。它们都显示了印度教和伊斯兰教建筑思想的巧妙结合，又标志着德里苏丹与莫卧儿帝国建筑之间的联系。莫卧儿艺术的独特风格，应当说开始于阿克巴。这在离亚格拉约22英里的法特普尔·西克里都城建筑中以及拉合尔城堡中，都可以见到。如乔德·巴伊宫、比尔·巴勒宫、勤政殿、枢密殿、大清真寺、凯旋门等，在设计、建筑和装饰上都具有明显的印度教特点。还有五层宫（Panch Mahal）是金字塔形的5层楼阁，每层楼都由精致的列柱支撑，底层有84柱，逐层减少，在顶层只有4柱。上为圆顶华盖，含有佛教艺术成分。贾汉吉尔时开始用白色大理石代替红色砂石，他的建筑物很少。到沙·贾汉时，建筑显著增多。帝国各地都建有宫殿、大厦、城堡、花园和清真寺。其中也有不少名作，如德里的杰米大清真寺、亚格拉的珍珠清真寺，还有德里的红堡宫殿等。这时期莫卧儿建筑发展到了顶峰，它的杰出的代表作就是亚格拉的泰姬陵。这是沙·贾汉为他心爱的皇后穆姆塔兹·马哈勒所建的陵墓。工程于1632年开始，到1653年才全部完成，每天有2万工人参加，耗资约达4000万卢比。在艺术风格上，除印度教、伊斯兰教艺术成分外，可能还受到欧洲，特别是意大利的影响，其中门窗雕饰据说出自中国工匠之手。陵墓规模宏大，陵园内除中央的寝宫外，西有清真寺，东有会堂。寝宫台基四角各有一座3层的尖塔，前为花园，中有水池，两旁是用石径切割成的整齐的花圃。主体陵墓寝宫和尖塔都由白色大理石砌成，寝宫拱门上刻着《古兰经》的经文，镶嵌着红绿宝石的装饰性花边。门扉窗棂上是用黄金、翡翠、宝石、水晶、玛瑙等42种珍宝透雕的花枝藤蔓，东西两座建筑则用红砂石筑成。整个建筑群结构严谨，协调和谐，融为一体。白璧无瑕的王后陵墓与碧绿的池水相辉映，这是建筑、雕刻和园林艺术的巧妙结合，它表现了十分高超的艺术水平，不愧为世界奇观之一。这一朝代的另一著名艺术品就是孔雀宝座。那也是价值连城的珍贵文物。奥朗则布即位后不再重视建筑，莫卧儿建筑艺术也就衰落了。

第二节　中古印度与外国的文化交流

　　印度与中国　中世纪时期印度与外国的文化交流，随着对外贸易与交往关系的发展而日渐增多。印度和中国的文化交流，从公元4世纪起到9至10世纪之间是以佛教的传播为主要内容。印度佛教在古代就已传入中国，但那时主要经西域各国如大月氏、安息、康居等间接输入，这时则以印度僧侣直接来华传教者为多。其中影响较大的有鸠摩罗什、佛驮跋陀罗、达摩笈多等。鸠摩罗什译的经典文笔流畅，又能保存原书风格，正确表达原文的内容和含义。他对佛学在中国的传播有很大贡献。他属大乘空宗即中观学派，他介绍的佛教哲学丰富了中国的哲学思想。他翻译的《大庄严论经》是一部很好的故事集，对中国的文学也有影响。达摩笈多是6世纪末到中国的，除译经外还对中国和尚彦悰讲述沿途经历国家的情况。彦悰记录成书的《大隋西国传》，是玄奘《大唐西域记》的先驱，可惜已经散佚。印度佛僧在这一时期也到中国的西藏（当时名吐蕃）传教，著名的有寂护、莲华生等。中国（包括西藏）去印度求佛法的也很多，如法显、宋云、惠生、玄奘、义净、玄照、悟空等都很著名。他们也传播了中国文化，如宋云曾向乌苌国（在今斯瓦特河沿岸）国王介绍中国儒、道思想以及医病、占卜方术等。他们都对中印文化交流作出了贡献。10世纪时中国宋朝曾由政府派遣大批僧侣去印留学，求舍利与贝多叶书，但没有什么突出的成就。在印度的佛教圣地菩提伽耶曾发现了一些宋朝的碑铭，记载中国僧侣修塔的功德。这时印度佛教已衰，来华的佛僧也不多。11世纪印度波罗王朝与中国西藏仍有佛僧往还。东孟加拉名僧燃灯阿底峡应邀至西藏传播佛法，译经授徒，他还传授印度医学。此后，中印之间佛教僧侣交往之事就很少有记载。

中印文化交流的成就很可观。大量佛经译成汉文、藏文。汉文大藏经在宋初雕版刻印，共计5048卷，并传到日本、朝鲜，藏文大藏经分成甘珠尔与丹珠尔两部，共收书4569种。这些经典中包括许多有关印度文学、哲学、天文历数、医学、音乐等多方面的文献，对中国文化的各方面都有深刻的影响。在中国修建佛塔有印度工匠，印度医生在中国开业治病，印度会画像的佛僧在中国寺庙墙上作画。天竺乐舞在隋唐时代的中国宫廷乐舞中占有重要地位，印度乐器箜篌、琵琶传入中国。印度文化从各个渠道深入中国社会。中国学习印度拼音文字后，开始注意汉语音韵，定出四声，有了反切。唐朝僧人守温仿照梵文字母表，定出汉语辅音字母表，使汉语语音学得到新的发展。西藏也依照印度字母制成藏文字母，成为拼音文字。汉、藏语文中都吸收了很多印度词汇，如刹那、夜叉、佛、魔等。佛经中谈神说怪的寓言故事，到中国发展成为

"传奇",从唐到清,形成小说的文学传统。印度的诗文结合的体裁传到中国,就有了唐代的"俗讲"、宋朝的"话本",又说又唱的新体裁。佛教大、小乘各派以及后来的密教传到中国,影响儒家思想而有了宋明理学,在西藏、蒙古有了喇嘛教。印度天文学者在唐朝天文台任职,制定历书。唐僧一行研究印度天文学说后,根据实际观测,制定更精密的《大衍历》。唐朝孙思邈编的《救急千金要方》载有印度医方。明朝李时珍著《本草纲目》药物书也有印度传来的药。《隋书·经籍志》提到印度天文、数学、医方等书。此外,如龟兹音乐家苏祗婆传来的"七调",还有犍子氏的《绘画六法》等艺术理论都直接或间接来自印度。这一切说明印度文化传入中国确实丰富多彩。

中国文化对印度的影响,相对来说比较少,但也有很重要的意义。除前面已经提到的蚕丝、瓷器等特产,编年代记、用"天子"称号等传入印度以外,本时期还可看到中国道教思想传入印度。东天竺王请赐老子像与道德经,玄奘曾奉命译《道德经》为梵文传入印度,这对印度密宗的形成起了促进的作用。还有道家的炼丹长生术也随之传入,对印度化学的发展也起了作用。养蚕法、造纸术也是这一时期传入印度的中国发明。据考古发掘,中国瓷器在印度沿海口岸都有发现,有的地方还发掘出中国唐、宋时的钱币。中国僧侣在印度佛教圣地造塔并留下碑文,中国的工匠参加了泰姬陵的修建。中国名僧玄奘在印度各地讲学,宣传中国文治教化,影响深远。《秦王破阵乐》于公元 620 年制作,在 638 年以前已传到迦摩缕波。这一切说明中国文化也从各方面深入印度,影响到印度文化的发展。

印度与东南亚　本时期内,印度文化对东南亚的影响也增多了。扶南(今柬埔寨)的建国者传说来自印度。据中国史籍《梁书》称,约公元 4 世纪时天竺的婆罗门憍陈如,由扶南人拥立为王,因而有国,并改用天竺法。《扶南记》还记载,从印度来的 1000 多名婆罗门留住某国,人民信其教并以女妻之。这里的某国是指扶南南边的敦逊王国(马来半岛北部）。据最早的碑铭资料，公元 5 世纪前后占婆（今越南中部）国王巴陀罗跋摩研习四吠陀，又建湿婆庙。玄奘的《大唐西域记》提到室利差呾罗（下缅甸）和堕罗钵底（泰国湄南河下游）那里也发现佛像和佛寺，还有梵文碑铭。公元 7 世纪中叶，强盛的室利佛逝兴起于苏门答腊，唐僧义净去印度求经时先后 3 次到此地，据称它是南海诸岛中的佛教中心。到公元 8 世纪，以中爪哇为中心的夏连特拉王朝拥有强大的海军，国土包括马来半岛和几乎整个印度洋群岛，并曾攻占占婆和甘孛智（这时取代了扶南），成为当时南海最强大的帝国。国王信奉大乘佛教，孟加拉佛僧鸠摩罗戈沙是王朝的国师。他在印度那烂陀修建寺院又保持与波罗王朝联系。他们还在本国都城附近（今爪哇中部日惹和梭罗间）建造了举世闻名的婆罗浮屠。它雕有佛像和佛经故事，技巧工艺十分高超。到 11 世纪，随着南印度朱罗王朝海军势力的增强，他们为了打破马来帝国在商业上的垄断，远征这一帝国，曾一度征服它的大部国土。朱罗文化也随之传入。以后东爪哇的地位逐渐增强。到 13 世纪末，以满伯者夷（故址在今惹班）为都的新王朝又强大起来。国土几乎包括整个马来半岛和马来群岛。印度文化在这里继续盛行，佛教密宗和印度教湿婆派都有发展。印度史诗被译为爪哇文，皮影戏也以史诗故事为题材，但已有民族色彩。

伊斯兰教于公元 9 或 10 世纪随着印度的穆斯林商人开始传入马来半岛，到 13 世纪有了大量信徒，马六甲成为伊斯兰教的重要据点，伊斯兰教成为马六甲王国的国教，到 16 世纪中叶已扩展到今天的马来西亚、印尼和菲律宾等地。信奉印度教的满者伯夷王朝被推翻，帝国分裂为许多信奉伊斯兰教的小王国。文化中仍保留了印度教的成分直至今天。印支半岛上的甘孛智于 9 世纪脱离夏连特拉王朝的控制，以吴哥城为都，建吴哥王朝，最盛时包括整个印度支那半岛的中部及马来半岛的一部分，有大批梵文碑铭和著名的吴哥建筑，这表明它是受印度文化的影响。吴哥建筑的代表作是 12 世纪前半叶建成的吴哥窟和随后修建的吴哥通王城。两者的设计和布局都很完善，规模宏伟，浮雕装饰特别精美，充分显示了柬埔寨人民的创造才能。他们吸取了印度的佛教艺术，但从形式到内容都反映了本民族特色。

印度与伊朗、阿拉伯　中世纪印度与伊朗、阿拉伯的交往十分密切。早在古代，印度西北部就曾受到波斯文化影响。如崇拜太阳神就是受到祆教的影响。在呾叉始罗最早有太阳神庙。又伊朗的摩尼曾吸取佛教灵魂转世的信仰，建立摩尼教，后又传入印度。萨珊波斯的银币刻有佛像，说明印度文化也传入伊朗。伊斯兰教阿拉伯人征服波斯后，大批波斯祆教商人逃入印度避乱。他们在孟买附近定居，保持自己的宗教习俗，直至现今。据中世纪穆斯林著作家称，5世纪时波斯王曾与曲女城统治者通婚，并曾要求后者选送万名吉卜赛男女竖琴手至波斯。戒日王马厩中充满波斯马匹。印度动物故事，医药与化学也于此时传入波斯。这一切可见它们之间交往频繁。到德里苏丹时期，波斯文化更加深入印度，直到莫卧儿帝国时，波斯语都是官方用语。各种梵文著作都译成了波斯文，这时写出的文史著作也都使用波斯文，这在前面已经提到。波斯称呼、衣着、爱好等生活方式流行印度全国。

印度和阿拉伯在公元前已有接触。阿拉伯商人来到印度西部海岸，阿拉伯文献中提到印度钢刀是名产，印度香料是阿拉伯商人采购的主要货物。阿拉伯马匹是南印度需要的，马可波罗曾称阿拉伯每年有2000匹马运往印度。公元8世纪阿拉伯帝国形成后，国土包括埃及、美索不达米亚、波斯等文明古国（地区）。阿拉伯原有文化与被征服民族文化融合渗透，又吸收了希腊和印度的文化，形成新的阿拉伯文化。这时期阿拉伯人还征服了信德，获得了有关印度宗教、哲学、医学、天文数学以及民间传说故事等各方面的知识。学者们也有互访，印度天文学家于8世纪后期访问巴格达，带来天文表等文献。阿拉伯天文学家也曾到贝拿勒斯研究天文学，有的达10年之久。阿拉伯旅行家和学者也致力于介绍印度学术文化，其中最著名的如比鲁尼（Al Biruni，937—1048）。他曾伴随加兹尼苏丹马茂德去印度，他学过梵文、读过印度教经典，又懂天文数学、理化矿物与编年史等，著有《印度史记》等书。还有马苏迪（？—957），他曾游历过非洲、印度、东南亚等地，著有《黄金草原》，介绍各地地理历史和社会风习，其中也包括印度。许多印度文学、医学、天文学等著作被译成阿拉伯文，印度文化就这样成为阿拉伯文化的渊源之一。阿拉伯名医阿维森纳也提到印度名医阇罗迦的名字，受到印度医学的影响。另外，印度的文化成就又通过阿拉伯人的翻译、论述，而传播到西欧，如印度的数字符号、十进位法、医学等。波斯、阿拉伯人也将古典希腊著作介绍到印度，据称欧几里得原理就是经由穆斯林而传到印度的。又如波斯、阿拉伯的天文、数学、医学等，还有建筑、绘画都对印度有不同程度的影响。有些已在前面提到，就不重复了。

印度与欧洲　公元4至5世纪时，印度与罗马帝国的交往已陷于停滞不前的状态。直到8至9世纪之际，阿拉伯帝国、查理曼帝国先后建立，形势比较稳定，经济有了发展，交往才渐有开始。印度文化是通过阿拉伯人而传入欧洲的。很有意思的是，原来是印度受到希腊罗马影响的天文学手册与阇罗伽、苏斯鲁达的医学著作等，现在又从梵文译为阿拉伯文，然后又译为拉丁文返回西方。阿拉伯医学著作阿维森纳的《医典》受到印度医学的影响，也译为拉丁文，而成为中世纪欧洲的权威著作。又印度的寓言故事早在古代就对西方有影响，这时著名的《鹦鹉故事七十则》有几个波斯文译本，也传入欧洲。一些故事被《天方夜谭》采纳，后又为英国名著《坎特伯雷故事集》收入。《五卷书》在6世纪时译为帕拉维（安息）文，后被译为阿拉伯文，随后又译为拉丁文、西班牙文，1481年有了德文刊印本，后来又有意文、英文本。在欧洲，它以《皮尔佩（Pilpay）寓言集》为书名，皮尔佩是维迪亚帕蒂（Vidyāpati）一词的讹传，这个词的意思是智慧大师，是指在故事中起主要作用的多才多智的婆罗门。著名的《安徒生童话集》中有些故事也源出于印度。英国戏剧家莎士比亚、法国诗人拉封丹等都曾利用过印度的故事。由此可见印度文化对欧洲文化的影响之深。

第三节　印度中古文化的历史意义

　　印度中世纪文化是上古印度文化的继续与发展。它的历史意义首先在于它继承了上古印度文化的传统，在笈多帝国时期又取得了丰富的成果，并具有十分深远的影响。其次，随着突厥—阿富汗人对印度的侵入和统治，伊斯兰教社会与印度教社会在几个世纪中同时并存，相互影响，彼此渗透，因而在文化上有了新的进展。其三，在封建制时期，随着地方经济的发展，各地区文化也有相应的提高，方言文学的兴起与繁荣就是一个重要的表现。上古印度文化的重要成果被译为各种地方语言，这既有利于印度传统文化的普及，又沟通各地人民的思想，培育了更多的人才，提高了印度的文化水平。其四，这时期印度人民与世界各国人民有更多的交往和文化的交流，印度文化一方面吸收了不少外来的文化成分，补充了自己的缺陷，如印度的上古传统文化中对年代学、史学不重视，文史不分，到了中世纪，可能受到中国的影响才开始有了编年史。到了德里苏丹和莫卧儿帝国时期，史学才有了发展，填补了印度文化的空白。而印度已有基础的文化，得到外来文化的启示，采纳外来文化的一些成分，融合为一整体，从而丰富了印度的传统文化。另一方面，在这一时期内，古代印度文化的经典作品大量译成汉文、藏文、阿拉伯文、波斯文，后又转译为拉丁文和其他各国文字，因而对世界各国文化有着广泛的影响，结出不少新的成果。中世纪印度文化确是人类文化中的一个重要的组成部分，在印度文化史上也占有一定的地位。

本章主要参考书

　　[1] 金克木：《梵语文学史》，人民文学出版社 1980 年版，有关部分。

　　[2] A. L. 巴沙姆编：《印度文明史》，1975 年牛津版，有关部分。

　　[3] R. A. 贾伊拉兹波伊：《古代印度的外来影响》，1963 年纽约版。

　　[4] P. C. 巴格奇：《印度与中国》，1981 年萨拉斯瓦特版。

《古代印度河流域的文化》*（全文）

印度河是南亚次大陆最长的一条河流，全长约三千公里，由北向西南，主要流经今天的巴基斯坦伊斯兰共和国境内，最后注入阿拉伯海。印度河流域是人类文明的发祥地之一，几座闻名的古城遗迹都陈列在它的两岸。但是，这一重要的文化宝藏却一直沉睡在地下，无人知晓，直到 19 世纪 70 年代才开始发现。

1875 年，在今天巴基斯坦境内的哈拉巴地方，有人挖掘废弃的砖块时，发现了刻着动物图案的印章，但并未引起人们的注意。1922 年，印度考古学家拉·巴涅尔吉在哈拉巴西南约六七百公里的摩亨佐·达罗（在今天巴基斯坦的信德省拉尔卡纳县）发掘佛塔废墟时，意外地发现了刻着动物形象和图画文字的印章，于是学者们断定这一带有远古文化的遗迹，便开始系统发掘。结果，在这里发现了七个依次重叠着的考古层。原来这是一座古城的遗址，它像一本厚厚的历史书，记载着这一文化兴衰的过程。同年，学者们在印度河的上游哈拉巴地方又发现了一座与摩亨佐·达罗同时代的古城遗址。这两个地方都是古代印度河流域文化的重要中心。接着，在巴基斯坦的旁遮普与印度的旁遮普、哈里亚纳、北方邦、比哈尔和古吉拉特等地也陆续发现属于这一文化的遗址，共有二百多处，分布的范围北起喜马拉雅山麓，南至纳巴达河，西自伊

---

* 该书是涂厚善先生编撰的《外国历史小丛书》中的一种，商务印书馆 1981 年版。

朗的莫克兰海岸，东达恒河盆地，在人们面前展示了一个人们所不知道的古代世界。由于哈拉巴发现最早，古城遗址最大，因此，学者们也称这一文化为哈拉巴文化。它的年代大体上是公元前 2500—前 1700 年①。

一、古代印度河流域文化的产生和发展

南亚次大陆的西北部，气候温暖湿润。印度河从北方山地流来，水量充足，每年夏季，山上积雪融化，河水上涨，被水淹没的河谷，土壤肥沃，适于农作物的生长。但由于土质松软，河岸容易被洪水冲决，往往泛滥成灾。当时，印度河流域榛莽丛生，老虎、野象、熊和犀牛等野兽常在茂密的丛林里出没；河岸湖边，潜伏着鳄鱼、野水牛等；沼泽地区又多蚊蝇，传染疾病。当时人们就在这里清除树木，排干沼泽，捕杀野兽，并和洪水、疾病进行不断的斗争，创造了灿烂的古代印度河流域的文化。

古代印度河流域的主要居民一般认为是达罗毗荼人。另外，还有原始澳语人、蒙古人等。五千多年前，他们用磨光的石器，在河谷地区开始耕种田地，驯养牲畜，制造陶器，织布，摩擦竹木取火，过着定居的生活。后来他们学会了制造铜器，运用陶轮制作彩陶。他们已会建筑房屋，并用石头做屋基，以防止洪水的冲刷。同时，开始有了埋葬死者的习俗。

公元前三千纪②，印度河流域的生产力已经发展到相当高的水平。当时，人们已经会制造铜器和青铜器，对自然斗争的力量增强了。例如，他们用青铜斧和石斧一道砍伐森林，开辟场地，并取得了建筑材料和燃料。此外，还有镰、锯、小刀、钓鱼钩、剑头和矛头等。但这一时

---

① 古代印度河流域文化存在的年代，各家有不同的说法，这里采用一般认为比较恰当的说法。

② 千纪即为千年，公元前三千纪指公元前 3000—前 2001 年，但一般习惯上则作为公元前 3000—前 2000 年。

期的金属工具还不能完全代替石制工具。居民主要从事农业。在和洪水进行斗争中，人们已经学会了拦河筑坝和引水灌溉，开拓耕地和牧场。青铜的鹤嘴锄可能是常用的翻地工具，并用水牛和犁牛作耕畜。主要农作物有大麦、小麦、稻、胡麻、豌豆、甜瓜、椰枣和棉花等。畜牧业在经济中占有很重要的地位。已经驯养的牲畜有水牛、犁牛、黄牛、山羊、绵羊、猪、狗、猫、鸡、象、骆驼，等等。在手工业方面，冶金、制陶、纺织等的技术水平都有了提高。随着物质财富的增多，商业也发展起来。在哈拉巴遗址中还发现了许多来自印度次大陆其他地方和西亚的物品。这说明不仅在印度本土有经济往来，而且同西亚也有贸易联系。由于经济的发展，就促进了城市的形成；随着城市经济的繁荣，人口也增多了。学者们根据遗址所占的面积和居住人口的密度推算，估计当时城市居民一般有 35 000 人左右。社会经济的发达和人口的密集，有利于文化的交流和发展。

随着社会经济的发展，社会出现了贫富的分化和阶级对立的现象。我们从哈拉巴遗迹中可以看到，有少数设备完善的高楼大厦，也有大量矮小简陋的茅舍。在殉葬品中，有金玉珠宝的精巧制品，也有泥土和贝壳制的粗劣物品。贫富差别悬殊。另外，从已经发掘的印章来看，有描绘奴隶主拷打奴隶的图案。这一切都说明阶级矛盾已经存在。从当时的城堡塔楼之森严和高墙深院以及城市生活的管理来看，统治机构已经形成，国家也产生了。这时人们已经学会了计算，并发明了象形文字，制造各种精美的印章、雕像、金银珠宝和象牙刻制的妆饰品，以及各种玩具等。奴隶们的辛勤劳动创了古代印度河流域的灿烂文化。

古代印度河流域文化的产生，邻近地区的各族人民也有一份功劳。因为印度河流域人们制造的工艺品原料很多来自邻近地区及印度以外的地方。如制石珠用的深绿玉髓、玛瑙和碧玉是印度西北部的拉杰普塔纳和西部的卡提阿瓦半岛出产的，许多宝石是从阿富汗、伊朗、帕米尔、东土耳其斯坦以及我国的西藏输入的。制造金属饰物的黄金来自印度德干高原南部阿南塔普尔县，银可能来自阿富汗、伊朗等地，铜是由拉杰普塔纳、巴基斯坦西部的俾路支和印度东南沿海的马德拉斯运来，印度西北部的阿杰米尔则是铅的供应地。作为装饰和镶嵌用的介壳大多来自印度沿海和波斯湾。这些都是各地劳动人民辛勤劳动，并经过长途运输，才到达印度河流域。另一方面，随着原料输入的，还有外来文物及其制造技术。古代两河流域的圆筒形印章和化妆用具在印度河流域都能找到它们的仿制品。例如，在两河流域的印章上；刻画着传说中的英雄吉尔伽美士降服狮子和半人半兽的安吉杜勇斗天牛的故事，在印度河流域的印章上只是把狮子改成了老虎、天牛换成了独角兽。使用陶轮制作陶器及涂上沥青防止水池漏水等技术知识，可能是从两河流域学来的。念珠、项圈的形状，赤陶塑像的造型与家具上的雕饰和埃及的同类物品相似，发针也类似克里特的产品。这说明古代印度河流域在创造自己的文明过程中，吸取和融合了外来的文化，因而它的内容更加丰富多彩。

二、古代印度河流域文化的主要成就

城市建筑与下水道

印度河流域及其附近的地区发掘出来的古城遗址有几十处。这些城市都有一个共同的特点：街道整齐，房屋布局井井有条，水井、浴室、沟道、供水与排水体系严密，设备完善。哈拉巴和摩亨佐·达罗是最大的两座古城，各占约二三百公顷土地的面积，是古代印度河流域文化遗址的代表。

哈拉巴城市规模较大。它分为两个不同的区域：一个是在高丘上的城堡区，这里有高厚的城墙，每隔一段距离就有一座方形棱堡，矗立在用泥砖砌成的堤坝上。显然，这是统治阶级居住的地方。另一个是面积较大、地势较低的居民区，拥有许多住房和比较整齐的街道。哈拉巴的最大建筑物是一个谷仓。它位于城堡北面，靠近拉维河。这座谷仓构造坚固，附近有供打谷用的圆形平台，用红砖砌成。还有作坊和劳动者的宿舍，宿舍可容数百名雇工和奴隶，谷物大概是由水道运来，储存在谷仓内，就在附近加工。从谷仓和邻近的加工场地的选择以及劳动者的简易宿舍安排来看，当时的城市建设已经有了初步的规划。但由于市区遗址遭到破坏，对这一古城的考古研究又开展得不够，因此，其他情况就不得而知了。

摩亨佐·达罗的遗址保存较完好。这座古城同样分卫城和下城两部分。卫城即城堡区，四周有高厚的砖墙和供防御用的塔楼。城内有不少大的建筑物，为了防止洪水冲刷，下层有堤坝作为屋基，其高度超出洪水泛滥时的水平线。卫城中央的建筑物是一个宽大而富丽的公共浴室，长约55公尺，宽约33公尺，成长方形。浴池在它的中心，也是长方形，长12公尺，宽7公尺，深约二公尺半，两边都有砖梯，砖梯最后一层有一些不大的平台，是专供那些不愿和不敢下到深水去沐浴的人用的。浴池建造十分齐全，有供水、排水和储水的设备。在附近的一个房间里，有一口大井专门供水。浴池又与一条高约1.8公尺的砖砌拱形暗沟相通。有闸门可以随时开关，以便排水。为了防止浴池漏水，在它的底层和四周都用厚约二厘米的沥青夹在砖墙之间。大浴池北有两排八间小浴室，室内高台上放有水罐，大概是供热水用的。大浴池可能用作公众净身，以履行某种宗教仪式；小浴室则是给僧侣准备的。

大浴室的东北有一组建筑群，其中是一座长方形的建筑物，占地面积约一千平方公尺，外墙厚达一公尺半，中间有许多厅堂、仓库和一个金属作坊间，它可能是高级官员和僧侣统治阶级居住的宫殿。在浴池的西边，有规模宏大的谷仓和作坊等。谷仓面积为50×25平方公尺，内部有排列成行约高一公尺半的砖台，各行之间有过道隔开，可以通风，以便保持仓内干燥，防止谷物潮湿霉烂。这类专门用作谷仓的建筑，在古代世界其他地区至今还没有发现。

卫城南部是一座约25公尺见方的大厅，厅内有二十个石基，排成四行，每行五个，可能是柱基。柱行之间有一些矮凳。这可能是一个会议厅。大厅附近的房间内有一个石刻男人座像和许多加工过的大石环。有的学者认为，这些雕像和石环可能是崇拜的对象，这座建筑物也许就是举行宗教仪式的庙宇。

在下城居民区，可以看到房屋和街道的遗迹。这些街道不是南北走向就是东西走向；有的是平行的，有的成直角相交，排列很整齐。为了便于交通，在十字路转弯处，房屋的墙角都砌成了圆形。街道又宽又直，主要街道宽达10公尺，有的小巷则只有2.3公尺，街道长的有0.8公里。大道上可以并排行走九辆大车。看来，当时来往车辆和行人是很多的。在街道上，每隔一定距离有点灯用的路灯杆，便于行人晚上行走。

房屋大小和设备很不一致。有的是低矮的平房，有的却是二三层的楼房；有的只有一两间小房，有的却多到十几间；有的十分简陋，没有排水设备，只用一种破罐埋在地下，让脏水由下面漏出。这说明当时的阶级分化已经十分明显。在一些富人的住宅里，楼房建筑非常讲究，楼下是储藏室、浴室和供水设备；楼上有起居间，也有浴室、陶制水管和暗沟等良好的排水设备。这些大的住宅还有开阔的庭院，厨房设在庭院的一角。房屋的门窗都面向庭院，窗户在墙的上方，数量不多而且很小。临街的墙壁没有门窗，大门在狭窄的小巷里，门内有门房，由看门人住守，显然是为了防范盗贼的缘故。

这些建筑物大多是用火砖、灰泥和石膏等材料建成。可能还有木材，但没有保存下来。火砖通常是红色，长方形，和现在的砖大体相似。砖有大有小，大砖长52厘米，宽21厘米，厚5厘米，小砖比大砖约小一半。这些砖制作得很坚固，而且各有各的用处。大砖用来盖沟，小砖则用于铺砌浴室，粗砖填塞屋基。墙壁多用一般大的小砖砌成，再用泥浆粉刷。地板也是用砖铺的，在浴室或其他容易磨损的地方，用砖较多，表面也很光滑。墙上有方形或矩形涵洞，是放木梁的地方。屋顶是平的，用木架和芦席搭成，上面加上捣紧的泥土并放上一层砖。简陋的房屋没有铺砖，只用泥土和牛粪。屋顶周围还有低的围墙，据说是为了热天乘凉而设置的。

城市有完整的供水排水系统。大多数房屋都有自己的水井，在两栋房屋中间还有一口公共水井。井口呈圆形或椭圆形，直径约 0.6 公尺到 2 公尺，大小不等。井上有绞盘，供吊水时使用，井的边缘还可以看到吊拉水桶的绳索磨成的凹槽。有的井口高出地面，上面还有顶盖，以防止井水污染和行人失足落井。大街小巷下面都有阴沟，上面盖上砖或石块，每隔一定距离就有一个水坑和下到水坑的阶梯，人们可以下去检修沟道，清除沟中积存的渣滓，以免淤塞。每个住房都有水坑，通过阴沟同街道下的排水沟相连。浴室靠近街道，室内的地面略向沟道倾斜，脏水可以顺着地面流入沟内。楼上的浴室也有垂直的管子通向地下沟道。各家的污水流进阴沟，最后流进大河。这样精心规划的城市建设在古代世界是很少见的。特别应该指出的是，这里城市的建设不仅注意洁净，防止污染，而且讲究实用，舒适方便。这里到处有水井，用水十分方便。浴池设备十分齐全，而且坚固耐用。大浴池经历了几千年的磨损，到发掘时还能看出它的眉目。这些都是古代印度河流域劳动人民勤劳和智慧的结晶。

度量衡制度与科技知识

古代印度河流域文化的另一个重要成就是统一的度量衡制度。当时，计量长度有两种：一种是用介壳尺，另一种是青铜杆尺。前一种残片是在摩亨佐·达罗发现的，长 16.8 厘米，上面刻有九个明显的标度，每个标度平均长 0.67 厘米，在第五个标度处有一个特别的记号，五个标度的总长约等于 3.3 厘米。看来，当时已采用十进位制，一尺即为 33 厘米。青铜杆尺的残片是在哈拉巴发现的，有 3.8 厘米长，上面刻有四个完整、准确的标记，每一单位长为0.9厘米。这是属于古代世界广泛流行的一腕尺的量度。介壳尺与腕尺两种量度同时并行。

重量是用砝码来衡量。在印度河流域文化的各个遗址中，已经发现了各式各样的砝码。这些砝码是用浅燧石、硬黑石、石灰石等不易磨损的石料制成，质地坚硬，在使用中不致因磨损而有所减轻。砝码通常是立方体，也有圆锥体、桶状和圆柱状，表面都比较光滑。砝码的单位重量为0.875克，最重的砝码有10.97公斤，最轻的还不到一分克。发现最多的砝码重是13.64克，大致相当于单位砝码重量的十六倍。这些砝码的重量成一定的比例，即1、2、4、8、16、32、64等。小的砝码用二进位制，大的用十进位制。制造和买卖珍宝珠玉的匠人和商人用的是小砝码，非贵重物品则用大砝码。木秤杆没有保存下来，青铜秤杆只有一些残片。秤盘有铜制的，也有陶制的。

度量衡制度是生产发展和在产品交换的情况下产生的。它反映了古代印度河流域文化的发展水平，它的出现不仅促进了生产与交换的进一步发展，同时也有利于科学技术的提高。

古代印度河流域的科学技术知识是多方面的。其中比较突出的是建筑技术。例如，他们在建造城市和地下水道工程时，能用精确的几何测量和数学计算，显示了较高的技术才能。他们用砖砌成的逐层内伸的拱形排水沟就是拱门结构的先驱。在砖井、列柱、水闸、楼房、庭院等结构和工艺方面，也有较高的水平。当时，人们为了保持墙面的平整，已知使用铅垂。在修造排水管道时，已知用一根陶管套上另一根陶管，逐渐增加它的长度。这些技术都是印度河流域的劳动人民在生产实践中创造的丰硕成果。

随着金属器的发明和使用，他们对金属的物理性质有了一定的了解，知道对金、银、铜、锡、铅等多种金属进行锻冶、铸造和焊接，也知道按一定比例制造铜锡合金或铜砷合金，即青铜。他们还学会用蜡做模型，涂上泥土，加热使蜡熔化，泥土便成为烧硬了的铸模，然后倒入熔化了的金属液，冷却后就凝结成为所需要的金属器，并在器物表面加工修饰，使之美观。这就是所谓熔蜡铸造法。

古代印度河流域的制陶工艺水平也是很高的。陶工善于掌握火候，烧出的陶器色彩鲜艳，有深红色，也有浅黄色，上面的图案是黑色或带绿色。有些上了彩釉的陶器，上面还涂着宝石黄，画有深绛色图案。另外，还有非常精美的蛋壳陶和穿孔陶器。这类陶器，底部有大孔，器壁还有许多小孔，可能是作过滤用的。有些陶制容器大小规格不一，小的不到一二厘米，制作得很精致，形态小巧玲珑，十分可爱！

古代印度河流域的人民经常和洪水疾病作斗争，因此，在防洪和医药方面积累了不少知识。例如，他们加高屋基、建造堤坝，以便防止洪水侵害村庄和农作物。在医疗方面，当时人们已知道使用药物治疗疾病，如内服乌贼骨可以开胃，外敷又可以治耳、眼、喉和皮肤等疾病。鹿角、羚羊角，以及犀牛角等也都用来作药物。在动植物方面，他们学会了栽培棉花和驯养大象。印度河流域是古代世界最早的植棉地区。他们还懂得从茜草中取得紫色染料。在哈拉巴和摩亨佐·达罗地区，发现了不少紫色棉布的碎片和盛染料的大桶。

文字铭刻与印章雕画

人类进入文明时代的一个重要标志就是文字的发明。古代印度河流域已经有了文字。这些文字大多刻在石头或陶土制成的印章上，因此称为印章文字。但也有刻在陶器和金属制品上的。书写的材料可能有棕榈叶、桦树皮、羊皮、棉布、木片等，不过这些材料都容易腐烂，没有保存下来。有趣的是在出土文物中，曾经发现一个黏土制的墨水瓶，这可能与书写有关。发现有铭文的文物，大约有二千件。大多数学者认为，这种文字所代表的语言是原始达罗毗荼语，还处在象形文字的阶段，但已有了一些发展变化。文字符号有五百多个，一般是用直线条组成，字体清晰。每个文字一般是由两个或两个以上的符号组成，有的加上笔画可能表示重音。也有的学者认为,这是古印欧语的文字,是向字母文字过渡的表音文字,基本符号只有二十二个。不过,这种文字至今尚未解读出来。已经发现的铭文都很短,不超过二十个符号,而且大多数只有一行。

由于文字译读没有解决,刻有文字的印章究竟是什么意思,至今还不十分清楚。有的印章上刻有文字和雕画,雕画与所刻的文字又是什么关系?也不十分清楚。根据学者们的推测,这些铭文可能就是印章主人的姓名、头衔,印章所雕画的图案可能是他们崇拜的事物。在财物上,如箱口、瓶口等都盖上印章,并且加以封闭,表明这是某人所有。在古代两河流域南部的温马城,曾发现一捆印度棉织物,包上盖有印记,这可能是制造者的标记。当然,这些解释都不能作为定论。不过,这些印章本身就是一种雕刻艺术,反映了当时人们丰富的社会生活与思想内容。

印度河流域各地发掘的印章共有二千多枚。这些印章大多是用皂石、黏土、象牙和铜制成的。制作的方法,先用锯将皂石等锯成所需要的形状和大小(铜的制作情况不详),再用刀凿进行修整,然后加上石英粉或钢砂一类的磨料,用小凿或小锥以及三角形雕刀刻画文字与图画,然后再涂上一层碱,加热变硬,这样就制成了表面色白有光泽的印章。印章的大小不等,有 12.7 厘米,也有 6.35 厘米,通常使用的是 2.3 厘米的。印章一般是方形,也有圆形、椭圆形、矩形等。印章背后有印纽,中有孔洞,便于使用;有的用绳穿过孔洞系在身上,以防丢失。当然,也有没有印纽的印章。

印章上刻有许多形象生动的浮雕。其题材主要是描绘当时印度常见的动物,如犎牛、短角公牛、象、犀牛、虎、水牛、鳄鱼、羚羊等。有的还刻画着一些神怪动物,如独角兽、多头兽、四不像的复合动物(人面、象牙、象身、牛角、羊腿、虎尾等合为一体)等,是想象力很丰富的作品。刻画最好的是牛,艺术家们用不同的线条巧妙地表现出牛的筋肉、骨骼等，形象十分逼真生动。如水牛微抬着头，仿佛在吼叫声中炫耀它那一对强大的牛角；野牛在弯成弓形的肩背与较小的臀部巧妙的配合对比下显得十分勇猛；有驼峰的公牛刻画得也很逼真、形态魁伟、浑厚有力。这在古代雕刻中是独具一格的艺术杰作，充分反映了艺术家们观察动物的敏锐眼力和表现艺术的才能。

有些印章刻画着古代印度河流域人民狩猎、航行和娱乐的情景。例如，在一个印章上，刻画着猎人用弓箭射杀野山羊和大羚羊的图案，猎人弯弓射箭的神态和山羊奔跑的情景，表现得十分逼真。又如在一个图章上，刻画着一条大船，上有舵手，有中舱但没有桅杆，船首和船尾都向上翘起，表现出当时已具有高超的造船技能。有些印章上面刻有小手鼓、竖琴、七弦琴等乐器图形，反映出当时音乐艺术已很发展。有的印章内容较复杂，情节动人，引人入胜。例如，在一个印章上刻画一头野水牛进攻六个人，将他们逐个冲倒在地。在古代印度，野水牛被认为是最凶猛的动物，触人往往致人死命，因此人们对它非常畏惧，把它看成是死神的坐骑。还有一个印章刻着一只老虎，张着血盆大口，伸出舌头，回头凝视着一个坐在树上的人，老虎的前脚好像在向前跨出，准备离开，但又不愿轻易舍弃这个等了很久而无法到手的猎物。这两幅刻画的情节虽然比较简单，但却能把胜利后的水牛那种趾高气扬的神态和寻食失望的老虎那种懊丧的神情充分表现出来。当然，这些雕画也反映了古代印度河流域的人们深受野兽威胁并同野兽进行斗争的情景。有的印章上面还刻有五六个男人在一头水牛上翻筋斗的图画，似乎是在表演杂技，很富于生活气息，反映出人们驯服野兽后的欢乐情绪。

有些印章的雕画含有宗教神话的意义。例如，在一个印章上，刻画着一位头上戴有牛角王冠的三面神，他双足相抵，盘膝坐在一张矮几上，胸前佩着一种三角形的胸饰，手上戴着手镯，左手有八个小手镯和三个大手镯，右手好像也戴着同等数目的手镯。身上似乎只束着一幅宽腰带。他的右上方是象和虎，左上方与象虎对称的是犀牛和水牛，座前下方有两支有角的动物,样子像羊。这尊神像肃穆庄严,据说这就是"百兽之王",即后来印度教中湿婆神的前身,因为从图上可以明显地看出作为湿婆神象征的一头三面和阳物(男性生殖器)。同百兽之王有类似意义的印章雕画还有两幅:一幅是头上盘绕着眼镜蛇的神像,神前跪着一人,表明对蛇神的崇拜。另一幅是在菩提树下的长发女神,头边饰有长角,这是神的标志。神前有一人向女神微屈左腿表示朝拜,两手似乎做祈祷状。他的身后跟着一头人面山羊的复合动物。另外,在神的下方还刻着七个蓄长辫的侍女伫立着。这是否意味着用人面山羊做牺牲向树神祭祀,还是打算用站成一排的七个侍女献祭?就不得而知了。

雕像艺术与珠宝装饰

古代印度河流域还发现一些造型美观的雕像,有陶制品,也有石制和青铜制品,数量虽然不多,但可以看出古代印度河流域的文化艺术水平是很高的。

陶像中发现最多的是动物塑像,其中最出色的是上了彩釉的小松鼠。这个陶像不到五厘米高,松鼠的尾巴翘着竖在后面,背上有紫黑色的条纹,前爪捧着食物在咀嚼,样子十分逗人喜爱!还有一个小猴的陶像。艺术家对小猴的面部表情刻画得很成功,从它的脸神可以看出猴子的烦躁心情,真是活灵活现。最有趣的是一个刻有三猴环抱的小珠,形体很小,一猴前肢抱住另一猴的腰,三猴抱成一团,刻画得颇为精细动人。另外,塑造的短角公牛陶像也非常生动。人物陶像以妇女为题材的较多,这些雕像大多是裸体,只有一条狭带围住腰部,颈、耳和头上都戴着许多珠宝妆饰,造型优美,形象逼真。学者们认为,这些妇女陶像是大地女神的塑像。据说,古代印度河流域的人民有这样一种信念:崇拜大地女神可以防止邪魔的侵袭,保证更好的收成,因此这类陶像比较多。男人陶像是一些头上戴着满布刺痕的圆形便帽,颈戴项圈,前部突出,两手紧抱双膝蹲着,显出卑贱的样子。学者们认为,这些雕像是奴隶陶俑。

石像有的以动物为题材，例如，用冻石①雕刻的猛犬，高大凶猛，形象相当逼真。人物雕像中最著名的是一个用石灰石雕刻的男人半身像。他两眼较长，半闭半睁，好像在思考问题，鼻和口配置得很适当，短络腮胡，头发在头中间分开，系着一条素色的束发带，身穿三叶草花纹图案的披肩，右手和右臂袒露在外并戴着一个臂钏，颈部周围有孔眼，表明他似乎戴着项圈。由于三叶草花纹图案在古代印度被认为是神圣的象征，所以有的学者认为这是一个祭司的雕像。这尊石像在风格上比较呆板，但它给我们提供了关于古代印度河流域男人的头型、脸型、发饰和衣着等方面有价值的资料。造型优美的人物雕像有两个：一个是用红色砂岩刻制的男人像，是采取正面的姿态，腹部稍有突出，人体肌肉的线条表现得很成功。另一个是用灰色石灰石刻制的舞者雕像，他右腿伫立，左腿前举，腰身与双臂向左微倾，仿佛在翩翩起舞，体态十分匀称和谐。这种动人的雕像在古代雕刻艺术作品中是少见的。可惜两个雕像都没有留下头部，四肢也残缺不全。

青铜雕像最出色的是裸体舞女像。这座雕像身材苗条，右手叉腰，撑在臀部上，左手持一容器，微倚在左腿一侧，神态安详自若。她两腿略向前倾，双脚似乎合着音乐节奏击拍，头发盘绕成髻，从头的左后方向右边卷曲，直至右肩。她的左手戴着二十多副手镯，右手戴着两副手镯，颈上佩戴项圈，下有三个椭圆形垂饰吊在胸前，姿势优美，风格独特。但美中不足的是，这座雕像的手和腿太长，与身体比例很不协调。

古代印度河流域的艺术家已知道使用镶嵌手法，以增加塑像的真实感。例如，石灰石公牛塑像的头部嵌上其他材料制成的耳和角，陶制人像用小泥珠嵌入，表示瞳孔眼珠。舞者雕像的奶头是用灰泥弹嵌上的，甚至连祭司雕像的披肩上的三叶草花纹图案也是另外嵌上的，这样可以

---

① 冻石是滑石的一种，石质较软，在印度各地都有生产。

给人以立体感，增强艺术的感染力。

　　各种人物雕像和印章上的雕画人物，不论男女都佩戴着许多饰物。这表明当时的人们非常喜爱珠宝妆饰。这些珠宝饰品在印度河流域古城遗址里被发现的确实不少，有的地方甚至是成堆的被发现。例如，在哈拉巴的一个茅舍下面二公尺多深的洞穴里，就发现了大量的黄金和宝石珠饰，从臂钏、念珠到完整的项圈将近五百余件。在摩亨佐·达罗也发现四处堆积的珠宝。例如在一个大户住宅的铺道下就挖出了银瓶和青铜容器等，这些器皿内藏有项链、耳环、佩带、手镯、指环等很多贵重饰品，有的还有棉布包裹的痕迹。

　　印度河流域是古代世界珠宝妆饰品的一个重要产地。在摩亨佐·达罗东南一百六十公里的强胡·达罗的地方发现有专门制作珠宝的店铺。制造珠宝饰品的原料是贵重金属、宝石和次宝石等，如金、银、琥珀金①、青铜、象牙、紫晶、水晶、蓝宝石、碧玉、玛瑙、硬玉、深绿玉髓、青金石、绿松石和蛇纹石等。关于宝石饰物制作的过程，有人推测，珠宝匠先将产地运来的石料进行选择。在选择时，不仅注意品种，还考虑石头的色泽和纹理。其次在选好的石材上加石英粉或钢砂一类的磨料，按需要制成各种形状坯样。接着再进一步磨光，修整加工以及绘制各种不同的颜色图案。制造工序比较复杂，工艺水平也较高。例如，将五块不同的玉髓和深红玉髓，依其纹理、色泽拼合而成的石珠，竟像一个完整无瑕的天然石珠一样。制成的珠宝在形状、大小、色彩等方面各不相同。以形状为例，就有球形、圆柱形、盘形、桶形、扇形等。项链就是将这些不同形状的珠子每隔一定数目加上一个金盘或小珠，两头用三角形或半圆形的饰物串连起来的，色彩鲜明，颇为美观。其他金银饰物的品种也很多，有头饰、佩带、耳环、臂钏、手镯、指环、脚镯、腰带、胸饰、纽扣等（其中腰带、鼻饰、耳环、脚镯只有妇女佩戴）。

---

　　① 为金银合金，呈浅黄色。

除了贵重的饰物外，还有用黏土、介壳、陶片、骨头等制作的饰物，比较粗糙低劣。

另外，在哈拉巴还发现了一个梳妆盒，盒内盛有穿孔器、耳杓子和镊子一套梳妆用具。在这里还发现了专供妇女使用的梳妆台、椭圆形的青铜镜、大小不等的象牙梳子和各种类型的剃刀。盛放化妆品的化妆瓶有用象牙或金属制成的，也有陶制和石制的。上彩釉的化妆盒内分格盛放各种香料和化妆品。也有的用海扇介壳盛放化妆品。用于化妆的材料有红赭色胭脂、白色扑粉、绿色土块、眼膏等。用来涂抹化妆品的工具可能是用铜或青铜制的金属杆，它的两端都磨制得很光滑。可见当时印度河流域的人们已经知道涂口红、扑粉、擦眼膏、洗发、修面、梳辫等美容方法。石灰石的雕刻男半身像面部的修饰和青铜舞女像的优美发式，都可以作为这一方面的例证。

娱乐玩具与生活用品

古代印度河流域的人们在游艺玩乐方面有着自己的特色。最流行的游戏是掷骰子。在哈拉巴和摩亨佐·达罗的遗址中，发现了大量的骰子，有陶、石和象牙做的三种骰子。形状有立方体，也有平板体，比今天的骰子稍大些。立方体骰子面上点数的配置有两种方式：一是相反的两面上的点数加起来等于七，即一面是一，其相反的一面是六，或是二与五，或是三与四，和现在欧洲人使用的骰子相似。另一种是一与二、三与四、五与六相对应。平板骰子是三边有点，即一、二、三三边，余下的一边无点，有几条纵线妆饰。这三种骰子的玩法是否相同，就不得而知了。还有所谓"九柱戏"，玩法，大概是用球和弹子滚动，碰倒竖立的象牙柱子就为胜。最简单的游戏是投掷方形象牙杖，根据它落地时的不同状况定输赢。另外还有圆形的象牙杖和扁平的象牙鱼玩具，如何玩法目前尚不清楚。这些游戏用的象牙制品和刻制精细的介壳球都是同珠宝一道发现的，保存相当完好，可见当时人们非常珍视这些玩具。

音乐舞蹈也是当时的一种娱乐。古代印度河流域的人民能歌善舞，舞女颈上挂着手鼓用手击拍，随着节奏敲打响板翩翩起舞。在舞蹈时可能还有竖琴、七弦琴等乐器伴奏。此外，人们还喜爱看斗牛和斗鸡。狩猎、钓鱼在少数人中是作为游乐的。养虫、养鸟也是一些富人的嗜好。

在哈拉巴的遗址中，还有不少儿童玩具。其中最多的是陶制的玩偶、石弹等简易的玩具。也有一些如拨浪鼓、陶制鸟形哨等小玩具。比较有意义的是一些制作精巧、能够活动的玩具。这方面发现较多的是小泥车，也有一些铜车，它可能是当时儿童最喜爱的玩具。一辆两轮的泥车由一头公羊拖拉，羊颈上有孔，大概是穿绳拖车用的。还有能够点头的公牛玩具，是用硬皮筋拉扯牛头活动。比较复杂的玩具是用绳索操纵猴状动物沿绳上下爬动，爬行的快慢可以由牵引的绳索掌握。这些玩具色彩鲜明，造型美观，坚固耐用。有些玩具是在当时浴室的遗址里发现的。可见，当时有些儿童甚至在洗浴时也不肯放下他们心爱的玩具，因而就遗留在那里了。发现玩具最多的是一个叫作强胡·达罗的地方，有人认为这是当时制造玩具的一个中心。

古代印度河流域人们的生活用品也是相当齐全的。先从饮食用具说起。碾谷用的石磨，是用一根石杵在另一块扁平的石块上来回滚动，将谷物磨碎。食品加工有陶制的擦肉具、制饼模子。烹饪有烘面包的炉子、做菜的锅。盛放食物和饮料有瓮、罐、碗、碟、盘、杯等各种容器。尖底杯比较粗糙，是最普通的饮具。古代印度河流域的人们非常讲究洁净，用这种杯子喝一次水就扔掉不要了。纺织缝制方面有纺锤，大部是陶制的，也有介壳做的；有铜针、青铜针、骨锥、象牙锥等。家具有床、桌、柳条凳、苇席等。但是这些家具都没有保存下来，我们只是从印章图画上和陶制玩具模型中看到的。照明有陶灯、介壳灯和铜灯。还发现有陶制烛台，表明当时可能已经用棉芯蜡烛或脂烛照明。取暖用的有暖手炉和火盆。炉子成圆柱体，约 3.8 至 50.8 厘米高，长短大小不一。在一个手炉内，还有燃剩了的灰烬。交通工具有船、骆驼，以及马和牛车等。从发现的儿童玩具车辆来看，可以想象当时的车辆式样：有两轮的，这是一般的大车，有轻便遮盖物的货车；也有四轮的货车，上面有遮雨板。车身的宽度约 0.06 公尺，和今天的车辆大体相似。

三、古代印度河流域文化的衰落

古代印度河流域文化在各地的发展是不平衡的，兴衰也不尽相同。大约到了公元前十八世纪，这一文化的中心地区如哈拉巴、摩亨佐·达罗等地就开始衰落了，城市建筑已经没有什么规划，有些大的建筑物已经颓废破落，地板上堆满了大量碎石；庭院被分隔成若干小的房间；巷道被一些简陋的小屋所拥塞，几乎不能通行；排水设备遭到了破坏，城市的洁净问题已被忽视了；贸易也不像以前那样活跃了；等等。

但是，当哈拉巴、摩亨佐·达罗等中心区的文化衰落后，有些边远地方还在继续发展，例如在罗塔尔（位于古吉拉特邦）的地方，直到公元前一千年左右，这里还保持着印度河文明。罗塔尔是当时的一个商业中心，也是贸易港口。全城大致呈长方形，东西长约 210 公尺，南北长约 360 公尺，周围有砖砌的防洪大堤。城内主要街道宽达 6 公尺，小巷也有 2 公尺。排水设备很完善。街道两侧房屋建筑整齐，有珠宝匠、金匠和铜匠等作坊。城东南有类似摩亨佐·达罗的大谷仓，在高约 4 公尺的砖台上有一系列的小平台，中间有通气的孔道。谷仓总面积约 48.5×42.5 平方公尺，规模很大。在它的后面有一排十二间的浴室，和摩亨佐·达罗的浴室相似。这里最重要的发现是东边的大船坞。它的面积约 219×37 平方公尺，是砖砌的。保存下来的砖堤有四五公尺高。这个船坞有一条长二公里半的人造运河，与流入坎贝湾的河流相通，并有能够开关的闸门，可以随时把船只引进水坞修理。但是，罗塔尔的古城文化到公元前 1000 年左右就衰落了。

印度河流域文化衰落的原因，由于缺乏文献资料，仅有的一些印章文字与铭文尚没有译读出来，这里只能根据遗迹、遗物进行推断。一般学者认为，这主要是由于内部阶级关系的紧张所造成的。从发掘出的文物来看，当时阶级分化已经十分明显，贫富悬殊很大。奴隶主阶级为了满足生活上的需要，对劳动人民进行着沉重的剥削，这从规模宏大的谷仓上可以明显地反映出来。因为，当时生产工具十分简陋，生产水平低下，要填满这么大的谷仓，必然要对平民和奴隶加重剥削。统治阶级住的卫城区，城墙高大森严，并建立防御的楼塔，说明内部阶级关系十分紧张。另一方面，由于当时人们还不能认识自然界生态平衡的规律，大量砍伐森林，造成水土流失，印度河淤塞，河床升高，河流改道，经常泛滥成灾，对生产和人民的生活造成了很大的破坏。森林的减少也影响了气候的变化，雨量减少，结果是沙漠扩大和土壤日益盐碱化，严重地影响了农业生产。频繁的自然灾害加重了劳动人民的苦难，在统治阶级残酷剥削和压迫下，阶级矛盾更加剧烈，这就为外族的入侵造成了可乘之机。大约在公元前1750年左右，印度河流域的很多城市都遭到程度不同的破坏，摩亨佐·达罗被彻底摧毁了，房屋被焚烧，居民受到屠杀，连儿童也不能幸免。例如在下城南部的一个房屋里发现有十三个成年男女和儿童的骨骼，他们杂乱地躺在那里，其中有的人还戴着手镯、戒指和串珠等。屋里屋外、街头井边都有尸体，有的尸骨上还留有斧砍刀伤的痕迹，有的四肢似乎在痛苦痉挛，做挣扎状，显然这是被侵略者杀死的。劫后余生的居民四散逃跑，从此摩亨佐·达罗就荒凉了。在哈拉巴的卫城也有同样被破坏的迹象。除此之外，在摩亨佐·达罗以南的几个城镇还发现有新的类型的陶器和新的埋葬仪式。在强胡·达罗，随后在罗塔尔，也发现了与原来不同的文物和粗糙的陶器。这一切都说明了入侵者占据了印度河流域的文化中心区。从此，印度河流域的文化就湮没无闻了。

最近，关于印度河流域的文化衰落的原因又有一种新的解释，认为在古代摩亨佐·达罗不远的地方是一个地震中心，大约在公元前1700

年发生过一次地震,并引起了水灾,由此导致了摩亨佐·达罗城市的毁灭,致使整个印度河流域的文化衰落了。究竟哪一种推论正确？古代印度河流域文化衰落的原因到底是什么,这有待于今后进一步从考古发掘中考察和对印章文字的译读研究中作出正确结论。但是,不论是什么原因,古代印度河流域的文化衰落已成为历史事实。

大约从公元前二千纪后期开始,属于印欧语系的雅利安人的部落陆续侵入南亚次大陆,在印度河流域文化的废墟上开创了雅利安人的文化,从此开始了印度史上的吠陀时代①。然而印度河流域的文明长期以来却被厚厚的沙丘掩埋起来,一直无人知道,直到本世纪②二十年代,通过考古发掘,才与世见面,向人们展示了光辉灿烂的古老文化。

四、古代印度河流域文化的历史意义

古代印度河流域的文化是南亚次大陆产生的最早的文化,在人类文明的各个方面都有其独特的贡献。首先,古代印度河流域是世界上最早的植棉地区,并且很早就发明了纺织技术,对南亚次大陆、西亚和两河流域的经济发展起了一定的影响。大约过了三千年后,这种棉花种植和纺织技术才传到西方。其次,印度河流域的建筑技术在古代世界是首屈一指的。例如摩亨佐·达罗城市建设规模宏伟,布局很有条理,街道整齐,地下排水设备也相当完善,不仅是印度河流域文明的典型城市,在古代世界也是少有的。第三,在印章文字、雕刻艺术和珠宝妆饰等方面也显示了古代印度河流域人民的创造才能。他们的文化成就在世界史上有着重要的意义。

古代印度河流域的文化也是以后印度文化发展的前驱。现代学者曾

---

① 吠陀时代是由阐述这一时代的历史文献资料《吠陀》而得名。时间大约在公元前十六世纪至公元前七世纪。《吠陀》是印度婆雅利安人的圣书。
② 指成文的 20 世纪。——编者

经从文学、宗教、医学等方面寻求这一文化同以后印度文化的关系，但至今成效甚微。不过从一些考古资料中仍然可以看出古代印度河流域的文化对后来印度文化的影响。例如古代印度钱币的造型和钱币上的各种印记就是接受了印度河流域文化的影响，钱币的符号和印章文字相似，重量标准也基本符合摩亨佐·达罗的度量制。另外，从印度河流域的文化反映出来的对动物、树木、河水和阳物的崇拜，以及对三面神和大地女神的信仰，也影响到后来的印度宗教。例如三面神，即".百兽之王"，传说中的婆罗门教和印度教的主神之一湿婆，其前身就是百兽之王。在医药方面，印度历史上著名的医书《寿命吠陀》记载了古代印度河流域文化时期使用过的药物，如乌贼骨、鹿角等。罗塔尔的墓葬中发现的成对尸骨可能是后来印度寡妇殉葬习俗的开端。

古代印度河流域同西亚、两河流域等地区有着广泛的经济文化交流。例如在苏美尔和伊朗西部的埃兰地区就发现了印度河流域的文字印章和陶片。在哈拉巴也发现了许多来自两河流域和叙利亚的物品。在生活习俗方面，两河流域也接受了印度河流域文化的影响。例如，古代苏美尔妇女在梳头时喜欢将头发梳成辫子，盘绕留在后面，样子非常美观。据说，这种梳头式样就是从印度河流域妇女那儿学来的。另外，据一些史料记载，印度河流域的文化，通过苏美尔和埃兰传到埃及和克里特岛。可见，印度河流域的文化在世界古代史上有着重要的历史地位，是值得我们重视的人类文明宝贵的遗产。